도커로 구축한 랩에서 혼자 실습하며 배우는
네트워크 프로토콜 입문
OSI 2계층부터 7계층까지
내 컴퓨터에서 직접 체험하며 익히는 네트워크 기술

도커로 구축한 랩에서 혼자 실습하며 배우는
네트워크 프로토콜 입문
OSI 2계층부터 7계층까지
내 컴퓨터에서 직접 체험하며 익히는 네트워크 기술

지은이 **미야타 히로시**

옮긴이 **이민성**

펴낸이 **박찬규**   엮은이 **전이주**   디자인 **북누리**   표지디자인 **Arowa & Arowana**

펴낸곳 **위키북스**   전화 **031-955-3658, 3659**   팩스 **031-955-3660**

주소 **경기도 파주시 문발로 115 세종출판벤처타운 311호**

가격 **32,000**   페이지 **420**   책규격 **188 x 240mm**

초판 발행 **2025년 08월 04일**
ISBN **979-11-5839-624-4 (93000)**

등록번호 **제406-2006-000036호**   등록일자 **2006년 05월 19일**
홈페이지 **wikibook.co.kr**   전자우편 **wikibook@wikibook.co.kr**

TAIKENSHINAGARA MANABU NETWORK GIJUTSU NYUMON
Copyright ⓒ 2024 Hiroshi Miyata
All rights reserved.
Original Japanese edition published by SB Creative Corp.
Korean translation rights ⓒ 2025 by WIKIBOOKS
Korean translation rights arranged with SB Creative Corp., Tokyo
through Botong Agency, Seoul, Korea

이 책의 한국어판 저작권은 Botong Agency를 통한 저작권자와의 독점 계약으로 위키북스에 있습니다.
신저작권법에 의해 한국 내에서 보호를 받는 저작물이므로 무단 전재와 복제를 금합니다.

이 책의 내용에 대한 추가 지원과 문의는 위키북스 출판사 홈페이지 wikibook.co.kr이나
이메일 wikibook@wikibook.co.kr을 이용해 주세요.

도커로 구축한 랩에서 혼자 실습하며 배우는

네트워크 프로토콜 입문

OSI 2계층부터 7계층까지
내 컴퓨터에서 직접 체험하며 익히는 네트워크 기술

미야타 히로시 지음 / 이민성 옮김

위키북스

들어가는 말

이 책은 네트워크 검증 환경을 구축해서 실제로 운영 중인 현장에서도 통하는 실무 지식을 습득할 수 있는 책이다.

최근 ChatGPT를 비롯한 AI 기술을 활용한 서비스가 세상에 빠르게 스며들면서 우리 생활과 비즈니스에 중요한 역할을 담당하고 있다. 이와 함께 AI 기술로 생성된 다소 그럴듯한 정보를 무조건 믿지 않고 그 정확성과 신뢰성을 평가하고 적절히 취사선택하는 것이 현대 사회에서 중요한 스킬이 되고 있다. 이러한 배경에서 향후 인프라 엔지니어나 네트워크 엔지니어들에게도 AI 기술과의 융합으로 인한 새로운 과제에 대응하기 위해서는 경험과 체험을 바탕으로 한 탄탄한 지식의 습득이 필수적인 요소가 될 것임에 틀림없다.

이 책은 앞으로 본격적으로 도래할 AI 시대에 네트워크 초보자가 특히 얻기 어려운 '경험'과 '체험'을 보완하기 위해 만들어졌다. 이 책을 통해 네트워크 장비를 설정하고 패킷을 분석하면서 네트워크 검증 환경을 구축하다 보면 실제 구축 현장이나 운영 현장과 유사한 경험을 자연스럽게 쌓고 체험할 수 있을 것이다. 네트워크 검증 환경 구축은 정보의 정확성과 신뢰성 평가는 물론, AI 기술이나 이론 학습만으로는 얻을 수 없는 수많은 시행착오를 만들어낸다. 그리고 그 시행착오를 통해 결과적으로 구축이나 운영 현장에서도 통하는 실무 지식과 기술을 키울 수 있다.

여러분은 네트워크 '검증 환경'이라고 하면 어떤 것이 떠오르는가? 아마도 많은 사람이 라우터, 스위치, 방화벽, 부하 분산 장치 등 다양한 네트워크 장비를 준비해 랙에 설치하고, LAN 케이블이나 광케이블로 연결하는 등 거창한 것을 상상할 수도 있을 것이다. 실제로 예전에는 그랬다. 필자도 젊은 시절 다다미방에 경매에서 낙찰받은 장비들을 늘어놓고 검증 환경을 구축해 매일같이 검증을 반복했던 기억이 있다. 겨울에는 난방이 필요 없어 쾌적했지만, 여름에는 하루 종일 냉방으로 전기료가 엄청나게 나왔던 기억이 지금도 잊히지 않는다. 하지만 이제 시대가 바뀌었다. 지금은 가상화, 컨테이너화 등의 기술 혁신으로 그때와 동등하거나 그 이상의 검증 환경을 언제든 쉽고 빠르게 구축할 수 있게 되었다. 정말 편리한 세상이 되었다. 이 책은 이러한 기술을 최대한 활용하여 여러분이 평소에 사용하는 PC 안에 '빠르게', '가볍게', '저렴하게' 네트워크 검증 환경을 구축할 수 있도록 도와준다.

자, 이제 우리 모두 끝없는 검증의 늪에 빠져보자. 이 책과 함께 검증 환경을 구축하고 많은 설정과 패킷 분석을 반복하면서 AI 기술이나 책상 위의 학습으로 얻은 얕은 지식이 구축 현장과 운용 현장에서 통용되는 두꺼운 지식으로 승화될 것이다. 이 책이 머지않은 미래에 다가올 것으로 예상되는 AI 시대의 인프라-네트워크 세상을 살아갈 수 있는 하나의 도구가 되었으면 하는 것이 필자의 바람이다.

이 책의 대상 독자

이 책은 다음과 같은 독자를 대상으로 한다.

네트워크 초보자에서 탈출하고 싶은 사람

네트워크에 대해 조금은 공부해서 어느 정도 알고 있다고 생각하지만, 왠지 금방 잊어버린다. 그래서 계속 초보자로 머무른다. 왜 계속 그런 상태에 머무르는 걸까? 그것은 실제로 네트워크를 구축하거나 패킷을 분석하거나 책상에서 배운 지식을 실제로 사용해본 경험과 체험이 결정적으로 부족하기 때문이다.

이 책은 언제까지나 네트워크 초보에 머무르는 사람들이 실제로 네트워크를 구축하거나 그 네트워크에서 캡처한 패킷을 분석함으로써 경험을 보완하고 네트워크 초보에서 탈출할 수 있게 도와준다.

자격증을 취득했지만 현장에서 자신이 없는 사람

신입사원이 회사 부서에 배치됐을 때 가장 먼저 요구되는 것은 네트워크 스페셜리스트(일본의 네트워크 관련 자격), CCNA 등 네트워크 엔지니어의 등용문과 같은 자격증을 취득하는 것이다. 자격증 취득은 지식의 저변을 넓힌다는 점에서 탁월한 힘을 발휘한다. 하지만 그 지식이 반드시 현장에서 바로 통하는 것은 아니다. 자격증 취득은 목표가 아니라 시작이다. 실제 네트워크 구축 현장에서는 그보다 더 깊고, 복합적이고, 고도의 지식이 요구된다.

이 책은 현장에서 통용되는 지식을 검증 환경에 담아 자격 지식과 현장 지식을 연결하는 가교 역할을 한다.

들어가는 말

문제 대응력을 높이고 싶은 네트워크 운영자

네트워크를 운영하게 되었지만 쏟아지는 로그를 보고 틀에 박힌 대로 시키는 대로만 하는 업무에 지쳤는가? 물론 그 또한 서비스를 안정적으로 제공하기 위해 중요한 업무임에는 틀림없다. 하지만 '이 로그는 이렇게 대처한다'는 식의 정해진 일만 하고 있다면 문제의 본질을 제대로 파악하고 있다고 볼 수 없다. 또한, 이러한 정형화된 업무는 결국 AI가 가장 먼저 대체할 수 있는 업무가 될 것이다.

이 책은 문제 발생 시 도움이 되는 명령어 및 팁을 곳곳에 배치하여 문제의 본질을 이해할 수 있는 기술력을 갖출 수 있도록 구성했다.

검증 환경의 설계 이념

이 책의 핵심인 검증 환경은 '빠르게', '가볍게', '저렴하게'라는 세 가지 설계 이념을 바탕으로 설계되었다.

빠르게

앞서 언급했듯이 이전에는 네트워크 검증 환경을 준비하는 것이 매우 힘들었고, 물리적인 구성만 해도 하루 이상 걸리기도 했다. 하지만 지금은 가상화, 컨테이너화 등의 기술 혁신으로 인해 이러한 번거로운 작업을 명령어 하나 혹은 클릭 한 번으로 해결할 수 있게 되었다.

이 책의 검증 환경은 이러한 기술을 최대한 활용하여 빠르게 구축할 수 있도록 설계되어 있다.

가볍게

네트워크 검증 환경은 애플리케이션 검증 환경과 달리 많은 장비를 구동해야 하기 때문에 CPU, 메모리 등 리소스를 많이 소모할 수밖에 없다. 설령 빠르게 검증 환경을 구축할 수 있다고 해도 쾌적하게 동작하지 않는다면 어렵게 얻은 동기부여도 사라질 수 있다.

이 책의 검증 환경은 네트워크의 기초를 실무적으로 학습할 수 있는 최소한의 구성과 설정으로 가볍게 작동하도록 설계되어 있다.

저렴하게

예전에는 네트워크 검증 환경이라고 하면 회사에 있는 검증 장비를 다른 구성원들과 공유해서 사용하거나 여러 곳에서 장비를 구입해 집에 나만의 환경을 구축하는 등 공간과 비용이 많이 드는 것이었다. 하지만 최근 기술 혁신으로 시대가 많이 바뀌었다.

이 책의 검증 환경은 여러분이 일반적으로 사용하는 일반적인 사양의 윈도우 PC 내에 구축한다. 필요한 것은 당신의 PC 한 대뿐이다. 또한, 검증에 시간이 많이 걸리더라도 비용이 청구되지 않는다. 원하는 만큼, 반복해서, 만족할 때까지 검증할 수 있다.

이 책을 즐기기 위해 필요한 지식

이 책은 네트워크 장비와 유사한 기본 기능을 가진 리눅스 애플리케이션을 명령어로 설정하여 검증 환경을 구축해 나간다. 응용 프로그램별 명령어에 대해서는 깊이 있게 설명하는 한편, 기본적인 리눅스 명령어에 대한 설명은 가볍게 다루고 있다. 따라서 기본적인 리눅스 명령어의 의미에 대해 어느 정도 이해하고 있다면 이 책의 내용을 더 재미있게 읽을 수 있을 것이다. 물론 웹 사이트에서 의미를 찾아보면서 읽어도 좋고, 의미를 모른 채로 이 책을 따라 설정해 나가도 큰 문제는 없다.

또한, 이 책은 '네트워크란 무엇인가', '프로토콜이란 무엇인가'와 같은 네트워크의 기초적인 내용은 다루지 않는다. 이 책을 따라 설정하는 것만으로도 검증 환경을 구축할 수 있지만 사전에 기초적인 지식을 어느 정도 익혀둔다면 이 책의 묘미를 느낄 수 있을 것이다.

이 책의 구성

이 책은 1장 '검증 환경 구축하기', 2장 '레이어 2 프로토콜 이해하기', 3장 '레이어 3 프로토콜 이해하기', 4장 '레이어 4 프로토콜 이해하기', 5장 '레이어 7 프로토콜 이해하기', 6장 '총정리'의 총 6장으로 구성되어 있다.

PC 내에 검증 환경을 구축하는 1장과 전체적인 마무리를 하는 6장을 제외하고, 2~5장은 공통된 구조를 채택하여 '검증 환경 이해하기(검증 환경 절)', '네트워크 프로토콜 이해하기(네트워크 프로토콜 절)', '네트워크 기술 이해하기(네트워크 기술 절)'의 세 가지 절로 구성된다.

들어가는 말

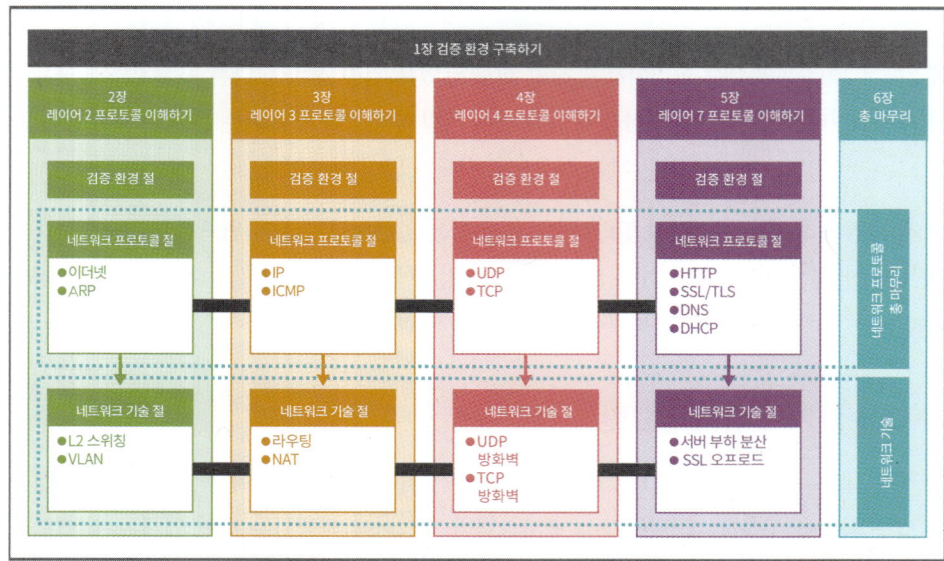

[그림] 전체 구성 개요

'검증 환경 이해하기' 절

검증 환경 중 해당 장과 관련된 장비를 선정하여 설계에 대해 소개하는 절이다. 이 책의 검증 환경은 총 13개의 네트워크 장비와 서버로 구성되어 있다. 이 중 각 장마다 관련된 장비는 몇 개에 불과하다. 이 절에서는 이들 장비에 초점을 맞추어 '어떻게 연결되어 있는지', '어떻게 패킷을 처리하는지', '왜 이렇게 구성되었는지' 등 물리적 설계와 논리 설계, 설계 의도 등에 대해 설명한다. 무엇보다도 검증 환경은 이 책의 핵심이다. 이 절에서 해당 장에서 포인트가 되는 장비 관련 설계를 인식하고 다음 절로 넘어가도록 하자.

'네트워크 프로토콜 이해하기' 절

해당 레이어와 관련된 대표적인 프로토콜에 대해 설명하는 절이다. 각 절은 다시 '이론 이해하기'라는 이름의 이론 학습 부분과 '실습해 보기'라는 이름의 실습 항목으로 구성된다. 이론 절에서는 프로토콜의 형식과 중요한 필드 등을 선별하여 설명하며 기본 지식을 쌓고 기초를 다진다. 실습 절에서는 검증 환경에서 실제로 패킷을 캡처하고, 이를 분석하는 실습을 진행한다. 실제로 네트워크에 흐르는 패킷을 살펴보면 책으로 하는 이론 학습만으로는 알 수 없었던 세세한 특성이나 변화를 알 수 있을 것이다. 책에서 배운 기초 지식에 현장에서 많이 사용하는 패킷 캡처와 분석 경험을 더하는 것이다.

'네트워크 기술 이해하기' 절

해당 레이어와 관련된 대표적인 네트워크 기술에 대해 설명하는 절이다. 이 절 역시 이전 절과 마찬가지로 '이론 이해하기'의 이론 학습 부분과 '실습해 보기'의 실습 항목 두 가지로 구성된다. 이론 부분에서는 해당 네트워크 기술이나 해당 기술을 가진 네트워크 장비에 대해 설명한다. 이 항목에서 해당 기술의 동작과 흐름을 그림으로 이해하며 기초를 다진다. 실습 부분은 실제로 검증 환경의 네트워크 장비를 설정하고 동작을 확인하는 항목이다. 실제로 네트워크 장비를 설정하고 동작을 살펴보면 이론 학습만으로는 알 수 없었던 세세한 특성이나 변화를 알 수 있을 것이다. 책을 통해 공부한 밑바탕에 현장에서 필요한 구축 경험을 얹어주는 과정이다.

 감사의 말

감사의 말

이 책은 많은 분의 도움으로 만들어졌다. 12년 동안 늘 변함없는 모습으로 날카로운 지적과 새로운 관점을 제시해준 SB크리에이티브의 토모야스 켄타님께는 매번 감사하다는 말을 해도 부족하다. 나는 글쓰기를 통해 겸손하게 계속 배울 수 있는 소중한 기회를 얻고 있다. 이런 기회를 주셔서 정말 감사하다.

또한, 본업과 사생활로 바쁜 와중에도 넓은 아량으로 다양한 깨달음과 적절한 조언을 해주신 도와키 타카히로 씨, 뛰어난 기술력과 분석력으로 매번 생생한 트러블슈팅을 보여주신 마츠다 히로유키 씨, 스크립트를 세밀하게 검토해주신 나리타케 히로유키 씨에게 정말 감사드린다. 각자의 전문 분야에서 많은 지적을 해준 덕분에 이 책이 유일무이한 책으로 거듭날 수 있었다.

마지막으로 밤낮을 가리지 않고 집필 작업에 몰두한 탓에 고생한 가족들에게 감사를 전한다. 먼저 십여 년의 교직 생활에 마침표를 찍은 아내는 학생을 사랑하는 마음이 컸던 만큼 그 결단에는 큰 용기가 필요했을 것이다. 그 경험을 우리 집 교육부 장관으로서 잘 살려주기를 바란다. 이어서 입시반에서 찜짝 취급을 받았던 소우마, 결과적으로 나오게 되었지만 신경 쓸 것 없다. 아버지도 고등학교 시절에는 동아리 활동만 하고 계속 반에서 짐이었다. 하지만 지금은 평범하게 살아가고 있다. 너의 인생은 아직 한참 남았다! 진정 강인한 덕후가 되기 위해 생선을 먹으며 힘내자! 마지막으로, "나는 공주야!"라고 외치며 좀처럼 목욕을 하지 않으려는 아야네, 안타깝지만 너는 공주가 아니다. 그리고 공주님도 목욕은 한단다. 그러니 빨리 목욕하자. 오늘도 또 늦게 잠자리에 들겠지...

미야타 히로시(みやた ひろし)

목차

1장. 검증 환경 구축하기 ... 1

1-1 사용 도구에 대한 이해 ... 2

   1-1-1 WSL2 ... 2
   1-1-2 도커 ... 3
   1-1-3 tinet ... 4

1-2 PC에 도구 설치하기 ... 6

   1-2-1 PC 사양 조건 ... 6
   1-2-2 WSL2 설치 ... 7
      가상화 지원 기능 활성화 ... 7
      WSL2 설치 ... 8
      우분투 사용자 이름과 비밀번호 생성 ... 8
      root 사용자 설정 ... 10
      인스턴스 버전 확인 ... 10
   1-2-3 설정 스크립트 실행 ... 11
   1-2-4 체크 스크립트 실행 ... 16

1-3 도구 사용법 이해하기 ... 19

   1-3-1 WSL2 사용법 ... 20
      이 책과 관련된 wsl 명령의 옵션 ... 20
      WSL 인스턴스 실행 방법 ... 21
      WSL 인스턴스 중지 방법 ... 22
      WSL 인스턴스와 파일 교환 ... 23
   1-3-2 도커 사용법 ... 25
      이 책과 관련된 docker 명령어 ... 25
      컨테이너 로그인 ... 26
      컨테이너 상태 확인 ... 26
      이미지 확인 ... 27
      이 책에서 사용하는 이미지 ... 28
   1-3-3 tinet 사용법 ... 31
      이 책과 관련된 tinet 명령어 ... 31
      네트워크 환경 구축 ... 31
      컨테이너 설정 ... 32

	테스트 명령 실행	33
	검증 환경 삭제	34
	네트워크 구성 가시화	34

1-4 검증 환경 구축하기 — 35

1-4-1	검증 환경 구축	35
1-4-2	구성 개요	37
	가정 내 LAN	38
	인터넷	38
	서버 사이트	38
1-4-3	동작 확인	40

1-5 설정 파일 사용법 — 40

2장. 레이어 2 프로토콜 이해하기 — 43

2-1 검증 환경 이해하기 — 44

sw1(L2 스위치)	44
sw2(L2 스위치)	44

2-2 네트워크 프로토콜 이해하기 — 45

2-2-1	이더넷	46
	이더넷 II 프레임 포맷	47
	MAC 주소	49
	tcpdump	53
	Wireshark	54
	패킷 캡처하기	56
	패킷 분석하기	60
2-2-2	ARP(주소 확인 프로토콜)	64
	ARP 프레임 형식	65
	ARP를 통한 주소 확인의 흐름	66
	ARP의 캐시 기능	68
	패킷 캡처하기	70
	패킷 분석하기	73

2-3 네트워크 기술 이해하기 … 76

2-3-1 L2 스위칭 … 76
MAC 주소 중복 시 동작 … 82

2-3-2 VLAN(가상 LAN) … 87
포트 VLAN … 87
태그 VLAN … 88
포트 VLAN … 91
태그 VLAN … 97

3장. 레이어 3 프로토콜 이해하기 … 105

3-1 검증 환경 이해하기 … 106
rt1(광대역 라우터) … 106
rt2, rt3(인터넷 라우터) … 106
fw1(방화벽) … 107

3-2 네트워크 프로토콜 이해하기 … 108

3-2-1 IP(인터넷 프로토콜) … 109
IP 패킷 형식 … 110
IP 주소 및 서브넷 마스크 … 115
다양한 IP 주소 … 116
패킷 캡처하기 … 125
패킷 분석하기 … 128

3-2-2 ICMP(인터넷 제어 메시지 프로토콜) … 130
ICMP 패킷 형식 … 131
다양한 ICMP 유형 및 코드 … 133
패킷 캡처하기 … 135
패킷 분석하기 … 137

3-3 네트워크 기술 이해하기 … 138

3-3-1 라우팅 … 139
라우팅 동작 … 139
라우팅 테이블 … 144

	정적 라우팅	147
	동적 라우팅	152
3-3-2	NAT(Network Address Translation)	160
	정적 NAT(Static NAT)	161
	NAPT	162
	정적 NAT	163
	NAPT	173

4장. 레이어 4 프로토콜 이해하기　　179

4-1　검증 환경 이해하기　　180
　　fw1(방화벽)　　180

4-2　네트워크 프로토콜 이해하기　　181

4-2-1　UDP(User Datagram Protocol)　　182
　　UDP 패킷 형식　　183
　　포트 번호　　184
　　패킷 캡처하기　　188
　　패킷 분석하기　　190

4-2-2　TCP(Transmission Control Protocol)　　192
　　TCP 패킷 형식　　192
　　TCP의 상태 전이　　199
　　실습해 보기　　207

4-3　네트워크 기술 이해하기　　213

4-3-1　UDP 방화벽　　214
　　실습해 보기　　218

4-3-2　TCP 방화벽　　228
　　실습해 보기　　233

5장. 레이어 7 프로토콜 이해하기 — 239

5-1 검증 환경 이해하기 — 240

5-2 네트워크 프로토콜 이해하기 — 242

- 5-2-1 HTTP(Hyper Text Transfer Protocol) — 243
  - HTTP 메시지 형식 — 244
  - HTTP/2 연결 패턴 — 255
  - 실습해 보기 — 257

- 5-2-2 SSL/TLS(Secure Socket Layer/Transport Layer Security) — 264
  - SSL이 사용하는 기술 — 265
  - SSL 레코드 형식 — 274
  - SSL 커넥션에서 커넥션 해제까지의 흐름 — 279
  - 실습해 보기 — 290
  - 패킷 분석하기 ② (HTTP/2) — 303

- 5-2-3 DNS(Domain Name System) — 310
  - 도메인 이름 — 311
  - 이름 풀이 — 312
  - DNS 메시지 형식 — 318
  - 패킷 캡처하기 — 319
  - 패킷 분석하기 — 329

- 5-2-4 DHCP(Dynamic Host Configuration Protocol) — 337
  - 정적 할당과 동적 할당 — 338
  - DHCP 메시지 형식 — 339
  - DHCP 처리 흐름 — 341
  - 패킷 캡처하기 — 342
  - 패킷 분석하기 — 345

5-3 네트워크 기술 이해하기 — 350

- 5-3-1 서버 부하 분산 — 351
  - 서버 부하 분산에 사용되는 기능 — 352
  - 서버 부하 분산 흐름 — 354
  - 간단한 서버 부하 분산 — 358
  - 쿠키 퍼시스턴스를 이용한 서버 부하 분산 — 368

- 5-3-2 SSL 오프로드 — 376

6장. 총 마무리 387

6-1 프로토콜 설명 절 총정리 388

6-2 네트워크 기술 절 총정리 391

    1단계(NIC 설정 단계) (337쪽 DHCP 참조) 392

    2단계(주소 확인 단계) (64쪽 ARP 참조) 393

    3단계(이름 풀이 단계) (310쪽 DNS 참조) 393

    4단계(3방향 핸드셰이크 단계) (192쪽 TCP 참조) 396

    5단계(SSL 핸드셰이크 단계) (264쪽 SSL/TLS 참조) 397

    6단계(SSL 오프로드 + 부하 분산 단계) (376쪽 SSL 오프로드 참조) 398

1장

검증 환경 구축하기

이 장에서는 이 책의 핵심이라 할 수 있는 '네트워크 검증 환경'을 구축하기 위해 필요한 도구와 이를 이용한 구축 절차, 의도, 구성 내용 등에 대해 설명한다. 이 책은 2장 이후부터는 검증 환경을 전제로 전개된다. 이 장을 통해 검증 환경의 전체적인 그림을 이해하고 이 책을 읽을 수 있도록 준비하자.

1-1 사용 도구에 대한 이해

'네트워크 검증 환경(이하 검증 환경)'은 말 그대로 '네트워크'의 동작을 '검증'하기 위한 '환경'을 말한다. 이 책은 실제로 검증 환경을 구축하고, 그 안에서 다양한 패킷을 보고, 네트워크 장비의 동작을 보면서 네트워크에 대한 지식을 쌓아가는 과정을 따른다. 따라서 먼저 검증 환경을 구축하지 않으면 시작할 수 없다.

여기서는 검증 환경 구축에 필요한 'WSL2(Windows Subsystem for Linux version 2)', '도커', 'tinet'이라는 세 가지 도구에 대해 간략하게 설명한다.

1-1-1 WSL2

WSL2는 마이크로소프트가 제공하는 '윈도우 OS 안에서 리눅스 OS를 구동하는' 도구다. WSL2를 사용하면 윈도우 PC에서 우분투, 데비안 등 다양한 리눅스 OS를 실행할 수 있고 그 안에서 리눅스 명령어를 입력하거나 리눅스 애플리케이션을 실행할 수 있다.

WSL2를 뒷받침하는 것은 하이퍼바이저 방식의 가상화 기술이다. OS의 뒤쪽에서는 마이크로소프트 표준 가상화 소프트웨어 'Hyper-V' 위에 WSL용으로 커스터마이징된 가상머신(경량 유틸리티 가상머신)이 동작하고 있으며, 마이크로소프트 스토어에서 설치한 WSL용 리눅스 배포판[1] (WSL 배포판) 역시 WSL2용 리눅스 커널[2] (WSL2 커널)을 사용하여 가상 머신에서 리눅스 OS(WSL 인스턴스)로 동작한다.

WSL2는 이 가상 머신과 리눅스 커널이 WSL2에 최적화되어 있기 때문에 다른 윈도우 애플리케이션과 마찬가지로 몇 초 만에 실행되며 적은 메모리로도 빠르게 실행된다. 또한, WSL2는 개인 및 가정용 윈도우 버전인 홈 에디션에서도 작동하며 지갑에 부담이 없는 것도 매력적이다. 이 책의 콘셉트인 '빠르게', '가볍게', '저렴하게'에 딱 맞아서 이번에는 이 제품을 사용하기로 했다.

이 책에서는 WSL2에서 우분투 20.04의 WSL 인스턴스를 WSL2로 구동한다.

---

[1] OS로서 필요한 기능과 다양한 툴을 모아놓은 것. 라이브러리, 셸, 명령어, 애플리케이션 등이 포함된다.
[2] 메모리 관리 기능, 프로세스 관리 기능, 네트워크 기능 등 OS의 핵심적인 역할을 하는 프로그램을 말한다.

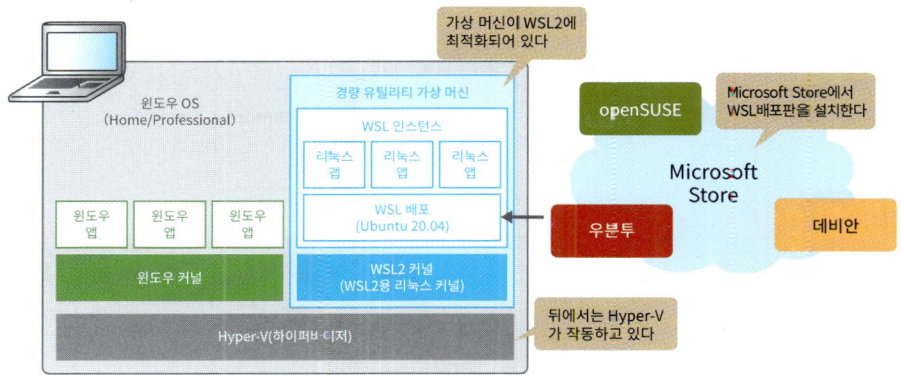

[그림] WSL2를 사용하여 윈도우 OS 안에서 리눅스 OS를 구동

1-1-2 도커

도커(Docker)는 도커 사가 제공하는 오픈소스인 컨테이너형 가상화 도구다. 도커를 사용하면 하나의 리눅스 OS 위에서 마치 여러 개의 리눅스 OS가 동작하는 것처럼 보이게 할 수 있다. '도커 엔진', '이미지', '컨테이너'의 세 가지로 구성되어 있다.

도커 엔진은 도커를 설치하면 얻을 수 있는 기반, 즉 모선과 같은 역할을 한다. 실제로 컨테이너를 실행하고, 중지하고, 삭제하는 등 다양한 역할을 담당하고 있으며 도커라고 하면 도커 엔진과 동일시해도 무방하다.

이미지는 컨테이너를 만들기 위한 템플릿(금형)과 같다. 애플리케이션을 구동하는 데 필요한 데이터가 들어 있고 이미지를 실행하면 컨테이너가 만들어진다. 이미지는 무에서 유를 창조하는 것이 아니라, 처음에는 '도커 허브(Docker Hub)'라는 도커 사가 운영하는 웹사이트에서 이미지를 다운로드한다. 도커 허브에는 'nginx가 설치된 이미지', 'MySQL이 설치된 이미지' 등 다양한 이미지가 준비되어 있다. 목적에 맞는 이미지를 다운로드하여 실행하면 이미지에 맞는 컨테이너를 생성할 수 있다.

컨테이너는 애플리케이션의 실행 환경을 말한다. 이 실행 환경이 도커 엔진상에 격리되어 있고, 리눅스 OS처럼 동작하도록 만들어져 있어 마치 하나의 리눅스 OS 위에 여러 개의 리눅스 OS가 동작하는 것처럼 보인다. 컨테이너는 기반이 되는 OS[3]에서 하나의 프로세스로 동작하기 때문에 다른 애플리케이션과 마찬가지로 바로 실행된다. 또한, 여러 컨테이너가 리눅스 커널을 공유하기 때문에 메모리와 디스크를 많이 소모하지 않는다. 이 역시 이 책의 콘셉트인 '빠르게', '가볍게', '저렴하게'에 딱 맞아떨어진다. 또한, 네트워크

---

[3] 이 책의 경우 WSL2에서 실행되는 우분투 20.04가 이에 해당한다.

의 트렌드가 점차 가상화에서 컨테이너화로 옮겨가고 있다는 점도 이것을 사용하게 된 포인트가 되었다.

이 책에서는 WSL2에서 동작하는 우분투 20.04에 도커를 설치하고, 바로 뒤에서 설명할 tinet을 통해 컨테이너를 설정한다.

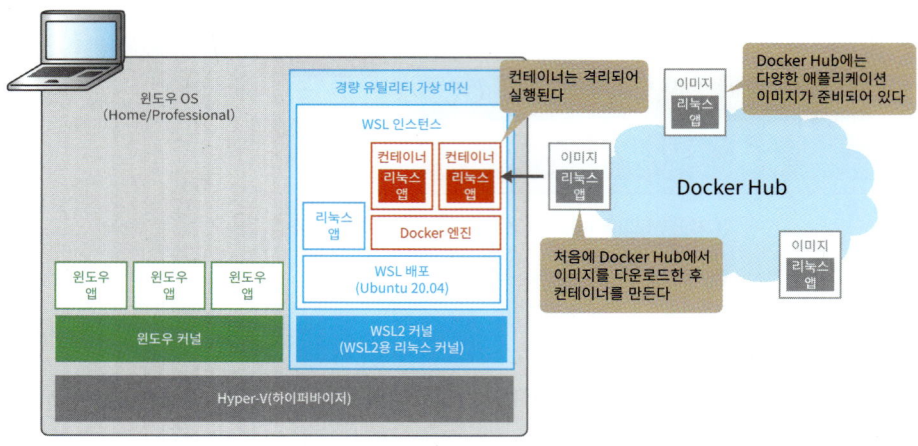

[그림] 도커로 실행 환경 격리하기

1-1-3 tinet

tinet은 마에다 쇼고(前田章吾)와 시로쿠라 히로키(城倉弘樹)가 개발하여 GitHub에 공개하고 있는 도커를 이용한 검증 환경 구축 도구로, tinet을 사용하면 명령어로 파일을 불러오는 것만으로 다양한 네트워크 환경을 구축할 수 있다.

지금까지 네트워크 검증 환경을 구축하는 툴이라고 하면 'CML(Cisco Modeling Labs)', 'EVE-NG(Emulated Virtual Environment Next Generation)' 등 가상화 환경을 사용하는 경우가 많아 PC의 리소스가 많이 필요하다는 큰 단점이 있었다. tinet은 도커를 기반으로 하고 있기 때문에 리소스를 많이 필요로 하지 않고, 컨테이너 수가 다소 늘어나더라도 빠르게 동작한다는 장점이 있다. 또한 YAML(YAML Ain't Markup Language)로 작성된 설정 파일을 불러오는 것만으로 '**1** 이미지 다운로드' → '**2** 네트워크 환경 구축' → '**3** 컨테이너 구동' → '**4** 컨테이너(네트워크 장비 및 서버) 설정'이라는 검증 환경 구축에 필요한 일련의 작업을 수행할 수 있어 빠르게 검증 환경을 구축할 수 있다. 핵심이 되는 설정 파일에 대해서도 GitHub에 템플릿이 준비되어 있고, 무엇보다도 샘플 파일이 많이 올라와 있는 것도 초보자에게는 고마운 부분이다.

tinet에서는 예를 들어 라우터라면 'FRR(FRRouting)', L2 스위치라면 'OVS(Open vSwitch)' 등 네트워크 장비와 동일한 기본 기능을 가진 애플리케이션을 설치한 이미지를 사용하여 검증 환경을 구축하게 된다. 제조사 고유의 기능이나 동작을 검증할 수 있는 것은 아니지만 네트워크 프로토콜의 내용이나 네트워크 장비의 기본적인 동작을 '빠르게', '가볍게', '저렴하게' 학습하기에는 딱 좋은 도구라고 할 수 있다.

이 책에서는 필자가 준비한 설정 파일을 사용하여 서로 다른 역할을 가진 13개의 컨테이너로 구성된 검증 환경을 구축한다.

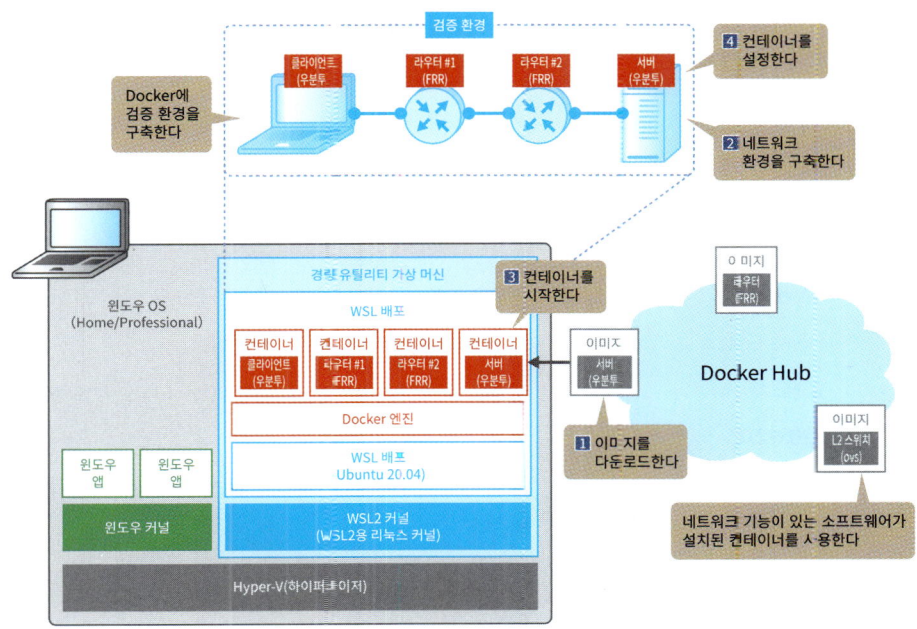

[그림] tinet으로 도커상에 검증 환경 구축하기

📄 tinet 공식 사이트

tinet은 오픈소스 프로젝트로 계속 개발되고 있으며, 최신 버전은 다음 공식 사이트에서 확인할 수 있다.

URL https://github.com/tinynetwork/tinet

공식 사이트에는 tinet의 명령어 및 설정 파일 작성 형식이 소개되어 있을 뿐만 아니라, 검증에 도움이 되는 설정 파일 샘플도 많이 공개되어 있다. GitHub의 별(star)과 풀 리퀘스트도 환영한다고 하니 관심 있는 사람은 꼭 방문해 보기 바란다.

이 책의 검증 환경 구축 시에는 이 책의 다운로드 페이지에서 제공되는 설정 파일을 이용하는 방법을 설명한다.

1-2 PC에 도구 설치하기

지금까지 이 책의 세 가지 마법의 도구라고 할 수 있는 'WSL2', 'Docker', 'tinet'에 대해 설명했다. 혹시 '왠지 잘 모르겠다…', '어려울 것 같다…'라는 생각에 이미 포기하고 싶은 마음이 드는 독자도 있을지 모르겠지만 괜찮다. 설치해서 실제로 설정해 보면 '아, 이런 거였구나'라고 하면서 어느 정도 감이 잡힐 것이다. 입력하는 명령어의 의미를 설명하지만 이해가 잘 되지 않는다면 일단 명령어만 보고 설치해 보기 바란다. 설치 자체는 그리 어렵지 않고 절차에 따라 명령어를 입력하기만 하면 된다.

1-2-1 PC 사양 조건

이 책의 검증 환경을 구축하는 데 사용한 PC의 사양은 다음 표와 같다.

[표] PC 사양 조건

사양		특기사항
OS	Windows 11	윈도우 10에서도 작동하지만, 이 책은 윈도우 11을 기준으로 설명한다.
에디션	Home Edition	Professional Edition에서도 작동한다.
버전	23H2	윈도우 10의 경우 버전 2004(빌드 19041) 이상으로 업데이트하기를 권장한다.
빌드	22631.2715	
시스템 종류	64비트	32비트에서는 WSL2가 작동하지 않는다. 반드시 64비트를 선택하기 바란다.
CPU	4세대 AMD Ryzen 5 5625U 2.3GHz/6코어	저가형 버전을 제외한 인텔 코어 i 시리즈에서도 작동한다.
메모리 용량	16GB	이 PC 환경에서는 모든 설정을 했을 때 WSL2만으로 3GB 정도 사용했다[4].
저장 용량	512GB	이 PC 환경에서는 모든 설정을 했을 때 WSL2만으로 4GB 정도 사용했다[5].
기타 기능	가상화 지원 기능	이 기능을 활성화하지 않으면 WSL2가 작동하지 않는다. 요즘 나오는 PC는 거의 다 지원한다.
	인터넷 연결	도구는 온라인으로 설치해야 하므로 PC가 인터넷에 연결되어 있어야 한다.

---

[4] 작업 관리자에서 VmmemWSL의 크기로 측정했다.
[5] 스토리지에 있는 가상 디스크(ext4.vhdx)의 크기로 측정했다.

물론 낮은 사양에서도 작동할 수 있다고 생각한다. 하지만 이 책에서 모든 PC 환경을 지원할 수는 없으므로 이 사양을 설치 절차의 시작점으로 정의하겠다. 각 항목에서 참고가 될 만한 정보도 특기사항으로 기재해 두었으니 함께 참고하기 바란다.

1-2-2 WSL2 설치

먼저 WSL2를 설치한다. WSL2는 윈도우 11 또는 윈도우 10 버전 2004(빌드 19041) 이상에서 명령어 하나만으로 설치할 수 있다.

가상화 지원 기능 활성화

2쪽에서 설명한 바와 같이 WSL2는 뒤에서 Hyper-V가 동작하고 있으며, Hyper-V를 구동하기 위해서는 가상화 소프트웨어의 처리 일부를 CPU에서 처리하는 '가상화 지원 기능'을 활성화해야 한다. 가상화 지원 기능이 활성화되어 있는지 여부는 작업 관리자의 [성능] 탭에 있는 CPU의 가상화 항목에서 확인할 수 있다. 최근 PC에서는 기본적으로 활성화되어 있을 것이다. 만약 비활성화되어 있다면 UEFI/BIOS를 실행하여 CPU 고급 설정 등에서 가상화 지원 기능을 활성화하기 바란다.[6]

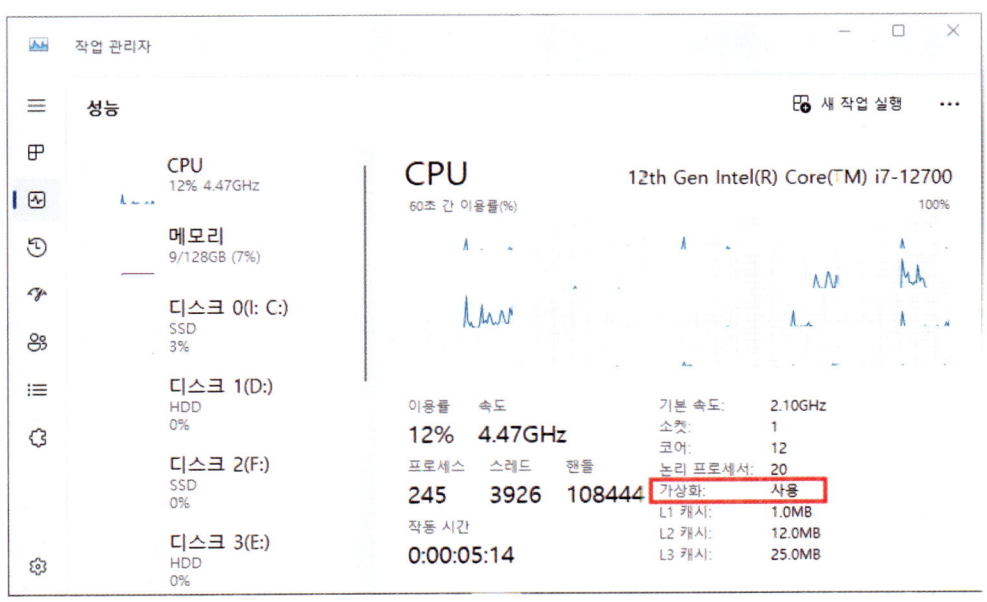

[그림] 작업 관리자에서 CPU의 가상화 지원 기능이 활성화되어 있는지 확인한다.

---

[6] 가상화 지원 기능은 인텔 CPU의 경우 'Intel Virtualization Technology', AMD CPU의 경우 'SVM Mode', 'Virtualization Technology' 등의 항목으로 표시된다.

WSL2 설치

터미널(Windows Terminal)을 관리자 모드로 열고[7] [8], 'wsl --install --distribution Ubuntu-20.04'를 입력한다[9]. 이 명령어 하나만 입력하면 '가상 머신 플랫폼', '리눅스용 윈도우 서브시스템', WSL 인스턴스 등 WSL2에서 우분투 20.04의 WSL 인스턴스를 실행하는 데 필요한 모든 기능이 설치된다. 설치가 완료되면[10] 메시지에 따라 PC를 재부팅하면 된다.

[코드] 터미널에서 설치 명령어 입력하기

```
Windows PowerShell
Copyright (C) Microsoft Corporation. All rights reserved.

새로운 기능 및 개선을 위해 최신 PowerShell을 설치하세요! https://aka.ms/PSWindows

PS C:\Users\user1> wsl --install --distribution Ubuntu-20.04
설치 중: 가상 머신 플랫폼
가상 머신 플랫폼이(가) 설치되었습니다.
설치 중: Linux용 Windows 하위 시스템
Linux용 Windows 하위 시스템이(가) 설치되었습니다.
설치 중: Ubuntu 20.04 LTS
Ubuntu 20.04 LTS이(가) 설치되었습니다.
요청된 작업이 잘 실행되었습니다. 시스템을 다시 시작하면 변경 사항이 적용됩니다.

PS C:\Users\user1> shutdown /r /t 0
```

우분투 사용자 이름과 비밀번호 생성

재부팅이 완료되면 터미널이 자동으로 실행되고[11] 설치가 계속 진행된다. 몇 분이 지나면 설치가 완료되고 우분투의 기본 사용자 이름과 비밀번호를 생성하라는 메시지가 표시된다. 원하는 사용자 이름과 비밀번호를 입력한다[12]. 그러면 Welcome 메시지와 시스템 정보가 표시된 후 명령을 입력할 수 있게 된다.

---

7 시작 메뉴를 마우스 오른쪽 버튼으로 클릭한 후 '터미널(관리자)'을 클릭하면 설정에서 지정한 프로파일의 명령줄 응용 프로그램이 실행된다. 여기서는 프로파일이 기본값인 'Windows PowerShell'로 설정되어 있다고 가정하고 설명한다.
8 윈도우 10의 경우, 시작 메뉴를 마우스 오른쪽 버튼으로 클릭한 후 'Windows PowerShell(관리자)'을 클릭한다.
9 (옮긴이) 이미 WSL이 설치되어 있는 경우 오류가 생길 수 있는데, [제어판]→[프로그램 및 기능]→[Windows 기능 켜기/끄기]→[Linux용 Windows 하위 시스템]을 체크 해제하여 삭제하기 바란다.
10 중간에 몇 차례 사용자 계정 컨트롤 창이 열린다. 모두 '예'를 클릭하여 설치를 진행한다.
11 윈도우 10의 경우 WSL 콘솔이 실행된다.
12 윈도우 OS의 사용자 이름이나 비밀번호와 무관하다.

[코드] 사용자 이름과 비밀번호 생성하기

```
Ubuntu 20.04 LTS이(가) 이미 설치되어 있습니다.
Ubuntu 20.04 LTS을(를) 시작하는 중...
Installing, this may take a few minutes...
Please create a default UNIX user account. The username does not need to match your Windows username.
For more information visit: https://aka.ms/wslusers
Enter new UNIX username: ubuntu
New password:
Retype new password:
passwd: password updated successfully
Installation successful!
To run a command as administrator (user "root"), use "sudo <command>".
See "man sudo_root" for details.


Welcome to Ubuntu 20.04.6 LTS (GNU/Linux 5.15.167.4-microsoft-standard-WSL2 x86_64)

 * Documentation:  https://help.ubuntu.com
 * Management:     https://landscape.canonical.com
 * Support:        https://ubuntu.com/advantage

  System information as of Thu Nov 14 19:28:36 KST 2024

  System load:  0.16              Processes:             68
  Usage of /:   0.1% of 1006.85GB Users logged in:       0
  Memory usage: 0%                IPv4 address for eth0: 172.19.227.198
  Swap usage:   0%


Expanded Security Maintenance for Applications is not enabled.

0 updates can be applied immediately

Enable ESM Apps to receive additional future security updates.
See https://ubuntu.com/esm or run: sudo pro status


The list of available updates is more than a week old.
To check for new updates run: sudo apt update
```

```
This message is shown once a day. To disable it please create the
/home/ubuntu/.hushlogin file.
ubuntu@MIN-PC:~$
```

root 사용자 설정

이번에는 검증 환경 구축을 쉽게 하기 위해 'sudo passwd root' 명령어로 root 사용자 비밀번호를 설정하고, 'su' 명령어로 root 사용자로 설정한다. 이후부터는 root 사용자로 명령어를 입력하는 것을 전제로 진행한다.

[코드] root 사용자 설정 및 로그인하기

```
ubuntu@MIN-PC:~$ sudo passwd root
[sudo] password for ubuntu:
New password:
Retype new password:
passwd: password updated successfully
ubuntu@MIN-PC:~$ su
Password:
root@MIN-PC:/home/ubuntu#
```

인스턴스 버전 확인

WSL '2'가 있다는 것은 당연히 WSL '1'도 존재한다는 뜻이다. WSL2가 더 가볍고 빠르며, 도커에서도 WSL2 사용을 권장하고 있기 때문에 이 책에서는 버전 2를 사용한다. 'wsl --list --verbose(짧은 옵션의 경우 wsl -l -v)'를 입력하고, 우분투 20.04의 WSL 인스턴스 버전이 '1'이라면 'wsl --set-version Ubuntu-20.04 2'를 입력하여 버전을 변경한다. 그리고 버전이 변경되었는지 확인한다. 이미 버전이 '2'로 설정되어 있다면 다음 설정 스크립트를 실행한다.

[코드] 인스턴스 버전 확인 및 필요에 따라 변경하기

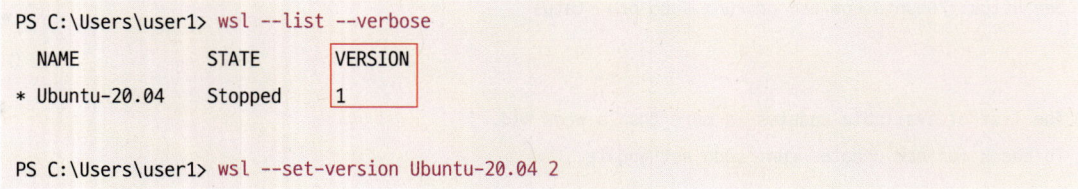

변환 중입니다. 이 과정은 몇 분 정도 소요될 수 있습니다...
WSL 2와의 주요 차이점은 https://aka.ms/wsl2에서 확인할 수 있습니다.
변환이 완료되었습니다.

```
PS C:\Users\user1> wsl --list --verbose
  NAME            STATE       VERSION
* Ubuntu-20.04    Stopped     2
```

1-2-3 설정 스크립트 실행

다음으로 WSL 인스턴스(Ubuntu)에 도커와 tinet을 설치한다. 먼저 다음 다운로드 페이지에서 설치에 사용할 파일(tinet.zip)을 다운로드한다.

검증 환경 구축용 파일 다운로드 페이지
URL https://github.com/wikibook/network-protocols

파일을 다운로드하고 압축을 풀면 'tinet'이라는 이름의 폴더가 생성된다. 이 폴더를 C 드라이브 바로 아래에 배치하면 tinet 폴더 안에 8개의 파일이 들어 있을 것이다. 이 파일들이 이 책을 읽어나가는 데 필요한 '비법 소스'와 같은 것이다.

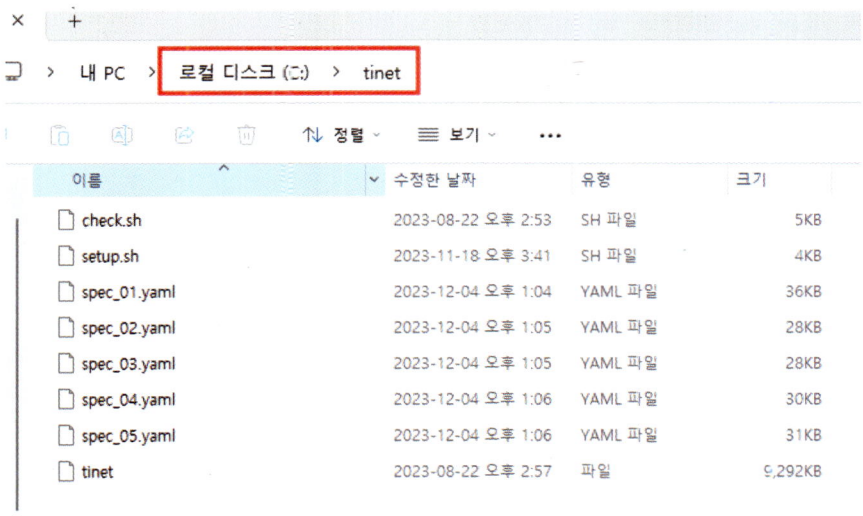

[그림] 이 책에서 사용하는 파일

이 중 설정에 사용할 스크립트가 'setup.sh'다. 이 스크립트 파일은 윈도우 OS에서 보면 'C:₩tinet'에 있는 것처럼 보이지만, WSL 인스턴스에서 ls 명령어로 보면 '/mnt/c/tinet'에 있는 것처럼 보인다[13].

[코드] 'C:₩tinet'은 WSL 인스턴스에서 '/mnt/c/tinet'에 해당한다.

```
root@MIN-PC:/home/ubuntu# ls -al /mnt/c/tinet
total 9460
drwxrwxrwx 1 ubuntu ubuntu     512 Nov 14 22:43 .
drwxrwxrwx 1 ubuntu ubuntu     512 Nov 14 22:43 ..
-rwxrwxrwx 1 ubuntu ubuntu    4430 Aug 22  2023 check.sh
-rwxrwxrwx 1 ubuntu ubuntu    3238 Nov 18  2023 setup.sh
-rwxrwxrwx 1 ubuntu ubuntu   36448 Dec  4  2023 spec_01.yaml
-rwxrwxrwx 1 ubuntu ubuntu   28292 Dec  4  2023 spec_02.yaml
-rwxrwxrwx 1 ubuntu ubuntu   28592 Dec  4  2023 spec_03.yaml
-rwxrwxrwx 1 ubuntu ubuntu   30084 Dec  4  2023 spec_04.yaml
-rwxrwxrwx 1 ubuntu ubuntu   30725 Dec  4  2023 spec_05.yaml
-rwxrwxrwx 1 ubuntu ubuntu 9514637 Aug 22  2023 tinet
```

WSL 인스턴스에서 해당 파일 경로를 지정한 bash 명령어를 실행한다. 그러면 '① DNS 클라이언트 설정' → '② 우분투 업데이트' → '③ 도커 설치' → '④ tinet 설치' → '⑤ wsl.conf 설정'의 순서로 진행된다[14].

[코드] 설정 스크립트 실행

```
root@MIN-PC:/home/ubuntu# bash /mnt/c/tinet/setup.sh
==================================================
Changing nameservers...
==================================================
Changed nameservers.


==================================================
Updating Ubuntu... (This may take some time...)
==================================================
/ Command is still running...
Checked internet connectivity. (Step 1/3)
/ Command is still running...
Updated Ubuntu. (Step 2/3)
- Command is still running...
```

---

[13] 윈도우 OS와 WSL2의 폴더 관계에 대해서는 23쪽에서 설명한다.
[14] 도중에 인터넷에서 파일을 다운로드한다. 가정의 유선 LAN 환경이나 Wi-Fi 환경 등 안정적인 인터넷 환경에서 실행하도록 한다.

```
Upgraded Ubuntu. (Step 3/3)

==================================================
Installing Docker... (This may take some time...)
==================================================
/ Command is still running...
Installed Docker.


==================================================
Installing tinet...
==================================================
Installed tinet.


==================================================
Writing to wsl.conf...
==================================================
Wrote to wsl.conf.


==================================================
Setup complete. Please restart this WSL instance.
==================================================
```

그럼 각 단계별로 어떤 과정을 거치는지 설명해 보겠다.

① DNS 클라이언트 설정

DNS 클라이언트 설정, 즉 DNS 서버의 IP 주소를 지정하는 '/etc/resolv.conf'는 기본적으로 시작할 때마다 WSL에서 자동으로 생성된다. 하지만 간혹 이것이 제대로 작동하지 않아 WSL 인스턴스에서 인터넷 연결에 실패하는 경우가 있다. 그래서 해당 파일을 삭제하고, 동일한 파일 이름으로 구글의 공인 DNS 서버 IP 주소(8.8.8.8)와 Cloudflare의 공인 DNS 서버(1.1.1.1)를 새로 지정해준다. 또한, 이후 해당 파일이 변경되지 않도록 chattr 명령으로 Immutable 플래그를 설정한다.

② 우분투 업데이트

ping 명령으로 인터넷 연결 상태를 확인하고 시간을 동기화한 후[15], apt-get update 명령으로 사용 가능한 업데이트 정보를 얻고, apt-get upgrade 명령으로 업데이트한다. 파일을 다운로드하고 설치해야 하므로 다소 시간이 걸리지만 서두르지 말고 천천히 기다리도록 하자.

---

[15] 아주 드물게 시간 동기화에 실패하는 경우가 있다. 이 경우 설정 스크립트를 다시 실행하면 해결할 수 있다.

③ 도커 설치

세 가지 마법의 도구 중 하나인 도커를 설치한다. 도커를 설치하는 방법은 여러 가지가 있지만, 이 책에서는 도커 사에서 제공하는 설치 스크립트를 사용한다. curl 명령어로 설치 스크립트를 다운로드하고 sh 명령어로 설치를 실행한다. 이 과정에도 다소 시간이 걸린다. 서두르지 말고 느긋하게 기다리도록 하자.

④ tinet 설치

마지막 마법의 도구, tinet을 설치한다. tinet의 데이터는 GitHub(https://github.com/tinynetwork/tinet)에 공개되어 있다. 방금 배포한 tinet 폴더에는 거기서 다운로드한 2023년 8월 기준 최신 버전(v0.0.3)이 포함되어 있다. 이를 cp 명령어로 /usr/bin 아래에 복사하고, chmod 명령어로 실행 권한을 부여한다.

⑤ wsl.conf 설정

wsl.conf는 WSL 인스턴스가 시작될 때 동작을 제어하는 텍스트 파일이다. /etc의 아래에 새로 만든다. setup.sh는 wsl.conf에 '호스트 이름', 'resolv.conf 자동 생성 비활성화', '도커 서비스 자동 시작', '기본 로그인 사용자'를 설정한다. 각각의 내용은 다음과 같다.

호스트 이름

WSL 인스턴스는 기본적으로 모체가 되는 윈도우 OS의 호스트 이름을 이어받는다. 물론 그렇다고 해서 동작에 문제가 있는 것은 아니지만 터미널에서 명령어를 입력할 때 윈도우 OS에서 작업하고 있는지, WSL 인스턴스(Ubuntu)에서 작업하고 있는지 한눈에 판단하기 어려울 수 있다. 그래서 이 책에서는 WSL 인스턴스가 시작될 때 호스트 이름을 지정한다. 여기서는 쉽게 구분할 수 있도록 'UBUNTU'라는 호스트 이름을 설정한다.

resolv.conf 자동 생성 비활성화

앞서 언급했듯이 DNS 서버의 IP 주소를 지정하는 '/etc/resolv.conf'는 시작할 때마다 자동으로 생성된다. 따라서 network 섹션에 'generateResolvConf = false'를 입력하여 자동 생성을 비활성화한다. 그러면 재부팅 후에도 ①에서 설정한 resolv.conf를 사용하게 된다.

도커 서비스 자동 시작

이 책에서 중요한 역할을 하는 도커 서비스는 기본적으로 WSL 인스턴스가 시작돼도 자동으로 시작되지 않는다. 따라서 boot 섹션에 도커 서비스를 자동으로 시작하는 command = "service docker start"를 작성한다.[16]

---

[16] Windows 10의 경우 WSL2 버전에 따라 command 설정이 작동하지 않을 수 있다. 이 경우 'wsl --update'로 WSL2를 업데이트하라.

기본 로그인 사용자

시작 메뉴나 wsl 명령어로 WSL 인스턴스에 로그인하면 기본적으로 처음 생성한 사용자로 로그인하게 된다. 그래서 user 섹션에 'default = root'를 입력하여 기본적으로 root 사용자로 로그인하도록 설정한다.

모든 처리가 정상적으로 완료되면 'Setup complete. Please restart this WSL instance.'라는 메시지가 표시된다. 메시지에 따라 WSL 인스턴스를 재시작한다. 참고로 WSL 인스턴스는 일반적인 리눅스 OS에서 사용하는 reboot나 shutdown 명령어를 사용할 수 없다. 터미널이나 PowerShell 창 또는 새 탭을 열고 'wsl --terminate Ubuntu-20.04'와 'wsl --distribution Ubuntu-20.04'를 입력하여 인스턴스를 재부팅한다[17].

[코드] WSL 인스턴스 재시작

```
Windows PowerShell
Copyright (C) Microsoft Corporation. All rights reserved.

새로운 기능 및 개선 사항에 대 한 최신 PowerShell을 설치하세요! https://aka.ms/PSWindows

PS C:\> wsl --terminate Ubuntu-20.04
작업을 완료했습니다.

PS C:\> wsl --distribution Ubuntu-20.04
Welcome to Ubuntu 20.04.6 LTS (GNU/Linux 5.15.167.4-microsoft-standard-WSL2 x86_64)

 * Documentation:  https://help.ubuntu.com
 * Management:     https://landscape.canonical.com
 * Support:        https://ubuntu.com/pro

(중간 생략)

This message is shown once a day. To disable it please create the
/root/.hushlogin file.
root@UBUNTU:/mnt/c#
```

참고로 각 단계에서 실행된 명령어와 그 결과는 '/var/log/setup.log'에 로그가 기록되어 있다. 중간에 명령어에 오류가 발생하거나 파일을 다운로드할 수 없는 등 문제가 발생하면 이를 참고하여 설정을 수정할 수 있다.

---

17 WSL 인스턴스 시작 및 중지 방법은 21쪽에서 자세히 설명한다.

[코드] setup.log

```
root@UBUNTU:/mnt/c# cat /var/log/setup.log

=================================================
Changing nameservers...
=================================================
Executing: rm -f /etc/resolv.conf
Executing: echo -e "nameserver 8.8.8.8\nnameserver 1.1.1.1" > /etc/resolv.conf
Executing: chattr +i /etc/resolv.conf

----> Changed nameservers. <----


=================================================
Updating Ubuntu... (This may take some time...)
=================================================
Executing: hwclock --hctosys
Executing: ping -c 2 8.8.8.8
PING 8.8.8.8 (8.8.8.8) 56(84) bytes of data.
64 bytes from 8.8.8.8: icmp_seq=1 ttl=117 time=6.25 ms
64 bytes from 8.8.8.8: icmp_seq=2 ttl=117 time=6.95 ms

--- 8.8.8.8 ping statistics ---
2 packets transmitted, 2 received, 0% packet loss, time 1001ms
rtt min/avg/max/mdev = 6.250/6.598/6.947/0.348 ms



----> Checked internet connectivity. (Step 1/3) <----
(이하 생략)
```

1-2-4 체크 스크립트 실행

마지막으로 문제없이 설정이 완료되었는지 확인한다. 체크에 사용하는 스크립트는 앞서 배포한 tinet 폴더 안에 있는 'check.sh'다. 이 파일을 bash 명령어로 실행하면 먼저 WSL 인스턴스 재부팅 여부를 묻고, 이후 '① 도커 설치 확인' → '② tinet 설치 확인' → '③ wsl.conf 설정 확인(호스트 이름 및 도커 서비스 시작 확인, 로그인 사용자 확인)'의 순서로 체크가 진행된다.

모든 검사가 문제없이 완료되면 마지막에 'All checks passed successfully.'라고 표시될 것이다.

[코드] 체크 스크립트 실행

```
root@UBUNTU:/mnt/c# bash /mnt/c/tinet/check.sh
Have you restarted your WSL2 instance? (y/n) y


==================================================
Checking /etc/resolv.conf configuration...
==================================================
/etc/resolv.conf exists.
Nameservers are set correctly in /etc/resolv.conf.

==================================================
Checking Docker installation...
==================================================
Docker is installed and accessible.

==================================================
Checking tinet installation...
==================================================
tinet is installed and accessible.

==================================================
Checking WSL configuration...
==================================================
Hostname is UBUNTU
Docker service is running.
Logged in as 'root'.

==================================================
All checks passed successfully.
==================================================
```

만약 마지막에 'Some checks did not pass. Please review /var/log/check.log.'라고 표시된다면 검증 환경 구축에 필요한 설정이 부족한 것이다. 각 단계에서 실행한 명령어와 그 결과가 /var/log/check.log에 로그로 남아있으니, 이를 참고하여 설정을 수정해 보자.

[코드] check.log

```
root@UBUNTU:/mnt/c# cat /var/log/check.log

==================================================
Checking /etc/resolv.conf configuration...
==================================================
/etc/resolv.conf exists.

Nameservers are set correctly in /etc/resolv.conf.

Executing: cat /etc/resolv.conf
nameserver 8.8.8.8
nameserver 1.1.1.1


==================================================
Checking Docker installation...
==================================================
Docker is installed and accessible.

Executing: docker --version
Docker version 27.3.1, build ce12230

(이하 생략)
```

Mac에 검증 환경을 구축하고 싶을 때

Mac에서도 WSL2 대신 Multipass를 사용하여 우분투 가상화 환경을 구축하면 동일하게 tinet을 사용할 수 있다. Mac에서의 구축 절차는 다음과 같다. 참고로 macOS 버전: 12.7, CPU: Intel Core i7, 메모리: 16GB, 스토리지: 512GB의 환경에서 시연했다.

1. Homebrew를 설치한다. Homebrew 웹사이트(https://brew.sh)에 텍스트로 나와 있는 명령어를 터미널에 복사하여 붙여넣기하여 설치할 수 있다.

```
user01@macbook ~ % /bin/bash -c "$(curl -fsSL https://raw.githubusercontent.com/Homebrew/install/HEAD/install.sh)"
```

2. brew 명령을 사용하여 Multipass를 설치한다.

```
user01@macbook ~ % brew install --cask multipass
```

3. 이 책의 다운로드 페이지(https://github.com/wikibook/network-protocols)에서 tinet_mac.zip을 다운로드하여 압축을 풀고, 사용자의 홈 디렉터리(/Users/[사용자 이름]/) 바로 아래에 배치한다.

4. multipass launch 명령을 사용하여 Mulipass상에서 동작하는 가상 머신(Ubuntu)을 생성한다. 여기서는 'UBUNTU'라는 호스트 이름으로 vCPU 2개를 할당하여 가상 머신을 생성한다. 또한, 함께 3에서 생성한 디렉터리(/Users/[사용자 이름]/tinet)를 가상 머신의 '/mnt/c/tinet'에 마운트한다.

```
user01@macbook ~ % multipass launch 20.04 --cpus 2 --name UBUNTU --mount /Users/user01/tinet:/mnt/c/tinet
Launched: UBUNTU
Mounted '/Users/user01/tinet' into 'UBUNTU:/mnt/c/tinet'
```

5. multipass shell 명령으로 가상 머신에 로그인하고 root 사용자 비밀번호를 설정한 후, root 사용자가 된다.

```
user01@macbook ~ % multipass shell UBUNTU
Welcome to Ubuntu 20.04.6 LTS (GNU/Linux 5.4.0-164-generic x86_64)
(중략)
ubuntu@UBUNTU:~$ sudo passwd root
New password:
Retype new password:
passwd: password updated successfully

ubuntu@UBUNTU:~$ su
Password:
root@UBUNTU:/home/ubuntu#
```

6. 가상 머신에서 설정 스크립트(setup_mac.sh)로 설정하고, 확인 스크립트(check_mac.sh)로 확인한다.

```
root@UBUNTU:/home/ubuntu# bash /mnt/c/tinet/setup_mac.sh
root@UBUNTU:/home/ubuntu# bash /mnt/c/tinet/check_mac.sh
```

설정 완료 후 로그인은 'multipass exec UBUNTU -- sudo -i'를 사용한다.

1-3 도구 사용법 이해하기

자, 이제 세 가지 도구를 모두 설치했는가? 이제부터 각 도구의 기본적인 사용법을 설명하겠다. 자세한 설명은 각 전문가가 집필한 책 등에 맡기기로 하고, 여기서는 이 책을 읽어나가는 데 있어 특히 연관성이 높은 명령어나 개념을 중심으로 설명하겠다.

1-3-1 WSL2 사용법

먼저 WSL2(Windows Subsystem for Linux version 2)의 사용법을 설명한다. WSL 인스턴스는 터미널에서 'wsl' 명령을 사용하여 조작한다.

이 책과 관련된 wsl 명령의 옵션

이 책과 관련된 wsl 명령의 옵션은 다음 표와 같다. 일부 옵션에는 정규형인 롱 옵션과 축약형인 숏 옵션이 있으며, 하나의 명령어에서 한 가지 형식만 사용할 수도 있고, 두 가지 형식을 혼합하여 사용할 수도 있다. 이 책에서는 명령의 내용을 쉽게 이해할 수 있도록 롱 옵션을 사용한다.

[표] 이 책과 관련된 wsl 명령어 옵션 목록

WSL 명령의 옵션		의미
롱 옵션 사용 시	숏 옵션 사용 시	
wsl		기본 WSL 인스턴스 시작(이미 시작되어 있는 경우 로그인)
wsl --distribution 〈WSL 인스턴스명〉	wsl -d 〈WSL 인스턴스명〉	지정한 WSL 인스턴스 실행(이미 실행 중인 경우 로그인)
wsl --export 〈WSL 인스턴스명〉 〈스냅샷 파일명〉		WSL 인스턴스 스냅샷 파일 생성
wsl --help		WSL에서 사용할 수 있는 옵션 및 명령어 목록 표시
wsl --import 〈WSL 인스턴스명〉 〈배치 폴더〉 〈스냅샷 파일명〉		스냅샷 파일에서 WSL 인스턴스 생성
wsl --install --distribution 〈WSL 배포판명〉	wsl --install -d 〈WSL 배포판명〉	지정된 WSL 배포판 설치
wsl --list --online	wsl -l -o	온라인 설치 가능한 WSL 인스턴스 종류 목록 표시
wsl --list --verbose	wsl -l -v	WSL 인스턴스의 이름과 상태 및 WSL 버전 확인
wsl --set-default 〈WSL 인스턴스명〉	wsl -s 〈WSL 인스턴스명〉	wsl 명령이나 SSH로 로그인할 때 자동으로 로그인되는 기본 WSL 인스턴스를 지정
wsl --set-default-version 〈버전〉		새로 설치할 WSL 인스턴스의 버전 정의

wsl --set-version ⟨WSL 인스턴스명⟩ ⟨버전⟩		지정한 WSL 인스턴스 버전 설정
wsl --shutdown		모든 WSL 인스턴스 중지
wsl --terminate ⟨WSL 인스턴스명⟩	wsl -t ⟨WSL 인스턴스명⟩	지정한 WSL 인스턴스 중지
wsl --unregister ⟨WSL 인스턴스명⟩		지정한 WSL 인스턴스 등록 해제
wsl --user ⟨사용자명⟩	wsl -u ⟨사용자명⟩	지정한 사용자로 기본 WSL 인스턴스에 로그인
wsl --update		WSL2를 최신 상태로 업데이트

WSL 인스턴스 실행 방법

앞서 언급한 바와 같이 이 책의 검증 환경은 WSL2의 WSL 인스턴스 내에 배포된다. 따라서 먼저 WSL 인스턴스를 실행하고 로그인하지 않고서는 시작할 수 없다. 다라서 여기서는 WSL 인스턴스 시작 방법 및 로그인 방법을 설명한다. WSL 인스턴스는 '시작 메뉴'나 터미널의 'wsl 명령어'를 통해 시작할 수 있다.

시작 메뉴에서 시작 및 로그인

다른 윈도우 응용 프로그램처럼 시작 메뉴를 사용한다. 시작 메뉴에 추가된 'Ubuntu 20.04 on Windows'를 클릭하면 WSL 인스턴스가 실행되고, 기본 로그인 사용자로 로그인한 상태의 터미널 또는 WSL 콘솔이 실행된다.

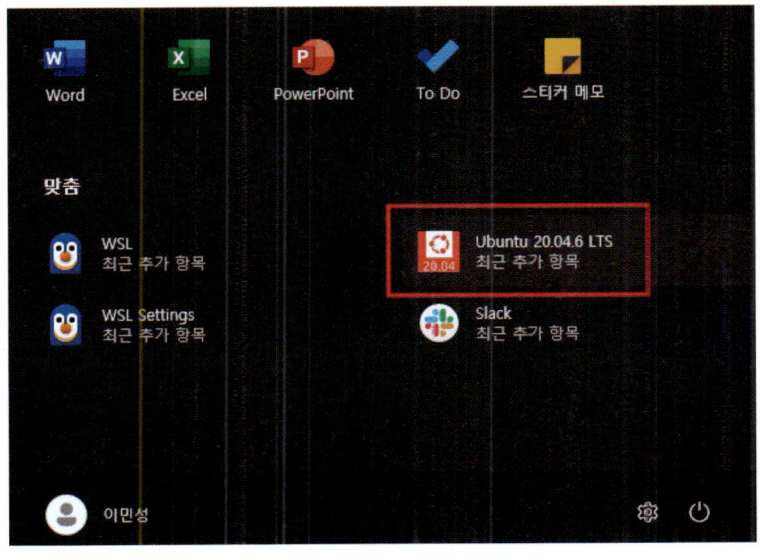

[그림] 시작 메뉴에서 시작 및 로그인

wsl 명령으로 시작 및 로그인

wsl 명령어를 이용해 시작하려면 터미널에서 wsl 명령어를 입력한다. 앞에서와 같이 wsl 명령어만 입력하면 기본 WSL 인스턴스가 시작되며, 기본 로그인 사용자로 그대로 로그인한다. '--distribution 옵션(숏 옵션의 경우 -d 옵션)'을 사용하면 지정한 WSL 인스턴스가 시작되고, '--user 옵션'을 사용하면 지정한 사용자로 로그인한다.

[코드] wsl 명령어로 시작 및 로그인

```
PS C:\> wsl --distribution Ubuntu-20.04 --user ubuntu
ubuntu@UBUNTU:/mnt/c$
```

WSL 인스턴스 중지 방법

WSL 인스턴스에서는 일반적인 리눅스 OS에서 사용하는 shutdown와 halt 명령어를 사용할 수 없으며, 입력하면 오류가 발생한다.

[코드] WSL 인스턴스에서는 shutdown 명령이나 halt 명령은 사용할 수 없다.

```
root@UBUNTU:/mnt/c# shutdown
System has not been booted with systemd as init system (PID 1). Can't operate.
Failed to connect to bus: Host is down

root@UBUNTU:/mnt/c# halt
System has not been booted with systemd as init system (PID 1). Can't operate.
Failed to connect to bus: Host is down
Failed to talk to init daemon.
```

그래서 WSL 인스턴스를 중지할 때도 wsl 명령을 사용한다. 터미널에서 '--terminate 옵션(숏 옵션의 경우 -t 옵션)'을 사용하면 지정한 WSL 인스턴스가 중지된다. 또한, 재부팅에 대해서도 shutdown 명령이나 reboot 명령은 실행할 수 없다. 일단 wsl 명령어로 WSL 인스턴스를 중지한 후, 시작 메뉴나 wsl 명령어로 다시 시작해야 한다.

[코드] wsl 명령으로 중지하기

```
PS C:\> wsl --terminate Ubuntu-20.04
작업을 완료했습니다.

PS C:\> wsl --list --verbose
  NAME            STATE      VERSION
* Ubuntu-20.04    Stopped    2
```

WSL 인스턴스와 파일 교환

이 책에는 윈도우 OS와 WSL2의 WSL 인스턴스에서 파일을 주고받는 장면이 있다. 여기서는 윈도우 OS에서 WSL 인스턴스의 폴더에 접근하는 경우와 그 반대의 경우를 각각 설명한다.

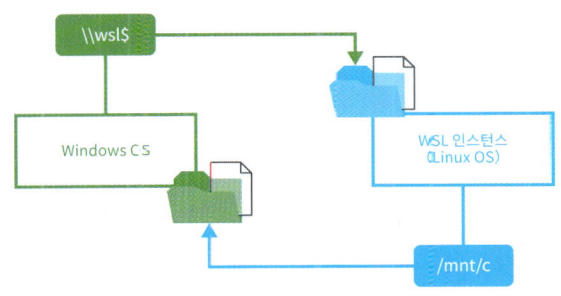

[그림] WSL2에서의 파일 교환

윈도우 OS에서 WSL 인스턴스 폴더에 접근하기

먼저, 윈도우 OS에서 WSL 인스턴스의 폴더에 접근하는 경우다. 윈도우 OS는 WSL 인스턴스가 시작되면 해당 인스턴스의 루트 폴더를 'wsl$'라는 특수한 접근 경로로 파일 공유를 한다. 따라서 <u>윈도우 OS 탐색기 주소창에 '\\wsl$'를 입력한다.</u> 그러면 실행 중인 WSL 인스턴스 이름의 폴더가 보일 것이다[18]. 이것이 WSL 인스턴스의 '/(루트 폴더)'다. 거기서 해당 인스턴스의 폴더에 접근할 수 있다.

---
18 윈도우 11의 경우 탐색기 왼쪽 탐색창에 'Linux'라는 이름의 펭귄(리눅스 마스코트인 턱스(tux)) 아이콘이 보인다. 그것을 클릭해도 접속할 수 있다.

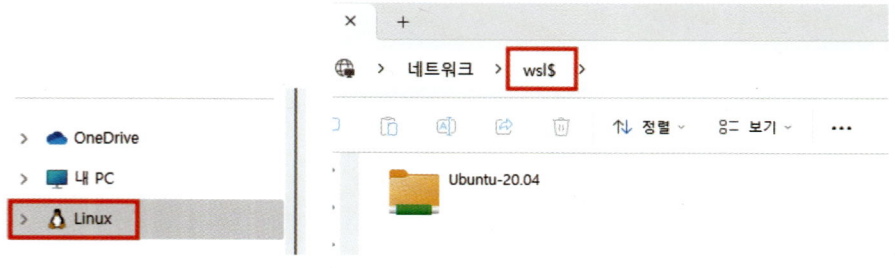

[그림] ₩₩wsl$에서 파일 공유됨

WSL 인스턴스에서 윈도우 OS의 폴더에 접근하기

다음으로 WSL 인스턴스에서 윈도우 OS의 폴더에 접근하는 경우다. WSL 인스턴스는 부팅 시 윈도우 OS의 로컬 드라이브를 '/mnt' 아래 디렉터리에 자동으로 마운트한다. '마운트'는 저장장치와 디렉터리를 연결하는 과정을 말한다. 이 과정을 통해 윈도우 OS의 C 드라이브(C:₩)의 내용을 우분투의 '/mnt/c'에서 볼 수 있게 된다. 시험 삼아 우분투에서 ls 명령어를 사용하여 /mnt/c의 내부를 들여다보자. 그러면 윈도우 OS의 C 드라이브의 내용을 볼 수 있을 것이다. 물론 '/mnt/d'를 지정하면 D 드라이브의 내용을 볼 수 있다.

[코드] /mnt/c가 자동으로 마운트된다.

```
root@UBUNTU:~# ls /mnt/c
ls: cannot access '/mnt/c/DumpStack.log.tmp': Permission denied
ls: cannot access '/mnt/c/hiberfil.sys': Permission denied
ls: cannot access '/mnt/c/pagefile.sys': Permission denied
ls: cannot access '/mnt/c/swapfile.sys': Permission denied
'$Recycle.Bin' OneDriveTemp ProgramData Users pagefile.sys
'$WinREAgent' PerfLogs Recovery Windows swapfile.sys
'Documents and Settings' 'Program Files' 'System Volume Information' hiberfil.sys
DumpStack.log.tmp 'Program Files (x86)' System.sav tinet
```

참고로 11쪽에서는 다운로드 페이지에서 tinet.zip을 다운로드하고 압축을 푼 tinet 폴더를 C 드라이브 바로 아래에 배치했다. tinet 폴더는 WSL 인스턴스(Ubuntu)에서는 /mnt/c/tinet으로 보이고, 윈도우 OS에서는 C:₩tinet으로 보인다. 두 OS에서 모두 동일한 폴더, 동일한 파일을 볼 수 있다.

1-3-2 도커 사용법

이어서 도커 사용법을 설명하겠다. 도커는 WSL 인스턴스에 root 사용자로 로그인한 후, docker 명령을 사용하여 조작한다.

이 책과 관련된 docker 명령어

이 책과 관련된 docker 명령어는 다음 표와 같다. 실제로는 하위 명령어마다 다양한 옵션이 존재한다. 하지만 검증 환경을 구축하기 위해 필요한 대부분의 docker 명령어는 tinet 명령어를 실행하면 자동으로 실행되기 때문에 생략했다.

[표] 이 책과 관련된 docker 명령어 목록

docker 명령어	의미
docker create	새 컨테이너를 생성한다
docker exec	실행 중인 컨테이너에서 명령어를 실행한다
docker images	이미지 목록을 보여준다
docker kill	하나 또는 여러 개의 실행 중인 컨테이너를 강제로 중지한다
docker login	도커 레지스트리(도커 허브 등)에 로그인한다
docker ps	컨테이너 목록을 표시한다
docker pull	도커 레지스트리(도커 허브 등)에서 이미지 및 리포지토리를 가져온다
docker restart	하나 또는 여러 개의 실행 중인 컨테이너를 재시작한다
docker rm	하나 또는 여러 개의 컨테이너를 제거한다
docker rmi	하나 또는 여러 개의 이미지를 삭제한다
docker run	새 컨테이너를 생성 및 실행한다
docker search	도커 허브 이미지를 검색한다
docker start	정지된 컨테이너 하나 또는 여러 개의 컨테이너를 실행한다
docker stop	하나 또는 여러 개의 실행 중인 컨테이너를 중지한다
man docker	도커 도움말을 표시한다

컨테이너 로그인

위 표에서 이 책에서 가장 많이 사용하는 명령어는 'docker exec 명령어'다. 이 명령어는 생성한 컨테이너에 로그인하기 위한 명령어다. 이 책에서는 tinet을 통해 다운로드 → 생성 → 시작 → 설정한 컨테이너에 대해 docker exec 명령어로 로그인한다. 예를 들어, tinet을 통해 생성한 'cl1'이라는 이름의 컨테이너에 로그인하려면 'docker exec -it cl1 /bin/bash'를 입력한다. 그러면 접두사 @(앳마크) 뒤에 표시되는 호스트 이름이 'UBUNTU'에서 'cl1'으로 바뀌면서 cl1이라는 리눅스 OS에 로그인한 것과 같은 상태가 된다. 그리고 그 안에서 다양한 리눅스 명령어를 실행할 수 있게 된다. 로그아웃할 때는 'exit 명령어'를 입력하거나 Ctrl+d를 누른다.

[코드] docker exec 명령어로 컨테이너에 로그인하기[19]

```
root@UBUNTU:~# docker exec -it cl1 /bin/bash

root@cl1:/# ping 192.168.11.254 -c 3
PING 192.168.11.254 (192.168.11.254) 56(84) bytes of data.
64 bytes from 192.168.11.254: icmp_seq=1 ttl=64 time=0.290 ms
64 bytes from 192.168.11.254: icmp_seq=2 ttl=64 time=0.981 ms
64 bytes from 192.168.11.254: icmp_seq=3 ttl=64 time=0.429 ms

--- 192.168.11.254 ping statistics ---
3 packets transmitted, 3 received, 0% packet loss, time 2016ms
rtt min/avg/max/mdev = 0.290/0.566/0.981/0.298 ms

root@cl1:/# exit
exit

root@UBUNTU:~#
```

컨테이너 상태 확인

docker exec 명령어 다음으로 자주 사용하는 명령어는 'docker ps 명령어'다. 이 명령은 실행 중인 컨테이너 목록을 표시하기 위한 명령이다. 앞서 언급했듯이 컨테이너 자체는 tinet을 통해 생성된다. 하지만 그것이 컨테이너로 동작하고 있는지 여부는 알 수 없다. 그래서 docker ps 명령어로 컨테이너의 상태를 확인한다.

---

[19] (옮긴이) 초기 상태에서는 컨테이너가 없으므로 해당 명령어로 확인할 수 없으니 주의해주세요.

[코드] docker ps 명령어로 컨테이너 상태 확인하기[20]

```
root@UBUNTU:~# docker ps
CONTAINER ID    IMAGE                      COMMAND        CREATED       STATUS       PORTS    NAMES
ef3eda297177    sphalerite1313/base        "bash"         2 hours ago   Up 2 hours            cl3
0110cd92e2e3    sphalerite1313/dhclient    "bash"         2 hours ago   Up 2 hours            cl2
888772f9b5c9    sphalerite1313/dhclient    "bash"         2 hours ago   Up 2 hours            cl1
08011ba9dcc9    sphalerite1313/ovs         "/bin/sh …"    2 hours ago   Up 2 hours            sw1
f612c9e5701d    sphalerite1313/frr-ip…     "bash"         2 hours ago   Up 2 hours            rt1
f93385f2c828    sphalerite1313/nginx       "bash"         2 hours ago   Up 2 hours            sv2
bfb34d60a946    sphalerite1313/nginx       "bash"         2 hours ago   Up 2 hours            sv1
acfbad070cca    sphalerite1313/haproxy…    "bash"         2 hours ago   Up 2 hours            lb1
3b58e4b16ded    sphalerite1313/ovs         "/bin/sh …"    2 hours ago   Up 2 hours            sw2
89a0246597f9    sphalerite1313/frr-ipt…    "bash"         2 hours ago   Up 2 hours            fw1
0f2c8cc0b942    sphalerite1313/unbound     "bash"         2 hours ago   Up 2 hours            ns1
9eb5bb492997    sphalerite1313/frr         "bash"         2 hours ago   Up 2 hours            rt3
015448035d32    sphalerite1313/frr         "bash"         2 hours ago   Up 2 hours            rt2
```

이미지 확인

한 가지 더, 'docker images 명령어'에 대해서도 소개하겠다. 이 명령어는 다운로드한 이미지 목록을 표시하는 명령어다. 앞서 언급했듯이 이미지 다운로드 자체는 tinet을 통해 이루어진다. docker images 명령으로 이미지가 제대로 다운로드되었는지 확인한다.

[코드] docker images 명령어[21]

```
root@UBUNTU:~# docker images
REPOSITORY                            TAG       IMAGE ID        CREATED          SIZE
sphalerite1313/haproxy-bind           latest    409746ad6156    7 months ago     323MB
sphalerite1313/frr-iptables-dnsmasq   latest    38bda7b92ef6    11 months ago    318MB
sphalerite1313/nginx                  latest    3ebda7b5167f    11 months ago    303MB
sphalerite1313/frr-iptables           latest    4e4c95b6dbd6    11 months ago    317MB
sphalerite1313/unbound                latest    8e6d3d3d19bddf  11 months ago    296MB
sphalerite1313/frr                    latest    17b89099dddb    11 months ago    314MB
sphalerite1313/ovs                    latest    b3ea944ffd24    11 months ago    306MB
sphalerite1313/base                   latest    14afea16f83a    11 months ago    238MB
sphalerite1313/dhclient               latest    1485c52afc62    12 months ago    309MB
```

---

20 (옮긴이) 초기 상태에서는 컨테이너가 없으므로 해당 명령어로 확인할 수 없으니 주의해주세요.
21 (옮긴이) 초기 상태에서는 컨테이너가 없으므로 해당 명령어로 확인할 수 없으니 주의해주세요.

이 책에서 사용하는 이미지

이 책의 검증 환경에서는 도커 허브에서 총 9가지 이미지를 다운로드하여 13가지 컨테이너가 동작한다. 각 이미지에는 해당 역할을 수행할 수 있는 애플리케이션이 설치되어 있다.

컨테이너 이미지에는 먼저 네트워크 설정을 확인하는 'net-tools', 패킷을 생성하는 'netcat', 패킷을 캡처(=포획, 수집, 취득)하는 'tcpdump' 등 이 책을 읽어나가는 데 필요한 애플리케이션과 이 책을 읽은 후에도 다양한 검증에 도움이 되는 애플리케이션이 설치되어 있는 베이스 이미지(이미지명: base)가 있다. 그리고 그 베이스 이미지에 추가하는 형태로 각 컨테이너의 역할에 맞는 애플리케이션이 설치된 이미지가 있다. 예를 들어, 웹 서버에는 베이스 이미지에 웹 서버 애플리케이션의 대표격인 'nginx'가 추가 설치된 이미지(이미지명: nginx)를 사용한다. L2 스위치에는 베이스 이미지에 가상 스위치 애플리케이션인 'OVS(Open vSwitch)'가 추가로 설치된 이미지(이미지명: ovs)를 사용한다.

각 이미지에 설치된 애플리케이션을 표로 정리하면 다음 페이지의 표와 같다. 이 책을 읽다가 '이 컨테이너에 어떤 애플리케이션이 설치되어 있을까?'라는 의문이 들 때 이 표를 참고하면 된다.

참고로, 각 애플리케이션의 설정은 tinet에서 수행한다. 컨테이너 이미지에는 포함되어 있지 않다. 이렇게 함으로써 독자 여러분이 이 책을 다 읽은 후에도 각자 자신만의 환경을 만들어서 테스트할 수 있도록 했다.

[표] 각 이미지에 설치된 애플리케이션 　　　　　　　　　　　　　　　　　※ 이 표는 여러 페이지에 걸쳐 있다.

인스턴스 호스트명			cl1/cl2
이미지명			dhclient
앱 이름	주요 기능	관련 명령어	
iproute2	네트워크 관리 기능	ip 명령어, ss 명령어, tc 명령어 등	○
iputils-ping	통신 확인 기능	ping 명령어	○
net-tools	네트워크 관리 기능	ifconfig 명령어, route 명령어 등	○
dnsutils	DNS 클라이언트 기능	dig 명령어 등	○
tcpdump	패킷 캡처 기능	tcpdump 명령어	○
netcat	UDP/TCP 패킷 생성기 기능	nc 명령어	○
traceroute	경로 탐색 기능	traceroute 명령	○
iperf	네트워크 성능 측정 기능	iperf 명령어	○
ethtool	NIC 설정 기능	ethtool 명령어	○

		인스턴스 호스트명	cl1/cl2
		이미지명	dhclient
앱 이름	주요 기능	관련 명령어	
python3-scapy	패킷 생성기 기능	scapy 명령어	○
telnet	TCP 클라이언트 기능	telnet 명령어	○
curl	애플리케이션 클라이언트 기능	curl 명령어	○
wget	HTTP/HTTPS/FTP 클라이언트 기능	wget 명령어	○
conntrack	연결 추적(트래킹) 기능	conntrack 명령어	○
gnupg	보안 기능	gpg 명령어	○
lsb-release	OS 정보 확인 기능	lsb_release 명령어	○
vim	텍스트 편집기 기능	vi 명령어	○
dhclient	DHCP 클라이언트 기능	dhclient 명령어	○
ovs	스위칭 기능	ovs-vsctl 명령어, ovs-appctl 명령어 등	
frr-routing	라우팅 기능	vtysh 명령어 등	
dnsmasq	DHCP 서버 기능, DNS 포워더 기능	dnsmasq 명령어	
iptables	방화벽 기능, NAT 기능	iptables 명령어	
unbound	DNS 서버(캐시 서버) 기능	unbound-control 명령어 등	
BIND	DNS 서버(권한 서버) 기능	bind 명령어	
haproxy	서버 부하 분산 기능, SSL 오프로드 기능	haproxy 명령어	
socat	소켓 조작 기능	socat 명령어	
bsdmainutils	데이터 조작 기능	ca 명령어, column 명령어 등	
rsyslog	Syslog 서버 기능	rsyslogd 명령어	
nginx	웹 서버 기능	nginx 명령어	

cl3	sw1/sw2	rt1	rt2/rt3	ns1	fw1	lb1	sv1/sv2
base	ovs	frr-iptables-dnsmasq	frr	unbound	frr-iptables	haproxy-bind	nginx
○	○	○	○	○	○	○	○
○	○	○	○	○	○	○	○

cl3	sw1/sw2	rt1	rt2/rt3	ns1	fw1	lb1	sv1/sv2
base	ovs	frr-iptables-dnsmasq	frr	unbound	frr-iptables	haproxy-bind	nginx
O	O	O	O	O	O	O	O
O	O	O	O	O	O	O	O
O	O	O	O	O	O	O	O
O	O	O	O	O	O	O	O
O	O	O	O	O	O	O	O
O	O	O	O	O	O	O	O
O	O	O	O	O	O	O	O
O	O	O	O	O	O	O	O
O	O	O	O	O	O	O	O
O	O	O	O	O	O	O	O
O	O	O	O	O	O	O	O
O	O	O	O	O	O	O	O
O	O	O	O	O	O	O	O
O	O	O	O	O	O	O	O
O	O	O	O	O	O	O	O
	O						
		O	O		O		
		O					
		O			O		
				O			
						O	
						O	
						O	
						O	
						O	
							O

1-3-3 tinet 사용법

마지막으로 검증 환경을 구축하는 tinet 사용법을 설명하겠다. tinet은 WSL 인스턴스에 로그인한 후 tinet 명령어를 사용하여 조작한다.

이 책과 관련된 tinet 명령어

이 책과 관련된 tinet 명령어는 다음 표와 같다.

[표] 이 책과 관련된 tinet 명령어 목록

tinet 명령어	의미
tinet check -c <설정 파일>	설정 파일 내용을 확인한다
tinet conf -c <설정 파일> | sh -x	설정 파일에서 컨테이너를 설정한다
tinet down -c <설정 파일> | sh -x	설정 파일에서 컨테이너를 삭제한다
tinet img -c <설정 파일> | dot -Tpng > 파일명	설정 파일에서 물리적 구성도를 작성한다
tinet test -c <설정 파일> | sh -x	설정 파일에 포함된 테스트 명령어를 실행한다
tinet up -c <설정 파일> | sh -x	설정 파일에서 네트워크 장비 컨테이너를 간든다
tinet upconf -c <설정 파일> | sh -x	설정 파일에서 네트워크 장비의 컨테이너를 생성하고 설정한다
tinet --help	tinet 도움말을 표시한다
tinet --version	tinet 버전을 표시한다

네트워크 환경 구축

네트워크 환경을 구축하는 명령어가 'tinet up 명령어'다. tinet up 명령어를 실행할 때 '-c 옵션'으로 YAML 형식의 설정 파일을 불러와 파이프(|)로 셸을 실행하는 'sh -x'에 전달한다. 뒤의 '| sh -x'를 잊어 버리기 쉬우니 주의하자. 명령어를 실행하면 도커 허브에서 필요한 이미지를 다운로드하고, 컨테이너를 실행하고, 컨테이너를 연결하고, 설정 파일에 적혀 있는 네트워크 환경이 만들어진다. 터미널에는 뒤에서 실제로 실행되는 명령과 그 결과도 표시된다. 관심이 있다면 한 번 살펴보기 바란다.

[코드] tinet up 명령어로 네트워크 환경 구축하기

```
root@UBUNTU:~# tinet up -c /mnt/c/tinet/spec_01.yaml | sh -x
+ docker run -td --net none --name rt2 --rm --privileged --hostname rt2 -v /tmp/tinet:/tinet sphalerite1313/frr
Unable to find image 'sphalerite1313/frr:latest' locally
```

```
latest: Pulling from sphalerite1313/frr
3b65ec22a9e9: Pulling fs layer
545813f153a9: Pulling fs layer
c10250d1e117: Pulling fs layer
3b65ec22a9e9: Verifying Checksum
3b65ec22a9e9: Download complete
3b65ec22a9e9: Pull complete
c10250d1e117: Verifying Checksum
c10250d1e117: Download complete
545813f153a9: Download complete
545813f153a9: Pull complete
c10250d1e117: Pull complete
Digest: sha256:060bbb56313aac8bcb2f098e8c8ed93cc5d876e8188b8cb0dc1d88e062c78f7a
Status: Downloaded newer image for sphalerite1313/frr:latest
+ mkdir -p /var/run/netns
+ docker inspect rt2 --format {{.State.Pid}}
+ PID=344
+ ln -s /proc/344/ns/net /var/run/netns/rt2
+ docker run -td --net none --name rt3 --rm --privileged --hostname rt3 -v /tmp/tinet:/tinet sphalerite1313/frr
+ mkdir -p /var/run/netns
+ docker inspect rt3 --format {{.State.Pid}}
+ PID=429
+ ln -s /proc/429/ns/net /var/run/netns/rt3
+ docker run -td --net none --name ns1 --rm --privileged --hostname ns1 -v /tmp/tinet:/tinet sphalerite1313/unbound

(이하 생략)
```

컨테이너 설정

앞서 언급한 tinet up 명령은 컨테이너를 기동하고 연결하며, 네트워크 환경의 기반(물리적 구성)을 만드는 것일 뿐 컨테이너 자체는 설정되지 않는다. tinet up 명령으로 기동한 컨테이너를 설정하는 명령이 'tinet conf 명령'이다. tinet conf 명령을 실행할 때는 '-c 옵션'으로 YAML 형식의 설정 파일을 불러와 파이프(|)로 셸을 실행하는 'sh -x'를 전달한다. 명령어를 실행하면 컨테이너에 IP 주소가 설정되고, 서비스가 시작되며, 여러 가지 설정이 투입되어 검증 환경이 완성된다.

[코드] tinet conf 명령어로 설정 입력하기

```
root@UBUNTU:~# tinet conf -c /mnt/c/tinet/spec_01.yaml | sh -x
+ docker exec rt2 sed -i s/ospfd=no/ospfd=yes/g /etc/frr/daemons
+ docker exec rt2 sed -i s/ospf6d=no/ospf6d=yes/g /etc/frr/daemons
- docker exec rt2 /etc/init.d/frr start
+ docker exec rt2 ip addr add 10.1.1.246/30 dev net0
+ docker exec rt2 ip addr add 10.1.1.250/30 dev net1
+ docker exec rt2 ip addr add 10.1.1.254/30 dev net2
+ docker exec rt2 ethtool -K net0 tx off rx off tso off gso off gro off
+ docker exec rt2 ethtool -K net1 tx off rx off tso off gso off gro off
+ docker exec rt2 ethtool -K net2 tx off rx off tso off gso off gro off
+ docker exec rt2 vtysh -c conf t -c ip route 10.1.3.0 255.255.255.0 10.1.1.253 -c router ospf -c
redistribute static -c network 10.1.1.246/32 area 0 -c network 10.1.1.250/32 area 0 -c network
10.1.1.254/32 area 0 -c interface net0 -c ip ospf passive -c interface net2 -c ip ospf passive
```

(이하 생략)

테스트 명령 실행

검증 환경의 동작을 확인하기 위해 'tinet test 명령어'를 사용한다. tinet test 명령어를 실행할 때 '-c 옵션'으로 YAML 형식의 설정 파일을 읽어 파이프(|)로 셸을 실행하는 'sh -x'에 전달한다. 명령어를 실행하면 설정 파일에 작성된 테스트 명령어를 실행하고 그 결과를 반환한다.

[코드] tinet test 명령어로 테스트 명령어 실행하기

```
root@UBUNTU:~# tinet test -c /mnt/c/tinet/spec_01.yaml | sh -x
+ docker exec cl1 ping -c2 192.168.11.254
PING 192.168.11.254 (192.168.11.254) 56(84) bytes of data.
64 bytes from 192.168.11.254: icmp_seq=1 ttl=64 time=0.290 ms
64 bytes from 192.168.11.254: icmp_seq=2 ttl=64 time=0.460 ms

--- 192.168.11.254 ping statistics ---
2 packets transmitted, 2 received, 0% packet loss, time 1040ms
rtt min/avg/max/mdev = 0.290/0.375/0.460/0.085 ms
+ docker exec cl2 ping -c2 192.168.11.254
PING 192.168.11.254 (192.168.11.254) 56(84) bytes of data.
64 bytes from 192.168.11.254: icmp_seq=1 ttl=64 time=0.279 ms
64 bytes from 192.168.11.254: icmp_seq=2 ttl=64 time=0.438 ms
```

```
--- 192.168.11.254 ping statistics ---
2 packets transmitted, 2 received, 0% packet loss, time 1058ms
rtt min/avg/max/mdev = 0.279/0.358/0.438/0.079 ms

(이하 생략)
```

검증 환경 삭제

검증 환경 삭제는 'tinet down 명령어'를 사용한다. tinet down 명령어를 실행할 때 '-c 옵션'으로 YAML 형식의 설정 파일을 읽어와 파이프(|)로 셸을 실행하는 'sh -x'에 전달한다. 명령어를 실행하면 설정 파일에 작성된 컨테이너가 삭제되고, 검증 환경이 삭제된다.

[코드] tinet down 명령어로 검증 환경 삭제하기

```
root@UBUNTU:~# tinet down -c /mnt/c/tinet/spec_01.yaml | sh -x
+ docker rm -f rt2
rt2
+ rm -rf /var/run/netns/rt2
+ docker rm -f rt3
rt3
+ rm -rf /var/run/netns/rt3
+ DOCKER RM -F NS1

(이하 생략)
```

네트워크 구성 가시화

또 하나, tinet의 재미있는 명령어로 네트워크 구성을 시각화할 수 있는 'tinet img 명령어'가 있다. 사전에 WSL 인스턴스에서 'apt install graphviz'를 입력하여 'Graphviz'라는 그래프 그리기 애플리케이션을 설치한다.

tinet img 명령을 실행할 때 '-c 옵션'으로 YAML 형식의 설정 파일을 읽어와 파이프(|)로 PNG 파일로 출력하는 'dot -Tpng > [파일명]'에 전달한다. 명령어를 실행하면 설정 파일에 기술된 네트워크 구성이 그려진 PNG 파일이 생성된다.

[코드] tinet img 명령으로 네트워크 구성 그리기

```
root@UBUNTU:~# tinet img -c /mnt/c/tiret/spec_01.yaml | dot -Tpng > /mnt/c/tinet/spec_01.png
```

생성된 PNG 파일을 윈도우 OS에서 보면 다음과 같이 네트워크 구성을 확인할 수 있다.

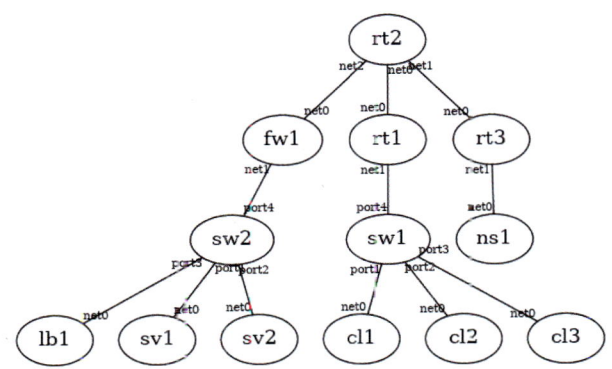

[그림] docker img 명령어로 네트워크 구성 시각화하기

1-4 검증 환경 구축하기

이제 이 장의 본론, 검증 환경 구축이다. 여기서는 '1-2-3 설정 스크립트 실행'에서 확장한 tinet 폴더에 포함된 'spec_01.yaml'이라는 이름의 설정 파일을 사용한다. 이 설정 파일에는 앞으로 2장 이후에서 설정할 내용이 모두 포함되어 있다.

1-4-1 검증 환경 구축

이제 tinet 명령어를 사용하여 검증 환경을 구축해 보자. 시작 메뉴에서 WSL 인스턴스를 실행한 후 'tinet up -c /mnt/c/tinet/spec_01.yaml | sh -x'로 네트워크 환경을 구축하고, 'tinet conf -c /mnt/c/tinet/spec_01.yaml | sh -x'로 컨테이너를 설정한다. 그러면 완전히 독립적이고 폐쇄적인 검증 환경이 구축된다. 최초 구축은 도커 허브에서 이미지를 다운로드해야 하므로 가정 내 유선 LAN이나 Wi-Fi 환경 등 안정적인 인터넷 환경에서 진행하야 한다. 한 번 이미지를 다운로드하면 이후부터는 해당 이미지를 사용하게 된다.

[코드] tinet up 명령어로 네트워크 환경 구축하기

```
root@UBUNTU:~# tinet up -c /mnt/c/tinet/spec_01.yaml | sh -x
+ docker run -td --net none --name rt2 --rm --privileged --hostname rt2 -v /tmp/tinet:/tinet sphalerite1313/frr
Unable to find image 'sphalerite1313/frr:latest' locally
latest: Pulling from sphalerite1313/frr
3b65ec22a9e9: Pulling fs layer
545813f153a9: Pulling fs layer
c10250d1e117: Pulling fs layer
3b65ec22a9e9: Verifying Checksum
3b65ec22a9e9: Download complete
3b65ec22a9e9: Pull complete
c10250d1e117: Verifying Checksum
c10250d1e117: Download complete
545813f153a9: Download complete
545813f153a9: Pull complete
c10250d1e117: Pull complete
Digest: sha256:060bbb56313aac8bcb2f098e8c8ed93cc5d876e8188b8cb0dc1d88e062c78f7a
Status: Downloaded newer image for sphalerite1313/frr:latest
+ mkdir -p /var/run/netns
+ docker inspect rt2 --format {{.State.Pid}}
+ PID=2793
+ ln -s /proc/2793/ns/net /var/run/netns/rt2
+ docker run -td --net none --name rt3 --rm --privileged --hostname rt3 -v /tmp/tinet:/tinet sphalerite1313/frr
+ mkdir -p /var/run/netns
+ docker inspect rt3 --format {{.State.Pid}}
+ PID=2881

(이하 생략)
```

[코드] tinet conf 명령어로 컨테이너 설정하기

```
root@UBUNTU:~# tinet conf -c /mnt/c/tinet/spec_01.yaml | sh -x
+ docker exec rt2 sed -i s/ospfd=no/ospfd=yes/g /etc/frr/daemons
+ docker exec rt2 sed -i s/ospf6d=no/ospf6d=yes/g /etc/frr/daemons
+ docker exec rt2 /etc/init.d/frr start
+ docker exec rt2 ip addr add 10.1.1.246/30 dev net0
+ docker exec rt2 ip addr add 10.1.1.250/30 dev net1
```

```
+ docker exec rt2 ip addr add 10.1.1.254/30 dev net2
+ docker exec rt2 ethtool -K net0 tx off rx off tso off gso off gro off
+ docker exec rt2 ethtool -K net1 tx off rx off tso off gso off gro off
+ docker exec rt2 ethtool -K net2 tx off rx off tso off gso off gro off
+ docker exec rt2 vtysh -c conf t -c ip route 10.1.3.0 255.255.255.0 10.1.1.253 -c router ospf -c
redistribute static -c network 10.1.1.246/32 area 0 -c network 10.1.1.250/32 area 0 -c network
10.1.1.254/32 area 0 -c interface net0 -c ip ospf passive -c interface net2 -c ip ospf passive
+ docker exec rt3 sed -i s/ospfd=no/ospfd=yes/g /etc/frr/daemons
+ docker exec rt3 sed -i s/ospf6d=no/ospf6d=yes/g /etc/frr/daemons
+ docker exec rt3 /etc/init.d/frr start
+ docker exec rt3 ip addr add 10.1.1.249/30 dev net0
+ docker exec rt3 ip addr add 10.1.2.254/24 dev net1
+ docker exec rt3 ethtool -K net0 tx off rx off tso off gso off gro off
+ docker exec rt3 ethtool -K net0 tx off rx off tso off gso off gro off
+ docker exec rt3 vtysh -c conf t -c router ospf -c network 10.1.1.249/32 area 0 -c network
10.1.2.254/32 area 0 -c interface net1 -c ip ospf passive
```

(이하 생략)

이제 검증 환경이 완성됐다. 너무 간단해서 아직 실감이 나지 않을 수도 있다. 하지만 이 책을 읽으면서 검증 환경을 만지작거리다 보면 조금씩 이해의 폭이 넓어질 것이다.

1-4-2 구성 개요

이제 이 설정 파일을 통해 구축된 검증 환경에 대해 간략하게 설명하겠다.

이번 검증 환경을 설계하면서 가장 중점을 둔 부분은 '친숙함'이다. '집에서 웹사이트를 본다'는, 아마도 많은 사람에게 가장 친숙한 경험을 검증 환경에 투영해 '아, 내가 이렇게 웹사이트를 보고 있었구나...'라는 현실과 검증 환경이 쉽게 연결될 수 있도록 설계했다.

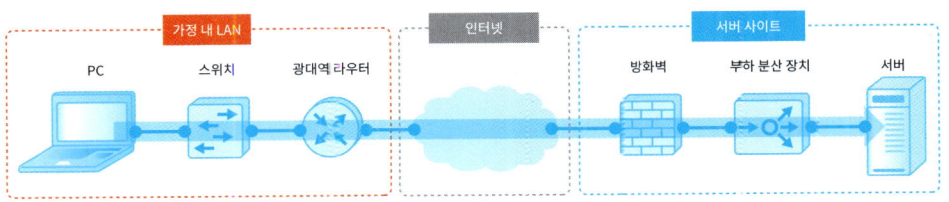

[그림] 구성 개요

여러분의 집안에 있는 PC나 태블릿은 광대역 라우터를 통해 인터넷에 접속하여 서버 사이트 안에 있는 웹 서버의 정보를 보고 있다. 따라서 이 책의 검증 환경도 이에 맞춰 '가정 내 LAN', '인터넷', '서버 사이트'의 세 가지로 구성되어 있다. 각 구성 요소에 대한 자세한 내용은 각 장의 시작 부분이나 실습 항목에서 설명하기로 하고, 여기서는 검증 환경의 전체 그림을 파악하기 위해 그 개요를 설명한다.

가정 내 LAN

여러분이 가정에서 사용하는 PC나 태블릿은 LAN 케이블이나 전파(Wi-Fi)를 통해 L2 스위치나 광대역 라우터(Wi-Fi 라우터)에 연결되고, 이를 통해 인터넷에 접속하게 된다.

검증 환경의 가정 내 LAN도 이에 맞게 설계되어 PC 3대(cl1, cl2, cl3)가 L2 스위치(sw1)에 연결되고, 광대역 라우터(rt1)를 통해 인터넷에 연결된다.

인터넷

인터넷은 전 세계에 존재하는 무수히 많은 라우터(이하 인터넷 라우터[22])가 서로 연결되어 구성된다.

검증 환경의 인터넷은 2개의 인터넷 라우터(rt2, rt3)만으로 표현하고 있다. 인터넷에 연결된 광대역 라우터(rt1)와 방화벽(fw1)은 인터넷 라우터(rt2)에 연결되어 있고, 가정 내 LAN 내 PC에서 서버 사이트 내 서버에 대한 패킷은 반드시 인터넷 라우터를 경유하게 된다.

서버 사이트

다양한 서버가 배치된 서버 사이트는 서버 사이트를 보호하는 방화벽, 여러 서버에 패킷을 분배하는 부하 분산 장치, 서비스를 제공하는 서버, 이들을 연결하는 스위치로 구성된다.

검증 환경의 서버 사이트도 이에 맞춰 이 4종류의 장비를 조합한 형태로 구성되어 있다. 인터넷(rt2)에서 들어오는 패킷은 방화벽(fw1)에서 선별되고, 부하 분산 장치(lb1)에서 2대의 웹 서버(sv1, sv2) 중 한 곳으로 분산된다.

---

[22] 이 책에서는 인터넷을 구성하는 라우터를 '인터넷 라우터'라고 정의한다.

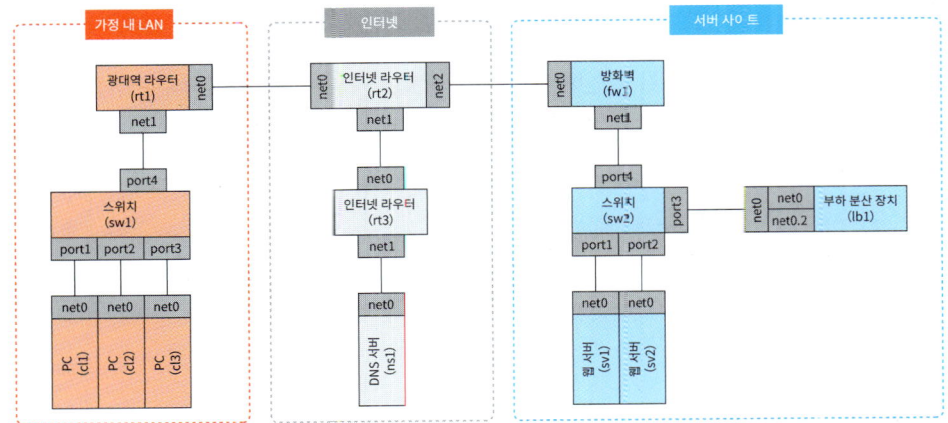

[그림] 검증 환경의 네트워크 구성도(물리적 구성도)

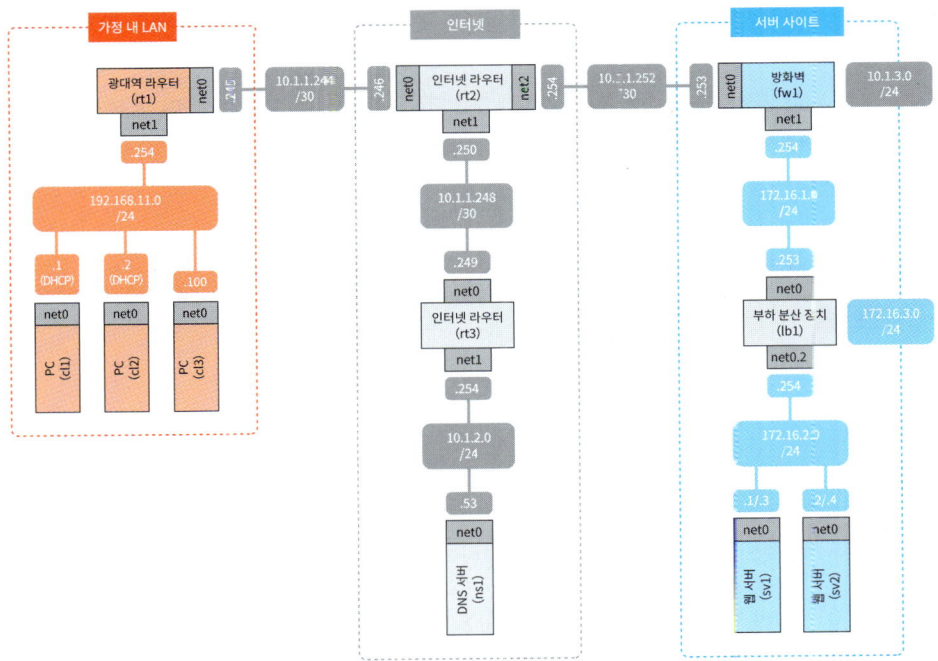

[그림] 검증 환경의 네트워크 구성도(논리적 구성도)

1장. 검증 환경 구축하기

1-4-3 동작 확인

이 검증 환경이 문제없이 작동하는지 확인해 보자. 앞서 언급했듯이, 이 검증 환경은 '집에서 인터넷을 한다'는 흔한 행위 자체를 시뮬레이션할 수 있도록 설계되어 있다. 동작과 명령어에 대한 자세한 설명은 2장 이후에서 자세히 설명하기로 하고, 우선 가정 내 LAN에 있는 cl1에 로그인하여 인터넷 너머에 있는 웹사이트(www.example.com)에 접속해 보자.

01. WSL 인스턴스에서 'docker exec -it cl1 /bin/bash'를 입력하여 cl1에 로그인한다. cl1에 로그인하면 호스트 이름 표시가 'UBUNTU'에서 'cl1'으로 바뀐다.

    [코드] cl1에 로그인
    ```
    root@UBUNTU:~# docker exec -it cl1 /bin/bash
    root@cl1:/#
    ```

02. 'curl -k https://www.example.com/'을 입력한다. 문제가 없다면 'sv1.example.com' 또는 'sv2.example.com'이라는 텍스트가 표시될 것이다. 이것이 sv1과 sv2에 배치된 이 책의 검증 환경의 웹 사이트다.

    매우 간단한 웹 사이트지만, 실제로 이를 표시하기 위해 많은 처리가 뒤에서 이루어지고 있으며, 이 책에 등장하는 모든 네트워크 장비를 적절히 설정하지 않으면 표시되지 않는다. 다시 말해, 'cl1에서 sv1 또는 sv2의 웹 사이트를 표시하는 것'을 이 책에서 여러분이 목표로 삼아야 할 것이다.

    [코드] 연결 확인
    ```
    root@cl1:/# curl -k https://www.example.com/
    sv1.example.com
    ```

1-5 설정 파일 사용법

이 장의 마지막에는 이 책의 설정 파일 사용법을 설명한다.

이 책에는 'spec_01.yaml'부터 'spec_05.yaml'까지 5개의 설정 파일이 준비되어 있다. 이 5가지 파일의 차이는 네트워크 장비(스위치, 라우터, 방화벽, 부하 분산 장치)의 설정 내용이다. 네트워크 연결 환경과 IP 주소 설정, 서버 설정은 모두 동일하다.

먼저 앞서 '1-4-1 검증 환경 구축'에서 사용한 spec_01.yaml은 서버부터 네트워크 장비까지 모든 설정이 입력되어 있는 전체 설정 파일이다. 이번 장을 읽으면서 중간에 이해되지 않는 부분이 있다면 이 설정 파일을 불러와서 설정을 살펴보는 것도 좋은 답이 될 수 있다.

spec_02.yaml부터 spec_05.yaml은 2장부터 5장까지 각 장의 처음에 사용하는 파일이다. 예를 들어, spec_02.yaml은 2장에서 처음 사용하는 설정 파일이므로 네트워크 장비의 설정은 IP 주소 외에는 비어 있다. 또한, spec_03.yaml은 3장에서 처음 사용하는 설정 파일이기 때문에 '2장 레이어 2 프로토콜을 이해하기'와 관련된 장비, 즉 L2 스위치의 설정만 입력된 상태다. 라우터나 방화벽, 부하 분산 장치의 설정은 IP 주소 외에는 비어 있다. 3장을 읽으면서 라우터 설정을 진행한다.

아마도 사람에 따라서는 'IP는 몰라도 좋으니 HTTP나 DNS, 애플리케이션 프로토콜(레이어 7 프로토콜)만 알고 싶다'고 생각하는 사람도 있을 것이다. 이 경우 spec_05.yaml을 불러오면 된다. 그러면 4장까지의 설정이 투입된 상태의 검증 환경이 구축되어 애플리케이션 프로토콜에 대해서만 알 수 있다. 또한, 사람에 따라서는 2장을 설정하다가 '클라우드는 레이어 2를 의식하지 않아도 되는데…'라는 생각이 들 수도 있을 것이다. 이럴 때는 2장까지만 설정하고 spec_03.yaml을 불러오면 된다. 2장까지의 설정이 끝난 상태에서 마음을 다잡고 3장으로 넘어가면 된다. 설정 파일을 잘 활용하는 것이 이 책의 핵심이다.

2장 전반부 튜토리얼

2장 전반부의 이더넷 섹션에는 이 책의 전 장에 걸쳐 사용하는 tcpdump와 Wireshark에 대한 설명고 실습 항목의 방법을 차근차근 설명하는 튜토리얼이 포함되어 있다. 이더넷에 관심이 없는 사람도 꼭 읽어보길 추천한다.

[표] 설정 파일 정보

장	1장	2장	3장	4장	5장
장 제목	검증 환경 구축하기	레이어 2 프로토콜 이해하기	레이어 3 프로토콜 이해하기	레이어 4 프로토콜 이해하기	레이어 7 프로토콜 이해하기
관련 설정 파일	spec_01.yaml	spec_02.yaml	spec_03.yaml	spec_04.yaml	spec_05.yaml
네트워크 연결 환경 구축	○	○	○	○	○
IP 주소 설정	○	○	○	○	○
서버 설정					
L2 스위치 설정	○		○		○
라우터 설정	○			○	○
방화벽 설정					○
부하 분산 장치 설정	○				

또한 설정 파일에는 DNS 서버, HTTP 서버 등 주요 서버의 기본 설정이 포함되어 있다. 기본적인 설정만 있지만, 네트워크 검증 작업을 위해 필요한 충분한 설정이 입력되어 있으며 필요에 따라 커스터마이징도 가능하다. "앱의 요구사항으로 통신을 암호화해야 하는데, nginx 설정을 잘 모르겠어요...", "이름 풀이가 가능한 검증 환경을 구축해야 하는데, Unbound 설정을 잘 모르겠어요..." 등 서버가 관련된 검증을 해야 할 때 tinet을 통해 서버 컨테이너를 구동하고 그 설정을 참고하면 검증 작업을 보다 빠르고 효율적으로 진행할 수 있을 것이다.

자, 이제 검증 환경이 준비됐는가? 이 작고 작은 인터넷을 구축하는 것은 다름 아닌 '당신'이다. 이제 함께 네트워크에서 놀아보자. 이 책을 통해 이 네트워크를 구축할 수 있게 되었을 때 이론으로 공부한 지식과 실습에서 얻은 지식이 단단히 연결되어 익숙한 인터넷이 평소와 다른 풍경으로 보일 것이다.

2장

레이어 2
프로토콜 이해하기

이 장에서는 레이어 2 프로토콜의 사실상 표준인 '이더넷'과 관련 기술인 'L2 스위칭', 'VLAN(Virtual Local Area Network)'에 대해 이론과 실습 모두를 설명한다. 'LAN(Local Area Network)'이라는 작은 네트워크 안에서 어떤 패킷을 어떻게 주고받는지 검증 환경을 통해 이해도를 높일 것이다.

2-1 검증 환경 이해하기

먼저 사전지식으로 검증 환경 중 이 장과 관련된 네트워크 구성에 대해 설명한다. 이 장의 주인공은 레이어 2(L2) 처리에서 가장 큰 역할을 하는 'L2 스위치'다. 이 책의 검증 환경에는 sw1과 sw2라는 두 개의 L2 스위치가 배치되어 있다. 따라서 여기서는 이 두 개의 L2 스위치에 초점을 맞추어 설명한다. 물리적 구성도와 대조하면서 확인하기 바란다.

sw1(L2 스위치)

sw1은 가정 내 LAN을 구성하는 L2 스위치다. sw1에는 port1부터 port4까지 4개의 포트(인터페이스)가 탑재되어 있으며, port1부터 port3에는 PC(cl1, cl2, cl3)의 NIC(net0)가, port4에는 브로드밴드 라우터의 인터페이스(net1)가 연결되어 있다.

실제로 최근 가정 내 LAN은 Wi-Fi로 접속하는 경우가 많아 그렇게 많은 포트 수를 필요로 하지 않기 때문에 라우터의 LAN 포트를 L2 스위치로 사용하는 경우가 많을 것이다. 다만, 이 책의 검증 환경은 L2 스위치와 라우터를 분리하는 것이 L2 스위칭의 동작을 더 쉽게 이해할 수 있을 것이라는 설계 의도에 따라 sw1으로 구분하여 설명했다.

sw2(L2 스위치)

sw2는 서버 사이트의 LAN을 구성하는 스위치다. sw2에는 sw1과 마찬가지로 port1부터 port4까지 4개의 인터페이스가 탑재되어 있으며, port1부터 port2에는 서버(sv1, sv2)의 NIC(net0)가, port3에는 부하 분산 장치(lb1)의 인터페이스(net0)가, port4에는 방화벽의 인터페이스(net1)가 연결되어 있다.

서버 사이트의 네트워크 환경은 Wi-Fi를 사용할 일도 없고, 많은 서버와 네트워크 장비를 연결하는 경우가 많기 때문에 L2 스위치를 별도로 준비한다. 서버 사이트에는 여러 가지 디자인 패턴이 있지만, 이 책의 검증 환경은 물리적 구성을 단순화하고자 하는 설계 의도로 sw2를 서버 사이트 한가운데에 배치하고, 거기서 fw1, lb1, sv1, sv2에 대해 각각 한 다리로 배선하는 구성으로 되어 있다. 이 중 port3에 연결된 lb1의 net0에는 VLAN을 처리하기 위한 논리적 인터페이스로 net0.2가 추가되어 있다[1].

---

[1] '논리적 인터페이스'라고 하면 조금 어렵게 느껴질 수 있지만, 깊게 생각하지 말고 인터페이스 중 하나라고 생각하면 된다.

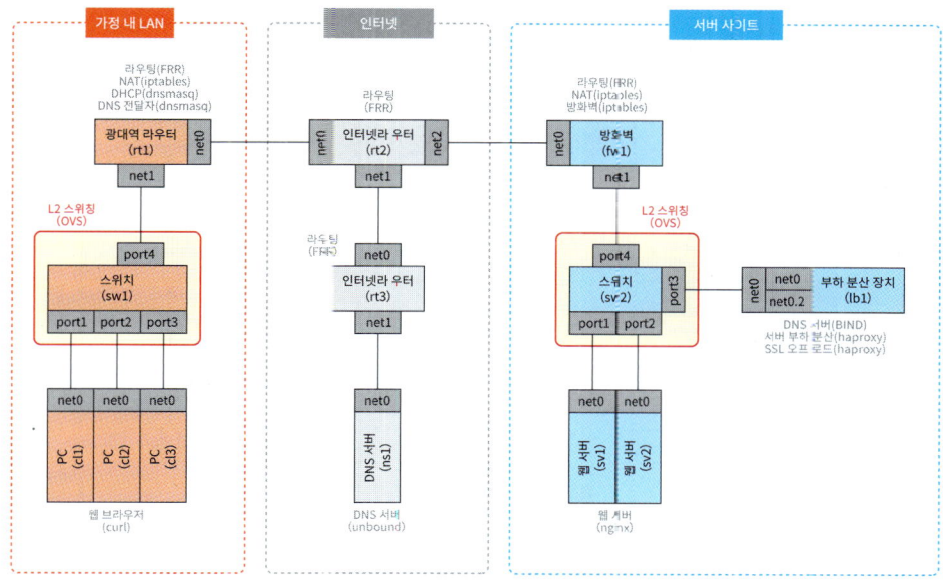

[그림] 이 장의 대상 범위(물리적 구성도)

2-2 네트워크 프로토콜 이해하기

이제부터 레이어 2의 대표적인 프로토콜인 이더넷에 대해 설명하겠다. 그 전에 OSI 참조 모델의 데이터 링크 계층(레이어 2, L2)에 대해 간략하게 정리해 보겠다.

데이터 링크 계층은 같은 네트워크에 있는 단말을 식별하고 물리 계층 위에서 비트열을 정확하게 전송하는 메커니즘을 제공한다. OSI 참조 모델의 최하층에 위치한 물리 계층은 컴퓨터에서 다루는 0과 1로 구성된 '디지털 데이터'와 LAN 케이블이나 전파로 다루는 '신호'를 상호 변환하는 역할을 한다.

데이터를 전송하는 단말은 물리 계층에서 디지털 데이터를 신호로 변환할 때 약간의 처리(부호화)를 거친다. 따라서 약간의 오류(비트 오류)가 있다고 해서 수신하는 단말에서 수정할 수 없는 것은 아니다. 하지만 복잡한 오류가 발생하면 물리 계층만으로는 더 이상 손쓸 수 없다. 데이터 링크 계층은 디지털 데이터 전체의 무결성을 검사하여 물리 계층만으로는 수정할 수 없는 오류를 감지하고, 디지털 데이터의 신뢰성을 보장한다. 또한 'MAC 주소'라는 네트워크상의 주소를 사용하여 발신 단말과 수신 단말을 식별한다.

현대 네트워크에서 사용되는 레이어 2 프로토콜은 유선 LAN이라면 IEEE802.3으로 정의된 통칭 '이더넷', 무선 LAN이라면 IEEE802.11로 정의된 통칭 'Wi-Fi' 둘 중 하나뿐이다. 이 장에서는 검증 환경에서 검증 가능한 이더넷을 다룬다.

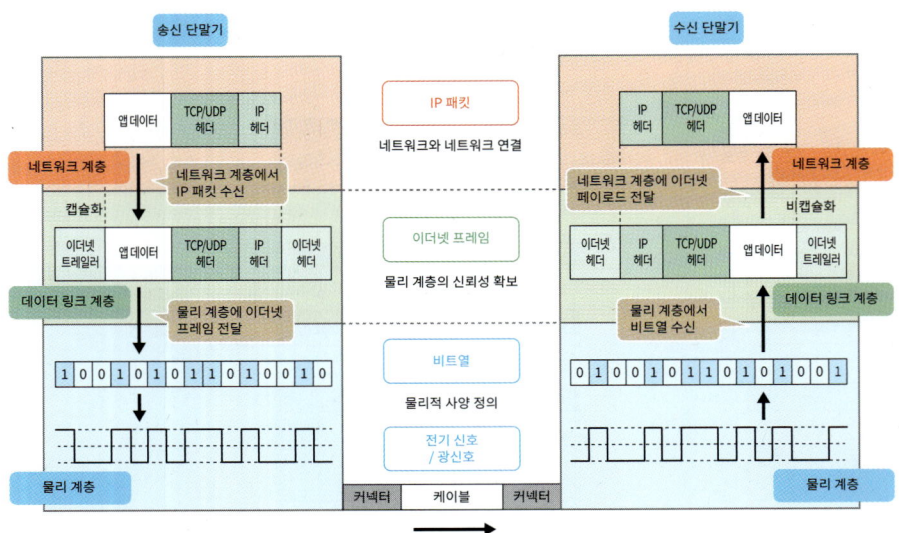

[그림] OSI 참조 모델의 데이터 링크 레이어

2-2-1 이더넷

유선 LAN에서 사용되는 레이어 2 프로토콜의 사실상의 표준은 '이더넷'이다. 과거 애플이 추진했던 '애플토크', IBM이 추진했던 '토큰링' 등 다양한 레이어 2 프로토콜이 있었지만, 점점 도태되어 지금은 이더넷이 유일무이하게 선택되고 있다. 이더넷에는 어떤 포맷(형식)으로 캡슐화를 할 것인지, 어떻게 오류를 감지할 것인지가 정의되어 있다.

이론 이해하기

이제 이더넷의 기초 지식에 대해 알아보자.

이더넷으로 캡슐화된 패킷을 '이더넷 프레임'이라고 한다. 이더넷의 프레임 형식에는 '이더넷Ⅱ 표준'과 'IEEE802.3 표준' 두 가지가 있다.

이더넷Ⅱ 표준은 1982년 당시 컴퓨터 업계를 선도하던 DEC, 반도체 업계를 선도하던 인텔, 이더넷 특허를 보유하고 있던 제록스가 발표한 표준으로, 세 회사의 머리글자를 따서 'DIX2.0 표준'이라고도 불린다. 이더넷Ⅱ 표준은 IEEE802.3 표준보다 먼저 발표된 탓에 '이더넷Ⅱ=이더넷'이라고 해도 무방할 정도로 널리 보급되어 있다. 웹, 이메일, 파일 공유, 인증에 이르기까지 TCP/IP로 주고받는 대부분의 패킷이 이더넷Ⅱ를 사용한다.

IEEE802.3 표준은 IEEE802.3 위원회가 이더넷 II를 기반으로 1985년에 발표한 표준이다. 이더넷 II에 몇 가지 변경 사항이 추가되었다. 세계 표준을 목적으로 제정된 IEEE802.3 표준이지만, 발표 당시 이미 이더넷 II가 세상에 널리 보급되어 있었기 때문에 거의 주목을 받지 못했다. 지금도 여전히 마이너 표준으로 조용히 남아 있는 느낌이다. 이러한 배경을 바탕으로 이 책에서도 이더넷 II에 대해서만 다룬다.

이더넷 II 프레임 포맷

이더넷 II의 프레임 포맷은 1982년 발표 이후 현재까지 전혀 변하지 않았다. 단순하고 이해하기 쉬운 포맷이 40년이 넘는 긴 역사를 지탱하고 있다. 이더넷 II는 '프리앰블', '목적지/발신자 MAC 주소', '타입', '이더넷 페이로드', 'FCS(Frame Check Sequence)'의 5가지 필드로 구성되어 있다. 이 중 프리앰블, 목적지/발신자 MAC 주소, 타입을 합쳐서 '이더넷 헤더'라고 한다. 또한 FCS는 일명 '이더넷 트레일러'라고도 한다.

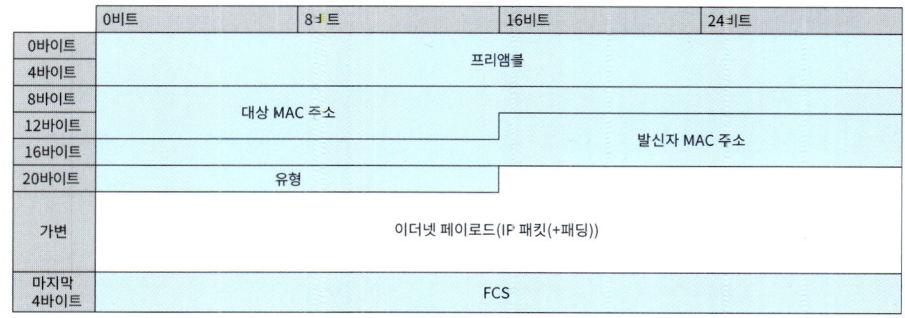

[그림] 이더넷 II의 프레임 포맷

📄 포맷 다이어그램에 대하여

이 책에서는 각 프로토콜에 대해 위 그림과 같은 포맷 다이어그램을 제공한다. 포맷 다이어그램은 RFC에 맞춰 1열 4바이트(32비트)의 행을 왼쪽에서 오른쪽으로, 그리고 오른쪽 끝에 도달하면 다음 행으로 넘어가는 형태로 기재되어 있다. 예를 들어, 데이터가 1바이트(8비트 단위)로 전송될 경우 다음 그림과 같은 순서로 전송된다.

	0비트	8비트	16비트	24비트
0바이트	①	②	③	④
4바이트	⑤	⑥	⑦	⑧
8바이트	⑨	⑩	⑪	⑫

[그림] 포맷 다이어그램

프리앰블

프리앰블은 '지금부터 이더넷 프레임을 보내겠습니다'라는 신호를 의미하는 8바이트(64비트)의 특수한 비트 패턴이다. 맨 앞에 '10101010'이 7개, 마지막에 '10101011'이 1개가 전송된다. 수신 측 단말은 이더넷 프레임의 첫 번째에 부여된 이 특별한 비트 패턴을 보고 '이제 이더넷 프레임이 도착하겠구나'라고 판단한다.

목적지/발신자 MAC 주소

MAC 주소는 이더넷 네트워크에 연결된 단말을 식별하는 6바이트(48비트) ID다. 이더넷 네트워크의 주소와 같다고 생각하면 된다. 발신 측 단말은 이더넷 프레임을 보내려는 단말의 MAC 주소를 '목적지 MAC 주소'로, 자신의 MAC 주소를 '발신자 MAC 주소'로 설정하여 이더넷 프레임을 전송한다. 수신측 단말은 목적지 MAC 주소를 보고 자신의 MAC 주소라면 받아들이고, 상관없는 MAC 주소라면 폐기한다. 또한, 발신자 MAC 주소를 보고 어느 단말에서 온 이더넷 프레임인지 판별한다.

타입

타입은 네트워크 계층(레이어 3, L3, 3계층)에서 어떤 프로토콜을 사용하고 있는지를 나타내는 2바이트(16비트) ID다. IPv4(Internet Protocol version 4)라면 '0x0800', IPv6(Internet Protocol version 6)라면 '0x86DD' 등 사용하는 프로토콜의 버전에 따라 값이 정해진다.

이더넷 페이로드

이더넷 페이로드는 네트워크 계층의 데이터 자체를 나타낸다. 예를 들어, 네트워크 계층에서 IP를 사용한다면 '이더넷 페이로드=IP 패킷'이라고 할 수 있다. 패킷 교환 방식의 통신에서는 데이터를 그대로 전송하는 것이 아니라, 전송하기 쉽도록 소포로 쪼개서 전송한다. 소포의 크기도 정해져 있고[2], 이더넷의 경우 기본적으로 46~1500바이트의 범위 안에 넣어야 한다[3]. 46바이트가 안 될 것 같으면 '패딩'이라는 더미 데이터를 추가하여 억지로 46바이트로 만들 수 있다[4]. 반대로 1500바이트 이상의 데이터가 될 것 같으면 전송 계층이나 네트워크 계층에서 데이터를 쪼개서 1500바이트에 맞춰 보낼 수 있다.

---

[2] 택배나 우편으로 보낼 수 있는 물건의 크기가 정해져 있다고 생각하면 이해하기 쉬울 것이다.

[3] L2 페이로드에 저장할 수 있는 데이터의 최대 크기를 'MTU(Maximum Transmission Unit)'라고 한다. 이더넷의 기본 MTU는 1500바이트이며, 이보다 더 크게 설정할 수도 있다. 이더넷 페이로드가 1500바이트보다 큰 이더넷 프레임을 '점보 프레임'이라고 한다.

[4] 검증 환경은 도커를 사용하기 때문에 패딩이 추가되지 않는다.

FCS

FCS(Frame Check Sequence)는 이더넷 프레임이 손상되지 않았는지 확인하기 위한 4바이트(32비트) 필드다.

발신측 단말은 이더넷 프레임을 전송할 때 '목적지 MAC 주소', '발신자 MAC 주소', '타입', '이더넷 페이로드'에 대해 일정한 계산(체크섬 계산, CRC)을 수행한 후 그 결과를 FCS로 프레임 끝에 추가한다. 이에 대해 수신 단말은 수신한 이더넷 프레임에 대해 동일한 계산을 수행하여 그 값이 FCS와 같으면 손상되지 않은 올바른 이더넷 프레임으로 판단한다. 만약 다르다면 전송 도중에 이더넷 프레임이 깨진 것으로 판단하고 폐기한다. 이처럼 FCS가 이더넷에서 오류 검출의 모든 것을 담당하고 있다.

MAC 주소

이더넷에서 가장 중요한 필드는 '목적지 MAC 주소'와 '발신자 MAC 주소'다. MAC 주소는 LAN에 연결된 단말의 식별 ID다. 6바이트(48비트)로 구성되며 '00-0c-29-43-5e-be'나 '04:0c:ce:da:3a:6c'와 같이 1바이트(8비트)를 하이픈과 콜론으로 구분하여 16진수로 표기한다. 노트북이나 스마트폰 등 물리 머신이라면 물리 NIC를 제조할 때 ROM(Read Only Memory)에 기록된다. 가상 머신이라면 기본적으로 하이퍼바이저가 가상 NIC에 할당한다. 컨테이너의 경우, 기본적으로 부팅 시 할당된 IP 주소에서 자동으로 MAC 주소가 생성된다.

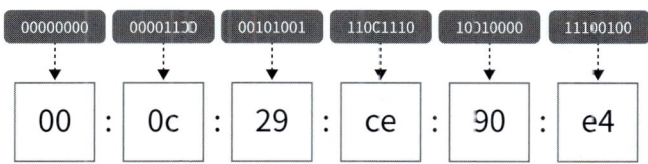

[그림] MAC 주소 표기 예시(콜론 표기)

MAC 주소 중에서도 특별한 의미를 갖는 비트가 있는데, 맨 앞부터 8번째 비트인 'I/G 비트(Individual/Group 비트)'와 7번째 비트인 'U/L 비트(Universally/Locally Administered 비트)'가 그것이다. 간단히 말해, I/G 비트는 통신의 종류를, U/L 비트는 운영 관리 방식을 나타낸다.

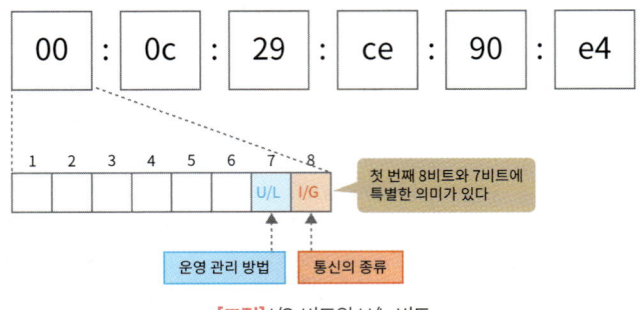

[그림] I/G 비트와 U/L 비트

I/G 비트는 해당 MAC 주소가 1:1 통신에 사용하는 '유니캐스트 주소'인지, 1:n 통신에 사용하는 '멀티캐스트 주소'인지를 나타낸다. '0'의 경우 각 단말에 개별적으로 할당되어 1:1 유니캐스트 통신에 사용되는 MAC 주소를 나타낸다. 반면 '1'의 경우 여러 단말의 그룹(멀티캐스트 그룹)을 나타내며, 1:n의 멀티캐스트 통신에 사용하는 MAC 주소를 나타낸다. 멀티캐스트 주소는 발신자 MAC 주소로 설정되지 않는다. 항상 목적지 MAC 주소로 설정된다.

참고로 멀티캐스트 주소 중 48비트가 모두 '1'인 MAC 주소(ff:ff:ff:ff:ff:ff)를 '브로드캐스트 주소'라고 하며, 같은 LAN(이더넷 네트워크)에 접속하는 모든 단말을 나타낸다.

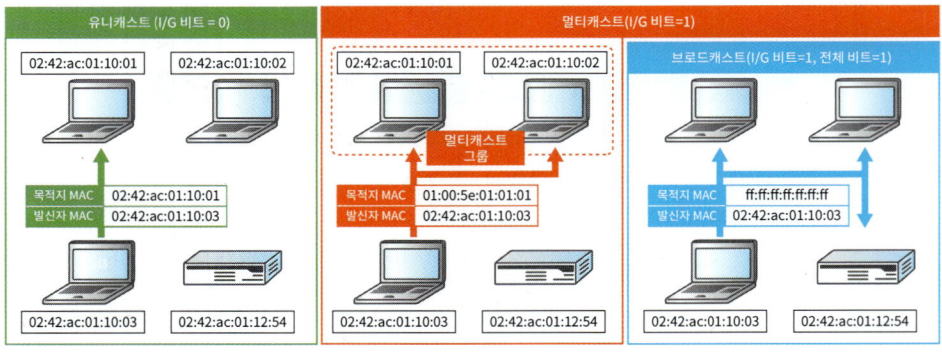

[그림] 통신의 종류

U/L 비트[5]는 해당 MAC 주소가 IEEE(Institute of Electrical and Electronics Engineers, 미국 전기전자공학회)에서 운영 관리되는 '범용 주소'인지, 조직 내에서 운영 관리되는 '로컬 주소'인지를 나타내는 값이다. '0'의 경우 IEEE에 의해 할당되어 원칙적으로 전 세계에서 유일무이한 MAC 주소를 나타낸다. 반면, '1'의 경우 관리자가 자체적으로 설정하거나 OS의 기능으로 무작위로 할당된 MAC 주소를 나타낸다.

5　Wireshark에서는 LG Bit으로 표기된다.

이더넷 프레임을 받은 인터페이스는 MAC 주소를 8비트(1바이트)씩 묶어서 뒤에서 앞쪽으로 순서대로 처리한다. 따라서 MAC 주소 중 I/G 비트가 가장 먼저 NIC에서 처리되고, 그 다음으로 U/L 비트가 처리된다.

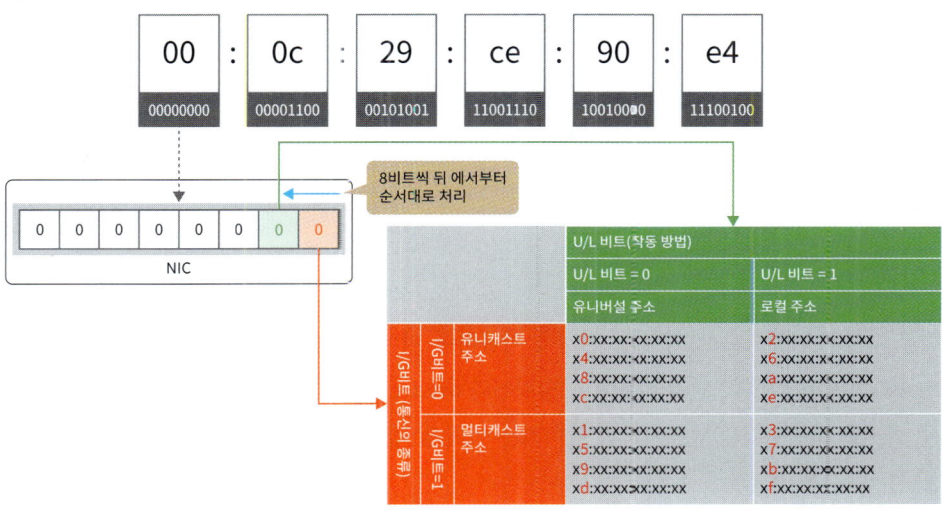

[그림] U/L 비트와 I/G 비트

U/L 비트가 '0'인 MAC 주소, 즉 IEEE에서 할당하는 범용 주소는 상위 24비트에도 큰 의미가 있다. 유니버설 주소의 상위 24비트는 IEEE가 벤더(제조사)별로 할당하는 벤더 코드다. 이를 'OUI(Organizationally Unique Identifier)'라고 하는데, 이를 통해 NIC를 제조하는 벤더를 알 수 있으며, OUI는 'https://standards-oui.ieee.org/oui/oui.txt'에 공개되어 있어 문제 해결 시 참고할 수 있다. 참고로 예시의 '00:0c:29'는 VMware에 할당된 OUI로, VMware의 가상 머신에 할당된다.

나머지 하위 24비트는 각 벤더가 NIC에 할당하는 시리얼 코드다. 이를 'UAA(Universally Administered Address)'라고 한다.

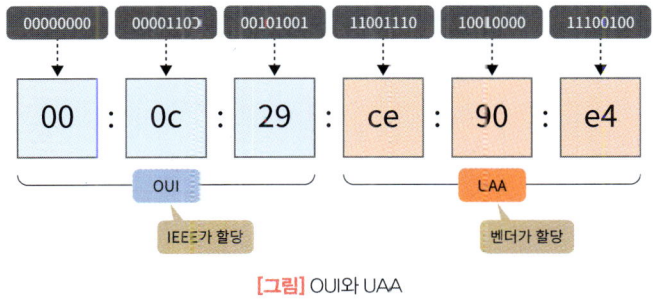

[그림] OUI와 UAA

과거 MAC 주소는 IEEE가 고유하게 관리하는 OUI와 벤더가 고유하게 관리하는 UAA를 통해 전 세계에서 단 하나뿐인 MAC 주소로 여겨졌으나, 최근에는 UAA를 벤더가 자체 알고리즘으로 생성하고 있어 반드시 고유하지 않을 수도 있다. 하지만 최근에는 벤더들 사이에서 UAA를 돌려가며 사용하거나 가상화 환경 등에서는 자체 알고리즘으로 UAA를 생성하는 경우가 많아져 반드시 고유하다고 할 수 없게 되었다. <u>하나의 LAN에 동일한 MAC 주소를 가진 단말이 여러 개 존재하면 해당 단말은 정상적으로 통신할 수 없다.</u> 이때는 중복되지 않는 MAC 주소로 다시 설정해야 한다. 이 동작에 대해서는 나중에 L2 스위칭 실습(78쪽)에서 확인해보겠다.

실습해 보기

지금까지의 지식을 바탕으로 실제 검증 환경을 이용하여 이더넷 프레임을 살펴보자. 여기서 사용할 설정 파일은 'spec_02.yaml'이다. 먼저 tinet up 명령어와 tinet conf 명령어로 spec_02.yaml을 불러와서 빠르게 검증 환경을 구축한다[6]. 컨테이너의 이미지는 이미 앞 장에서 다운로드 받았을 것이므로 1~2분 정도면 구축할 수 있을 것이다.

[코드] 2장 검증 환경 구축

```
root@UBUNTU:~# tinet up -c /mnt/c/tinet/spec_02.yaml | sh -x
+ docker run -td --net none --name rt2 --rm --privileged --hostname rt2 -v /tmp/tinet:/tinet -v /mnt/c/tinet:/tmp/tinet --dns=127.0.0.1 sphalerite1313/frr
WARNING: Localhost DNS setting (--dns=127.0.0.1) may fail in containers.
+ mkdir -p /var/run/netns
+ docker inspect rt2 --format {{.State.Pid}}
+ PID=6709
+ ln -s /proc/6709/ns/net /var/run/netns/rt2
+ docker run -td --net none --name rt3 --rm --privileged --hostname rt3 -v /tmp/tinet:/tinet -v /mnt/c/tinet:/tmp/tinet --dns=127.0.0.1 sphalerite1313/frr
WARNING: Localhost DNS setting (--dns=127.0.0.1) may fail in containers.
+ mkdir -p /var/run/netns
+ docker inspect rt3 --format {{.State.Pid}}

(중략)

+ ip netns del cl1
+ ip netns del cl2
```

---

[6] 이미 다른 설정 파일이 로드되어 있는 경우, 먼저 tinet down 명령(31쪽)을 통해 검증 환경을 삭제한다.

```
+ ip netns del cl3

root@UBUNTU:~# tinet conf -c /mnt/c/tinet/spec_02.yaml | sh -x
+ docker exec rt2 sed -i s/ospfd=no/ospfd=yes/g /etc/frr/daemons
+ docker exec rt2 sed -i s/ospf6d=no/ospf6d=yes/g /etc/frr/daemons
+ docker exec rt2 /etc/init.d/frr start
+ docker exec rt2 ip addr add 10.1.1.246/30 dev net0
+ docker exec rt2 ip addr add 10.1.1.250/30 dev net1
+ docker exec rt2 ip addr add 10.1.1.254/30 dev net2
+ docker exec rt2 ethtool -K net0 tx off rx off tso off gso off gro off
+ docker exec rt2 ethtool -K net1 tx off rx off tso off gso off gro off
+ docker exec rt2 ethtool -K net2 tx off rx off tso off gso off gro off
+ docker exec rt3 sed -i s/ospfd=no/ospfd=yes/g /etc/frr/daemons
+ docker exec rt3 sed -i s/ospf6d=no/ospf6d=yes/g /etc/frr/daemons
+ docker exec rt3 /etc/init.d/frr start
```

(이하 생략)

'이더넷 프레임을 살펴보자'고 했지만, 패킷을 보는 것은 처음이라 '어떻게 보는 거지?'라고 걱정하는 사람도 있을 것이다. 그래서 이번 장에서는 패킷에 대해 설명하는 첫 번째 장이므로 패킷을 보기 위해 필요한 도구에 대해 설명하겠다.

이 책에서는 'tcpdump'와 'Wireshark'라는 두 가지 도구를 사용한다. 둘 다 네트워크 구축 및 운영 현장에서 많이 사용되는 대표적인 도구이므르 사용법을 익혀두면 도움이 될 것이다. 이 책에서는 tcpdump로 패킷을 캡처(=포획, 수집, 취득)하고 Wireshark로 분석(=관찰)한다. 그럼 각각 설명해 보겠다.

tcpdump

먼저 패킷을 캡처하는 tcpdump에 대해 알아보자. tcpdump는 리눅스 OS와 macOS의 명령줄 인터페이스 환경에서 사용할 수 있는 오픈소스 패킷 캡처 도구다. 검증 환경에서도 컨테이너의 기본 이미지에 설치되어 있으며, tcpdump 명령어로 사용할 수 있다.

tcpdump는 실제 현장에서 사용 가능한 다양한 옵션과 다양한 프로토콜을 아우르는 필터 기능을 갖추고 있다. 실제 현장에서 사용할 때는 패킷 캡처 처리 자체에 너무 많은 부하가 걸리지 않도록 이를 잘 활용하면서 패킷을 캡처해 나가면 된다. 다음 표는 현장에서 자주 사용하는 대표적인 옵션이다. 필터 기능에 대해서는 각 장의 '패킷 캡처하기'에서 설명한다.

[표] tcpdump 명령의 대표 옵션

옵션	의미
-c ⟨패킷 수⟩	지정한 수의 패킷을 캡처하면 중지한다
-C ⟨파일 크기⟩	-w 옵션으로 내보낼 파일을 몇 메가바이트 단위로 회전시킬지 지정한다
-e	레이어 2 프로토콜 정보를 표시한다
-i ⟨인터페이스명⟩	패킷을 캡처할 인터페이스를 지정한다. any를 지정하면 모든 인터페이스에서 주고받는 패킷을 캡처한다
-n	서비스명을 포트 번호, 호스트 이름을 IP 주소로 변환하지 않는다
-s ⟨패킷 크기⟩	패킷당 크기를 바이트 단위로 지정한다. '-s 0'으로 패킷당 65535바이트(최대)를 나타낸다
-t	시간 정보를 표시하지 않는다
-tt	시간 정보를 UNIX 시간으로 표시한다
-ttt	시간 정보를 직전 행과의 차이로 표시한다
-tttt	기본 시간 정보에 날짜를 붙여서 표시한다
-v	상세 정보를 표시한다
-vv	-v 옵션보다 더 자세한 정보를 표시한다
-vvv	-vv보다 더 자세한 정보를 표시한다
-w ⟨파일명⟩	캡처한 패킷을 지정한 파일명으로 파일로 내보낸다
-W ⟨횟수⟩	-C 옵션과 함께 -w 옵션으로 파일 로테이션 횟수를 지정하여 파일 로테이션 횟수를 지정한다
-x	레이어 2 헤더를 제외한 패킷의 내용을 16진수로 표시한다
-xx	레이어 2 헤더를 포함한 패킷의 내용을 16진수로 표시한다
-X	레이어 2 헤더를 제외한 패킷의 내용을 ASCII와 16진수로 표시한다
-XX	레이어 2 헤더를 포함한 패킷의 내용을 ASCII와 16진수로 표시한다

Wireshark

다음으로 패킷을 분석하는 Wireshark[7]에 대해 알아보겠다. Wireshark는 인터넷에 공개되어 있는 오픈 소스 패킷 분석 툴이다. 이 책에서는 윈도우 PC에 설치하여 사용한다. Wireshark는 다음 URL에서 다운 로드하여 설치한다. 설치 프로그램을 실행하고 [Next]를 클릭하면 설치가 완료된다.

---

7 이 책에서는 작성 시점의 최신 버전인 'Version 4.0.10'을 사용한다.

Wireshark 다운로드

URL https://www.wireshark.org/download.html

Wireshark는 GUI를 통해 쉽게 패킷을 캡처할 수 있을 뿐만 아니라 캡처한 패킷을 보기 쉽게 필터링하고 분석할 수 있는 기능을 갖추고 있어 현장에서도 상당히 유용하게 사용할 수 있다. 어느 정도 경험이 있는 네트워크 엔지니어라면 가장 먼저 설치하는 애플리케이션 중 하나이기도 하다.

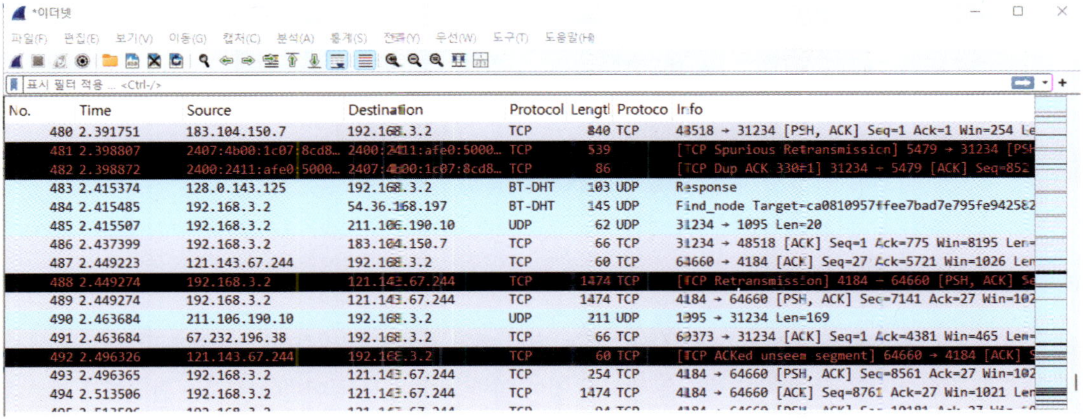

[그림] Wireshark

이 책에서는 컨테이너에서 tcpdump 명령에 -w 옵션을 사용하여 '/tmp/tinet'에 패킷을 내보낸다. 각 컨테이너의 '/tmp/tinet'은 tinet의 설정 파일에 의해 WSL 인스턴스(Ubuntu)의 '/mnt/c/tinet'에 마운트되어 있다. 또한, 24쪽에서 설명했듯이 WSL 인스턴스는 부팅 시 윈도우 OS의 로컬 드라이브를 '/mnt' 아래에 마운트하기 때문에 '/mnt/c/tinet'은 윈도우 OS에서는 'C:\tinet'으로 보인다. 이를 역으로 활용하면 컨테이너의 '/tmp/tinet'에 쓴 패킷이 윈도우 OS의 'C:\tinet'에 보이게 된다. 이를 윈도우 PC에 설치된 Wireshark로 열어 분석한다.

2장. 레이어 2 프로토콜 이해하기 55

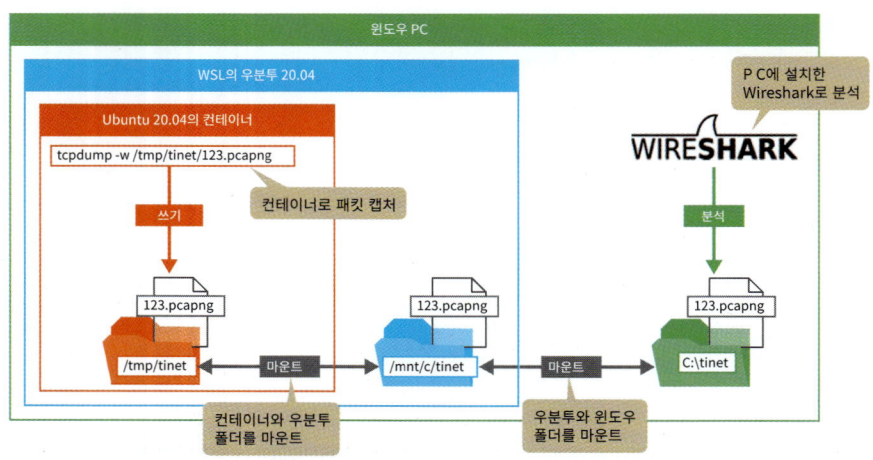

[그림] 패킷 캡처부터 분석까지의 흐름

패킷 캡처하기

실제 네트워크 현장에서 tcpdump를 사용할 때는 패킷 캡처 자체의 처리량이나 나중에 할 분석을 생각해서 '캡처 필터 기능'으로 캡처할 패킷을 좁히는 것이 일반적이다. 물론 이번에는 검증 환경이기 때문에 그렇게 많은 패킷을 흘려보내는 것도 아니고, 특별히 처리 부하나 분석까지 신경 쓸 필요가 없을 수도 있다. 다만, 이 책에서는 실제 현장에서의 참고가 될 수 있도록 가능한 한 캡처 필터 기능을 사용하도록 하겠다.

이더넷 프레임을 캡처할 때 유용하게 사용할 수 있는 tcpdump의 캡처 필터를 다음 표에 소개한다. 이를 옵션과 함께 입력한다. 여러 필터를 'and'나 'or'로 연결하여 캡처할 패킷을 더욱 세분화할 수도 있다.

[표] 이더넷 관련 대표적인 캡처 필터

캡처 필터	의미
ether host 〈MAC 주소〉	발신자 MAC 주소 또는 목적지 MAC 주소가 지정된 MAC 주소의 이더넷 프레임
ether src 〈MAC 주소〉	발신자 MAC 주소가 지정된 MAC 주소의 이더넷 프레임
ether dst 〈MAC 주소〉	수신지 MAC 주소가 지정된 MAC 주소의 이더넷 프레임
ether proto 〈프로토콜명〉	타입 필드가 지정된 프로토콜의 이더넷 프레임. 〈프로토콜명〉에는 ip, arp 등이 들어간다.
ether broadcast	브로드캐스트 이더넷 프레임
ether multicast	멀티캐스트 이더넷 프레임

서론이 조금 길어졌지만, 드디어 검증 환경에서 이더넷 프레임을 캡처해 보겠다. 여기서는 가정 내 LAN의 cl1에서 cl2로 이더넷 프레임을 전송하고, 그 패킷을 cl2에서 캡처한다.

그럼 이제 구체적인 흐름을 순서대로 설명해 보겠다. 이 역시 프로토콜을 설명하는 첫 번째 실습 항목인 만큼 컨테이너에 대한 로그인 방법, tcpdump/Wireshark의 세부 설정 내용까지 포함하여 튜토리얼 형식으로 조금 더 자세히 설명하겠다[8].

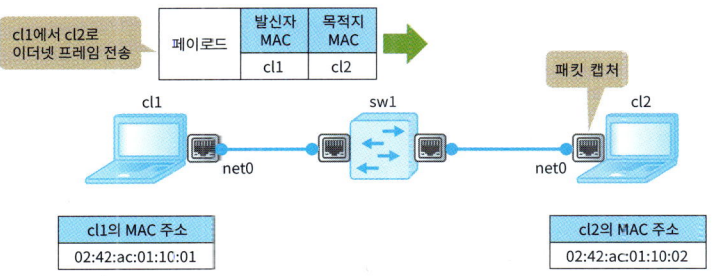

[그림] cl1에서 테스트 패킷을 전송하고 cl2에서 캡처한다.

01. WSL 인스턴스에 로그인한 두 개의 터미널을 열고, 한 창에서 'docker exec -it cl1 /bin/bash'를 입력하여 cl1에 로그인한다. 마찬가지로 다른 창에서 'docker exec -it cl2 /bin/bash'를 입력하여 cl2에 로그인한다.

[코드] cl1에 로그인

```
root@UBUNTU:~# docker exec -it cl1 /bin/bash
```

[코드] cl2에 로그인

```
root@UBUNTU:~# docker exec -it cl2 /bin/bash
```

02. 검증에 사용할 cl1과 cl2의 MAC 주소를 확인한다. 우분투의 MAC 주소를 확인하기 위해 자주 사용되는 명령어는 net-tools에 포함된 'ifconfig 명령어'와 iproute2에 포함된 'ip addr 명령어'가 있다. 이 중 ip addr 명령어가 비교적 새로운 명령어이긴 하지만, 도커에 특화된 정보가 포함되어 있어 다소 이해하기 어려운 부분이 있다. 그래서 여기서는 네트워크를 학습하는 데 필요한 최소한의 정보를 표시해주는 ifconfig 명령어를 사용한다. 두 컨테이너 모드에서 'ifconfig net0'을 입력하면 다음과 같이 표시된다.

[코드] cl1의 ifconfig의 표시 결과

```
root@cl1:/# ifconfig net0
net0: flags=4163<UP,BROADCAST,RUNNING,MULTICAST> mtu 1500
        INET 192.168.11.1 NETMASK 255.255.255.0 BROADCAST 192.168.11.255
```

---

8   이 항목 이후의 실습 항목에서는 컨테이너에 로그인하는 방법이나 tcpdump/Wireshark의 세부적인 설정 내용은 생략한다.

```
        ether 02:42:ac:01:10:01 txqueuelen 1000 (Ethernet)
        RX packets 938  bytes 176196 (176.1 KB)
        RX errors 0  dropped 0  overruns 0  frame 0
        TX packets 735  bytes 106770 (106.7 KB)
        TX errors 0  dropped 0 overruns 0  carrier 0  collisions 0
```

[코드] cl2의 ifconfig의 표시 결과

```
root@cl2:/# ifconfig net0
net0: flags=4163<UP,BROADCAST,RUNNING,MULTICAST> mtu 1500
        INET 192.168.11.2 NETMASK 255.255.255.0 BROADCAST 192.168.11.255
        ether 02:42:ac:01:10:02 txqueuelen 1000 (Ethernet)
        RX packets 938 bytes 176196 (176.1 KB)
        RX errors 0  dropped 0  overruns 0  frame 0
        TX packets 735 bytes 106770 (106.7 KB)
        TX errors 0  dropped 0 overruns 0  carrier 0  collisions 0
```

표시 결과를 보면 cl1의 MAC 주소가 '02:42:ac:01:10:01', cl2의 MAC 주소가 '02:42:ac:01:10:02'임을 알 수 있다. 참고로 컨테이너의 MAC 주소는 기본적으로 시작 시 할당되는 IP 주소에서 자동으로 생성되지만, 이 책에서는 설명의 일관성을 위해 tinet의 설정 파일을 통해 수동으로 설정했다.

03. cl2에서 'tcpdump -i net0 -w /tmp/tinet/ethernet.pcapng ether host 02:42:ac:01:10:01'을 입력하여 앞으로 주고받을 패킷에 대비한다.

이 명령은,

- (cl2가 가지고 있는) net0의 인터페이스를 통해 전달된다
- 발신 MAC 주소 또는 수신 MAC 주소가 02:42:ac:01:10:01(=cl1의 MAC 주소)인 이더넷 프레임을 캡처한다
- 컨테이너에 있는 '/tmp/tinet' 폴더에 'ethernet.pcapng'라는 파일명으로 작성한다

라는 의미다.

[코드] cl2로 이더넷 프레임 캡처하기

```
root@cl2:/# tcpdump -i net0 -w /tmp/tinet/ethernet.pcapng ether host 02:42:ac:01:10:01
tcpdump: listening on net0, link-type EN10MB (Ethernet), capture size 262144 bytes
```

04. cl1에서 이더넷 프레임을 생성한다. 여기서는 이더넷 프레임을 생성하기 위해 'ping 명령어'를 사용한다.

ping 명령어는 네트워크의 통신 상태를 확인할 때 사용하는 명령어다. 지정한 단말(IP 주소)에 요청(request) 패킷을 보내고, 응답(reply) 패킷을 확인함으로써 네트워크 상태를 확인할 수 있다[9]. 다음 표와 같이 다양한 옵션이 제공되며, 레이어 3 레벨 이하의 문제 해결에 유용하게 사용할 수 있다.

[표] ping 명령어의 대표적인 옵션

옵션	의미
-4	IPv4만 사용한다
-6	IPv6만 사용한다
-c 〈카운트〉	패킷 전송 횟수를 지정한다
-h	도움말을 표시한다
-i 〈초〉	패킷 전송 간격을 지정한다
-I 〈인터페이스명	IP 주소〉	패킷을 전송할 인터페이스 또는 IP 주소를 지정한다
-s 〈바이트 수〉	IP 페이로드의 크기를 지정한다. 기본값은 56바이트
-t 〈TTL〉	TTL을 지정한다
-W 〈타임아웃 초〉	타임아웃 시간(초)을 지정한다

이제 cl1에서 'ping 192.168.11.2 -c 2'를 입력하고 cl2로 요청 패킷을 두 번 전송해 보자. '64 bytes from 192.168.11.2: icmp_seq=...'라고 표시되면 응답 패킷을 수신한 것이다. 즉, cl1과 cl2가 네트워크적으로 소통하고 있는 것이다.

[코드] ping 명령어 표시 결과

```
root@cl1:/# ping 192.168.11.2 -c 2
PING 192.168.11.2 (192.168.11.2) 56(84) bytes of data.
64 bytes from 192.168.11.2: icmp_seq=1 ttl=64 time=0.251 ms
64 bytes from 192.168.11.2: icmp_seq=2 ttl=64 time=0.414 ms

--- 192.168.11.2 ping statistics ---
2 packets transmitted, 2 received, 0% packet loss, time 1071ms
rtt min/avg/max/mdev = 0.251/0.332/0.414/0.081 ms
```

05. cl2에서 Ctrl+c를 누르고 tcpdump 명령을 종료한다.

06. 윈도우 PC에서 'C:\tinet'을 열면 'ethernet.pcapng'가 있을 것이다. 이 파일을 Wireshark에서 연다.

---

[9] ping 명령은 'ICMP(Internet Control Message Protocol)'라는 레이어 3 프로토콜을 이용하는데, ICMP에 대해서는 130쪽부터 자세히 설명한다. 이더넷 자체에 요청과 응답이라는 개념이 있는 것은 아니지만, 여기서는 통신의 방향을 쉽게 이해할 수 있도록 편의상 '요청 패킷'과 '응답 패킷'이라는 명칭을 붙였다.

패킷 분석하기

다음으로 Wireshark를 사용하여 캡처한 이더넷 프레임을 분석해 보겠다.

네트워크 현장에서 Wireshark를 사용할 때는 '표시열 커스터마이징 기능'이나 '표시 필터 기능'을 사용하여 시각적으로 보기 쉽게 하는 것이 일반적이다. 앞서 언급했듯이 이번 검증 환경에서는 그렇게 많은 패킷을 흘려보내지 않기 때문에 이러한 기능을 사용할 필요가 없을 수도 있다. 하지만 알아두면 좋을 기능임에는 틀림없기 때문에 이 책에서는 실제 현장에서 도움이 될 수 있도록 가능한 한 이 기능들을 사용하도록 하겠다. 그럼 각 기능의 사용법에 대해 설명하겠다.

표시열 커스터마이징 기능

표시열 커스터마이징 기능은 표시할 열을 커스터마이징할 수 있는 기능이다. 실제 현장에서 패킷을 분석할 때는 코피가 날 정도로 많은 양의 패킷을 분석하는 경우가 많으며, 갑자기 잎사귀(패킷 자체)를 보기보다는 먼저 숲(패킷 전체의 흐름)을 봐야 한다. 그래서 표시열 커스터마이징 기능을 사용하여 특정 정보를 열로 추가하고, 그 값의 시계열적 변화를 살펴본다.

표시열 커스터마이징 기능을 사용하려면 패킷 세부 정보란에 표시된 항목을 마우스 오른쪽 버튼으로 클릭한 후 [열로서 적용]을 클릭한다. 그러면 패킷 목록에 해당 열이 추가되어 해당 항목의 값 변화를 시각적으로 확인할 수 있다. 이 책에서도 필요에 따라 표시열을 커스터마이징하여 포인트가 되는 항목의 변화를 쉽게 볼 수 있도록 했다.

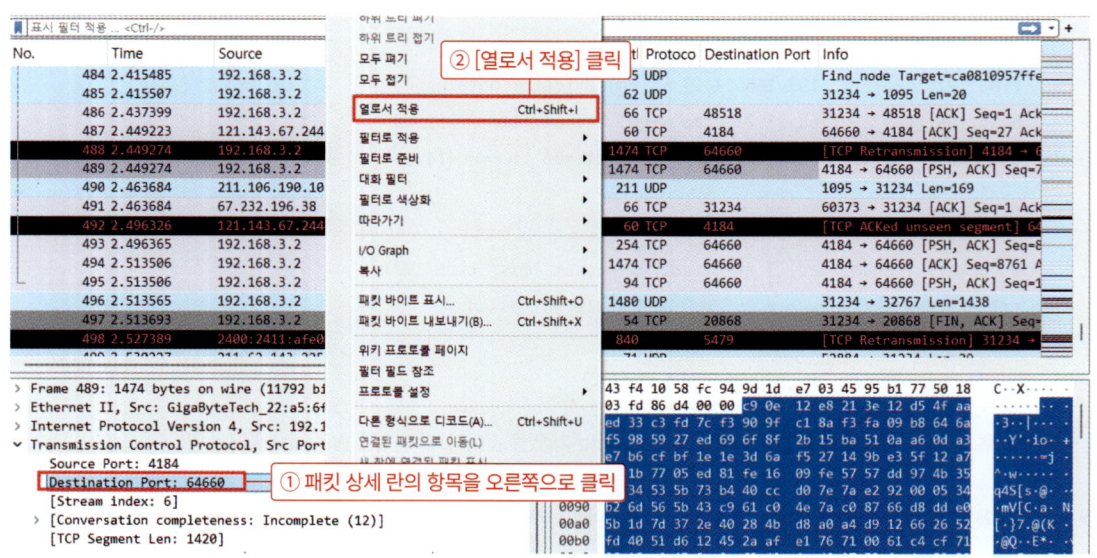

[그림] [열로서 적용]으로 표시열 커스터마이징하기

표시 필터 기능

표시 필터 기능은 특정 조건에 따라 표시할 패킷을 좁혀주는 기능이다. 앞서 언급했듯이 실제 현장에서 패킷을 분석할 때는 대량의 패킷을 분석하는 경우가 많으며, 그 패킷을 하나하나 세밀하게 분석할 시간적 여유도 없다. 따라서 표시 필터 기능을 통해 프로토콜의 종류, 내용 등으로 표시할 패킷을 좁혀가며 분석한다.

표시 필터 기능은 메인 툴바 아래에 있는 '필터 툴바'에서 설정할 수 있다. 어떤 형식으로 작성하는지는 프로토콜마다 다르므로 각 장의 '패킷 분석하기'에서 각각 설명한다.

[그림] 필터 도구 모음에서 표시 필터 설정하기

이더넷 프레임을 분석할 때 유용하게 사용할 수 있는 Wireshark의 표시 필터를 다음 표에 소개한다. 이를 필터 도구 모음에 입력한다. 여러 개의 표시 필터를 'and'나 'or'로 연결하여 표시할 패킷을 더 좁힐 수도 있다.

[표] 이더넷에 대한 대표적인 표시 필터

표시 필터	의미	설명 예시
eth.addr	목적지 MAC 주소 또는 발신자 MAC 주소	eth.addr == bc:ee:7b:73:a5:d0
eth.addr_resolved	OUI를 벤더명으로 변환한 목적지 MAC 주소 또는 발신자 MAC 주소	eth.addr_resolved == AsustekC_73:a5:d0
eth.dst	목적지 MAC 주소	eth.dst == bc:ee:7b:73:a5:d0
eth.dst_resolved	OUI를 벤더 이름으로 변환한 목적지 MAC 주소	eth.dst_resolved == AsustekC_73:a5:d0
eth.ig	I/G 비트	eth.ig == 1
eth.len	IEEE802.3 프레임 내 크기(바이트 단위)	eth.len > 1400
eth.lg	U/L 비트(L/G 비트)	eth.lg == 1
eth.padding	패딩	eth.padding
eth.src	발신자 MAC 주소	eth.src == bc:ee:7b:73:a5:d0

표시 필터	의미	설명 예시
eth.src_resolved	OUI를 벤더명으로 변환한 발신자 MAC 주소	eth.src_resolved == AsustekC_73:a5:d0
eth.type	타입 코드	eth.type == 0x800
frame.len	프레임 크기(바이트 단위)	frame.len > 1000

서론이 길어졌는데 이제 캡처한 패킷을 분석해 보겠다. 윈도우 PC에 설치된 Wireshark로 'C:\tinet'에 있는 'ethernet.pcapng'를 연다. 그러면 4개의 패킷이 보일 것이다. 첫 번째 패킷은 cl1에서 보낸 요청 패킷, 두 번째 패킷은 이에 대한 응답 패킷이다. 세 번째와 네 번째 패킷은 두 번째 요청 패킷과 이에 대한 응답 패킷이다. 모두 이더넷 프레임임에는 변함이 없지만, '표시 필터를 사용하고 싶다'는 명목으로 이 책에서는 필터 툴바에 'eth.src == 02:42:ac:01:10:01'을 입력하여 cl1에서 전송된 이더넷 프레임만(첫 번째와 세 번째 패킷만) 표시하고, 첫 번째 패킷을 자세히 살펴본다.

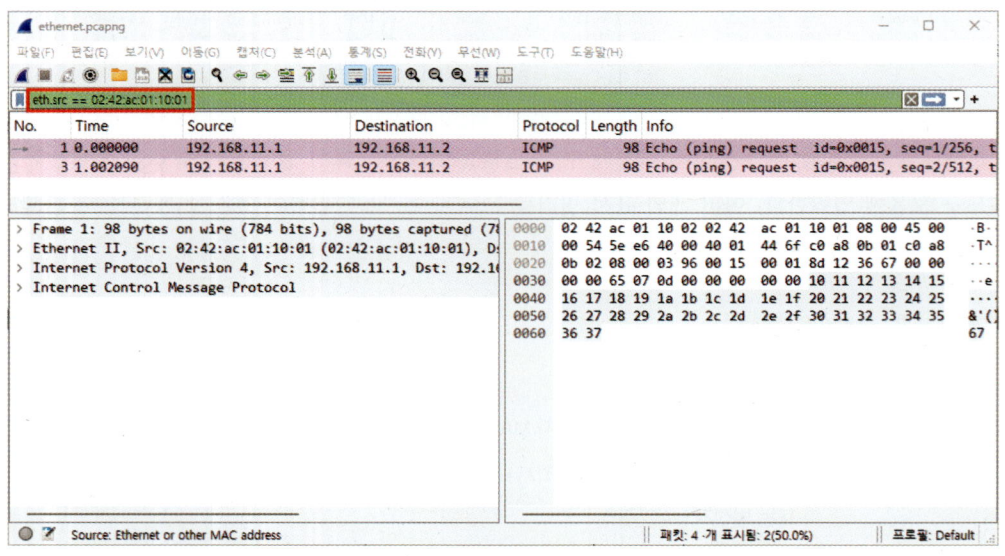

[그림] 표시 필터 기능으로 cl1에서 전송되는 패킷만 선별하여 필터링

47쪽에서 설명한 바와 같이 이더넷(이더넷Ⅱ) 프레임은 '프리앰블', '목적지/발신자 MAC 주소', '타입', '이더넷 페이로드', 'FCS(Frame Check Sequence)'의 5가지 필드로 구성되어 있다. 이 중 프리앰블은 tcpdump에서 캡처하기 전에 제거되기 때문에 볼 수 없다. 또한 FCS는 기본적으로 표시되지 않는다. 목적지 MAC 주소는 cl2의 MAC 주소(02:42:ac:01:10:02), 발신자 MAC 주소는 cl1의 MAC 주소(02:42:ac:01:10:01)로 되어 있음을 알 수 있다. 타입은 '192.168.11.2'라는 IPv4의 IP 주소로 패킷을 전송하고 있으므로 '0x0800'이 된다(48쪽).

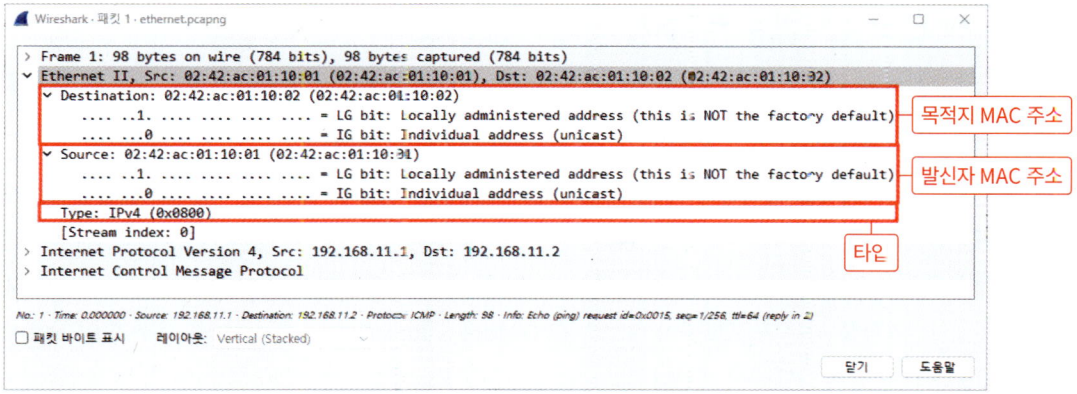

[그림] cl1부터 cl2에 대한 이더넷 프레임

Wireshark의 패킷 다이어그램 기능

최근 Wireshark[10]에는 패킷을 아스키 아트 스타일의 다이어그램으로 표시하는 패킷 다이어그램 기능도 추가됐다. 패킷의 구조를 시각적으로 확인하는 데 도움이 되므로 가끔씩 살펴보는 것도 좋다.

패킷 다이어그램 기능은 [편집] – [설정] 대화 상자에서 [모양] – [레이아웃]을 선택하여 세 개의 창 중 하나에 패킷 다이어그램을 할당한다.

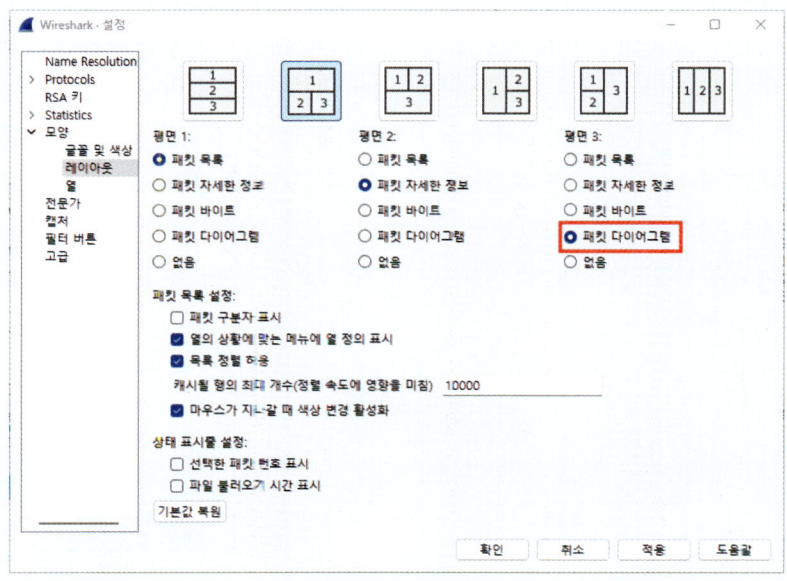

[그림] 패킷 다이어그램 기능 활성화하기

---

10 Version 3.3.0 이상에서 활성화할 수 있다.

2-2-2 ARP(주소 확인 프로토콜)

네트워크 세계에서 주소를 나타내는 것은 두 가지뿐이다. 하나는 지금까지 설명한 'MAC 주소'이고, 다른 하나는 3장에서 설명할 'IP 주소'다.

MAC 주소는 NIC 자체에 설정하는 주소다. 데이터 링크 계층에서 작동한다. IP 주소는 OS에 설정하는 주소다. 네트워크 계층에서 동작한다. 이 두 주소가 독립적으로 동작하면 데이터 링크 계층과 네트워크 계층의 정보가 일치하지 않아 통신이 이루어지지 않는다. 이 두 주소를 연결하여 데이터 링크 계층과 네트워크 계층의 가교 역할을 하는 프로토콜이 바로 'ARP(Address Resolution Protocol, 주소 확인 프로토콜)'다. ARP는 OSI 참조 모델에서 데이터 링크 계층과 네트워크 계층의 중간(2.5계층)에 위치하는 존재이지만, 이 책에서는 데이터 링크 계층의 프로토콜로 취급한다.

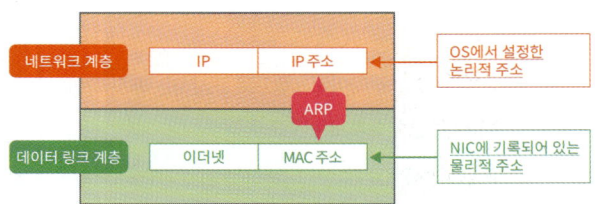

[그림] ARP는 MAC 주소와 IP 주소를 이어주는 프로토콜

이론 이해하기

어떤 단말이 데이터를 전송할 때, 네트워크 계층에서 받은 IP 패킷을 이더넷 프레임으로 캡슐화하여 케이블로 보내야 한다. 그러나 IP 주소를 받은 것만으로는 이더넷 프레임을 만드는 데 필요한 정보가 아직 부족하다. 발신자 MAC 주소는 자신의 NIC의 MAC 주소이므로 알 수 있지만, 목적지 MAC 주소는 알 수 없다. 그래서 실제 데이터 통신에 앞서 ARP를 통해 목적지 IP 주소[11]로부터 목적지 MAC 주소를 구한다. 이를 '주소 확인'이라고 한다.

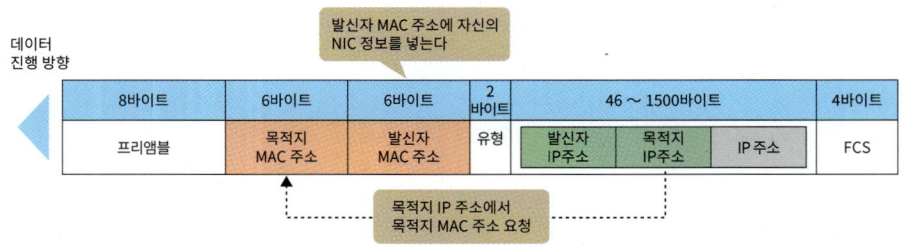

[그림] 이더넷 프레임의 목적지 MAC 주소는 목적지 IP 주소로부터 구한다.

---

[11] 조금 더 자세히 설명하자면 IPv4의 IP 주소는 IPv6에서는 ARP를 사용하지 않는다.

ARP 프레임 형식

ARP는 RFC826 'An Ethernet Address Resolution Protocol -- or -- Converting Network Protocol Addresses'에서 처음 표준화됐고, 이후 RFC5227 'IPv4 Address Conflict Detection'과 RFC5494 'IANA Allocation Guidelines for the Address Resolution Protocol(ARP)'로 확장됐다.

ARP는 이더넷 헤더의 타입 코드(48쪽)에서 '0x0806'으로 정의되어 있다. 또한, 이더넷 페이로드에 데이터 링크 계층(레이어 2)과 네트워크 계층(레이어 3)의 정보를 담아 MAC 주소와 IP 주소를 연결한다.

	0비트	8비트	16비트	24비트
0바이트	하드웨어 유형		프로토콜 유형	
4바이트	하드웨어 주소 크기	프로토콜 주소 크기	오퍼레이션 코드	
8바이트	발신자 MAC 주소			
12바이트			발신자 IP 주소	
16바이트	발신자 IP 주소(계속)		목적지 MAC 주소	
24바이트				
28바이트	목적지 IP 주소			

[그림] ARP의 프레임 포맷

다음은 ARP의 프레임 포맷의 각 필드에 대한 설명이다.

하드웨어 유형

'하드웨어 유형'은 사용 중인 레이어 2 프로토콜을 나타내는 2바이트(16비트) 필드다. 다양한 레이어 2 프로토콜이 정의되어 있으며, 이더넷의 경우 '0x0001'이 들어간다.

프로토콜 유형

'프로토콜 유형'은 사용 중인 레이어 3 프로토콜을 나타내는 2바이트(16비트) 필드다. 다양한 레이어 3 프로토콜이 정의되어 있으며, IPv4의 경우 '0x0800'이 들어간다.

하드웨어 주소 크기

'하드웨어 주소 크기'는 하드웨어 주소, 즉 MAC 주소의 길이를 바이트 단위로 나타내는 1바이트(8비트) 필드다. MAC 주소는 48비트 = 6바이트이므로 '6'이 들어간다.

프로토콜 주소 크기

'프로토콜 주소 크기'는 네트워크 계층에서 사용하는 주소, 즉 IP 주소의 길이를 바이트 단위로 나타내는 1바이트(8비트) 필드다. IP 주소(IPv4 주소)의 길이는 32비트 = 4바이트이므로 '4'가 들어간다.

오퍼레이션 코드(opcode, 동작 코드)

'오퍼레이션 코드'는 ARP 프레임의 종류를 나타내는 2바이트(16비트) 필드다. 많은 오퍼레이션 코드가 정의되어 있지만, 시스템 구축 현장에서 실제로 자주 볼 수 있는 코드는 ARP Request를 나타내는 '1', ARP Reply를 나타내는 '2' 두 가지다.

발신자 MAC 주소/발신자 IP 주소

'발신자 MAC 주소'와 '발신자 IP 주소'는 ARP를 전송하는 단말의 MAC 주소와 IP 주소를 나타내는 가변 길이의 필드다. 이는 이름 그대로이므로 특별히 깊이 생각할 필요는 없다.

목적지 MAC 주소/목적지 IP 주소

'목적지 MAC 주소'와 '목적지 IP 주소'는 ARP로 주소를 확인하고자 하는 MAC 주소와 IP 주소를 나타내는 가변 길이의 필드다. 처음에는 MAC 주소를 알 수 없으므로 더미 MAC 주소 '00:00:00:00:00:00'을 설정한다.

ARP를 통한 주소 확인의 흐름

이제 ARP가 어떻게 목적지 IP 주소와 목적지 MAC 주소를 매핑하는지 좀 더 자세히 살펴보자. 여기서는 PC(cl3)가 같은 가정 내 LAN에 있는 광대역 라우터(rt1)의 MAC 주소를 확인한다고 가정하고 ARP의 처리를 설명한다.

01. cl3는 패킷을 내보낼 때 목적지 IP 주소를 보고 자신의 'ARP 테이블'을 검색한다. ARP 테이블은 ARP로 주소 확인된 정보를 일정 시간 동안 보관하는 메모리상의 테이블이다. 당연히 초기에는 ARP 테이블이 비어 있다. 이제 ARP Request 처리로 넘어간다.

    참고로 이미 주소 확인이 완료되었거나 ARP 항목(IP 주소와 MAC 주소)을 직접 설정하여 ARP 테이블에 해당 정보가 이미 있는 경우에는 02에서 05까지의 과정을 건너뛰고 바로 06으로 진행한다.

02. cl3는 ARP Request를 전송하기 위해 먼저 ARP의 각 필드 정보를 조립한다. 오퍼레이션 코드는 ARP Request를 나타내는 '1'이다. 발신자 MAC 주소와 발신자 IP 주소는 cl3 자신의 MAC 주소(02:42:ac:01:11:00)와 IP 주소(192.168.11.100)다.

    목적지 MAC 주소는 ARP Request에서 무시되므로 더미 MAC 주소(00:00:00:00:00:00)가 된다. 목적지 IP 주소는 IP 헤더에 포함된 IP 주소에 따라 달라진다. 목적지 IP 주소가 같은 네트워크에 있다면 목적지 IP 주소를 그대로 목적지 IP 주소로 사용한다. 다른 네트워크에 있는 경우, 해당 네트워크의 출구인 '넥스트 홉(다음 경유지)'을 목적지 IP 주소로 사용한다. 이 경우, rt1은 가정 내 LAN이라는 동일한 네트워크에 있다. 따라서 목적지 주소는 rt1의 IP 주소(192.168.11.254)가 그대로 사용된다.

다음으로 이더넷 헤더를 조립하는데, ARP Request는 브로드캐스트를 사용한다. 따라서 목적지 MAC 주소는 브로드캐스트 주소(ff:ff:ff:ff:ff:ff), 발신자 MAC 주소는 cl3의 MAC 주소(02:42:ac:01:11:00)다.

03. ARP Request는 브로드캐스트이므로 해당 이더넷 네트워크(가정 내 LAN)에 있는 모든 단말에 전달된다. 주소 확인 대상인 rt1은 02의 ARP Request를 자신에 대한 ARP 프레임으로 판단하여 받아들인다. 이와 함께 ARP 필드에 포함된 발신자 MAC 주소와 발신자 IP 주소를 ARP 테이블에 기록한다.

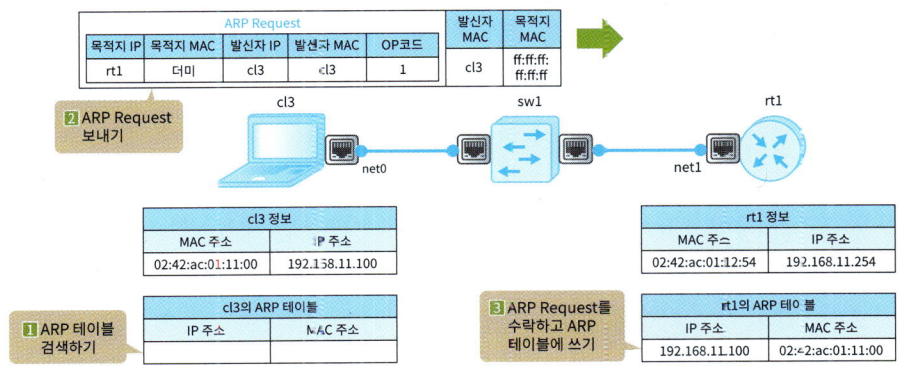

[그림] 01부터 03까지의 처리 과정

04. ARP Request를 받은 rt1은 ARP Reply를 회신하기 위해 먼저 ARP의 각 필드 정보를 조합한다. 오퍼레이션 코드는 ARP Reply를 나타내는 '2'다. 발신자 MAC 주소와 발신자 IP 주소는 rt1 자신의 MAC 주소(02:42:ac:01:12:54)와 IP 주소(192.168.11.254), 목적지 MAC 주소와 목적지 IP 주소는 cl3의 MAC 주소(02:42:ac:01:11:00)와 IP 주소(192.168.11.100)이다.

이어서 이더넷 헤더를 조립하고, ARP Reply는 유니캐스트를 사용한다. 따라서 목적지 MAC 주소는 cl3의 MAC 주소(02:42:ac:01:11:00), 발신자 MAC 주소는 rt1의 MAC 주소(02:42:ac:01:12:54)다.

05. cl3는 ARP Reply의 ARP 필드에 포함된 발신자 MAC 주소(02:42:ac:01:12:54)와 발신자 IP 주소(192.168.11.254)를 보고 rt1의 MAC 주소를 인식한다. 또한, 함께 ARP 테이블에 기록하여 임시로 저장한다.

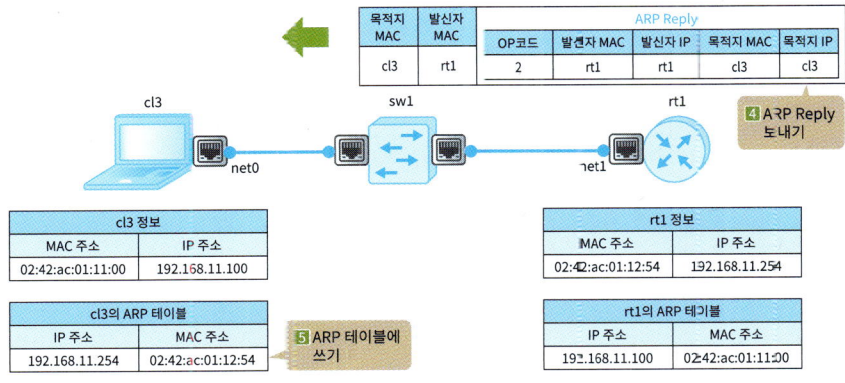

[그림] 04부터 05까지의 처리 과정

06. cl3는 주소 확인된 rt1의 MAC 주소(02:42:ac:01:12:54)를 이더넷 헤더의 목적지 MAC 주소에, IP 주소를 IP 헤더의 목적지 IP 주소(192.168.11.254)에 넣어 데이터 통신을 시작한다.

ARP의 캐시 기능

지금까지의 내용으로 ARP가 TCP/IP 통신에서 매우 중요한 역할을 하고 있다는 것을 알 수 있을 것이다. 모든 통신의 시작은 ARP에서 시작되며, ARP를 통해 패킷을 보낼 MAC 주소를 알아야만 통신을 할 수 있다.

그런데 이 ARP에는 치명적인 약점이 있다. 바로 '브로드캐스트를 전제로 한다'는 것이다. 처음에는 상대방의 MAC 주소를 모르기 때문에 브로드캐스트를 사용하는 것은 어쩔 수 없다. 하지만 브로드캐스트는 같은 네트워크에 있는 모든 단말에 패킷을 보내는 비효율적인 통신이다. 예를 들어, 1,000개의 단말이 있는 네트워크가 있다고 가정하면 1,000개 모두에 패킷을 보내게 된다. 모두가 통신할 때마다 ARP를 브로드캐스트한다면 그 네트워크는 ARP 패킷으로만 가득 차게 된다. 애초에 MAC 주소도 IP 주소도 그렇게 자주 바뀌지 않으므로 ARP는 주소 확인된 내용을 보관하는 '캐시 기능'을 가지고 있다.

캐시 기능의 동작은 OS와 버전에 따라 다르다. 예를 들어, 이 책의 검증 환경에서 사용하는 우분투 20.04의 경우 ARP 엔트리 수가 너무 많아지지 않는 한, 주소 확인된 엔트리를 계속 유지한다. 또한, 방금 주소 확인된 항목과 통신하거나 오래된 항목과 다시 통신할 때는 유니캐스트 ARP를 사용하여 도달가능성을 확인한다. 유니캐스트 ARP Request에 대한 ARP Reply를 받지 못하거나 ARP 항목이 삭제된 경우, 다시 브로드캐스트 ARP를 사용하여 모든 사람에게 MAC 주소를 묻는다. 즉, 가능한 한 브로드캐스트를 사용하지 않고, 네트워크가 ARP로 가득 차지 않도록 ARP를 처리하고 있다.

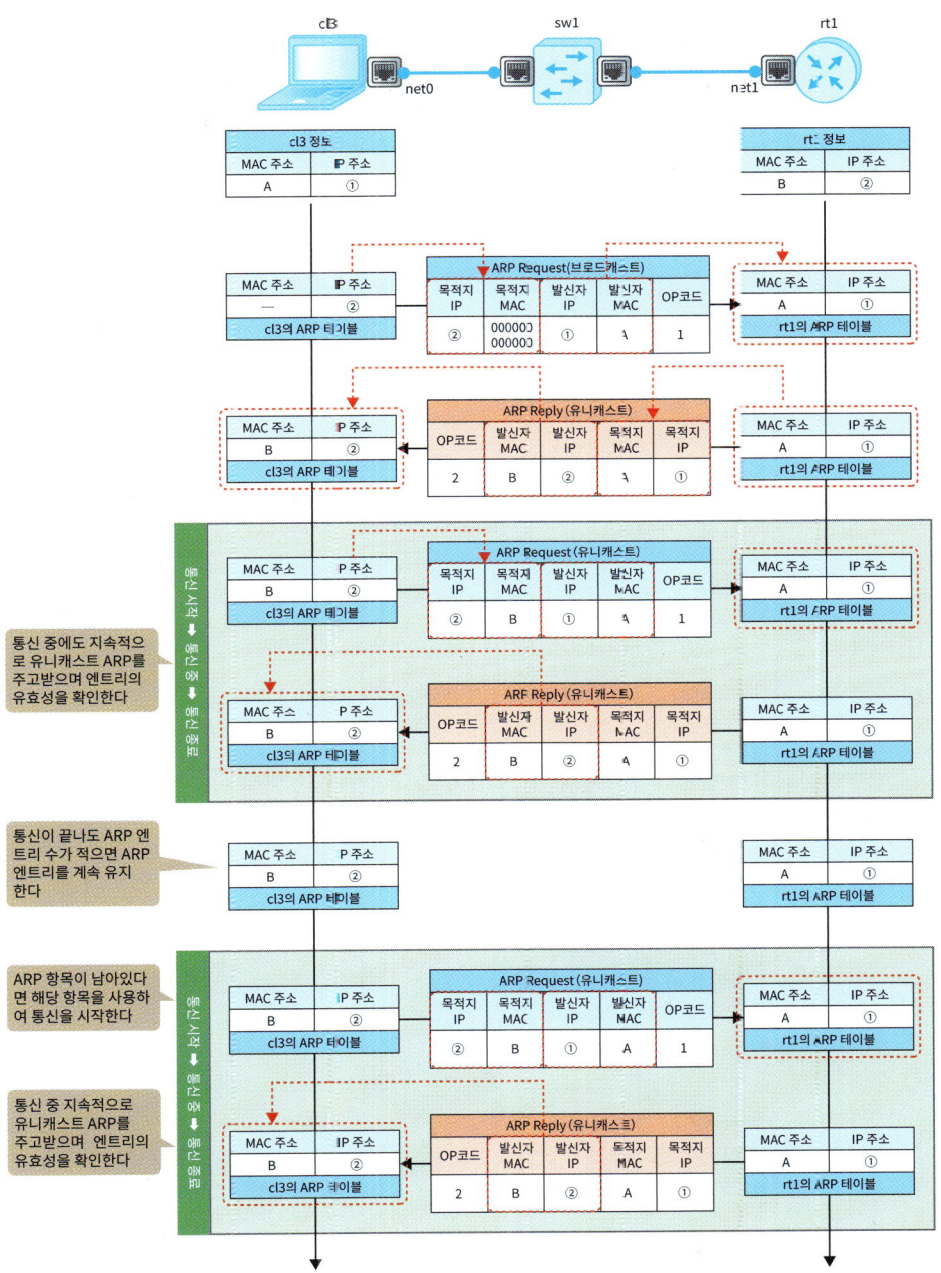

[그림] 캐시 기능으로 효율화를 꾀한다

2장. 레이어 2 프로토콜 이해하기 69

실습해 보기

이제 검증 환경을 통해 실제 ARP가 어떻게 처리되는지 살펴보겠다. 여기서는 가정 내 LAN에 있는 cl3와 rt1에서 패킷을 주고받을 때 ARP가 어떻게 동작하는지를 살펴보겠다.

패킷 캡처하기

먼저 검증 환경에서 ARP 프레임을 캡처해 보자. 캡처에 앞서 도움이 될 만한 tcpdump의 캡처 필터를 소개한다. 이를 옵션과 함께 입력한다. 여러 필터를 'and'나 'or'로 연결하여 캡처할 패킷을 더욱 세분화할 수도 있다.

[표] ARP 관련 대표적인 캡처 필터

캡처 필터	의미
arp	모든 ARP 프레임
not arp	ARP 프레임 이외의 프레임
arp[6:2] == 1	ARP Request (오퍼레이션 코드가 1인 ARP 프레임)
arp[6:2] == 2	ARP Reply (오퍼레이션 코드가 2인 ARP 프레임)

이제 ARP 프레임을 캡처해 보겠다. cl3와 rt1에는 이미 IP 주소가 설정되어 있다. 따라서 cl3에서 rt1로 패킷을 보내려고 하면 먼저 ARP Request와 ARP Reply가 오고 갈 것이다. 그 패킷을 rt1에서 캡처한다. 또한, 이때의 ARP 테이블에 대해서도 함께 확인한다.

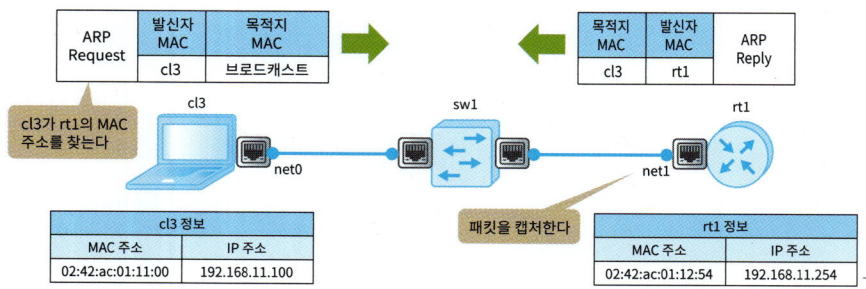

[그림] cl3가 rt1의 주소를 확인하는 것을 rt1에서 패킷 캡처하는 모습

01. WSL 인스턴스에 로그인한 두 개의 터미널을 열고 'docker exec' 명령어로 cl3와 rt1에 각각 로그인한다. 그리고 검증에 사용할 'cl3의 net0'과 'rt1의 net1'의 MAC 주소를 확인한다.

[코드] cl3의 ifconfig의 표시 결과

```
root@UBUNTU:~# docker exec -it cl3 /bin/bash
root@cl3:/# ifconfig net0
net0: flags=4163<UP,BROADCAST,RUNNING,MULTICAST>  mtu 1500
        inet 192.168.11.100  netmask 255.255.255.0  broadcast 0.0.0.0
        ether 02:42:ac:01:11:00  txqueuelen 1000  (Ethernet)
        RX packets 4  bytes 1368 (1.3 KB)
        RX errors 0  dropped 0  overruns 0  frame 0
        TX packets 0  bytes 0 (0.0 B)
        TX errors 0  dropped 0  overruns 0  carrier 0  collisions 0
```

[코드] rt1의 ifconfig의 표시 결과

```
root@UBUNTU:~# docker exec -it rt1 /bin/bash
root@rt1:/# ifconfig net1
net1: flags=4163<UP,BROADCAST,RUNNING,MULTICAST>  mtu 1500
        inet 192.168.11.254  netmask 255.255.255.0  broadcast 0.0.0.0
        ether 02:42:ac:01:12:54  txqueuelen 1000  (Ethernet)
        RX packets 6  bytes 1452 (1.4 KB)
        RX errors 0  dropped 0  overruns 0  frame 0
        TX packets 6  bytes 1452 (1.4 KB)
        TX errors 0  dropped 0  overruns 0  carrier 0  collisions 0
```

02. 검증 시작 지점을 맞추기 위해 cl3와 rt1이 보유하고 있는 불필요한 ARP 항목을 삭제(플러싱)한다. 여기서는 'ip neigh 명령어'를 사용하여 항목을 삭제한다.

ip neigh 명령은 ARP 테이블의 정보를 확인하거나 조작할 때 사용하는 명령이다. 다음 표와 같이 서브 명령과 옵션을 조합하여 사용한다.

[표] 대표적인 ip neigh 명령어

ip neigh 명령어	의미
ip neigh [show]	ARP 테이블을 표시한다
ip neigh add <IP 주소> dev <인터페이스명> lladdr <MAC 주소>	수동으로 ARP 항목을 추가한다
ip neigh del <IP 주소> dev <인터페이스명>	지정된 ARP 항목을 삭제한다
ip neigh flush all	모든 ARP 항목을 삭제(플러싱)한다
ip neigh flush dev <인터페이스명>	지정된 인터페이스의 ARP 항목을 삭제(플러싱)한다

ip neigh 명령어	의미
ip neigh get <IP 주소> dev <인터페이스명>	지정한 IP 주소 및 인터페이스의 ARP 항목을 표시한다
ip neigh show dev <인터페이스명>	지정된 인터페이스와 관련된 ARP 항목을 표시한다

이제 ip neigh 명령어으로 ARP 항목을 삭제한 후 ARP 테이블을 확인해 보자. 아무것도 표시되지 않는다면 확실히 삭제된 것이다.

[코드] cl3의 ARP 항목 삭제하기

```
root@cl3:/# ip neigh flush all
root@cl3:/# ip neigh
```

[코드] rt1의 ARP 항목 삭제하기

```
root@rt1:/# ip neigh flush all
root@rt1:/# ip neigh
```

03. rt1에서 tcpdump 명령을 실행하여 앞으로 주고받을 패킷에 대비한다. 여기서는 rt1의 net1에서 주고받는 ARP 프레임을 /tmp/tinet에 'arp.pcapng'라는 파일명으로 작성한다.

[코드] rt1의 tcpdump 명령어 실행하기

```
root@rt1:/# tcpdump -i net1 -w /tmp/tinet/arp.pcapng arp
tcpdump: listening on net1, link-type EN10MB (Ethernet), capture size 262144 bytes
```

04. cl3(192.168.11.100)에서 rt1(192.168.11.254)에 ping 명령어로 이더넷 프레임(요청 패킷)을 전송한다. 그러면 rt1 로부터 이더넷 프레임(응답 패킷)을 수신한 것을 확인할 수 있다. 실제로는 요청 패킷 이전에 rt1(192.168.11.254)의 MAC 주소를 ARP Request로 질의했을 것이다.

[코드] cl3에서 rt1에 이더넷 프레임 전송하기

```
root@cl3:/# ping 192.168.11.254 -c 2
PING 192.168.11.254 (192.168.11.254) 56(84) bytes of data.
64 bytes from 192.168.11.254: icmp_seq=1 ttl=64 time=0.771 ms
64 bytes from 192.168.11.254: icmp_seq=2 ttl=64 time=0.843 ms

--- 192.168.11.254 ping statistics ---
2 packets transmitted, 2 received, 0% packet loss, time 1034ms
rtt min/avg/max/mdev = 0.771/0.807/0.843/0.036 ms
```

05. rt1에서 Ctrl+c를 누르고 tcpdump 명령을 종료한다.

06. cl3와 rt1에서 ARP 테이블을 확인한다. 그러면 각 ARP 테이블에 IP 주소- MAC 주소가 매핑된 ARP 엔트리가 만들어졌음을 알 수 있다. 이 ARP 항목은 항목 수가 너무 많아지지 않는 한 계속 유지된다.

[코드] cl3의 ARP 테이블[12]

```
root@cl3:/# ip neigh
192.168.11.254 dev net0 lladdr 02:42:ac:01:12:54 STALE
```

[코드] rt1의 ARP 테이블[13]

```
root@rt1:/# ip neigh
192.168.11.100 dev net1 lladdr 02:42:ac:01:11:00 STALE
```

패킷 분석하기

다음으로 앞서 캡처한 ARP 프레임을 분석해 보겠다. 분석에 앞서 도움이 될 만한 Wireshark의 표시 필터를 소개한다. 이를 필터 도구 모음에 입력한다. 여러 개의 표시 필터를 'and'나 'or'로 연결하여 표시할 패킷을 더욱 세분화할 수도 있다.

[표] ARP에 대한 대표적인 표시 필터

표시 필터	의미	설명 예시
arp.hw.type	하드웨어 유형	arp.hw.type == 1
arp.proto.type	프로토콜 유형	arp.proto.type == 0x0800
arp.hw.size	하드웨어 주소 크기	arp.hw.size == 6
arp.proto.size	프로토콜 주소 크기	arp.proto.size == 4
arp.opcode	오퍼레이션 코드(opcode)	arp.opcode == 1
arp.src.hw_mac	발신자 MAC 주소	arp.src.hw_mac == 00:0c:29:45:db:90
arp.src.proto_ipv4	발신자 IP 주소	arp.src.proto_ipv4 == 10.1.1.101
arp.dst.hw_mac	목적지 MAC 주소	arp.dst.hw_mac == 00:00:00:00:00:00
arp.dst.proto_ipv4	목적지 IP 주소	arp.dst.proto_ipv4 == 10.1.1.200

---

12 ip neigh 명령을 실행하는 타이밍에 따라 항목의 상태를 나타내는 'STALE'이 'REACHABLE'로 표시될 수 있다.
13 ip neigh 명령을 실행하는 타이밍에 따라 '192.168.11.1'이나 '192.168.11.2'의 ARP 항목이 보일 수 있다. 또한, 항목의 상태를 나타내는 'STALE'이 'REACHABLE'로 되어 있을 수 있다.

이제 Wireshark로 'C:\tinet'에 있는 'arp.pcapng'를 열어보자. 그러면 4개의 패킷이 보일 것이다[14]. 첫 번째 패킷은 cl3에서 보낸 ARP Request, 두 번째 패킷은 이에 대한 ARP Reply, 세 번째 패킷은 rt1에서 cl3에 대한 도달가능성을 확인하는 유니캐스트(unicast)의 ARP Request, 네 번째 패킷은 이에 대한 ARP Reply다. 여기서는 먼저 IP 주소와 MAC 주소가 매핑된 첫 번째와 두 번째 패킷에 주목해 보겠다.

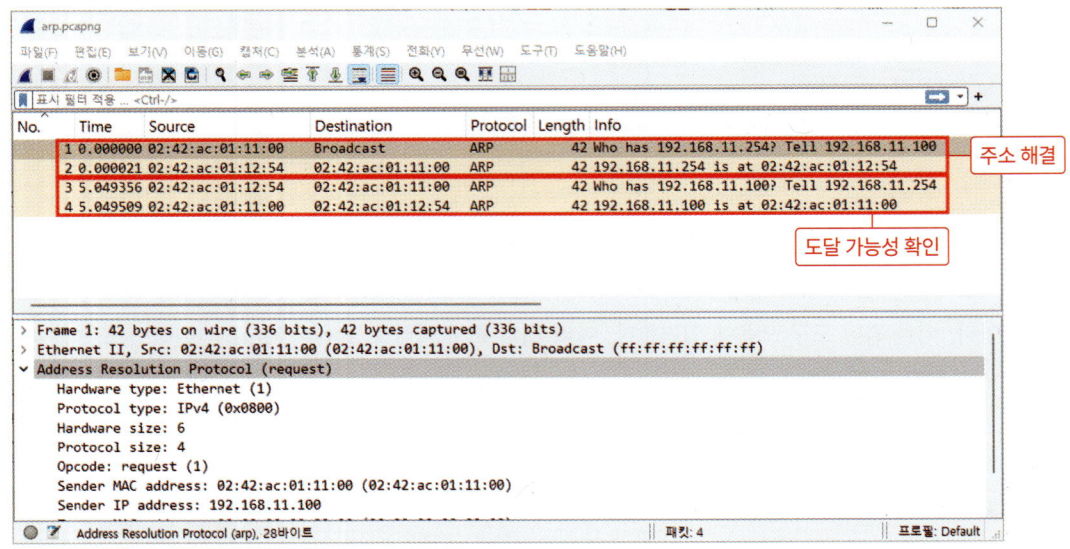

[그림] arp.pcapng

먼저 첫 번째 패킷(ARP Request)을 보면 목적지 MAC 주소가 브로드캐스트(ff:ff:ff:ff:ff:ff)로 되어 있는 것을 알 수 있다. 또한, ARP 필드의 목적지 MAC 주소가 더미 MAC 주소(00:00:00:00:00:00), 목적지 IP 주소가 주소 확인을 원하는 rt1의 IP 주소(192.168.11.254)로 설정되어 있음을 알 수 있다.

---

[14] tcpdump 명령을 종료하는 타이밍에 따라 패킷이 2개만 있을 수 있다. 이 경우 첫 번째 패킷과 두 번째 패킷을 확인한다.

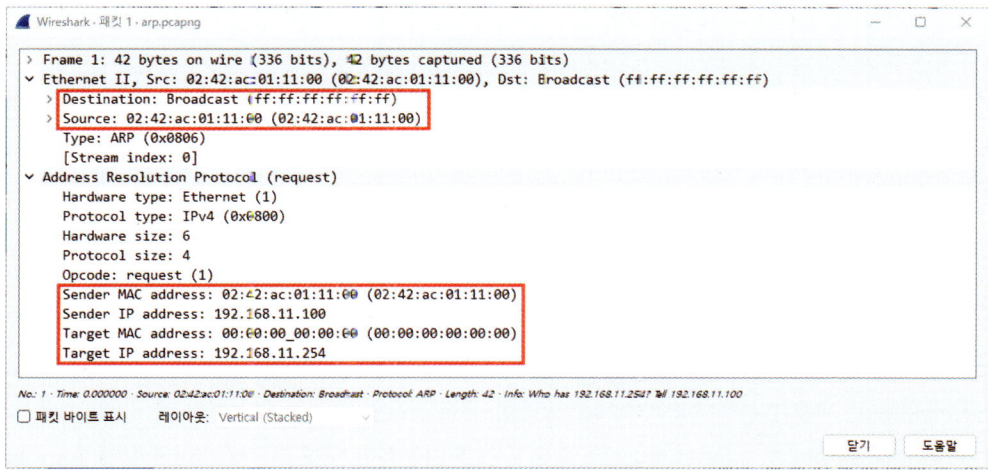

[그림] ARP Request

이어 두 번째 패킷(ARP Reply)을 보면 발신자 MAC 주소가 rt1(02:42:ac:01:12:54), 목적지 MAC 주소가 cl3(02:42:ac:01:11:00)의 유니캐스트임을 알 수 있다. 또한, ARP 필드에서 더미 MAC 주소가 사라지고 모두 rt1과 cl3의 MAC 주소와 IP 주소로 변경된 것을 확인할 수 있다.

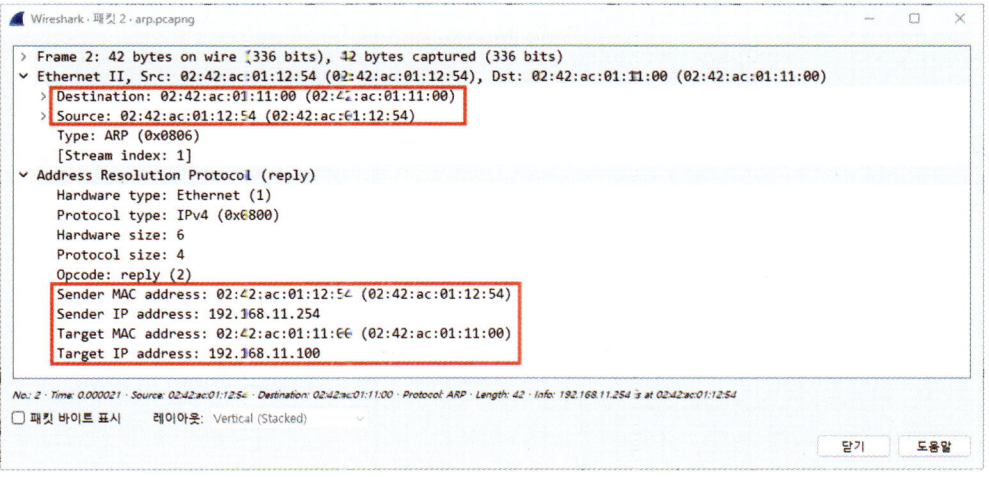

[그림] ARP Reply

2-3 네트워크 기술 이해하기

이어서 실제 네트워크 환경에서 많이 사용되는 이더넷 관련 기술에 대해 설명한다. 이더넷 네트워크는 무엇보다도 먼저 MAC 주소가 있어야 한다. 어떤 장비의 어떤 포트(인터페이스)에 어떤 MAC 주소를 가진 단말이 연결되어 있는지 정리하면서 학습을 진행하면 보다 효율적으로 이해할 수 있을 것이다.

현대 네트워크에서 이더넷에서 활약하는 장비라고 하면 'L2 스위치'를 꼽을 수 있다. 먼저, L2 스위치가 어떤 장비인지 간단히 정리해 보겠다.

L2 스위치는 여러 개의 유선 LAN 단말을 연결하여 이더넷 프레임을 전송하는 네트워크 장비로, LAN을 구축할 때 사용한다. 생소하다면 대형 가전제품 판매점이나 사무실 바닥 등에서 흔히 볼 수 있는 포트가 많이 달린 장비를 떠올려보자. 그게 바로 L2 스위치다. 또한 가정용 광대역 라우터 뒷면을 보면 'LAN 포트'라는 이름의 인터페이스가 몇 개 붙어 있을 것이다. 그 LAN 포트도 L2 스위치의 역할을 한다. 대부분의 유선 LAN 단말은 LAN 케이블을 통해 L2 스위치의 포트에 연결되어 있다고 생각하면 된다.

여기서는 L2 스위치의 대표적인 기술인 'L2 스위칭'과 'VLAN(Virtual Local Area Network)'에 대해 설명한다.

2-3-1 L2 스위칭

L2 스위치는 이더넷 헤더에 포함된 발신자 MAC 주소와 자신의 포트 번호(인터페이스 번호)를 관리함으로써 이더넷 프레임의 전달처를 전환하여 통신의 효율성을 높인다. 이렇게 이더넷 프레임의 전달처를 전환하는 기술을 'L2 스위칭'이라고 한다. 또한, 발신자 MAC 주소와 포트 번호를 관리하는 테이블(표)을 'MAC 주소 테이블'이라고 하는데, L2 스위칭은 MAC 주소 테이블이 있어야만 동작한다.

이론 이해하기

L2 스위치는 어떻게 MAC 주소 테이블을 만들고, 어떻게 L2 스위칭을 하는 것일까? 우선 이론을 통해 흐름을 이해해 보자. 여기서는 검증 환경인 가정 내 LAN에서 동일한 L2 스위치 sw1에 연결된 cl1과 cl2가 서로 이더넷 프레임을 전송하는 장면을 예로 들어 설명하겠다. 이때 순수하게 데이터 통신에서의 L2 스위칭 처리를 설명하기 위해 모든 단말이 서로의 MAC 주소를 알고 있다는 가정 하에 설명한다.

01. cl1은 cl2에 대한 이더넷 프레임(요청 패킷)을 만들어 LAN 케이블로 보낸다. 이때 발신자 MAC 주소는 cl1의 MAC 주소 (02:42:ac:01:10:01), 목적지 MAC 주소는 cl2의 MAC 주소(02:42:ac:01:10:02)다. 이 시점에서 sw1의 MAC 주소 테이블은 아직 비어 있다.

02. cl1의 이더넷 프레임을 수신한 sw1은 해당 프레임의 발신자 MAC 주소(02:42:ac:01:10:01)와 프레임을 수신한 포트 번호(port1)를 MAC 주소 테이블에 등록한다.

03. sw1은 이 시점에서 cl2가 자신의 어떤 인터페이스에 연결되어 있는지 알지 못한다. 그래서 cl1이 보낸 이더넷 프레임의 복사본을 cl1이 연결된 인터페이스, 즉 (port1)이 아닌 다른 모든 인터페이스로 전송한다. 이 동작을 '플러딩(flooding)'이라고 한다. "어떤 인터페이스에 보내면 되는 프레임인지 모르니 일단 모두에게 보내!"라는 동작이다. 참고로 브로드캐스트의 MAC 주소 'ff:ff:ff:ff:ff:ff'는 발신자 MAC 주소가 될 수 없으므로 MAC 주소 테이블에 등록도 지 않는다. 따라서 브로드캐스트는 항상 플러딩이 발생하게 된다.

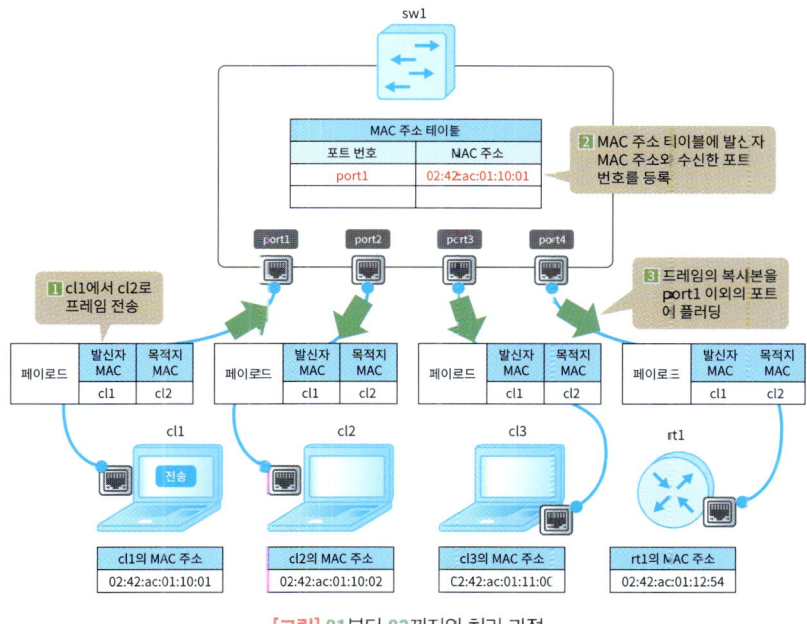

[그림] 01부터 03까지의 처리 과정

04. 복사 프레임을 받은 cl2는 cl1에 대한 이더넷 프레임(응답 패킷)을 만들어 LAN 케이블로 흘려보낸다. 플러딩으로 인해 cl1과 cl2의 통신과 무관한 cl3와 rt1도 마찬가지로 복사 프레임을 수신하지만 자신과 무관한 이더넷 프레임으로 판단하여 폐기한다.

05. cl2로부터 이더넷 프레임을 수신한 sw1은 이더넷 프레임의 발신자 MAC 주소에 포함된 cl2의 MAC 주소 (02:42:ac:01:10:02)와 해당 프레임을 수신한 포트 번호(port2)를 MAC 주소 테이블에 등록한다.

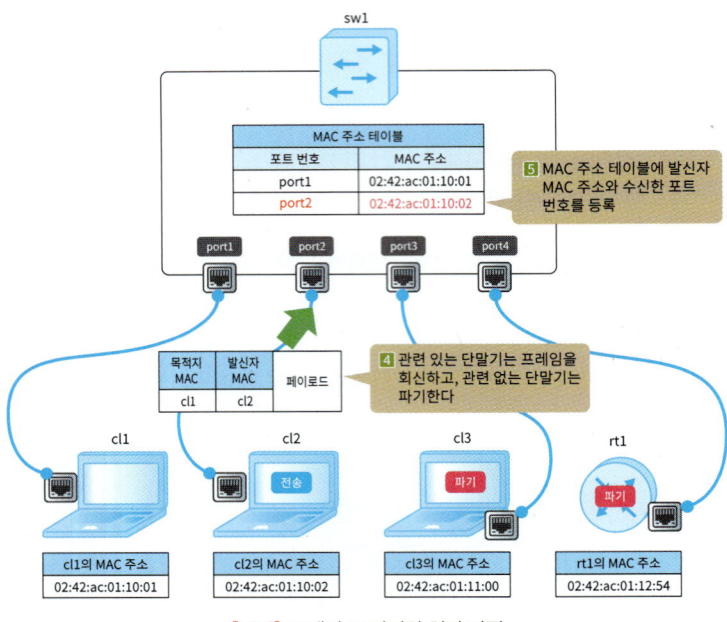

[그림] 04에서 05까지의 처리 과정

06. 이제 sw1은 cl1과 cl2가 어느 포트에 연결되어 있는지 인식할 수 있게 되었다. 이제부터는 cl1과 cl2 사이의 통신을 직접 전달하게 된다. 03과 같은 플러딩은 하지 않는다.

07. sw1은 cl1 또는 cl2가 일정 시간 동안 통신을 하지 않으면 MAC 주소 테이블에서 관련 항목을 삭제한다. 삭제까지의 시간(에이징 타임)은 장비에 따라 다르지만 임의로 변경할 수 있다. 예를 들어, 시스코 사의 스위치 'Catalyst 시리즈'의 경우 기본값은 5분(300초)이다. 또한, 이 책의 검증 환경에서 사용하는 OVS의 경우에도 기본값은 5분(300초)이다.

실습해 보기

이제 검증 환경을 사용하여 L2 스위칭이 어떻게 작동하는지 살펴보겠다. 'OVS(Open vSwitch)'라는 가상 스위치 애플리케이션을 사용한다. OVS는 오픈소스 애플리케이션으로 가상 머신이나 컨테이너를 네트워크에 연결할 때 사용되며, OVS를 L2 스위치로 사용할 때는 '브리지'라는 가상 L2 스위치를 만들고, 여기에 가상 포트(가상 인터페이스)를 할당한다.

OVS에서 사용하는 대표적인 명령어는 다음 표와 같다.

[표] 대표적인 OVS 명령어

OVS 명령어	의미
ovs-vsctl add-br <브리지명>	지정한 브리지를 생성한다
ovs-vsctl add-port <브리지명> <포트명> [vlan_mode=<VLAN 모드>] [tag=<VLAN ID>] [trunk=VLAN ID]	지정한 브리지에 (지정한 설정의) 포트를 할당한다. • vlan_mode: VLAN 모드를 지정한다 • tag: VLAN ID를 지정한다 • trunk: VLAN 태그를 쿠여할 VLAN ID를 지정한다
ovs-vsctl del-br <브리지명>	지정한 브리지를 삭제한다
ovs-vsctl del-port <브리지명> <포트명>	지정한 브리지의 지정한 포트를 삭제한다
ovs-vsctl list-br	설정된 브리지를 표시한다
ovs-vsctl list-ports <브리지명>	브리지에 연결된 포트를 표시한다
ovs-vsctl set port <포트명> [vlan_mode=<VLAN 모드>] [tag=<VLAN ID>] [trunk=VLAN ID]	지정한 포트 설정을 변경한다 • vlan_mode: VLAN 모드를 지정한다. • tag: VLAN ID를 지정한다 • trunk: VLAN 태그를 부여할 VLAN ID를 지정한다
ovs-vsctl show	브리지 설정 내용을 표시한다
ovs-appctlfdb/flush <브리지명>	지정한 브리지의 MAC 주소 테이블(fdb) 정보를 삭제(플래시)한다
ovs-appctlfdb/show <브리지명>	지정한 브리지의 MAC 주소 테이블(fdb) 정보를 표시한다

28쪽의 표에서 설명한 것처럼 OVS는 sw1과 sw2의 컨테이너 이미지에 포함되어 있다. 여기서는 tinet의 설정 파일 'spec_02.yaml'에서 이미 설정이 입력된 sw1을 사용한다. 네트워크 프로토콜 절의 '패킷 캡처하기'에서 이더넷 프레임과 ARP를 캡처해야 했기 때문에 sw1만 다음과 같이 설정해 두었다. 구체적으로 'sw1'이라는 이름의 브리지를 만들고, 'port1'부터 'port4'까지 4개의 가상 포트를 할당했다.

[코드] tinet의 설정 파일을 통해 투입되는 sw1의 설정

```
ovs-vsctl add-br sw1 -- set bridge sw1 datapath_type=netdev [15]
ovs-vsctl add-port sw1 port1
ovs-vsctl add-port sw1 port2
ovs-vsctl add-port sw1 port3
ovs-vsctl add-port sw1 port4
```

---

15 WSL2를 사용하는 관계로 브리지를 만들 때 '-- set bridge sw1 datapath_type=netdev'도 함께 설정해야 한다.

각 가상 포트에 연결되는 단말(컨테이너)도 tinet의 설정 파일에서 port1에는 cl1, port2에는 cl2, port3에는 cl3, port4에는 rt1이 각각 연결돼 있다. 이 환경에서 cl1이 cl2와 이더넷 프레임을 주고받을 때 sw1의 MAC 주소 테이블이 어떻게 전환되는지 순서대로 살펴보자.

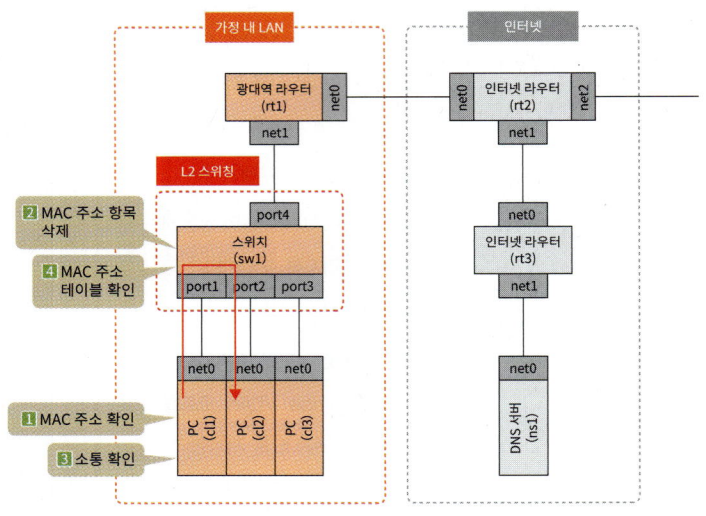

[그림] sw1에서 L2 스위치의 동작 확인

01. sw1, cl1, cl2에 각각 로그인하여 검증에 사용할 'cl1의 net0'과 'cl2의 net0'의 MAC 주소를 확인하면 cl1의 net0의 MAC 주소는 '02:42:ac:01:10:01', cl2의 net0의 MAC 주소는 '02:42::ac:01:10:02'임을 알 수 있다. 참고로 이 MAC 주소는 일관성 있는 설명을 위해 tinet의 설정 파일을 통해 수동으로 설정해 놓았다.

[코드] cl1의 ifconfig의 표시 결과

```
root@cl1:/# ifconfig net0
        inet 192.168.11.1  netmask 255.255.255.0  broadcast 192.168.11.255
        inet 192.168.11.1 netmask 255.255.255.0 broadcast 192.168.11.255
        ether 02:42:ac:01:10:01  txqueuelen 1000  (Ethernet)
        RX packets 5  bytes 1410 (1.4 KB)
        RX errors 0  dropped 0  overruns 0  frame 0
        TX packets 3  bytes 726 (726.0 B)
        TX errors 0  dropped 0 overruns 0  carrier 0  collisions 0
```

[코드] cl2의 ifconfig의 표시 결과

```
root@cl2:/# ifconfig net0
net0: flags=4163<UP,BROADCAST,RUNNING,MULTICAST> mtu 1500
        inet 192.168.11.2  netmask 255.255.255.0  broadcast 192.168.11.255
```

```
        ether 02:42:ac:01:10:02 txqueuelen 1000 (Ethernet)
        RX packets 5  bytes 1416 (1.4 KB)
        RX errors 0  dropped 0  overruns 0  frame 0
        TX packets 3  bytes 726 (726.0 B)
        TX errors 0  dropped 0  overruns 0  carrier 0  collisions 0
```

02. 검증의 시작점을 맞추기 위해 sw1의 MAC 주소 테이블의 정보를 일단 삭제(플러싱)하고, 확실히 삭제되었는지 확인한다. 참고로 명령어에 포함된 'fdb'는 'Forwarding Database(포워딩 데이터베이스)'의 약자로, CVS의 MAC 주소 테이블을 의미한다.

[코드] MAC 주소 테이블 정보 삭제하기

```
root@sw1:/# ovs-appctl fdb/flush sw1
table successfully flushed

root@sw1:/# ovs-appctl fdb/show sw1
 port  VLAN  MAC                Age
```

03. cl1(02:42:ac:01:10:01)에서 cl2(02:42:ac:01:10:02)로 ping 명령으로 이더넷 프레임(요청 패킷)을 전송한다.

[코드] cl1에서 cl2로 이더넷 프레임 전송하기

```
root@cl1:/# ping 192.168.11.2 -c 2
PING 192.168.11.2 (192.168.11.2) 56(84) bytes of data.
64 bytes from 192.168.11.2: icmp_seq=1 ttl=64 time=0.226 ms
64 bytes from 192.168.11.2: icmp_seq=2 ttl=64 time=0.339 ms

--- 192.168.11.2 ping statistics ---
2 packets transmitted, 2 received, 0% packet loss, time 1040ms
rtt min/avg/max/mdev = 0.226/0.282/0.339/0.056 ms
```

원래는 이더넷 프레임(요청 패킷)을 전송하기 전에 ARP를 주고받게 된다. 여기서는 '이론 이해하기' 항에서와 마찬가지로 단순히 데이터 통신에서의 L2 스위칭 처리를 보고 싶으므로 서로가 서로의 MAC 주소를 알고 있는 정적 ARP 설정을 tinet의 설정 파일에 추가했다. 구체적으로는 cl1의 ARP 테이블에 cl2의 정보(192.168.11.2와 02:42:ac:01:10:02)를, cl2의 ARP 테이블에 cl1의 정보(192.168.11.1과 02:42:ac:01:10:01)를 설정했다. 이러한 설정은 ip neigh 명령어로 확인할 수 있다. 'PERMANENT'로 표시된 곳이 정적으로 설정된 ARP 항목이다. 이 설정을 하면 ARP 패킷 교환을 건너뛰기 된다.

[코드] cl1의 ARP 테이블

```
root@cl1:/# ip neigh
192.168.11.254 dev net0 lladdr 02:42:ac:01:12:54 STALE
192.168.11.2 dev net0 lladdr 02:42:ac:01:10:02 PERMANENT
```

[코드] cl2의 ARP 테이블

```
root@cl2:/# ip neigh
192.168.11.254 dev net0 lladdr 02:42:ac:01:12:54 STALE
192.168.11.1 dev net0 lladdr 02:42:ac:01:10:01 PERMANENT
```

04. sw1에서 MAC 주소 테이블을 확인하면 port1에 '02:42:ac:01:10:01', port2에 '02:42:ac:01:10:02'가 등록되어 있는 것을 확인할 수 있다. 이 환경에서는 cl2에서 밀리초 단위로 응답이 너무 빨리 돌아오기 때문에 두 개의 MAC 주소가 등록되어 있지만, 실제로는 cl1에서 보낸 이더넷 프레임(요청 패킷)으로 port1의 MAC 주소가 등록되고 cl2에서 보낸 이더넷 프레임(응답 패킷)으로 port2의 MAC 주소가 등록되어 있다[16].

[코드] cl1과 cl2에서 통신을 하고 난 뒤의 MAC 주소 테이블

```
root@sw1:/# ovs-appctl fdb/show sw1
 port  VLAN  MAC                Age
    1     0  02:42:ac:01:10:01    5
    2     0  02:42:ac:01:10:02    5
```

MAC 주소 중복 시 동작

다음으로는 단말의 MAC 주소가 중복되었을 때의 동작을 살펴보겠다. 52쪽에서 설명한 바와 같이, 과거에는 MAC 주소가 전 세계적으로 고유한 것으로 여겨졌다. 하지만 최근에는 반드시 고유한 것은 아니며, 같은 LAN에 있다고 해도 MAC 주소가 중복되지 않는다는 보장은 없다. 여기서는 cl2와 cl3 각각에서 지속적으로 rt1에 이더넷 프레임을 전송하는 상태에서 cl3에 cl2와 동일한 MAC 주소(02:42:ac:01:10:02)를 설정했을 때 어떤 현상이 발생하는지 살펴본다.

---

[16] 명령을 실행하는 타이밍에 따라 port3이나 port4에 MAC 주소가 등록되어 있을 수 있다. 이는 cl3 또는 rt1에서 전송된 이더넷 프레임에 의해 학습된 항목이다.

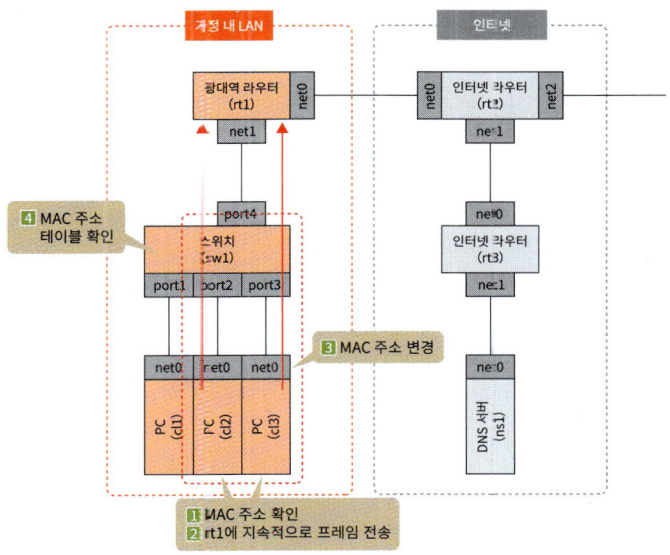

[그림] cl2와 cl3의 MAC 주소를 중복시킨다

01. sw1, cl2, cl3에 각각 로그인하여 검증에 사용할 'cl2의 net0'과 'cl3의 net0'의 MAC 주소를 확인한다.

[코드] cl2의 ifconfig의 표시 결과

```
root@cl2:/# ifconfig net0
net0: flags=4163<UP,BROADCAST,RUNNING,MULTICAST> mtu 1500
        inet 192.168.11.2  netmask 255.255.255.0  broadcast 192.168.11.255
        ether 02:42:ac:01:10:02  txqueuelen 1000  (Ethernet)
        RX packets 5  bytes 1412 (1.4 KB)
        RX errors 0  dropped 0  overruns 0  frame 0
        TX packets 3  bytes 726 (726.0 B)
        TX errors 0  dropped 0  overruns 0  carrier 0  collisions 0
```

[코드] cl3의 ifconfig의 표시 결과

```
root@cl3:/# ifconfig net0
net0: flags=4163<UP,BROADCAST,RUNNING,MULTICAST> mtu 1500
        inet 192.168.11.100  netmask 255.255.255.0  broadcast 0.0.0.0
        ether 02:42:ac:01:11:00  txqueuelen 1000  (Ethernet)
        RX packets 4  bytes 1368 (1.3 KB)
        RX errors 0  dropped 0  overruns 0  frame 0
        TX packets 0  bytes 0 (0.0 B)
        TX errors 0  dropped 0  overruns 0  carrier 0  collisions 0
```

02. 먼저 cl2와 cl3에서 rt1에 ping 명령어로 이더넷 프레임(요청 패킷)을 지속적으로 전송한다. 두 콘솔 모두 '64 bytes from 192.168.11.254: icmp_seq=...'라고 표시되어 rt1에서 이더넷 프레임(응답 패킷)을 수신하고 있음을 알 수 있다.

[코드] cl2와 cl3에서 rt1에 계속 ping을 치고 있다

[cl2]
```
root@cl2:/# ping 192.168.11.254
PING 192.168.11.254 (192.168.11.254) 56(84) bytes of data.
64 bytes from 192.168.11.254: icmp_seq=1 ttl=64 time=0.592 ms
64 bytes from 192.168.11.254: icmp_seq=2 ttl=64 time=0.240 ms
64 bytes from 192.168.11.254: icmp_seq=3 ttl=64 time=0.448 ms
64 bytes from 192.168.11.254: icmp_seq=4 ttl=64 time=0.264 ms

(이하 생략)
```

[cl3]
```
root@cl3:/# ping 192.168.11.254
PING 192.168.11.254 (192.168.11.254) 56(84) bytes of data.
64 bytes from 192.168.11.254: icmp_seq=1 ttl=64 time=0.498 ms
64 bytes from 192.168.11.254: icmp_seq=2 ttl=64 time=0.190 ms
64 bytes from 192.168.11.254: icmp_seq=3 ttl=64 time=0.137 ms
64 bytes from 192.168.11.254: icmp_seq=4 ttl=64 time=0.116 ms

(이하 생략)
```

이때 MAC 주소 테이블을 보면 다음과 같이 port2에는 cl2의 MAC 주소(02:42:ac:01:10:02), port3에는 cl3의 MAC 주소(02:42:ac:01:11:00), port4에는 rt1의 MAC 주소(02:42:ac:01:12:54)가 등록되어 있다. 이 상태는 정상이다.

[코드] 정상일 때의 MAC 주소 테이블
```
root@sw1:/# ovs-appctl fdb/show sw1
 port  VLAN  MAC                Age
    4     0  02:42:ac:01:12:54    1
    2     0  02:42:ac:01:10:02    1
    3     0  02:42:ac:01:11:00    1
```

03. 이 상태에서 cl2와 cl3를 동일한 MAC 주소로 설정하는데, MAC 주소를 수동으로 설정하려면 'ip link 명령어'를 사용한다. ip link 명령은 NIC의 정보를 보거나 NIC를 조작할 때 사용하는 명령이다. 다음 표와 같이 하위 명령과 옵션을 조합하여 사용한다.

[표] 대표적인 ip link 명령어

ip link 명령	의미
ip link add link <인터페이스명> name <태그 VLAN 인터페이스명> type vlan id <VLAN ID>	태그 VLAN 인터페이스를 생성한다
ip link delete <인터페이스명>	인터페이스를 삭제한다
ip link show [인터페이스명]	인터페이스의 통계 정보를 표시한다. ip -d link show를 사용하여 더 자세한 정보를 표시한다
ip link set <인터페이스명> address <MAC 주소>	인터페이스의 MAC 주소를 변경한다
ip link set <인터페이스명> down	인터페이스를 비활성화한다
ip link set <인터페이스명> mtu <바이트 수>	인터페이스 MTU를 변경한다
ip link set <인터페이스명> up	인터페이스를 활성화한다

이제 또 다른 WSL 인스턴스에 로그인한 터미널을 열어 cl3에 로그인하고 cl3의 MAC 주소를 cl2와 동일한 MAC 주소(02:42:ac:01:10:02)로 변경해 보자.

[코드] cl3에 cl2와 동일한 MAC 주소 설정하기

```
root@cl3:/# ip link set net0 address 02:42:ac:01:10:02
```

04. sw1의 MAC 주소 테이블을 계속 확인해 보면 '02:42:ac:01:10:02'이 등록된 포트가 port2가 되기도 하고 port3으로 되기도 한다. port2와 port3 양쪽에 '02:42:ac:01:10:02'가 등록되는 경우는 없다. 이 현상은 동일한 MAC 주소 항목을 여러 개 가질 수 없다는 MAC 주소 테이블의 사양이기 때문이다[17]. sw1은 cl2와 cl3에서 이더넷 프레임을 수신할 때마다 MAC 주소 테이블의 항목을 다시 작성하고, 그 정보를 바탕으로 L2 스위칭을 처리한다.

[코드] 특정 타이밍에서 본 MAC 주소 테이블

```
root@sw1:/# ovs-appctl fdb/show sw1
 port  VLAN  MAC                Age
    3     0  02:42:ac:01:11:00   48
    4     0  02:42:ac:01:12:54    1
    2     0  02:42:ac:01:10:02    1
```

[코드] 다른 타이밍에서 본 MAC 주소 테이블

```
root@sw1:/# ovs-appctl fdb/show sw1
 port  VLAN  MAC                Age
```

---

[17] 조금 더 자세히 설명하자면 하나의 VLAN 내에서 동일한 MAC 주소의 항목을 여러 개 가질 수 없으며, VLAN에 대해서는 다음 절에서 자세히 설명하므로 여기서는 설명을 생략한다.

3	0	02:42:ac:01:11:00	51
3	0	02:42:ac:01:10:02	0
4	0	02:42:ac:01:12:54	0

이 동작으로 인해 본래 port2로 L2 스위칭돼야 할 이더넷 프레임이 port3로 L2 스위칭되거나, 반대로 port3로 L2 스위칭돼야 할 이더넷 프레임이 port2로 L2 스위칭되는 등 cl2와 cl3의 통신이 불안정해진다.

[코드] cl2와 cl3의 통신이 불안정해진다

[cl2]
```
root@cl2:/# ping 192.168.11.254
PING 192.168.11.254 (192.168.11.254) 56(84) bytes of data.
64 bytes from 192.168.11.254: icmp_seq=1 ttl=64 time=0.246 ms
64 bytes from 192.168.11.254: icmp_seq=2 ttl=64 time=0.302 ms
64 bytes from 192.168.11.254: icmp_seq=3 ttl=64 time=0.921 ms
64 bytes from 192.168.11.254: icmp_seq=4 ttl=64 time=0.764 ms
64 bytes from 192.168.11.254: icmp_seq=5 ttl=64 time=0.940 ms
64 bytes from 192.168.11.254: icmp_seq=6 ttl=64 time=0.898 ms
64 bytes from 192.168.11.254: icmp_seq=7 ttl=64 time=0.234 ms
^C
--- 192.168.11.254 ping statistics ---
7 packets transmitted, 7 received, 0% packet loss, time 6121ms
rtt min/avg/max/mdev = 0.234/0.615/0.940/0.311 ms     ← 이 타이밍에서 cl2는 통신하지 못한다
```

[cl3]
```
root@cl3:/# ping 192.168.11.254
PING 192.168.11.254 (192.168.11.254) 56(84) bytes of data.
^C
--- 192.168.11.254 ping statistics ---
5 packets transmitted, 0 received, 100% packet loss, time 4160ms     ← 이 타이밍에서 cl3는 통신하지 못한다
```

05. 검증이 끝나면 cl3의 MAC 주소를 다시 되돌리고, 혹시 모르니 정말로 원래대로 되돌아갔는지 확인한다. 또한, cl2와 cl3에서 실행 중인 ping 명령은 Ctrl+c로 종료한다.

[코드] cl3의 MAC 주소를 되돌린다

```
root@cl3:/# ip link set net0 address 02:42:ac:01:11:00


root@cl3:/# ifconfig net0
net0: flags=4163<UP,BROADCAST,RUNNING,MULTICAST>  mtu 1500
        inet 192.168.11.100  netmask 255.255.255.0  broadcast 0.0.0.0
```

```
ether 02:42:ac:01:11:00  txqueuelen 1000  (Ethernet)
RX packets 403  bytes 136138 (136.1 KB)
RX errors 0  dropped 0  overruns 0  frame 0
TX packets 4  bytes 280 (280.0 B)
TX errors 0  dropped 0 overruns 0  carrier 0  collisions
```

2-3-2 VLAN(가상 LAN)

VLAN(Virtual LAN)은 하나의 L2 스위치를 가상으로 여러 개의 L2 스위치로 분할하는 기술이다. L2 스위치의 포트에 VLAN의 식별 번호인 'VLAN ID'라는 숫자를 설정하여 다른 VLAN ID가 설정된 포트에는 이더넷 프레임을 전송하지 않는 것일 뿐이다. 일반적인 LAN 환경에서는 이 VLAN을 운영 관리 및 보안 목적으로 사용한다. 예를 들어, 총무 부서는 VLAN3, 영업 부서는 VLAN5, 마케팅 부서는 VLAN7을 할당하여 서로 통신하지 못하게 한다.

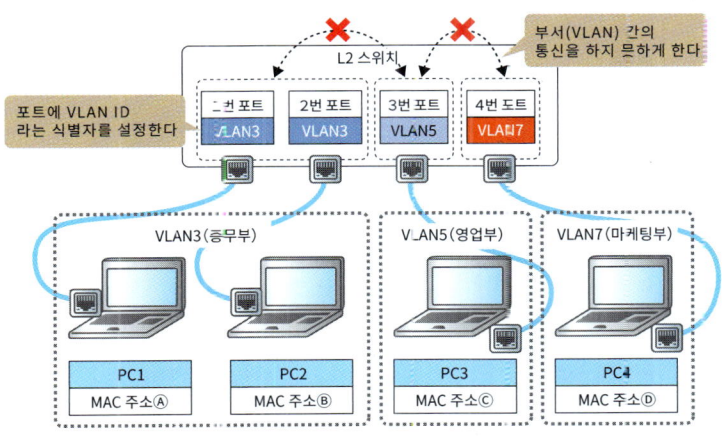

[그림] 포트별 VLAN을 설정한다.

이론 이해하기

VLAN을 구현하는 기술은 크게 '포트 VLAN'과 '태그 VLAN' 두 가지로 나눌 수 있다. 각각에 대해 설명하겠다.

포트 VLAN

포트 VLAN(포트 기반 VLAN, 액세스 VLAN)은 하나의 포트에 하나의 VLAN을 할당하는 기술이다. 예를 들어, 포트 VLAN을 사용하여 검증 환경의 서버 사이트에 있는 sw2의 port1과 port2에 VLAN2를,

port3과 port4에 VLAN1을 할당했다고 가정해 보자. 그러면 sw2 안에 VLAN1의 L2 스위치와 VLAN2의 L2 스위치, 독립된 2대의 L2 스위치가 생긴 것과 같아진다. 플러딩도 각각의 VLAN에서만 이루어지기 때문에 같은 VLAN의 포트에 연결된 단말과는 직접 이더넷 프레임을 주고받을 수 있지만, 다른 VLAN의 포트에 연결된 단말과는 직접 주고받을 수 없다. 예를 들어, sv1에서 전송된 이더넷 프레임의 플러딩은 같은 VLAN(VLAN2)에 속한 sv2에는 전달되지만, 다른 VLAN(VLAN1)에 속한 fw1/lb1에는 전달되지 않는다. 따라서 sv1은 sv2와 직접 이더넷 프레임을 주고받을 수 있지만, fw1/lb1과는 주고받을 수 없다.

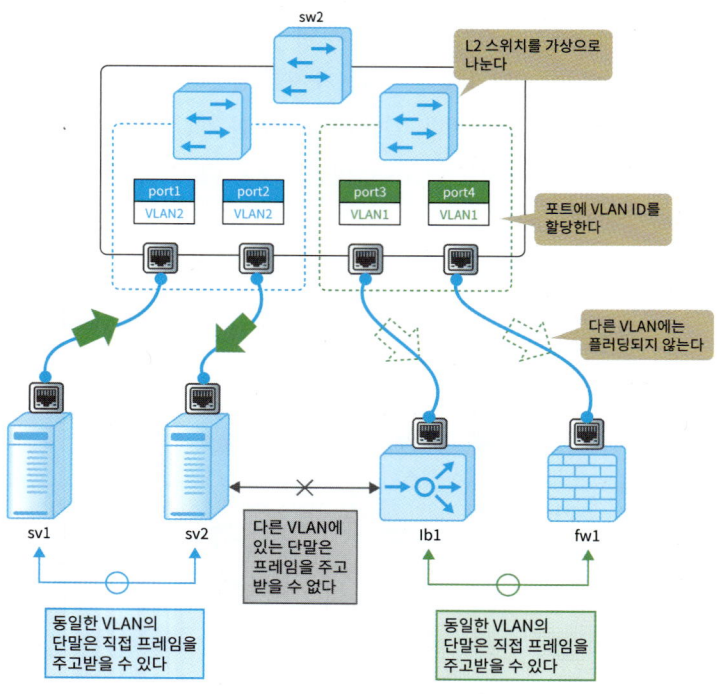

[그림] 포트 VLAN으로 포트에 VLAN 할당하기

태그 VLAN

태그 VLAN은 이더넷 프레임에 VLAN 정보를 'VLAN 태그'로 붙이는 기술이다. IEEE802.1q로 표준화되어 있으며, 실제 현장에서는 줄여서 '닷원큐'라고 부르기도 한다.

앞서 언급한 포트 VLAN은 한 포트에 한 VLAN이라는 절대적인 규칙이 있기 때문에 여러 개의 VLAN을 가진 장비를 연결할 때는 VLAN마다 포트를 필요하다. 태그 VLAN을 사용하면 VLAN 태그를 이용하여 VLAN을 식별할 수 있게 되므로 하나의 포트에서 여러 VLAN의 이더넷 프레임을 처리할 수 있다.

조금 더 구체적인 예를 들어 설명해 보겠다. 예를 들어, 검증 환경의 sw2와 lb1은 클라이언트의 요청을 받아들이는 '클라이언트 VLAN(VLAN1)'과 서버로 전달할 '서버 VLAN(VLAN2)'을 처리해야 한다. 이 환경에서 포트 VLAN을 사용하면 sw2와 lb1에 각각 2개의 포트가 필요하다. 그런데 태그 VLAN을 사용하면 sw2와 lb1에 1개의 포트만 준비하면 된다. 검증 환경은 컨테이너 환경이기 때문에 크게 신경 쓸 필요가 없지만, 실제 장비가 있는 온프레미스 환경이라면 L2 스위치의 포트 수는 한정되어 있고, 사용하는 포트 수가 많아질수록 연결해야 하는 LAN 케이블이 늘어나 관리 비용과 자재 비용도 증가하게 된다. 앞서 살펴본 검증 환경의 경우 VLAN이 2개밖에 없었기 때문에 사용하는 포트가 2개에서 1개로 줄어든 것으로는 큰 효과를 느끼지 못할 수도 있지만 실제 네트워크 환경에서는 수백, 수천 개의 VLAN을 태그 VLAN으로 처리하게 되므로 그 효과는 매우 클 것이다.

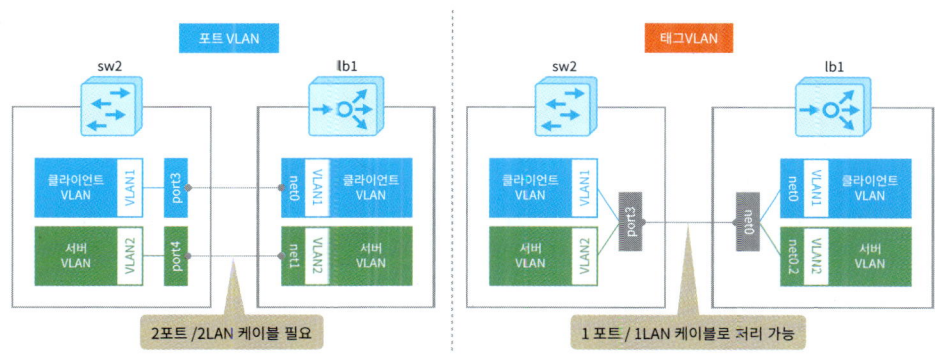

[그림] 태그 VLAN으로 하나의 포트에서 여러 VLAN을 처리하기

태그 VLAN으로 처리되는 VLAN 태그는 IEEE802.1q 프레임임을 나타내는 'TPID(Tag Protocol IDentifier)', 우선순위를 나타내는 'PCP(Priority Code Point)', 주소 형식을 나타내는 'CFI(Canonical Format Indicator)', VLAN ID를 나타내는 'VID(VLAN IDentifier)'로 구성되어 있다.[18] 이를 이더넷 프레임의 발신자 MAC 주소와 유형 사이에 끼워 넣는다.

	0비트	8비트	16비트	24비트
0바이트	프리앰블			
4바이트				
8바이트	목적지 MAC 주소			
12바이트			발신자 MAC 주소	
16바이트				
20바이트	TPID		PCP / CFI	VID
	유형			
가변	이더넷 페이로드(IP 패킷(+패딩))			
마지막 4바이트	FCS			

[그림] IEEE802.1q의 프레임 형식

---

18 PCP, CFI, VID 세 가지를 합쳐서 'TCI(Tag Control Information)'라고 한다.

태그 VLAN 처리

이제 태그 VLAN 처리에 대해 검증 환경의 서버 사이트에 있는 lb1에서 sv1로 흐르는 패킷을 예로 들어 설명해 보겠다.

lb1은 net0과 net0.2라는 두 개의 인터페이스를 가지고 있다. net0은 VLAN 태그를 처리하지 않는 인터페이스, 즉 순수한 이더넷 프레임을 처리하는 인터페이스다. net0.2는 VLAN2인 VLAN 태그를 처리하기 위해 net0에 추가된 논리적 인터페이스(VLAN 인터페이스)다. lb1은 sv1에 이더넷 프레임을 전송할 때 상위 계층(IP) 정보를 기반으로 sv1과 동일한 IP 네트워크(172.16.2.0/24)에 있는[19] net0.2를 사용한다. 이때 net0.2에 설정된 VLAN2인 VLAN 태그를 붙여 802.1q 프레임으로 전송한다. sw2는 태그 VLAN으로 설정된 port3에서 해당 프레임을 수신하면 VLAN 태그를 제거하고 같은 VLAN2로 설정된 포트 중에서 L2 스위칭을 처리한다. 여기서 sv1은 VLAN2로 설정된 port1에 연결되어 있으므로 port1로 L2 스위칭을 한다. VLAN2의 포트로 설정된 port1은 VLAN 태그를 붙이지 않고 이더넷 프레임으로 sv1로 전달한다.

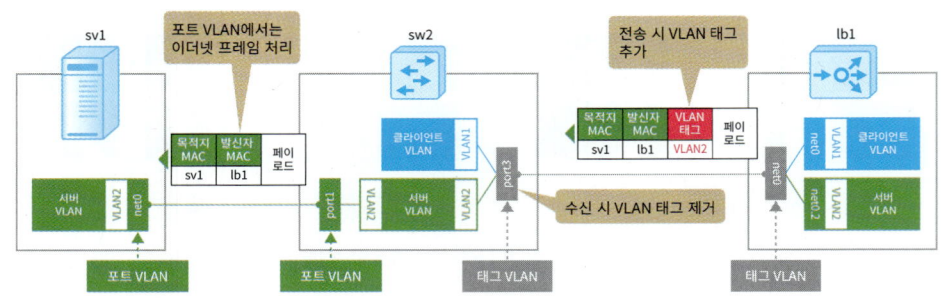

[그림] 태그 VLAN 처리

네이티브 VLAN

태그 VLAN을 사용할 때 또 한 가지 주의해야 할 점은 '네이티브 VLAN'의 존재다. 태그 VLAN인 포트는 VLAN 태그가 없는 순수한 이더넷 프레임을 받았을 때 어떤 VLAN의 이더넷 프레임으로 처리할 것인지 결정해야 한다. 이 VLAN을 네이티브 VLAN이라고 한다.

lb1에서 fw1로 흐르는 패킷을 예로 들어보자. 앞서 언급했듯이 lb1은 이더넷을 처리하는 net0과 VLAN2인 VLAN 태그가 붙은 IEEE802.1q 프레임을 처리하는 net0.2를 가지고 있다. lb1은 상위 계층(IP) 정보를 기반으로 fw1과 같은 네트워크(172.16.1.0/24)에 있는[20] net0을 사용하여 이더넷 프레임을 전송한다.

---

[19] IP에 대해서는 3장에서 설명하겠다. 여기서는 '같은 VLAN(VLAN2)에 있다'로 바꿔 읽어도 무방하다.
[20] IP에 대해서는 3장에서 설명하겠다. 여기서는 '같은 VLAN(VLAN1)에 있다'로 바꿔 읽어도 무방하다.

이때 VLAN 태그가 붙어 있지 않기 때문에 sw2는 어떤 VLAN의 이더넷 프레임으로 처리해야 하는지 판단할 수 없다. 이때 네이티브 VLAN이 등장한다. 네이티브 VLAN을 VLAN1로 설정[21] 해두면 VLAN1로 설정된 포트 중에서 L2 스위칭을 처리한다. 여기서 fw1은 VLAN1로 설정된 port4에 연결되어 있으므로 port4로 L2 스위칭을 한다. VLAN1의 포트로 설정된 port4는 VLAN 태그를 붙이지 않고 이더넷 프레임으로 fw1로 전달한다.

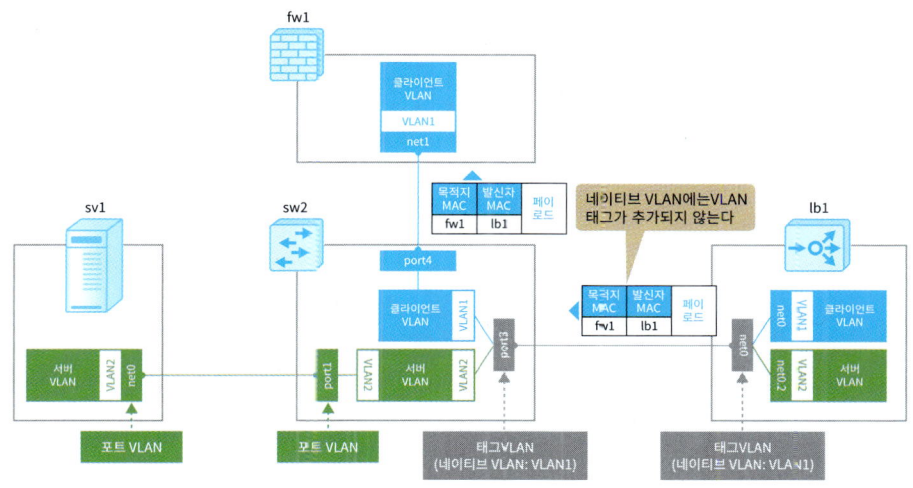

[그림] 네이티브 VLAN의 존재

실습해 보기

이제 검증 환경을 이용하여 포트 VLAN과 태그 VLAN을 설정하고 실제 동작을 살펴보자. 검증 환경에는 sw1과 sw2로, 2대의 L2 스위치가 존재하는데 sw1은 기존의 이더넷 실습으로 인해 tinet의 설정 파일로 이미 설정되어 있다. 따라서 여기서는 서버 사이트에 있는 sw2를 설정해 보겠다. 79쪽에서도 설명했듯이 sw2의 컨테이너 이미지에는 OVS가 설치되어 있다. 서버 사이트를 구성하는 각 VLAN에서 이더넷처럼 통신할 수 있도록 먼저 포트 VLAN을 설정하고, 다음으로 태그 VLAN을 설정한다.

포트 VLAN

이제 포트 VLAN의 동작을 살펴보자. 2장의 설정 파일 'spec_02.yaml'에는 sw1의 VLAN 설정이 입력되어 있지만, sw2의 VLAN 설정은 입력되어 있지 않다. 따라서 먼저 sw2의 OVS에서 포트 VLAN을 설정하고 동작을 확인한다.

---

21 lb1은 네이티브 VLAN을 명시적으로 설정할 필요가 없으며, net0이 네이티브 VLAN을 처리하는 인터페이스로 작동한다.

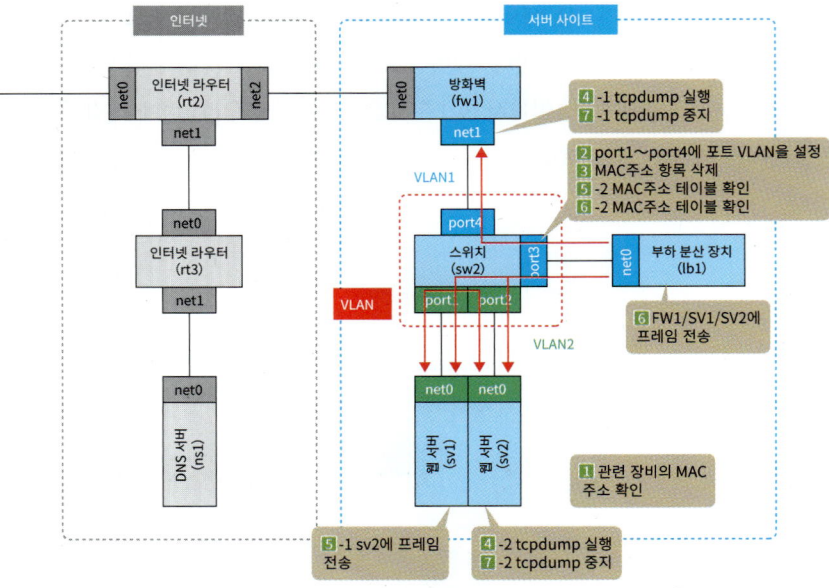

[그림] 포트 VLAN 설정

01. sw2, sv1, sv2, lb1, fw1에 각각 로그인하여 검증에 사용할 'sv1의 net0', 'sv2의 net0', 'lb1의 net0', 'fw1의 net1'의 MAC 주소를 확인한다.

[코드] sv1의 MAC 주소

```
root@sv1:/# ifconfig net0
net0: flags=4163<UP,BROADCAST,RUNNING,MULTICAST>  mtu 1500
        inet 172.16.2.1  netmask 255.255.255.0  broadcast 0.0.0.0
        ether 02:42:ac:00:20:01  txqueuelen 1000  (Ethernet)
        RX packets 7  bytes 374 (374.0 B)
        RX errors 0  dropped 0  overruns 0  frame 0
        TX packets 7  bytes 374 (374.0 B)
        TX errors 0  dropped 0 overruns 0  carrier 0  collisions 0
```

[코드] sv2의 MAC 주소

```
root@sv2:/# ifconfig net0
net0: flags=4163<UP,BROADCAST,RUNNING,MULTICAST>  mtu 1500
        inet 172.16.2.2  netmask 255.255.255.0  broadcast 0.0.0.0
        ether 02:42:ac:00:20:02  txqueuelen 1000  (Ethernet)
        RX packets 1  bytes 42 (42.0 B)
        RX errors 0  dropped 0  overruns 0  frame 0
        TX packets 0  bytes 0 (0.0 B)
        TX errors 0  dropped 0 overruns 0  carrier 0  collisions 0
```

[코드] lb1의 MAC 주소

```
root@lb1:/# ifconfig net0
net0: flags=4163<UP,BROADCAST,RUNNING,MULTICAST>  mtu 1500
        inet 172.16.1.253  netmask 255.255.255.0  broadcast 0.0.0.0
        ether 02:42:ac:00:12:53  txqueuelen 1000  (Ethernet)
        RX packets 1984  bytes 185400 (185.4 KB)
        RX errors 0  dropped 0  overruns 0  frame 0
        TX packets 1983  bytes 191765 (191.7 KB)
        TX errors 0  dropped 0 overruns 0  carrier 0  collisions 0
```

[코드] fw1의 MAC 주소

```
root@fw1:/# ifconfig net1
net1: flags=4163<UP,BROADCAST,RUNNING,MULTICAST>  mtu 1500
        inet 172.16.1.254  netmask 255.255.255.0  broadcast 0.0.0.0
        ether 02:42:ac:00:12:54  txqueuelen 1000  (Ethernet)
        RX packets 1976  bytes 191391 (191.3 KB)
        RX errors 0  dropped 0  overruns 0  frame 0
        TX packets 1977  bytes 184998 (184.9 KB)
        TX errors 0  dropped 0 overruns 0  carrier 0  collisions 0
```

표시 결과를 보면 sv1(net0)의 MAC 주소는 '02:42:ac:00:20:01', sv2(net0)의 MAC 주소는 '02:42:ac:00:20:02', lb1(net0)의 MAC 주소는 '02:42:ac:00:00:12:53', fw1(net 1)의 MAC 주소는 '02:42:ac:00:12:54'임을 알 수 있다. 이 MAC 주소는 tinet의 설정 파일에 의해 수동으로 설정되어 있다.

02. 연결된 단말의 MAC 주소를 알았다면 OVS에서 포트 VLAN을 설정해야 한다. OVS는 'ovs-vsctl 명령어'로 가상 스위치를 생성한 후 포트 VLAN의 포트를 할당하는 순서로 설정한다. 여기서는 'sw2'라는 이름으로 브리지를 만들고 VLAN2(서버 VLAN)의 port1과 port2, VLAN1(클라이언트 VLAN)의 port3과 port4를 할당한다.

[코드] sw2의 포트 VLAN 설정

```
root@sw2:/# ovs-vsctl add-br sw2 -- set bridge sw2 datapath_type=netdev[22]
root@sw2:/# ovs-vsctl add-port sw2 port1 tag=2
root@sw2:/# ovs-vsctl add-port sw2 port2 tag=2
root@sw2:/# ovs-vsctl add-port sw2 port3 tag=1
root@sw2:/# ovs-vsctl add-port sw2 port4 tag=1
```

혹시 모르니 ovs-vsctl show 명령으로 설정이 제대로 실행되고 있는지 확인한다. 그러면 각 포트의 tag 항목에 VLAN ID가 설정되어 있는 것을 확인할 수 있다.

---

[22] WSL2를 사용하는 관계로 브리지를 만들 때 '-- set bridge sw2 datapath_type=netdev'도 함께 설정해야 한다.

[코드] SW2 설정 확인

```
root@sw2:/# ovs-vsctl show
2edcaae0-58e9-4cd3-8ccb-7d291ef7841e
    Bridge sw2
        datapath_type: netdev
        Port sw2
            Interface sw2
                type: internal
        Port port1
            tag: 2
            Interface port1
        Port port2
            tag: 2
            Interface port2
        Port port3
            tag: 1
            Interface port3
        Port port4
            tag: 1
            Interface port4
```

이제 sw2 안에 VLAN1과 VLAN2의 L2 스위치가 생겼다. 이제 이 상태에서 몇 가지 통신을 발생시켜 플러딩과 MAC 주소 테이블의 동작을 살펴보자.

03. 검증의 시작점을 맞추기 위해 sw2의 MAC 주소 테이블의 정보를 일단 삭제(플러싱)하고 비어있는지 확인한다.

[코드] MAC 주소 테이블 정보 삭제하기

```
root@sw2:/# ovs-appctl fdb/flush sw2
table successfully flushed


root@sw2:/# ovs-appctl fdb/show sw2
 port  VLAN  MAC                 Age
```

04. sv2와 fw1에서 tcpdump 명령을 실행하여 sv1의 MAC 주소(02:42:ac:00:20:01)로 주고받는 패킷을 준비한다. 이번에는 특별히 패킷의 내용을 자세히 볼 것은 아니므로 '-w' 옵션으로 파일에 기록하지 않고 콘솔에 패킷을 표시한다. 또한, MAC 주소가 포함되도록 표시한다.

[코드] sv2에서 tcpdump 명령어 실행하기

```
root@sv2:/# tcpdump -eni net0 ether host 02:42:ac:00:20:01
tcpdump: verbose output suppressed, use -v or -vv for full protocol decode
listening on net0, link-type EN10MB (Ethernet), capture size 262144 bytes
```

[코드] fw1에서 tcpdump 명령어 실행하기

```
root@fw1:/# tcpdump -eni net1 ether host 02:42:ac:00:20:01
tcpdump: verbose output suppressed, use -v or -vv for full protocol decode
listening on net1, link-type EN10MB (Ethernet), capture size 262144 bytes
```

05. 이 상태에서 sv1에서 sv2로 이더넷 프레임(요청 패킷)을 전송한다.

[코드] sv1에서 sv2로 이더넷 프레임 전송하기

```
root@sv1:/# ping 172.16.2.2 -c 2
PING 172.16.2.2 (172.16.2.2) 56(84) bytes of data.
64 bytes from 172.16.2.2: icmp_seq=1 ttl=64 time=0.942 ms
64 bytes from 172.16.2.2: icmp_seq=2 ttl=64 time=0.482 ms

--- 172.16.2.2 ping statistics ---
2 packets transmitted, 2 received, 0% packet loss, time 1001ms
rtt min/avg/max/mdev = 0.482/0.712/0.942/0.230 ms
```

그러면 같은 VLAN(VLAN2)에 있는 sv2에서는 이더넷 프레임이 보이지만, 다른 VLAN(VLAN1)에 있는 fw1에서는 아무것도 보이지 않는다. 즉, 요청 패킷보다 먼저 전송되는 ARP Request의 플러딩도 같은 VLAN에서 처리됐으며 fw1에 도달하지 않았다. ARP Request를 받은 sv2는 ARP Reply를 반환하고, 이후 요청 패킷에 대한 Reply 패킷을 반환하고 있다.

[코드] sv2(같은 VLAN에 있는 단말)에서는 이더넷 프레임이 보인다.[23]

```
root@sv2:/# tcpdump -eni net0 ether host 02:42:ac:00:20:01
tcpdump: verbose output suppressed, use -v or -vv for full protocol decode
listening on net0, link-type EN10MB (Ethernet), capture size 262144 bytes
14:42:58.466258 02:42:ac:00:20:01 > ff:ff:ff:ff:ff:ff, ethertype ARP (0x0806), length 42:
Request who-has 172.16.2.2 tell 172.16.2.1, length 28
14:42:58.466282 02:42:ac:00:20:02 > 02:42:ac:00:20:01, ethertype ARP (0x0806), length 42:
Reply 172.16.2.2 is-at 02:42:ac:00:20:02, length 28
14:42:58.466439 02:42:ac:00:20:01 > 02:42:ac:00:20:02, ethertype IPv4 (0x0800), length 98:
172.16.2.1 > 172.16.2.2: ICMP echo request, id 1, seq 1, length 64
14:42:58.466449 02:42:ac:00:20:02 > 02:42:ac:00:20:01, ethertype IPv4 (0x0800), length 98:
172.16.2.2 > 172.16.2.1: ICMP echo reply, id 1, seq 1, length 64
14:42:59.485927 02:42:ac:00:20:01 > 02:42:ac:00:20:02, ethertype IPv4 (0x0800), length 98:
172.16.2.1 > 172.16.2.2: ICMP echo request, id 1, seq 2, length 64
14:42:59.485994 02:42:ac:00:20:02 > 02:42:ac:00:20:01, ethertype IPv4 (0x0800), length 98:
172.16.2.2 > 172.16.2.1: ICMP echo reply, id 1, seq 2, length 64
```

---

[23] 마지막으로 주고받은 ARP는 ARP 항목에 대한 도달가능성을 확인하기 위해 수행되는 유니캐스트인 ARP 요청과 ARP 응답이다.

```
14:43:03.485508 02:42:ac:00:20:02 > 02:42:ac:00:20:01, ethertype ARP (0x0806), length 42:
Request who-has 172.16.2.1 tell 172.16.2.2, length 28
14:43:03.485962 02:42:ac:00:20:01 > 02:42:ac:00:20:02, ethertype ARP (0x0806), length 42:
Reply 172.16.2.1 is-at 02:42:ac:00:20:01, length 28
```

[코드] fw1(다른 VLAN에 있는 단말)에서는 이더넷 프레임이 보이지 않는다.

```
root@fw1:/# tcpdump -eni net1 ether host 02:42:ac:00:20:01
tcpdump: verbose output suppressed, use -v or -vv for full protocol decode
listening on net1, link-type EN10MB (Ethernet), capture size 262144 bytes
```

이때 sw2의 MAC 주소 테이블을 보면 VLAN 열이 '2'인 sv1(02:42:ac:00:20:01)과 sv2(02:42:ac:00:20:02)의 항목이 있고, VLAN1인 항목은 없다.

[코드] VLAN2인 항목이 생긴다.

```
root@sw2:/# ovs-appctl fdb/show sw2
 port  VLAN  MAC                 Age
    1     2  02:42:ac:00:20:01    1
    2     2  02:42:ac:00:20:02    1
```

06. 이제 lb1과의 통신을 확인하기 위해 lb1에서 fw1, sv1, sv2에 대해 이더넷 프레임(요청 패킷)을 전송한다. 그러면 같은 VLAN1에 속한 fw1과는 통신이 가능하지만, VLAN2에 속한 sv1과 sv2와는 통신할 수 없음을 알 수 있다.

[코드] 같은 VLAN의 단말과만 통신할 수 있다.

```
root@lb1:/# ping 172.16.1.254 -c 2                    ── fw1과의 통신 확인
PING 172.16.1.254 (172.16.1.254) 56(84) bytes of data.
64 bytes from 172.16.1.254: icmp_seq=1 ttl=64 time=0.331 ms
64 bytes from 172.16.1.254: icmp_seq=2 ttl=64 time=0.393 ms

--- 172.16.1.254 ping statistics ---
2 packets transmitted, 2 received, 0% packet loss, time 1063ms
rtt min/avg/max/mdev = 0.331/0.362/0.393/0.031 ms

root@lb1:/# ping 172.16.2.1 -c 2                      ── sv1과의 통신 확인
PING 172.16.2.1 (172.16.2.1) 56(84) bytes of data.
From 172.16.2.254 icmp_seq=1 Destination Host Unreachable
From 172.16.2.254 icmp_seq=2 Destination Host Unreachable

--- 172.16.2.1 ping statistics ---
2 packets transmitted, 0 received, +2 errors, 100% packet loss, time 1051ms
pipe 2
```

```
root@lb1:/# ping 172.16.2.2 -c 2          ← sv2와의 통신 확인
PING 172.16.2.2 (172.16.2.2) 56(84) bytes of data.
From 172.16.2.254 icmp_seq=1 Destination Host Unreachable
From 172.16.2.254 icmp_seq=2 Destination Host Unreachable

--- 172.16.2.2 ping statistics ---
2 packets transmitted, 0 received, +2 errors, 100% packet loss, time 1015ms
pipe 2
```

이때 sw2의 MAC 주소 테이블을 보면 새롭게 VLAN 열이 '1'인 fw1(02:42:ac:00:12:54)과 lb1(02:42:ac:00:12:53)의 항목이 생성되어 있다[24].

[코드] VLAN1인 항목이 생긴다.

```
root@sw2:/# ovs-appctl fdb/show sw2
 port  VLAN  MAC                Age
    1     2  02:42:ac:00:20:01   64
    2     2  02:42:ac:00:20:02   64
    4     1  02:42:ac:00:12:54   22
    3     1  02:42:ac:00:12:53   22
```

07. 마지막으로 sv2와 fw1에서 실행 중인 tcpdump 명령어를 Ctrl+c로 종료한다.

태그 VLAN

다음으로 태그 VLAN의 동작에 대해 알아보겠다. 앞 절에서는 포트 VLAN의 동작을 확인하기 위해 lb1이 연결된 port3을 VLAN1으로 설정했다. 하지만 실제로 lb1은 VLAN1(클라이언트 VLAN)과 VLAN2(서버 VLAN)라는 두 개의 VLAN을 가지고 있으며, 두 VLAN에서 서로 통신이 가능해야 한다. 그래서 여기서는 sw2의 port3을 태그 VLAN으로 설정하여 VLAN2로도 통신할 수 있도록 설정한다.

---

24 05에서 실행한 ping 명령이 5분(에이징 타임) 이상 경과한 후 명령을 실행하면 VLAN2의 항목이 사라진다.

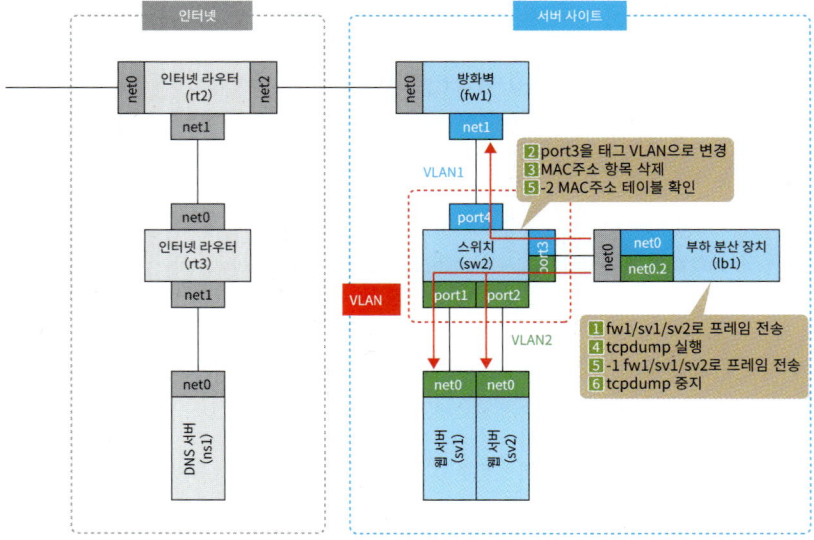

[그림] 태그 VLAN 설정

01. 먼저 현재 상태를 확인한다. lb1에서 fw1, sv1, sv2에 ping을 해본다. 그러면 lb1에서 같은 VLAN(VLAN1)에 있는 fw1과는 통신이 가능하지만, 다른 VLAN(VLAN2)에 있는 sv1과 sv2와는 통신이 되지 않는 것을 확인할 수 있다. 이는 앞 절에서 확인한 바와 같다.

[코드] 같은 VLAN에 있는 단말과만 통신할 수 있다.

```
root@lb1:/# ping 172.16.1.254 -c 2                        ← fw1에 대한 통신 확인
PING 172.16.1.254 (172.16.1.254) 56(84) bytes of data.
64 bytes from 172.16.1.254: icmp_seq=1 ttl=64 time=0.331 ms
64 bytes from 172.16.1.254: icmp_seq=2 ttl=64 time=0.393 ms

--- 172.16.1.254 ping statistics ---
2 packets transmitted, 2 received, 0% packet loss, time 1063ms
rtt min/avg/max/mdev = 0.331/0.362/0.393/0.031 ms

root@lb1:/# ping 172.16.2.1 -c 2                          ← sv1에 대한 통신 확인
PING 172.16.2.1 (172.16.2.1) 56(84) bytes of data.
From 172.16.2.254 icmp_seq=1 Destination Host Unreachable
From 172.16.2.254 icmp_seq=2 Destination Host Unreachable

--- 172.16.2.1 ping statistics ---
2 packets transmitted, 0 received, +2 errors, 100% packet loss, time 1051ms
pipe 2
```

```
root@lb1:/# ping 172.16.2.2 -c 2                    ← sv2에 대한 통신 확인
PING 172.16.2.2 (172.16.2.2) 56(84) bytes of data.
From 172.16.2.254 icmp_seq=1 Destination Host Unreachable
From 172.16.2.254 icmp_seq=2 Destination Host Unreachable

--- 172.16.2.2 ping statistics ---
2 packets transmitted, 0 received, +2 errors, 100% packet loss, time 1015ms
pipe 2
```

또한, lb1에서 VLAN 태그를 처리하는 net0.2의 정보도 확인해 보자. 단순히 MAC 주소만 확인한다면 ifconfig 명령으로 충분하지만, 여기서는 처리하는 VLAN ID도 확인하므로 레이어 1과 레이어 2의 정보를 더 자세히 볼 수 있는 'ip -d link show 명령'을 사용한다. 그러면 MAC 주소가 '02:42:ac:00:22:54', 처리하는 VLAN ID가 'VLAN2'임을 알 수 있다.

[코드] net0.2의 MAC 주소 및 처리할 VLAN ID

```
root@lb1:/# ip -d link show net0.2
3: net0.2@net0: <BROADCAST,MULTICAST,UP,LOWER_UP> mtu 1500 qdisc noqueue state UP mode
DEFAULT group default qlen 1000
    link/ether 02:42:ac:00:22:54 brd ff:ff:ff:ff:ff:ff promiscuity 0 minmtu 0 maxmtu 65535
    vlan protocol 802.1Q id 2 <REORDER_HDR> addrgenmode eui64 numtxqueues 1 numrxqueues 1
gso_max_size 65536 gso_max_segs 65535
```

02. 상태를 확인했으면 이제 OVS에서 태그 VLAN을 설정한다. 포트 VLAN 실습을 통해 sw2의 port3는 VLAN1로 설정되어 있다. 이를 ovs-vsctl set 명령어로 태그 VLAN으로 변경하여 VLAN2로도 통신할 수 있도록 설정한다. 여기서는 미리 설정된 VLAN1을 네이티브 VLAN으로 정의하는 'native-untagged 모드'로 설정했다. 또한 trunks 옵션으로 VLAN2를 VLAN2를 VLAN 태그로 부여할 수 있도록 설정했다.

[코드] port3을 태그 VLAN으로 변경

```
root@sw2:/# ovs-vsctl set port port3 vlan_mode=native-untagged trunks=2
```

혹시 모르니 ovs-vsctl show 명령어로 설정이 제대로 실행되고 있는지 확인한다. 그러면 port3에 'trunks: [2]'가 추가되어 있는데, 이는 trunks는 태그 VLAN을 의미하며 VLAN 태그를 붙일 VLAN이 'VLAN2'임을 나타낸다.

[코드] port3 설정 확인

```
root@sw2:/# ovs-vsctl show
2edcaae0-58e9-4cd3-8ccb-7d291ef7e41e
    Bridge sw2
        datapath_type: netdev
        Port sw2
            Interface sw2
```

```
            type: internal
        Port port1
            tag: 2
            Interface port1
        Port port2
            tag: 2
            Interface port2
        Port port3
            tag: 1
            trunks: [2]
            Interface port3
        Port port4
            tag: 1
            Interface port4
```

자, 이제 VLAN2로도 통신이 가능해졌을 것이다. 이제 이 상태에서 lb1이 VLAN2로도 통신할 수 있게 되었는지, 그리고 이때 어떤 패킷을 주고받으며 MAC 주소 테이블이 어떤 동작을 보이는지 살펴보자.

03. 검증의 시작점을 맞추기 위해 sw2의 MAC 주소 테이블의 정보를 일단 삭제(플러싱)하고, 확실히 삭제되었는지 확인한다.

[코드] MAC 주소 테이블 정보 삭제하기

```
root@sw2:/# ovs-appctl fdb/flush sw2
table successfully flushed

root@sw2:/# ovs-appctl fdb/show sw2
 port  VLAN  MAC                Age
```

04. lb1에서 tcpdump 명령을 실행하여 앞으로 주고받을 패킷에 대비한다. 여기서는 lb1에서 주고받는 발신자/목적지 MAC 주소가 '02:42:ac:00:12:53' 또는 '02:42:ac:00:22:54'인 이더넷 프레임을 /tmp/tinet에 '1q.pcapng'라는 파일명으로 저장하도록 한다. '02:42:ac:00:12:53'은 93쪽에서 확인했듯이 lb1의 net0의 MAC 주소다. '02:42:ac:00:22:54'는 VLAN 태그를 처리하기 위해 생성된 VLAN 인터페이스(net0.2)의 MAC 주소이며, tinet의 설정 파일에 의해 설정되어 있다.

[코드] lb1에서 tcpdump 명령어 실행하기[25]

```
root@lb1:/# tcpdump -i net0 -w /tmp/tinet/1q.pcapng ether host 02:42:ac:00:12:53 or ether host 02:42:ac:00:22:54
tcpdump: listening on net0, link-type EN10MB (Ethernet), capture size 262144 bytes
```

[25] 인터페이스는 net0을 지정해야 하며, 그러면 net0.2로 주고받는 이더넷 프레임도 함께 캡처된다.

05. lb1에 로그인한 터미널을 하나 더 열고 fw1, sv1, sv2에 이더넷 프레임(요청 패킷)을 전송한다. 그러면 VLAN2뿐만 아니라 VLAN1로도 통신할 수 있는 것을 확인할 수 있다.

[코드] 두 VLAN으로 통신할 수 있도록 되어 있다.

```
root@lb1:/# ping 172.16.1.254 -c 2                         ← fw1에 대한 통신 확인
PING 172.16.1.254 (172.16.1.254) 56(84) bytes of data.
64 bytes from 172.16.1.254: icmp_seq=1 ttl=64 time=0.173 ms
64 bytes from 172.16.1.254: icmp_seq=2 ttl=64 time=0.196 ms

--- 172.16.1.254 ping statistics ---
2 packets transmitted, 2 received, 0% packet loss, time 1070ms
rtt min/avg/max/mdev = 0.173/0.184/0.196/0.011 ms

root@lb1:/# ping 172.16.2.1 -c 2                           ← sv1에 대한 통신 확인
PING 172.16.2.1 (172.16.2.1) 56(84) bytes of data.
64 bytes from 172.16.2.1: icmp_seq=1 ttl=64 time=0.194 ms
64 bytes from 172.16.2.1: icmp_seq=2 ttl=64 time=0.196 ms

--- 172.16.2.1 ping statistics ---
2 packets transmitted, 2 received, 0% packet loss, time 1046ms
rtt min/avg/max/mdev = 0.194/0.195/0.196/0.001 ms

root@lb1:/# ping 172.16.2.2 -c 2                           ← sv2에 대한 통신 확인
PING 172.16.2.2 (172.16.2.2) 56(84) bytes of data.
64 bytes from 172.16.2.2: icmp_seq=1 ttl=64 time=0.493 ms
64 bytes from 172.16.2.2: icmp_seq=2 ttl=64 time=0.168 ms

--- 172.16.2.2 ping statistics ---
2 packets transmitted, 2 received, 0% packet loss, time 1046ms
rtt min/avg/max/mdev = 0.168/0.330/0.493/0.162 ms
```

이때 sw2의 MAC 주소 테이블을 보면 port3에 lb1의 VLAN1과 VLAN2의 항목이 생성되어 있다.

[코드] port3에 VLAN1과 VLAN2인 항목이 생겼다.

```
root@sw2:/# ovs-appctl fdb/show sw2
 port  VLAN  MAC                Age
    3     1  02:42:ac:00:12:53    5
    4     1  02:42:ac:00:12:54    5
    1     2  02:42:ac:00:20:01    4
```

3	2	02:42:ac:00:22:54	2
2	2	02:42:ac:00:20:02	2

06. 마지막으로 lb1에서 실행 중인 tcpdump 명령을 Ctrl+c로 종료한다.

88쪽에서 설명한 것처럼 태그 VLAN 포트에서 주고받는 패킷은 이더넷 프레임에 VLAN 태그가 붙은 IEEE802.1q 프레임이다. 이제 방금 캡처한 패킷을 살펴보겠다. Wireshark에서 'C:\tinet'에 있는 '1q.pcapng'를 열고, 태그 VLAN 패킷 위주로 보기 위해 표시 필터에 'not arp'를 입력한다. 그러면 12개의 패킷이 보일 것이다. 처음 4개는 fw1(172.16.1.254)과 주고받은 패킷, 다음 4개는 sv1(172.16.2.1)과 주고받은 패킷, 그다음 4개는 sv2(172.16.2.2)와 주고받은 패킷이다.

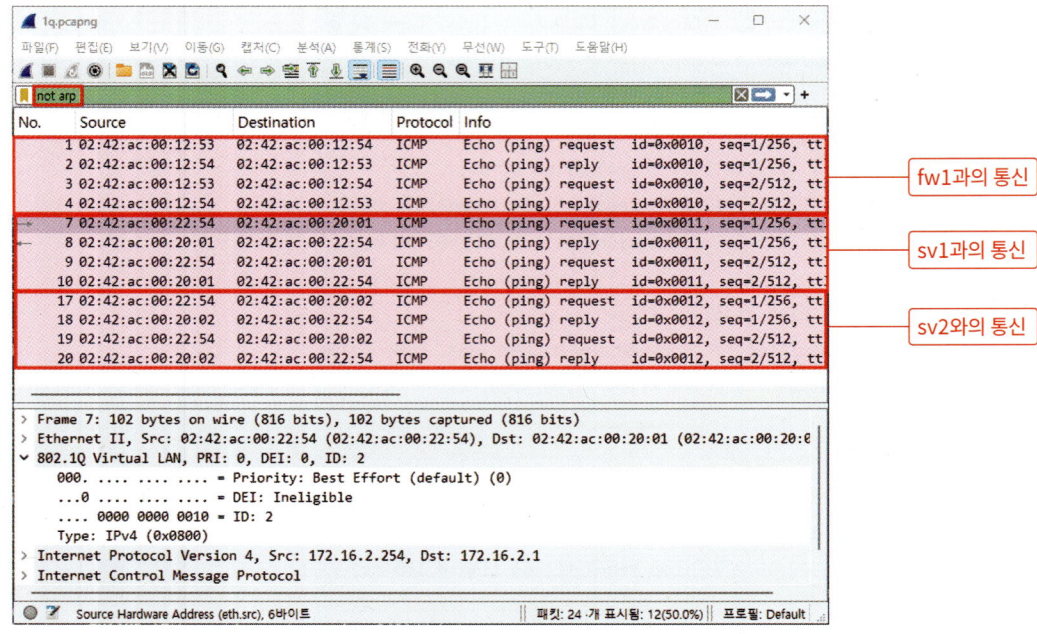

[그림] lb1에서 ping했을 때의 패킷

이 중 처음 4개의 패킷은 네이티브 VLAN인 VLAN1 패킷이므로 단순한 이더넷 프레임(이더넷 II 프레임)이며, VLAN 태그가 없다. 따라서 다섯 번째 이후 패킷을 더블 클릭하여 자세히 살펴보자. 그러면 유형 필드가 IEEE802.1q를 나타내는 '0x8100'으로 바뀌고, 그 뒤에 '802.1Q Virtual LAN'으로 되어 있는 VLAN2인 VLAN 태그가 보인다.

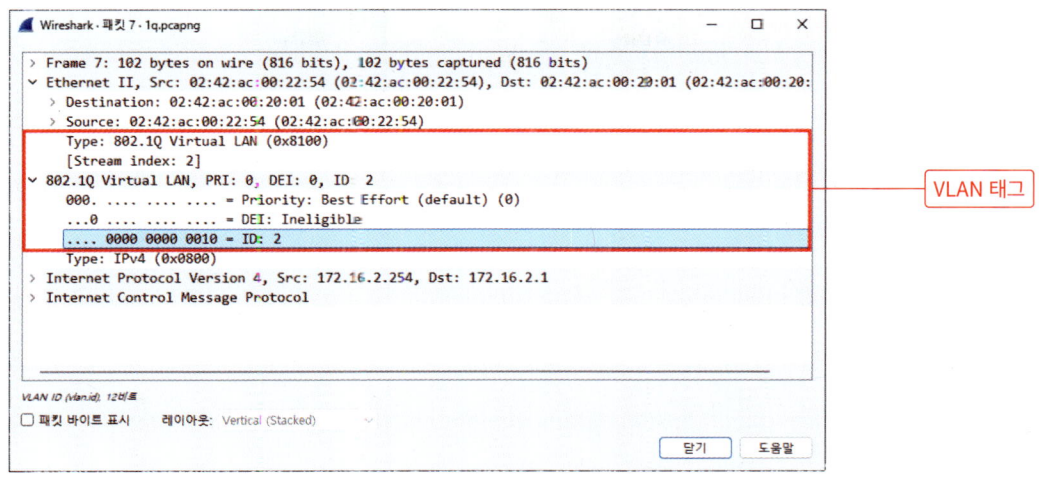

[그림] IEEE802.1q 프레임

이것으로 가정 내 LAN에 있는 단말끼리, 그리고 서버 사이트에 있는 단말끼리 통신할 수 있게 되었다. 하지만 아직은 각각의 LAN 안에서만 통신할 수 있는 상태이며, 인터넷과 통신할 수 있는 상태는 아니다. 다음 장에서는 각각의 LAN을 인터넷에 연결해 보겠다.

memo

3장

레이어 3 프로토콜 이해하기

이 장에서는 주요 Layer 3 프로토콜인 'IP(Internet Protocol)'와 'ICMP(Internet Control Message Protocol)', 그리고 이와 관련된 기술인 '라우팅'에 대해 이론과 실습을 설명한다. '인터넷'이라는 거대한 네트워크 안에서 PC와 스마트폰, 태블릿이 어떤 패킷을 어떻게 주고받는지 검증 환경을 통해 이해도를 높일 수 있다.

3-1 검증 환경 이해하기

먼저 사전 지식으로 검증 환경 내에서 이번 장과 관련된 네트워크 구성에 대해 설명한다. 이 장의 주인공은 검증 환경의 인터넷에 연결된 라우터와 방화벽이다. 이 책의 검증 환경의 인터넷 환경에는 rt1, rt2, rt3라는 3대의 라우터와 fw1이라는 방화벽이 연결되어 있다. 따라서 여기서는 각각에 초점을 맞춰 설명하겠다. 물리-논리 구성도와 대조하면서 확인하기 바란다.

rt1(광대역 라우터)

rt1은 가정 내 LAN을 인터넷에 연결하기 위한 라우터, 즉 광대역 라우터다. 대형 가전매장이나 쇼핑사이트에서 흔히 볼 수 있는 일반적인 광대역 라우터는 인터넷에 연결하기 위한 WAN 포트와 가정 내 LAN을 연결하기 위한 LAN 포트를 가지고 있으며, rt1도 이에 맞춰 net0을 WAN 포트, net1을 LAN 포트로 설계되어 있다. 또한, 광대역 라우터는 PC나 태블릿에 네트워크 관련 설정을 배포하거나(DHCP 기능), 인터넷에 접속할 수 있도록 IP 주소를 변환해 주거나(NAT 기능), 다양한 기능을 가지고 있다. 이에 따라 rt1도 대표적인 기능을 몇 가지 가지고 있다.

rt2, rt3(인터넷 라우터)

rt2와 rt3는 인터넷을 구성하는 라우터, 즉 인터넷 라우터다. 인터넷은 전 세계에 존재하는 무수히 많은 인터넷 라우터들이 서로 연결되어 구성되어 있다. 실제로는 상당히 복잡하게 구성돼 있지만, 이 책은 입문서인 만큼 rt2와 rt3 두 대만으로 인터넷을 표현하고 있다.

rt2는 가정 내 LAN과 인터넷 및 서버 사이트 LAN이라는 서로 다른 네트워크를 연결하는 역할을 하고, 3개의 인터페이스를 가지고 있으며, net0에는 가정 내 LAN(rt1의 net0), net1에는 또 다른 인터넷 라우터(rt3의 net0), net2에는 서버 사이트(fw1의 net0)가 각각 별도의 네트워크로 연결되어 있다. net2에는 서버 사이트(fw1의 net0)가 각각 별도의 네트워크로 연결되어 있다.

rt3는 두 개의 인터페이스를 가지고 있는데, net0에는 또 다른 인터넷 라우터(rt2의 net1), net1에는 서버(ns1의 net0)가 각각 별도의 네트워크로 연결되어 있다. ns1은 도메인 이름을 IP 주소로 변환하는 DNS 서버다. 인터넷 서비스 제공업체가 제공하는 DNS 서버나 최근 구글이나 클라우드플레어에서 제공하는 공인 DNS 서버와 비슷한 기능을 가지고 있다. 이 ns1은 4장과 5장에서 사용할 것이다.

fw1(방화벽)

fw1은 서버 사이트와 인터넷을 연결하는 방화벽이다. fw1의 주요 역할은 4장에서 설명할 통신 제어이지만 이 장에서 언급하는 역할은 서버를 인터넷에 공개하는 것이다. fw1은 두 개의 인터페이스를 가지고 있으며 net0에는 인터넷(rt2의 net2), net1에는 L2 스위치(sw2의 port4)를 통해 부하 분산 장치(lb1의 net0)가 각각 별도의 네트워크를 통해 연결되어 있다. fw1은 net0를 통해 인터넷에서 공인 서버로 향하는 패킷을 받으면 IP 주소를 변환하여 net1에서 lb1로 전달한다.

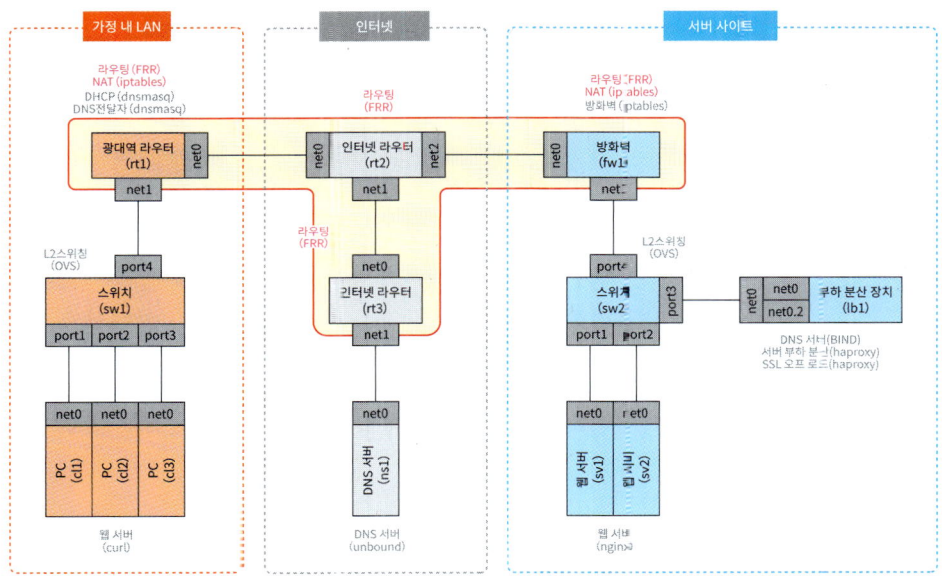

[그림] 이 장의 대상 범위(물리 구성도)

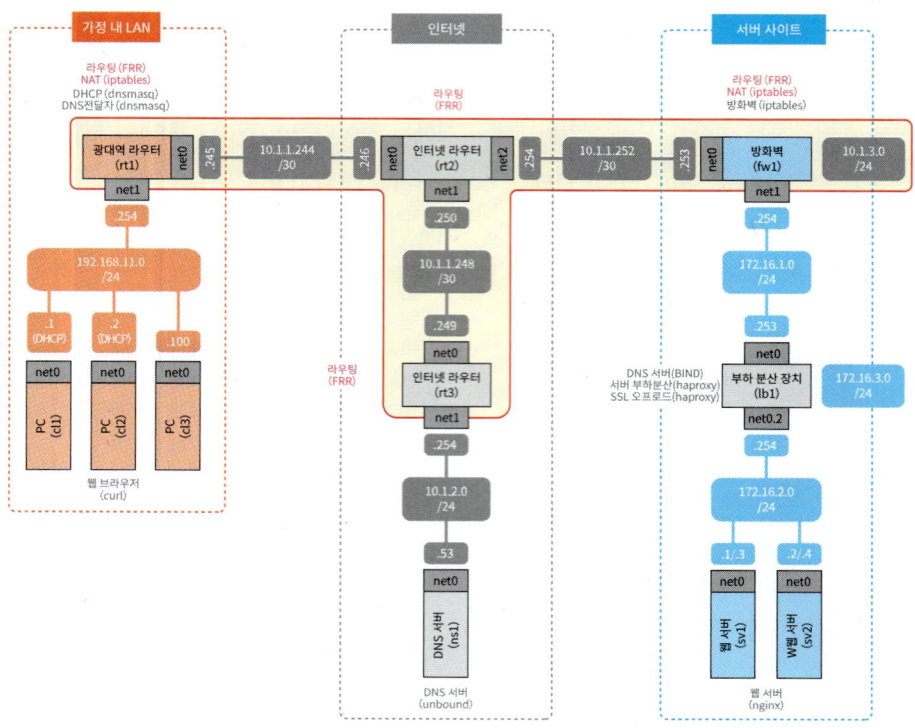

[그림] 이 장의 대상 범위(논리 구성도)

3-2 네트워크 프로토콜 이해하기

이제부터 레이어 3 프로토콜에 대해 설명하겠다. 그 전에 OSI 참조 모델의 네트워크 계층(Layer 3, L3)에 대해 간략하게 정리해 보자.

네트워크 계층은 이더넷이나 와이파이로 만들어진 네트워크를 연결하고 서로 다른 네트워크에 있는 단말과의 연결성을 보장하기 위한 계층이다. 데이터 링크 계층은 같은 네트워크에 존재하는 단말을 연결하는 것까지가 업무다. 그 이상의 역할은 하지 않는다. 예를 들어, 해외에 있는 웹 서버에 접속하려고 해도 다른 네트워크에 존재하기 때문에 데이터링크 계층 수준에서는 접속할 수 없다. 네트워크 계층은 데이터 링크 계층에서 연결된 네트워크를 합쳐 큰 네트워크를 만들 수 있게 해준다. 이제 일상 생활에 없어서는 안 될 존재가 된 '인터넷'. 이는 네트워크를 서로(인터, inter) 연결한다는 의미에서 만들어진 조어다. 수많은 작은 네트워크가 서로 연결되어 인터넷이라는 큰 네트워크를 이룬다.

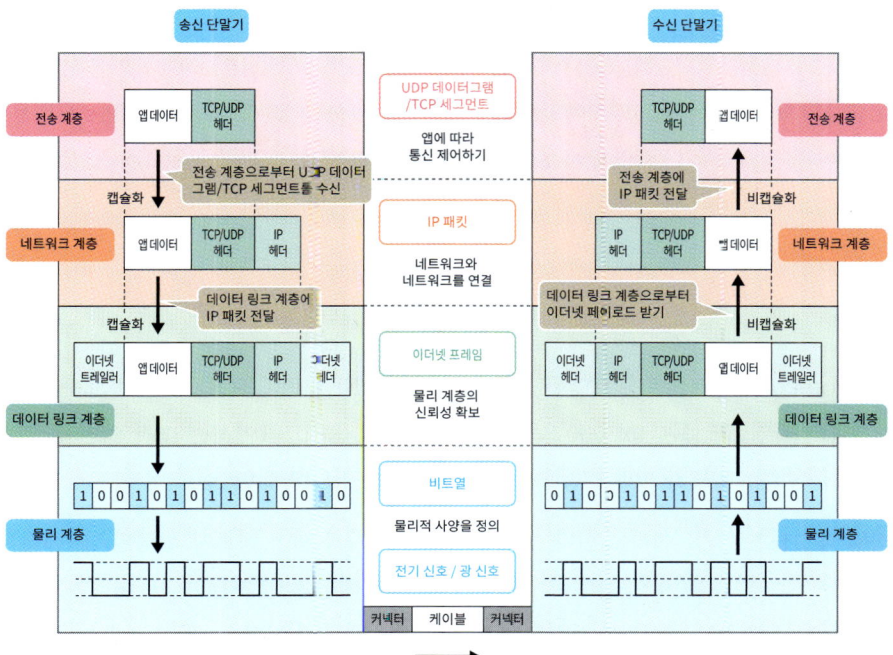

[그림] OSI 참조 모델의 네트워크 계층

현대 네트워크에서 사용되는 레이어 3 프로토콜은 'IP(Internet Protocol)'와 'ICMP(Internet Control Message Protocol)' 두 가지가 있는데 대개 데이터 교환에는 IP, 문제 해결에는 ICMP를 사용한다. 여기서는 먼저 각각의 프로토콜의 이론을 설명한 후 검증 환경에서 캡처하고 분석하는 과정을 살펴볼 것이다.

3-2-1 IP(인터넷 프로토콜)

데이터 통신에 사용되는 레이어 3 프로토콜은 '이것밖에 없다!'라고 해도 좋을 정도로 'IP(Internet Protocol)'가 유일하다. L3 프로토콜은 일단 IP만 잘 알고 있으면 우선 LAN, 무선 LAN을 막론하고 거의 모든 네트워크에 대응할 수 있다. IP에는 'IPv4(Internet Protocol version 4)'와 'IPv6(Internet Protocol version 6)'의 두 가지 버전이 존재하며, 서로 호환되지 않는다. 이 책은 입문서인 만큼 기본적인 IPv4에 대해서만 다루고 있다. 이후 이 책에서 'IP'는 버전에 따른 특별한 언급이 없는 한 IPv4와 동일하다고 생각하면 된다.

📄 IPv6

IPv6주소는 IPv4의 주소 고갈 문제를 해결하기 위하여 기존의 IPv4주소 체계를 128비트 크기로 확장한 차세대 인터넷 프로토콜 주소다. 군사 및 학술 연구 목적을 고려하여 탄생한 IPv4 기반 인터넷이 상업적 목적으로 사용되면서 많은 문제점이 발생하자 이를 대폭 보완 및 개선하기 위하여 IPv6가 표준화됐다. 최근 일본에서는 스마트폰과 가정의 유선 인터넷에 IPv6의 도입이 활발하다.

이론 이해하기

IP(Internet Protocol)는 1981년에 발행된 RFC791 'INTERNET PROTOCOL'에서 표준화된 프로토콜로, 이더넷 헤더의 타입코드로는 '0x8000'으로 정의되어 있다. RFC791에서는 IP가 어떤 포맷(형식)으로 캡슐화를 하고, 구성하는 필드가 어떤 기능을 가지고 있는지를 정의하고 있다.

IP로 캡슐화된 패킷을 'IP 패킷'이라고 한다. IP 패킷은 여러 가지 제어 정보가 설정된 'IP 헤더'와 데이터 자체를 나타내는 'IP 페이로드'로 구성된다. 이 중 IP 통신의 핵심은 IP 헤더다. IP 헤더에는 IP 네트워크에 접속하는 단말을 식별하고 데이터를 세분화하기 위한 정보가 담겨 있다.

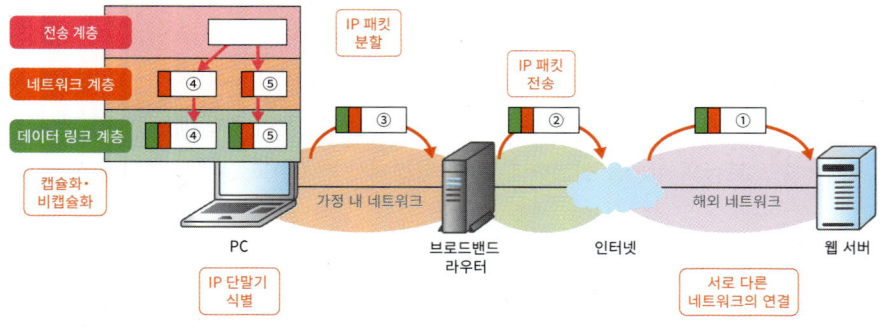

[그림] IP의 다양한 기능

IP 패킷 형식

우리는 매일 다양한 웹사이트를 볼 수 있는데 그 뒤쪽에서는 IP 패킷이 바다를 건너고 산을 넘고 계곡을 내려오는 등 전 세계 곳곳을 돌아다니고 있다. IP 헤더는 이러한 전 세계 환경의 차이를 잘 흡수하면서 원하는 단말까지 IP 패킷을 전달할 수 있도록 다음 그림과 같은 많은 필드로 구성되어 있다.

	0비트	8비트	16비트	24비트
0바이트	버전 / 헤더 길이	ToS	패킷 길이	
4바이트	식별자		플래그	프래그먼트 오프셋
8바이트	TTL	프로토콜 번호	헤더 체크섬	
12바이트	발신자 IP 주소			
16바이트	목적지 IP 주소			
가변	IP 페이로드(TCP 세그먼트/UDP 데이터그램)			

[그림] IP 패킷 포맷(옵션 없음)

다음은 IP 헤더의 각 필드에 대한 설명이다.

버전

'버전'은 이름에서 알 수 있듯이 IP의 버전을 나타내는 4비트 필드다. IPv4의 경우 '4'(2진수 표기법으로는 '0100')가 들어간다.

헤더 길이

'헤더 길이'는 IP 헤더의 길이를 나타내는 4비트 필드다. 'Internet Header Length', 줄여서 'IHL'이라고도 한다. 패킷을 수신하는 단말은 이 값을 보고 IP 헤더가 어디까지인지 알 수 있다. 헤더 길이에는 IP 헤더의 길이를 4바이트(32비트) 단위로 환산한 값이 들어간다. IP 헤더의 길이는 기본적으로 20바이트(160비트=32비트×5)이므로 '5'가 들어간다.

ToS

'ToS(Type of Service)'는 IP 패킷의 우선순위를 나타내는 1바이트(8비트) 필드로, 우선순위 제어, 대역폭 제어, 혼잡 제어[1] 등의 QoS(Quality of Service)에서 사용한다. 미리 네트워크 장비에서 '이 값이면 최우선적으로 전송한다', '이 값이면 얼만큼 보장한다' 등의 동작을 설정해두면 서비스 요구사항에 맞는 QoS 처리가 가능해진다.

ToS는 첫 6비트의 'DSCP(Differentiated Services Code Point) 필드'와 나머지 2비트의 'ECN(Explicit Congestion Notification) 필드'로 구성된다. DSCP 필드는 우선순위 제어 및 대역폭 제어에 사용된다. ECN 필드는 혼잡을 통지할 때 사용한다.

---

[1] 네트워크가 혼잡한 것을 '폭주'라고 한다.

패킷 길이

'패킷 길이'는 IP 헤더와 IP 페이로드를 합친 전체 패킷의 길이를 나타내는 2바이트(16비트) 필드다. 패킷을 수신하는 단말은 이 필드를 보고 IP 패킷이 어디까지인지 알 수 있다. 예를 들어, 이더넷의 기본 MTU(Maximum Transmission Unit)를 가득 채운 IP 패킷의 경우, 패킷 길이 값은 '1500'(16진수로 '05dc')이 된다.

식별자

IP 통신에서는 데이터를 그대로 전송하는 것이 아니라, 전송을 용이하게 하기 위해 데이터를 분할하여 전송하는데, 이것을 'IP 단편화'라고 한다. 48쪽에서 설명한 바와 같이 레이어 2 페이로드, 즉 IP 패킷이라는 이름의 소포에는 최대 MTU까지만 데이터를 저장할 수 있다. 따라서 만약 전송 계층에서 MTU보다 큰 데이터를 수신하거나 입구보다 출구 인터페이스의 MTU가 작을 경우 MTU에 맞게 데이터를 분할해야 한다. '식별자', '플래그', '프래그먼트 오프셋'은 IP 단편화에 대한 정보를 담고 있다.

식별자는 패킷을 생성할 때 무작위로 할당하는 패킷의 ID로 2바이트(16비트)로 구성된다. IP 패킷의 크기가 MTU를 초과하여 중간에 단편화될 경우, 조각 패킷은 동일한 식별자를 복사하여 갖게 된다. 조각 패킷을 받은 단말은 이 식별자 값을 보고 통신 도중에 단편화되었음을 인식하고 패킷을 재결합한다.

플래그

플래그는 3비트로 구성되어 있으며, 첫 번째 비트는 사용하지 않는다. 두 번째 비트는 'DF(Don't Fragment) 비트'로 IP 패킷을 단편화할 수 있는지 여부를 나타낸다. '0'이면 단편화를 허용하고, '1'이면 단편화를 허용하지 않는다. 단편화가 발생하는 네트워크 환경에서 아무 생각 없이 패킷을 단편화하면 되는가 하면, 그렇지 않다. 단편화가 발생하면 그만큼의 처리 지연이 발생하여 성능이 저하된다. 그래서 최근 애플리케이션은 처리 지연을 고려하여 단편화를 허용하지 않도록 DF 비트를 '1'로 설정하여 상위 계층(전송 계층~애플리케이션 계층)에서 데이터 크기를 조정한다.

세 번째 비트는 'MF(More Fragments) 비트'로, 단편화된 IP 패킷이 뒤따르는지 여부를 나타낸다. '0'이면 단편화된 IPv4 패킷이 뒤따르지 않는다. '1'이면 단편화된 IP 패킷이 뒤따라온다.

프래그먼트 오프셋

프래그먼트 오프셋은 단편화할 때 해당 패킷이 원래 패킷의 시작부터 어디쯤에 위치해 있는지를 나타내는 13비트 필드다. 단편화된 첫 번째 패킷에는 '0'이, 그 이후의 패킷에는 위치를 나타내는 값이 들어간다. 패킷을 수신하는 단말은 이 값을 보고 IP 패킷의 순서를 올바르게 정렬한다.

TTL

'TTL(Time To Live)'은 IP 패킷의 수명을 나타내는 1바이트(8비트) 필드다. IP 세계에서는 IP 패킷의 수명을 '경유하는 라우터 수'로 나타낸다. 경유하는 라우터 수를 '홉 수'라고 한다. TTL 값은 라우터를 통과할 때마다, 즉 네트워크를 통과할 때마다 1씩 줄어 값이 '0'이 되면 폐기된다. IP 패킷을 폐기한 라우터는 'Time-to-live Exceeded(유형 11/코드 0)'라는 ICMP 패킷을 반환하여(134쪽) 패킷을 폐기했음을 발신 단말에 알린다.

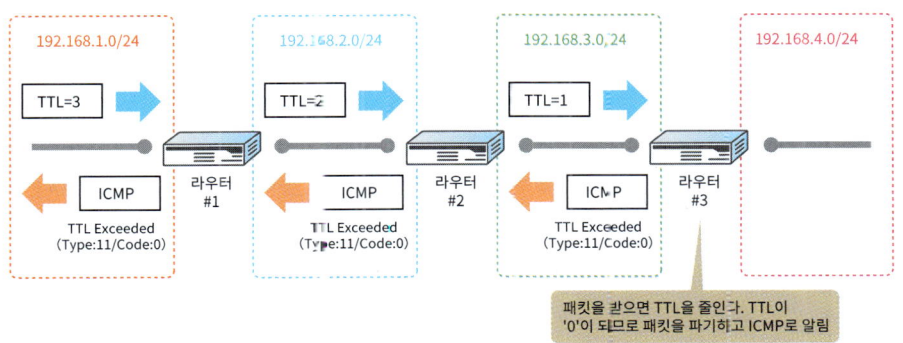

[그림] TTL이 0이 드면 IP 패킷을 폐기하고 ICMP로 발신자에게 통보한다

TTL의 기본값은 OS에 따라 다르다[2]. 따라서 패킷에 포함된 TTL 값을 보면 패킷을 주고받은 단말의 OS를 대략적으로 파악할 수 있다. 다음 표에 대표적인 OS의 TTL 값을 정리해 두었다. 참고하기 바란다.

[표] TTL 기본값

제조사	OS/버전	TTL 기본값
마이크로소프트	Windows 10	128
마이크로소프트	Windows 11	128
애플	macOS 14	64
애플	iOS 17.0.3	64
오픈소스	Ubuntu 20.04	64
구글	Android 11	64
Cisco	Cisco IOS 15.1	255

---

2 일부 OS는 사용하는 레이어 4 프로토콜(TCP, UDP)에 따라 기본값이 달라지기도 한다.

프로토콜 번호

'프로토콜 번호'는 IP 페이로드가 어떤 프로토콜로 구성되어 있는지를 나타내는 1바이트(8비트) 필드다. 프로토콜을 나타내는 숫자는 RFC790 'ASSIGNED NUMBERS'에 표준화되어 있다.

헤더 체크섬

'헤더 체크섬'은 IP 헤더의 무결성을 확인하기 위해 사용되는 2바이트(16비트) 필드다. 헤더 체크섬의 계산은 RFC 1071 'Computing the Internet Checksum'에 정의되어 있으며, '1의 보수 연산'이라는 계산 방법을 채택하고 있다.

발신자/목적지 IP 주소

'IP 주소'는 IP 네트워크에 연결된 단말을 나타내는 4바이트(32비트) 식별 ID다. IP 네트워크의 주소와 같으며, PC나 서버의 NIC, 라우터, 방화벽, 관리형 L2 스위치[3] 등 IP 네트워크에서 통신하는 모든 단말은 반드시 IP 주소를 가지고 있어야 한다. 또한, 반드시 단말당 하나의 IP 주소만 가질 수 있는 것은 아니며, 장비의 종류와 용도에 따라 여러 개의 IP 주소를 가질 수도 있다. 예를 들어, 라우터는 IP 네트워크를 연결하기 위해 각 포트마다 IP 주소를 가지고 있으며, 관리용으로만 제공되는 이더넷 관리 포트에도 IP 주소를 가지고 있다.

옵션

'옵션'은 IP 패킷 전송 시 확장 기능을 저장하는 가변 길이의 필드다. 패킷이 지나간 경로를 기록하는 'Record Route', 지정한 경로를 통과하도록 지정하는 'Loose Source Route' 등 다양한 기능이 제공되지만, 필자는 실무 현장에서 사용하는 것을 아직 본 적이 없다.

패딩

'패딩'은 IP 헤더의 비트 수를 조정하는 데 사용되는 필드다. IP 헤더는 사양상 4바이트(32비트) 단위여야 한다. 옵션의 길이는 정해져 있지 않기 때문에 4바이트가 될지 알 수 없으며, 4바이트의 정수 배가 되지 않는다면 끝에 패딩의 '0'을 부여하여 4바이트의 정수 배가 되도록 한다.

---

[3] 장비의 상태를 확인하고 장애를 감지할 수 있는 관리 가능한 L2 스위치를 '관리형 L2 스위치'라고 한다. 반면, 관리할 수 없는 L2 스위치를 '비관리형 L2 스위치'라고 한다. 비관리형 L2 스위치는 IP 주소를 가질 수 없다.

IP 주소 및 서브넷 마스크

IP 헤더 중 가장 중요한 필드는 '발신자 IP 주소'와 '목적지 IP 주소'다. 네트워크 계층은 IP 주소로 이루어진 계층이라고 해도 과언이 아니다.

IP 주소는 IP 네트워크에 연결된 단말을 식별하는 ID다. 32비트(4바이트)로 구성되며 '192.168.11.1'이나 '10.1.99.254'와 같이 8비트(1바이트)씩 점으로 구분하여 10진수로 표기한다. 이 표기법을 '점으로 구분된 10진수 표기법'이라고 한다. 점으로 구분된 그룹을 '옥텟'이라고 하며, 맨 앞부터 '1옥텟', '2옥텟'…이라고 표현한다.

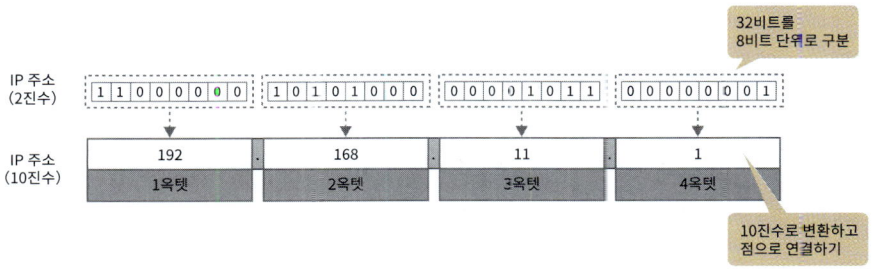

[그림] IP 주소 표기

IP 주소는 그 자체만으로는 작동하지 않는다. '서브넷 마스크'라는 또 다른 32비트 값과 함께 사용한다.

IP 주소는 '네트워크 부분'과 '호스트 부분' 두 가지로 구성되어 있다. 네트워크 부분은 '어떤 IP 네트워크에 있는지'를 나타낸다. 호스트 부분은 '어떤 단말인지'를 나타낸다. 서브넷 마스크는 이 둘을 구분하는 표식 같은 것으로, '1' 비트는 네트워크 부분, '0' 비트는 호스트 부분을 나타내며, IP 주소와 서브넷 마스크를 조합하여 '어느 IP 네트워크에 있는 어느 단말인지'를 식별할 수 있다.

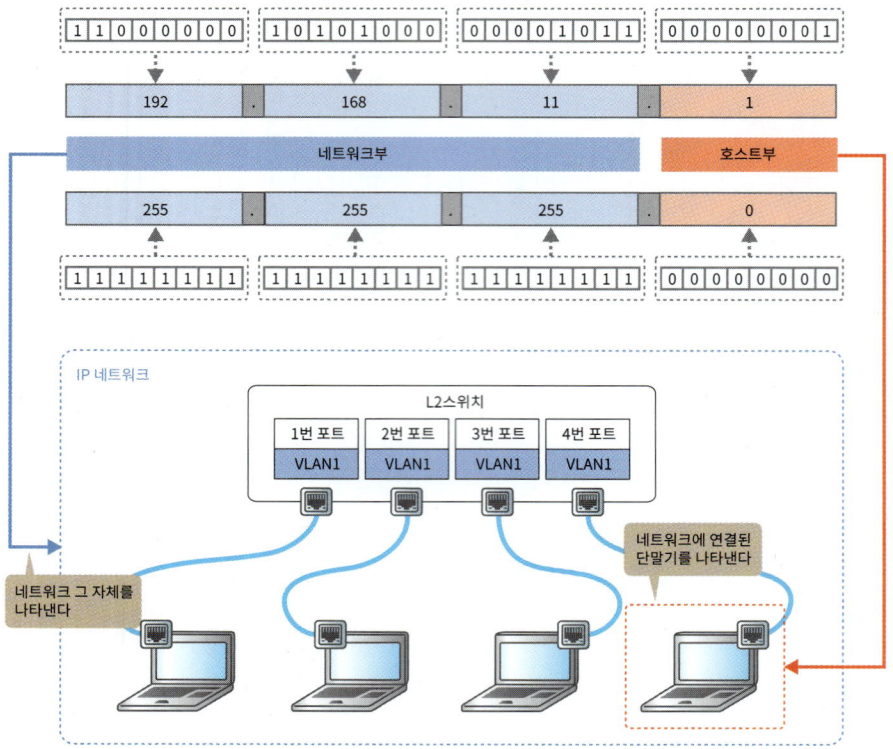

[그림] IP 주소와 서브넷 마스크

서브넷 마스크는 '10진수 표기'와 'CIDR(Classless Inter-Domain Routing, CIDR) 표기'의 두 가지 표기법이 있는데, 10진수 표기는 서브넷 마스크 단위를 표현하는 표기법으로 IP 주소와 마찬가지로 32비트를 8비트씩 4그룹으로 나누어 10진수로 변환한 후 점으로 구분하여 표기한다. 반면, CIDR 표기는 IP 주소와 서브넷 마스크를 함께 표현하는 표기법으로 IP 주소 뒤에 '/'(슬래시)와 서브넷 마스크(2진수)의 '1'의 개수를 표기한다. 예를 들어, 검증 환경의 가정 내 LAN에 있는 cl1의 IP 주소는 '192.168.11.1', 서브넷 마스크는 10진수 표기로 '255.255.255.0'이다. 이를 CIDR로 표기하면 '192.168.11.1/24'가 된다.

다양한 IP 주소

IP 주소는 '0.0.0.0'에서 '255.255.255.255'까지 2^{32}(약 43억)개가 있다. 하지만 마음대로 사용할 수 있는 것은 아니다. RFC에 따라 어디서부터 어디까지 어떻게 사용해야 하는지가 정해져 있다. 이 책에서는 이 규칙에 대해 '할당 방식', '사용 장소', '제외 주소'라는 세 가지 분류 방법을 사용하여 설명한다.

할당 방식에 따른 분류

IP 주소 할당 방식에는 '클래스풀 주소 지정'과 '클래스리스 주소 지정' 두 가지가 있다. 각각에 대해 설명하겠다.

클래스풀 주소 지정

클래스풀 주소 지정은 약 43억 개에 달하는 IP 주소를 앞쪽 4비트의 패턴으로 '주소 클래스'라는 이름의 카테고리로 분류하고, 그중에서 IP 주소를 할당하는 방식이다. 주소 클래스는 클래스 A부터 클래스 E까지 5가지가 있으며, 이 중 단말에 설정하여 사용하는 것은 클래스 A부터 클래스 C까지다.

클래스 A부터 클래스 C는 각각 1옥텟(8비트) 단위의 서브넷 마스크가 정해져 있으며, IP 주소가 할당되면 필연적으로 서브넷 마스크가 결정되도록 되어 있다. 예를 들어, IP 주소가 '10.1.1.1'이라면 서브넷 마스크는 '255.0.0.0'이 된다.

클래스 D와 클래스 E는 특수한 용도로 사용되며 일반적으로는 사용하지 않는다. 클래스 D는 특정 그룹의 단말에 트래픽을 전달하는 IP 멀티캐스트에 사용된다. 클래스 E는 미래를 위해 예약된 주소 클래스다.

초기 IP 주소 할당을 담당했던 클래스풀 주소는 이해하기 쉽고 관리하기 쉽다는 장점이 있는 반면, 낭비가 많다는 단점이 있었다. 예를 들어, 클래스 A에서 할당할 수 있는 IP 주소는 다음 표와 같이 1,600만 개가 넘는데 과연 한 기업이나 단체, 조직에서 1,600만 개의 IP 주소를 필요로 하는 곳이 있을까? 아마 없을 것이다. 필요한 만큼만 할당하고 나머지는 방치해두기에는 너무 아깝다. 그래서 유한한 IP 주소를 효율적으로 활용하기 위해 새롭게 등장한 할당 방식이 바로 다음으로 설명할 클래스리스 주소 지정이다.

[표] IP 주소의 주소 클래스

주소 클래스	용도	맨 앞 비트	시작 IP 주소	종료 IP 주소	네트워크부	호스트부	최대 할당 가능 IP 주소 수
클래스 A	유니캐스트 (대규모)	0	0.0.0.0	127.255.255.255	8비트	24비트	16,777,214 ($=2^{24}-2$)
클래스 B	유니캐스트 (중규모)	10	128.0.0.0	191.255.255.255	16비트	16비트	65,534 ($=2^{16}-2$)
클래스 C	유니캐스트 (소규모)	110	192.0.0.0	223.255.255.255	24비트	8비트	254 ($=2^{8}-2$)
클래스 D	멀티캐스트	1110	224.0.0.0	239.255.255.255	–	–	–
클래스 E	연구, 예약용	1111	240.0.0.0	255.255.255.255	–	–	–

클래스리스 주소 지정

주소 클래스에 구애받지 않고 IP 주소를 할당하는 방식을 '클래스리스 주소 지정(Classless Addressing)'이라고 한다. '서브넷팅'이나 'CIDR(Classless Inter-Domain Routing, 사이더)'이라고도 한다.

클래스리스 주소 지정에서는 네트워크 부분과 호스트 부분 외에 '서브넷 부분'이라는 새로운 개념을 도입하여 새로운 네트워크를 만들어 낸다. 서브넷 부분은 원래 호스트 부분으로 사용되던 부분인데, 이곳을 잘 활용하면 네트워크를 더 작은 단위로 분할할 수 있다. 서브넷 마스크를 8비트 단위가 아닌 1비트 단위로 자유롭게 조작함으로써 이를 실현한다.

여기서는 '192.168.11.0'을 서브넷으로 설정해 보겠다. 위 표에서 보듯이 '192.168.11.0'은 클래스 C의 IP 주소이므로 네트워크 부분은 24비트, 호스트 부분은 8비트다. 이 호스트 부분에서 서브넷 부분을 할당한다. 서브넷 부분에 몇 비트를 할당할 것인가는 필요한 IP 주소 수와 필요한 네트워크 수에 따라 결정한다. 이번에는 16개의 네트워크로 서브넷화해 보겠다. 16개로 나누기 위해서는 4비트가 필요하다($16=2^4$). 4비트를 서브넷 부분으로 사용하여 새로운 네트워크 부분을 만든다. 그러면 '192.168.11.0/28'에서 '192.168.11.240/28'까지 16개의 서브넷화된 네트워크가 만들어진다. 또한 각 네트워크에는 최대 14개(2^4-2)[4]의 IP 주소를 할당할 수 있다.

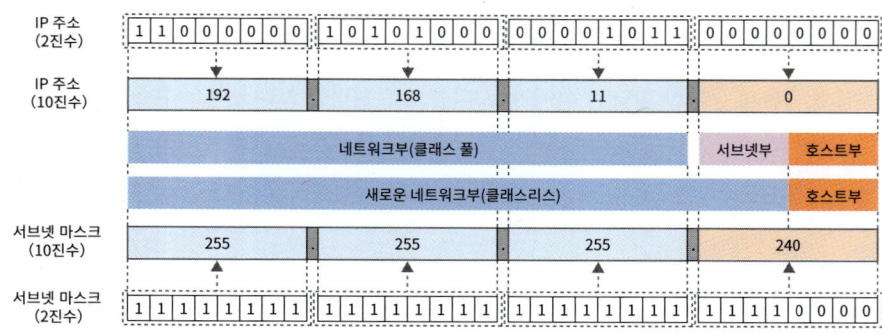

[그림] 클래스리스 주소 지정

[표] 필요한 IP 주소 수와 네트워크 수에 따른 서브넷화

10진수 표기	255.255.255.0	255.255.255.128	255.255.255.192	255.255.255.224	255.255.255.240
CIDR 표기	/24	/25	/26	/27	/28
최대 IP 수	254(=256-2)	126(=128-2)	62(=64-2)	30(=32-2)	14(=16-2)

---

[4] 호스트 부분이 모두 '1'이거나 모두 '0'인 IP 주소는 단말에 할당할 수 없다. 해당 IP 주소분은 제외된다.

10진수 표기	255.255.255.0	255.255.255.128	255.255.255.192	255.255.255.224	255.255.255.240
할당 네트워크 192.168.11.0	192.168.11.0	192.168.11.0	192.168.11.0	192.168.11.0	192.168.11.0
					192.168.11.16
				192.168.11.32	192.168.11.32
					192.168.11.48
			192.168.11.64	192.168.11.64	192.168.11.64
					192.168.11.80
				192.168.11.96	192.168.11.96
					192.168.11.112
		192.168.11.128	192.168.11.128	192.168.11.128	192.168.11.128
					192.168.11.144
				192.168.11.160	192.168.11.160
					192.168.11.176
			192.168.11.192	192.168.11.192	192.168.11.192
					192.168.11.208
				192.168.11.224	192.168.11.224
					192.168.11.240

또한, 검증 환경에서는 인터넷을 구성하는 라우터 간(rt1-rt2, rt2-rt3, rt2-fw1) 네트워크는 변동 없이 2대만 연결되므로 10.0.0.0을 서브넷화하여 '255.255.255.252'(/30)의 서브넷 마스크를 할당했다. 그 외의 네트워크도 접속 단말의 다수에 따라 세밀하게 서브넷화할 수 있지만, 이번에는 알기 쉽게 '255.255.255.0'(/24)으로 서브넷화했다.

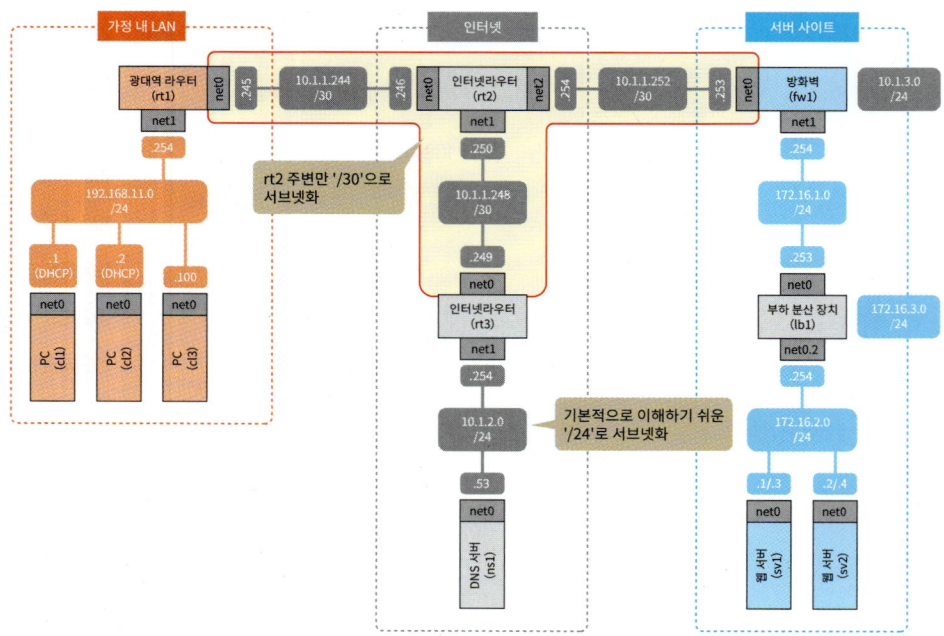

[그림] 검증 환경에서의 클래스리스 주소 지정

클래스리스 주소 지정(Classless Addressing)은 유한한 IP 주소를 효율적으로 활용할 수 있어 현대 IP 주소 할당 방식의 주류로 자리 잡고 있다. 참고로 전 세계 IP 주소를 관리하는 'IANA(Internet Assigned Numbers Authority)'의 할당 방식도 클래스리스 주소 지정이다.

사용 위치별 분류

다음은 사용 위치에 따른 분류다. '사용 위치'는 '실외에서는 이 IP 주소, 실내에서는 이 IP 주소'와 같은 물리적 위치를 의미하는 것이 아니라, IP 네트워크의 논리적 위치를 의미한다.

IP 주소는 사용하는 장소에 따라 '공인 IP 주소(글로벌 IP 주소)'와 '사설 IP 주소(로컬 IP 주소)'로 구분할 수 있다. 전자는 인터넷에서 고유한(다른 사람과 겹치지 않는) IP 주소이고, 후자는 기업이나 가정 네트워크 등 한정된 조직 내에서만 고유한 IP 주소다. 전화로 비유하자면 공인 IP 주소는 외선, 사설 IP 주소는 내선이라고 할 수 있다.

공인 IP 주소

공인 IP 주소는 'ICANN(Internet Corporation for Assigned Names and Numbers, 아이캔)'이라는 비영리 법인인 IANA와 그 산하 조직(RIR, NIR, LIR[5])에 의해 계층적으로 관리되고 있어 자유롭게 사용할 수 없는 IP 주소다. 예를 들어, 한국의 공인 IP 주소는 KISA(Korea Internet & Security Agency, 한국인터넷진흥원)이라는 기관이 관리하고 있다. 공인 IP 주소는 최근 할당 재고가 고갈되어 신규 할당에 제한을 두고 있다. 검증 환경에서도 사용하지 않는다.

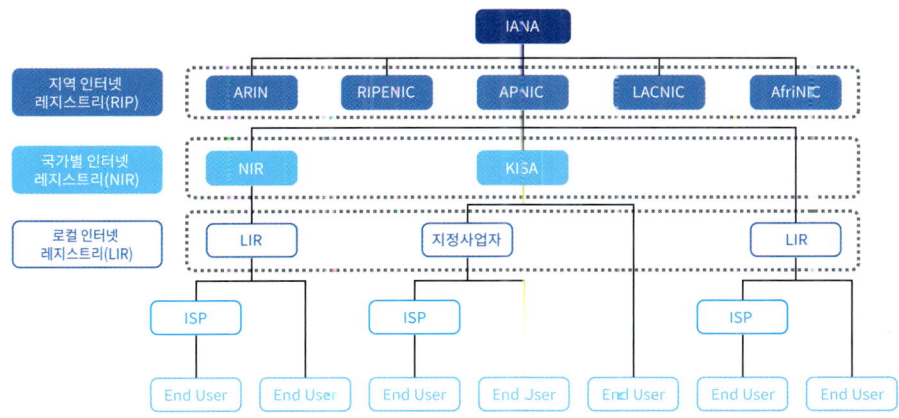

[그림] IANA와 그 하부 조직은 공인 IP 주소를 관리하고 있다.

사설 IP 주소

사설 IP 주소는 조직 내에서 자유롭게 할당할 수 있는 IP 주소다. RFC1918 'Address Allocation for Private Internets'에서 표준화되어 있으며, 다음 표와 같이 주소 클래스별로 정의되어 있다.

[표] 사설 IP 주소

클래스	시작 IP 주소	종료 IP 주소	서브넷 마스크	최대 할당 노드 수
클래스 A	10.0.0.0	10.255.255.255	255.0.0.0(/8)	$16,777,214(=2^{24}-2)$
클래스 B	172.16.0.0	172.31.255.255	255.240.0.0(/12)	$1,048,574(=2^{20}-2)$
클래스 C	192.168.0.0	192.168.255.255	255.255.0.0(/16)	$65,534(=2^{16}-2)$

---

5 RIR(Regional Internet Registry): 지역 인터넷 레지스트리
　NIR(National Internet Registry): 국가별 인터넷 레지스트리
　LIR(Local Internet Registry): 로컬 인터넷 레지스트리

이 중 어떤 사설 IP 주소를 사용할 것인가는 할당 가능한 IP 주소의 수가 다르기 때문에 사실상 네트워크의 규모에 따라 결정되는 경우가 많다. 대규모 네트워크라면 클래스 A 사설 IP 주소, 중규모 네트워크라면 클래스 B 사설 IP 주소, 소규모 네트워크라면 클래스 C 사설 IP 주소, 이런 식이다.

예를 들어, 가정에서 광대역 라우터를 사용한다면 PC나 태블릿PC에 '192.168.x.x/24' IP 주소가 설정되어 있는 경우가 많을 것이다. '192.168.x.x/24'는 클래스 C로 정의된 사설 IP 주소다. 검증 환경에서도 인터넷은 대규모이므로 클래스 A, 서버 사이트는 중간 규모이므로 클래스 B, 가정 내 LAN은 소규모이므로 클래스 C라는 대략적인 가정에 기반한 사설 IP 주소를 사용하고 있다. 인터넷에는 공인 IP 주소를 사용하고 싶지만, 검증 환경이기 때문에 클래스 A의 사설 IP 주소를 공인 IP 주소처럼 사용한다.

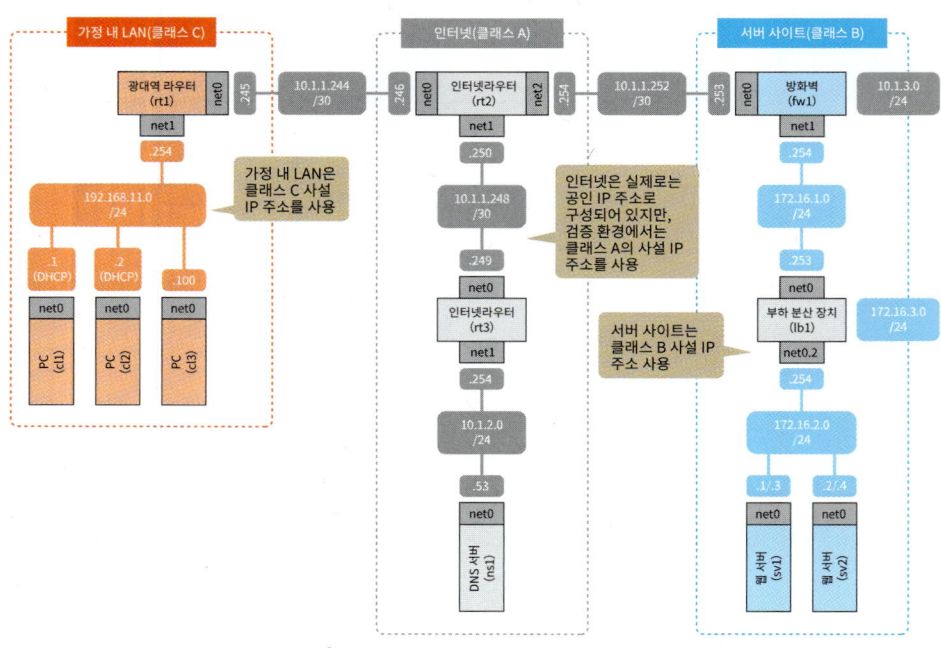

[그림] 검증 환경에서의 사설 IP 주소

또한, 사설 IP 주소는 조직 내에서만 유효한 IP 주소이며 인터넷에 직접 연결할 수 없다. 인터넷에 접속하려면 사설 IP 주소를 공인 IP 주소로 변환해야 한다. IP 주소를 변환하는 기술을 'NAT(Network Address Translation)'라고 한다. 가정에서 광대역 라우터를 사용하는 경우 해당 광대역 라우터가 발신자 IP 주소를 사설 IP 주소에서 공인 IP 주소로 변환한다. 검증 환경에서도 인터넷과 연결되는 rt1과 fw1이 NAT를 처리한다. NAT에 대해서는 160쪽부터 자세히 설명한다.

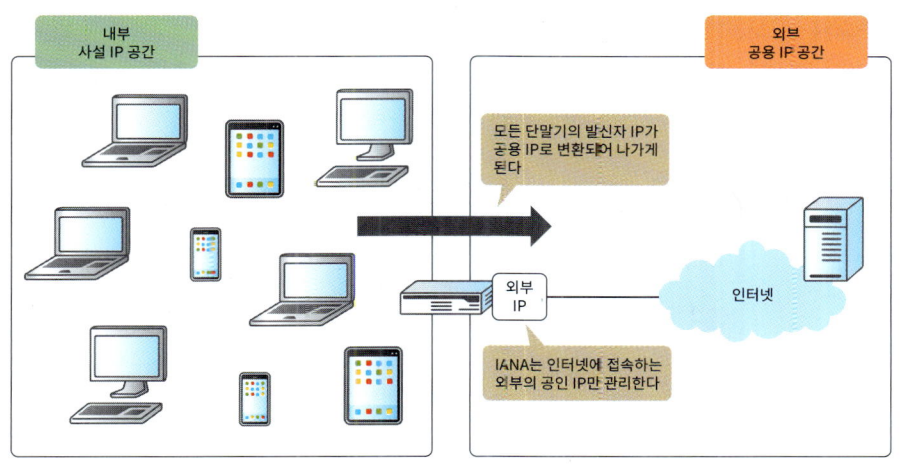

[그림] 사설 IP 주소는 조직 내에서만 유효하다.

제외 주소

IP 주소 중에서도 특수한 용도로 사용되며 단말에 설정할 수 없는 주소가 몇 가지 있다. 그중 네트워크 현장에서 특히 중요한 IP 주소로는 '네트워크 주소', '브로드캐스트 주소', '루프백 주소' 세 가지가 있다.

네트워크 주소

네트워크 주소는 호스트 부분의 비트가 모두 '0'인 IP 주소로 네트워크 자체를 나타낸다. 예를 들어, 검증 환경의 cl1과 같이 '192.168.11.1'이라는 IP 주소에 '255.255.255.0'이라는 서브넷 마스크가 설정되어 있다면 '192.168.11.0'이 네트워크 주소가 된다.

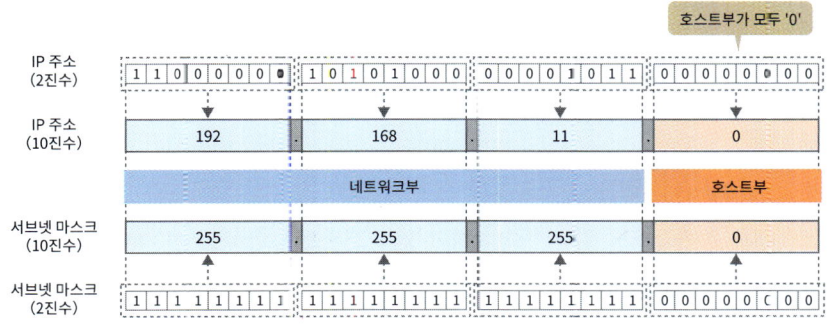

[그림] 네트워크 주소는 네트워크 자체를 나타낸다.

참고로 IP 주소와 서브넷 마스크를 모두 '0'으로 설정한 '0.0.0.0/0'은 '기본 경로 주소'가 된다. 기본 경로 주소는 '모든 네트워크'를 의미한다.

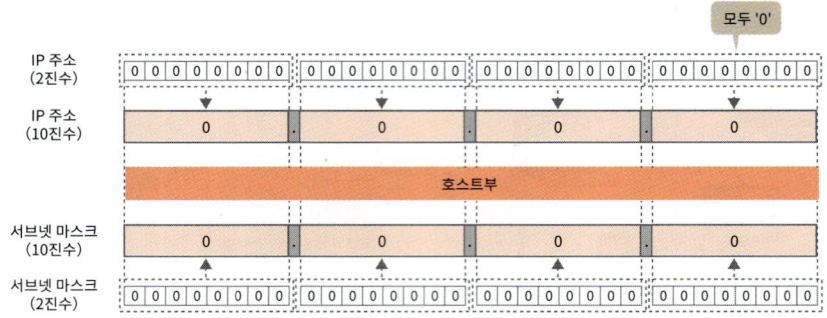

[그림] 기본 경로 주소는 '모든 네트워크'를 나타낸다.

브로드캐스트 주소

브로드캐스트 주소는 호스트 부분의 비트가 모두 '1'인 IP 주소로, 같은 네트워크에 존재하는 모든 단말을 나타낸다. 예를 들어, 검증 환경의 cl1과 같이 '192.168.11.1'이라는 IP 주소에 '255.255.255.0'이라는 서브넷 마스크가 설정되어 있다면 '192.168.11.255'가 브로드캐스트 주소가 된다.

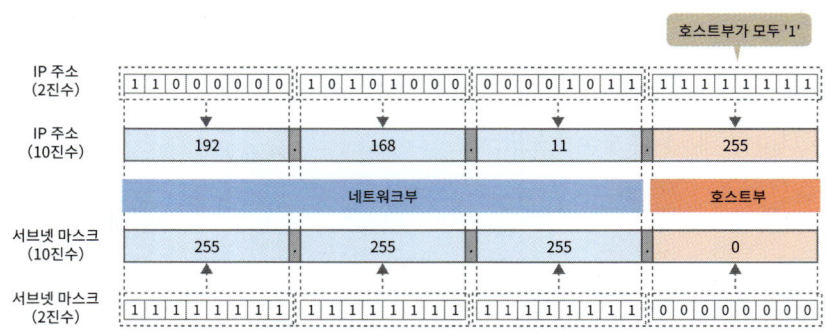

[그림] 브로드캐스트 주소는 같은 네트워크 내 모든 단말을 나타낸다.

참고로 IP 주소도 서브넷 마스크도 모두 '1'로 설정한 '255.255.255.255/32'는 '제한 브로드캐스트 주소'가 된다. 제한 브로드캐스트 주소는 자신의 IP 주소/네트워크 주소를 모르는 경우나 DHCP(337쪽)로 IP 주소를 얻을 때 등에 사용한다.

루프백 주소

루프백 주소는 자신을 나타내는 IP 주소로, RFC 1122 'Requirements for Internet Hosts -- Communication Layers'에 표준화되어 있다. 루프백 주소는 1옥텟이 '127'인 IP 주소다. 첫 번째 옥텟이 '127'이면 어느 것을 사용해도 상관없지만, '127.0.0.1/8'을 사용하는 것이 일반적이다. 윈도우 OS나 macOS, 그리고 검증 환경에서 사용하는 우분투도 통신에 사용하는 IP 주소와는 별도로 '127.0.0.1/8'이 자동으로 설정된다.

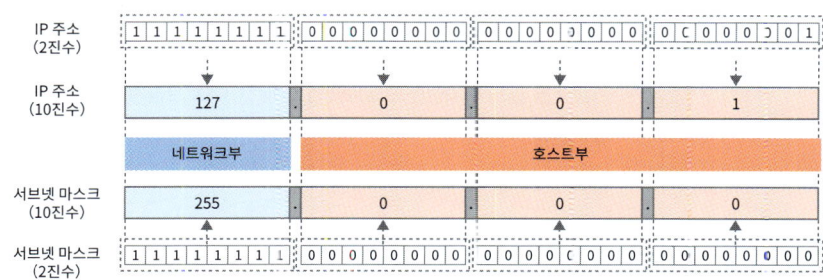

[그림] 루프백 주소는 자신을 나타낸다.

실습해 보기

지금까지의 지식을 바탕으로 실제 검증 환경을 이용하여 IP 패킷을 살펴보자. 여기서 사용할 설정 파일은 'spec_03.yaml'이다. 먼저 tinet up 명령어와 tinet conf 명령어로 spec_03.yaml을 불러와 검증 환경을 구축한다[6]. 환경 구축 방법을 잊어버린 사람은 2장(52쪽)을 참고하기 바란다.

여기서는 먼저 cl1을 사용하여 IP 주소를 확인한 후, 실제로 주고받는 IP 패킷을 캡처하여 그 내용을 관찰한다.

패킷 캡처하기

검증 환경이 준비됐다면 이제 IP 패킷을 캡처해 보자. 캡처에 앞서 도움이 될 만한 tcpdump의 캡처 필터를 소개한다. 이것들을 옵션과 함께 입력한다. 여러 캡처 필터를 'and'나 'or'로 연결하여 캡처할 패킷을 더욱 세분화할 수도 있다.

---

[6] 이미 다른 설정 파일이 로드되어 있는 경우, 먼저 tinet down 명령(34쪽)을 통해 검증 환경을 삭제한다.

[표] IP 관련 대표적인 캡처 필터

캡처 필터	의미
host ⟨IP 주소⟩	발신자 IP 주소 또는 목적지 IP 주소가 지정된 IP 주소의 IP 패킷
src host ⟨IP 주소⟩	발신자 IP 주소가 지정한 IP 주소의 IP 패킷
dst host ⟨IP 주소⟩	목적지 IP 주소가 지정한 IP 주소의 IP 패킷
net ⟨IP 주소/서브넷 마스크⟩	발신자 IP 주소 또는 목적지 IP 주소가 지정한 네트워크에 포함된 IP 패킷
src net ⟨IP 주소/서브넷 마스크⟩	발신자 IP 주소가 지정한 네트워크에 포함된 IP 패킷
dst net ⟨IP 주소/서브넷 마스크⟩	목적지 IP 주소가 지정한 네트워크에 포함된 IP 패킷
ip proto ⟨프로토콜명⟩	프로토콜 필드가 지정한 프로토콜의 IP 패킷. ⟨프로토콜명⟩에는 icmp, udp, tcp 등이 들어간다.
ip broadcast	브로드캐스트 IP 패킷
ip multicast	IP 멀티캐스트의 IP 패킷

이제 드디어 IP 패킷을 캡처한다. 여기서는 가정 내 LAN의 cl1에서 cl2로 IP 패킷을 전송하고, 그 패킷을 cl2에서 캡처한다. 이제 구체적인 흐름에 대해 순서대로 설명하겠다.

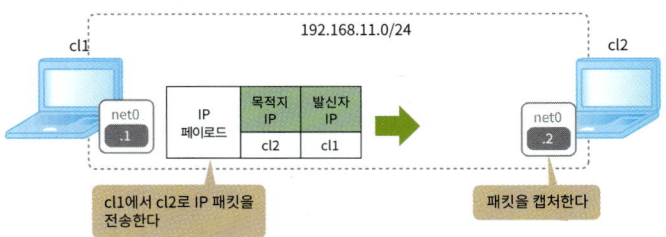

[그림] cl1에서 테스트 패킷을 전송하고 cl2에서 캡처한다.

01. cl1과 cl2에 각각 로그인하여 검증에 사용할 cl1과 cl2의 IP 주소를 확인한다. 우분투의 IP 주소를 확인하는 데 자주 사용되는 명령은 net-tools에 포함된 'ifconfig 명령'이나 iproute2에 포함된 'ip addr 명령'이다. ip addr 명령이 비교적 새로운 명령이지만, 도커에 특화된 정보가 포함되어 있어 다소 이해하기 어려운 부분이 있다. 그래서 여기서는 네트워크를 학습하는 데 필요한 최소한의 정보를 표시해주는 ifconfig 명령어를 사용한다.

[코드] cl1의 ifconfig의 표시 결과

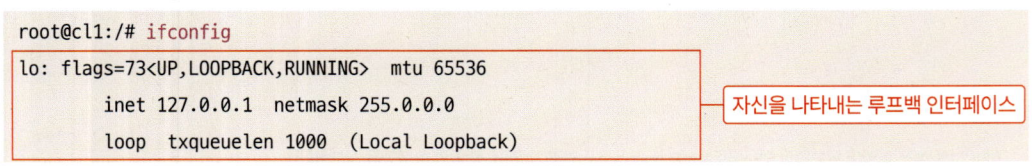

```
        RX packets 0  bytes 0 (0.0 B)
        RX errors 0  dropped 0  overruns 0  frame 0
        TX packets 0  bytes 0 (0.0 B)
        TX errors 0  dropped 0 overruns 0  carrier 0  collisions 0

net0: flags=4163<UP,BROADCAST,RUNNING,MULTICAST>  mtu 1500
        inet 192.168.11.1  netmask 255.255.255.0  broadcast 192.168.11.255
        ether 02:42:ac:01:10:01  txqueuelen 1000  (Ethernet)
        RX packets 5  bytes 1410 (1.4 KB)
        RX errors 0  dropped 0  overruns 0  frame 0
        TX packets 3  bytes 726 (726.0 B)
        TX errors 0  dropped 0 overruns 0  carrier 0  collisions 0
```

자신을 나타내는 루프백 인터페이스

다른 단말과 패킷을 주고받는 인터페이스

[코드] cl2의 ifconfig의 표시 결과

```
root@cl2:/# ifconfig
lo: flags=73<UP,LOOPBACK,RUNNING>  mtu 65536
        inet 127.0.0.1  netmask 255.0.0.0
        loop  txqueuelen 1000  (Local Loopback)
        RX packets 0  bytes 0 (0.0 B)
        RX errors 0  dropped 0  overruns 0  frame 0
        TX packets 0  bytes 0 (0.0 B)
        TX errors 0  dropped 0 overruns 0  carrier 0  collisions 0

net0: flags=4163<UP,BROADCAST,RUNNING,MULTICAST>  mtu 1500
        inet 192.168.11.2  netmask 255.255.255.0  broadcast 192.168.11.255
        ether 02:42:ac:01:10:02  txqueuelen 1000  (Ethernet)
        RX packets 17  bytes 3714 (3.7 KB)
        RX errors 0  dropped 0  overruns 0  frame 0
        TX packets 12  bytes 2004 (2.0 KB)
        TX errors 0  dropped 0 overruns 0  carrier 0  collisions 0
```

자신을 나타내는 루프백 인터페이스

다른 단말과 패킷을 주고받는 인터페이스

이제 cl1의 표시 결과를 자세히 살펴보자.

첫 번째(lo)는 자신을 나타내는 루프백 인터페이스다. 이것은 의도적으로 생성한 것이 아니라 부팅 시 자동으로 생성된 것이다. '127.0.0.1/8'의 IP 주소/서브넷 마스크도 마찬가지로 자동으로 설정된 것이다.

두 번째(net0)는 다른 단말(컨테이너)과 패킷을 주고받기 위한 인터페이스다. tinet을 통해 설정되어 있다. 또한 '192.168.11.1/24'의 IP 주소/서브넷 마스크가 설정되어 있다. 이는 tinet을 통해 생성된 것이다. 이어지는 '192.168.11.255'는 IP 주소/서브넷 마스크로부터 계산된 브로드캐스트 주소다.

02. cl2에서 tcpdump 명령을 실행하여 앞으로 주고받을 패킷에 대비한다. 여기서는 cl2의 net0에서 주고받는 발신자 IP 주소 또는 목적지 IP 주소가 '192.168.11.1'인 IP 패킷을 캡처하여 컨테이너에 있는 '/tmp/tinet'이라는 폴더에 'ip.pcapng'라는 파일명으로 작성되게 했다.

[코드] cl2에서 tcpdump 명령어 실행

```
root@cl2:/# tcpdump -i net0 host 192.168.11.1 -w /tmp/tinet/ip.pcapng
tcpdump: listening on net0, link-type EN10MB (Ethernet), capture size 262144 bytes
```

03. cl1(192.168.11.1)에서 cl2(192.168.11.2)에 ping 명령어로 IP 패킷(요청 패킷)을 보낸다. 그러면 cl2로부터 IP 패킷(응답 패킷)을 수신하는 것을 확인할 수 있다.

[코드] cl1에서 cl2로 IP 패킷 전송하기

```
root@cl1:/# ping 192.168.11.2 -c 2
PING 192.168.11.2 (192.168.11.2) 56(84) bytes of data.
64 bytes from 192.168.11.2: icmp_seq=1 ttl=64 time=0.218 ms
64 bytes from 192.168.11.2: icmp_seq=2 ttl=64 time=0.459 ms

--- 192.168.11.2 ping statistics ---
2 packets transmitted, 2 received, 0% packet loss, time 1076ms
rtt min/avg/max/mdev = 0.218/0.338/0.459/0.120 ms
```

04. cl2에서 Ctrl+c를 눌러 tcpdump 명령을 종료한다.

패킷 분석하기

다음으로 앞 절에서 캡처한 IP 패킷을 분석해 보겠다. 분석에 앞서 도움이 될 만한 Wireshark의 표시 필터를 소개하겠다. 이것들을 필터 도구 모음에 입력한다. 여러 개의 표시 필터를 'and'나 'or'로 연결하여 표시할 패킷을 더욱 세분화할 수도 있다.

[표] IP에 대한 대표적인 표시 필터

표시 필터	의미	설명 예시
ip.version	IP 버전	ip.version == 4
ip.addr	목적지 IP 주소 또는 발신자 IP 주소	ip.addr == 192.168.1.1
ip.host	목적지 IP 주소 또는 발신자 IP 주소를 FQDN으로 이름 풀이한 값	ip.host == www.google.co.jp
ip.dst	목적지 IP 주소	ip.dst == 192.168.1.2
ip.dst_host	목적지 IP 주소를 FQDN으로 이름 풀이한 값	ip.dst_host == www.google.co.jp

표시 필터	의미	설명 예시
ip.src	발신자 IP 주소	ip.src == 192.163.1.3
ip.src_host	발신자 IP 주소를 FQDN으로 이름 풀이한 값	ip.src_host == www.google.co.jp
ip.dsfield	ToS(DS 필드) 값	ip.dsfield == 0x00
ip.flags.df	DF 비트 값	ip.flags.df == 1
ip.flags.mf	MF 비트 값	ip.flags.mf == 1
ip.frag_offset	프래그먼트 오프셋 값	ip.frag_offset == 1
ip.ttl	TTL 값	ip.ttl == 255
ip.proto	프로토콜 번호	ip.proto == 1
ip.len	패킷 크기(바이트 단위)	ip.len > 1000

이제 Wireshark로 'C:\tinet'에 있는 'ip.pcapng'를 열어보자. 첫 번째 패킷은 cl1에서 보낸 요청 패킷, 두 번째 패킷은 이에 대한 응답 패킷, 세 번째와 네 번째 패킷은 두 번째 요청 패킷과 이에 대한 응답 패킷이다. 모두 IP 패킷이라는 점에는 변함이 없다.

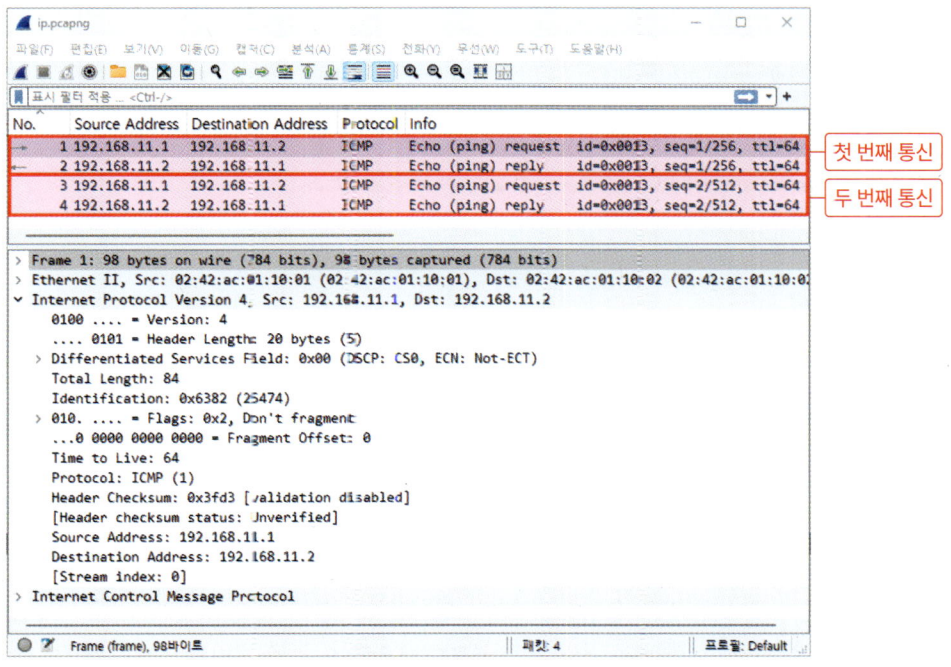

[그림] ip.pcapng

여기서는 표시 필터에 'ip.src==192.168.11.1'을 입력하고, cl1에서 전송된 IP 패킷만(첫 번째와 세 번째 패킷만) 표시하고, 첫 번째 패킷을 자세히 살펴본다.

이제 첫 번째 패킷을 더블클릭해 보자. 110쪽에서 설명한 것처럼 IP 패킷은 많은 필드로 구성되어 있다. 여기서는 그중에서도 특히 중요한 필드 몇 개만 골라 살펴보자.

먼저 TTL은 '64'로 설정되어 있다. 이 값은 ping 명령의 '-t' 옵션으로도 변경할 수 있지만(59쪽), 이번에는 특별히 지정하지 않았기 때문에 기본값으로 설정해 두었다. 다음으로 프로토콜 번호는 '1'로 설정되어 있다. ping 명령으로 생성되는 IP 페이로드는 ICMP로 구성되어 있다. 마지막으로 발신 IP 주소는 cl1의 IP 주소(192.168.11.1), 수신 IP 주소는 cl2의 IP 주소(192.168.11.2)로 설정되어 있다.

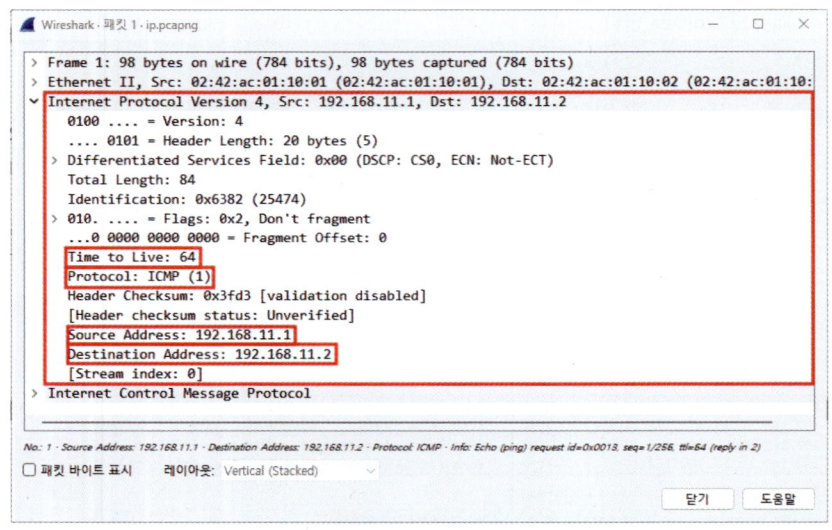

[그림] IP 패킷

3-2-2 ICMP(인터넷 제어 메시지 프로토콜)

꼭 알아야 할 레이어 3 프로토콜이 또 하나가 있다. IP만큼 빛을 보지 못하지만, IP를 뒤에서 묵묵히 돕고 있는 또 하나의 레이어 3 프로토콜은 'ICMP(Internet Control Message Protocol)'다. ICMP는 IP 레벨의 통신을 확인하거나 각종 오류를 알리는 등 IP 네트워크에서 매우 중요한 역할을 한다. IT 시스템에 종사하는 사람이라면 누구나 한 번쯤 '핑(ping)'이라는 단어를 들어본 적이 있을 것이다. 이 책에서도 간편하게 패킷을 생성할 수 있어 이더넷과 IP 실습 항목에서도 사용했다. ping 명령은 ICMP 패킷을 전송할 때 사용하는 네트워크 진단 프로그램(네트워크 진단 명령어)이다.

이론 이해하기

ICMP는 이름 그대로 '인터넷(Internet)을 제어(Control)하는 메시지(Message)를 주고받는 프로토콜(Protocol)'이다. RFC791 'INTERNET PROTOCOL'에서 정의된 IP를 확장한 프로토콜로 RFC792 'INTERNET CONTROL MESSAGE PROTOCOL'에 표준화되어 있다. RFC792에서는 ICMP is actually an integral part of IP, and must be implemented by every IP module. module(ICMP는 IP에서 필수 불가결한 부분이며, 모든 IP 모듈에 구현되어야 한다).'이라고 명시되어 있어 <u>어떤 단말이건 IP와 ICMP는 반드시 세트로 구현</u>되어 있다.

ICMP 패킷 형식

ICMP는 IP에 ICMP 메시지를 직접 담은 프로토콜 번호 '1'의 IP 패킷이다. 통신 결과를 반환하거나 오류의 내용을 반환하기 때문에 패킷 형식은 단순하다.

	0비트	8비트	16비트	24비트
0바이트	버전	헤더 길이	ToS	패킷 길이
4바이트	식별자		플래그	프래그먼트 오프셋
8바이트	TTL	프로토콜 번호	헤더 체크섬	
12바이트	발신자 IP 주소			
16바이트	목적지 IP 주소			
20바이트	유형	코드	체크섬	
가변	ICMP 페이로드			

[그림] ICMP 패킷 형식

ICMP를 구성하는 필드 중 가장 중요한 것은 메시지 첫머리에 있는 '유형'과 '코드'다. 이 두 값의 조합에 따라 IP 레벨에서 어떤 일이 일어나고 있는지 대략 알 수 있다. 유형과 코드의 대표적인 조합은 다음 표에 정리되어 있다.

[표] 유형과 코드 조합

	유형		코드	의미
0	Echo Reply	0	Echo reply	에코 응답
3	Destination Unreachable	0	Network unreachable	목적지 네트워크에 도달할 수 없음
		1	Host unreachable	목적지 호스트에 연결할 수 없음
		2	Protocol unreachable	프로토콜에 도달할 수 없음
		3	Port unreachable	포트에 도달할 수 없음

유형		코드		의미
3	Destination Unreachable	4	Fragmentation needed but DF bit set	단편화가 필요하지만 DF 비트가 '1'로 설정되어 있어 단편화가 불가능
		5	Source route failed	출처 불명
		6	Network unknown	목적지 네트워크 불명
		7	Host unknown	목적지 호스트 불명
		9	Destination network administratively prohibited	목적지 네트워크에 대한 통신이 관리상 거부(Reject)됨
		10	Destination host administratively prohibited	목적지 호스트에 대한 통신이 관리상 거부(Reject)됨
		11	Network unreachable for ToS	지정한 ToS 값으로 목적지 네트워크에 도달할 수 없음
		12	Host unreachable for ToS	지정한 ToS 값으로 목적지 호스트에 도달할 수 없음
		13	Communication administratively prohibited by filtering	필터링으로 인해 통신이 관리적으로 금지된 경우
		14	Host precedence violation	프레지던스 값 위반
		15	Precedence cutoff in effect	프레지던스 값이 너무 낮아서 차단됨
5	Redirect	0	Redirect for network	목적지 네트워크에 대한 통신을 지정된 IP 주소로 전송(리디렉션)함
		1	Redirect for host	목적지 호스트에 대한 통신을 지정된 IP 주소로 전송(리디렉션)함
		2	Redirect for ToS and network	목적지 네트워크와 ToS 값의 통신을 지정된 IP 주소로 전송(리디렉션)함
		3	Redirect for ToS and host	목적지 호스트와 ToS 값의 통신을 지정된 IP 주소로 전송(리디렉션)함
8	Echo Request	0	Echo request	에코 요청
11	TTL 초과	0	TTL expired	TTL 초과

다양한 ICMP 유형 및 코드

이어서 ICMP가 어떻게 IP 레벨의 통신 상태를 확인하고 오류를 알려주는지, 현장에서 흔히 볼 수 있는 ICMP의 통신 패턴에 대해 설명한다. ICMP는 유형과 코드만 있다고 해도 과언이 아닐 정도다. 이 두 가지에 초점을 맞추면 쉽게 이해할 수 있을 것이다.

Echo Request/Echo Reply

IP 레벨의 통신 상태를 확인할 때 사용되는 ICMP 패킷이 'Echo Request'와 'Echo Reply'다. 윈도우 OS나 Linux OS에서 ping 명령을 실행하면 지정한 IP 주소에 대해 타입이 '8', 코드가 '0'인 Echo Request가 전송된다. Echo Request를 받은 단말은 그 응답으로 타입이 '0', 코드가 '0'인 Echo Reply를 반환한다.

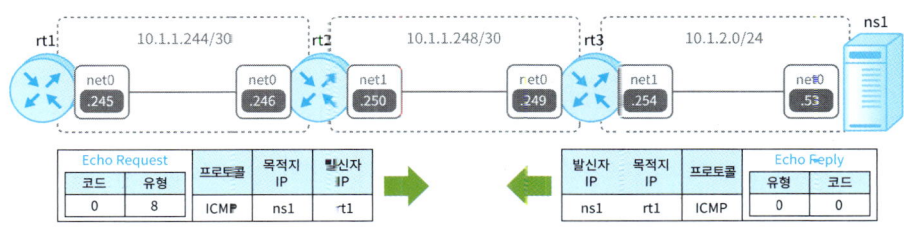

[그림] Echo Request와 Echo Reply

Destination Unreachable

라우터가 서로 다른 네트워크에 있는 단말에 IP 패킷을 전달하는 동작을 '라우팅'이라고 한다.[7] 라우터가 목적지 단말(목적지 IP 주소)로 IP 패킷을 라우팅하지 못했을 때 오류를 알리는 ICMP 패킷이 'Destination Unreachable(목적지 도달 불가)'이다. IP 패킷을 라우팅하지 못한 라우터는 해당 IP 패킷을 파기하고, 유형이 '3'인 Destination Unreachable을 발신자 단말(발신자 IP 주소)에 반환한다. 폐기한 이유에 따라 코드가 달라질 수 있다.

---

[7] 라우팅에 대해서는 139쪽부터 자세히 설명한다. 여기서는 라우팅이 실패했을 때 Destination Unreachable을 반환한다는 것만 염두에 두면 된다.

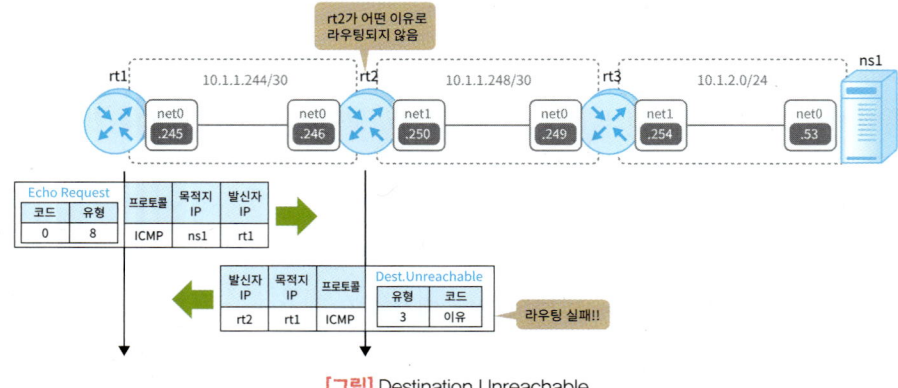

[그림] Destination Unreachable

Time-to-live Exceeded

IP 패킷의 TTL(Time To Live)이 '0'이 되어 폐기했을 때 이를 발신 단말에 알리는 ICMP 패킷이 'Time-to-live Exceeded(TTL 초과, 이하 TTL Exceeded)다. TTL Exceeded는 통신 경로를 확인하는 traceroute 명령[8]에 사용된다. traceroute 명령은 TTL을 '1'로 시작하여 하나씩 증가시킨 IP 패킷을 전송하여 어떤 경로를 통해 목적지 IP 주소까지 도달하는지 확인한다. 이 동작에 대해서도 나중에 라우팅 실습(147쪽)에서 확인해 보자.

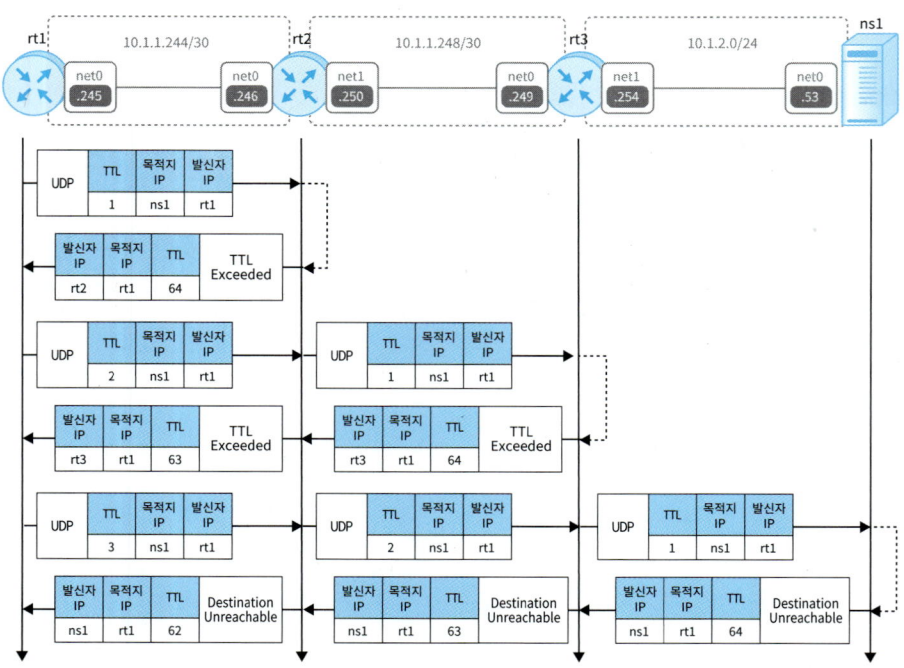

[그림] traceroute로 통신 경로 확인하기

---

8 Windows OS의 경우는 'tracert' 명령어입니다.

실습해 보기

이제 실제로 검증 환경을 이용하여 ICMP 패킷을 살펴보자. 설정 파일은 그대로 'spec_03.yaml'을 사용한다. 여기서는 실제로 주고받는 ICMP 패킷을 캡처하여 그 내용을 관찰해 보겠다.

패킷 캡처하기

먼저 검증 환경에서 ICMP 패킷을 캡처해 보자. 캡처에 앞서 도움이 될 만한 tcpdump의 필터를 소개한다. 이것들을 옵션과 함께 입력한다. 여러 필터를 'and'나 'or'로 연결하여 캡처할 패킷을 더욱 세분화할 수도 있다.

[표] ICMP 관련 대표적인 캡처 필터

캡처 필터	의미
icmp[0] == 〈유형〉	지정된 유형의 ICMP 패킷
icmp[1] == 〈코드〉	지정된 코드의 ICMP 패킷
icmp[5] == 〈식별자〉	지정한 식별자의 ICMP 패킷
icmp[7] == 〈시퀀스 번호〉	지정한 시퀀스 번호의 ICMP 패킷

ICMP 패킷을 캡처해 보자. 여기서는 가정 내 LAN의 cl1에서 cl2로 ICMP 패킷을 전송하고, 그 패킷을 cl2에서 캡처한다. 이제 구체적인 흐름에 대해 순서대로 설명하겠다.

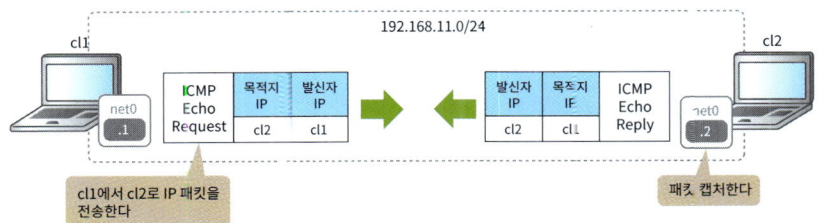

[그림] cl1에서 테스트 패킷을 전송하고 cl2에서 캡처한다.

01. cl1과 cl2에 각각 로그인하여 검증에 사용할 cl1과 cl2의 IP 주소를 확인한다

[코드] cl1의 ifconfig의 표시 결과

```
root@cl1:/# ifconfig net0
net0: flags=4163<UP,BROADCAST,RUNNING,MULTICAST>  mtu 1500
        inet 192.168.11.1  netmask 255.255.255.0  broadcast 192.168.11.255
```

```
        ether 02:42:ac:01:10:01  txqueuelen 1000  (Ethernet)
        RX packets 2078   bytes 277292 (277.2 KB)
        RX errors 0  dropped 0  overruns 0  frame 0
        TX packets 1904   bytes 217784 (217.7 KB)
        TX errors 0  dropped 0 overruns 0  carrier 0  collisions 0
```

[코드] cl2의 ifconfig의 표시 결과

```
root@cl2:/# ifconfig net0
net0: flags=4163<UP,BROADCAST,RUNNING,MULTICAST>  mtu 1500
        inet 192.168.11.2  netmask 255.255.255.0  broadcast 192.168.11.255
        ether 02:42:ac:01:10:02  txqueuelen 1000  (Ethernet)
        RX packets 938   bytes 176196 (176.1 KB)
        RX errors 0  dropped 0  overruns 0  frame 0
        TX packets 735   bytes 106770 (106.7 KB)
        TX errors 0  dropped 0 overruns 0  carrier 0  collisions 0
```

02. cl2에서 tcpdump 명령을 실행하여 앞으로 주고받을 패킷에 대비한다. 여기서는 cl2의 net0에서 주고받는 시퀀스 번호가 '1'인 ICMP 패킷을 캡처하여 컨테이너에 있는 '/tmp/tinet'이라는 폴더에 'icmp.pcapng'라는 파일명으로 기록되게 했다.

[코드] tcpdump 명령어 실행하기

```
root@cl2:/# tcpdump -i net0 -w /tmp/tinet/icmp.pcapng icmp[7] == 1
tcpdump: listening on net0, link-type EN10MB (Ethernet), capture size 262144 bytes
```

03. cl1에서 cl2에 대해 ping 명령어로 Echo Request를 보낸다. 그러면 cl1에서 Echo Reply를 수신할 수 있음을 알 수 있다.

[코드] cl1과 cl2로 ICMP Echo Request와 Echo Reply 주고받기

```
root@cl1:/# ping 192.168.11.2 -c 2
PING 192.168.11.2 (192.168.11.2) 56(84) bytes of data.
64 bytes from 192.168.11.2: icmp_seq=1 ttl=64 time=0.417 ms
64 bytes from 192.168.11.2: icmp_seq=2 ttl=64 time=0.252 ms

--- 192.168.11.2 ping statistics ---
2 packets transmitted, 2 received, 0% packet loss, time 1013ms
rtt min/avg/max/mdev = 0.252/0.334/0.417/0.082 ms
```

04. cl2에서 Ctrl+c를 입력하고 tcpdump 명령을 종료한다.

패킷 분석하기

다음으로 앞 절에서 캡처한 ICMP 패킷을 분석해 보겠다. 분석에 앞서 도움이 될 만한 Wireshark의 표시 필터를 소개하겠다. 이것들을 필터 도구 모음에 입력한다. 여러 개의 표시 필터를 'and'나 'or'로 연결하여 표시할 패킷을 더 좁힐 수도 있다.

[표] ICMP 관련 대표적인 표시 필터

표시 필터	의미	설명 예시
icmp	ICMP 패킷	icmp
icmp.type	유형 값	icmp.type == 8
icmp.code	코드 값	icmp.code == 0
icmp.checksum	체크섬 값	icmp.checksum == 0x553a
icmp.seq	시퀀스 번호 값	icmp.seq == 33

이제 Wireshark로 'C:\tinet'에 있는 'icmp.pcapng'를 열어보자. 그러면 두 개의 패킷이 보이는데, 첫 번째는 cl1에서 보낸 Echo Request, 두 번째는 이에 대한 Echo Reply다.

먼저 첫 번째 패킷을 더블클릭한다. 첫 번째 패킷은 Echo Request이므로 유형이 '8', 코드가 '0'이다. 식별자는 프로세스별로 할당된 값이고, 시퀀스 번호는 첫 번째 ping의 ICMP 패킷이므로 '1'이다. 페이로드(Wireshark에서는 Data로 표시되는 부분)에는 적절한 문자열이 들어 있다.

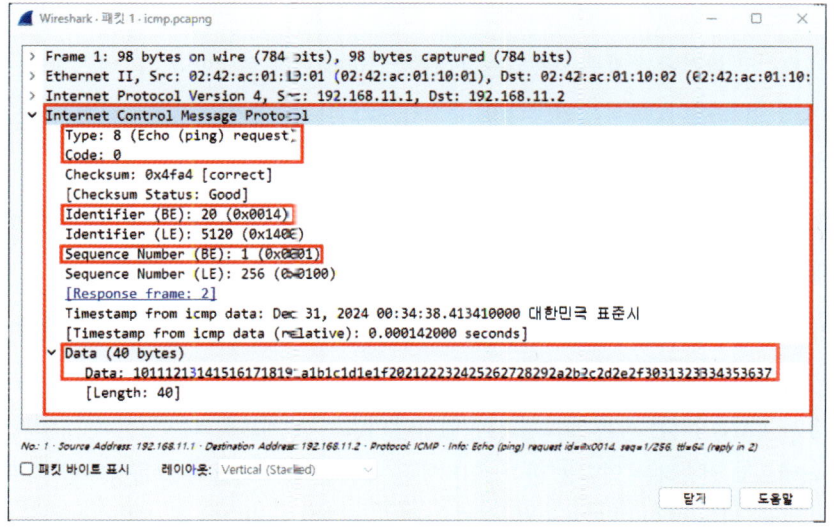

[그림] Echo Request

그다음 두 번째 패킷을 더블클릭한다. 두 번째 패킷은 Echo Reply이므로 유형은 '0', 코드는 '0'이다. 식별자, 시퀀스 번호, ICMP 페이로드는 Echo Request와 동일하다. 식별자와 시퀀스 번호, ICMP 페이로드는 Echo Request와 동일하다.

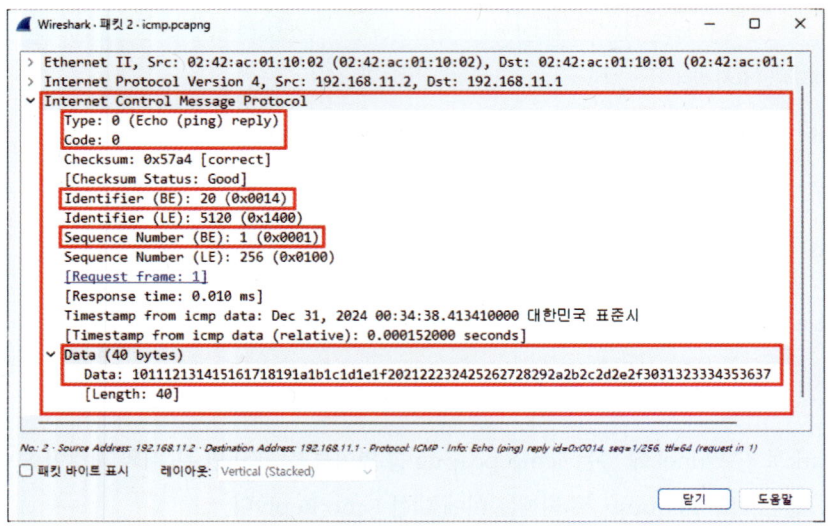

[그림] Echo Reply

3-3 네트워크 기술 이해하기

이어서 실제 네트워크 환경에서 자주 사용되는 IP 관련 기술에 대해 설명한다. IP 네트워크는 무엇보다도 먼저 IP 주소가 있어야 한다. 목적지 단말의 IP 주소가 어느 라우터에 있는지 정리하면서 학습을 진행하면 보다 효율적으로 이해할 수 있을 것이다.

현대 네트워크에서 IP로 활약하는 장비라고 하면 '라우터'를 빼놓을 수 없다. 먼저 라우터가 어떤 기기인지 간단히 정리해 보자.

라우터는 여러 네트워크를 연결하고 IP 패킷을 서로 다른 네트워크로 전송하는 네트워크 장비다. 익숙하지 않다면 대형 가전제품 매장에서 흔히 볼 수 있는 광대역 라우터를 떠올려보자. 그게 바로 라우터다. 광대역 라우터는 '가정 내 LAN'이라는 작은 네트워크와 '인터넷'이라는 큰 네트워크를 연결해 가정 내 LAN 단말의 IP 패킷을 인터넷으로 전송하는 역할을 한다. 인터넷은 수많은 라우터들이 그물망처럼 네트워크를 연결하여 구성된다. 라우터는 옆의 라우터에 IP 패킷을 버킷 릴레이로 전달하여 목적지 단말까지 전달한다.

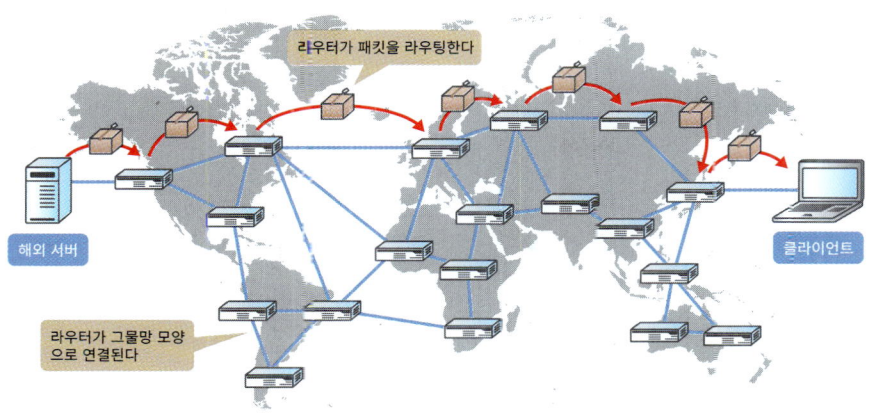

[그림] 라우터가 패킷을 버킷 릴레이로 전송

여기서는 라우터의 대표적인 기술인 '라우팅'과 'NAT(Network Address Translation)'에 대해 설명한다.

3-3-1 라우팅

라우터는 IP 패킷의 목적지 IP 주소와 비교하는 '목적지 네트워크'와 IP 패킷을 전달할 장비의 IP 주소를 나타내는 '넥스트 홉'이라는 두 가지 정보를 관리하여 IP 패킷의 전달처를 전환(스위칭)한다. 이렇게 IP 패킷의 전달처를 전환하는 기능을 '라우팅'이라고 한다. 또한, 목적지 네트워크와 넥스트 홉을 관리하는 테이블(표)을 '라우팅 테이블'이라고 한다.

라우팅은 라우팅 테이블에 따라 이루어진다. 여기서는 순수하게 라우팅의 동작을 이해하기 위해 모든 장비의 라우팅 테이블이 적절히 설정되어 있고, 인접 장비의 MAC 주소를 ARP로 적절히 학습하고 있는 것으로 가정한다.

이론 이해하기

라우팅 동작

라우터는 어떻게 라우팅을 할까? 먼저 이론적인 흐름을 이해해 보자. 여기서는 검증 환경의 인터넷에서 rt2와 rt3를 통해 rt1에서 ns1으로 IP 패킷을 전송하는 경우를 예로 들어 설명하겠다.

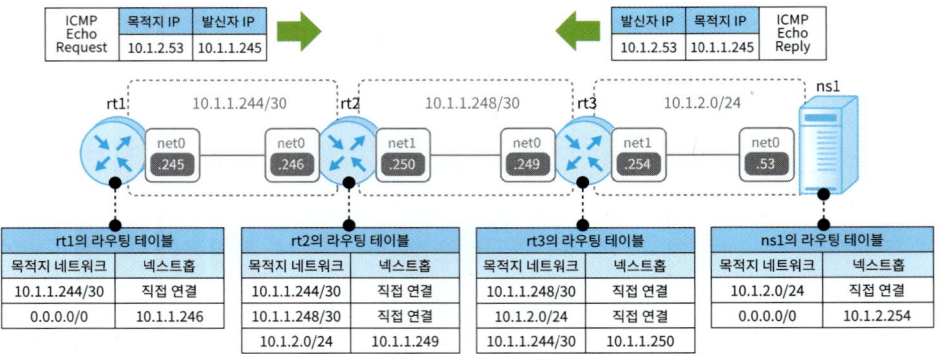

[그림] 라우팅을 이해하기 위한 네트워크 구성

rt1은 전송 계층에서 받은 데이터를 발신 IP 주소가 rt1(net0)의 IP 주소 '10.1.1.245', 수신 IP 주소가 ns1(net0)의 IP 주소 '10.1.2.53'으로 설정된 IP 헤더로 캡슐화한다. 라우팅 테이블에서 '10.1.2.53'을 검색하면 모든 네트워크를 나타내는 기본 경로 주소(0.0.0.0/0)와 일치한다.

다음으로 ARP 테이블에서 기본 경로 주소의 넥스트 홉의 MAC 주소를 검색한다. '10.1.1.246'의 MAC 주소는 rt2(net0)다. 발신자 MAC 주소에 rt1(net0), 목적지 MAC 주소에 rt2(net0)를 설정하여 이더넷으로 캡슐화하여 케이블로 흘려보낸다.

참고로 기본 경로의 넥스트 홉을 '기본 게이트웨이'라고 한다. 단말은 인터넷에 존재하는 불특정 다수의 웹사이트에 접속할 때 우선 기본 게이트웨이로 IP 패킷을 전송하여 기본 게이트웨이의 장비에 라우팅을 맡긴다.

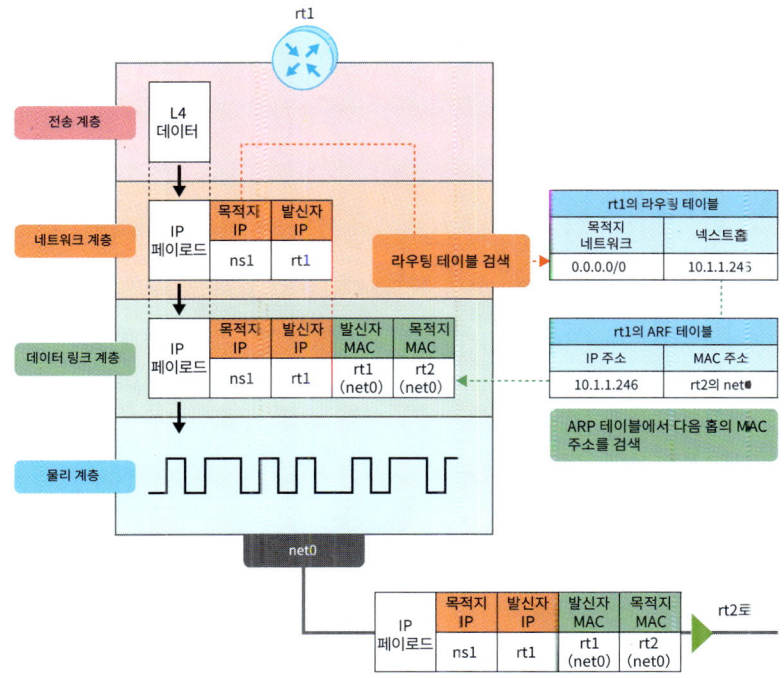

[그림] rt1은 일단 기본 게이트웨이로 전송한다.

rt1에서 IP 패킷을 받은 rt2는 IP 헤더의 목적지 IP 주소를 보고 자신의 라우팅 테이블을 검색한다. 목적지 IP 주소는 '10.1.2.53'이므로 라우팅 테이블의 '10.1.2.0/24'와 일치한다. 이제 ARP 테이블에서 '10.1.2.0/24'의 넥스트 홉(10.1.1.249)의 MAC 주소를 검색한다. '10.1.1.249'의 MAC 주소는 rt3(net0)다. 발신자 MAC 주소에 출구 인터페이스인 rt2(net1)의 MAC 주소를, 목적지 MAC 주소에 rt3(net0)의 MAC 주소를 설정하고 이더넷으로 캡슐화하여 케이블로 전송한다.

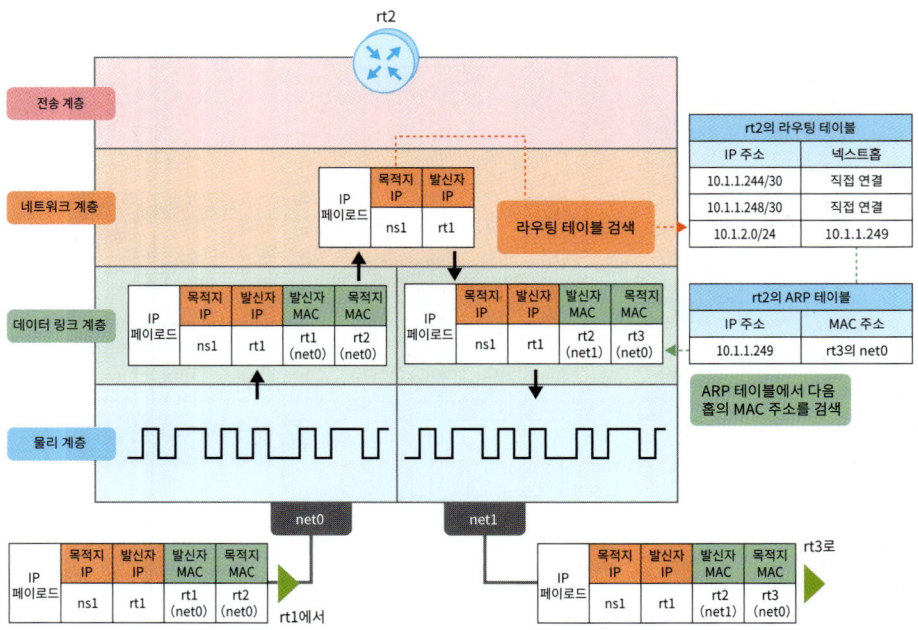

[그림] rt2가 IP 패킷을 라우팅하는 모습

rt2로부터 IP 패킷을 받은 rt3는 IP 헤더의 목적지 IP 주소를 보고 라우팅 테이블을 검색한다. 목적지 IP 주소는 '10.1.2.53'이므로 라우팅 테이블의 '10.1.2.0/24'와 일치한다. '10.1.2.0/24'는 직접 연결된 네트워크다. 이제 ARP 테이블에서 '10.1.2.53'의 MAC 주소를 검색한다. '10.1.2.53'의 MAC 주소는 ns1(net0)이다. 발신자 MAC 주소에 출구 인터페이스인 rt3(net1)의 MAC 주소를, 목적지 MAC 주소에 ns1(net0)의 MAC 주소를 설정하여 다시 이더넷으로 캡슐화하여 케이블로 전송한다.

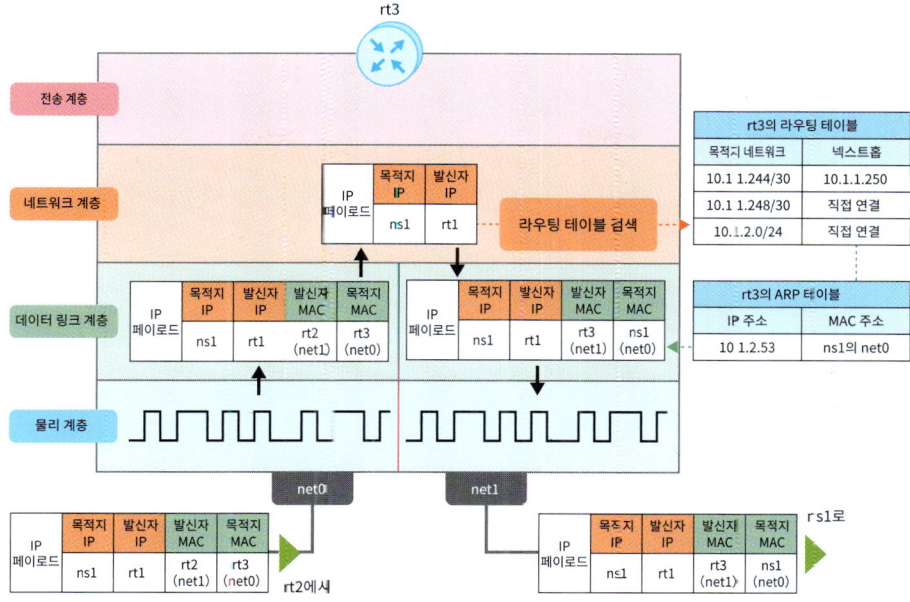

[그림] rt3가 IP 패킷을 라우팅하는 모습

rt3에서 IP 패킷을 받은 ns1은 데이터 링크 계층에서 목적지 MAC 주소, 네트워크 계층에서 목적지 IP 주소를 보고 패킷을 받아들여 상위 계층(전송 계층~애플리케이션 계층)으로 처리를 넘긴다.

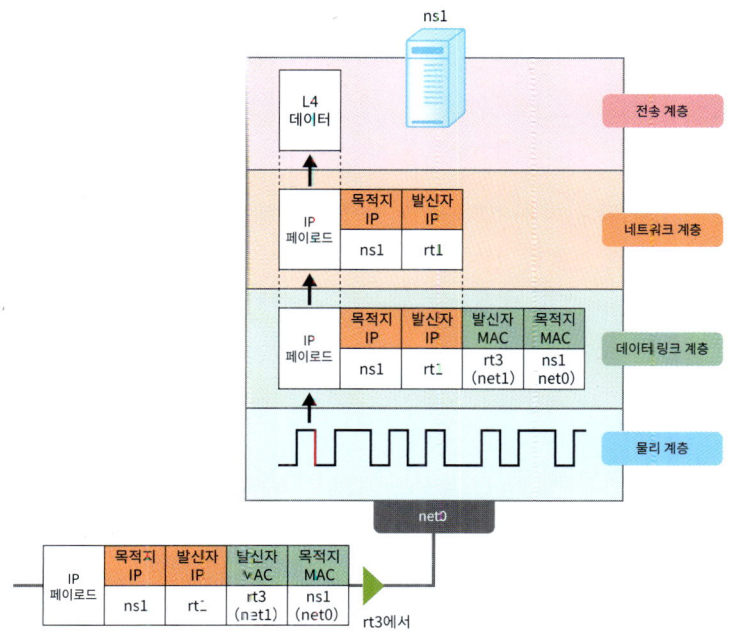

[그림] ns1이 패킷을 수락한다.

3장 레이어 3 프로토콜 이해하기 | 143

라우팅 테이블

지금까지 살펴본 바와 같이 라우팅의 동작을 제어하는 것은 라우팅 테이블이다. 이 라우팅 테이블(표)의 라우팅 항목(행)을 어떻게 만들 것인가? 이것이 라우팅의 핵심이다. 라우팅 항목을 만드는 방법은 크게 두 가지로 분류할 수 있는데, '정적 라우팅(스태틱 라우팅)'과 '동적 라우팅(다이내믹 라우팅)'이 그것이다. 각각 다음 그림과 같이 세분화할 수 있다.

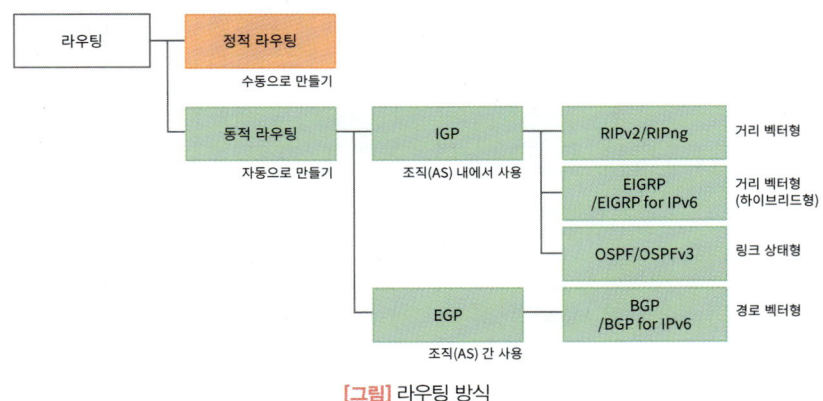

[그림] 라우팅 방식

정적 라우팅

정적 라우팅은 수동으로 라우팅 항목을 만드는 방법이다. 목적지 네트워크와 넥스트 홉을 라우터에 직접 설정한다. 동작이 간단하고 이해하기 쉽기 때문에 라우터와 라우팅 항목 수가 적은 소규모 네트워크 환경의 라우팅에 적합하다. 반면, 모든 라우터에 목적지 네트워크와 넥스트 홉을 일일이 설정해야 하므로 라우터와 라우팅 엔트리 수가 많은 대규모 네트워크 환경의 라우팅에는 적합하지 않다.

검증 환경에서 가정 내 LAN과 서버 사이트는 인터넷에 대한 경로(0.0.0.0/0)를 정적 라우팅으로 갖는다. 또한 rt2는 fw1이 내부적으로 가지고 있는 공개 IP 네트워크(10.1.3.0/24)에 대한 경로를 정적 라우팅으로 확보한다[9].

---

9 공개 IP 네트워크(10.1.3.0/24)는 다음 절의 NAT에서 사용한다.

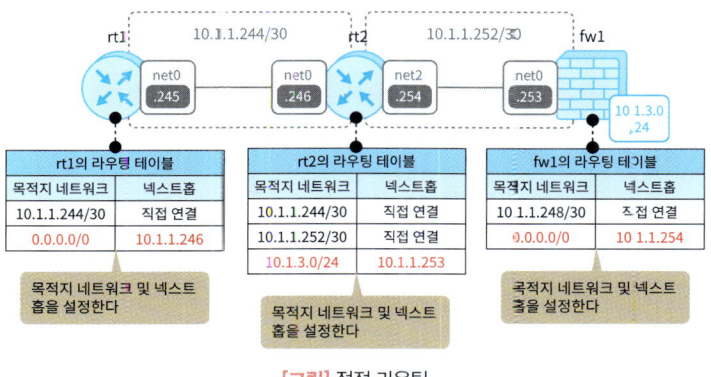

[그림] 정적 라우팅

동적 라우팅

동적 라우팅은 인접한 라우터끼리 경로 정보를 교환하여 자동으로 라우팅 엔트리를 생성하는 방식이다. 경로 정보를 교환하기 위한 프로토콜을 '라우팅 프로토콜'이라고 한다. 동적 라우팅은 라우터 하나하나에 목적지 네트워크와 넥스트 홉을 설정할 필요가 없기 때문에 라우터오 라우팅 엔트리 수가 많은 대규모 네트워크 환경의 라우팅에 적합하다. 반면, 동작이 조금 어렵기 때문에 미숙한 관리자가 설정 실수를 하면 그 설정 내용이 전파되어 통신에 영향을 미칠 수 있다. 따라서 동적 라우팅은 탄탄한 설계를 바탕으로 동작을 잘 이해하고 있는 관리자가 설정해야 한다.

검증 환경에서는 인터넷을 구성하는 rt2와 rt3 간에 'OSPF(Open Shortest Path First)'라는 라우팅 프로토콜을 주고받으며 경로 정보를 교환한다. 구체적으로 rt2가 rt3에 대해 rt2 주변 네트워크(10.1.1.244/30, 10.1.1.252/30)와 공개 IP 네트워크(10.1.3.0/24)를 광고하고[10], rt3가 rt2에 대해 DNS 서버 네트워크(10.1.2.0/24)를 광고하여 각각 라우팅 엔트리를 생성한다.

---

[10] 자신이 가지고 있는 라우팅 엔트리를 상대방에게 알리는 것을 '홍보' 또는 '광고'라고 한다.

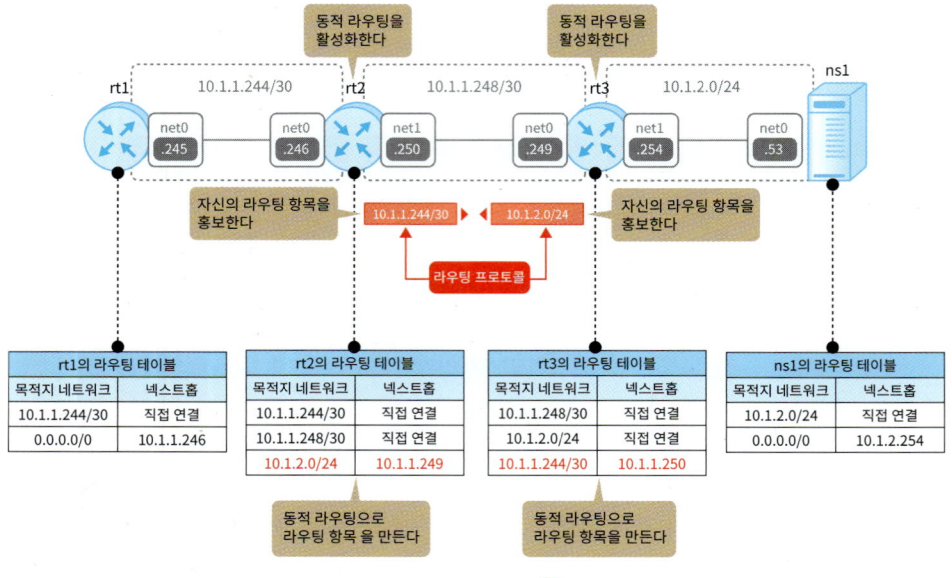

[그림] 동적 라우팅[11]

재분배

정적 라우팅과 동적 라우팅은 '라우팅 엔트리를 생성한다'는 점에서 공통점이 있지만, 호환되지 않는다. 또한 같은 동적 라우팅이라도 라우팅 프로토콜이 다르면 호환되지 않는다. 따라서 관리자에게는 하나의 라우팅 방식 또는 하나의 라우팅 프로토콜로 통일된 네트워크를 구축하는 것이 가장 이해하기 쉽고 이상적이다. 하지만 현실은 그리 녹록치 않다. 회사의 합병이나 분할, 장비의 미지원 등 여러 가지 상황이 겹치면서 여러 가지 방식, 프로토콜을 사용해야 하는 경우가 대부분일 것이다. 이럴 때는 각각을 잘 변환해서 서로가 잘 작동하도록 만들어야 한다. 이 변환을 '재분배'라고 한다. '재배포'나 '리디스트리뷰션(Redistribution)'이라고 부르기도 하는데, 모두 같은 의미다.

참고로 검증 환경에서는 rt2에서 정적 라우팅으로 설정한 공개 IP 네트워크(10.1.3.0/24)를 OSPF로 재분배하여 rt3에서 수신한다[12].

---

[11] 여기서는 그림의 단순화를 위해 fw1과 관련된 루트는 제외했다.
[12] 재분배 설정은 NAT의 실습 항목(163쪽)을 참고하라.

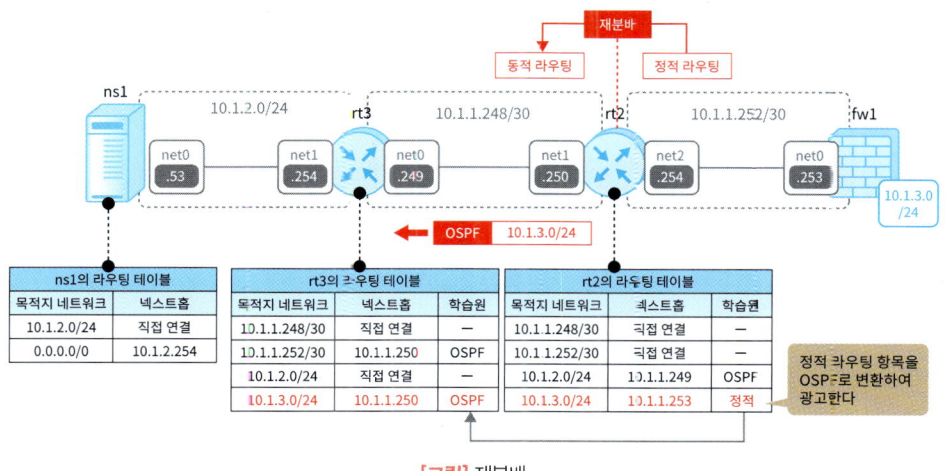

[그림] 재분배

실습해 보기

이제 검증 환경을 통해 정적 라우팅과 동적 라우팅을 설정하고 실제 동작을 살펴보자. 여기서는 rt1, rt2, rt3, fw1, ns1을 설정하여 가정 내 LAN, 인터넷, 서버 사이트를 연결한다. rt1, rt2, rt3, fw1의 컨테이너 이미지에는 'FRR(FRRouting)'이라는 라우터 애플리케이션이 설치돼 있다. FRR은 시스코 IOS와 유사한 명령어를 가지고 있어 시스코 장비가 많은 네트워크 환경에도 잘 대응할 수 있다.

> **FRR 사용자 가이드**
>
> FRR 사용자 가이드는 다음 웹사이트에서 확인할 수 있다.
>
> URL https://docs.frrouting.org/en/latest/
>
> 다만, 이 사용자 가이드는 영어로 작성되어 있어 다소 어려울 수 있다. 이럴 때는 인터넷에 공개되어 있는 Cisco 관련 웹사이트를 참고하는 것도 좋은 방법이다. 물론 모든 명령어를 다 사용할 수 있는 것은 아니지만, 대부분 동일한 명령어를 입력할 수 있을 것이다. 예를 들어, 전체 설정을 하려면 글로벌 구성 모드로 들어가는 것도 그렇고, 설정을 삭제하려던 명령어 앞에 'no'를 붙이는 것도 마찬가지다. 그래서 만약 명령어를 입력할 수 없다면 사용자 가이드를 참고하기 바란다.

정적 라우팅

이제 정적 라우팅을 설정해 보겠다. 3장의 설정 파일 'spec_03.yaml'에는 IP 주소 설정은 있지만, 라우팅 설정은 포함되어 있지 않다. 따라서 rt1과 fw1에 정적 라우팅의 라우팅 항목을 설정한다.

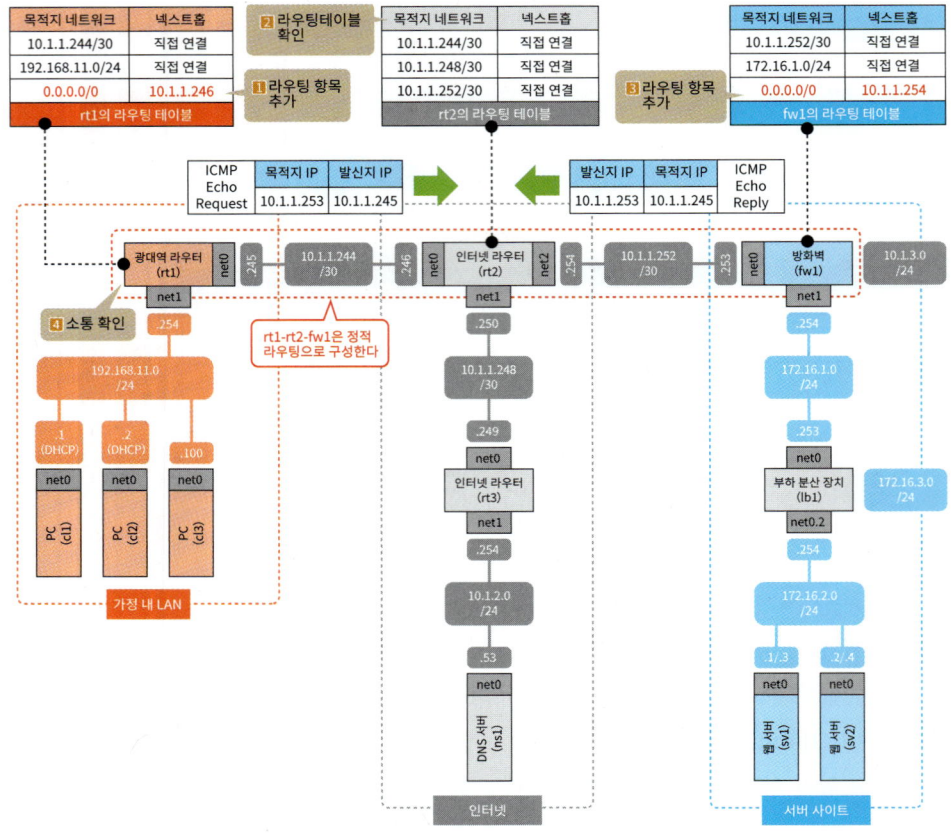

[그림] 정적 라우팅 설정

01. 우선 현재 상황을 확인해 보자. rt1과 fw1에 각각 로그인하여 rt1(10.1.1.245)에서 fw1(10.1.1.253)에 ping을 치면 'Network is unreachable'로 표시되며, 애초에 '10.1.1.253'에 대한 라우팅 항목이 없다는 것을 알 수 있다. 즉, Echo Request가 전송되지 않고 있는 것이다.

[코드] rt1에서 fw1에 ping하기

```
root@rt1:/# ping 10.1.1.253 -c 2
ping: connect: Network is unreachable
```

rt1의 라우팅 테이블을 확인한다. 우분투 20.04의 라우팅 테이블은 'route 명령어'나 'ip route 명령어'로도 확인할 수 있지만, rt1의 컨테이너 이미지에는 FRR이 설치되어 있기 때문에 FRR을 사용하기로 한다.

FRR은 'vtysh 명령어'로 VTY 셸에 들어가서 정보를 보거나 설정한다. 앞서 언급했듯이 FRR의 각종 명령어는 Cisco IOS와 유사하므로 Cisco IOS의 명령어를 참고하는 것이 좋다. 이 책에서는 검증 환경을 구축하기 위해 필요한 명령어만 집중적으로 설명한다.

FRR에서 라우팅 테이블을 보려면 'show ip route 명령어'를 사용한다. 그러면 라우팅 테이블에 직접 연결된 '10.1.1.244/30'과 '192.168.11.0/24'만 있는 것을 확인할 수 있다. 이 중에는 fw1(10.1.1.253)에 대한 라우팅 항목이 없으므로 전송하려는 Echo Request는 폐기된다. 전송조차 되지 않는다.

[코드] rt1의 라우팅 테이블을 확인한다.

```
root@rt1:/# vtysh
Hello, this is FRRouting (version 8.3.1).
Copyright 1996-2005 Kunihiro Ishiguro, et al.

rt1# show ip route
Codes: K - kernel route, C - connected, S - static, R - RIP,
       O - OSPF, I - IS-IS, B - BGP, E - EIGRP, N - NHRP,
       T - Table, v - VNC, V - VNC-Direct, A - Babel, F - PBR,
       f - OpenFabric,
       > - selected route, * - FIB route, q - queued, r - rejected, b - backup
       t - trapped, o - offload failure

C>* 10.1.1.244/30 is directly connected, net0, 00:01:52
C>* 192.168.11.0/24 is directly connected, net1, 00:01:52
```

그래서 rt1에 fw1(10.1.1.253)에 대한 라우팅 항목을 추가한다. 이번에는 불특정 다수의 IP 주소가 존재하는 인터넷 연결을 전제로 하므로 기본 게이트웨이를 설정한다.

'configure terminal 명령어'로 라우터 전체에 대한 설정을 하는 글로벌 설정 모드로 진입하고, 'ip route 명령어'로 정적 경로를 설정한다. 입력하는 명령어만 봐도 모든 네트워크(0.0.0.0/0)에 대한 IP 패킷을 rt2(10.1.1.246)로 전달한다는 것을 짐작할 수 있을 것이다. 설정이 완료되면 'exit 명령어'로 글로벌 설정 모드에서 빠져나온다.

[코드] rt1의 라우팅 항목을 설정한다.

```
rt1# configure terminal
rt1(config)# ip route 0.0.0.0/0 10.1.1.246
rt1(config)# exit
```

혹시 모르니 show ip route 명령으로 라우팅 테이블을 확인하면 '0.0.0.0/0'에 대한 라우팅 항목이 생성된 것을 확인할 수 있다. exit 명령으로 VTY 셸을 빠져나와 다시 rt1(10.1.1.245)에서 fw1(10.1.1.253)에 대해 ping을 시도한다. 안타깝게도 아직 응답이 없다. 하지만 목적지 IP 주소와 일치하는 라우팅 항목이 추가되었기 때문에 'Network is unreachable'은 더 이상 표시되지 않는다.

[코드] rt1의 라우팅 테이블을 재확인한 후 fw1에 ping한다.

```
rt1# show ip route
Codes: K - kernel route, C - connected, S - static, R - RIP,
```

3장. 레이어 3 프로토콜 이해하기 **149**

```
             O - OSPF, I - IS-IS, B - BGP, E - EIGRP, N - NHRP,
             T - Table, v - VNC, V - VNC-Direct, A - Babel, F - PBR,
             f - OpenFabric,
             > - selected route, * - FIB route, q - queued, r - rejected, b - backup
             t - trapped, o - offload failure

S>* 0.0.0.0/0 [1/0] via 10.1.1.246, net0, weight 1, 00:00:06
C>* 10.1.1.244/30 is directly connected, net0, 00:02:48
C>* 192.168.11.0/24 is directly connected, net1, 00:02:48

rt1# exit
root@rt1:/# ping 10.1.1.253 -c 2
PING 10.1.1.253 (10.1.1.253) 56(84) bytes of data.

--- 10.1.1.253 ping statistics ---
2 packets transmitted, 0 received, 100% packet loss, time 1062ms
```

02. 다음으로 넥스트 홉인 rt2의 라우팅 테이블을 확인한다. rt2에 로그인하고 rt1과 마찬가지로 vtysh 명령어로 VTY 셸에 진입한 후 show ip route 명령어로 라우팅 테이블을 확인한다. 그러면 fw1(10.1.1.253)을 포함한 '10.1.1.252/30' 항목이 있다. 따라서 rt2의 라우팅 테이블에는 문제가 없다.

[코드] rt2의 라우팅 테이블을 확인한다.

```
root@rt2:/# vtysh

Hello, this is FRRouting (version 8.3).
Copyright 1996-2005 Kunihiro Ishiguro, et al.

rt2# show ip route
Codes: K - kernel route, C - connected, S - static, R - RIP,
       O - OSPF, I - IS-IS, B - BGP, E - EIGRP, N - NHRP,
       T - Table, v - VNC, V - VNC-Direct, A - Babel, F - PBR,
       f - OpenFabric,
       > - selected route, * - FIB route, q - queued, r - rejected, b - backup
       t - trapped, o - offload failure

C>* 10.1.1.244/30 is directly connected, net0, 00:33:14
C>* 10.1.1.248/30 is directly connected, net1, 00:33:14
C>* 10.1.1.252/30 is directly connected, net2, 00:33:13
```

03. 마지막으로 넥스트 홉인 fw1의 라우팅 테이블을 확인한다. rt1, rt2와 다찬가지로 vtysh 명령으로 VTY 셸에 들어가 show ip route 명령으로 라우팅 테이블을 확인한다. 그러면 라우팅 테이블에 직접 연결된 '10.1.1.252/30'과 '172.16.1.0/24'만 있는 것을 확인할 수 있다. 즉, 지금은 rt1에서 Echo Request는 수신하고 있다. 하지만 반환하려는 Echo Reply의 목적지 IP 주소(10.1.1.245)에 해당하는 라우팅 항목이 없기 때문에 Echo Reply를 보낼 수 없는 상태다.

[코드] fw1의 라우팅 테이블을 확인한다.

```
root@fw1:/# vtysh

Hello, this is FRRouting (version 8.3).
Copyright 1996-2005 Kunihiro Ishiguro, et al.

fw1# show ip route
Codes: K - kernel route, C - connected, S - static, R - RIP,
       O - OSPF, I - IS-IS, B - BGP, E - EIGRP, N - NHRP,
       T - Table, v - VNC, V - VNC-Direct, A - Babel, F - PBR,
       f - OpenFabric,
       > - selected route, * - FIB route, q - queued, r - rejected, b - backup
       t - trapped, o - offload failure

C>* 10.1.1.252/30 is directly connected, net0, 00:56:57
C>* 172.16.1.0/24 is directly connected, net1, 00:56:57
```

rt1(10.1.1.245)에 대한 라우팅 항목을 추가한다. fw1도 rt1과 마찬가지로 불특정 다수의 IP 주소가 존재하는 인터넷 연결을 전제로 하므로 기본 게이트웨이를 설정한다. configure terminal 명령으로 글로벌 설정 모드로 들어가 'ip route 명령어'로 정적 경로를 설정한다. 설정이 완료되면 exit 명령으로 글로벌 설정 모드에서 빠져나온다.

[코드] fw1의 라우팅 항목을 설정한다.

```
fw1# configure terminal
fw1(config)# ip route 0.0.0.0/0 10.1.1.254
fw1(config)# exit
```

혹시 모르니 show ip route 명령으로 라우팅 테이블을 확인하면 '0.0.0.0/0'에 대한 라우팅 항목이 생성되어 있는 것을 확인할 수 있다.

[코드] fw1의 라우팅 테이블을 재확인한다.

```
fw1# show ip route
Codes: K - kernel route, C - connected, S - static, R - RIP,
       O - OSPF, I - IS-IS, B - BGP, E - EIGRP, N - NHRP,
       T - Table, v - VNC, V - VNC-Direct, A - Babel, F - PBR,
```

```
          f - OpenFabric,
          > - selected route, * - FIB route, q - queued, r - rejected, b - backup
          t - trapped, o - offload failure

S>* 0.0.0.0/0 [1/0] via 10.1.1.254, net0, weight 1, 00:00:28
C>* 10.1.1.252/30 is directly connected, net0, 00:58:27
C>* 172.16.1.0/24 is directly connected, net1, 00:58:27
```

04. 이제 관련 장비의 라우팅 테이블에 문제가 없을 것이다. 다시 rt1(10.1.1.245)에서 fw1(10.1.1.253)에 대해 ping을 시도한다. 그러면 문제없이 통신할 수 있는 것을 확인할 수 있다. 모처럼의 기회이니 traceroute 명령어도 입력해 보자. 그러면 rt2(10.1.1.246)와 fw1(10.1.1.253)을 경유하고 있음을 알 수 있다.

[코드] rt1에서 fw1과 통신할 수 있게 되었다.

```
root@rt1:/# ping 10.1.1.253 -c 2
PING 10.1.1.253 (10.1.1.253) 56(84) bytes of data.
64 bytes from 10.1.1.253: icmp_seq=1 ttl=63 time=0.024 ms
64 bytes from 10.1.1.253: icmp_seq=2 ttl=63 time=0.078 ms

--- 10.1.1.253 ping statistics ---
2 packets transmitted, 2 received, 0% packet loss, time 1009ms
rtt min/avg/max/mdev = 0.024/0.051/0.078/0.027 ms


root@rt1:/# traceroute 10.1.1.253
traceroute to 10.1.1.253 (10.1.1.253), 30 hops max, 60 byte packets
 1  10.1.1.246 (10.1.1.246)  0.023 ms  0.004 ms  0.003 ms
 2  10.1.1.253 (10.1.1.253)  0.012 ms  0.006 ms  0.005 ms
```

동적 라우팅

이어서 인터넷을 구성하는 rt2와 rt3에 동적 라우팅을 설정한다. 실제 인터넷에서는 동적 라우팅에 'BGP(Border Gateway Protocol)'라는 라우팅 프로토콜을 사용하고 있다. 다만 BGP는 유연한 설정이 가능하지만 설정이 복잡하여 입문서인 이 책과는 맞지 않는다. 그래서 여기서는 동적 라우팅 연결로 'OSPF(Open Shortest Path First)'를 설정하기로 한다.

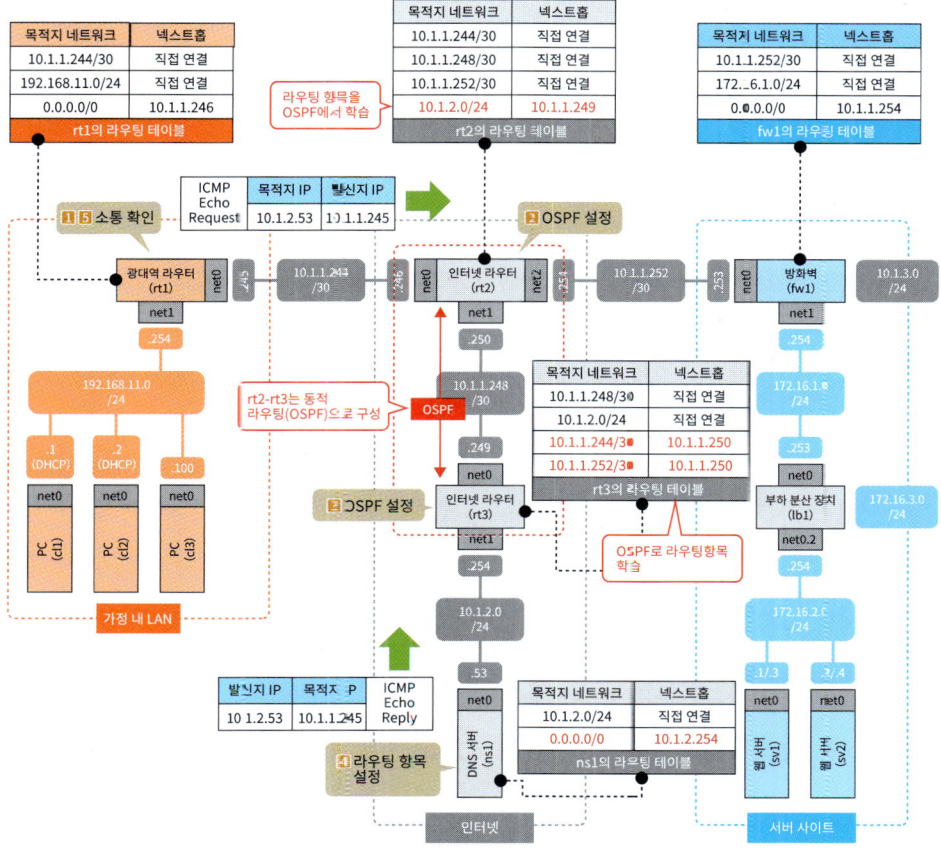

[그림] 동적 라우팅 설정

01. 우선 현재 상황을 확인해 보자. rt1(10.1.1.245)에서 ns1(10.1.2.53)에 대해 ping을 하면 'From 10.1.1.246 icmp_seq=1 Destination Net Unreachable'이라고 표시되고, rt2(10.1.1.246)에서 'Destination Unreachable(유형: 3)/Network Unreachable(코드: 0)'이 반환되는 것을 알 수 있다. 이제 rt2의 라우팅 테이블을 확인한다.

[코드] rt1에서 ns1로 ping하기

```
root@rt1:/# ping 10.1.2.53 -c 2
PING 10.1.2.53 (10.1.2.53) 56(84) bytes of data.
From 10.1.1.246 icmp_seq=1 Destination Net Unreachable
From 10.1.1.246 icmp_seq=2 Destination Net Unreachable

--- 10.1.2.53 ping statistics ---
2 packets transmitted, 0 received, +2 errors, 100% packet loss, time 1069ms
```

02. rt2의 라우팅 테이블을 확인한다. vtysh 명령으로 VTY 셸에 진입한 후 show ip route 명령으로 라우팅 테이블을 확인하면 ns1(10.1.2.53)에 해당하는 라우팅 항목이 없는 것을 알 수 있다.

[코드] rt2의 라우팅 테이블을 확인한다.

```
root@rt2:/# vtysh

Hello, this is FRRouting (version 8.3).
Copyright 1996-2005 Kunihiro Ishiguro, et al.

rt2# show ip route
Codes: K - kernel route, C - connected, S - static, R - RIP,
       O - OSPF, I - IS-IS, B - BGP, E - EIGRP, N - NHRP,
       T - Table, v - VNC, V - VNC-Direct, A - Babel, F - PBR,
       f - OpenFabric,
       > - selected route, * - FIB route, q - queued, r - rejected, b - backup
       t - trapped, o - offload failure

C>* 10.1.1.244/30 is directly connected, net0, 00:14:24
C>* 10.1.1.248/30 is directly connected, net1, 00:14:24
C>* 10.1.1.252/30 is directly connected, net2, 00:14:24
```

그래서 OSPF를 설정해 보겠다. OSPF는 configure terminal 명령으로 글로벌 구성 모드로 진입한 후 'router ospf 명령'으로 OSPF 프로세스를 시작하고 'network 명령'으로 OSPF를 활성화할 인터페이스의 IP 주소(10.1.1.246/32, 10.1.1.250/32, 10.1.1.254/32)를 지정한다. 그다음 'interface 명령'으로 인터페이스를 설정하는 인터페이스 구성 모드로 들어가 OSPF 패킷을 주고받을 필요가 없는 인터페이스(net0, net2)를 지정하여 OSPF 패킷의 주고받기를 억제한다. 실제 환경에서는 더 다양한 명령을 설정해야 하지만, 이 책은 입문서인 만큼 필요한 최소한의 설정으로만 구성했다. 설정이 끝나면 'end 명령'으로 글로벌 설정 모드로 돌아간다.

[코드] OSPF를 설정한다.

```
rt2# configure terminal
rt2(config)# router ospf
rt2(config-router)# network 10.1.1.246/32 area 0
rt2(config-router)# network 10.1.1.250/32 area 0
rt2(config-router)# network 10.1.1.254/32 area 0
rt2(config-router)# interface net0
rt2(config-if)# ip ospf passive
rt2(config-if)# interface net2
rt2(config-if)# ip ospf passive
rt2(config-if)# end
```

만약을 대비해 OSPF가 제대로 설정되어 있는지 확인한다. 'show ip ospf interface 명령'으로 적절한 인터페이스에서 OSPF가 활성화되어 있는지 확인한다. 또한 'show ip ospf neighbor 명령'으로 OSPF의 인접 상태를 확인한다. 앞서 언급했듯이 동적 라우팅은 인접 라우터끼리 경로 정보를 교환한다. 당연히 이 시점에서는 아직 rt3에 OSPF 설정을 넣지 않았기 때문에 아무것도 표시되지 않는다.

[코드] OSPF가 활성화된 인터페이스와 인접 상태를 확인한다.

```
rt2# show ip ospf interface
net0 is up
  ifindex 4, MTU 1500 bytes, BW 10000 Mbit <UP,BROADCAST,RUNNING,MULTICAST>
  Internet Address 10.1.1.246/32, Broadcast 10.1.1.247, Area 0.0.0.0
  MTU mismatch detection: enabled
  Router ID 10.1.1.254, Network Type BROADCAST, Cost: 10
  Transmit Delay is 1 sec, State DR, Priority 1
  Designated Router (ID) 10.1.1.254 Interface Address 10.1.1.246/30
  No backup designated router on this network
  Multicast group memberships: <None>
  Timer intervals configured, Hello 10s, Dead 40s, Wait 40s, Retransmit 5
    No Hellos (Passive interface)
  Neighbor Count is 0, Adjacent neighbor count is 0
net1 is up
  ifindex 5, MTU 1500 bytes, BW 10000 Mbit <UP,BROADCAST,RUNNING,MULTICAST>
  Internet Address 10.1.1.250/30, Broadcast 10.1.1.251, Area 0.0.0.0
  MTU mismatch detection: enabled
  Router ID 10.1.1.254, Network Type BROADCAST, Cost: 10
  Transmit Delay is 1 sec, State DR, Priority 1
  Designated Router (ID) 10.1.1.254 Interface Address 10.1.1.250/30
  No backup designated router on this network
  Multicast group memberships: OSPFAllRouters OSPFDesignatedRouters
  Timer intervals configured, Hello 10s, Dead 40s, Wait 40s, Retransmit 5
    Hello due in 3.283s
  Neighbor Count is 0, Adjacent neighbor count is 0
net2 is up
  ifindex 6, MTU 1500 bytes, BW 10000 Mbit <UP,BROADCAST,RUNNING,MULTICAST>
  Internet Address 10.1.1.254/30, Broadcast 10.1.1.255, Area 0.0.0.0
  MTU mismatch detection: enabled
  Router ID 10.1.1.254, Network Type BROADCAST, Cost: 10
  Transmit Delay is 1 sec, State DR, Priority 1
  Designated Router (ID) 10.1.1.254 Interface Address 10.1.1.254/30
  No backup designated router on this network
```

```
  Multicast group memberships: <None>
  Timer intervals configured, Hello 10s, Dead 40s, Wait 40s, Retransmit 5
    No Hellos (Passive interface)
  Neighbor Count is 0, Adjacent neighbor count is 0


rt2# show ip ospf neighbor


Neighbor ID Pri State      Up Time Dead Time Address      Interface       RXmtL RqstL DBsmL
```

03. 다음으로 rt3의 라우팅 테이블을 확인한다. rt3에 로그인하여 vtysh 명령으로 VTY 셸에 진입한 후 show ip route 명령으로 라우팅 테이블을 확인한다. 그러면 ns1(10.1.2.53)에 해당하는 라우팅 항목은 있지만, 발신자인 rt1(10.1.1.245)에 해당하는 라우팅 항목이 없는 것을 확인할 수 있다.

[코드] rt3의 라우팅 테이블을 확인한다.

```
root@rt3:/# vtysh

Hello, this is FRRouting (version 8.3).
Copyright 1996-2005 Kunihiro Ishiguro, et al.


rt3# show ip route
Codes: K - kernel route, C - connected, S - static, R - RIP,
       O - OSPF, I - IS-IS, B - BGP, E - EIGRP, N - NHRP,
       T - Table, v - VNC, V - VNC-Direct, A - Babel, F - PBR,
       f - OpenFabric,
       > - selected route, * - FIB route, q - queued, r - rejected, b - backup
       t - trapped, o - offload failure

C>* 10.1.1.248/30 is directly connected, net0, 00:01:30
C>* 10.1.2.0/24 is directly connected, net1, 00:01:30
```

이제 rt3에 OSPF를 설정해 보겠다. rt2와 마찬가지로 글로벌 구성 모드에서 OSPF 프로세스를 활성화하고, OSPF를 활성화할 인터페이스의 IP 주소(10.1.1.249/32, 10.1.2.254/32)를 지정한다. 그리고서 OSPF 패킷을 주고받을 필요가 없는 인터페이스를 지정한다. 설정이 끝나면 end 명령으로 글로벌 설정 모드로 돌아간다.

[코드] OSPF 설정하기

```
rt3# configure terminal
rt3(config)# router ospf
rt3(config-router)# network 10.1.1.249/32 area 0
rt3(config-router)# network 10.1.2.254/32 area 0
```

```
rt3(config-router)# interface net1
rt3(config-if)# ip ospf passive
rt3(config-if)# end
```

OSPF가 제대로 설정되어 있는지 확인하기 위해 show ip ospf interface 명령으로 적절한 인터페이스에서 OSPF가 활성화되어 있는지 확인한다. 또한 show ip ospf neighbor 명령으로 OSPF 라우터의 인접 상태를 확인한다. 그러던 rt2의 IP 주소를 확인할 수 있는데, State가 Full/DR'이 되면 OSPF 통신이 완료된 것이다. 필자의 PC 환경에서는 이 상태가 안정화되기까지 30초 정도 걸렸다. 이 안정화되기까지의 시간을 '수렴 시간', 안정된 상태를 '수렴 상태'라고 한다.

참고로 tinet conf 명령으로 설정을 입력한 후 가장 시간이 오래 걸리는 처리는 OSPF다. 수렴 상태가 될 때까지 20~30초 정도 걸린다. 이 책에서 사용하는 tinet의 설정 파일은 그 시간이 신경 쓰이지 않도록 r2와 r3를 먼저 설정하도록 설정 순서를 설계해 놓았다.

[코드] OSPF 인접 상태 및 라우팅 테이블을 확인한다.

```
rt3# show ip ospf interface
net0 is up
  ifindex 4, MTU 1500 bytes, BW 10000 Mbit <UP,BROADCAST,RUNNING,MULTICAST>
  Internet Address 10.1.1.249/30, Broadcast 10.1.1.251, Area 0.0.0.0
  MTU mismatch detection: enabled
  Router ID 10.1.2.254, Network Type BROADCAST, Cost: 10
  Transmit Delay is 1 sec, State Backup, Priority 1
  Designated Router (ID) 10.1.1.254 Interface Address 10.1.1.250/30
  Backup Designated Router (ID) 10.1.2.254, Interface Address 10.1.1.249
  Multicast group memberships: OSPFAllRouters OSPFDesignatedRouters
  Timer intervals configured, Hello 10s, Dead 40s, Wait 40s, Retransmit 5
    Hello due in 2.397s
  Neighbor Count is 1, Adjacent neighbor count is 1
net1 is up
  ifindex 5, MTU 1500 bytes, BW 10000 Mbit <UP,BROADCAST,RUNNING,MULTICAST>
  Internet Address 10.1.2.254/24, Broadcast 10.1.2.255, Area 0.0.0.0
  MTU mismatch detection: enabled
  Router ID 10.1.2.254, Network Type BROADCAST, Cost: 10
  Transmit Delay is 1 sec, State DR, Priority 1
  Designated Router (ID) 10.1.2.254 Interface Address 10.1.2.254/24
  No backup designated router on this network
  Multicast group memberships: <None>
  Timer intervals configured, Hello 10s, Dead 40s, Wait 40s, Retransmit 5
    No Hellos (Passive interface)
  Neighbor Count is 0, Adjacent neighbor count is 0
```

```
rt3# show ip ospf neighbor

Neighbor ID   Pri State    Up Time Dead Time Address    Interface       RXmtL RqstL DBsmL
10.1.1.254      1 Full/DR  1m19s   30.487s   10.1.1.250 net0:10.1.1.249     0     0     0
```

이 상태에서 rt3의 라우팅 테이블을 보면 새롭게 OSPF에서 학습한 '10.1.1.244/30'과 '10.1.1.252/30'을 볼 수 있다.

[코드] rt3의 라우팅 테이블을 재확인한다.

```
rt3# show ip route
Codes: K - kernel route, C - connected, S - static, R - RIP,
       O - OSPF, I - IS-IS, B - BGP, E - EIGRP, N - NHRP,
       T - Table, v - VNC, V - VNC-Direct, A - Babel, F - PBR,
       f - OpenFabric,
       > - selected route, * - FIB route, q - queued, r - rejected, b - backup
       t - trapped, o - offload failure

O>*     10.1.1.244/30 [110/20] via 10.1.1.250, net0, weight 1, 00:01:13
O       10.1.1.248/30 [110/10] is directly connected, net0, weight 1, 00:01:23
C>*     10.1.1.248/30 is directly connected, net0, 00:39:52
O>*     10.1.1.252/30 [110/20] via 10.1.1.250, net0, weight 1, 00:01:13
O       10.1.2.0/24 [110/10] is directly connected, net1, weight 1, 00:01:19
C>*     10.1.2.0/24 is directly connected, net1, 00:39:52
```

다시 rt1(10.1.1.245)에서 ns1(10.1.2.53)에 대해 ping을 시도한다. 안타깝게도 아직 응답이 없다.

[코드] rt1에서 ns1로 ping을 시도한다.

```
root@rt1:/# ping 10.1.2.53 -c 2
PING 10.1.2.53 (10.1.2.53) 56(84) bytes of data.

--- 10.1.2.53 ping statistics ---
2 packets transmitted, 0 received, 100% packet loss, time 1030ms
```

04. 마지막으로 ns1의 라우팅 테이블을 살펴보자. rt1, rt2, rt3, fw1은 라우터의 기본 설정을 사실상의 표준인 Cisco IOS의 명령어에 가깝게 배우기를 바라는 필자의 기술적 의도로 FRR로 경로를 설정했다. 하지만 일반적인 서버에 FRR이 설치되어 있는 경우는 거의 없다. 따라서 서버에서 정적 경로를 설정하거나 라우팅 관련 문제를 해결할 때는 'route 명령어' 또는 'ip route 명령어'를 사용한다. 이 중 ip route 명령이 더 새롭기 때문에 점차 이쪽으로 전환되고 있지만, 이 책에서는 시각적으로 이해하기 쉬운 route 명령어를 사용하기로 한다. route 명령어는 다음 표의 옵션을 사용하여 라우팅 테이블을 조작할 수 있다.

[표] route 명령의 대표적인 옵션

옵션	의미
-n	이름 풀이하지 않고 IP 주소로 표시한다
-e	netstat 형식을 사용하여 라우팅 테이블을 표시한다
-ee	라우팅 항목에 대한 모든 정보를 한 줄로 표시한다
add 〈목적지 IP 주소〉 gw 〈넥스트 홉〉 [인터페이스명]	지정한 IP 주소에 대한 정적 경로의 라우팅 항목을 추가한다 목적지 IP 주소에 'default'를 입력하면 기본 게이트웨이를 설정할 수 있다
add -net 〈목적지 IP 주소/서브넷 마스크〉 gw 〈넥스트 홉〉 [인터페이스명]	지정한 IP 네트워크에 대한 정적 경로의 라우팅 항목을 추가한다
del 〈목적지 IP 주소〉	지정한 IP 주소에 대한 정적 경로의 라우팅 항목을 삭제한다
del -net 〈목적지 IP 주소/서브넷 마스크〉	지정한 IP 네트워크에 대한 정적 경로의 라우팅 항목을 삭제한다

이제 ns1에 로그인하여 route 명령어로 라우팅 테이블을 확인해 보자. 그러면 rt1(10.1.1.245)에 대한 라우팅 항목이 없는 것을 확인할 수 있다. 즉, 지금은 rt1에서 Echo Request를 수신하고 있다. 하지만 반환하려는 Echo Reply의 목적지 IP 주소(10.1.1.245)에 해당하는 라우팅 항목이 없기 때문에 Echo Reply를 보낼 수 없는 상태다.

[코드] ns1의 라우팅 테이블을 확인한다.

```
root@ns1:/# route -n
Kernel IP routing table
Destination     Gateway         Genmask         Flags Metric Ref    Use Iface
10.1.2.0        0.0.0.0         255.255.255.0   U     0      0        0 net0
```

그래서 'route add 명령'으로 기본 게이트웨이를 설정하고 다시 라우팅 테이블을 확인한다.

[코드] ns1의 라우팅 테이블을 확인한다.

```
root@ns1:/# route add default gw 10.1.2.254

root@ns1:/# route -n
Kernel IP routing table
Destination     Gateway         Genmask         Flags Metric Ref    Use Iface
0.0.0.0         10.1.2.254      0.0.0.0         UG    0      0        0 net0
10.1.2.0        0.0.0.0         255.255.255.0   U     0      0        0 net0
```

05. 이제 관련 장비의 라우팅 테이블에 문제가 없을 것이다. 다시 rt1(10.1.1.245)에서 ns1(10.1.2.53)에 대해 ping을 시도한다. 그러면 문제없이 통신할 수 있는 것을 확인할 수 있다. 모처럼 traceroute 명령어도 입력해 보자. 그러면 rt2(10.1.1.246)와 rt3(10.1.1.249)를 경유하고 있음을 알 수 있다.

[코드] rt1에서 ns1로 통신할 수 있게 되었다.

```
root@rt1:/# ping 10.1.2.53 -c 2
PING 10.1.2.53 (10.1.2.53) 56(84) bytes of data.
64 bytes from 10.1.2.53: icmp_seq=1 ttl=62 time=0.082 ms
64 bytes from 10.1.2.53: icmp_seq=2 ttl=62 time=0.077 ms

--- 10.1.2.53 ping statistics ---
2 packets transmitted, 2 received, 0% packet loss, time 1082ms
rtt min/avg/max/mdev = 0.077/0.079/0.082/0.002 ms

root@rt1:/# traceroute 10.1.2.53
traceroute to 10.1.2.53 (10.1.2.53), 30 hops max, 60 byte packets
 1  10.1.1.246 (10.1.1.246)  0.017 ms  0.003 ms  0.003 ms
 2  10.1.1.249 (10.1.1.249)  0.011 ms  0.004 ms  0.004 ms
 3  10.1.2.53 (10.1.2.53)  0.009 ms  0.004 ms  0.004 ms
```

이제 가정 내 LAN의 광대역 라우터와 서버 사이트의 방화벽을 인터넷에 연결할 수 있게 되었다. 하지만 아직 서버 사이트에 있는 서버는 인터넷에 공개되지 않았고, 가정 내 LAN에 있는 클라이언트는 인터넷에 접속할 수 없다. 인터넷에 연결하려면 공인 IP 주소가 필요하다. 다음은 IP 주소를 변환하여 클라이언트와 서버에 공인 IP 주소를 할당하는 기술에 대해 설명한다.

3-3-2 NAT(Network Address Translation)

IP 주소를 변환하는 기술을 'NAT(Network Address Translation)'라고 하는데, NAT를 사용하면 부족한 공인 IP 주소를 절약할 수 있고, 같은 IP 주소를 가진 시스템끼리 통신할 수 있게 되는 등 IP 환경에 잠재되어 있는 여러 가지 문제를 해결할 수 있다. NAT는 변환 전후의 IP 주소와 포트 번호를 'NAT 테이블'이라는 메모리상의 테이블(표)로 묶어 관리한다. NAT는 NAT 테이블이 있어야만 작동한다.

NAT에는 넓은 의미의 NAT와 좁은 의미의 NAT 두 가지가 있다. 넓은 의미의 NAT는 IP 주소를 변환하는 기술 전반을 의미한다. 이 책에서는 좁은 의미의 NAT를 의미하는 '정적 NAT'와 'NAPT(Network Address Port Translation)'에 대해 설명한다.

[그림] 다양한 NAT

이론 이해하기

라우터와 방화벽은 어떻게 NAT를 하는 것일까? 먼저 이론적인 흐름을 이해해 보자. 여기서는 검증 환경의 가정 내 LAN 또는 서버 LAN이 인터넷어 IP 패킷을 보내거나 인터넷에서 IP 패킷을 수신하는 경우를 예로 들어 설명하겠다.

정적 NAT(Static NAT)

정적 NAT(Static NAT)는 외부와 내부[13]의 IP 주소를 1:1로 묶어 변환한다. '1:1 NAT'라고도 불리며, 소위 좁은 의미의 NAT는 이 정적 NAT를 의미한다.

정적 NAT는 미리 NAT 테이블에 외부 IP 주소와 내부 IP 주소를 고유하게 묶는 NAT 항목(행)을 가지고 있다. 그 항목에 따라 외부에서 내부로 향하는 IP 패킷의 목적지 IP 주소 또는 내부에서 외부로 향하는 IP 패킷의 발신자 IP 주소를 변환한다. 정적 NAT는 서버를 인터넷 공개하거나 특정 단말이 특정 IP 주소로 인터넷에 접속하도록 하고 싶을 때 사용한다.

검증 환경에서는 인터넷에서 sv1, sv2, lb1의 IP 주소[14]에 대한 IP 패킷과 그 응답 패킷이 fw1에서 정적 NAT된다.

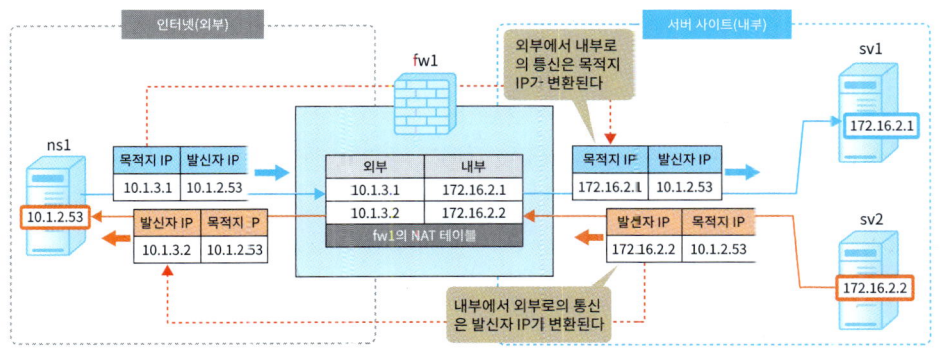

[그림] 정적 NAT(1:1 NAT)

---

[13] LAN 내에 있는 시스템의 경계에서 NAT를 사용하기도 하므로 여기서는 '내부'와 '외부'라는 단어를 사용한다. 내부와 외부라는 단어가 생소한 사람은 내부=LAN, 외부=인터넷으로 바꿔 읽으면 된다.
[14] lb1은 서버 부하 분산용 IP 주소(172.16.3.12, 172.16.3.34)와 DNS 서버 IP 주소(172.16.3.51, 172.16.3.52, 172.16.3.53)를 가지고 있다. 이 IP 주소는 5장에서 사용할 것이다.

NAPT

NAPT(Network Address Port Translation)는 내부와 외부의 IP 주소를 n:1로 묶어 변환한다. 'IP마스커레이드'나 'PAT(Port Address Translation)'라고 부르기도 하는데, 모두 같은 개념이라고 생각하면 된다.

NAPT는 내부 IP 주소+포트 번호[15]와 외부 IP 주소+포트 번호를 고유하게 묶는 NAT 항목을 NAT 테이블에 동적으로 추가 및 삭제한다. 내부에서 외부로 접속할 때 발신자 IP 주소뿐만 아니라 레이어 4 프로토콜(TCP, UDP) 정보인 발신자 포트 번호를 필요에 따라 변환한다. 어떤 단말이 어떤 포트 번호를 사용하는지 보고 패킷을 배분하기 때문에 n:1로 변환할 수 있다[16].

가정에서 사용하는 광대역 라우터나 테더링을 하는 스마트폰은 이 NAPT를 이용해 PC나 태블릿PC를 인터넷에 연결하고 있다. 최근에는 PC뿐만 아니라 스마트폰, 태블릿, 선풍기, 청소기 등 모든 기기가 IP 주소를 가지고 인터넷에 접속하고 있다. 이들 하나하나에 전 세계적으로 고유한 공인 IP 주소를 할당하다 보면 유한한 주소가 금방 소진될 수 있다. 그래서 NAPT를 사용하여 공인 IP 주소를 절약한다. 검증 환경에서도 가정 내 LAN에 있는 단말(cl1, cl2, cl3)에서 인터넷에 대한 IP 패킷이 광대역 라우터(rt1)에서 NAPT된다.

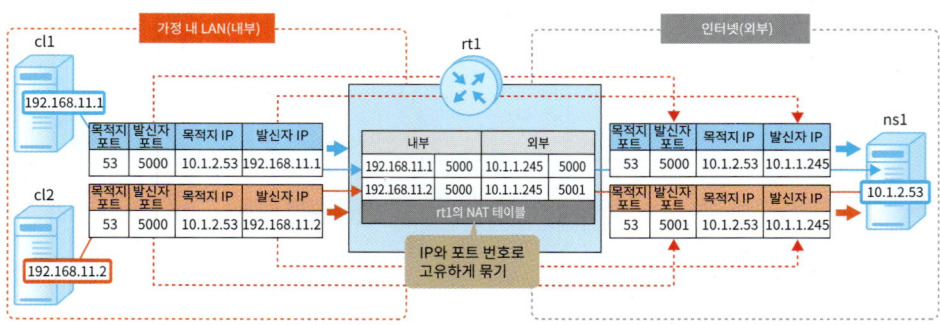

[그림] NAPT(IP Masquerade, PAT)

실습해 보기

이제 검증 환경을 이용하여 정적 NAT와 NAPT를 설정하고 실제 동작을 살펴보자. 여기서는 fw1에 정적 NAT를 설정하여 서버를 인터넷에 공개한다. 또한 rt1에 NAPT를 설정하여 가정 내 LAN에 있는 여러 단말

---

[15] 포트 번호에 대해서는 184쪽에서 자세히 설명한다.
[16] ICMP와 같이 포트 번호가 없는 IP 패킷은 NAT 항목에 ID 또는 더미 포트 번호를 부여하여 발신자 단말을 식별한다.

에서 인터넷에 접속할 수 있도록 설정한다. fw1과 rt1의 컨테이너 이미지에는 'iptables'라는 이름의 NAT 애플리케이션[17]이 설치되어 있다.

정적 NAT

먼저 정적 NAT를 설정해 보자. 사설 IP 주소(172.16.0.0/12)를 가진 서버 사이트 내 단말에 공인 IP 네트워크의 IP 주소(10.1.3.0/24)를 1:1로 매핑한다. 공개 IP 네트워크는 검증 환경에서 인터넷에 공개하기 위해 마련한 네트워크다. net0이나 net1 등의 인터페이스에 할당된 것이 아니라 fw1이 내부적으로 가지고 있으며, fw1은 인터넷에서 라우팅된 '10.1.3.0/24'로 향하는 패킷을 받으면 일단 자신의 내부로 가져와 정적 NAT를 처리한다. 여기서는 sv1(172.16.2.1)을 '10.1.3.1', sv2(172.16.2.2)를 '10.1.3.2'로 인터넷에 공개한다. 그리고 그 공개된 서버에 대해 ns1에서 통신 확인을 수행한다.

> **장비 내부에 IP 네트워크를 할당하는 디자인**
>
> 방화벽이나 부하 분산장치에서는 일반적으로 외부 인터페이스(검증 환경의 net0, net1)에 할당하는 IP 네트워크와 별도로 장비 내부에 IP 네트워크를 할당하는 설계를 채택하는 경우가 있다. 인터페이스와 동일한 IP 네트워크에 포함시키면 해당 IP 네트워크의 IP 주소를 다 써버렸을 때 그곳에 접속하는 모든 장비의 IP 주소와 서브넷 마스크를 변경해야 한다. 서버나 네트워크 장비의 외부 인터페이스 설정 변경은 서비스에 직접적인 영향을 미치기 때문에 쉽게 할 수 있는 일이 아니다. 장비 내부에 IP 네트워크를 할당하면 해당 IP 네트워크의 IP 주소를 모두 사용하더라도 주변 장비의 라우팅 설정만 변경하면 되므로 네트워크의 확장성과 유연성을 확보할 수 있다. 예를 들어, 검증 환경에서 공개 IP 네트워크(10.1.3.0/24)의 IP 주소가 NAT로 인해 소진된 경우에도 장비 내부에 새로운 IP 네트워크를 할당하고 이를 위한 라우팅 항목을 rt2에 추가하는 것만으로 대응할 수 있다.

---

[17] 실제로는 방화벽 애플리케이션이기도 하지만, 본 항목은 NAT의 실습 항목이기 때문에 NAT 애플리케이션으로 분류하고 있다.

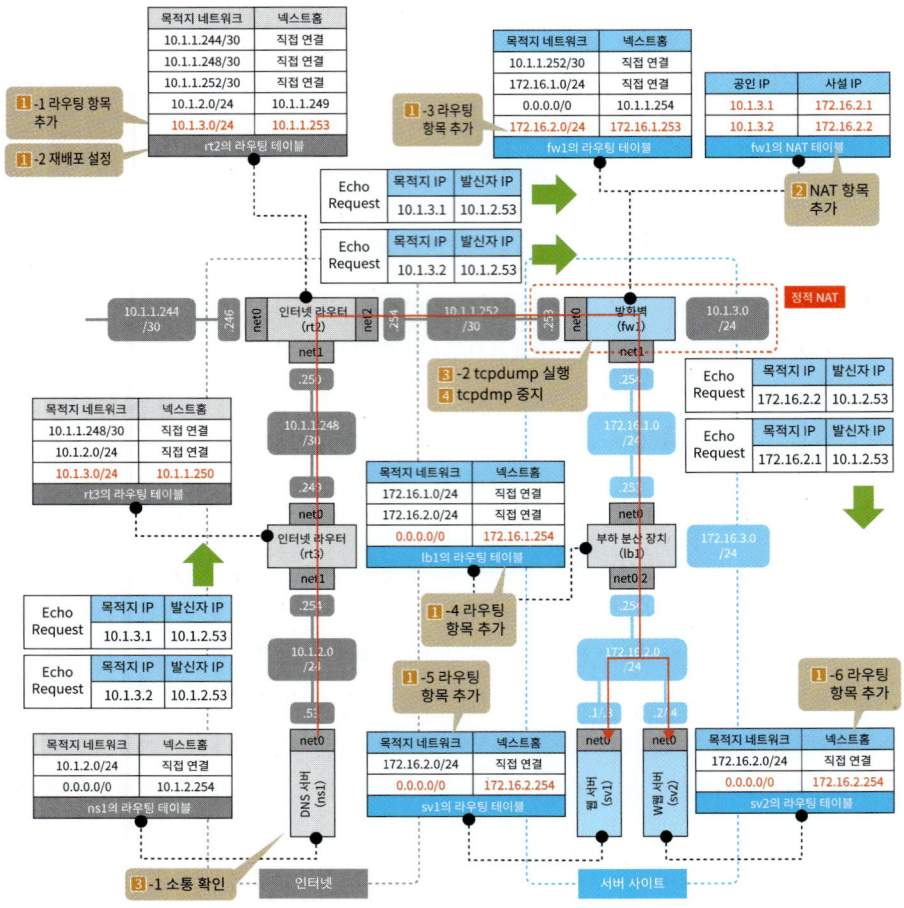

[그림] 정적 NAT 설정

01. 정적 NAT를 설정하기 전에 ns1에서 sv1, sv2에 대한 경로를 확보해야 한다. 라우팅이 되지 않으면 NAT를 설정하더라도 IP 패킷이 대상 단말에 도달할 수 없다. 이제 ns1에서 sv1, sv2로 한 홉씩 차례로 라우팅 테이블을 확인하고 적절한 항목을 설정해 보겠다. 미리 말하지만 이 단계는 관련 장비가 많기 때문에 다소 시간이 오래 걸린다. 하지만 여기서 경로만 확보해두면 이후 모든 실습 항목에서 사용할 수 있으니 조금만 참고 견뎌보자.

먼저 ns1에 로그인하여 라우팅 테이블을 확인한다. ns1은 동적 라우팅 실습(159쪽)에서 이미 기본 게이트웨이가 설정되어 있을 것이다. 혹시 모르니 route 명령으로 확인해 보자.

[코드] ns1의 라우팅 테이블

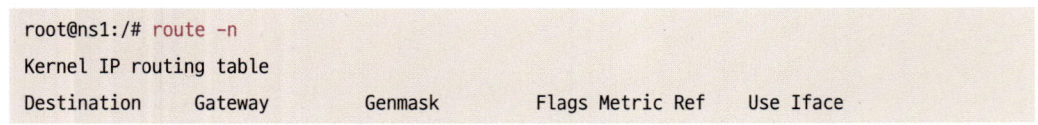

```
0.0.0.0          10.1.2.254        0.0.0.0          UG    0    0    0 net0
10.1.2.0         0.0.0.0           255.255.255.0    U     0    0    0 net0
```

다음으로 rt3에 로그인하여 라우팅 테이블을 확인한다. vtysh 명령으로 VTY 셸에 들어가서 show ip route 명령으로 라우팅 테이블을 살펴 보겠다. 그러면 공개 IP 네트워크(10.1.3.0/24)를 OSPF로 학습하지 않았다. rt2가 공개 IP 네트워크를 OSPF로 광고하지 않았을 가능성이 있다. rt2를 살펴보자.

[코드] rt3의 라우팅 테이블

```
root@rt3:/# vtysh

Hello, this is FRRouting (version 8.4.1).
Copyright 1996-2005 Kunihiro Ishiguro, et al.



rt3# show ip route
Codes: K - kernel route, C - connected, S - static, R - RIP,
       O - OSPF, I - IS-IS, B - EGP, E - EIGRP, N - NHRP,
       T - Table, v - VNC, V - VNC-Direct, A - Babel, F - PBR,
       f - OpenFabric,
       > - selected route, * - FIB route, q - queued, r - rejected, b - backup
       t - trapped, o - offload failure

O>*   10.1.1.244/30 [110/20] via 10.1.1.250, net0, weight 1, 09:09:39
O     10.1.1.248/30 [110/10] is directly connected, net0, weight 1, 09:10:29
C>*   10.1.1.248/30 is directly connected, net0, 09:10:30
O>*   10.1.1.252/30 [110/20] via 10.1.1.250, net0, weight 1, 09:09:39
O     10.1.2.0/24 [110/10] is directly connected, net1, weight 1, 09:10:29
C>*   10.1.2.0/24 is directly connected, net1, 09:10:30
```

> 공개 네트워크에 대한 라우팅 항목이 없음

rt2에 로그인하고 마찬가지로 vtysh 명령어로 VTY 셸에 진입한 후 show ip route 명령어로 라우팅 테이블을 확인한다. 그러면 공개 IP 네트워크(10.1.3.0/24)의 라우팅 항목이 없다. 먼저 configure terminal 명령으로 글로벌 설정 모드로 들어가 ip route 명령으로 공개 IP 네트워크(10.1.3.0/24)에 대한 정적 경로를 설정한다. 하지만 이것만으로는 정적 라우팅이 설정되었을 뿐, 아직 OSPF에서 rt3에 공개 IP 네트워크(10.1.3.0/24)가 광고되지 않는다. 따라서 'router ospf 명령'으로 라우터 설정 모드로 진입한 후 'redistribute static 명령'으로 정적 경로를 OSPF에 재분배한다.

[코드] rt2 설정

```
root@rt2:/# vtysh

Hello, this is FRRouting (version 8.4.1).
Copyright 1996-2005 Kunihiro Ishiguro, et al.
```

```
rt2# show ip route
Codes: K - kernel route, C - connected, S - static, R - RIP,
       O - OSPF, I - IS-IS, B - BGP, E - EIGRP, N - NHRP,
       T - Table, v - VNC, V - VNC-Direct, A - Babel, F - PBR,
       f - OpenFabric,
       > - selected route, * - FIB route, q - queued, r - rejected, b - backup
       t - trapped, o - offload failure

O       10.1.1.244/30 [110/10] is directly connected, net0, weight 1, 09:12:07
C>*     10.1.1.244/30 is directly connected, net0, 09:12:07
O       10.1.1.248/30 [110/10] is directly connected, net1, weight 1, 09:12:07
C>*     10.1.1.248/30 is directly connected, net1, 09:12:07
O       10.1.1.252/30 [110/10] is directly connected, net2, weight 1, 09:12:07
C>*     10.1.1.252/30 is directly connected, net2, 09:12:07
O>*     10.1.2.0/24 [110/20] via 10.1.1.249, net1, weight 1, 09:11:16
```

공개 IP 네트워크에 대한 라우팅 항목이 없음

```
rt2# configure terminal
rt2(config)# ip route 10.1.3.0/24 10.1.1.253
rt2(config)# router ospf
rt2(config-router)# redistribute static
```

정적 라우팅을 설정하고 OSPF로 재분배

이제 rt3에서 공개 IP 네트워크(10.1.3.0/24)의 라우팅 항목이 보이는 것을 확인할 수 있을 것이다. 혹시 모르니 rt3에서도 다시 show ip route 명령으로 라우팅 항목을 확인한다. 그러면 공개 IP 네트워크(10.1.3.0/24)의 라우팅 항목이 생성되어 있을 것이다.

[코드] rt2 설정 후 rt3의 라우팅 테이블

```
rt3# show ip route
Codes: K - kernel route, C - connected, S - static, R - RIP,
       O - OSPF, I - IS-IS, B - BGP, E - EIGRP, N - NHRP,
       T - Table, v - VNC, V - VNC-Direct, A - Babel, F - PBR,
       f - OpenFabric,
       > - selected route, * - FIB route, q - queued, r - rejected, b - backup
       t - trapped, o - offload failure

O>*     10.1.1.244/30 [110/20] via 10.1.1.250, net0, weight 1, 09:15:11
O       10.1.1.248/30 [110/10] is directly connected, net0, weight 1, 09:16:01
C>*     10.1.1.248/30 is directly connected, net0, 09:16:02
O>*     10.1.1.252/30 [110/20] via 10.1.1.250, net0, weight 1, 09:15:11
O       10.1.2.0/24 [110/10] is directly connected, net1, weight 1, 09:16:01
```

```
C>*        10.1.2.0/24 is directly connected, net1, 09:16:02
O>*        10.1.3.0/24 [110/20] via 10.1.1.250, net0, weight 1, 00:02:15
```
— 공개 IP 네트워크 학습

다음으로 fw1의 라우팅 테이블을 확인한다. fw1에 로그인하고 마찬가지로 vtysh 명령어로 VTY 셸에 진입한 후 show ip route 명령어로 라우팅 테이블을 확인한다. 그러면 현재 직접 연결된 네트워크(10.1.1.252/30, 172.16.1.0/24)와 정적 라우팅 실습에서 설정한 기본 경로(0.0.0.0/0)만 있다. sv1과 sv2가 있는 웹 서버 네트워크(172.16.2.0/24)에 대한 라우팅 항목이 없다.

[코드] fw1 라우팅 테이블

```
root@fw1:/# vtysh

Hello, this is FRRouting (version 8.4.1).
Copyright 1996-2005 Kunihiro Ishiguro, et al.

fw1# show ip route
Codes: K - kernel route, C - connected, S - static, R - RIP,
       O - OSPF, I - IS-IS, B - BGP, E - EIGRP, N - NHRP,
       T - Table, v - VNC, V - VNC-Direct, A - Babel, F - PBR,
       f - OpenFabric,
       > - selected route, * - FIB route, q - queued, r - rejected, b - backup
       t - trapped, o - offload failure

S>* 0.0.0.0/0 [1/0] via 10.1.1.254, net0, weight 1, 09:19:19
C>* 10.1.1.252/30 is directly connected, net0, 09:19:20
C>* 172.16.1.0/24 is directly connected, net1, 09:19:20
```
— 웹 서버 네트워크에 대한 라우팅 항목이 없음

configure terminal 명령으로 글로벌 설정 모드로 들어가서 ip route 명령으로 정적 경로를 설정한다. 그 후 혹시 모르니 exit 명령으로 글로벌 설정 모드에서 빠져나와 show ip route 명령으로 라우팅 항목이 추가됐는지 확인한다. 확인이 완료되면 exit 명령으로 VTY 셸에서 빠져나온다.

[코드] fw1의 설정 및 라우팅 테이블

```
fw1# configure terminal
fw1(config)# ip route 172.16.2.0/24 172.16.1.253
fw1(config)# exit

fw1# show ip route
Codes: K - kernel route, C - connected, S - static, R - RIP,
       O - OSPF, I - IS-IS, B - BGP, E - EIGRP, N - NHRP,
       T - Table, v - VNC, V - VNC-Direct, A - Babel, F - PBR,
       f - OpenFabric,
```

```
            > - selected route, * - FIB route, q - queued, r - rejected, b - backup
            t - trapped, o - offload failure

S>* 0.0.0.0/0 [1/0] via 10.1.1.254, net0, weight 1, 09:20:44
C>* 10.1.1.252/30 is directly connected, net0, 09:20:45
C>* 172.16.1.0/24 is directly connected, net1, 09:20:45
S>* 172.16.2.0/24 [1/0] via 172.16.1.253, net1, weight 1, 00:00:07


fw1# exit
root@fw1:/#
```

lb1에 로그인하여 라우팅 테이블을 확인한다. lb1의 컨테이너 이미지에는 FRR이 설치되어 있지 않으므로 route 명령을 사용한다. 그러면 직접 연결된 라우팅 항목만 있으므로 sv1, sv2에서 응답하는 IP 패킷을 반환할 수 없다.

[코드] lb1의 라우팅 테이블

```
root@lb1:/# route -n
Kernel IP routing table
Destination     Gateway         Genmask         Flags Metric Ref    Use Iface
172.16.1.0      0.0.0.0         255.255.255.0   U     0      0        0 net0
172.16.2.0      0.0.0.0         255.255.255.0   U     0      0        0 net0.2
```

그래서 route 명령으로 기본 게이트웨이를 설정하고 다시 라우팅 테이블을 확인한다. 넥스트 홉은 fw1(172.16.1.254)이다.

[코드] lb1 설정 후의 라우팅 테이블

```
root@lb1:/# route add default gw 172.16.1.254

root@lb1:/# route -n
Kernel IP routing table
Destination     Gateway         Genmask         Flags Metric Ref    Use Iface
0.0.0.0         172.16.1.254    0.0.0.0         UG    0      0        0 net0
172.16.1.0      0.0.0.0         255.255.255.0   U     0      0        0 net0
172.16.2.0      0.0.0.0         255.255.255.0   U     0      0        0 net0.2
```

마지막으로 sv1과 sv2에 각각 로그인하여 라우팅 테이블을 확인한다. sv1과 sv2의 컨테이너 이미지에도 FRR이 설치되어 있지 않으므로 route 명령을 사용한다. lb1과 마찬가지로 직접 연결되는 라우팅 항목만 있다. 이 상태로는 Echo Reply를 반환할 수 없다.

[코드] sv1의 라우팅 테이블[18]

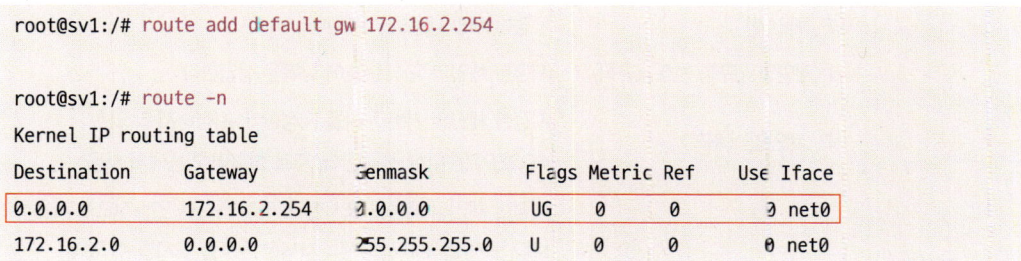

route 명령으로 기본 게이트웨이를 설정하고 다시 라우팅 테이블을 확인한다. 넥스트 홉은 lb1(172.16.2.254)이다.

[코드] sv1 설정 후의 라우팅 테이블[19]

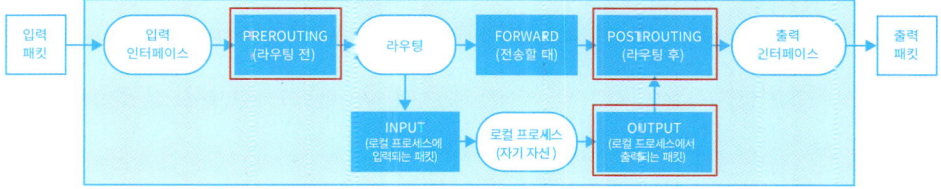

02. 사전 준비가 조금 힘들었지만 이제 관련 장비의 라우팅 테이블은 문제 없을 것이다. 이제 fw1의 정적 NAT를 설정해 보자.

앞서 언급했듯이 NAT는 iptables를 사용한다. iptables는 리눅스에 구현된 NAT 기능과 방화벽 기능인 'Netfilter'를 간접적으로 설정하는 명령어다. iptables는 'nat 테이블'이라는 NAT 테이블에서 '라우팅 전(PREROUTING)', '라우팅 후(POSTROUTING)', '로컬 프로세스에서 출력할 때(OUTPUT)'의 타이밍(체인)으로 NAT의 처리를 할 수 있다.

[그림] iptables가 NAT를 처리하는 타이밍(체인)

iptables를 설정할 때는 iptables 명령과 다음 표와 같은 옵션을 활용하여 NAT 전후의 IP 주소를 지정하거나 처리 시점을 지정한다. iptables 명령어에는 많은 옵션이 있는데, 갑자기 모든 옵션을 이해하기는 어렵다. 따라서 먼저 이 책의 실습 항목에서 사용되는 상용구를 이해하고, 필요에 따라 다른 옵션을 이해해 나가는 것이 좋다.

---

[18] sv2도 마찬가지다.
[19] sv2도 마찬가지다.

[표] iptables 명령의 대표 옵션

옵션 카테고리	옵션	의미
테이블 옵션	-t 〈테이블명〉	처리할 테이블을 지정한다(NAT의 경우 nat, 방화벽의 경우 filter) 생략하면 기본 filter가 지정된다.
명령어 옵션	-A 〈체인명〉	지정한 체인의 마지막에 항목을 추가한다
	-D 〈체인명〉〈규칙 번호〉	지정한 체인의 규칙 번호의 항목을 삭제한다
	-F [체인명]	지정한 체인 내용을 삭제한다
	-I 〈체인명〉 [규칙 번호] 〈규칙〉	지정한 체인의 규칙 번호에 항목을 삽입한다
	-P 〈체인명〉〈처리〉	지정한 체인의 기본 처리를 지정한다. 지정하지 않으면 ACCEPT(송수신 허용)한다. 주로 방화벽 기능에서 사용
	-L [체인명]	지정한 체인의 내용을 표시한다. 아래 옵션을 연속적으로 사용하여 보다 보기 쉽게 표시하거나 자세한 정보를 표시할 수 있다. ■ --line-numbers: 항목을 표시할 때 각 줄의 시작 부분에 줄 번호를 추가한다. ■ -n: FQDN이나 서비스 이름으로 표시하지 않고 IP 주소나 포트 번호 등 숫자로 표시한다. ■ -v: 상세 정보를 표시한다.
	-R 〈체인명〉〈규칙 번호〉 〈규칙〉	지정한 체인 이름의 규칙 번호의 항목을 대체한다
	-Z [체인명 [규칙 번호]]	지정한 체인 이름, 규칙 번호의 카운터를 0으로 설정한다
	-h	도움말을 표시한다
파라미터 옵션	-d 〈IP 주소[/서브넷 마스크]〉	목적지 IP 주소를 지정한다
	-i 〈인터페이스명〉	패킷을 수신할 인터페이스를 지정한다
	-j 〈처리〉	패킷이 일치할 때의 처리를 지정한다. 다음을 지정할 수 있다 ■ ACCEPT: 패킷 송수신을 허용한다 ■ DROP: 패킷을 폐기한다 ■ REJECT: 패킷을 폐기하고 폐기했음을 나타내는 ICMP 패킷을 반환한다 ■ LOG: 로그를 출력한다 ■ SNAT: 발신자 IP 주소를 변환한다(NAT 테이블의 PREROUTING에서만 사용 가능). '--to-source 〈IP 주소〉'를 계속하여 변환할 IP 주소를 지정할 수 있다

옵션 카테고리	옵션	의미
파라미터 옵션	-j 〈처리〉	▪ DNAT: 목적지 IP 주소를 변환한다(NAT 테이블의 PREROUTING, OUTPUT에서만 사용 가능). '--to-destination 〈IP 주소〉'를 계속하여 변환할 IP 주소를 지정할 수 있다 ▪ MASQUERADE: 나가는 인터페이스의 IP 주소를 발신자 IP 주소로 변환한다(NAT 테이블의 POSTROUTING 체인에서만 사용 가능)
	-o 〈인터페이스명〉	패킷을 전송할 인터페이스를 지정한다
	-s 〈IP 주소[/서브넷 마스크]〉	발신자 IP 주소를 지정한다
	-p 〈프로토콜〉	프로토콜(tcp, udp, icmp, all)을 지정한다
매칭 확장 옵션	-m conntrack	conntrack 테이블의 연결 상태를 지정한다 ▪ '--state 〈접속 상태〉'를 연속으로 입력하면 다음과 같은 파라미터를 지정할 수 있음. 여러 개의 파라미터를 쉼표로 연결하여 여러 개의 연결 상태를 지정할 수도 있음 ▪ INVALID: 기존 연결과 일치하지 않음 ▪ ESTABLISHED: 이미 확립된 커뮤니케이션 ▪ NEW: 새로운 연결 ▪ 관련: 기존 통신과 관련 있는 통신
매칭 확장 옵션	-m tcp	'-p tcp'가 지정되면 TCP와 관련된 다음과 같은 다양한 파라미터를 지정할 수 있음 ▪ --source-port 〈포트 번호〉: 발신자 포트 번호 --destination-port 〈포트 번호〉: 목적지 포트 번호 ▪ --tcp-flags 〈TCP 플래그〉: TCP 플래그(SYN, ACK, FIN, RST, RST, URG, PSH, ALL, NONE) ▪ --syn: TCP 플래그 SYN이 설정되어 있고, ACK와 RST가 설정되어 있지 않다
	-m udp	'-p udp'가 지정되면 UDP와 관련된 다음과 같은 다양한 파라미터를 지정할 수 있음 ▪ --source-port 〈포트 번호〉: 발신자 포트 번호 ▪ --destination-port 〈포트 번호〉: 목적지 포트 번호
	-m icmp	'-p icmp'가 지정되면 ICMP와 관련된 다음과 같은 다양한 파라미터를 지정할 수 있음 ▪ --icmp-type 〈유형(번호)〉: ICMP 유형

이제 정적 NAT로 sv1(172.16.2.1)과 sv2(172.16.2.2)를 각각 '10.1.3.1'과 '10.1.3.2'로 인터넷에 공개해 보자. 서버를 인터넷에 공개할 때 정적 NAT는 PREROUTING(라우팅하기 전)에 목적지 IP 주소를 '10.1.3.1'에서 '172.16.2.1'로, '10.1.3.2'에서 '172.16.2.2'로 각각 변환하는 NAT 엔트리를 추가한다. 다음과 같이 iptables 명령을 입력한다.

[코드] fw1에 정적 NAT를 설정한다.

```
root@fw1:/# iptables -t nat -A PREROUTING -d 10.1.3.1 -j DNAT --to-destination 172.16.2.1
root@fw1:/# iptables -t nat -A PREROUTING -d 10.1.3.2 -j DNAT --to-destination 172.16.2.2
```

혹시 모르니 'iptables -t nat -L'로 NAT 테이블을 확인한다. 그러면 라우팅하기 전에(PREROUTING) 목적지 IP 주소가 '10.1.3.1'에서 '172.16.2.1', '10.1.3.2'에서 '172.16.2.2'로 변환되는 NAT 항목이 생성되어 있다.

[코드] NAT 테이블 확인

```
root@fw1:/# iptables -t nat -L
Chain PREROUTING (policy ACCEPT)
target     prot opt source               destination
DNAT       all  --  anywhere             10.1.3.1             to:172.16.2.1
DNAT       all  --  anywhere             10.1.3.2             to:172.16.2.2

Chain INPUT (policy ACCEPT)
target     prot opt source               destination

Chain OUTPUT (policy ACCEPT)
target     prot opt source               destination

Chain POSTROUTING (policy ACCEPT)
target     prot opt source               destination
```

03. 그럼 ns1에서 공개된 IP 주소(10.1.3.1, 10.1.3.2)로 ping을 해보자. 그러면 응답이 돌아온다. 이제 sv1, sv2를 인터넷에 공개되었다.

[코드] ns1에서 통신 확인

```
root@ns1:/# ping 10.1.3.1 -c 1
PING 10.1.3.1 (10.1.3.1) 56(84) bytes of data.
64 bytes from 10.1.3.1: icmp_seq=1 ttl=60 time=0.752 ms

--- 10.1.3.1 ping statistics ---
1 packets transmitted, 1 received, 0% packet loss, time 0ms
rtt min/avg/max/mdev = 0.752/0.752/0.752/0.000 ms

root@ns1:/# ping 10.1.3.2 -c 1
```

```
PING 10.1.3.2 (10.1.3.2) 56(84) bytes of data.
64 bytes from 10.1.3.2: icmp_seq=1 ttl=60 time=0.447 ms

--- 10.1.3.2 ping statistics ---
1 packets transmitted, 1 received, 0% packet loss, time 0ms
rtt min/avg/max/mdev = 0.447/0.447/0.447/0.000 ms
```

혹시 정적 NAT가 되어 있는지 확인하기 위해 fw1에서 tcpdump하고 다시 ns1에서 ping을 해보자. 여기서는 IP 주소가 변환된 것을 알 수 있도록 '-ni any'로 도든 인터페이스를 지정하여 IP 주소가 표시되도록 한다. 그러면 Echo Request의 대상 IP 주소가 각각 '172.16.2.1'과 '172.16.2.2'로 변환된 것을 확인할 수 있다. 또한, Echo Reply의 발신자 IP 주소가 '10.1.3.1'과 '10.1.3.2'로 각각 변환된 것을 확인할 수 있다.

[코드] fw1에서 tcpdump하기

```
root@fw1:/# tcpdump -ni any icmp
tcpdump: verbose output suppressed, use -v or -vv for full protocol decode
listening on any, link-type LINUX_SLL (Linux cooked v1), capture size 262144 bytes
16:54:32.694361 IP 10.1.2.53 > 10.1.3.1: ICMP echo request, id 33, seq 1, length 64
16:54:32.694389 IP 10.1.2.53 > 172.16.2.1: ICMP echo request, id 33, seq 1, length 64
16:54:32.695062 IP 172.16.2.1 > 10.1.2.53: ICMP echo reply, id 33, seq 1, length 64
16:54:32.695092 IP 10.1.3.1 > 10.1.2.53: ICMP echo reply, id 33, seq 1, length 64

16:54:37.441804 IP 10.1.2.53 > 10.1.3.2: ICMP echo request, id 34, seq 1, length 64
16:54:37.441832 IP 10.1.2.53 > 172.16.2.2: ICMP echo request, id 34, seq 1, length 64
16:54:37.442226 IP 172.16.2.2 > 10.1.2.53: ICMP echo reply, id 34, seq 1, length 64
16:54:37.442233 IP 10.1.3.2 > 10.1.2.53: ICMP echo reply, id 34, seq 1, length 64
```

04. fw1에서 Ctrl+C를 누르고 tcpdump 명령을 종료한다.

이상으로 정적 NAT 설정이 완료되었다.

NAPT

다음으로 NAPT를 설정해 보자. 여기서는 rt1에 NAPT를 설정하여 가정 내 LAN에 있는 cl1(192.168.11.1), cl2(192.168.11.2), cl3(192.168.11.100)이 rt1의 net0 IP 주소(10.1.1.245)로 인터넷에 접속할 수 있도록 설정한다. 그리고 cl1과 cl2에서 인터넷에 있는 ns1에 대해 통신 확인을 한다.

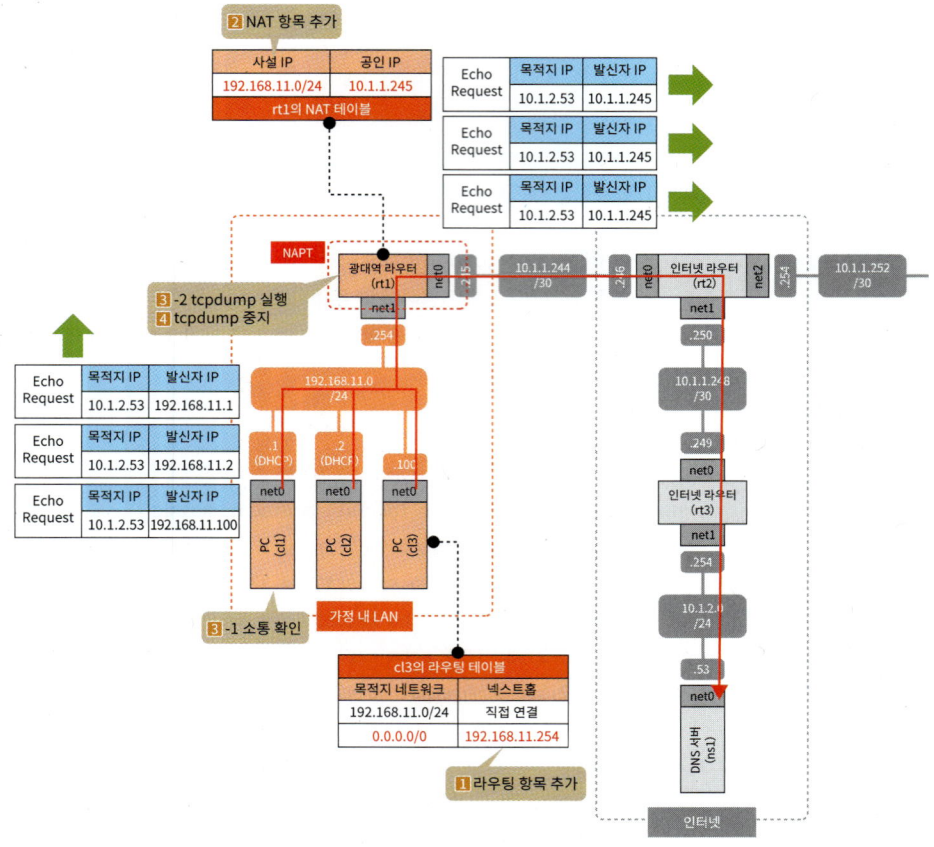

[그림] NAPT 설정

01. NAPT를 설정하기 전 가정 내 LAN에서 ns1에 대한 경로를 확보하기 위해 cl1, cl2, cl3에 각각 로그인하여 차례로 라우팅 테이블을 확인한다.

cl1과 cl2는 339쪽에서 설명하는 DHCP로 IP 주소와 함께 기본 게이트웨이의 IP 주소를 받고 있으므로 라우팅적으로는 문제가 없다.

[코드] cl1의 라우팅 테이블

```
root@cl1:/# route -n
Kernel IP routing table
Destination     Gateway         Genmask         Flags Metric Ref    Use Iface
0.0.0.0         192.168.11.254  0.0.0.0         UG    0      0        0 net0
192.168.11.0    0.0.0.0         255.255.255.0   U     0      0        0 net0
```

다음으로 cl3의 라우팅 테이블을 확인한다. 그러면 DHCP를 사용하지 않기 때문에 기본 게이트웨이가 설정되어 있지 않음을 알 수 있다. 따라서 route add 명령으로 기본 게이트웨이를 설정하고 다시 route 명령으로 라우팅 테이블을 확인한다.

[코드] cl3 설정 및 라우팅 테이블 확인

```
root@cl3:/# route -n
Kernel IP routing table
Destination     Gateway         Genmask         Flags Metric Ref    Use Iface
192.168.11.0    0.0.0.0         255.255.255.0   U     0      0        0 net0

root@cl3:/# route add default gw 192.168.11.254

root@cl3:/# route -n
Kernel IP routing table
Destination     Gateway         Genmask         Flags Metric Ref    Use Iface
0.0.0.0         192.168.11.254  0.0.0.0         UG    0      0        0 net0
192.168.11.0    0.0.0.0         255.255.255.0   U     0      0        0 net0
```

다음으로 rt1에 로그인하여 라우팅 테이블을 확인한다. rt1의 라우팅 테이블은 정적 라우팅 실습(147쪽)에서 이미 설정했다. 혹시 모르니 vtysh 명령어로 VTY 셸에 들어가서 show ip route 명령어로 확인만 해두자. 확인이 끝나면 exit 명령으로 VTY 셸에서 빠져나온다.

[코드] rt1의 라우팅 테이블

```
root@rt1:/# vtysh

Hello, this is FRRouting (version 8.3.1).
Copyright 1996-2005 Kunihiro Ishiguro, et al.

rt1# show ip route
Codes: K - kernel route, C - connected, S - static, R - RIP,
       O - OSPF, I - IS-IS, B - BGP, E - EIGRP, N - NHRP,
       T - Table, v - VNC, V - VNC-Direct, A - Babel, F - PBR,
       f - OpenFabric,
       > - selected route, * - FIB route, q - queued, r - rejected, b - backup
       t - trapped, o - offload failure

S>* 0.0.0.0/0 [1/0] via 10.1.1.246, net0, weight 1, 00:35:19
C>* 10.1.1.244/30 is directly connected, net0, 00:35:20
C>* 192.168.11.0/24 is directly connected, net1, 00:35:20
```

```
rt1# exit
root@rt1:/#
```

나머지 장비(rt2, rt3, ns1)의 라우팅 테이블은 앞서 정적 NAT 실습 항목에서 이미 설정했으므로 생략한다.

02. 사전 준비가 끝났다. 이제 rt1에서 NAPT를 설정해 보자. 인터넷에 접속할 때 NAPT는 POSTROUTING(라우팅 후)에 발신자 IP 주소를 '192.168.11.0/24'에서 rt1의 net0의 IP 주소(10.1.1.245)로 변환하는 NAT 항목을 추가한다.

[코드] NAPT 설정하기

```
root@rt1:/# iptables -t nat -A POSTROUTING -s 192.168.11.0/24 -j MASQUERADE
```

혹시 모르니 'iptables -t nat -L'로 NAT 테이블을 확인한다. 그러면 라우팅 후(POSTROUTING) 발신 IP 주소가 '192.168.11.0/24'에서 '10.1.1.245(출력되는 인터페이스의 IP 주소, rt1의 net0의 IP 주소)'로 변환되는 NAT 항목이 생성되어 있다.

[코드] NAT 테이블 확인

```
root@rt1:/# iptables -t nat -L
Chain PREROUTING (policy ACCEPT)
target     prot opt source               destination

Chain INPUT (policy ACCEPT)
target     prot opt source               destination

Chain OUTPUT (policy ACCEPT)
target     prot opt source               destination

Chain POSTROUTING (policy ACCEPT)
target     prot opt source               destination
MASQUERADE  all  --  192.168.11.0/24      anywhere
```

03. 그럼 가정 내 LAN에 있는 PC(cl1, cl2, cl3)에서 ns1(10.1.2.53)에 대해 ping을 해보자. 그러면 응답이 돌아온다. 성공적으로 인터넷에 접속할 수 있게 되었다.

[코드] cl1에서 ns1에 대한 통신 확인

```
root@cl1:/# ping 10.1.2.53 -c 1
PING 10.1.2.53 (10.1.2.53) 56(84) bytes of data.
64 bytes from 10.1.2.53: icmp_seq=1 ttl=61 time=0.592 ms

--- 10.1.2.53 ping statistics ---
1 packets transmitted, 1 received, 0% packet loss, time 0ms
rtt min/avg/max/mdev = 0.592/0.592/0.592/0.000 ms
```

[코드] cl2에서 ns1에 대한 통신 확인

```
root@cl2:/# ping 10.1.2.53 -c 1
PING 10.1.2.53 (10.1.2.53) 56(84) bytes of data.
64 bytes from 10.1.2.53: icmp_seq=1 ttl=61 time=0.633 ms

--- 10.1.2.53 ping statistics ---
1 packets transmitted, 1 received, 0% packet loss, time 0ms
rtt min/avg/max/mdev = 0.633/0.633/0.633/0.000 ms
```

[코드] cl3에서 ns1에 대한 통신 확인

```
root@cl3:/# ping 10.1.2.53 -c 1
PING 10.1.2.53 (10.1.2.53) 56(84) bytes of data.
64 bytes from 10.1.2.53: icmp_seq=1 ttl=61 time=0.377 ms

--- 10.1.2.53 ping statistics ---
1 packets transmitted, 1 received, 0% packet loss, time 0ms
rtt min/avg/max/mdev = 0.377/0.377/0.377/0.000 ms
```

혹시라도 NAPT가 되어 있는지 확인하기 위해 rt1에서 tcpdump를 하면서 다시 ping을 해보자. 거기서는 IP 주소가 변환되고 있음을 알 수 있도록 '-ni any' 옵션으로 모든 인터페이스를 지정하여 IP 주소가 표시되게 한다. 그러면 모든 Echo Request의 발신자 IP 주소가 '10.1.1.245'로 변환된 것을 확인할 수 있다. 또한, Echo Reply의 목적지 IP 주소가 각각 원래의 IP 주소(192.168.11.1, 192.168.11.2, 192.168.11.3)로 되돌아간 것을 확인할 수 있다.

[코드] rt1에서 tcpdump하기

```
root@rt1:/# tcpdump -ni any icmp
tcpdump: verbose output suppressed, use -v or -vv for full protocol decode
listening on any, link-type LINUX_SLL (Linux cooked v1), capture size 262144 bytes
01:56:42.580832 IP 192.168.11.1 > 10.1.2.53: ICMP echo request, id 2, seq 1, length 64
01:56:42.580877 IP 10.1.1.245 > 10.1.2.53: ICMP echo request, id 2, seq 1, length 64
01:56:42.580894 IP 10.1.2.53 > 10.1.1.245: ICMP echo reply, id 2, seq 1, length 64
01:56:42.580897 IP 10.1.2.53 > 192.168.11.1: ICMP echo reply, id 2, seq 1, length 64

01:57:02.559415 IP 192.168.11.2 > 10.1.2.53: ICMP echo request, id 3, seq 1, length 64
01:57:02.559449 IP 10.1.1.245 > 10.1.2.53: ICMP echo request, id 3, seq 1, length 64
01:57:02.559465 IP 10.1.2.53 > 10.1.1.245: ICMP echo reply, id 3, seq 1, length 64
01:57:02.559468 IP 10.1.2.53 > 192.168.11.2: ICMP echo reply, id 3, seq 1, length 64
```

(cl1과 ns1의 통신)

(cl2와 ns1의 통신)

```
01:57:13.734367 IP 192.168.11.100 > 10.1.2.53: ICMP echo request, id 4, seq 1, length 64
01:57:13.734394 IP 10.1.1.245 > 10.1.2.53: ICMP echo request, id 4, seq 1, length 64
01:57:13.734409 IP 10.1.2.53 > 10.1.1.245: ICMP echo reply, id 4, seq 1, length 64
01:57:13.734411 IP 10.1.2.53 > 192.168.11.100: ICMP echo reply, id 4, seq 1, length 64
```

cl3와 ns1의 통신

04. rt1에서 Ctrl+C를 누르고 tcpdump 명령을 종료한다.

이상으로 NAPT 설정이 완료되었다.

이제 NAT 실습편에서 서버 사이트에 있는 서버는 인터넷에 공개되었고, NAPT 실습편에서 가정 내 LAN에 있는 PC는 인터넷에 접속할 수 있게 되었다. 다음 장부터는 가정 내 LAN의 PC에서 서버 사이트의 서버에 접속해 보겠다.

4장

레이어 4 프로토콜 이해하기

이 장에서는 주요 레이어 4 프로토콜인 'UDP(User Datagram Protocol)', 'TCP(Transmission Control Protocol)'와 이와 관련된 기술인 '방화벽'에 대해 이론과 실습의 두 가지 측면에서 설명한다. IP를 통해 전달된 패킷이 어떻게 OS 에서 애플리케이션으로 전달되는지, 그리고 방화벽이 어떻게 시스템을 보호하고 있는지 검증 환경을 통해 이해도를 높여보자.

4-1 검증 환경 이해하기

먼저 사전 지식으로 검증 환경 중 이번 장과 관련된 네트워크 구성에 대해 설명하겠다. 이 장의 주인공은 IP 주소와 포트 번호로 통신을 제어하는 '방화벽'이다. 이 책의 검증 환경에는 fw1이라는 방화벽이 서버 사이트를 보호하기 위해 배치되어 있다. 따라서 여기서는 fw1에 초점을 맞춰 설명한다. 물리/논리 구성도와 대조하면서 확인하기 바란다.

fw1(방화벽)

fw1은 서버 사이트를 인터넷으로부터 보호하는 방화벽이다. 인터넷은 모든 사용자와 단말이 접속하는 공공의 공간이다. 언제 누가 언제 서버나 정보를 탈취하려고 할지 알 수 없다. 그래서 검증 환경에서도 fw1을 최전방에 배치하여 뒤에 있는 부하 분산 장치(lb1)와 웹 서버(sv1, sv2)를 보호한다.

실제로 최근 방화벽은 '차세대 방화벽'이라 불리며 애플리케이션 식별 기능, IPS(Intrusion Prevention System, 침입방지시스템)/IDS(Intrusion Detection System, 침입탐지시스템), 바이러스 탐지 기능, VPN(Virtual Private Network) 등 다양한 보안 기능을 탑재하고 있다. 다만, 이 책은 입문서인 만큼 <u>IP 주소와 포트 번호로 통신을 제어하는 가장 기본적인 방화벽인 '전통적인 방화벽'의 기능을 fw1에 부여했다</u>. fw1은 인터넷(rt2의 net2)에서 패킷을 받으면 그 IP 주소와 포트 번호를 보고 통신을 허용하거나 차단하여 통신을 제어한다. 그리고 허용한 통신만 lb1의 net0으로 전달한다.

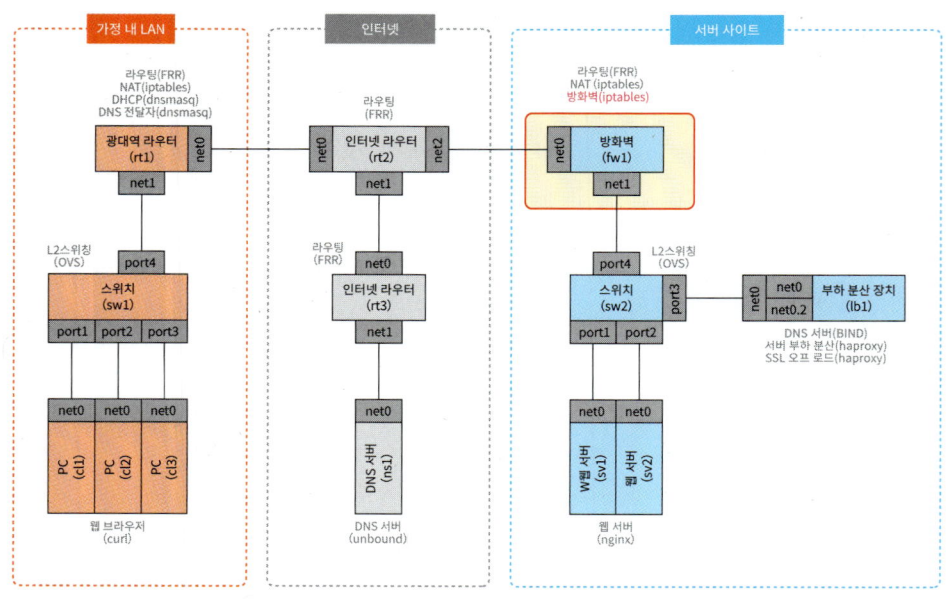

[그림] 이 장의 대상 범위(물리적 구성도)

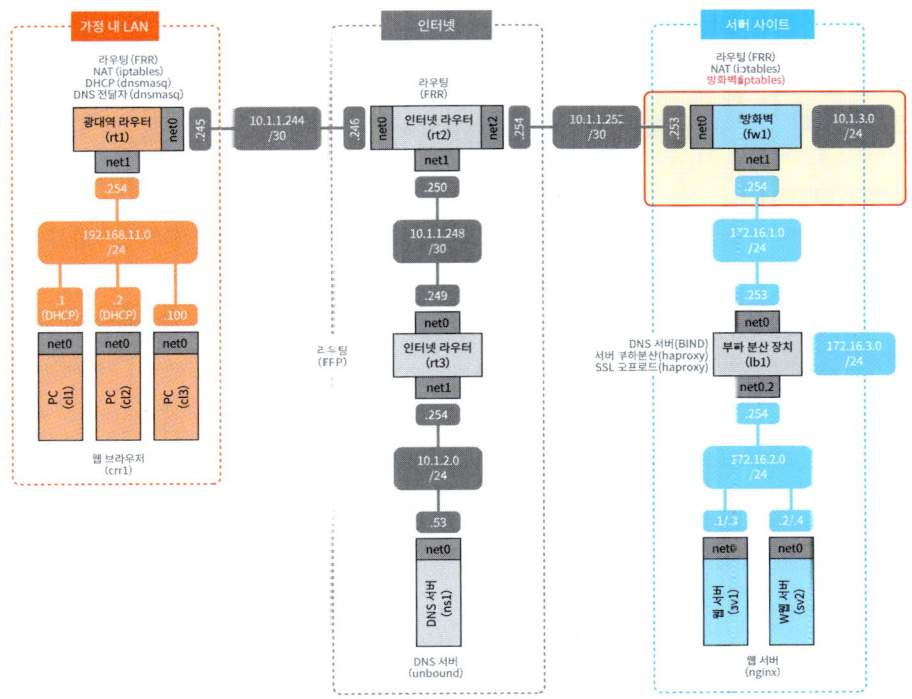

[그림] 이 장의 대상 범위(논리적 구성도)

4-2 네트워크 프로토콜 이해하기

이제부터 레이어 4 프로토콜에 대해 설명하겠다. 그 전에 OSI 참조 모델의 전송 계층(Layer 4, L4)에 대해 간단히 정리해 보자.

전송 계층은 '애플리케이션 식별'과 '요구사항에 따른 전송 제어'를 통해 네트워크와 애플리케이션을 연결하는 계층이다.

네트워크 계층은 여러 네트워크를 넘어 통신 상대방에게 패킷을 전달하는 것까지가 그 역할이다. 그 이상의 일은 하지 않는다. IP 덕분에 해외 서버에 접속할 수 있다고 해도 서버는 수신한 패킷을 어떤 애플리케이션에 전달해 처리해야 할지 알 수 없다.

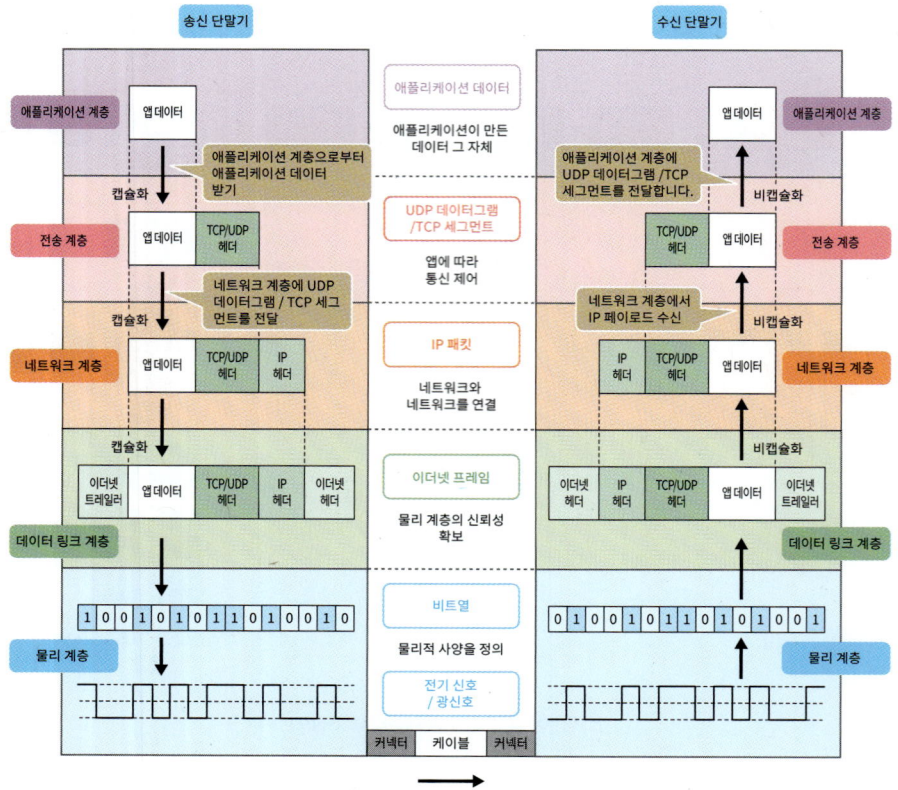

[그림] OSI 참조 모델의 전송 계층

따라서 전송 계층에서는 '포트 번호'라는 숫자를 이용해 패킷을 전달할 애플리케이션을 식별한다. 또한, 애플리케이션의 요구사항과 통신 상태에 따라 패킷의 송수신량을 조절하고, 전송 도중에 사라진 패킷을 재전송하기도 한다.

현대 네트워크에서 사용되는 레이어 4 프로토콜은 'UDP(User Datagram Protocol)'와 'TCP(Transmission Control Protocol)' 중 하나다. 애플리케이션이 즉시성(실시간성)을 원할 때는 UDP를, 안정성을 원할 때는 TCP를 사용한다.

4-2-1 UDP(User Datagram Protocol)

UDP(User Datagram Protocol)는 이름 풀이(314쪽)나 IP 주소 할당(341쪽), 음성 통화나 시간 동기화 등 즉시성(실시간성)이 요구되는 애플리케이션에 사용된다. 데이터를 보내기 전에 하는 연결 협상 처리[1] 와

---

1 '지금 보냅니다~', '좋아요~'라고 인사한 후 데이터를 전송하는 구조다.

데이터를 보낼 때의 확인 응답 처리[2]를 생략하고, 일방적으로 데이터를 계속 전송함으로써 즉시성을 향상시킨다.

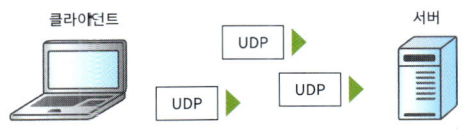

[그림] UDP는 패킷을 보내면 그대로 전송한다.

[표] UDP와 TCP의 비교

항목	UDP	TCP
IP 헤더의 프로토콜 번호	17	6
유형	비연결형	연결형
신뢰성	낮음	높음
즉시성(실시간성)	빠름	느림

이론 이해하기

UDP는 RFC 768 'User Datagram Protocol'에서 표준화된 프로토콜로 IP 헤더의 프로토콜 번호(114쪽)에서 '17'로 정의되어 있다. UDP는 상위 계층에서 받은 애플리케이션 데이터를 'UDP 페이로드'로 하고, 'UDP 헤더'를 붙임으로써 'UDP 데이터그램'으로 만든다.

UDP 패킷 형식

UDP는 즉시성(실시간성)에 중점을 두기 때문에 패킷 형식이 매우 단순하다. 구성되는 헤더 필드는 단 4개, 헤더의 길이도 8바이트(64비트)에 불과하다. 클라이언트(발신자)는 UDP로 UDP 데이터그램을 만들어 통신 상대방을 신경 쓰지 않고 계속 보내기만 하면 된다. 반면 데이터를 받은 서버(수신 단말)는 UDP 헤더에 포함된 UDP 데이터그램 길이와 체크섬을 이용해 데이터가 손상되지 않았는지 확인한다(체크섬 검증). 체크섬에 성공하면 데이터를 받아들인다.

---

2 '보냈습니다~'와 '받았습니다~'를 주고받으며 데이터를 전송하는 구조를 말한다.

	0비트	8비트	16비트	24비트
0바이트	발신자 포트 번호		목적지 포트 번호	
4바이트	UDP 데이터그램 길이		체크섬	
가변	UDP 페이로드(애플리케이션 데이터)			

[그림] UDP 패킷 형식

다음은 UDP 헤더의 각 필드에 대한 설명이다.

발신자/목적지 포트 번호

'포트 번호'는 애플리케이션(프로세스)의 식별에 사용되는 2바이트(16비트) 값이다. 클라이언트(발신자 단말)는 연결할 때 OS가 정해진 범위에서 무작위로 지정한 값을 '발신자 포트 번호'에, 애플리케이션별로 정의된 값을 '목적지 포트 번호'에 설정하여 서버(목적지 단말)로 전송한다. 데이터그램을 받은 서버는 목적지 포트 번호를 보고 어떤 애플리케이션의 데이터인지 판단하여 해당 애플리케이션에 데이터를 전달한다. 포트 번호에 대해서는 다음 항목에서 자세히 설명한다.

UDP 데이터그램 길이

'UDP 데이터그램 길이'는 UDP 헤더(8바이트=64비트)와 UDP 페이로드(애플리케이션 데이터)를 합한 전체 데이터그램의 크기를 나타내는 2바이트(16비트) 필드다. 바이트 단위로 설정된다. 최솟값은 UDP 헤더로만 구성된 경우 '8'이며, 최댓값은 이론적으로 65535바이트다.

체크섬

'체크섬'은 수신된 UDP 데이터그램이 손상되지 않았는지 무결성을 확인하는 데 사용되는 2바이트(16비트) 필드다. UDP의 체크섬 검증에는 IP 헤더의 체크섬과 동일한 '1의 보수 연산'이 사용된다. 데이터그램을 받은 단말은 검증에 성공하면 데이터그램을 받아들인다.

포트 번호

전송 계층 프로토콜에서 가장 중요한 필드는 '발신자 포트 번호'와 '목적지 포트 번호'다. UDP도 TCP도 우선 포트 번호가 있어야 한다.

IP에서 설명한 것처럼 IP 헤더만 있으면 전 세계 어느 목적지 단말로든 IP 패킷을 전달할 수 있다. 하지만 IP 패킷을 받은 단말은 해당 IP 패킷을 어떤 애플리케이션으로 처리해야 할지 알 수 없다. 그래서 네트워크 세계에서는 포트 번호를 사용한다. <u>포트 번호와 애플리케이션은 고유하게 연결되어 있어 포트 번호만 보면 어떤 애플리케이션에 데이터를 전달해야 하는지 알 수 있게 되어 있다.</u>

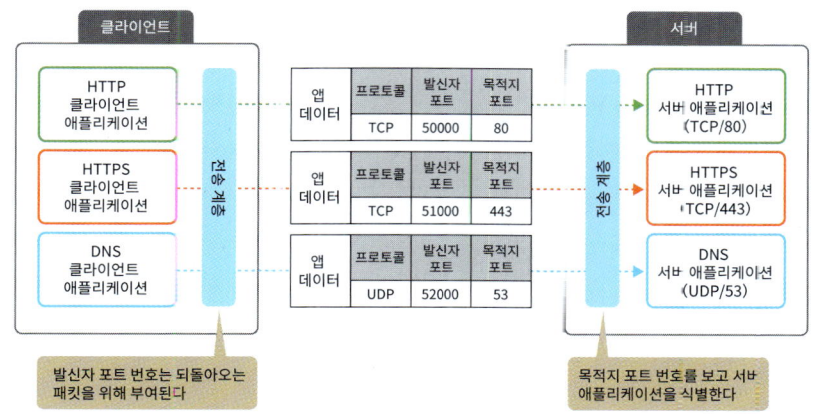

[그림] 포트 번호로 데이터를 전달하는 애플리케이션 식별하기

포트 번호는 애플리케이션 계층에서 동작하는 애플리케이션을 식별하는 2바이트(16비트) 숫자다. 0~65535번까지 'System Ports(Well-Known Ports)', 'User Ports(Registered Ports)', 'Dynamic Ports(Private Ports)'의 3가지로 구분된다. 이 중 System Ports와 User Ports는 주로 서버 애플리케이션을 식별하는 포트로 목적지 포트 번호에 사용된다[3]. Dynamic Ports는 주로 클라이언트 애플리케이션을 식별하는 포트 번호로 발신자 포트 번호에 사용된다[4].

[표] 3종류의 포트 번호

포트 번호 범위	명칭	용도
0 ~ 1023	System Ports(Well-known Ports)	일반적인 애플리케이션에 사용
1024 ~ 49151	User Ports(Registered Ports)	제조업체의 자체 애플리케이션에 사용
49152 ~ 65535	Dynamic Ports(Private Ports)	클라이언트 측에서 무작위로 할당하여 사용

시스템 포트

포트 번호 '0~1023'은 System Ports다. 일반적으로 '잘 알려진 포트(Well-known Ports)'로 알려져 있다. System Ports는 ICANN의 인터넷 자원 관리 기능인 IANA(Internet Assigned Numbers Authority)

---

[3] 사용하는 애플리케이션이나 OS, 용도에 따라 발신자 포트 번호로 사용되기도 한다.
[4] 사용하는 서버 애플리케이션에 따라 목적지 포트 번호로 사용되기도 한다.

에서 관리하고 있으며, 일반적인 서버 애플리케이션에 고유하게 매핑되어 있다[5]. 예를 들어, UDP의 123번이라면 ntpd, xntpd 등 시간 동기화에 사용하는 'NTP' 서버 애플리케이션과 연결되어 있다. TCP의 80번이라면 Apache, IIS(Internet Information Services), nginx 등 웹 사이트에서 사용하는 'HTTP' 서버 애플리케이션과 연결되어 있다.

[표] 대표적인 System Ports

포트 번호	UDP	TCP
20	—	FTP(데이터)
21	—	FTP(제어)
22	—	SSH
23	—	Telnet
25	—	SMTP
53	DNS(이름 풀이)	DNS(이름 풀이, 영역 전달)
69	TFTP	—
80	—	HTTP
110	—	POP3
123	NTP	—
443	HTTPS(QUIC)	HTTPS
587	—	SMTP Submission Port

User Ports

포트 번호 '1024~49151'은 User Ports다. 'Registered Ports'라고도 한다. User Ports는 System Ports와 마찬가지로 IANA에 의해 관리되며, 주로 제조업체가 개발한 자체 애플리케이션에 고유하게 매핑되어 있다. 예를 들어, TCP 3306번이라면 오라클의 MySQL(데이터베이스 서버 애플리케이션)에 매핑되어 있고, TCP 3389번이라면 마이크로소프트의 원격 데스크톱 서버 애플리케이션에 매핑되어 있다. 참고로 IANA에서 관리하는 포트 번호는 'https://www.iana.org/assignments/service-names-port-numbers/service-names-port-numbers.xhtml'에서 공개하고 있다.

---

[5] IANA가 관리하는 포트 번호 중 일부는 등록되어 있지만 사용되지 않거나, 등록되어 있지 않지만 사용되고 있는 경우도 있으며, User Ports도 마찬가지다.

[표] 대표적인 User Ports

포트 번호	UDP	TCP
1433	—	Microsoft SQL Server
1521	—	Oracle Database
1985	Cisco HSRP	—
3306	—	MySQL
3389	Microsoft Remote Desktop Service	Microsoft Remote Desktop Service
8080	—	Apache Tomcat
10050	—	Zabbix Agent
10051	—	Zabbix Trapper

Dynamic Ports

포트 번호 '49152~65535'는 Dynamic Ports다. 'Private Ports'라고도 한다. Dynamic Ports는 IANA에서 관리하지 않으며, 주로 클라이언트 애플리케이션이 서버 애플리케이션에 접속할 때 발신자 포트 번호로 무작위로 할당하는 것이다. 발신자 포트 번호에 이 범위의 포트 번호를 무작위로 할당함으로써 어떤 클라이언트 애플리케이션에 응답 패킷(응답)을 전달해야 하는지를 알 수 있다. 무작위로 할당하는 포트 번호의 범위는 OS에 따라 다르다. 예를 들어, 윈도우 OS에서는 기본적으로 '49152~65535'로 설정되어 있다. 검증 환경에서 사용하는 우분투 20.04는 기본적으로 '32768~60999'다. 우분투 20.04에서 사용하는 발신자 포트 번호 범위는 Dynamic Ports의 범위에서 약간 벗어나지만, 발신자 포트 번호는 클라이언트 단말 내에서 고유하면 되므로 통신에 문제가 발생하는 것은 아니다.

실습해 보기

지금까지의 지식을 바탕으로 실제 검증 환경을 이용하여 UDP 데이터그램을 캡처하고 분석해 보자. 여기서 사용할 설정 파일은 'spec_04.yaml'이다. 먼저 tinet up 명령어와 tinet conf 명령어로 spec_04.yaml을 불러와 검증 환경을 구축한다[6]. 그 방법을 잊어버린 사람은 2장(52쪽)을 참고하기 바란다.

여기서는 cl1과 ns1을 사용하여 실제로 전송되는 UDP 데이터그램을 캡처하고 내용을 분석한다.

---

[6] 이미 다른 설정 파일이 로드되어 있는 경우, 먼저 tinet down 명령(34쪽)을 통해 검증 환경을 삭제한다.

패킷 캡처하기

검증 환경이 준비됐다면 이제 UDP 데이터그램을 캡처해 보자. 캡처에 앞서 도움이 될 만한 tcpdump의 캡처 필터를 소개한다. 이를 옵션과 함께 입력한다. 여러 필터를 'and'나 'or'로 연결하여 캡처할 패킷을 더욱 세분화할 수도 있다.

[표] UDP 관련 대표적인 캡처 필터

캡처 필터	의미
udp	모든 UDP 데이터그램
udp port 〈포트 번호〉	발신자 포트 번호 또는 목적지 포트 번호가 지정한 포트 번호의 UDP 데이터그램
udp src port 〈포트 번호〉	발신자 포트 번호가 지정한 포트 번호의 UDP 데이터그램
udp dst port 〈포트 번호〉	목적지 포트 번호가 지정한 포트 번호의 UDP 데이터그램

이제 드디어 UDP 데이터그램을 캡처해 보겠다. 여기서는 가정 내 LAN에 있는 cl1에서 인터넷에 있는 ns1에 테스트 패킷(UDP 데이터그램)을 전송하고, ns1에서 해당 패킷을 캡처한다. 이제 구체적인 흐름에 대해 순서대로 설명해 보겠다.

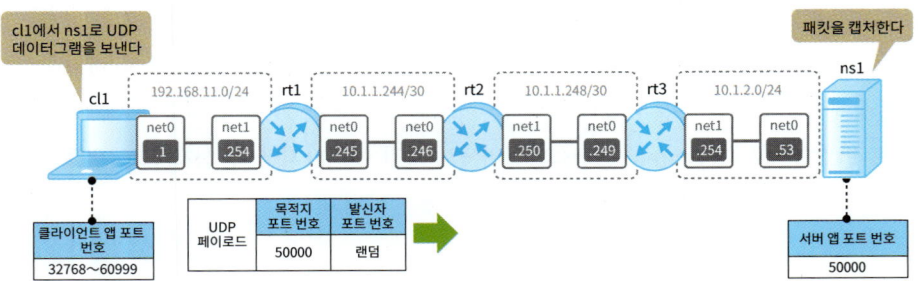

[그림] cl1으로 테스트 패킷을 전송하고 ns1으로 캡처한다.

01. cl1과 ns1에 각각 로그인하고 ns1을 UDP 서버로 설정하여 UDP 데이터그램을 수신할 준비를 한다. 여기서는 UDP 서버에 'nc(netcat) 명령어'를 사용한다.

   nc 명령은 명령줄에서 UDP 데이터그램과 TCP 세그먼트를 송수신하기 위한 도구다. 간단한 레이어 4 패킷을 쉽게 생성할 수 있을 뿐만 아니라 다음 표와 같이 다양한 옵션을 갖추고 있어 레이어 4 레벨 테스트에 특히 유용하다.

[표] nc 명령의 대표적인 옵션

숏 옵션	롱 옵션	의미
-4		IPv4만 사용한다
-6		IPv6만 사용한다
-h	--help	도움말을 표시한다
-p ⟨포트 번호⟩	--source-port ⟨포트 번호⟩	발신자 포트 번호를 지정한다
-l ⟨포트 번호⟩	--listen ⟨포트 번호⟩	대기 포트 번호를 지정한다
-s ⟨IP 주소⟩	--source-addr ⟨IP 주소⟩	발신자 IP 주소를 지정한다
-u	--udp	UDP를 사용한다. 기본값은 TCP
-w ⟨타임아웃 초⟩	--wait ⟨타임아웃 초⟩	타임아웃 시간(초)을 지정한다

이제 ns1에서 'nc -ul 50000'을 입력하여 목적지 포트 번호 50000번의 JDP 데이터그램을 기다리는 UDP 서버를 실행한다.

[코드] UDP 서버 시작

```
root@ns1:/# nc -ul 50000
```

확인 차원에서 'ss 명령'으로 목적지 포트 번호가 50000번의 UDP 데이터그램을 받아들일 수 있는지 확인한다. ss 명령은 통신 상태를 표시하는 명령이다. 다음 표의 옵션을 조합하여 다양한 정보를 표시할 수 있다.

[표] ss 명령의 대표적인 옵션

숏 옵션	롱 옵션	의미
-4	--ipv4	IPv4 관련 통신 상태를 표시한다
-6	--ipv6	IPv6 관련 통신 상태를 표시한다
-a	--all	모든 통신 상태를 표시한다
-h	--help	옵션 요약을 표시한다
-l	--listening	대기 포트만 표시한다
-n	--numeric	포트 번호를 표시한다. 서비스명으로 변환하지 않음
-p	--processes	각 통신과 관련된 프로세스를 표시한다
-t	--tcp	TCP 관련 통신 상태를 표시한다
-u	--udp	UDP 관련 통신 상태를 표시한다

다른 창 또는 탭을 하나 더 열고 ns1에 로그인한 후 ss 명령을 실행한다. 그러면 nc 명령의 프로세스가 50000번에서 패킷을 기다리고 있는 것을 확인할 수 있다.

[코드] ss 명령의 표시 결과

```
root@ns1:/# ss -lnup
State    Recv-Q  Send-Q  Local Address:Port  Peer Address:Port  Process
UNCONN   0       0       0.0.0.0:50000       0.0.0.0:*          users:(("nc",pid=194,fd=3))
UNCONN   0       0       0.0.0.0:53          0.0.0.0:*          users:(("unbound",pid=115,fd=3))
```

02. 이어서 ns1에서 마찬가지로 tcpdump 명령을 실행하여 앞으로 주고받을 패킷에 대비한다. 여기서는 ns1의 net0에서 주고받는 발신자 포트 번호 또는 목적지 포트 번호가 '50000'인 UDP 데이터그램을 캡처하여 컨테이너에 있는 '/tmp/tinet'이라는 폴더에 'udp.pcapng'라는 파일명으로 기록하도록 한다.

[코드] tcpdump 명령어 실행

```
root@ns1:/# tcpdump -i net0 -w /tmp/tinet/udp.pcapng udp port 50000
tcpdump: listening on net0, link-type EN10MB (Ethernet), capture size 262144 bytes
```

03. cl1에서 UDP 데이터그램을 생성한다. cl1에서 'nc -u 10.1.2.53 50000'을 입력한 후 'Hello'를 입력해 보자. 그러면 ns1에서도 해당 문자열이 표시된다.

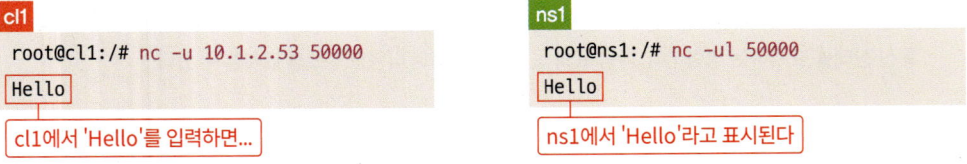

[그림] cl1에서 ns1로 UDP 데이터그램 전송하기

04. 모든 창에서 Ctrl+c를 눌러 nc와 tcpdump를 종료한다.

패킷 분석하기

다음으로 앞 절에서 캡처한 UDP 데이터그램을 분석해 보겠다. 분석에 앞서 도움이 될 만한 Wireshark의 표시 필터를 소개하겠다. 필터 툴바에 필터를 입력한다. 여러 개의 표시 필터를 'and'나 'or'로 연결하여 표시할 패킷을 더욱 세분화할 수도 있다.

[표] UDP에 대한 대표적인 표시 필터

표시 필터	의미	설명 예시
udp	UDP의 모든 데이터그램	udp
udp.checksum	체크섬 값	udp.checksum == 0x1764
udp.checksum.bad	체크섬 오류	udp.checksum.bad
udp.dstport	목적지 포트 번호	udp.dstport == 53
udp.length	길이	udp.length <= 50
udp.port	발신자 포트 번호 또는 목적지 포트 번호	udp.port == 53
udp.srcport	발신자 포트 번호	udp.srcport == 53
udp.stream	UDP 교환 시 자동으로 부여되는 Stream Index 번호	udp.stream == 0

이제 Wireshark로 'C:\tinet'에 있는 'udp.pcapng'를 열어보자. 그러면 하나의 패킷을 볼 수 있다. 이것은 nc 명령에 의해 생성된 UDP 데이터그램으로, 'Hello' 문자열을 담고 있다. 더블클릭하면 헤더가 '발신자 포트 번호', '목적지 포트 번호', 'UDP 데이터그램 길이', '체크섬'의 네 가지 필드로 구성되어 있음을 알 수 있다. 또한 '패킷 바이트 표시'를 활성화하고 'UDP payload'를 클릭하면 nc 명령으로 입력한 'Hello'라는 문자열이 들어있는 것을 확인할 수 있다.

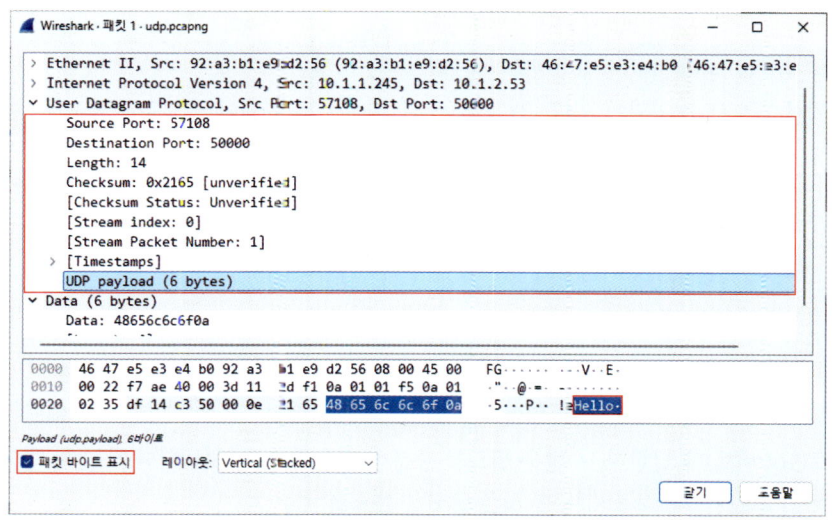

[그림] UDP 데이터그램

4-2-2 TCP(Transmission Control Protocol)

TCP(Transmission Control Protocol)는 메일, 파일 전송, 웹 등 데이터 전송에 대한 신뢰성을 요구하는 애플리케이션에서 사용한다. TCP는 애플리케이션 데이터를 전송하기 전에 'TCP 커넥션'이라는 논리적 통신 경로를 만들어 통신 환경을 구축한다. TCP 커넥션은 데이터를 주고받는 각각의 단말에서 볼 때 발신 전용으로 사용하는 '발신 파이프'와 수신 전용으로 사용하는 '수신 파이프'로 구성되어 있으며, TCP는 발신 측 단말과 수신 측 단말이 두 개의 논리적 파이프를 사용하여 '보냅니다!', '받았습니다!'라고 서로 확인하면서 데이터를 전송하기 때문에 신뢰성이 향상된다.

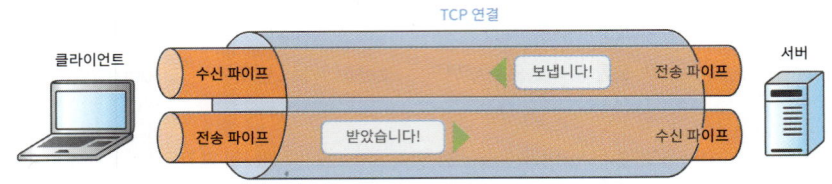

[그림] TCP는 서로 확인하면서 데이터를 주고받는다.

이론 이해하기

TCP는 RFC9293 'Transmission Control Protocol(TCP)'에서 표준화된 프로토콜로, IP 헤더의 프로토콜 번호(114쪽)에서 '6'으로 정의되어 있다. TCP는 상위 계층(애플리케이션)으로부터 받은 애플리케이션 데이터를 'TCP 페이로드'로 하고, 'TCP 헤더'를 붙여서 'TCP 세그먼트'로 만든다.

TCP는 신뢰성을 보장하기 위해 다양한 형태로 확장되어 있어 한 번에 전체를 이해하기 어렵다. 언제, 어떤 경우에, 어떤 필드를 사용하는지 하나하나 정리하면서 이해해 보자.

TCP 패킷 형식

TCP는 안정성을 추구하기 때문에 패킷 형식도 다소 복잡하다. 헤더의 길이만 해도 IP 헤더와 마찬가지로 최소 20바이트(160비트)에 달한다. 수많은 필드를 충분히 활용해 어떤 '보냅니다'에 대해 '받았습니다'인지 확인하고, 패킷의 송수신량을 조절하는 등 여러 가지를 활용하고 있다.

	0비트	8비트	16비트	24비트
0바이트	발신자 포트 번호		목적지 포트 번호	
4바이트	시퀀스 번호			
8바이트	확인 응답 번호			
12바이트	데이터 오프셋	예약 영역	제어비트	윈도우 크기
16바이트	체크섬		비상 포인터	
가변	옵션 + 패딩			
가변	TCP 페이로드(애플리케이션 데이터)			

[그림] TCP 패킷 형식

다음은 TCP 헤더의 각 필드에 대한 설명이다.

발신자/목적지 포트 번호

'포트 번호'는 UDP와 마찬가지로 애플리케이션(프로세스)을 식별하는 데 사용되는 2바이트(16비트)의 숫자다. 클라이언트(발신자 단말)는 '발신자 포트 번호'에 OS가 정해진 범위에서 무작위로 할당된 값을, '목적지 포트 번호'에 애플리케이션별로 정의된 값을 설정하여 서버(목적지 단말)로 전송하고, TCP 세그먼트를 받은 서버는 목적지 포트 번호를 보고 어떤 애플리케이션의 데이터인지 판단하여 해당 애플리케이션에 데이터를 전달한다.

시퀀스 번호

'시퀀스 번호'는 TCP 세그먼트를 올바른 순서로 정렬하는 데 사용되는 4바이트(32비트) 필드다. 발신 측 단말은 애플리케이션으로부터 받은 데이터의 각 바이트에 대해 '초기 시퀀스 번호(ISN, Initial Sequence Number)'부터 순차적으로 일련번호를 부여한다. 수신 단말은 수신한 TCP 세그먼트의 시퀀스 번호를 확인하여 번호 순서대로 정렬한 후 애플리케이션에 전달한다.

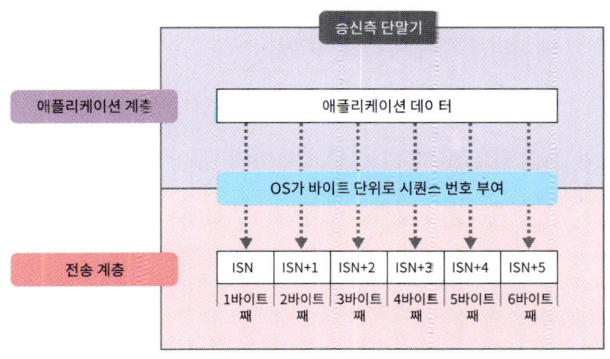

[그림] 발신 측 단말이 일련번호(시퀀스 번호)를 부여

시퀀스 번호는 3방향 핸드셰이크(200쪽) 시 임의의 값이 초기 시퀀스 번호로 설정되며, TCP 세그먼트를 전송할 때마다 전송한 바이트 수만큼 추가된다. 그리고 4바이트(32비트)로 관리할 수 있는 데이터 양(2^{32}=4G바이트)을 초과하면 다시 '0'으로 돌아가서 카운트업된다.

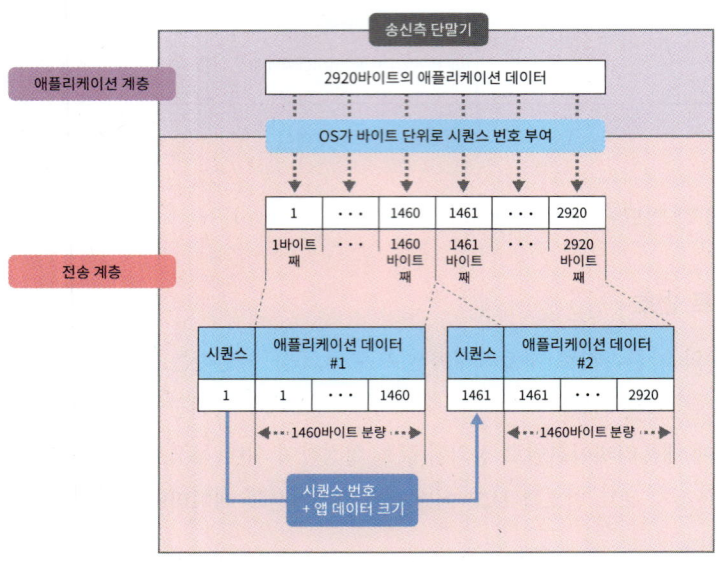

[그림] 시퀀스 번호는 TCP 세그먼트를 전송할 때마다 전송한 바이트 수만큼 추가된다.

확인 응답 번호

'확인 응답 번호(ACK 번호, Acknowledge 번호)'는 '다음 데이터를 보내주세요'라고 상대방에게 전달하는 데 사용되는 4바이트(32비트)의 필드다. 후술할 제어 비트의 ACK 플래그가 '1'일 때만 활성화되는 필드이며, 구체적으로 '수신한 데이터의 시퀀스 번호(마지막 바이트의 시퀀스 번호) + 1', 즉 '시퀀스 번호 + 애플리케이션 데이터의 길이'가 설정되어 있다. 너무 깊게 생각하지 말고, 클라이언트가 서버에게 '다음에는 이 시퀀스 번호 이후의 데이터를 주세요'라고 말하는 것과 같은 이미지로 이해하면 이해하기 쉬울 것이다.

TCP는 시퀀스 번호와 확인 응답 번호(ACK 번호)를 연동하여 데이터의 신뢰성을 보장한다.

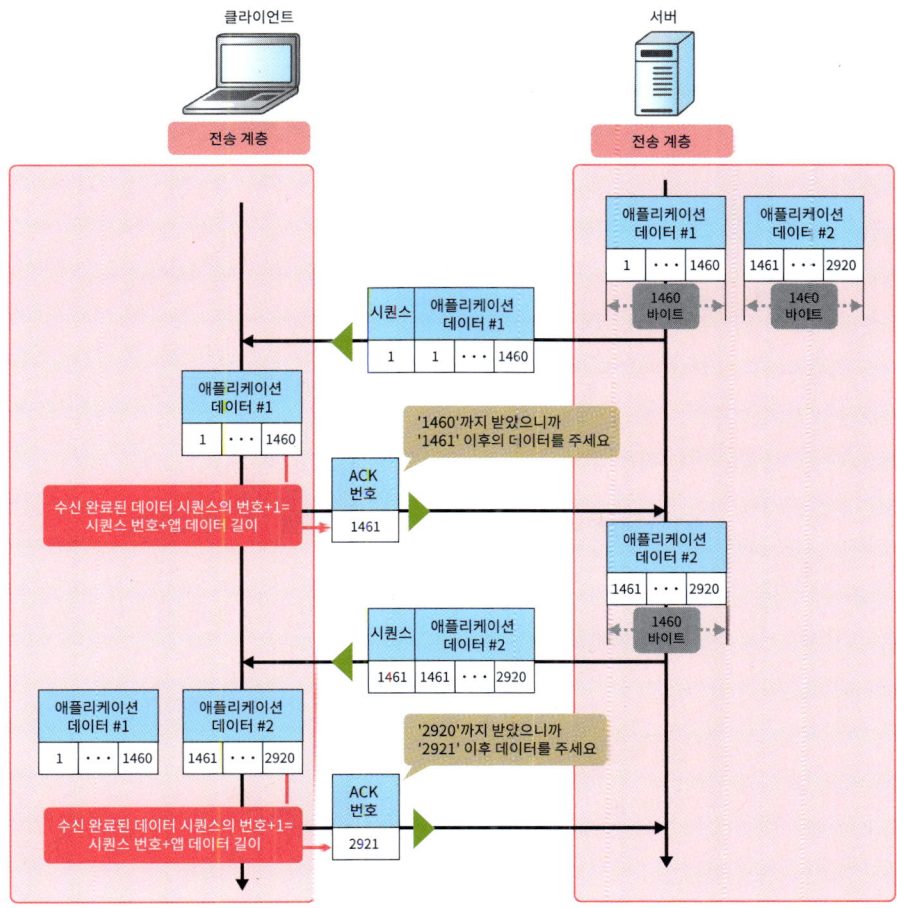

[그림] 확인 응답 번호(ACK 번호)

데이터 오프셋

'데이터 오프셋'은 TCP 헤더의 길이를 나타내는 4비트 필드다. 단말은 이 값을 보고 TCP 헤더가 어디까지인지 알 수 있다. 데이터 오프셋은 IP 헤더와 마찬가지로 TCP 헤더의 길이를 4바이트(32비트) 단위로 환산한 값이 들어간다. 예를 들어, 가장 작은 TCP 헤더(옵션 없는 TCP 헤더)의 길이는 20바이트(160비트=32비트×5)이므로 '5'가 들어간다.

제어 비트

'제어 비트'는 연결 상태를 제어하는 필드다. 8비트의 플래그로 구성되어 있으며, 각 비트는 다음 표와 같이 TCP가 연결을 생성할 때 다음과 같은 의미를 갖는다. 이 플래그를 '0'으로 설정하거나 '1'로 설정함으로써 현재 연결이 어떤 상태인지 서로에게 전달한다.

[표] 제어 비트

비트	플래그명	설명	개요
1번째 비트	CWR	Congestion Window Reduced	ECN-Echo에 따라 혼잡 윈도우(202쪽)를 감소시켰음을 알리는 플래그
2번째 비트	ECE	ECN-Echo	혼잡(202쪽)이 발생했음을 통신 상대방에게 명시적으로 알리는 플래그
3번째 비트	URG	Urgent Pointer field significant	비상사태를 나타내는 플래그
4번째 비트	ACK	Acknowledgment field significant	확인 응답을 나타내는 플래그
5번째 비트	PSH	Push Function	애플리케이션에 데이터를 신속하게 전달할 수 있는 플래그
6번째 비트	RST	Reset the connection	연결을 강제로 끊는 플래그
7번째 비트	SYN	Synchronize sequence numbers	연결을 여는 플래그
8번째 비트	FIN	No more data from sender	연결을 닫는 플래그

윈도우 크기

'윈도우 크기'는 수신할 수 있는 데이터 크기를 알려주는 필드다. 아무리 고성능 단말이라도 한꺼번에 무궁무진하게 패킷을 수신할 수 있는 것은 아니다. 그래서 '이 정도까지는 받을 수 있다'라는 식으로 확인 응답을 기다리지 않고 받을 수 있는 데이터 크기를 윈도우 사이즈로 알려준다.

윈도우 크기는 2바이트(16비트)로 구성되며, 최대 65535바이트까지 통지할 수 있고, '0'은 더 이상 수신할 수 없음을 나타낸다. 발신 측 단말은 윈도우 사이즈가 '0'인 패킷을 받으면 일단 전송을 중단한다.

체크섬

'체크섬'은 수신된 TCP 세그먼트가 손상되지 않았는지, 무결성을 확인하는 데 사용되는 2바이트(16비트) 필드다. TCP 체크섬 검증에도 '1의 보수 연산'이 사용된다. TCP 세그먼트를 수신한 단말은 검증에 성공하면 세그먼트를 받아들인다.

비상 포인터

'비상 포인터'는 제어 비트의 URG 플래그가 '1'일 때만 유효한 2바이트(16비트) 필드다. 긴급 데이터가 있을 때 긴급 데이터를 나타내는 마지막 바이트의 시퀀스 번호가 설정된다.

옵션

'옵션'은 TCP와 관련된 확장 기능을 서로에게 알리기 위해 사용된다. 이 필드는 4바이트(32비트) 단위로 변화하는 필드이며, '종류(Kind)'에 따라 정의된 몇 가지 옵션을 '옵션 목록'으로 나열하는 형태로 구성되어 있다. 옵션 리스트의 조합은 OS와 그 버전에 따라 달라진다. 대표적인 옵션으로는 다음 표와 같은 것들이 있다. 이 중 특히 중요한 옵션이 'MSS(Maximum Segment Size)'와 'SACK(Selective Acknowledgement)'이다.

[표] 대표적인 옵션

종류	옵션 헤더	RFC	의미
0	End Of Option List	RFC9293	옵션 목록의 마지막임을 나타낸다
1	NOP(No-Operation)	RFC9293	아무것도 하지 않는다. 선택적 구분 기호로 사용한다
2	MSS(Maximum Segment Size)	RFC9293	애플리케이션 데이터 최대 크기를 알린다
3	Window Scale	RFC7323	윈도우 최대 크기(65535바이트)를 확장한다
4	SACK(Selective ACK) Permitted	RFC2018	Selective ACK(선택적 확인 응답)를 지원한다
5	SACK(Selective ACK)	RFC2018	Selective ACK에 대응할 때 이미 수신한 시퀀스 번호를 알려준다
8	Timestamps	RFC7323	패킷의 왕복 시간(RTT)을 측정하는 타임스탬프를 지원한다
30	MPTCP(Multipath TCP)	RFC8684	Multipath TCP를 지원한다
34	TCP Fast Open	RFC7413	TCP Fast Open을 지원한다는 것을 알리거나 Cookie 정보를 전달한다

MSS

MSS(Maximum Segment Size)는 TCP 페이로드(애플리케이션 데이터)의 최대 크기다. 같은 M이 붙은 3글자 용어로 혼동하기 쉬운 MTU(Maximum Transmission Unit, 최대 전송 단위)와 비교하면서 설명해 보겠다.

MTU는 IP 패킷의 최대 크기를 나타내며, 48쪽에서 설명한 바와 같이 단말은 큰 애플리케이션 데이터를 전송할 때 큰 크기로 단번에 전송하지 않는다. 작은 단위로 쪼개서 조금씩 전송한다. 이때 가장 큰 소분 단위가 MTU다. MTU는 전송 매체에 따라 다르며, 예를 들어 이더넷의 경우 기본값은 1500바이트다.

반면 MSS는 TCP 세그먼트에 담을 수 있는 애플리케이션 데이터의 최대 크기를 나타내며, 명시적으로 설정하거나 VPN 환경이 아닌 이상 MSS는 'MTU−40바이트(IPv4 헤더 + TCP 헤더)'다. 예를 들어 이더넷(레이어 2) + IPv4(레이어 3) 환경의 경우, 기본 MTU가 1500바이트이므로 MSS는 1460(=1500−40)바이트가 된다. 전송 계층은 애플리케이션 데이터를 MSS로 구분하여 TCP로 캡슐화하여 전송한다.

TCP 단말은 3방향 핸드셰이크(200쪽)를 할 때 '이 MSS의 애플리케이션 데이터라면 받을 수 있어요~'라고 지원되는 MSS의 값을 서로에게 알려준다.

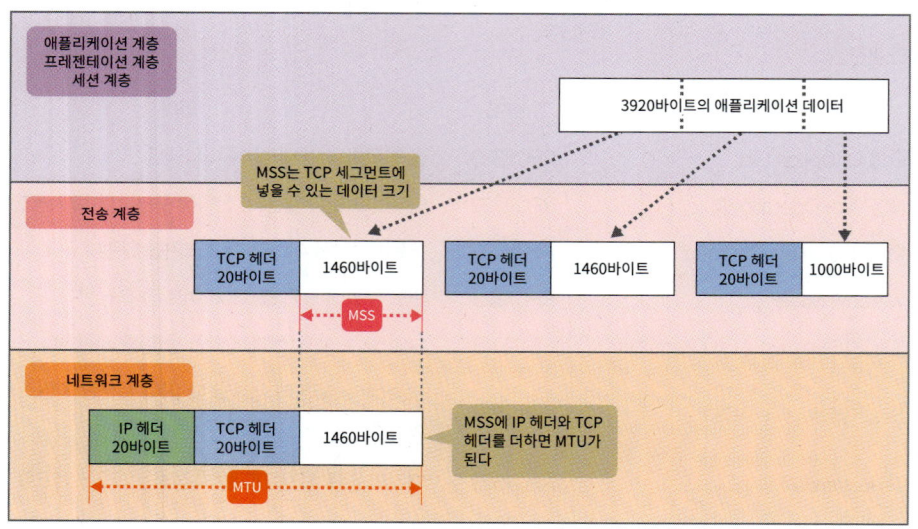

[그림] MSS와 MTU

SACK

SACK(Selective Acknowledgment)은 사라진 TCP 세그먼트만 재전송하는 기능이다. RFC2018 'TCP Selective Acknowledgment Options'에서 표준화되어 거의 모든 OS에서 지원된다.

RFC9293에 정의된 표준 TCP는 '애플리케이션 데이터를 어디까지 받았는지'를 확인 응답 번호(ACK 번호)로만 판단한다. 따라서 부분적으로 TCP 세그먼트가 손실될 경우, 손실된 TCP 세그먼트 이후의 모든 TCP 세그먼트를 재전송해야 하는 비효율성을 가지고 있다. SACK을 지원하면 TCP 세그먼트가 부분적으로 손실된 경우 '어디서부터 어디까지 받았는지' 범위를 옵션 필드로 알려주게 된다. 이 정보를 바탕으로 손실된 TCP 세그먼트만 재전송하게 되어 재분배 효율이 향상된다.

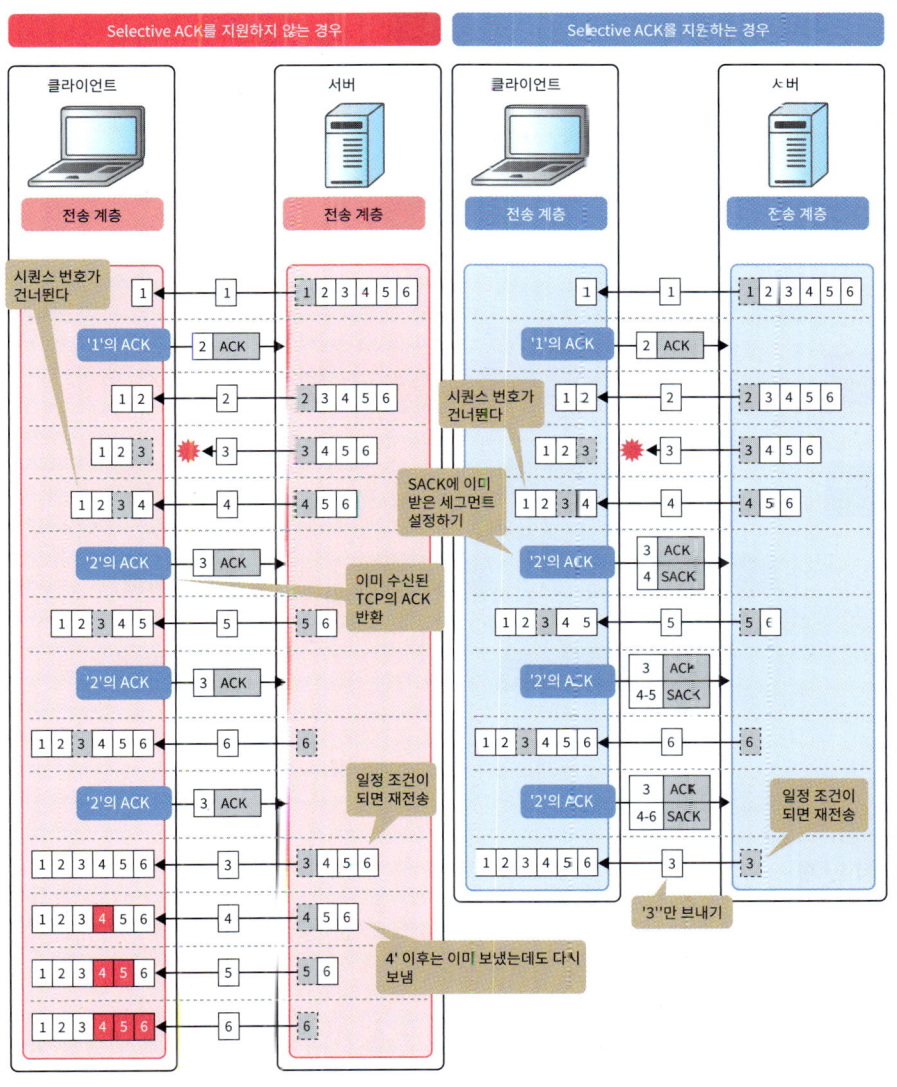

[그림] SACK(Selective ACK)

TCP의 상태 전이

여기서는 TCP가 어떻게 신뢰성을 확보하는지 '커넥션 시작 단계', '커넥션 설정 단계', '커넥션 종료 단계'의 3단계로 나누어 설명하겠다.

TCP에서는 제어 비트를 구성하는 8개의 플래그를 '0'으로 설정하거나 '1'로 설정함으로써 다음 그림과 같이 TCP 커넥션 상태를 제어한다. 각 상태에 대해서는 앞으로 단계별로 자세히 설명하겠다. 우선은 이런 상태의 이름이 있고, 이런 식으로 전환되는구나 하고 가볍게 확인하고 넘어가자.

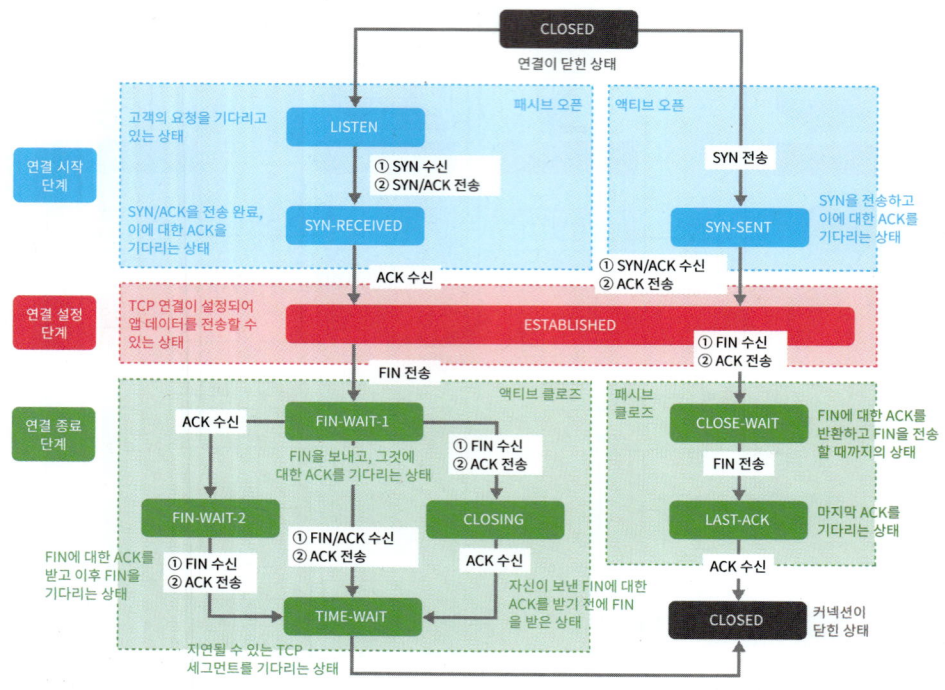

[그림] TCP 커넥션의 상태 전환

커넥션 시작 단계

TCP 커넥션은 '3방향 핸드셰이크'로 커넥션을 여는 것으로 시작된다. 3방향 핸드셰이크는 커넥션을 설정하기 전에 하는 인사말을 나타내는 처리 절차를 말한다.

클라이언트와 서버는 3방향 핸드셰이크에서 서로가 지원하는 기능과 시퀀스 번호를 결정하고 '오픈'이라는 사전 준비를 한다. 이 3방향 핸드셰이크에 의한 오픈 처리에서 커넥션을 만들러 가는 쪽(클라이언트)의 처리를 '액티브 오픈', 커넥션을 받아들이는 쪽(서버)의 처리를 '패시브 오픈'이라고 한다.

그림 3방향 핸드셰이크의 흐름을 살펴보자.

1 3방향 핸드셰이크를 시작하기 전에 클라이언트는 'CLOSED', 서버는 'LISTEN' 상태다. CLOSED는 커넥션이 완전히 닫힌 상태, 즉 아무것도 하지 않는 상태이고, LISTEN은 클라이언트의 커넥션을 기다리는 상태다. 예를 들어, 웹 브라우저

(웹 클라이언트)에서 웹 서버에 HTTP로 접속하는 경우, 웹 브라우저는 웹 서버에 접속하지 않는 한 CLOSED 상태다. 이에 반해 웹 서버는 기본적으로 80번을 LISTEN으로 설정하여 커넥션을 받을 수 있도록 하고 있다.

2 클라이언트는 SYN 플래그를 '1'로, 시퀀스 번호에 임의의 값(그림의 x)을 설정한 SYN 패킷을 전송하고 오픈 처리에 들어간다. 이 과정을 통해 클라이언트는 'SYN-SENT' 상태로 전환하여 다음 SYN/ACK 패킷을 기다리게 된다.

3 SYN 패킷을 수신한 서버는 패시브 오픈(Passive Open)을 처리한다. SYN 플래그와 ACK 플래그가 '1'로 설정된 SYN/ACK 패킷을 반환하고, 'SYN-RECEIVED' 상태로 전환한다. 이때 시퀀스 번호는 무작위(그림의 y), 확인 응답 번호는 SYN 패킷의 시퀀스 번호에 '1'을 더한 값(x+1)이 된다.

4 SYN/ACK 패킷을 수신한 클라이언트는 ACK 플래그를 '1'로 설정한 ACK 패킷을 반환하고, 'ESTABLISHED' 상태로 전환한다. ESTABLISHED는 커넥션이 확립된 상태다. 이 상태가 되어야만 실제 애플리케이션 데이터를 송수신할 수 있게 된다.

5 ACK 패킷을 받은 서버는 ESTABLISHED 상태로 전환한다. 이 상태가 되어야 비로소 실제 애플리케이션 데이터를 송수신할 수 있게 된다. 지금까지의 시퀀스 번호와 확인 응답 번호를 주고받음으로써 애플리케이션 데이터의 최초에 부여되는 시퀀스 번호가 각각 확정된다.

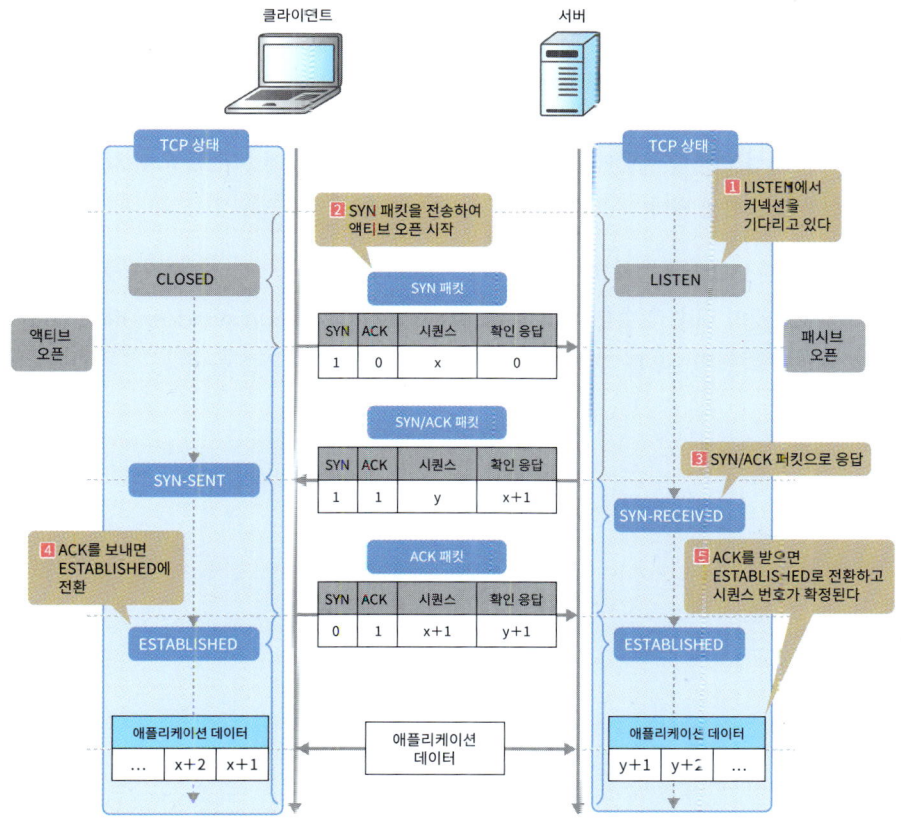

[그림] 3방향 핸드셰이크

커넥션 설정 단계

3방향 핸드셰이크가 완료되면 실제 애플리케이션 데이터 교환이 시작된다. TCP는 애플리케이션 데이터 전송의 신뢰성을 유지하기 위해 '흐름 제어', '혼잡 제어', '재전송 제어'라는 세 가지 제어를 적절히 조합하여 전송을 수행한다.

흐름 제어

흐름 제어는 수신 측 단말이 수행하는 유량 조정이다. 윈도우 크기 항목(196쪽)에서도 설명했듯이, 수신 측 단말은 윈도우 크기 필드를 사용하여 자신이 수신할 수 있는 데이터 양을 알린다. 발신 측 단말은 윈도우 크기까지 확인 응답(ACK)을 기다리지 않고 TCP 세그먼트를 계속 보내지만, 그 이상의 데이터는 보내지 않는다. 이렇게 함으로써 수신 측 단말이 수신할 수 있도록 배려하면서 가능한 한 많은 데이터를 보내도록 하고 있다. 이러한 일련의 동작을 '슬라이딩 윈도우'라고 한다.

혼잡 제어

혼잡 제어는 발신 측 단말이 수행하는 유량 조정이다[7]. '혼잡'이란 쉽게 말해 네트워크의 혼잡을 말한다. 점심시간에 인터넷을 하다가 느리다고 느낀 적이 있을텐데 이것은 점심시간에 많은 사람이 인터넷을 사용하게 되면서 네트워크상의 패킷이 한꺼번에 몰려서 발생하는 현상이다. 패킷이 많아지면 네트워크 장비가 처리하지 못하거나 회선 대역폭 제한에 걸려 패킷이 사라지거나 전송에 시간이 오래 걸리게 된다. 그 결과 체감적으로 느리다고 느끼게 된다.

TCP는 대량의 전송 패킷으로 네트워크가 혼잡해지지 않도록 '혼잡 제어 알고리즘'을 통해 패킷의 전송 횟수를 제어한다. 이 패킷의 전송 횟수를 '혼잡 윈도우(cwnd, congestion window)'라고 한다. 혼잡 제어 알고리즘은 혼잡하면 혼잡 윈도우를 줄이고, 여유가 생기면 혼잡 윈도우를 늘린다.

---

[7] 이 책에서는 ECE 플래그와 CWR 플래그를 사용한 명시적인 혼잡 제어에 대해서는 다루지 않는다.

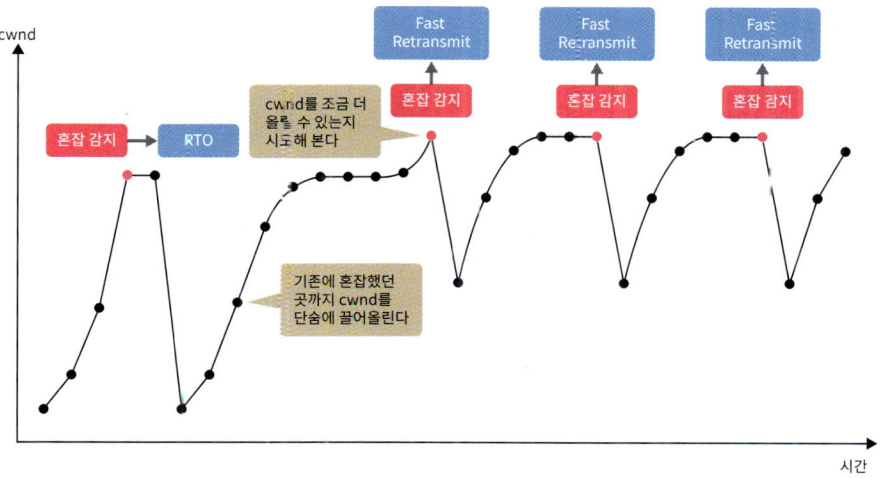

[그림] 혼잡 제어 이미지

혼잡 제어 알고리즘은 어떤 정보를 기반으로 혼잡 상태를 판단하느냐에 따라 몇 가지 종류가 있다. 어떤 혼잡 제어 알고리즘이 사용되는지는 OS나 버전에 따라 다르지만, 2023년 현재 주류는 패킷 손실(패킷 손실)을 기반으로 혼잡 상태를 판단하는 'CUBIC'이며, 2023년 현재 최신 윈도우 10/11, macOS, 그리고 검증 환경인 우분투에서도 기본적으로 CUBIC이 사용된다. CUBIC은 패킷 손실을 감지하면 혼잡이 발생했다고 판단하고 혼잡 윈도우를 줄인다. 패킷 손실이 감지되지 않으면 혼잡이 해소된 것으로 판단하고 혼잡 윈도우를 늘린다.

재전송 제어

재전송 제어는 패킷 손실이 발생했을 때 수행하는 패킷 재전송 기능이다. TCP는 ACK 패킷을 통해 패킷 손실을 감지하고 패킷을 재전송한다. 재전송 제어가 발동되는 타이밍은 수신 측 단말이 트리거하는 '중복 ACK(Duplicate ACK)'와 발신 측 단말이 트리거하는 '재전송 타임아웃(Retransmission Time Out, RTO)' 두 가지가 있다.

중복 ACK

수신 측 단말은 수신한 TCP 세그먼트의 시퀀스 번호가 건너뛰면 패킷 손실이 발생했다고 판단하고, 확인 응답이 동일한 ACK 패킷을 연속적으로 송출한다. 이 ACK 패킷을 '중복 ACK(Duplicate ACK)'라고 한다.

발신 측 단말은 일정 횟수 이상의 중복 ACK를 수신하면 대상 TCP 세그먼트[8]를 재전송한다. 중복 ACK를 트리거로 하는 재전송 제어를 'Fast Retransmit(고속 재분배)'이라고 한다.

---

[8] SACK(198쪽)이 활성화된 경우 타임아웃이 발생한 TCP 세그먼트만 재전송하고, 비활성화된 경우 타임아웃이 발생한 TCP 세그먼트 이후의 모든 TCP 세그먼트를 재전송한다.

재분배 시간 초과

발신 측 단말은 TCP 세그먼트를 전송한 후 ACK(확인 응답) 패킷을 기다릴 때까지의 시간을 '재전송 타이머(Retransmission Timer)'로 유지한다. 이 재전송 타이머는 너무 짧지도 길지도 않은 RTT(Round Trip Time, 패킷의 왕복 지연 시간)에서 수학적 로직에 따라 계산된다. 간단히 말해, RTT가 짧을수록 재전송 타이머도 짧아진다. 재전송 타이머는 ACK 패킷을 받으면 재설정된다.

커넥션 종료 단계

애플리케이션 데이터 교환이 끝나면 '클로즈'라고 불리는 TCP 커넥션 종료 처리에 들어간다. 커넥션 클로즈에 실패하면 불필요한 커넥션이 단말에 계속 쌓여 단말의 리소스를 압박할 수 있다. 그래서 클로즈 처리는 오픈 처리보다 더 철저하고 신중하게 진행하도록 되어 있다. 클라이언트와 서버는 종료 과정에서 FIN 패킷(FIN 플래그가 '1'인 TCP 세그먼트)과 RST 패킷(RST 플래그가 '1'인 TCP 세그먼트)을 주고받으며 커넥션을 닫는다. FIN 플래그는 '더 이상 전송할 애플리케이션 데이터가 없다'는 의미의 플래그로, 상위 애플리케이션의 동작에 맞춰 부여되며, RST 플래그는 TCP적으로 예기치 않은 오류가 발생하여 커넥션을 강제적으로 끊고 싶을 때 부여된다. 여기서는 FIN 패킷을 이용한 일반적인 클로즈 처리에 대해 설명한다.

200쪽에서 설명한 바와 같이 TCP 커넥션의 오픈은 항상 클라이언트의 SYN에서 시작된다. 이에 반해 클로즈는 클라이언트, 서버 중 어느 쪽의 FIN에서 시작하는지 명확하게 정의되어 있지 않다. 클라이언트, 서버의 역할에 관계없이 먼저 FIN을 보내 TCP 커넥션을 종료하러 가는 쪽의 처리를 '액티브 클로즈', 이를 받아들이는 쪽의 처리를 '패시브 클로즈'라고 한다. 클로즈 처리에는 몇 가지 패턴이 있다. 여기서는 '4방향 핸드셰이크'와 '3방향 핸드셰이크', 대표적인 두 가지 패턴에 대해 설명한다. 클로즈 처리는 다소 복잡한 부분이 있지만, <u>TCP적인 처리를 하는 'OS'와 애플리케이션적인 처리를 하는 '애플리케이션'의 연계를 주시하면서 순서대로 따라가면 쉽게 이해할 수 있을 것이다.</u>

4방향 핸드셰이크 패턴

먼저 가장 기본적인 종료 처리인 4방향 핸드셰이크 패턴이다. 여기서는 이해를 돕기 위해 클라이언트 측에서 액티브 클로즈, 서버 측에서 패시브 클로즈를 하는 것으로 설명하겠다.

1. 클라이언트 애플리케이션은 예정된 애플리케이션 데이터 교환이 끝나면 클라이언트 OS에 클로즈 요청을 한다. 클라이언트 OS는 이 클로즈 요청에 따라 액티브 클로즈 처리를 시작하며, FIN 플래그와 ACK 플래그를 '1'로 설정한 FIN/ACK 패킷을 전송하고, 서버의 FIN/ACK 패킷을 기다리는 'FIN-WAIT-1' 상태로 전환한다.

2. FIN/ACK 패킷을 받은 서버 OS는 패시브 클로즈 처리를 시작한다. 서버 애플리케이션에 클로즈 처리를 요청하고, FIN/ACK 패킷에 대한 ACK 패킷을 전송한다. 또한, 동시에 서버 애플리케이션의 클로즈 요청을 기다리는 'CLOSE-WAIT' 상태로 전환한다.

3 ACK 패킷을 받은 클라이언트 OS는 서버의 FIN/ACK 패킷을 기다리는 'FIN-WAIT-2' 상태로 전환한다.

4 서버 OS는 서버 애플리케이션에서 클로즈 처리 요청이 있으면 FIN/ACK 패킷을 전송하고, 자신이 전송한 FIN/ACK 패킷에 대한 ACK 패킷, 즉 클로즈 처리의 마지막 ACK 패킷을 기다리는 'LAST-ACK' 상태로 전환한다.

5 서버 OS로부터 FIN/ACK를 받은 클라이언트 OS는 이에 대한 ACK 패킷을 전송하고 'TIME-WAIT' 상태로 전환한다. TIME-WAIT는 혹시나 늦게 도착할지도 모르는 ACK 패킷을 기다리는 보험과 같은 상태다.

6 ACK 패킷을 받은 서버 OS는 'CLOSED' 상태로 전환하여 TCP 커넥션을 삭제한다. 동시에 이 TCP 커넥션을 위해 확보했던 리소스를 해제한다. 이것으로 패시브 클로즈 처리가 완료된다.

7 TIME-WAIT 상태로 전환된 클라이언트 OS는 설정된 시간(타임아웃)을 기다렸다가 'CLOSED' 상태로 전환하여 커넥션을 삭제한다. 동시에 이 커넥션을 위해 확보했던 리소스를 해제한다. 이것으로 액티브 클로즈 처리가 종료된다.

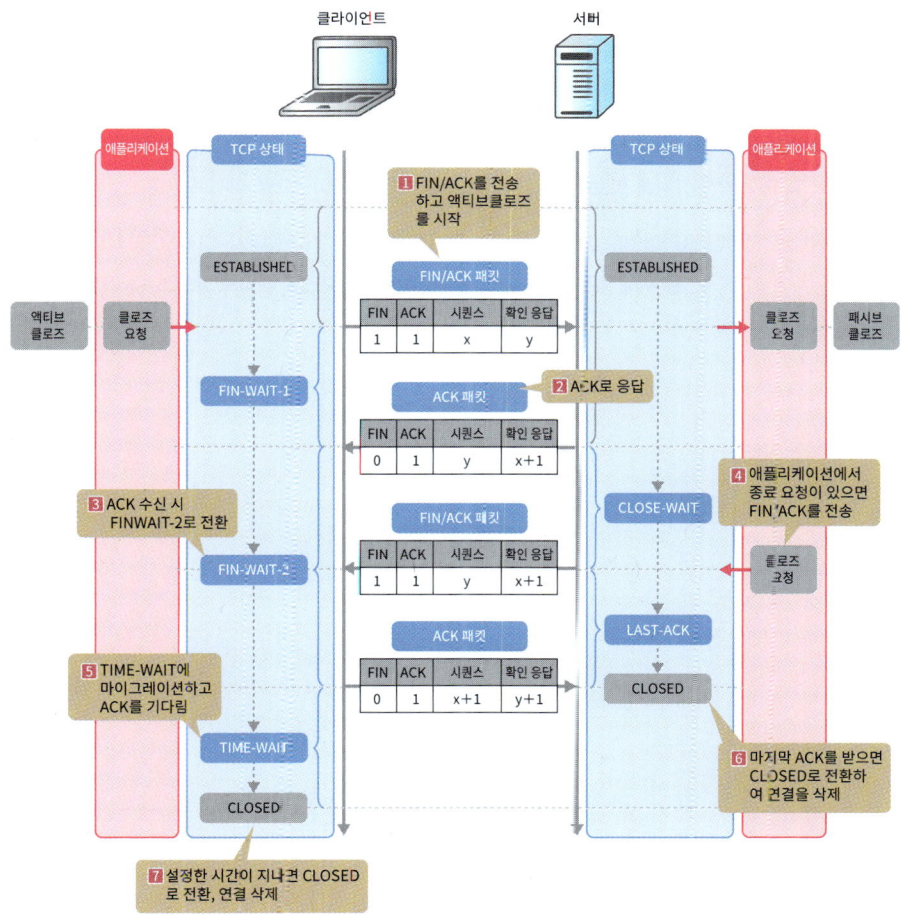

[그림] 4방향 핸드셰이크에 의한 클로즈 처리

3방향 핸드셰이크 패턴

다음은 패시브 클로즈 측 애플리케이션이 즉시 클로즈 처리할 때 발생할 수 있는 3방향 핸드셰이크 패턴이다. 여기에서도 이해를 돕기 위해 클라이언트 측에서 액티브 클로즈, 서버 측에서 패시브 클로즈를 수행하는 것으로 설명하겠다.

1. 처음에는 4방향 핸드셰이크와 동일하다. 클라이언트 OS는 클라이언트 애플리케이션에서 클로즈 요청이 들어오면 액티브 클로즈 처리를 시작하고 FIN/ACK 패킷을 전송한다. 또한, 동시에 FIN-WAIT-1 상태로 전환한다.

2. FIN/ACK 패킷을 받은 서버 OS는 패시브 클로즈 처리를 시작하고 서버 애플리케이션에 클로즈 처리를 요청한다. 클로즈 처리 요청을 받은 서버 애플리케이션은 즉시 처리하여 서버 OS가 ACK를 반환하기 전에 서버 OS에 클로즈 처리를 요청한다. 클로즈 처리 요청을 받은 서버 OS는 FIN/ACK 패킷을 전송하고 이에 대한 ACK 패킷을 기다리는 'LAST-ACK' 상태로 전환한다. 이 FIN/ACK 패킷은 4방향 핸드셰이크에서 2의 ACK 패킷과 4의 FIN/ACK 패킷을 합친 것이라고 생각하면 된다.

3. 서버로부터 FIN/ACK 패킷을 받은 클라이언트 OS는 이에 대한 ACK 패킷을 전송하고 TIME-WAIT 상태로 전환한다.

4. 여기서부터는 4방향 핸드셰이크 때와 마찬가지로 ACK 패킷을 받은 서버는 CLOSED 상태로 전환하여 커넥션을 삭제한다. 동시에 이 TCP 커넥션을 위해 확보해 두었던 리소스를 해제한다. 이것으로 패시브 클로즈 처리가 끝났다.

5. TIME-WAIT 상태로 전환된 클라이언트 OS는 설정된 시간(타임아웃)을 기다렸다가 'CLOSED' 상태로 전환하여 커넥션을 삭제한다. 동시에 이 커넥션을 위해 확보했던 리소스를 해제한다. 이것으로 액티브 클로즈 처리가 종료된다.

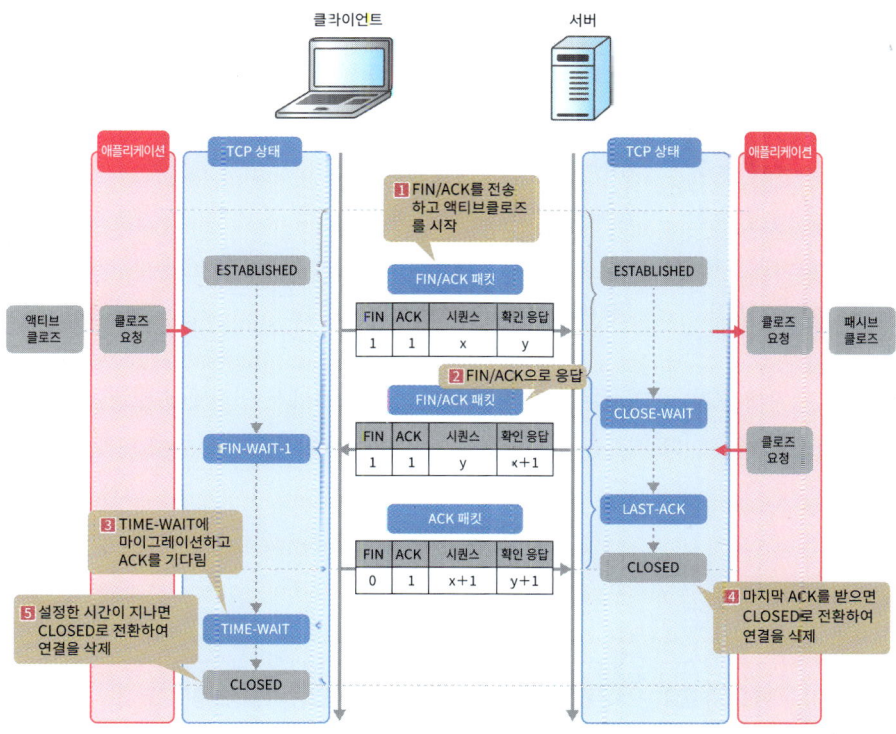

[그림] 3방향 핸드셰이크에 의한 클로즈 처리

실습해 보기

이제 실제로 검증 환경을 이용하여 TCP 세그먼트를 살펴보자. 설정 파일은 'spec_04.yaml'을 그대로 사용한다. 여기서는 실제로 주고받는 TCP 세그먼트를 캡처하여 그 내용을 분석해 보겠다.

패킷 캡처하기

먼저 검증 환경에서 TCP 세그먼트를 캡처해 보자. 캡처에 앞서 도움이 될 만한 tcpdump의 필터를 소개한다. 이를 옵션과 함께 입력한다. 여러 필터를 'and'나 'or'로 연결하여 캡처할 패킷을 더욱 세분화할 수도 있다.

[표] TCP 관련 대표적인 캡처 필터

캡처 필터	의미
tcp	모든 TCP 세그먼트
tcp port ⟨포트 번호⟩	발신자 포트 번호 또는 목적지 포트 번호가 지정한 포트 번호의 TCP 세그먼트

캡처 필터	의미
tcp src port ⟨포트 번호⟩	발신자 포트 번호가 지정된 포트 번호의 TCP 세그먼트
tcp dst port ⟨포트 번호⟩	목적지 포트 번호가 지정한 포트 번호의 TCP 세그먼트
'(tcp[tcpflags] & tcp-syn)' != 0	SYN 비트가 '1'인 TCP 세그먼트
'(tcp[tcpflags] & tcp-ack)' != 0	ACK 비트가 '1'인 TCP 세그먼트
'(tcp[tcpflags] & tcp-rst)' != 0	RST 비트가 '1'인 TCP 세그먼트
'(tcp[tcpflags] & tcp-fin)' != 0	FIN 비트가 '1'인 TCP 세그먼트

TCP 세그먼트를 캡처해 보자. 여기서는 가정 내 LAN에 있는 cl1에서 인터넷에 있는 ns1의 파일(/var/tmp/10KB)을 다운로드하고, 그 패킷을 ns1에서 캡처한다. 이제 구체적인 흐름에 대해 순서대로 설명하겠다.

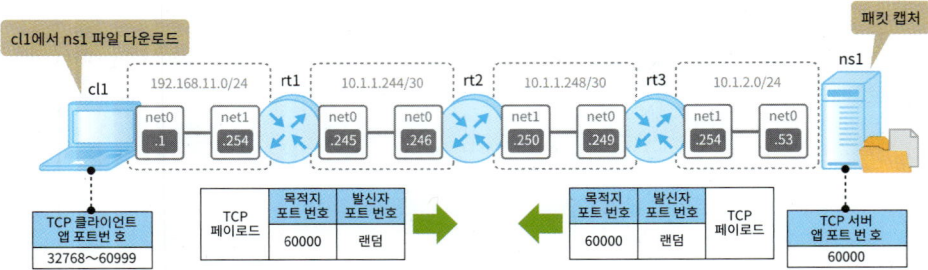

[그림] cl1에서 ns1 파일을 다운로드한다.

01. ns1을 TCP 서버로 설정하고 TCP 세그먼트를 수신할 준비를 한다. 여기서는 TCP 서버에 UDP 서버와 마찬가지로 nc 명령을 사용한다. ns1에 로그인하여 nc 명령을 실행하고 목적지 포트 번호가 60000번인 TCP 세그먼트를 수신 대기한다. 또한 '/var/tmp'에 생성한 '10KB'라는 이름의 10KB 테스트 파일을 전송할 수 있도록 한다. 참고로 이 테스트 파일은 tinet의 설정 파일에서 생성한 파일이다.

[코드] TCP 서버를 실행한다.

```
root@ns1:/var/tmp# nc -l 60000 < /var/tmp/10KB
```

혹시 모르니 ss 명령으로 목적지 포트 번호가 60000번의 TCP 세그먼트를 받아들일 수 있도록 설정되어 있는지 확인한다. 다른 창 또는 탭을 하나 더 열고 ns1에 로그인한 후 ss 명령을 실행한다. 그러면 nc 명령의 프로세스가 60000번에서 패킷을 기다리고 있는(LISTEN 상태) 것을 확인할 수 있다.

[코드] ss 명령 표시 결과

```
root@ns1:/# ss -nltp
State    Recv-Q Send-Q  Local Address:Port  Peer Address:Port Process
```

```
LISTEN    0    256    127.0.0.1:8953    0.0.0.0:*    users:(("unbound",pid=115,fd=5))
LISTEN    0    1      0.0.0.0:60000     0.0.0.0:*    users:(("nc",pid=308,fd=3))
LISTEN    0    256    0.0.0.0:53        0.0.0.0:*    users:(("unbound",pid=115,fd=4))
```

02. 이어서 ns1에서 마찬가지로 tcpdump 명령을 실행하여 앞으로 주고받을 패킷에 대비한다. 여기서는 ns1의 net0에서 주고받는 발신 포트 번호 또는 수신 포트 번호가 '60000'인 TCP 세그먼트를 캡처하여 컨테이너에 있는 '/tmp/tinet'이라는 폴더에 'tcp.pcapng'라는 파일명으로 기록되게 했다.

[코드] tcpdump 명령어 실행

```
root@ns1:/# tcpdump -i net0 -w /tmp/tinet/tcp.pcapng tcp port 60000
tcpdump: listening on net0, link-type EN10MB (Ethernet), capture size 262144 bytes
```

03. cl1에서 ns1의 파일을 다운로드한다. cl1에 로그인하여 'nc -v 10.1.2.53 60000 > /dev/null'을 입력한다. 참고로 다운로드만 확인할 수 있으면 되므로 ns1에서 다운로드한 파일(10KB)을 '/dev/null'이라는 윈도우의 휴지통과 비슷한 역할을 하는 특수한 파일에 버린다. 다운로드가 끝나면 ctrl+c를 눌러 nc 명령을 종료한다.

[코드] ns1 파일 다운로드

```
root@cl1:/var/tmp# nc -v 10.1.2.53 60000 > /dev/null
Connection to 10.1.2.53 60000 port [tcp/*] succeeded!
```

04. ns1에서 Ctrl+c를 눌러 tcpdump를 종료한다.

패킷 분석하기

다음으로 앞 절에서 캡처한 TCP 세그먼트를 분석해 보겠다. 분석에 앞서 도움이 될 만한 Wireshark의 표시 필터를 소개하겠다. 이를 필터 도구 모음에 입력한다. 여러 개의 표시 필터를 'and'나 'or'로 연결하여 표시할 패킷을 더욱 세분화할 수도 있다.

[표] TCP에 대한 대표적인 표시 필터

필드명	필드명이 나타내는 의미	설명 예시
tcp	TCP의 모든 세그먼트	tcp
tcp.stream	TCP 커넥션	tcp.stream == 1
tcp.port	포트 번호	tcp.port == 30
tcp.srcport	발신자 포트 번호	tcp.srcport == 31954
tcp.dstport	목적지 포트 번호	tcp.dstport == 80
tcp.seq	시퀀스 번호	tcp.seq <= 500

필드명	필드명이 나타내는 의미	설명 예시
tcp.flags.syn	SYN 플래그	tcp.flags.syn == 1
tcp.flags.ack	ACK 플래그	tcp.flags.ack == 1
tcp.analysis.flags	TCP 분석 정보가 설정되어 있는 TCP 세그먼트	tcp.analysis.flags
tcp.analysis.lost_segment	바로 이전 세그먼트가 손실된 TCP 세그먼트	tcp.analysis.lost_segment
tcp.analysis.fast_retransmission	Fast Retransmit으로 재전송된 TCP 세그먼트	tcp.analysis.fast_retransmission
tcp.analysis.reused_ports	동일한 포트 번호를 재사용한 TCP 세그먼트	tcp.analysis.reused_ports
tcp.analysis.out_of_order	순서가 뒤바뀐 TCP 세그먼트	tcp.analysis.out_of_order
tcp.analysis.window_update	윈도우 크기가 확장된 TCP 세그먼트	tcp.analysis.window_update
tcp.analysis.window_full	수신측 단말의 버퍼가 가득 찼음을 나타내는 TCP 세그먼트	tcp.analysis.window_full
tcp.analysis.zero_window	윈도우 크기가 0인 TCP 세그먼트	tcp.analysis.zero_window

이제 Wireshark로 'C:\tinet'에 있는 'tcp.pcapng'를 열어보자. 그러면 많은 패킷이 보이는 것을 볼 수 있다. 이것이 바로 10킬로바이트 분량의 데이터를 전송한 TCP 세그먼트다.

먼저 1번 패킷을 더블클릭해 보자. 그러면 헤더가 '발신자 포트 번호', '목적지 포트 번호', '시퀀스 번호', '확인 응답 번호(ACK 번호)' 등 다양한 필드로 구성되어 있는 것을 확인할 수 있다.

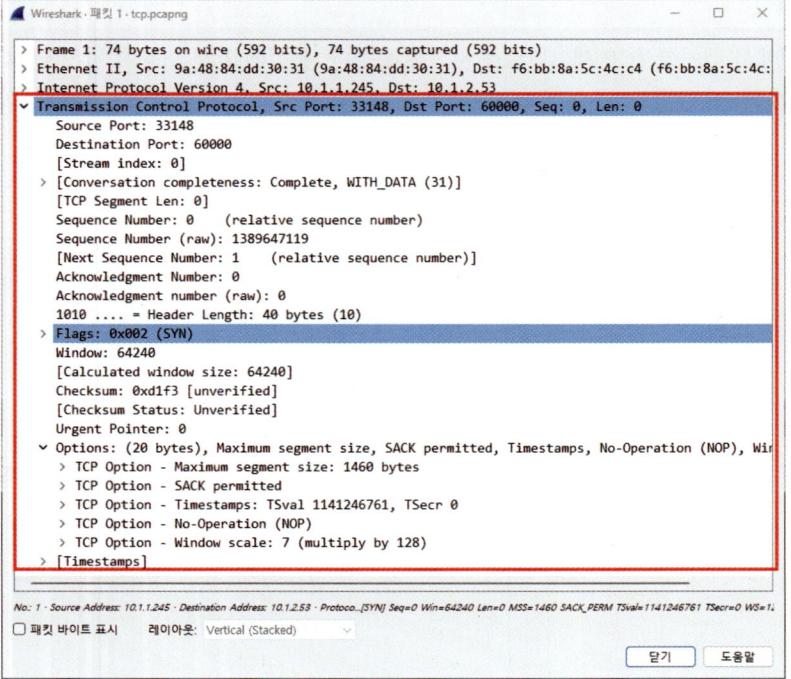

[그림] TCP 세그먼트

다음으로 커넥션 단계별로 어떤 TCP 세그먼트가 주고받는지 살펴보자. 전체를 조망하면 다음 그림과 같이 커넥션 시작 단계, 커넥션 설정 단계, 커넥션 종료 단계의 세 단계로 나눌 수 있다.

[그림] 전체적인 패킷 교환[9]

그럼 이제부터 단계별로 구분하여 좀 더 자세히 살펴보도록 하겠다.

커넥션 시작 단계

200쪽에서 설명한 바와 같이 TCP는 SYN → SYN/ACK → ACK의 3방향 핸드셰이크로 시작된다. 처음 세 패킷의 'Info' 열을 보면 이러한 플래그 흐름이 있음을 알 수 있다. cl1은 nc 명령이 입력되면 액티브 오픈 프로세스에 들어가 SYN 패킷을 전송한다. SYN 패킷을 받은 ns1은 패시브 오픈 프로세스에 들어가 SYN/ACK 패킷을 전송한다. SYN/ACK 패킷을 받은 cl1은 ACK 패킷을 전송하면 3방향 핸드셰이크가 완료된다. 서로 ESTABLISHED 상태로 전환하여 애플리케이션 데이터를 주고받기 시작한다.

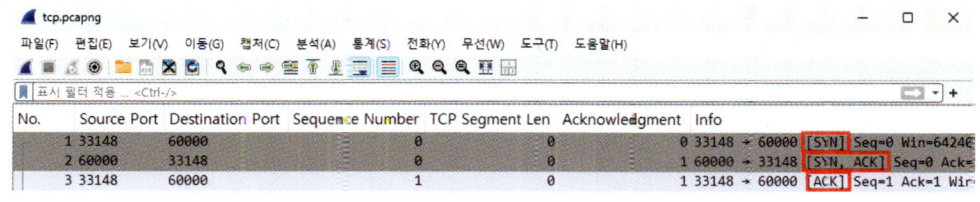

[그림] 커넥션 시작 단계

---

9 Wireshark 열의 내용을 커스터마이징하여 대화 흐름을 쉽게 파악할 수 있도록 했다.

커넥션 설정 단계

3방향 핸드셰이크가 끝나면 애플리케이션 데이터를 주고받게 된다. 위에서 4번째 패킷(아래 그림에서는 1번 패킷)을 보면 TCP 페이로드의 길이를 나타내는 'TCP Segment Length' 열이 커지면서 ns1에서 어떤 데이터를 전송하고 있음을 알 수 있다. 여기서는 ns1이 10킬로바이트의 애플리케이션 데이터를 1448바이트[10] 씩 7개의 패킷으로 나누어 한꺼번에 전송하고 있다. 이후 cl1이 각 TCP 세그먼트에 대한 ACK 패킷을 반환한다.

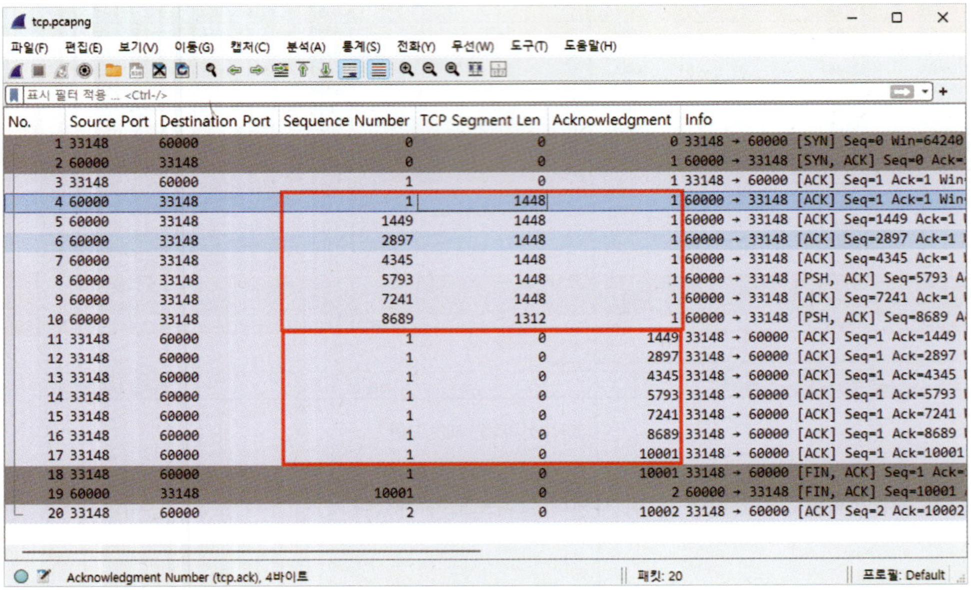

[그림] 커넥션 설정 단계

커넥션 종료 단계

nc 명령은 Ctrl+c를 누르면 FIN/ACK 패킷을 전송하고 커넥션 종료 단계로 들어간다.

cl1은 Ctrl+c가 입력되면 액티브 클로즈 처리에 들어가 FIN/ACK 패킷을 전송한다(아래에서 세 번째 패킷). FIN/ACK 패킷을 받은 ns1은 패시브 클로즈 처리에 들어가 FIN/ACK 패킷을 전송한다(아래에서 두 번째 패킷). FIN/ACK 패킷을 받은 cl1은 이에 대한 ACK 패킷(마지막 패킷)을 보내면 커넥션 종료 처리가 완료된다. 여기서 3방향 핸드셰이크로 커넥션 종료 처리가 완료되었음을 알 수 있다.

---

10 1448바이트 = 1500바이트(MTU) − 20바이트(IP 헤더) − 20바이트(TCP 헤더) − 12바이트(타임스탬프)

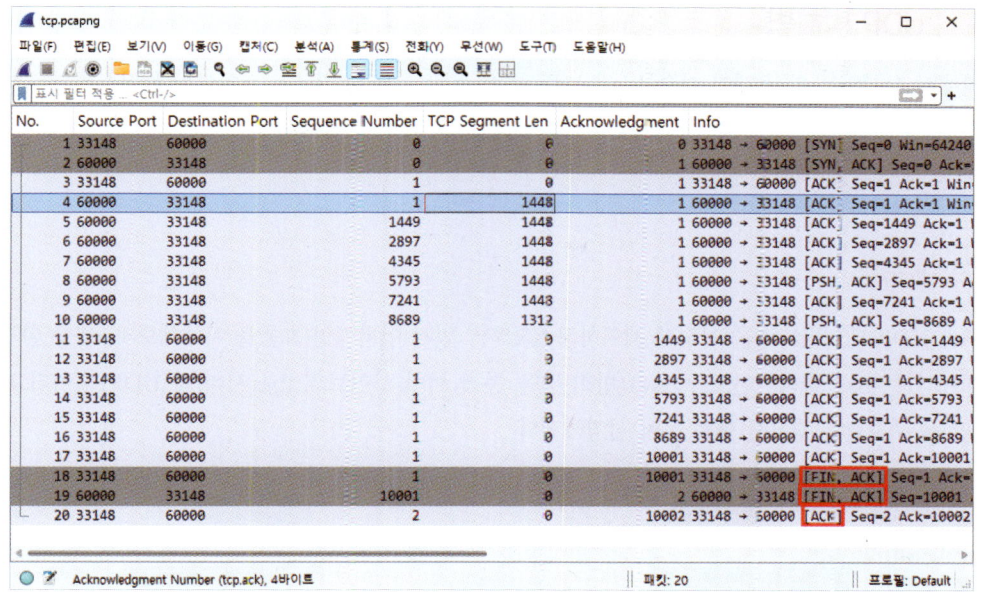

[그림] 커넥션 종료 단계

4-3 네트워크 기술 이해하기

이어서 실제 네트워크 환경에서 많이 사용되는 UDP와 TCP 관련 기술에 대해 설명한다. 현대 네트워크에서 UDP/TCP를 잘 다루는 장비라고 하면 '방화벽'을 꼽을 수 있다. 먼저 방화벽에 대해 간략하게 정리해 보겠다.

방화벽은 발신자/목적지 IP 주소나 레이어 4 프로토콜, 발신자/목적지 포트 번호(5-tuple, 파이브 튜플)로 커넥션을 식별하여 통신을 제어하는 네트워크 장비다. 미리 설정한 규칙에 따라 '이 통신은 허용하고, 이 통신은 거부할래'와 같이 통신을 선별하여 다양한 위협으로부터 시스템을 보호한다.

방화벽은 UDP와 TCP를 다르게 처리한다[11]. 따라서 이 책에서는 방화벽을 UDP를 제어하는 'UDP 방화벽'과 TCP를 제어하는 'TCP 방화벽'으로 구분하여 설명하기로 한다.

---

[11] ICMP도 UDP와 거의 동일한 흐름으로 처리한다. 여기서는 L4 프로토콜을 설명하는 장이므로 본문에서는 UDP와 TCP로 한정하여 설명한다.

4-3-1 UDP 방화벽

방화벽에서 수행하는 통신 제어 기술을 '스테이트풀 인스펙션'이라고 한다. 스테이트풀 인스펙션은 통신의 허용/거부를 정의하는 '방화벽 규칙'으로 구성된 '필터 테이블[12]'과 통신을 관리하는 '커넥션 테이블'을 통해 흐르는 통신을 제어한다.

이론 이해하기

방화벽은 UDP 데이터그램을 어떻게 제어하고 있을까? 먼저 이론적인 흐름을 이해해보자. 검증 환경에서 인터넷에 있는 ns1(클라이언트)이 fw1(방화벽)을 통해 서버 사이트의 lb1(서버)과 UDP 데이터그램(요청/응답)을 주고받는 경우를 예로 들어 설명하겠다.

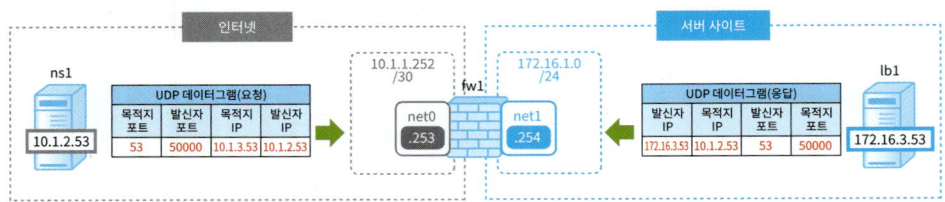

[그림] UDP 방화벽을 이해하기 위한 네트워크 구성

세부적인 동작은 제조사, 장비, 애플리케이션에 따라 달라질 수 있다. 여기서는 검증 환경에서 사용하는 iptables의 동작을 기준으로 설명한다.

01. **방화벽은 커넥션이 없는 UDP를 커넥션형 프로토콜처럼 취급하여 UDP 통신을 제어한다.** fw1은 클라이언트 측 인터페이스(net0)에서 UDP 요청 패킷을 받으면 커넥션 테이블을 보고 해당 커넥션 항목이 없는지 확인한다. 당연히 처음에는 해당 커넥션 항목이 없다. 신규 커넥션으로 NAT 및 라우팅 처리를 수행하여 필터 테이블과 대조하여 새로운 커넥션을 생성한다.

---

[12] 장비나 사람에 따라 '방화벽 정책'이라고도 하고, 'ACL(Access Control List)'이라고도 하는 등 다양한 표현이 있지만, 이 책에서는 검증 환경에서 사용하는 iptables에 준하여 '필터 테이블'로 표기한다. 둘을 같은 것으로 생각해도 무방하다.

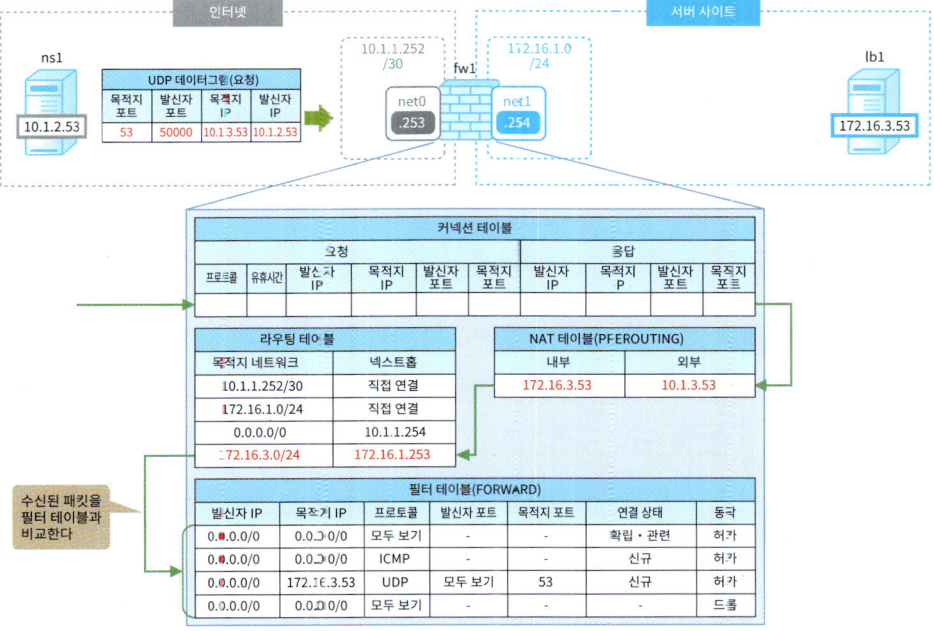

[그림] 필터 테이블과 대조한다.

02. 필터 테이블에서 액션이 '허용(ACCEPT)'인 방화벽 규칙을 만족하는 경우, 커넥션 테이블에 수신한 요청 패킷의 정보(IP 주소, 포트 번호, 프로토콜 등)와 앞으로 수신할 예정인 응답 패킷의 정보를 커넥션 항목으로 새로 추가하고, lb1에 요청 패킷을 전달한다.

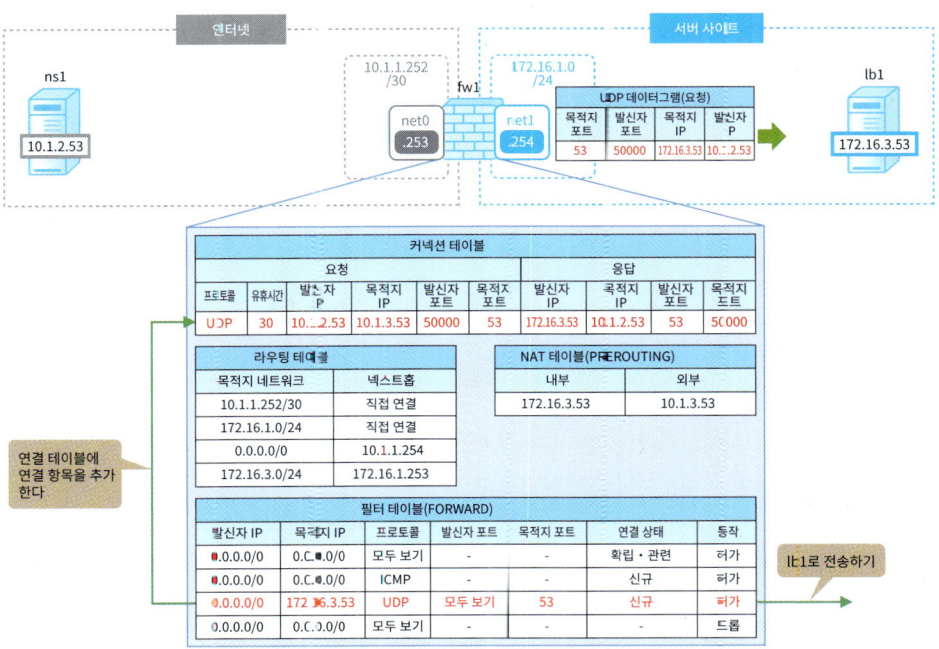

[그림] 커넥션 테이블에 커넥션 항목을 추가한다.

한편, 액션이 '거부(REJECT)' 방화벽 규칙에 걸린 경우 커넥션 테이블에 커넥션 항목을 추가하지 않고 ns1에 대해 유형이 'Destination Unreachable(타입 3)', 코드가 'Port Unreachable(코드 3)'인 ICMP 패킷을 반환한다.

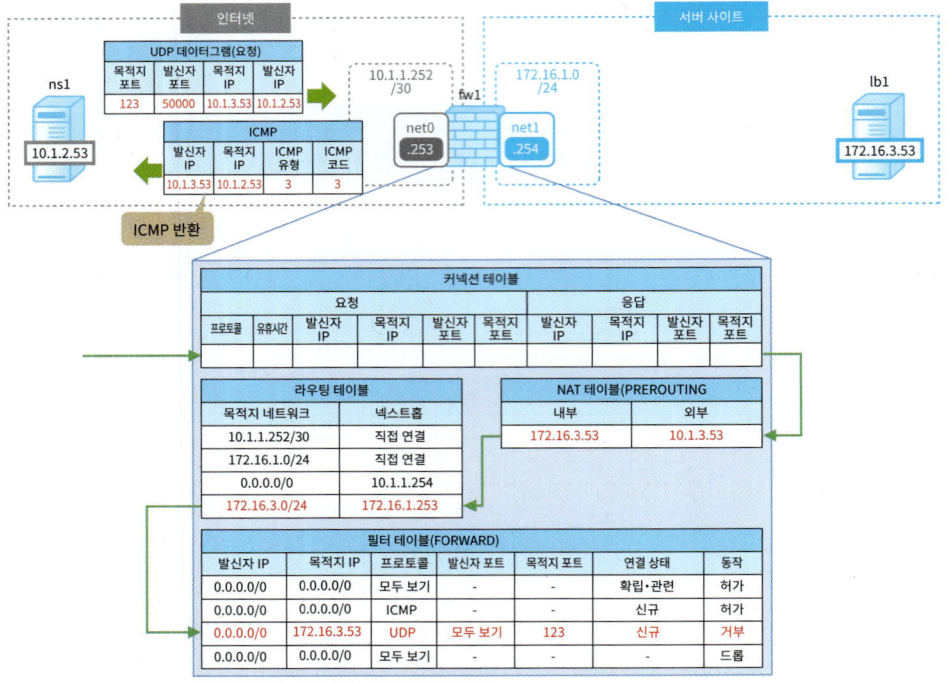

[그림] 거부 시 Destination Unreachable을 반환한다.

또한, 액션이 '드롭(DROP)' 방화벽 규칙에 걸리면 커넥션 테이블에 커넥션 항목을 추가하지 않고 아무 조치도 취하지 않는다. 앞서 언급한 거부 액션은 결과적으로 어떤 장비가 존재한다는 것을 나타내게 되므로 보안 측면에서 좋지 않다. 그런 점에서 드롭 동작은 클라이언트에 대해 아무런 조치도 취하지 않고 단순히 UDP 데이터그램을 파기하는 것뿐이다. 존재 자체를 상대방에게 알리지 않아도 된다. 드롭은 패킷을 알리지 않고 폐기하는 동작 때문에 'Silent Discard'라고도 불린다.

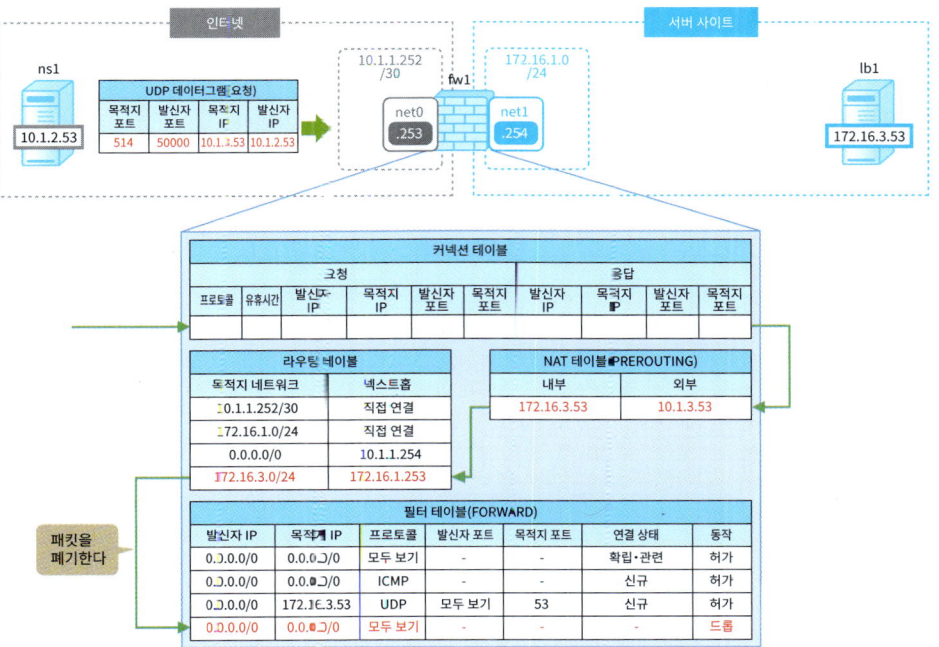

[그림] 드롭의 경우 패킷을 폐기한다.

03. 액션이 허용(ACCEPT)인 방화벽 규칙을 통과한 경우 DNS나 NTP와 같이 서버로부터 응답(reponse)이 발생하는 경우가 있다. lb1의 응답 패킷은 NAT 후 요청 패킷의 발신자 IP 주소, 목적지 IP 주소, 포트 번호가 바뀌어 있는 것이다. fw1은 서버 측 인터페이스(net1)에서 응답 패킷을 받으면 커넥션 테이블을 보고 해당 커넥션 항목이 없는지 확인한다. 그러면 요청 패킷에 의해 생성된 커넥션 항목이 있을 것이다. 해당 커넥션 항목의 유휴 타임아웃 값(커넥션을 삭제할 때까지의 시간) [13] 을 재설정한다. 그 후 확립된 커넥션으로 간주하여 해당 정보를 바탕으로 NAT [14] 및 라우팅 처리를 수행하고 필터 테이블과 대조한다. 설정된 커넥션은 허용된 커넥션이므로 ns1로 전달한다.

---

[13] iptables의 경우 UDP의 기본 유휴 시간 제한 값은 30초다.
[14] iptables의 경우, 신규 연결에 대해서만 NAT 테이블을 참조한다. 이미 설정된 연결에 대해서는 NAT 테이블을 참조하지 않고 연결 항목의 정보를 사용하여 NAT를 수행한다.

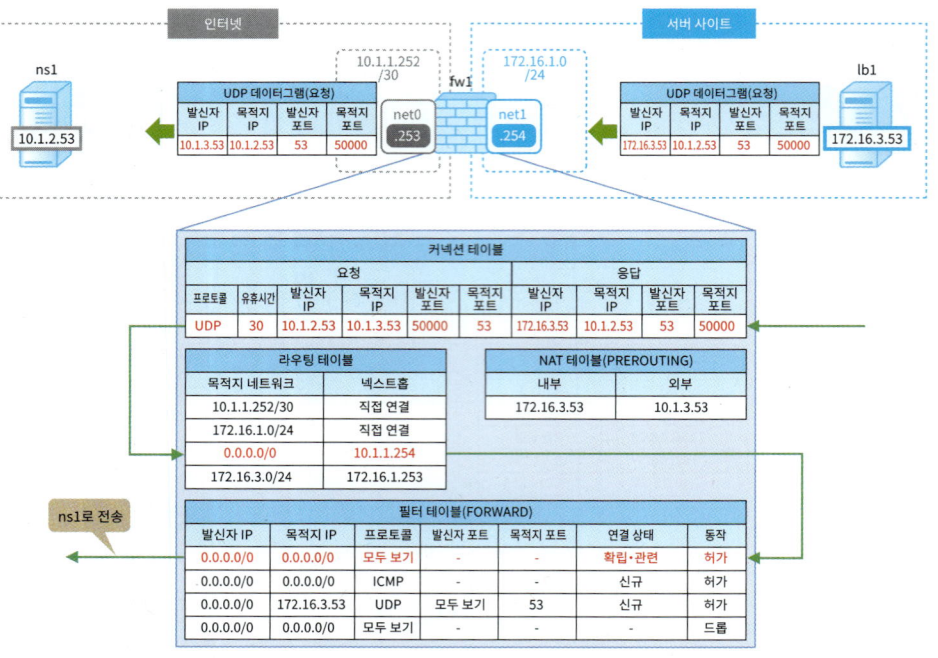

[그림] 커넥션 항목을 보고 클라이언트에게 응답을 반환한다.

04. fw1은 통신이 끝나면 커넥션 항목의 유휴 시간 제한 값을 카운트다운한다. 유휴 시간 제한 값이 0이 되면 해당 커넥션 항목을 삭제한다. iptables의 UDP 유휴 시간 제한은 기본적으로 30초다. 해당 커넥션 항목이 30초 동안 사용되지 않으면 해당 커넥션 항목은 삭제된다.

실습해 보기

이제 검증 환경을 이용하여 UDP 방화벽을 설정하고 실제 동작을 살펴보자. 여기서는 'spec_04.yaml'의 fw1을 설정하여 인터넷으로부터 lb1에 있는 DNS 서버를 방어한다. 구체적으로 통신 확인을 위해 ICMP의 Echo Request를 전체적으로 허용하고, DNS 서버에 대한 목적지 포트 번호가 53번인 UDP 데이터그램(이하 UDP/53)을 허용하고, 그 외에는 모두 차단한다.

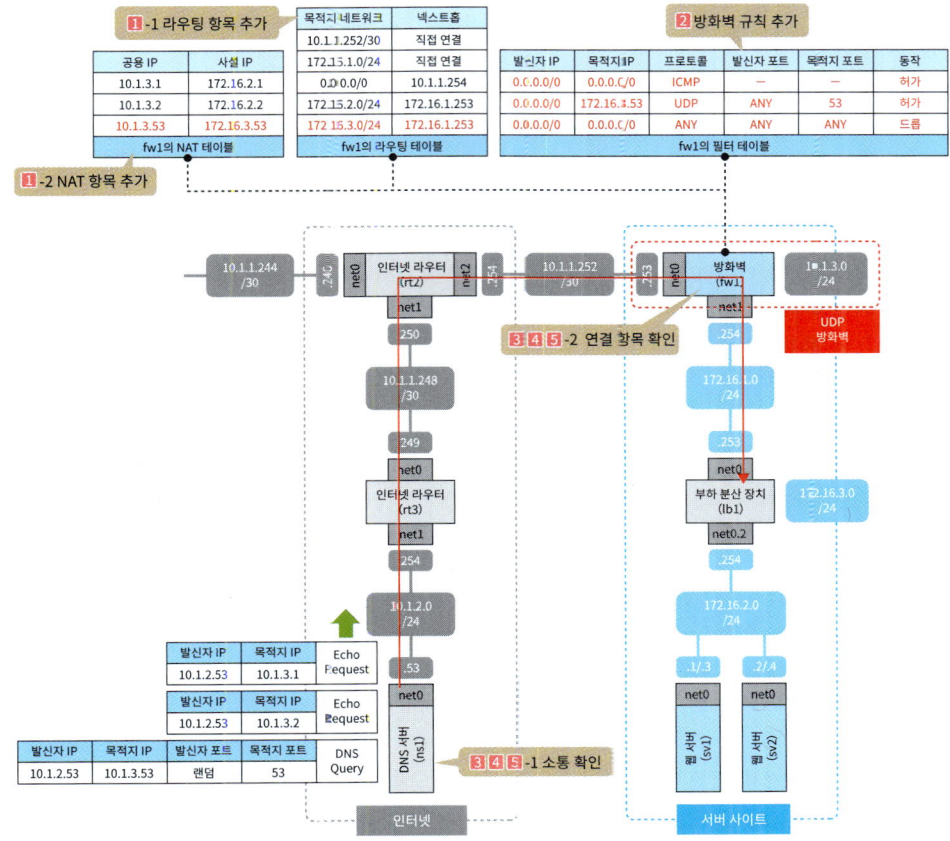

[그림] 실습 항목에서 하는 작업[15]

01. 먼저 lb1에서 동작하는 DNS 서버를 인터넷에 공개한다. 여기서 DNS 서버에 할당할 사설 IP 주소 '172.16.3.53'과 공개 IP 주소 '10.1.3.53'을 정적 NAT로 1:1로 매핑한다.

그 전에 부하 분산용 IP 주소나 DNS 서버의 IP 주소로 사용할 '172.16.3.0/24'에 대한 경로를 확보한다. '172.16.3.0/24'는 net0, net1 등의 인터페이스에 할당된 것이 아니라 lb1이 내부적으로 가지고 있다. lb1은 fw1에서 라우팅된 '172.16.3.0/24'로 라우팅된 패킷을 받으면 일단 자신의 내부로 가져와 대상 패킷에 대해 부하 분산 및 DNS 처리를 수행한다. 장비 내부에 IP 주소를 가지고 있다는 점에서는 fw1의 공개 IP 네트워크(10.1.3.0/24)와 같은 성격이라고 생각하면 된다.

이제 fw1에 로그인하여 vtysh 명령어로 VTY 셸에 들어가서 show ip route 명령어로 라우팅 테이블을 확인한다. 그러면 라우팅 실습에서 설정한 기본 루트(0.0.0.0/0)와 NAT 실습에서 설정한 sv1/sv2로 향하는 루트(172.16.2.0/24)만 있고 '172.16.3.0/24'로 향하는 루트가 없다.

---

15 그림 속 부하 분산 장치가 DNS 서버의 역할을 겸하고 있으며, 240쪽 lb1에 대한 설명도 함께 참고하기 바란다.

[코드] 현재 라우팅 테이블 현황

```
root@fw1:/# vtysh

Hello, this is FRRouting (version 8.4.1).
Copyright 1996-2005 Kunihiro Ishiguro, et al.

fw1# show ip route
Codes: K - kernel route, C - connected, S - static, R - RIP,
       O - OSPF, I - IS-IS, B - BGP, E - EIGRP, N - NHRP,
       T - Table, v - VNC, V - VNC-Direct, A - Babel, F - PBR,
       f - OpenFabric,
       > - selected route, * - FIB route, q - queued, r - rejected, b - backup
       t - trapped, o - offload failure

S>* 0.0.0.0/0 [1/0] via 10.1.1.254, net0, weight 1, 04:25:50
C>* 10.1.1.252/30 is directly connected, net0, 04:25:50
C>* 172.16.1.0/24 is directly connected, net1, 04:25:50
S>* 172.16.2.0/24 [1/0] via 172.16.1.253, net1, weight 1, 04:25:50
```

여기서 '172.16.3.0/24'에 대한 정적 루트를 설정한다. configure terminal 명령으로 글로벌 설정 모드로 들어가 ip route 명령으로 정적 루트를 설정한다. 그 후 exit 명령으로 글로벌 설정 모드에서 빠져나와 show ip route 명령으로 라우팅 항목이 추가되었는지 확인한다. 확인이 완료되면 exit 명령으로 VTY 셸에서 빠져나온다.

[코드] fw1 설정 및 라우팅 테이블

```
fw1# configure terminal
fw1(config)# ip route 172.16.3.0/24 172.16.1.253
fw1(config)# exit
fw1# show ip route
Codes: K - kernel route, C - connected, S - static, R - RIP,
       O - OSPF, I - IS-IS, B - BGP, E - EIGRP, N - NHRP,
       T - Table, v - VNC, V - VNC-Direct, A - Babel, F - PBR,
       f - OpenFabric,
       > - selected route, * - FIB route, q - queued, r - rejected, b - backup
       t - trapped, o - offload failure

S>* 0.0.0.0/0 [1/0] via 10.1.1.254, net0, weight 1, 04:23:16
C>* 10.1.1.252/30 is directly connected, net0, 04:23:16
C>* 172.16.1.0/24 is directly connected, net1, 04:23:16
S>* 172.16.2.0/24 [1/0] via 172.16.1.253, net1, weight 1, 04:23:16
```

```
S>* 172.16.3.0/24 [1/0] via 172.16.1.253, net1, weight 1, 04:23:16
```

```
fw1# exit
```

이제 lb1의 DNS 서버에 대한 루트를 확보했다. 다음으로 iptables 명령으로 정적 NAT를 설정한다. VTY 셸을 벗어나 NAT 테이블에 대해(-t nat) 목적지 IF 주소가 '10.1.3.53'인 IP 패킷을 수신하면(-d 10.1.3.53) 라우팅하기 전에(-A PREROUTING) 목적지 IP 주소를 '172.16.3.53'으로 변환(-j DNAT --to 172.16.3.53)하는 NAT 항목을 추가한다.

[코드] 정적 NAT 설정하기

```
root@fw1:/# iptables -t nat -A PREROUTING -d 10.1.3.53 -j DNAT --to 172.16.3.53
```

iptables 명령으로 NAT 테이블을 확인하면 DNS 서버에 대한 NAT 항목이 추가된 것을 확인할 수 있다.

[코드] NAT 테이블 확인

```
root@fw1:/# iptables -t nat -nL PREROUTING
Chain PREROUTING (policy ACCEPT)
target     prot opt source               destination
DNAT       all  --  0.0.0.0/0            10.1.3.1             to:172.16.2.1
DNAT       all  --  0.0.0.0/0            10.1.3.2             to:172.16.2.2
DNAT       all  --  0.0.0.0/0            10.1.3.53            to:172.16.3.53
```

02. 이것으로 lb1의 DNS 서버를 인터넷에 공개했다. 다만, 현재 NAT 설정만 해놓았기 때문에 모든 통신을 허용하고 있다. 인터넷에서 마음껏 공격할 수 있다. 그래서 fw1에 방화벽을 설정한다. 앞서 언급했듯이 여기서는 통신 확인을 위해 ICMP의 Echo Request를 전체적으로 허용하고, DNS 서버에 대한 UDP/53을 허용하고, 그 외에는 모두 차단한다.

[표] 설정하고자 하는 방화벽 요구사항

발신자 IP 주소	목적지 IP 주소	프로토콜	발신지 포트 번호	목적지 포트 번호	액션
ANY (0.0.0.0/0)	ANY (0.0.0.0/0)	ICMP (Echo Request)	—	—	허가
ANY (0.0.0.0/0)	DNS 서버 (10.1.3.53)	UDP	ANY	53	허가
ANY (0.0.0.0/0)	ANY (0.0.0.0/0)	ANY	ANY	ANY	드롭

방화벽 설정도 NAT와 마찬가지로 iptables 명령을 사용한다. iptables는 'filter table'이라는 필터 테이블과 'conntrack table'[16] 이라는 커넥션 테이블을 사용하여 스테이트풀 검사를 구현할 수 있다. 스테이트풀 검사를 실행할

---

[16] 'conntrack'이라는 확장 모듈을 사용하여 conntrack 테이블을 관리하고 있다.

수 있는 타이밍(체인)은 '다른 단말로 전송할 때(FORWARD)', '로컬 프로세스에 들어갈 때(INPUT)', '로컬 프로세스에서 출력될 때(OUTPUT)'의 세 가지가 있으며, 이 중 방화벽으로 사용할 경우 다른 단말로 패킷을 전달할 때(FORWARD) 실행된다. 사용 가능한 옵션에 대해서는 170쪽을 참고한다.

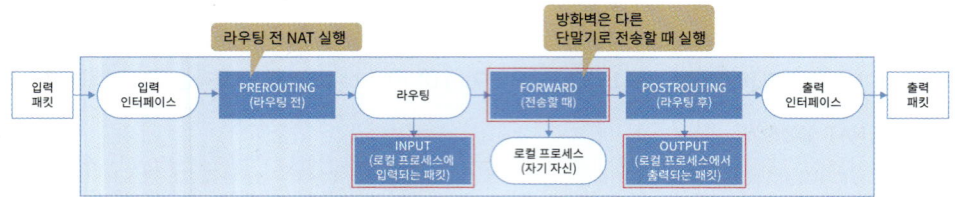

[그림] iptables에서 방화벽을 처리하는 타이밍(체인)

그럼 이제 요구사항에 따라 하나하나 명령을 입력해 보겠다.

먼저 정합성이 있는 통신만 허용하기 위해 'iptables -t filter -A FORWARD -m conntrack --ctstate ESTABLISHED,RELATED -j ACCEPT'를 입력한다. 이 명령으로 filter 테이블에 대해(-t filter) 다른 단말로 전달할 때(-A FORWARD) 이미 커넥션이 설정된 커넥션의 패킷이나 그와 관련된 패킷(-m conntrack --ctstate ESTABLISHED,RELATED)을 허용하는(-j ACCEPT) 방화벽 규칙을 추가했다. 이 방화벽 규칙은 특별히 방화벽 요구사항으로 정의되어 있지는 않지만, 스테이트풀 검사의 기능을 구현하기 위해 설정해야 한다.

다음으로 ICMP의 Echo Request(유형: 8)를 허용하기 위해 'iptables -t filter -A FORWARD -m conntrack --ctstate NEW -p icmp -m icmp --icmp-type echo-request -j ACCEPT'를 입력한다. 이 명령으로 filter 테이블에 대해(-t filter) 다른 단말로 전달할 때(-A FORWARD) ICMP의(-p icmp -m icmp) Echo Request의(--icmp-type echo-request) 신규 접속을(-m conntrack --state NEW) 허용하는(-j ACCEPT)하는 방화벽 규칙을 추가했다.

이어서 DNS 서버에 대한 UDP/53을 허용하기 위해 'iptables -t filter -A FORWARD -m conntrack --ctstate NEW -d 172.16.3.53 -p udp -m udp --dport 53 -j ACCEPT'를 입력한다. 이 명령어로 filter 테이블에 대해(-t filter) 다른 단말로 전달할 때(-A FORWARD) 목적지 IP 주소가 '172.16.3.53'[17]'(-d 172.16.3.53), 목적지 포트 번호가 '53'인 경우(--dport 53) 신규 접속(-m conntrack --ctstate NEW) UDP 데이터그램(-p udp -m udp)을 허용하는(-j ACCEPT) 방화벽 규칙을 추가했다.

마지막으로 그 외의 패킷을 드롭하기 위해 'iptables -t filter -P FORWARD DROP'을 입력한다. 이 명령어로 filter 테이블에 대해(-t filter) 다른 단말로 전달할 때 기본 동작(-P FORWARD)을 드롭(DROP)하도록 하고 있다. 사실상 마지막에 처리가 실행된다.

[코드] iptables 설정

```
root@fw1:/# iptables -t filter -A FORWARD -m conntrack --ctstate ESTABLISHED,RELATED -j ACCEPT
```

---

[17] 라우팅하기 전(PREROUTING)에 변환(NAT)되어 전달될 때(FORWARD)에 통신 제어되므로 목적지 IP 주소는 NAT 후의 IP 주소(172.16.3.53)를 지정해야 한다.

```
root@fw1:/# iptables -t filter -A FORWARD -m conntrack --ctstate NEW -p icmp -m icmp --icmp-type echo-request -j ACCEPT
root@fw1:/# iptables -t filter -A FORWARD -m conntrack --ctstate NEW -d 172.16.3.53 -p udp -m udp --dport 53 -j ACCEPT
root@fw1:/# iptables -t filter -P FORWARD DROP
```

혹시 모르니 'iptables -t filter -vnL --line-numbers'로 필터 테이블을 확인한다. 그러면 패킷을 전달할 때 (FORWARD) 확립된/관련된 통신(RELATED, ESTABLISHED), ICMP(유형: 8), UDP, 53을 허용하는 3개의 방화벽 규칙과 그 외의 통신을 드롭하는 기본 규칙이 있음을 알 수 있다. 아직 설정한 지 얼마되지 않았기 때문에 규칙에 걸린 패킷 수를 나타내는 'pkts 열'과 데이터 양을 나타내는 'bytes 열'의 개수는 모두 '0'이다.

[코드] 필터 테이블 확인

```
root@fw1:/# iptables -t filter -vnL FORWARD --line-numbers
Chain FORWARD (policy DROP 0 packets, 0 bytes)
num pkts bytes target prot opt in  out source      destination
1   0    0     ACCEPT all  --  *   *   0.0.0.0/0   0.0.0.0/0    ctstate RELATED,ESTABLISHED
2   0    0     ACCEPT icmp --  *   *   0.0.0.0/0   0.0.0.0/0    ctstate NEW icmptype 8
3   0    0     ACCEPT udp  --  *   *   0.0.0.0/0   172.16.3.53  ctstate NEW udp dpt:53
```

03. 에서는 ns1에서 패킷을 전송하여 방화벽이 작동하는지 확인해 보겠다. 우선 ICMP가 확실히 허용되는지 확인한다.

먼저 공개한 서버에 대해 ICMP가 모두 허용되었는지 확인한다. ns1에 로그인하여 '10.1.3.1' '10.1.3.1', '10.1.3.2', '10.1.3.53'에 대해 각각 두 번씩 ping을 한다. 그러면 각각 응답이 있는 것을 확인할 수 있다. 즉, ICMP는 확실히 허용된 것이다.

[코드] ICMP가 허용됨

```
root@ns1:/# ping 10.1.3.1 -c 2
PING 10.1.3.1 (10.1.3.1) 56(84) bytes of data.
64 bytes from 10.1.3.1: icmp_seq=1 ttl=60 time=0.477 ms      응답이 있다는 것은 방화벽에서
64 bytes from 10.1.3.1: icmp_seq=2 ttl=60 time=0.859 ms      허용됐다는 것

--- 10.1.3.1 ping statistics ---
2 packets transmitted, 2 received, 0% packet loss, time 1043ms
rtt min/avg/max/mdev = 0.477/0.668/0.859/0.191 ms
root@ns1:/# ping 10.1.3.2 -c 2
PING 10.1.3.2 (10.1.3.2) 56(84) bytes of data.
64 bytes from 10.1.3.2: icmp_seq=1 ttl=60 time=0.366 ms      응답이 있다는 것은 방화벽에서
64 bytes from 10.1.3.2: icmp_seq=2 ttl=60 time=0.692 ms      허용됐다는 것

--- 10.1.3.2 ping statistics ---
2 packets transmitted, 2 received, 0% packet loss, time 1016ms
```

```
rtt min/avg/max/mdev = 0.366/0.529/0.692/0.163 ms
root@ns1:/# ping 10.1.3.53 -c 2
PING 10.1.3.53 (10.1.3.53) 56(84) bytes of data.
64 bytes from 10.1.3.53: icmp_seq=1 ttl=61 time=0.208 ms
64 bytes from 10.1.3.53: icmp_seq=2 ttl=61 time=0.536 ms

--- 10.1.3.53 ping statistics ---
2 packets transmitted, 2 received, 0% packet loss, time 1020ms
rtt min/avg/max/mdev = 0.208/0.372/0.536/0.164 ms
```

응답이 있다는 것은 방화벽에서 허용됐다는 것

혹시 모르니 fw1에서 iptables 명령을 실행하여 의도한 방화벽 규칙의 카운트가 올라갔는지 확인한다. 그러면 No.1과 No.2 방화벽 규칙의 패킷 수와 바이트 수가 올라간 것을 확인할 수 있다. 앞서 각 IP 주소와 4개의 패킷(Echo Request ×2, Echo Reply×2)을 주고받았다. 첫 번째 Echo Request는 No.2 방화벽 규칙에 의해 허용 및 카운트가 올라가 커넥션 항목에 기록된다. 이후 통신(1차 Echo Reply, 2차 Echo Request/Reply)은 커넥션 항목을 기반으로 No.1 방화벽 규칙에 의해 허용 및 카운트가 올라간다. 즉, 하나의 목적지 IP 주소에 대해 1번 방화벽 규칙은 3패킷, 2번 방화벽 규칙은 1 패킷씩 카운트가 올라간다.

[코드] ICMP 방화벽 규칙이 카운트업되고 있다.

```
root@fw1:/# iptables -t filter -vnL FORWARD --line-numbers
Chain FORWARD (policy DROP 0 packets, 0 bytes)
num  pkts bytes target  prot opt in   out   source       destination
1    9    756   ACCEPT  all  --  *    *     0.0.0.0/0    0.0.0.0/0      ctstate RELATED,ESTABLISHED
2    3    252   ACCEPT  icmp --  *    *     0.0.0.0/0    0.0.0.0/0      ctstate NEW icmptype 8
3    0    0     ACCEPT  udp  --  *    *     0.0.0.0/0    172.16.3.53    ctstate NEW udp dpt:53
```

또한, 커넥션 테이블에 커넥션 항목이 생성되어 있는지 확인해야 한다. 커넥션 항목은 'conntrack 명령'으로 확인할 수 있다. conntrack 명령은 conntrack 모듈이 관리하고 있는 통신을 표시하거나 조작하는 명령이다. 다음 표와 같은 옵션이 있으며, iptables를 사용하는 환경에서 일반적으로 사용한다.

[표] conntrack 명령의 대표적인 옵션

옵션 카테고리	숏 옵션	롱 옵션	의미
명령어 옵션	-C	--count	커넥션 항목 수를 표시한다
	-D 〈파라미터〉	--delete 〈파라미터〉	특정 조건과 일치하는 커넥션 항목을 삭제한다
	-E [옵션]	--event [옵션]	커넥션 항목의 상태 추이를 실시간으로 표시한다
명령어 옵션	-F	--flush	모든 커넥션 항목을 삭제한다
	-L [선택 사항]	--dump [옵션]	커넥션 테이블을 표시한다

옵션 카테고리	숏 옵션	롱 옵션	의미
IP 필터 파라미터 옵션	-d ⟨IP 주소[/서브넷 마스크]⟩	--dst ⟨IP 주소[/서브넷 마스크]⟩	요청 패킷의 목적지 IP 주소를 지정한다
	-p ⟨프로토콜⟩	--proto ⟨프로토콜⟩	L4 프로토콜(TCP, UDP 등)을 지정한다
	-q ⟨IP 주소[/서브넷 마스크]⟩	--reply-dst ⟨IP 주소[/서브넷 마스크]⟩	응답 패킷의 대상 IP 주소를 지정한다
	-r ⟨IP 주소[/서브넷 마스크]⟩	--reply-src ⟨IP 주소[/서브넷 마스크]⟩	응답 패킷의 발신자 IP 주소를 지정한다
	-s ⟨IP 주소[/서브넷 마스크]⟩	--src ⟨IP 주소[/서브넷 마스크]⟩	요청 패킷의 발신자 IP 주소를 지정한다
UDP 필터 파라미터 옵션		--dport ⟨포트 번호⟩	'-p udp'를 지정할 때 요청 패킷의 목적지 포트 번호를 지정한다
		--sport ⟨포트 번호⟩	'-p udp'를 지정할 때 요청 패킷의 발신 포트 번호를 지정한다
		--reply-port-dst ⟨포트 번호⟩	'-p udp'를 지정할 때 응답 패킷의 목적지 포트 번호를 지정한다
		--reply-port-src ⟨포트 번호⟩	'-p udp'를 지정할 때 응답 패킷의 발신자 포트 번호를 지정한다
TCP 필터 파라미터 옵션		--dport ⟨포트 번호⟩	'-p tcp'를 지정할 때 요청 패킷의 목적지 포트 번호를 지정한다
		--sport ⟨포트 번호⟩	'-p tcp'를 지정할 때 요청 패킷의 발신자 포트 번호를 지정한다
		--reply-port-dst ⟨포트 번호⟩	'-p tcp'를 지정할 때 응답 패킷의 목적지 포트 번호를 지정한다
		--reply-port-src ⟨포트 번호⟩	'-p tcp'를 지정할 때 응답 패킷의 발신자 포트 번호를 지정한다
		--state ⟨상태⟩	'-p tcp'를 지정할 때 커넥션 항목의 상태를 지정한다

이제 conntrack 명령으로 커넥션 테이블을 살펴보자. 그러면 '10.1.3.1', '10.1.3.2', '10.1.3.53'에 대한 ICMP의 커넥션 항목이 표시된다. iptables는 이 항목을 사용하여 상태 검사를 수행한다. 각 항목의 전반부는 요청 패킷(Echo Request), 후반부는 응답 패킷(Echo Reply)을 나타낸다.

[코드] ICMP의 커넥션 항목

```
root@fw1:/# conntrack -L
icmp 1 20 src=10.1.2.53 dst=10.1.3.1 type=8 code=0 id=28 src=172.16.2.1 dst=10.1.2.53 type=0 code=0 id=28 mark=0 use=1
icmp 1 23 src=10.1.2.53 dst=10.1.3.2 type=8 code=0 id=29 src=172.16.2.2 dst=10.1.2.53 type=0 code=0 id=29 mark=0 use=1
icmp 1 26 src=10.1.2.53 dst=10.1.3.53 type=8 code=0 id=30 src=172.16.3.53 dst=10.1.2.53 type=0 code=0 id=30 mark=0 use=1
conntrack v1.4.5 (conntrack-tools): 3 flow entries have been shown.
```

04. 다음으로 서버 사이트에 있는 DNS 서버(10.1.3.53)에 대해 UDP/53이 허용되어 있는지 확인한다. 이 확인을 위해 'dig 명령어'를 사용한다. dig 명령은 DNS 서버에 이름 풀이[18] 를 수행하고 그 응답 결과를 표시하는 명령이다. 리눅스 OS에서 DNS 문제 해결에 있어 이것밖에 없다고 해도 과언이 아닐 정도로 가장 많이 사용되는 도구다.

일단 이름 풀이의 구조와 dig 명령의 옵션에 대해서는 312쪽의 DNS 항목에서 자세히 설명하기로 하고, dig 명령은 기본적으로 UDP/53을 사용하므로 여기서도 UDP/53을 사용하기로 한다. dig 명령은 'dig [@<DNS 서버의 IP 주소>] <도메인 이름> [옵션]'으로 사용할 수 있으며, DNS 서버에는 tinet의 설정 파일에서 미리 'www.example.com'이라는 도메인 이름(FQDN)이 설정되어 있다.

이제 ns1에서 dig 명령어로 이름 풀이를 하고 UDP/53 패킷을 주고받아 보자. 그러면 응답이 있는 것을 확인할 수 있다. 즉, UDP/53은 확실히 허용되고 있음을 알 수 있다.

[코드] UDP/53이 허용되고 있다.

```
root@ns1:/# dig @10.1.3.53 www.example.com

; <<>> DiG 9.16.1-Ubuntu <<>> @10.1.3.53 www.example.com
; (1 server found)
;; global options: +cmd
;; Got answer:
;; ->>HEADER<<- opcode: QUERY, status: NOERROR, id: 48540
;; flags: qr aa rd ra; QUERY: 1, ANSWER: 1, AUTHORITY: 0, ADDITIONAL: 1

;; OPT PSEUDOSECTION:
; EDNS: version: 0, flags:; udp: 4096
;; QUESTION SECTION:
;www.example.com.               IN      A


;; ANSWER SECTION:
```

응답이 있다는 것은 방화벽에서 허용되었다는 것

---

[18] 이름 풀이의 메커니즘에 대해서는 312쪽부터 자세히 설명한다.

```
www.example.com.        30      IN      A       10.1.3.12

;; Query time: 0 msec
;; SERVER: 10.1.3.53#53(10.1.3.53)
;; WHEN: Tue Jan 03 12 41:59 JST 2023
;; MSG SIZE  rcvd: 60
```

응답이 있다는 것은 방화벽에서 허용되었다는 것

이 역시도 fw1에서 iptables 명령을 실행하여 의도한 방화벽 규칙의 카운트가 올라갔는지 확인한다. 그러면 UDP/53을 허용하는 방화벽 규칙(No.3)과 이미 설정된/관련 통신을 허용하는 방화벽 규칙(No.1)의 패킷 수와 바이트 수의 카운트가 올라간 것을 확인할 수 있다.

[코드] UDP/53의 방화벽 규칙의 카운트가 올라갔다.

```
root@fw1:/# iptables -t filter -vnL FORWARD --line-numbers
Chain FORWARD (policy DROP 0 packets, 0 bytes)
num pkts bytes target prot opt in  out source     destination
1   10   872  ACCEPT all  --  *   *   0.0.0.0/0  0.0.0.0/0   ctstate RELATED,ESTABLISHED
2   3    252  ACCEPT icmp --  *   *   0.0.0.0/0  0.0.0.0/0   ctstate NEW icmptype 8
3   1    84   ACCEPT udp  --  *   *   0.0.0.0/0  172.16.3.53 ctstate NEW udp dpt:53
```

05. 마찬가지로 커넥션 테이블에 UDP 커넥션 항목이 생성되어 있는지 확인한다. 그러면 '10.1.3.53'에 대한 UDP/53 커넥션 항목이 표시된다[19]. 이 항목을 사용하여 스테이트풀 검사를 실행하고 있다.

[코드] UDP/53 커넥션 항목

```
root@fw1:/# conntrack -L -p udp
udp      17 25 src=10.1.2.53 dst=10.1.3.53 sport=58278 dport=53 src=172.16.3.53 dst=10.1.2.53 sport=53 dport=58278 mark=0 use=1
conntrack v1.4.5 (conntrack-tools): 1 flow entries have been shown.
```

이제 허가된 통신에 대해서는 문제가 없을 것이다. 다음으로 기본 규칙에 의해 드롭되어야 할 통신이 확실히 드롭되는지 확인한다. 드롭되는 통신이라면 무엇이든 상관없지만 여기서는 앞서와 마찬가지로 dig 명령을 사용하도록 하겠다. dig 명령은 기본적으로 UDP/53을 사용하지만 '+tcp 옵션'을 통해 TCP/53을 사용한다. 이제 +tcp 옵션을 붙여서 dig 명령을 실행해 보자. 그러면 DNS 서버에서 응답이 없고 'timed out'이라고 표시된다.

[코드] TCP/53이 삭제되었다.

```
root@ns1:/# dig @10.1.3.53 www.example.com +tcp
;; Connection to 10.1.3.53#53(10.1.3.53) for www.example.com failed: timed out.
;; Connection to 10.1.3.53#53(10.1.3.53) for www.example.com failed: timed out.
```

응답이 없다는 것은 방화벽에 막혀서 응답이 없다는 것

---

19 표시되지 않는 경우, 유휴 시간 제한(30초)이 경과하여 연결 항목이 삭제되었을 수 있다. 다시 dig를 눌러 확인하기 바란다.

```
; <<>> DiG 9.16.1-Ubuntu <<>> @10.1.3.53 www.example.com +tcp
; (1 server found)
;; global options: +cmd
;; connection timed out; no servers could be reached

;; Connection to 10.1.3.53#53(10.1.3.53) for www.example.com failed: timed out.
```

> 응답이 없다는 것은 방화벽에 막혀서 응답이 없다는 것

여기서도 역시 iptables 명령으로 의도한 방화벽 규칙의 카운트가 올라갔는지 확인한다. 그러면 기본 방화벽 규칙의 패킷 수와 바이트 수의 카운트가 올라간 것을 확인할 수 있다.

[코드] 기본 규칙의 카운트가 올라가 있다.

```
root@fw1:/# iptables -t filter -nvL FORWARD --line-numbers
Chain FORWARD (policy DROP 12 packets, 720 bytes)
num   pkts bytes target     prot opt in     out     source               destination
1       10   872 ACCEPT     all  --  *      *       0.0.0.0/0            0.0.0.0/0            ctstate RELATED,ESTABLISHED
2        3   252 ACCEPT     icmp --  *      *       0.0.0.0/0            0.0.0.0/0            ctstate NEW icmptype 8
3        1    84 ACCEPT     udp  --  *      *       0.0.0.0/0            172.16.3.53          ctstate NEW udp dpt:53
```

마찬가지로 TCP 커넥션 항목을 확인해 보자. 그러면 TCP/53의 항목이 표시되지 않는다. 방화벽 규칙에 의해 삭제되기 때문에 항목이 생성되지 않은 것이다.

[코드] 드롭되면 커넥션 항목이 추가되지 않는다.

```
root@fw1:/# conntrack -L -p tcp
conntrack v1.4.5 (conntrack-tools): 0 flow entries have been shown.
```

이상으로 UDP 방화벽 설정이 완료되었다.

4-3-2 TCP 방화벽

213쪽에서 설명한 바와 같이 방화벽은 발신자/목적지 IP 주소, 레이어 4 프로토콜, 발신자/목적지 포트 번호(5-tuple, 파이브 튜플)로 커넥션을 식별하고 통신을 제어하는 네트워크 장비다. 통신의 허용/거부가 정의된 '방화벽 규칙'으로 구성된 '필터 테이블'과 통신을 관리하는 '커넥션 테이블'을 사용하여 상태 점검을 수행한다.

TCP 방화벽에서도 UDP 방화벽과 마찬가지로 필터 테이블과 커넥션 테이블이 포인트가 된다는 점은 동일하다. 다만 커넥션 테이블에 커넥션 상태를 나타내는 열이 추가되어 이 정보를 바탕으로 커넥션 항목을 관리한다.

이론 이해하기

그렇다면 방화벽은 어떻게 TCP 세그먼트를 제어하는 것일까? 우선 이론적인 흐름을 이해해 보자. 검증 환경에서 인터넷에 있는 ns1(클라이언트)이 fw1(방화벽)을 통해 서버 사이트에 있는 lb1(서버)과 TCP 세그먼트를 주고받는 경우를 예로 들어 설명해 보겠다.

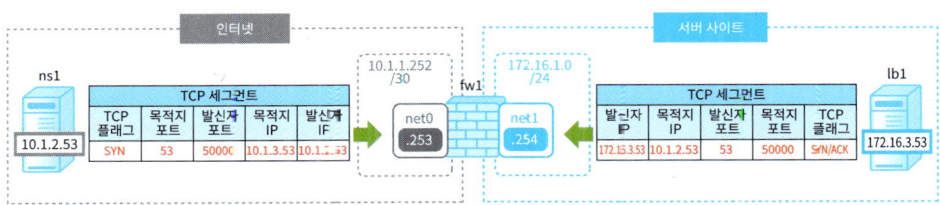

[그림] TCP 방화벽을 이해하기 위한 네트워크 구성

세부적인 동작은 제조사, 장비, 애플리케이션에 따라 달라질 수 있다. 여기서는 검증 환경에서 사용하는 iptables의 동작을 기준으로 설명한다.

01. fw1은 클라이언트 측 인터페이스(net0)에서 SYN 패킷을 받으면 커넥션 테이블을 보고 대응하는 커넥션 항목이 없는지 확인한다. 당연히 처음에는 대응하는 커넥션 항목이 없다. 신규 커넥션으로 NAT 및 라우팅 처리를 수행하여 필터 테이블과 대조한다.

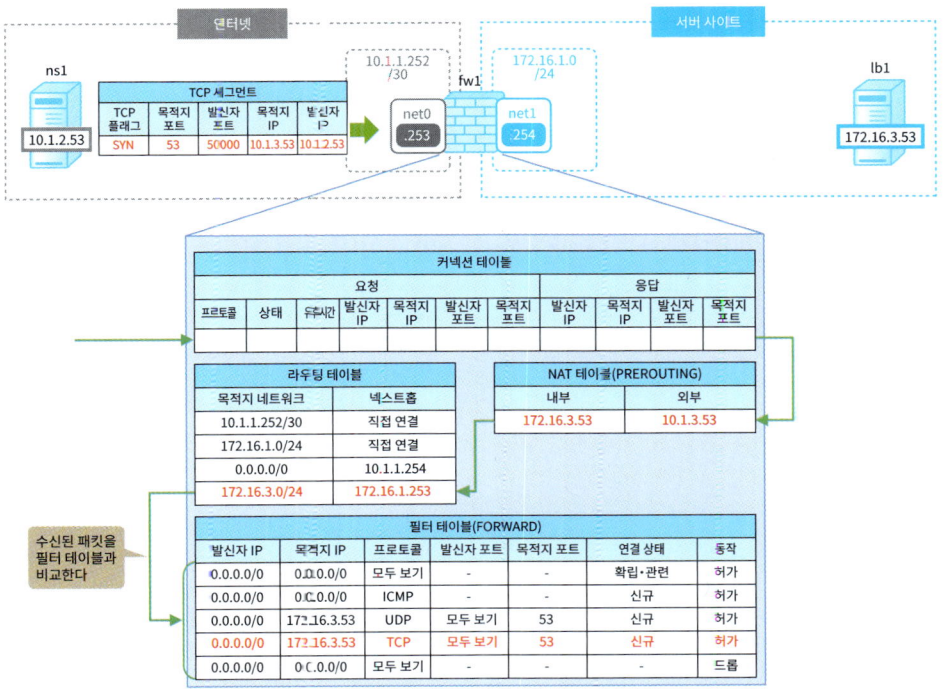

[그림] 필터 테이블과 대조하기

02. 필터 테이블에서 액션이 '허용(ACCEPT)' 방화벽 규칙을 통과하면 커넥션 테이블에 수신한 SYN 패킷 정보(IP 주소, 포트 번호, 프로토콜, 커넥션 상태 등)와 앞으로 수신할 SYN/ACK 패킷 정보를 새로운 커넥션 항목으로 추가하고 lb1에 SYN 패킷을 전달한다.

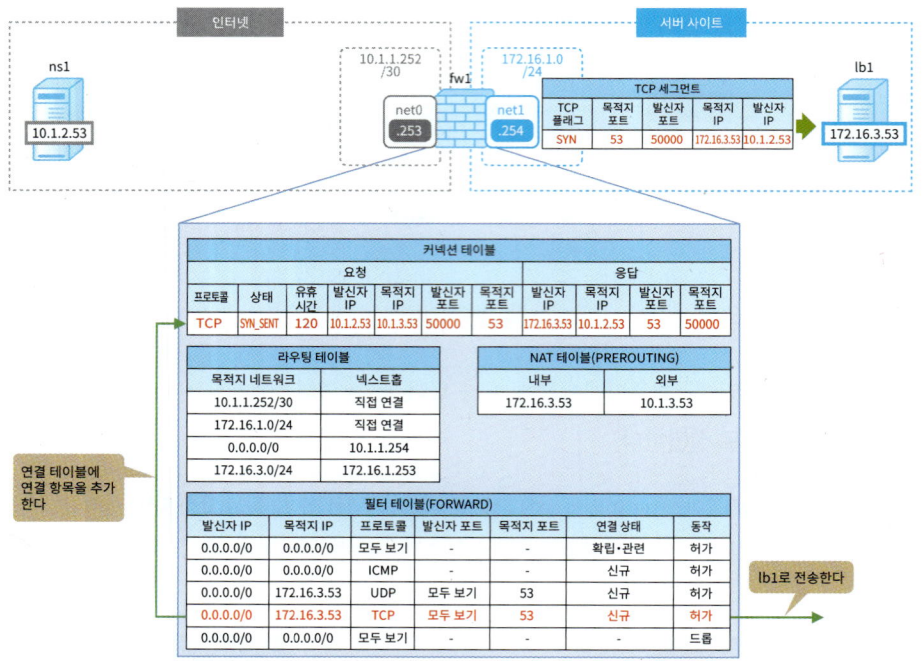

[그림] 커넥션 테이블에 커넥션 항목 추가하기

03. 한편, 액션이 '거부(REJECT)'인 방화벽 규칙에 해당되는 경우 커넥션 테이블에 커넥션 항목을 추가하지 않고 ns1에 대해 RST 패킷을 반환하고 커넥션을 강제로 끊는다[20].

---

[20] iptables의 기본 REJECT 동작은 ICMP(Port Unreachable)를 반환한다. 여기서는 일반적인 방화벽의 REJECT 동작에 맞춰 방화벽 규칙에 '--reject-with tcp-reset 옵션'을 붙인 것을 전제로 설명한다.

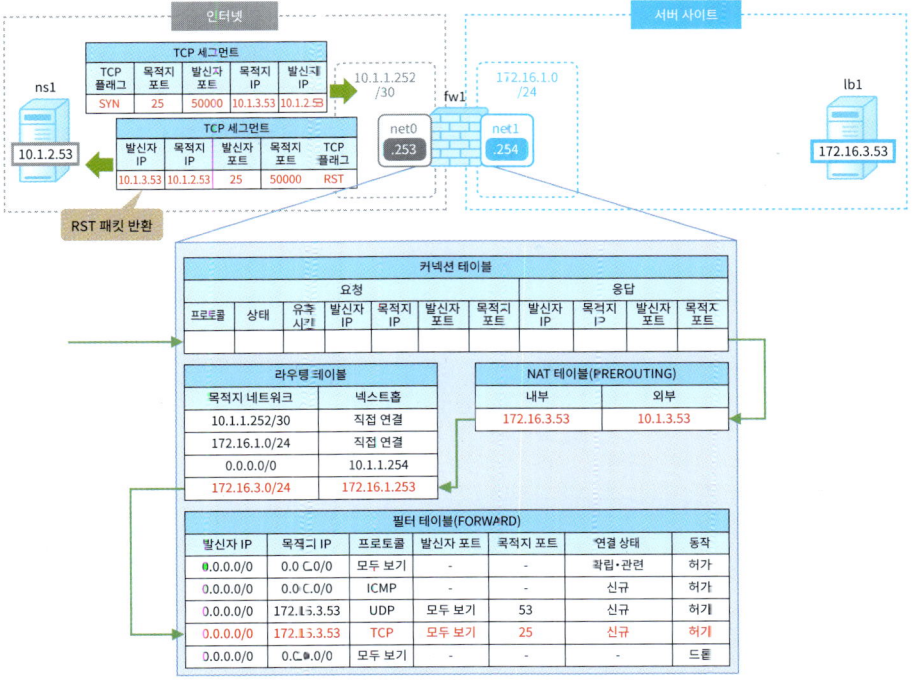

[그림] 거부 시 Destination Unreachable을 반환한다.

또한, 액션이 '드롭(DROP)' 방화벽 규직에 걸리면 UDP와 마찬가지로 커넥션 테이블에 커넥션 항목을 추가하지 않고, 클라이언트에 대해서도 아무 조치도 취하지 않는다. TCP 세그먼트를 몰래 파기하고 아무 것도 없는 것처럼 행동한다.

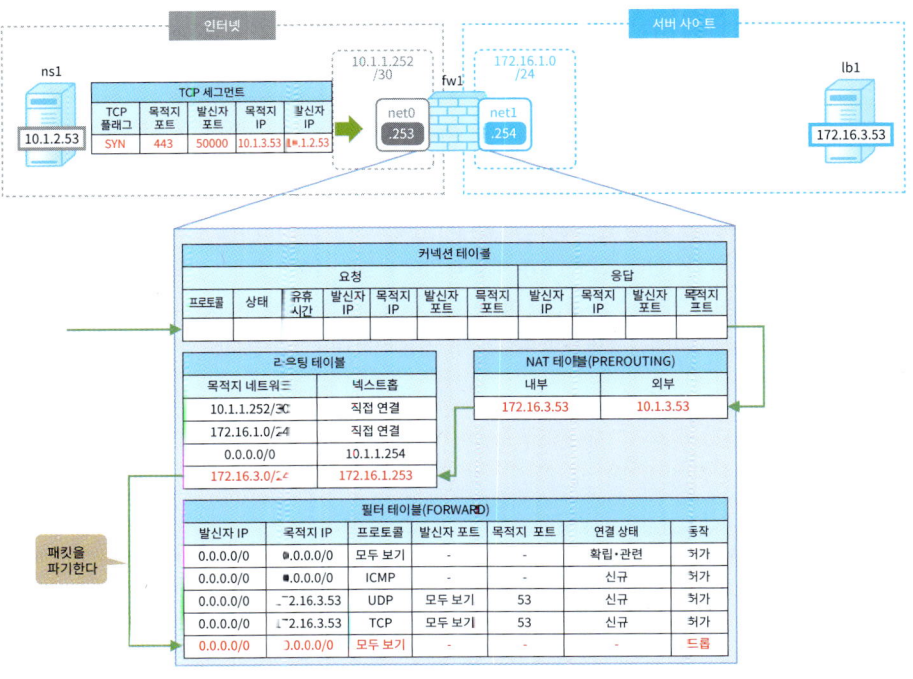

[그림] 드롭의 경우 패킷을 폐기한다.

04. 액션이 허용(ACCEPT)인 방화벽 규칙을 통과하면 서버에서 SYN/ACK 패킷이 반환된다. lb1의 SYN/ACK 패킷은 NAT 후 SYN 패킷의 발신자 IP 주소·포트 번호와 목적지 IP 주소·포트 번호를 바꾼 것이다. fw1은 서버 측 인터페이스(net1)에서 SYN/ACK 패킷을 받으면 커넥션 테이블을 보고 해당 커넥션 항목이 없는지 확인한다. 그러면 SYN 패킷에 의해 생성된 커넥션 항목이 있을 것이다. 해당 커넥션 항목의 상태와 유휴 타임아웃 값[21] 을 업데이트한다. 그 후, 설정된 커넥션으로서 그 정보를 바탕으로 NAT 및 라우팅 처리를 수행하여 필터 테이블과 대조한다. 확립된 커넥션은 허용된 커넥션이므로 ns1로 전달한다.

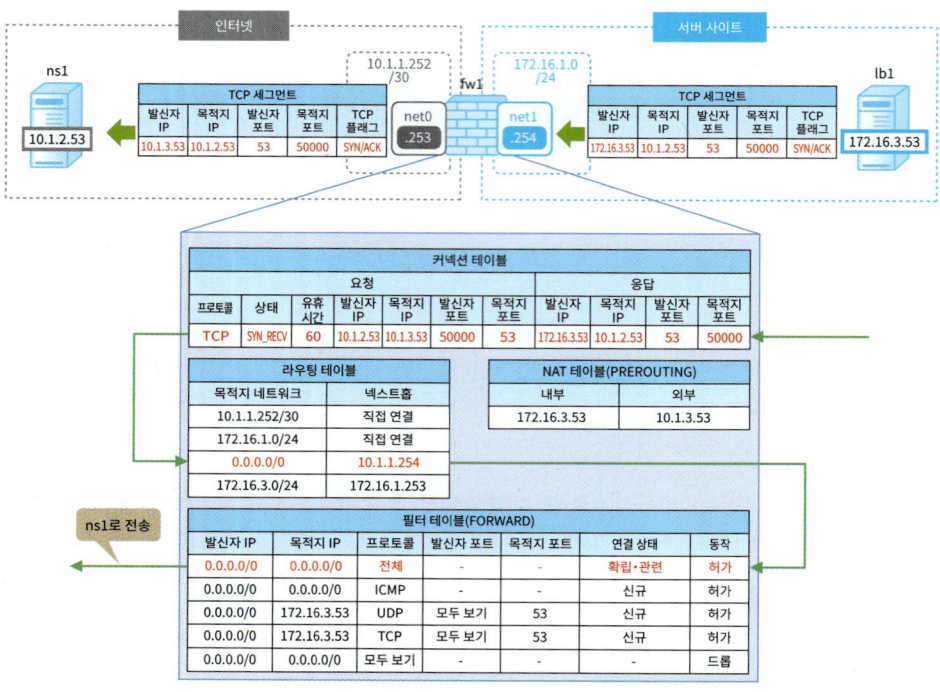

[그림] 커넥션 항목을 보고 클라이언트에 SYN/ACK을 반환한다.

05. SYN/ACK 패킷을 받은 ns1은 3방향 핸드셰이크를 끝내기 위해 ACK를 보낸다. 이를 받은 fw1은 커넥션 테이블을 보고 해당 커넥션 항목이 없는지 확인한다. 그러면 SYN 패킷에 의해 생성된 커넥션 항목이 있으므로 해당 항목의 상태와 유휴 타임아웃 값을 업데이트한다. 그리고 이미 확립된 커넥션으로 해당 정보를 바탕으로 NAT[22] 및 라우팅 처리를 수행하여 필터 테이블과 대조한다. 필터 테이블을 보면 이미 확립된 커넥션은 허용되어 있으므로 lb1로 전달한다.

---

21 iptables에는 TCP 상태별로 유휴 시간 제한 값이 정의되어 있다.
22 iptables의 경우, 신규 연결에 대해서만 NAT 테이블을 참조한다. 이미 설정된 커넥션에 대해서는 NAT 테이블을 참조하지 않고 커넥션 항목의 정보를 사용하여 NAT를 수행한다.

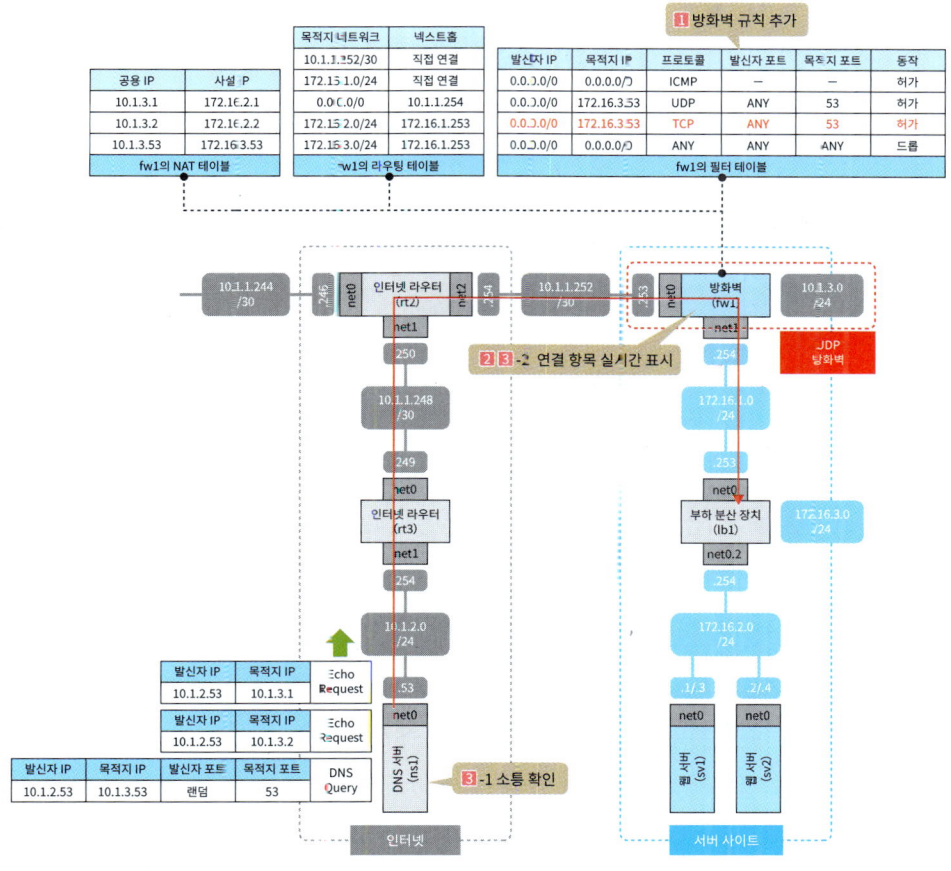

[그림] 커넥션 항목을 보고 서버에 ACK를 반환한다.

06. 애플리케이션 데이터 전송이 끝나면 클라이언트와 서버 간에 종료 프로세스가 수행된다. 방화벽은 이 상호 작용을 보고 커넥션 항목의 상태와 유휴 시간 제한 값을 업데이트하고 최종적으로 삭제한다.

실습해 보기

이제 검증 환경을 이용하여 TCP 방화벽을 설정하고 실제 동작을 확인해 보겠다. 여기서는 fw1을 설정하여 인터넷으로부터 lb1에 있는 DNS 서버를 방어한다. 구체적으로 UDP 방화벽 실습에서 설정한 방화벽 규칙에 DNS 서버에 대한 목적지 포트 번호가 53번인 TCP 세그먼트(이하 TCP/53)를 허용하는 규칙을 추가한다.

단, 본 항목은 UDP 방화벽 실습 항목에서 수행하는 NAT, 라우팅, 방화벽 설정이 완료된 것을 전제로 한다. 완료하지 않은 경우 UDP 방화벽 실습 항목을 먼저 완료하기 바란다.

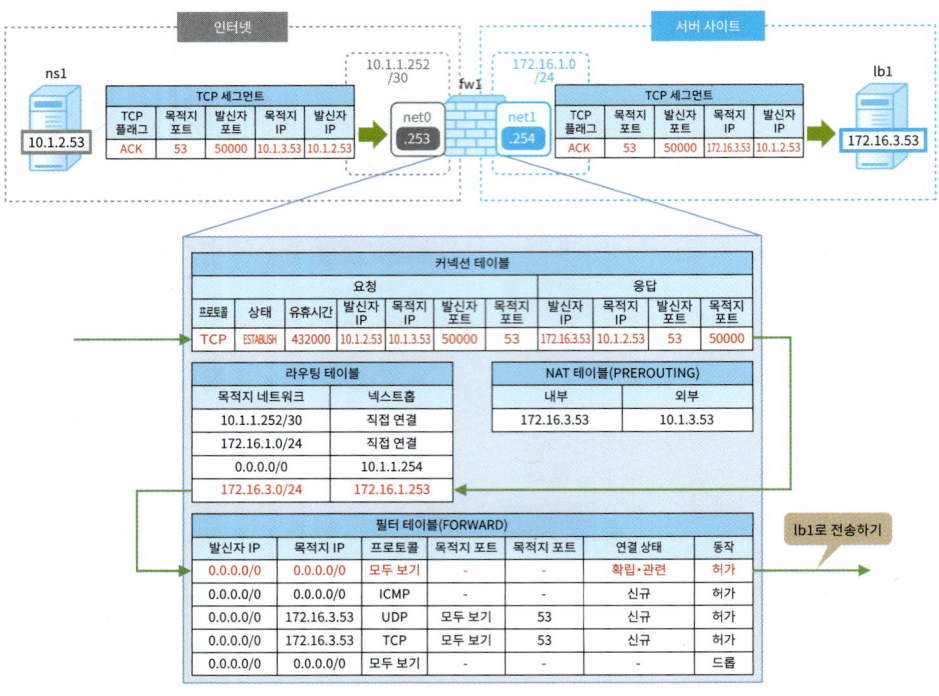

[그림] 실습편에서 할 설정[23]

01. UDP 방화벽 실습 항목에서 이미 설정된 통신, ICMP Echo Request, DNS 서버에 대한 UDP/53을 허용하고, 그 외의 통신은 차단하는 설정을 입력했다. 여기서는 이러한 방화벽 규칙에 DNS 서버에 대한 TCP/53을 허용하는 규칙을 추가한다[24].

[표] 설정하고자 하는 방화벽 요구사항

발신자 IP 주소	목적지 IP 주소	프로토콜	발신자 포트 번호	목적지 포트 번호	액션
ANY (0.0.0.0/0)	ANY (0.0.0.0/0)	ICMP (Echo Request)	—	—	허가
ANY (0.0.0.0/0)	DNS 서버 (10.1.3.53)	UDP	ANY	53	허가

---

23 그림 속 부하 분산 장치가 DNS 서버의 역할을 겸하고 있다.
24 드롭 설정이 기본 규칙(마지막에 처리되는 규칙)으로 설정되어 있기 때문에 실제로는 UDP/53을 허용하는 규칙 다음에 TCP/53을 허용하는 규칙을 추가하는 형태가 된다.

발신자 IP 주소	목적지 IP 주소	프로토콜	발신자 포트 번호	목적지 포트 번호	액션
ANY (0.0.0.0/0)	DNS 서버 (10.1.3.53)	TCP	ANY	53	허가
ANY (0.0.0.0/0)	ANY (0.0.0.0/0)	ANY	ANY	ANY	드롭

TCP 방화벽 설정도 UDP 방화벽과 마찬가지로 iptables 명령을 사용한다. 요구 사항에 맞게 'iptables -t filter -A FORWARD -m conntrack --ctstate NEW -d 172.16.3.53 -p tcp -m tcp --dport 53 -j ACCEPT'를 입력한다. 이 명령으로 filter 테이블에 대해(-t filter) 다른 단말로 전달할 때(-A FORWARD) 목적지 IP 주소가 '172.16.3.53[25]'(-d 172.16.3.53), 목적지 포트 번호가 '53'이고(--dport 53) 신규 커넥션(-m conntrack --ctstate NEW) TCP 세그먼트 (-p tcp -m tcp)를 허용하는(-j ACCEPT) 방화벽 규칙을 추가했다.

[코드] iptables 설정

```
root@fw1:/# iptables -t filter -A FORWARD -m conntrack --ctstate NEW -d 172.16.3.53 -p tcp -m tcp --dport 53 -j ACCEPT
```

혹시 모르니 'iptables -t filter -vnL --line-numbers'로 필터 테이블을 확인한다. 그러면 패킷을 전달할 때 (FORWARD) TCP/53이 허용되는 규칙이 추가된 것을 확인할 수 있다. 아직 설정한 지 얼마되지 않았기 때문에 규칙에 걸린 패킷 수를 나타내는 pkts 열과 데이터 양을 나타내는 bytes 열의 카운트는 '0'이다.

[코드] 필터 테이블 확인

```
root@fw1:/# iptables -t filter -vnL FORWARD --line-numbers
Chain FORWARD (policy DROP 0 packets, 0 bytes)
num  pkts bytes target  prot opt in  out source    destination
1    10   872   ACCEPT  all  --  *   *   0.0.0.0/0 0.0.0.0/0   ctstate RELATED,ESTABLISHED
2    3    252   ACCEPT  icmp --  *   *   0.0.0.0/0 0.0.0.0/0   ctstate NEW icmptype 8
3    1    84    ACCEPT  udp  --  *   *   0.0.0.0/0 172.16.3.53 ctstate NEW udp dpt:53
4    0    0     ACCEPT  tcp  --  *   *   0.0.0.0/0 172.16.3.53 ctstate NEW tcp dpt:53
```

02. 그럼 ns1에서 TCP/53 패킷을 전송하여 TCP 방화벽이 확실히 TCP/53을 허용하는지 확인해 보자. 여기서는 fw1의 커넥션 항목의 상태 전환을 확인하면서 패킷을 주고받는다.

먼저 패킷이 오갈 것에 대비하여 fw1에서 conntrack 명령의 '-E 옵션'으로 커넥션 항목의 이벤트를 실시간으로 표시한다. 아직 패킷을 보내지 않았기 때문에 아무것도 표시되지 않는다.

---

[25] 라우팅하기 전(PREROUTING)에 NAT되고, 전달될 때(FORWARD) 방화벽에 걸리기 때문에 목적지 IP 주소는 NAT 후의 IP 주소(172.16.3.53)를 지정해야 한다.

[코드] 커넥션 항목 실시간 표시하기

```
root@fw1:/# conntrack -E
```

03. 이어서 ns1에서 TCP/53 패킷을 전송한다. 여기서도 dig 명령을 사용한다. 226쪽에서 설명한 것처럼 dig 명령은 기본적으로 UDP/53으로 이름 풀이를 하지만, '+tcp 옵션'을 사용하면 TCP/53으로 이름 풀이를 한다.

이제 +tcp 옵션을 붙여서 dig 명령어를 입력해 보자. 그러면 응답이 있는 것을 확인할 수 있다. 즉, TCP/53이 확실히 허용된 것을 알 수 있다.

[코드] TCP/53이 허용되어 있다.

```
root@ns1:/# dig @10.1.3.53 www.example.com +tcp

; <<>> DiG 9.16.1-Ubuntu <<>> @10.1.3.53 www.example.com +tcp
; (1 server found)
;; global options: +cmd
;; Got answer:
;; ->>HEADER<<- opcode: QUERY, status: NOERROR, id: 2895
;; flags: qr aa rd ra; QUERY: 1, ANSWER: 1, AUTHORITY: 0, ADDITIONAL: 1

;; OPT PSEUDOSECTION:
; EDNS: version: 0, flags:; udp: 4096
;; QUESTION SECTION:
;www.example.com.               IN      A

;; ANSWER SECTION:
www.example.com.        30      IN      A       10.1.3.12

;; Query time: 0 msec
;; SERVER: 10.1.3.53#53(10.1.3.53)
;; WHEN: Thu Jan 05 18:21:43 JST 2023
;; MSG SIZE  rcvd: 60
```

응답이 있다는 것은 방화벽에서 허용되었다는 것

또한, fw1의 conntrack 명령의 표시 결과를 보면 다음 그림과 같이 커넥션 항목에 기록되는 TCP 상태가 'SYN_SENT' → 'SYN_RECV' → 'ESTABLISHED' → 'FIN_WAIT' → 'LAST_ACK' → 'TIME_WAIT'로 점점 갱신(UPDATE)되고 있음을 알 수 있다. TCP 상태가 'TIME_WAIT'로 전환된 후 120초 후에 각 행의 첫 번째 이벤트가 [DESTROY]로 표기되어 커넥션 항목에서 삭제되는 것을 확인할 수 있다.

[코드] 커넥션 항목

```
root@fw1:/# conntrack -E
    [NEW] tcp      6 120 SYN_SENT src=10.1.2.53 dst=10.1.3.53 sport=60115 dport=53 [UNREPLIED] src=172.16.3.53 dst=10.1.2.53 sport=53 dport=60115
 [UPDATE] tcp      6 60 SYN_RECV src=10.1.2.53 dst=10.1.3.53 sport=60115 dport=53 src=172.16.3.53 dst=10.1.2.53 sport=53 dport=60115
 [UPDATE] tcp      6 432000 ESTABLISHED src=10.1.2.53 dst=10.1.3.53 sport=60115 dport=53 src=172.16.3.53 dst=10.1.2.53 sport=53 dport=60115 [ASSURED]
 [UPDATE] tcp      6 120 FIN_WAIT src=10.1.2.53 dst=10.1.3.53 sport=60115 dport=53 src=172.16.3.53 dst=10.1.2.53 sport=53 dport=60115 [ASSURED]
 [UPDATE] tcp      6 30 LAST_ACK src=10.1.2.53 dst=10.1.3.53 sport=60115 dport=53 src=172.16.3.53 dst=10.1.2.53 sport=53 dport=60115 [ASSURED]
 [UPDATE] tcp      6 120 TIME_WAIT src=10.1.2.53 dst=10.1.3.53 sport=60115 dport=53 src=172.16.3.53 dst=10.1.2.53 sport=53 dport=60115 [ASSURED]
[DESTROY] tcp      6 src=10.1.2.53 dst=10.1.3.53 sport=60115 dport=53 src=172.16.3.53 dst=10.1.2.53 sport=53 dport=60115 [ASSURED]
```

이 역시 Ctrl+c로 conntrack 명령을 중지하고 iptables 명령으로 의도한 방화벽 규칙의 카운트가 올라갔는지 확인한다. 그러면 TCP/53을 허용하는 방화벽 규칙(No.4)과 설정 및 관련 통신을 허용하는 방화벽 규칙(No.1)의 패킷 수와 바이트 수의 카운트가 올라간 것을 확인할 수 있다.

[코드] TCP/53의 방화벽 규칙의 카운트가 올라갔다.

```
root@fw1:/# iptables -t filter -vnL FORWARD --line-numbers
Chain FORWARD (policy DROP 0 packets, 0 bytes)
num  pkts bytes target  prot opt in   out  source      destination
1     19  1496 ACCEPT   all  --  *    *    0.0.0.0/0   0.0.0.0/0     ctstate RELATED,ESTABLISHED
2      3   252 ACCEPT   icmp --  *    *    0.0.0.0/0   0.0.0.0/0     ctstate NEW icmptype 8
3      1    84 ACCEPT   udp  --  *    *    0.0.0.0/0   172.16.3.53   ctstate NEW udp dpt:53
4      1    60 ACCEPT   tcp  --  *    *    0.0.0.0/0   172.16.3.53   ctstate NEW tcp dpt:53
```

이상으로 방화벽 설정이 완료되었다.

이제 서버 사이트에 있는 서버는 방화벽에 의해 외부의 인터넷으로부터 보호되어 일정한 보안 수준을 유지할 수 있게 되었다. 다음 장에서는 다양한 애플리케이션 프로토콜로 여러 서버에 접속하는 방법을 알아본다.

memo

5장

레이어 7
프로토콜 이해하기

이 장에서는 주요 레이어 7 프로토콜인 'HTTP(Hyper Text Transfer Protocol)', 'SSL/TLS(Secure Socket Layer/Transport Layer Security)', 'DNS(Domain Name System)', 'DHCP(Dynamic Host Configuration Protocol)' 그리고 이와 관련된 기술인 '서버 부하 분산', 'SSL 오프로드'에 대해 설명한다. 애플리케이션 프로토콜이 어떤 애플리케이션 데이터를 애플리케이션에게 전달하는지, 그리고 부하 분산 장치가 어떻게 시스템의 가용성을 보장하는지 검증 환경을 통해 더 깊이 이해할 수 있다.

5-1 검증 환경 이해하기

먼저 사전 지식으로 검증 환경 내에서 이 장과 관련된 네트워크 구성에 대해 설명한다. 이 장의 주인공은 설명하는 프로토콜에 따라 달라진다. HTTP와 SSL의 주인공은 서버 사이트의 서비스 전달을 담당하는 부하 분산 장치, DNS의 주인공은 DNS 서버, DHCP의 주인공은 브로드밴드 라우터다. 이 책의 검증 환경에는 lb1이라는 부하 분산 장치, ns1이라는 DNS 서버, rt1이라는 광대역 라우터가 배치되어 있다. 따라서 여기서는 이 세 가지에 초점을 맞춰 설명한다. 물리적/논리적 구성도와 대조하면서 확인하기 바란다.

lb1(부하 분산 장치)

lb1은 2개의 웹 서버(sv1, sv2)에 패킷을 분배하는 부하 분산 장치다. lb1은 net0에서 받은 패킷을 '서버 부하 분산 기능'을 통해 net0.2에서 sv1 또는 sv2 중 하나로 전송한다. 이때 SSL로 암호화된 패킷이라면 'SSL 오프로드 기능'에서 복호화한 후 sv1 또는 sv2 중 한 곳으로 전달한다.

사실 최근의 부하 분산 장치는 '애플리케이션 딜리버리 컨트롤러(ADC)'라고도 불리며, 애플리케이션 레벨의 정보를 재작성하거나 통신을 최적화하는 등 다양한 기능을 가지고 있다. 하지만 이 책에서는 여러 기능 중 기본이 되는 서버 부하 분산 기능과 SSL 오프로드 기능을 lb1에 부여하고 있다. 또한, lb1은 서버 사이트의 도메인 이름을 관리하는 DNS 서버의 역할도 수행한다. 실제 현장에서는 보통 DNS 서버를 별도로 구축하지만, 이 책에서는 물리적 구성을 단순화하고 리소스를 절약하고자 lb1에 DNS 서버를 공존하도록 했다.

ns1(DNS 서버)

ns1은 인터넷 서비스 제공업체와 계약할 때 제공되는 DNS 서버나, 구글이나 Cloudflare에서 제공하는 공인 DNS 서버를 모방하여 배치했다. 물론 이들 DNS 서버도 실제로는 서버 사이트와 마찬가지로 방화벽으로 보호되고, 부하 분산 장치로 패킷을 부하 분산하고 있을 것이다. 다만 여기서는 DNS에 의한 이름 풀이(도메인 이름과 IP 주소의 변환)의 흐름을 단순하게 표현하기 위해 해당 부분의 구성을 생략했다.

rt1(광대역 라우터)

rt1은 가정 내 LAN을 인터넷에 연결하는 광대역 라우터다. 광대역 라우터는 IT를 잘 모르는 사람도 쉽게 네트워크에 접속할 수 있도록 다양한 기능을 갖추고 있다. 그중 우리가 잘 모르는 사이에 유용하게 사용하고 있는 기능은 네트워크 관련 설정을 배포하는 'DHCP 기능'과 DNS 패킷을 DNS 서버로 전송하는 'DNS 포워더 기능'이다. 이 책의 검증 환경에서도 실제 환경에 맞춰 rt1에 이 두 가지 기능을 넣었다.

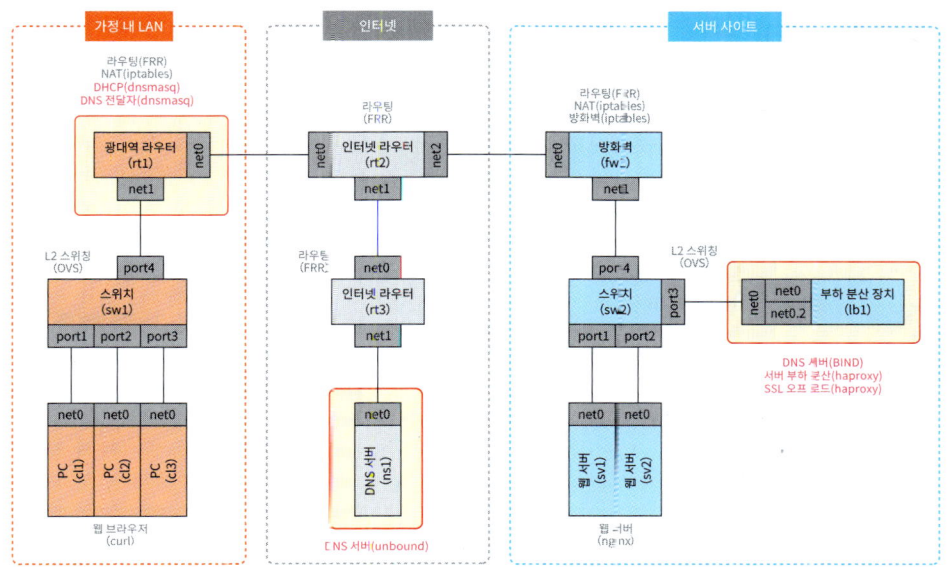

[그림] 이 장의 대상 범위(물리적 구성도)

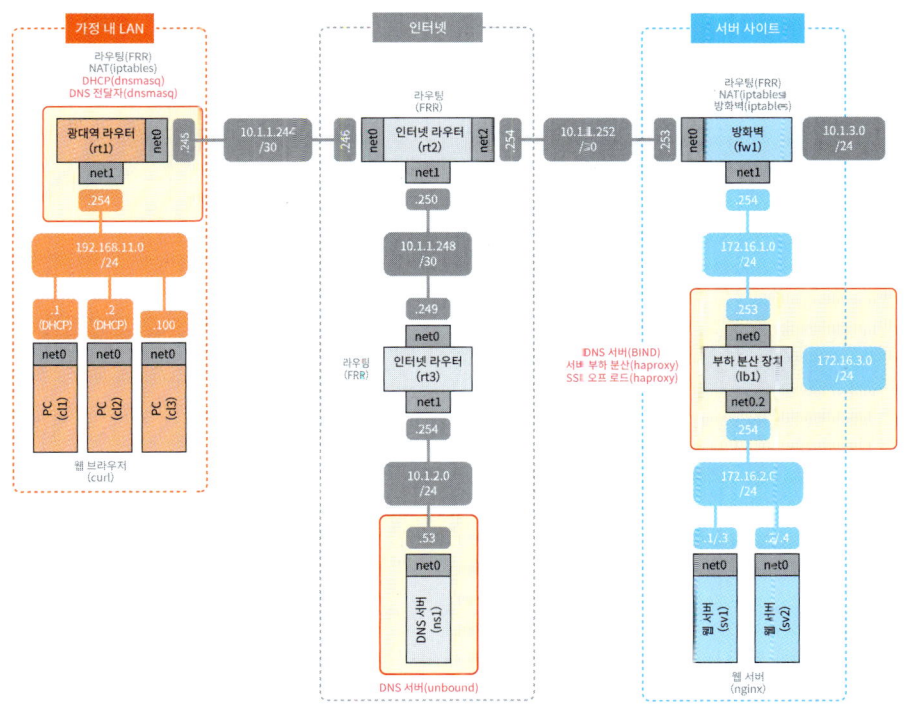

[그림] 이 장의 대상 범위(논리적 구성도)

5장. 레이어 7 프로토콜 이해하기

5-2 네트워크 프로토콜 이해하기

이제부터 레이어 7 프로토콜에 대해 설명하겠다. 그 전에 OSI 참조 모델의 애플리케이션 계층(레이어 5, L5부터 레이어 7, L7[1])에 대해 간략하게 정리해 보자.

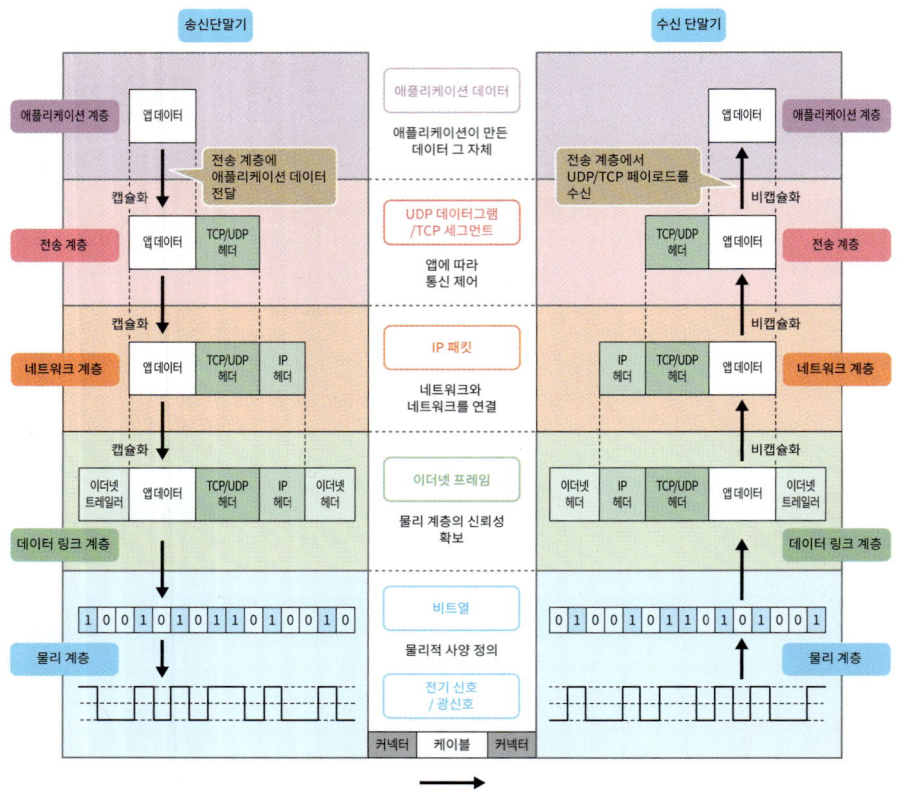

[그림] OSI 참조 모델의 애플리케이션 계층

애플리케이션 계층은 애플리케이션으로 처리하고 애플리케이션과 사용자를 연결하는 계층이다. 전송 계층은 전송 제어를 하고 애플리케이션별로 패킷을 분류하는 것까지가 업무다. 그 이상은 하지 않는다. 패킷을 받은 애플리케이션은 각 애플리케이션에 맞는 처리를 수행한다. 예를 들어, 웹 브라우저로 웹(HTTP/HTTPS) 서버에 접속하면 패킷은 물리 계층, 데이터 링크 계층, 네트워크 계층의 프로토콜에 의해 웹 서버까지 전송되고, 전송 계층의 프로토콜에 의해 웹 서버 애플리케이션으로 선별되고 애플리케이션 계층의 프로토콜에 의해 웹 서버 애플리케이션에 의해 처리된다.

---

1 이 책에서는 실제 구축 및 운영 관리 현장에서 사용하는 내용에 맞춰 레이어 5의 세션 계층부터 레이어 7의 애플리케이션 계층까지를 애플리케이션 계층으로 묶어 설명한다.

대부분의 애플리케이션 계층 프로토콜은 세션 계층, 프레젠테이션 계층, 애플리케이션 계층을 하나로 묶어 하나의 애플리케이션 프로토콜로 표준화되어 있다. 이 책에서는 여러 응용 프로토콜 중 사용자 프로토콜의 대표격인 'HTTP', 'SSL/TLS', 'DNS', 'DHCP'에 대해 설명한다.

5-2-1 HTTP(Hyper Text Transfer Protocol)

애플리케이션 계층에서 동작하는 애플리케이션 프로토콜 중 가장 친숙하고 자주 호자되는 것이 바로 'HTTP(Hypertext Transfer Protocol)'일 것이다. 여러분도 웹 브라우저에서 'http://...'라는 URL을 입력해 본 경험이 있을 것이다. 웹 브라우저는 앞의 'http' 부분에서 'HTTP로 접속한다'라고 웹 서버에 선언하면서 요청(request)을 전송하고 있다. 이에 대해 웹 서버는 처리 결과를 응답(response)으로 돌려준다.

HTTP는 원래 텍스트 파일을 다운로드하는 단순한 프로토콜이었다. 하지만 지금은 그 틀을 훌쩍 뛰어넘어 파일 송수신부터 실시간 메시지 교환, 동영상 전송, 웹 회의 시스템까지 다양한 용도로 사용되고 있다. 인터넷은 HTTP와 함께 진화했고, HTTP와 함께 폭발적으로 보급되었다고 해도 과언이 아니다.

이론 이해하기

HTTP는 1991년 등장한 이후 'HTTP/0.9' → 'HTTP/1.0' → 'HTTP/1.1' → 'HTTP/2' → 'HTTP/3'까지 총 4차례의 버전업이 이루어졌다. 어떤 버전으로 접속할 것인지는 웹 브라우저와 웹 서버의 설정에 따라 달라진다. 서로의 설정이나 대응 상황이 다를 경우, 상호 간의 대화에서 적절한 프로토콜 버전을 선택하면 된다.

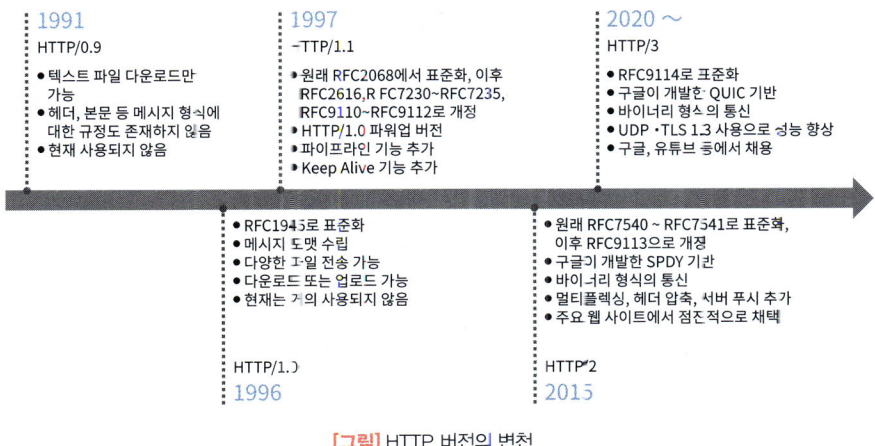

[그림] HTTP 버전의 변천

이 책에서는 2023년 현재 널리 보급되어 있는 HTTP/1.1과 HTTP/2에 대해 자세히 알아본다.

HTTP 메시지 형식

HTTP로 주고받는 정보를 'HTTP 메시지'라고 하는데, HTTP 메시지에는 웹 브라우저가 웹 서버에 처리를 요청하는 '요청 메시지'와 웹 서버가 웹 브라우저에 처리 결과를 돌려주는 '응답 메시지'의 두 가지 종류가 있다. 두 메시지 모두 메시지의 주요 목적과 개요가 저장되는 '제어 데이터', 메시지와 콘텐츠에 대한 부가 정보(메타데이터)가 저장되는 '헤더 섹션'[2], 애플리케이션 데이터 본문(HTTP 페이로드)이 저장되는 '콘텐츠'로 구성된다.

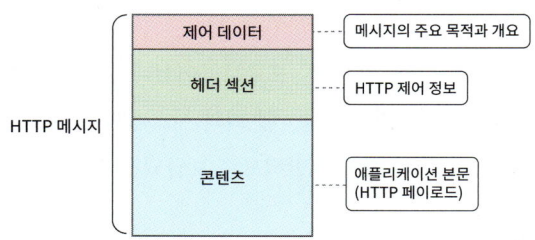

[그림] HTTP 메시지를 구성하는 요소

이제 HTTP/1.1의 요청 메시지와 응답 메시지의 구체적인 내용에 대해 자세히 살펴보자.

HTTP/1.1의 메시지 형식

HTTP/1.1은 1997년 RFC2068 'Hypertext Transfer Protocol -- HTTP/1.1'로 표준화되었으며, 이후 1999년 RFC2616, 2014년 RFC7230~RFC7235, 2022년 RFC9110 'HTTP Semantics', RFC9111 'HTTP Caching', RFC9112 'HTTP/1.1'로 개정되었다. HTTP/1.1은 동시에 여러 개의 TCP 커넥션을 만들어[3] 텍스트 형식의 HTTP 메시지를 병렬로 주고받는다.

---

2 콘텐츠 뒤에 헤더 섹션과 마찬가지로 부가 정보를 저장하는 '트레일러 섹션'이 있는 경우도 있다. 하지만 많이 사용되지 않기 때문에 이 책에서는 생략한다.
3 최근 웹 브라우저는 하나의 웹 서버에 대해 최대 6개의 TCP 연결을 생성한다.

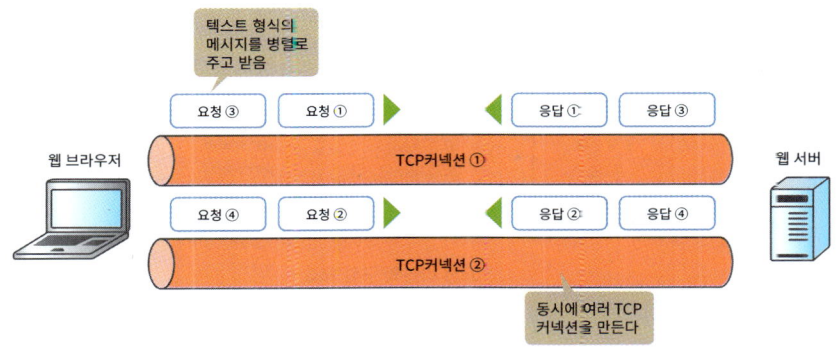

[그림] HTTP/1.1

요청 메시지

HTTP/1.1의 요청 메시지는 제어 데이터에 '요청 라인'이 있고, 헤더 섹션에 하나 이상의 '헤더 필드(필드명 + 필드 값)'가 저장되어 있다. 요청 라인과 모든 헤더 필드는 하나하나 줄바꿈 코드(WrWn)로 구분되며, 헤더 필드가 끝나면 줄바꿈 코드로 한 줄 비워둔 후 콘텐츠가 시작된다.

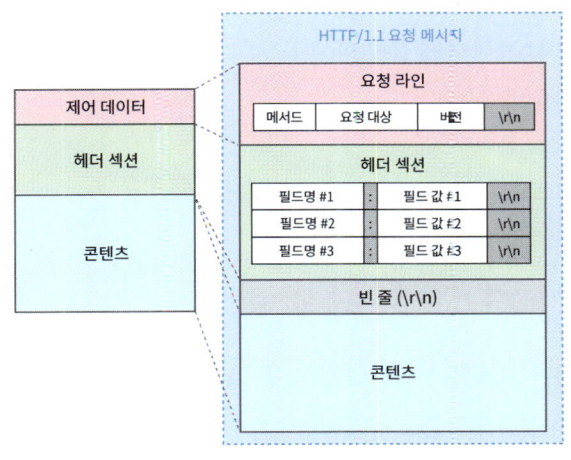

[그림] 요청 메시지

그럼 이제 각 구성 요소에 대해 좀 더 자세히 알아보겠다.

요청 라인

요청 라인은 이름 그대로 웹 브라우저가 웹 서버에 "○○해 주세요!"라고 요청하는 라인이다. 요청 라인은 요청의 종류를 나타내는 '메서드', 요청의 대상을 나타내는 '요청 대상(요청 대상)', HTTP 버전을 나타내는 'HTTP 버전'의 세 가지로 구성되어 있으며, 반각 공백을 사이에 두고 한 줄로 연결되어 있다. 지정된 HTTP 버전으로 지정된 웹 서버의 리소스에 대해 지정된 메서드의 처리를 요청한다.

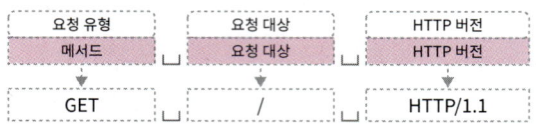

[그림] 요청 라인의 구성 요소

메서드는 웹 브라우저가 웹 서버에 요청하는 요청의 종류를 나타낸다. RFC9110에서 정의된 것은 다음 표에 나와 있는 8가지다. 예를 들어, 웹 사이트를 탐색할 때 'GET' 메서드를 이용하여 웹 서버에 있는 파일을 다운로드하여 표시한다.

[표] RFC9110에서 정의된 메서드

메서드	의미
GET	지정된 리소스의 데이터를 가져온다
HEAD	지정된 리소스의 헤더 필드만 가져온다
POST	지정된 리소스로 데이터를 전송한다
PUT	지정된 리소스를 업데이트한다
DELETE	지정된 리소스를 삭제한다
CONNECT	지정된 리소스에 대한 터널링을 프락시 서버에 요청한다
OPTIONS	서버가 지원하는 메서드 및 옵션을 질의한다
TRACE	요청 내용을 그대로 돌려보낸다

요청 대상은 웹 브라우저가 요청을 보내는 리소스를 나타낸다. 웹 서버의 리소스에는 'URI(Uniform Resource Identifier)'라는 식별자가 붙는다. URI는 http나 https와 같은 프로토콜을 나타내는 '스키마 이름', 웹 서버의 주소와 FQDN을 나타내는 '권한', 웹 서버의 파일을 나타내는 '경로', 추가 파라미터를 전달하는 임의의 '쿼리 문자열'로 구성된다. 예를 들어, 웹사이트를 검색할 때는 경로만 요청 대상에 저장된다. 무언가를 검색할 때는 경로와 쿼리 문자열이 요청 대상에 저장된다.

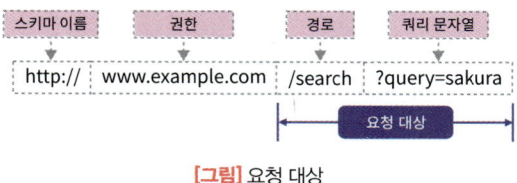

[그림] 요청 대상

헤더 섹션

헤더 섹션은 하나 이상의 헤더 필드로 구성된다. 각 헤더 필드는 '필드명'과 '필드 값' 쌍으로 구성되며, 'Host: www.example.com'과 같이 ':'(콜론)과 반각 공백으로 구분된다.

[그림] 헤더 필드의 구성 요소

헤더 섹션이 어떤 헤더 필드로 구성되는지는 웹 브라우저에 따라 다르다. 대표적인 헤더 필드에는 다음 표와 같은 것들이 있다.

[표] 대표 헤더 필드 ①

분류	필드명	의미
일반 헤더	Date	HTTP 메시지를 생성한 날짜와 시간
	Host	웹 브라우저가 요청하는 웹 서버의 도메인 이름(FQDN, 요청 메시지에서 필수 헤더)
	Location	리다이렉션 시 리디렉션 대상
	Referer	직전에 링크된 URL
	Server	웹 서버에서 사용하는 서버 소프트웨어의 이름, 버전, 옵션
	User-Agent	웹 브라우저 정보
콘텐츠 관련 헤더	Accept	텍스트 파일, 이미지 파일 등 웹브라우저가 수용할 수 있는 미디어 유형
	Accept-Charset	Unicode, ISO 등 웹브라우저가 처리할 수 있는 문자 세트
	Accept-Encoding	gzip, compress 등 웹브라우저가 처리할 수 있는 메시지 본문의 압축(콘텐츠 코딩) 유형
	Accept-Language	한국어, 일본어, 영어 등 웹브라우저가 처리할 수 있는 언어 세트
	Accept-Ranges	웹 서버가 부분 다운로드를 지원한다는 것을 알려준다.
	Content-Encoding	서버가 수행한 메시지 본문의 압축(콘텐츠 코딩) 유형
	Content-Language	한국어, 일본어, 영어 등 메시지 본문에서 사용되는 언어 세트
	Content-Length	콘텐츠의 크기. 바이트 단위로 기술
	Content-Range	범위 요청에 대한 응답으로 사용
	Content-Type	텍스트 파일, 이미지 파일 등 콘텐츠의 매체 유형

분류	필드명	의미
콘텐츠 관련 헤더	Expect	전송하는 요청의 내용이 클 때 서버가 수신할 수 있는지 확인한다
	From	사용자의 이메일 주소. 연락처를 전달하는 데 사용된다
	If-Match	조건부 요청. 서버는 요청에 포함된 ETag(엔티티 태그) 헤더의 값이 서버의 특정 리소스에 매핑된 ETag의 값과 일치하면 응답을 반환한다
	If-Modified-Since	조건부 요청. 서버는 이 날짜 이후에 업데이트된 리소스에 대한 요청이라면 응답을 반환한다
	If-None-Match	조건부 요청. 서버는 요청에 포함된 ETag 헤더의 값이 서버의 특정 리소스에 매핑된 ETag의 값과 일치하지 않으면 응답을 반환한다
	If-Range	조건부 요청. 값으로 ETag가 들어가고, Range 헤더와 함께 사용한다. 서버는 ETag 또는 업데이트 날짜가 일치하면 Range 헤더를 처리한다.
	If-Unmodified-Since	조건부 요청. 서버는 이 날짜 이후에 업데이트되지 않은 리소스에 대한 요청이라면 응답을 반환한다
	Max-Forwards	TRACE 또는 OPTIONS 메서드로 전송할 수 있는 서버 최대 수
	Range	리소스의 일부를 가져오는 범위 요청 시 사용된다
	TE	웹 브라우저가 수용할 수 있는 메시지 분할(전송 인코딩) 유형

[표] 대표적인 헤더 필드 ②

분류	필드명	의미
캐시 관련 헤더	Age	오리진 서버의 리소스가 프락시 서버에 캐시된 후의 시간. 단위는 초
	Cache-Control	웹 브라우저에 일시적으로 저장하는 캐시를 제어. 캐시하지 않거나 캐시하는 시간을 설정할 수 있다.
	ETag	엔티티 태그. 파일 등 리소스를 고유하게 식별하는 문자열. 리소스가 업데이트되면 ETag도 업데이트된다.
	Expires	리소스 유효기간 날짜 및 시간
	Last-Modified	리소스가 마지막으로 업데이트된 날짜 및 시간
	Link	관련 정보 링크 정보
	Vary	오리진 서버에서 프락시 서버에 대한 캐시 관리 정보, Vary 헤더로 지정한 HTTP 헤더의 요청에 대해서만 캐시를 사용한다.

분류	필드명	의미
통신 관련 헤더	Allow	서버가 클라이언트에게 지원되는 메서드를 알려준다
	Connection	한 번 설정된 TCP 커넥션을 계속 사용하는 'Keep Alive' 기능 및 커넥션 옵션에 대한 정보
	Forwarded	'X-Forwarded-For' 및 'X-Forwarded-Proto' RFC 버전
	Keep-Alive	Keep Alive 관련 파라미터(타임아웃, 초대 요청 수 등)
	Trailer	메시지 본문에 작성할 트레일러 필드를 알려준다. 청크 전송 인코딩을 사용할 때 사용 가능
	Transfer-Encoding	메시지 본문의 전송 인코딩 유형
	Upgrade	다른 프로토콜 또는 다른 버전으로 전환하기
	Via	경유한 프락시 서버를 추가한다. 루프 회피 목적으로 사용
	X-Forwarded-For	NAPT된 환경에서 변환되기 전의 IP 주소를 저장한다
	X-Forwarded-Proto	프로토콜 오프로드 환경에서 오프로드 전 프로토콜을 저장한다
인증 및 인가 관련 헤더	Authorization	사용자의 인증 정보. 서버의 WWW-Authenticate 헤더에 응답하는 형태로 사용된다
	Cookie	웹브라우저가 Set-Cookie를 통해 부여받은 쿠키 정보를 서버로 전송한다
	Proxy-Authenticate	프락시 서버에서 웹브라우저에 대한 인증 요청을 알림
	Proxy-Authorization	프락시 서버로부터 인증 요청을 받으면 웹 브라우저에서 인증에 필요한 정보를 전달한다
	Set-Cookie	서버가 세션 관리에 사용하는 세션 ID, 사용자별 설정 등을 웹브라우저로 전송한다
	WWW-Authenticate	웹 서버에서 클라이언트에 대한 인증 요청 및 인증 방식

응답 메시지

HTTP/1.1의 응답 메시지는 제어 데이터에 '상태 라인'이 있고, 헤더 섹션에 하나 이상의 헤더 필드가 들어 있다. 상태 라인과 모든 헤더 필드는 하나하나 줄바꿈 코드(WrWn)로 구분되며, 헤더 필드가 끝나면 줄바꿈 코드로 한 줄 비워둔 후 콘텐츠가 시작된다.

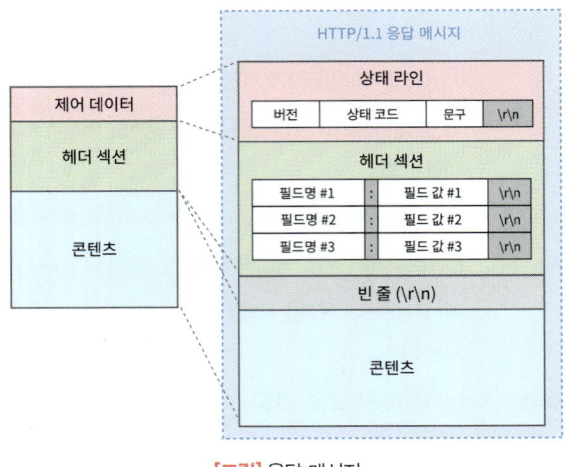

[그림] 응답 메시지

그럼 이제 각 구성 요소에 대해 좀 더 자세히 알아보겠다.

상태 라인

상태 라인은 웹 서버가 웹 브라우저에 처리 결과의 개요를 반환하는 라인이다. HTTP 버전을 나타내는 'HTTP 버전', 처리 결과의 개요를 3자리 숫자로 나타내는 '상태 코드', 그 이유를 나타내는 '사유'로 구성된다.

[그림] 상태 라인의 구성 요소

상태 코드와 사유는 고유하게 연결되어 있으며, 대표적인 것은 다음 표와 같다. 예를 들어, 우리가 흔히 하는 것처럼 웹브라우저에서 HTTP/1.1로 웹사이트에 접속하여 화면이 표시되었다면 상태 표시줄에는 'HTTP/1.1 200 OK'가 설정된다.

[표] 대표적인 상태 코드와 사유

클래스		상태 코드	사유	설명
1xx	Informational	100	Continue	클라이언트는 계속 요청할 수 있다
		101	Switching Protocols	Upgrade 헤더를 사용하여 프로토콜 또는 버전을 변경한다
2xx	Success	200	OK	정상적으로 처리 완료
3xx	Redirection	301	Moved Permanently	Location 헤더를 사용하여 다른 URI로 리디렉션(전송)한다 영구 대응
		302	Found	Location 헤더를 사용하여 다른 URI로 리디렉션(전달)한다 임시 대응
		304	Not Modified	리소스가 업데이트되지 않음
4xx	Client Error	400	Bad Request	요청 구문에 오류가 있음
		401	Unauthorized	인증 실패
		403	Forbidden	해당 리소스에 더한 액세스가 거부되었다
		404	Not Found	그 리소스가 존재하지 않는다
		406	Not Acceptable	지원되는 파일 유형이 없다
		412	Precondition Failed	전제조건을 충족하지 못함
5xx	Server Error	503	Service Unavailable	웹 서버 애플리케이션에 장애 발생

헤더 섹션

응답 메시지의 헤더 섹션은 구성되는 필드는 다르지만 기본적인 형식은 요청 메시지와 동일하다. '〈필드명〉: 〈필드값〉' 쌍으로 구성된 여러 개의 헤더 필드로 구성되며, 어떤 헤더 필드로 구성되는지는 웹 서버(HTTP 서버 애플리케이션)에 따라 달라진다.

HTTP/2 메시지 형식

HTTP/2는 2015년 RFC7540 'Hypertext Transfer Protocol Version 2(HTTP/2)'와 RFC7541 'HPACK: Header Compression for HTTP/2'로 표준화되었고, 이후 2022년 RFC9113 'HTTP/2'로 개정되었다[4]. HTTP/2는 하나의 TCP 커넥션 안에 '스트림'이라는 가상의 통로를 만들어 '프레임'이라는 바이너리 형식의 HTTP 메시지를 병렬로 주고받는다.

---

[4] HTTP/1.1과 공통된 용어와 사양은 RFC9110 'HTTP Semantics'를 참고한다.

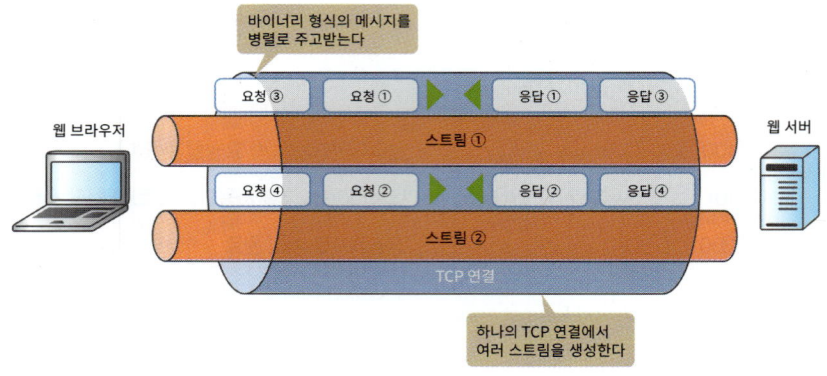

[그림] HTTP/2

245쪽과 249쪽에서 설명한 바와 같이 HTTP/1.1은 제어 데이터, 헤더 섹션, 콘텐츠를 줄바꿈 코드(\r\n)로 구분된 텍스트 형식의 메시지 단위로 TCP 커넥션에 흘려보낸다. 텍스트 형식은 사람이 이해하기 쉽지만 컴퓨터가 이를 해석하기 위해서는 바이너리 형식으로 변환하는 과정이 필요해 번거롭다. 이에 반해 HTTP/2는 제어 데이터와 헤더 섹션으로 구성된 헤더를 'HEADERS 프레임'에, 콘텐츠를 'DATA 프레임'에 각각 분할하여 저장하고, 바이너리 형식의 프레임 단위로 스트림으로 흘려보낸다. 이때 프레임에 스트림을 식별하는 '스트림 ID'를 부여하여 어떤 스트림에 프레임을 흘려보낼지 지정한다. 바이너리 형식 그대로이기 때문에 별도의 변환 처리가 필요하지 않다.

[표] RFC9113에서 정의된 프레임의 종류

번호	유형	내용
0	DATA	콘텐츠를 저장한다
1	HEADERS	제어 데이터 및 헤더 섹션을 저장한다
2	PRIORITY	스트림 우선순위를 변경한다
3	RST_STREAM	스트림의 취소가 발생하거나 스트림에 오류가 생기면 즉시 스트림을 종료한다
4	SETTINGS	동시 스트림 수나 서버 푸시 비활성화 등 커넥션 관련 커넥션 설정을 변경한다
5	PUSH_PROMISE	서버에서 데이터를 푸시하는 스트림을 예약한다
6	PING	커넥션 유지 및 왕복 지연 시간(RTT) 측정 등
7	GOAWAY	전송할 데이터가 없거나 중요한 오류가 발생했을 때 커넥션을 끊는다
8	WINDOW_UPDATE	흐름 제어를 위해 윈도우 크기를 변경한다
9	CONTINUATION	한 프레임에 담기지 않는 HEADERS 프레임과 PUSH_PROMISE의 이어지는 부분을 전송한다

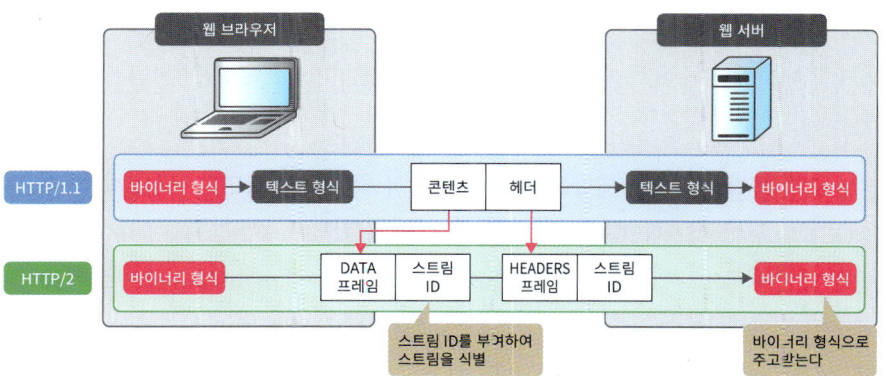

[그림] HTTP/2는 바이너리 형식으로 주고받는다.

바이너리 형식으로 변경된 것 외에도 제어 데이터와 헤더 섹션에도 몇 가지 변경 사항이 있다. 그중 가장 크게 변경된 부분은 요청 라인과 상태 라인이다. HTTP/2에서는 HTTP/1.1의 요청 라인과 상태 라인의 구성 요소를 '의사 헤더 필드'라는 이름의 헤더 필드 중 하나로 취급한다.

또한, 자주 사용하는 헤더 필드 이름이나 필드 값을 미리 정적으로 정해진 숫자로 대체하거나 한 번 전송한 헤더 필드를 동적으로 할당된 숫자로 대체하여 헤더 필드 전송량을 줄인다[5]. 이 기능을 'HPACK'이라고 하며, HPACK은 RFC7541 'HPACK: Header Compression for HTTP/2'에 정의되어 있다.

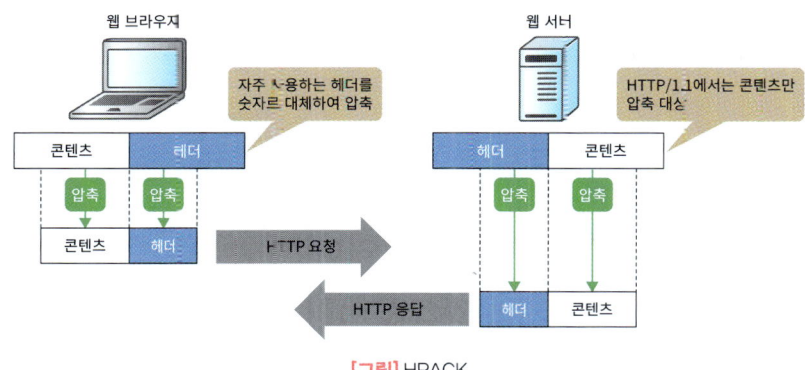

[그림] HPACK

이제 HTTP/2의 요청 메시지와 응답 메시지의 구체적인 내용에 대해 자세히 알아보겠다.

---

[5] HTTP/1.1에서는 콘텐츠는 압축되지만 헤더는 압축되지 않으며, HTTP/2에서는 둘 다 압축된다.

요청 메시지

HTTP/2의 요청 메시지는 제어 데이터와 헤더 섹션은 HEADERS 프레임에, 콘텐츠는 DATA 프레임에 저장된다.

제어 데이터는 요청 라인과 동일한 역할을 하는 여러 개의 의사 헤더 필드로 구성된다. 의사 헤더 필드는 ': method: GET'과 같이 일반적인 헤더 필드 형식 앞에 ':'(콜론)이 붙는다. 제어 데이터에는 HTTP/1.1의 요청 라인에 있던 메서드가 ':method 헤더 필드'로, 요청 대상이 ':path 헤더 필드'로 저장된다. 그 외에도 요청에 사용된 프로토콜이 ':scheme 헤더 필드'로, HTTP/1.1의 요청 메시지에서 필수 헤더 필드였던 'Host 헤더 필드'가 ':authority 헤더'로 저장된다.

제어 데이터 뒤에는 HTTP/1.1과 마찬가지로 '〈필드명〉: 〈필드값〉' 쌍으로 구성된 여러 개의 헤더 필드가 이어진다. 각 필드의 기본적인 역할은 크게 다르지 않다.

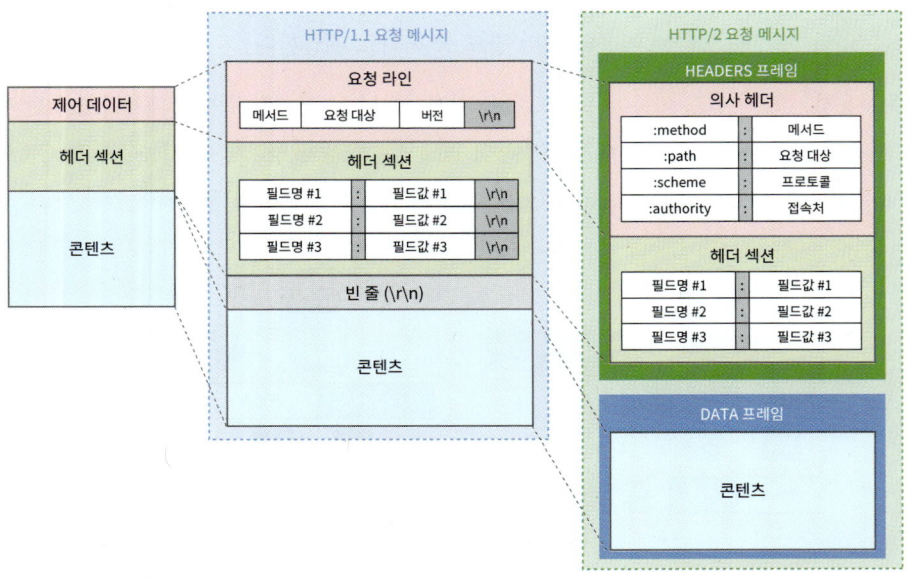

[그림] HTTP/2 요청 메시지

응답 메시지

HTTP/2의 응답 메시지에서 제어 데이터와 헤더 섹션은 HEADERS 프레임에, 콘텐츠는 DATA 프레임에 저장된다.

제어 데이터는 상태 라인과 동일한 역할을 하는 의사 헤더 필드로 구성되며, HTTP/1.1의 상태 라인에 있던 상태 코드가 ':status 필드'에 저장된다. 사유는 상태 코드를 보면 틀림없이 파악할 수 있다는 이유로 폐지되었다.

제어 데이터 뒤에는 HTTP/1.1과 마찬가지로 '〈필드명〉: 〈필드값〉' 쌍으로 구성된 여러 개의 헤더 필드가 이어진다. 각 필드의 기본적인 역할은 크게 다르지 않다.

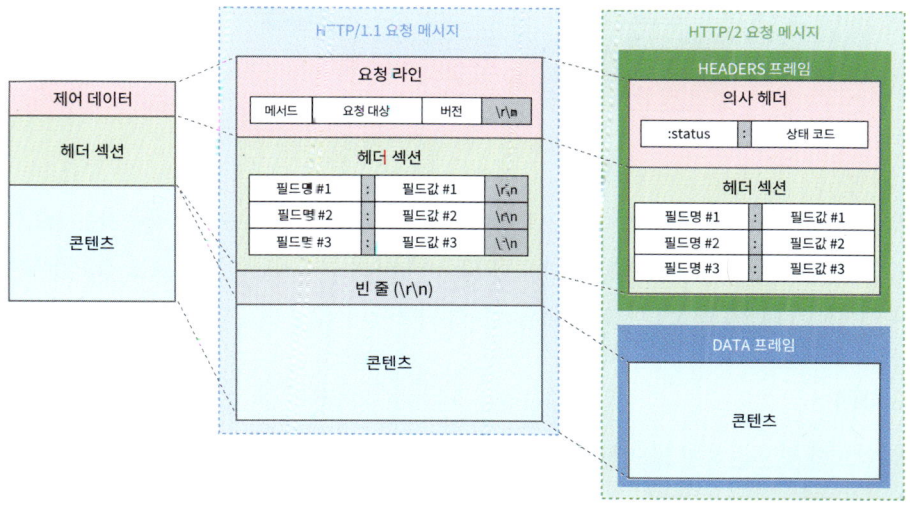

[그림] HTTP/2의 응답 메시지

HTTP/2 연결 패턴

HTTP/1.1과 HTTP/2는 기본적인 구성 요소와 역할에 큰 차이는 없지만 서로 다른 형식으로 주고받기 때문에 호환되지 않는다. 따라서 HTTP/2로 접속하기 위해서는 연결 상황에 따라 몇 가지 단계를 거쳐야 한다. 여기서는 연결 상황을 'SSL 핸드셰이크 패턴', '헤더 필드 패턴', '직접 연결 패턴' 3가지로 구분하여 설명한다.

SSL 핸드셰이크 패턴

'SSL 핸드셰이크'는 SSL/TLS로 암호화 통신을 하기 전에 하는 사전 준비를 말한다. SSL 핸드셰이크의 구체적인 처리 과정은 283쪽부터 자세히 설명하겠지만 간단히 말하면 보안을 확보하기 위해 암호화 방식과 인증 방식을 결정하고, 서로를 인증하고, 암호화에 사용하는 공통 키(암호화 키)를 교환하는 것을 말한다. HTTP/2로 연결할 때는 SSL 핸드셰이크의 'ALPN(Application-Layer Protocol Negotiation)'이라는 확장 기능을 사용한다. ALPN을 사용하여 HTTP/2를 지원한다는 것을 서로에게 알리고 HTTP/2로 연결한다.

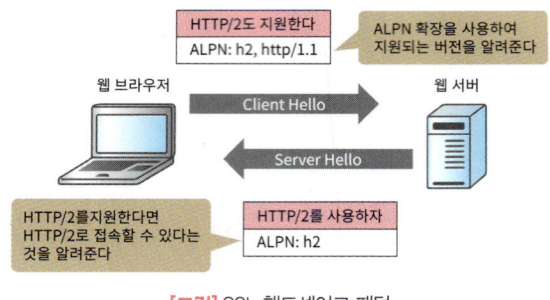

[그림] SSL 핸드셰이크 패턴

특별히 RFC로 규정된 것은 아니지만, 크롬, 파이어폭스 등 최근 인기 있는 웹브라우저는 SSL/TLS로 암호화된 HTTP/2만 지원한다. 따라서 실제 HTTP/2 커넥션에는 이 패턴이 채택되는 경우가 대부분일 것이다. 이 책에서도 HTTP/2를 SSL/TLS 실습 항목에서 다룬다.

헤더 필드 패턴

SSL/TLS로 암호화 통신을 하지 않으면 SSL 핸드셰이크의 ALPN을 사용할 수 없다. 그래서 대신 HTTP 헤더 필드를 사용한다. 웹 브라우저는 처음 HTTP/1.1로 웹사이트에 접속할 때 'Upgrade 필드'를 함께 추가하여 'HTTP/2도 지원한다'라고 알려준다. 서버가 HTTP/2를 지원한다면 마찬가지로 Upgrade 필드를 추가하여 '101 Switching Protocols' 상태 코드를 반환하고 HTTP/2로 전환한다. 만약 서버가 HTTP/2를 지원하지 않는다면 아무 일도 없었다는 듯이 HTTP/1.1로 계속 연결한다.

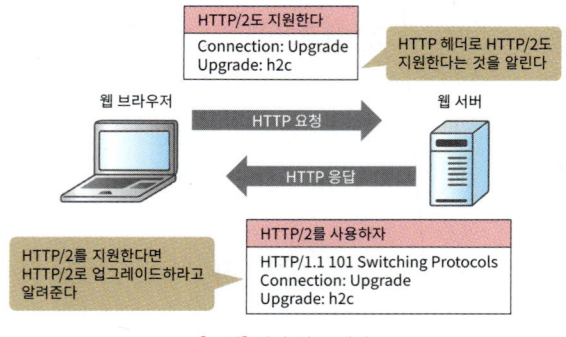

[그림] 헤더 필드 패턴

이 패턴에는 서버에서 HTTP/2로의 전환을 제안하는 경우도 있다. 서버는 HTTP/1.1 응답에 Upgrade 헤더 필드를 추가하여 'HTTP/2도 지원한다'라고 웹 브라우저에 알리고, 웹 브라우저는 이 정보를 보고 Upgrade 필드를 포함한 HTTP/1.1 요청을 보낸다. 이에 대해 서버는 '101 Switching Protocols'라는 HTTP 응답을 반환하고 HTTP/2로 전환한다.

직접 연결 패턴

서버가 HTTP/2를 지원한다는 것을 미리 알고 있다면 별도의 사전 준비는 필요 없다. 바로 HTTP/2로 접속할 수 있다. 이 패턴은 미리 웹 브라우저/웹 서버 모두 HTTP/2로 접속할 수 있다는 것을 알고 있는 환경에서만 사용한다.

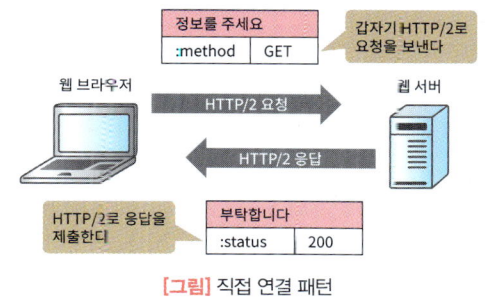

[그림] 직접 연결 패턴

실습해 보기

지금까지의 지식을 바탕으로 실제로 검증 환경을 이용하여 HTTP 메시지를 캡처하고 분석해 보자. 여기서 사용할 설정 파일은 'spec_05.yaml'이다. 먼저 tinet up 명령어와 tinet conf 명령어로 spec_05.yaml을 불러와 검증 환경을 구축한다[6]. 방법을 잊어버린 사람은 2장(52쪽)을 참고하기 바란다.

여기서는 fw1과 sv1을 사용하여 실제로 전송되는 HTTP 메시지를 캡처하고 내용을 분석한다. 참고로 이 실습에서 다루는 HTTP 메시지는 HTTP/1.1의 HTTP 메시지이며, HTTP/2에 대해서는 290쪽부터 시작하는 SSL/TLS 실습/해석편에서 다룬다.

---

6 이미 다른 설정 파일이 로드되어 있는 경우, 먼저 tinet down 명령(34쪽)을 통해 검증 환경을 삭제한다.

패킷 캡처하기

검증 환경이 준비되었다면, 이제 분석에 필요한 HTTP 메시지를 캡처해 보자. 여기서는 서버 사이트에 있는 fw1(172.16.1.254)에서[7], 역시 서버 사이트에 있는 sv1(172.16.2.1)에 HTTP 요청(GET)을 보내고 해당 패킷을 sv1에서 캡처한다.

그럼 구체적인 흐름에 대해 순서대로 설명해 보겠다.

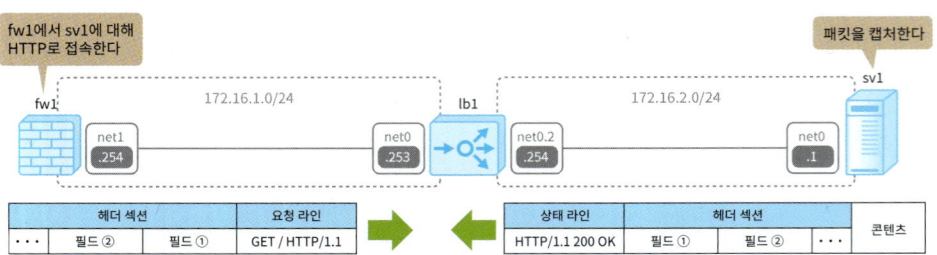

[그림] fw1에서 요청을 전송하고 sv1에서 캡처한다.

01. 먼저 sv1이 HTTP 서버로 동작하고 있는지 확인한다. sv1의 컨테이너 이미지에 nginx가 설치되어 있고, tinet의 설정 파일로 구동되고 있을 것이다. sv1에 로그인하여 ss 명령어로 nginx 프로세스[8]가 TCP/80 패킷을 받아들이도록 설정되어 있는지, 즉 LISTEN 상태가 되어 있는지 확인한다.

[코드] ss 명령의 표시 결과

```
root@sv1:/# ss -ltp
State       Recv-Q      Send-Q      Local Address:Port       Peer Address:Port
Process
LISTEN      0           511         172.16.2.3:http          0.0.0.0:*
users:(("nginx",pid=152,fd=7),("nginx",pid=151,fd=7),("nginx",pid=150,fd=7),("nginx",pid=149,
fd=7),("nginx",pid=148,fd=7),("nginx",pid=147,fd=7),("nginx",pid=146,fd=7),("nginx",pid=145,
fd=7),("nginx",pid=144,fd=7))

LISTEN      0           511         172.16.2.1:http          0.0.0.0:*
users:(("nginx",pid=152,fd=6),("nginx",pid=151,fd=6),("nginx",pid=150,fd=6),("nginx",pid=149,
fd=6),("nginx",pid=148,fd=6),("nginx",pid=147,fd=6),("nginx",pid=146,fd=6),("nginx",pid=145,
fd=6),("nginx",pid=144,fd=6))
```

---

7 여기서는 fw1을 웹 브라우저(HTTP 클라이언트)로 사용한다.
8 nginx의 프로세스는 nginx 자체의 관리와 제어를 담당하는 하나의 '마스터 프로세스'와 사용자로부터의 연결을 처리하는 여러 개의 '워커 프로세스'로 구성되어 있다.

```
LISTEN    0    511    172.16.2.1:https    0.0.0.0:*
users:(("nginx",pid=152,fd=8),("nginx",pid=151,fd=8),("nginx",pid=150,fd=8),("nginx",pid=149,
fd=8),("nginx",pid=148,fd=8),("nginx",pid=147,fd=8),("nginx",pid=146,fd=8),("nginx",pid=145,
fd=8),("nginx",pid=144,fd=8))
```

02. 다음으로 sv1에서 tcpdump 명령을 실행하여 앞으로 주고받을 패킷에 대비한다. 여기서 sv1의 net0에서 주고받는 발신 IP 주소 또는 목적지 IP 주소가 '172.16.1.254', 발신 포트 번호 또는 목적지 포트 번호가 '80'인 TCP 세그먼트를 캡처하여 컨테이너에 있는 '/tmp/tinet'이라는 폴더에 'http.pcapng'라는 파일명으로 기록하도록 한다.

[코드] tcpdump 명령어 실행

```
root@sv1:/# tcpdump -i net0 port 80 and host 172.16.1.254 -w /tmp/tinet/http.pcapng
tcpdump: listening on net0, link-type EN10MB (Ethernet), capture size 262144 bytes
```

03. fw1에서 sv1의 내용을 가져오기 위해 'curl 명령어'를 사용하여 HTTP에 접근한다. curl 명령어는 HTTP, HTTPS, FTP, SMTP 등 다양한 프로토콜로 파일을 전송할 수 있는 응용 프로그램 명령어다. 명령줄 인터페이스 환경에서 다양한 프로토콜의 명령을 쉽게 실행할 수 있을 뿐만 아니라 도움되는 정보를 일목요연하게 표시해주기 때문에 트러블슈팅을 할 때 애플리케이션 레벨의 정보가 필요하다면 매우 유용하다.

curl 명령은 인수에 URL을 지정하여 실행하면 해당 URL에서 파일을 다운로드하거나 반대로 해당 URL에 파일을 업로드 할 수 있다. 또한 curl 명령어에는 많은 옵션이 제공되어 잘 활용하면 트러블슈팅의 든든한 조력자가 될 수 있다. 다음 표에 HTTP와 HTTPS에 대한 대표적인 옵션을 정리해 놓았으니 참고하기 바란다.

[표] curl 명령의 대표적인 옵션 (curl 7.47.1의 'man curl' 기준)

관련 프로토콜	숏 옵션	롱 옵션	설명
HTTP	-0	--http1.0	HTTP/1.0으로 연결하기
HTTP		--http1.1	HTTP/1.1로 연결하기
HTTP		--http2	HTTP/2로 연결하기
SSL	-1	--tlsv1, --tlsv1.0	TLSv1.0 이상으로 연결하기
SSL	-2	--sslv2	SSLv2로 연결하기
SSL	-3	--sslv3	SSLv3로 연결하기
IP	-4	--ipv4	IPv4 사용
IP	-6	--ipv6	IPv6 사용
HTTP	-A	--user-agent 〈에이전트 문자열〉	User-Agent 필드 문자열 지정하기
HTTP	-b	--cookie〈Cookie 헤더 필드	파일경〉	쿠키 보내기

관련 프로토콜	숏 옵션	롱 옵션	설명
HTTP	-c	--cookie-jar 〈파일명〉	쿠키 저장하기
SSL		--ciphers 〈Cipher 목록〉	지정한 Cipher Suite로 커넥션
HTTP	-H	--header "〈헤더 필드〉"	헤더 필드 지정하기
HTTP	-i	--include	헤더 섹션을 포함한 응답 메시지 표시하기
HTTP	-I	--head	헤더 섹션만 요청하여 표시하기
SSL	-k	--insecure	디지털 인증서 오류를 무시하고 연결하기
HTTP/HTTPS	-L	--location	리디렉션된 경우 리디렉션 대상에도 연결하기
	-o	--output 〈파일명〉	다운로드한 데이터를 지정한 파일명으로 파일 저장하기
	-O	--remote-name	다운로드한 데이터를 그대로 파일명으로 파일 저장하기
	-s	--silent	진행 상황이나 오류를 표시하지 않음
SSL		--tls-max 〈버전〉	최대 TLS 버전 지정하여 연결하기
SSL		--tlsv1.1	TLS 1.1 이상으로 연결하기
SSL		--tlsv1.2	TLS 1.2 이상으로 연결하기
		--trace 〈파일명〉	주고받은 데이터를 16진수와 텍스트로 저장하기
		--trace-ascii 〈파일명〉	주고받은 모든 데이터를 텍스트로 저장하기
	-u	--user 〈사용자:비밀번호〉	인증용 사용자 지정하기
	-v	--verbose	HTTP라면 헤더 필드를 표시하고, HTTPS라면 SSL 핸드셰이크 상태를 표시하는 등 다양한 진단 정보를 표시한다
	-x	--proxy 〈프락시 서버: 포트 번호〉	프락시 서버를 통해 연결하기
HTTP	-X	--request 〈명령어〉	HTTP 메서드 지정하기

이제 fw1에 로그인하여 'curl -v http://172.16.2.1/'를 입력해 보자. 여기서 상호 작용의 세부 사항을 확인하기 위해 -v 옵션을 사용한다. 그러면 요청 라인과 헤더 섹션으로 구성된 요청 메시지가 전송된 후, 상태 라인과 헤더 섹션, 콘텐츠로 구성된 응답 메시지가 반환되는 것을 확인할 수 있다.

[코드] curl 명령어 실행

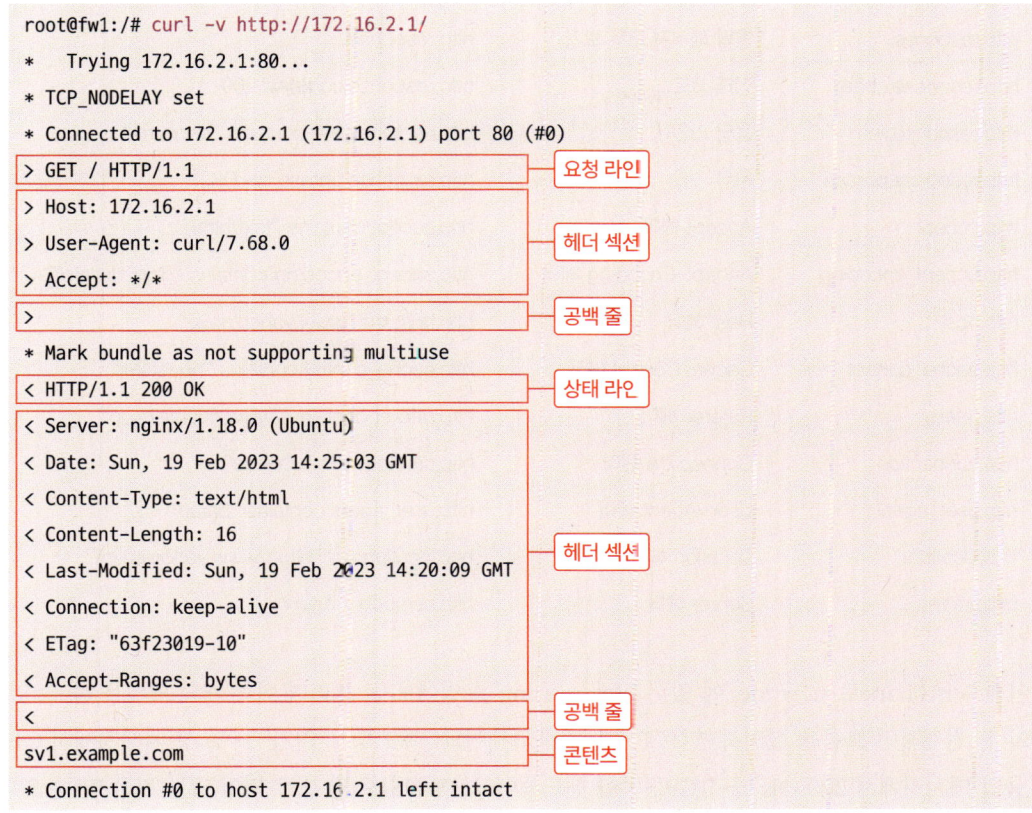

04. sv1에서 Ctrl+c를 눌러 tcpdump를 종료한다.

패킷 분석하기

다음으로 앞 절에서 캡처한 HTTP 메시지를 분석해 보겠다. 분석에 앞서 도움이 될 만한 Wireshark의 표시 필터를 소개한다. 이를 필터 도구 모음에 입력한다. 여러 개의 표시 필터를 'and'나 'or'로 연결하여 표시할 패킷을 더욱 세분화할 수도 있다.

[표] HTTP와 관련된 대표적인 표시 필터

필드명	필드명이 나타내는 의미	설명 예시
http	모든 HTTP 메시지	http
http.request	요청 메시지 모두 보기	http.request
http.request.method	메서드	http.request.method == GET

필드명	필드명이 나타내는 의미	설명 예시
http.response	응답 메시지 모두 보기	http.response
http.response.code	상태 코드	http.response.code == 200
http.response.line	응답 라인	http.response.line contains "text/html"
http.response.phrase	사유	http.response.phrase == OK
http.accept	Accept 헤더	http.accept contains "text/html"
http.accept_encoding	Accept-Encoding 헤더	http.accept_encoding contains "gzip, deflate"
http.host	Host 헤더	http.host == "www.yahoo.co.jp"
http.cache_control	Cache-Control 헤더	http.cache_control contains "no-store"
http.referer	Referer 헤더	http.referer contains "www.google.co.jp"
http.connection	Connection 헤더	http.connection == "close"
http.user_agent	User-Agent 헤더	http.user_agent contains "Safari"
http.location	Location 헤더	http.location == "http://www.yahoo.co.jp/"
http.server	Server 헤더	http.server == nginx

이제 Wireshark로 'C:₩tinet'에 있는 'http.pcapng'를 열어보자. 그러면 여러 개의 패킷을 볼 수 있을 것이다. 전체적인 흐름을 살펴보면 'TCP 3방향 핸드셰이크(3WHS)로 열기' → '요청 메시지에서 GET' → '응답 메시지에서 200 OK' → 'TCP 3방향 핸드셰이크(3WHS)로 닫기'로 되어 있는 것을 알 수 있다.

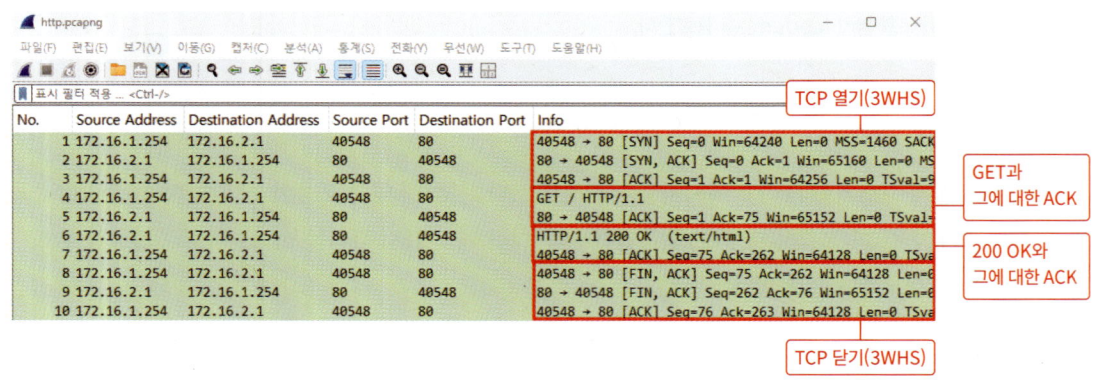

[그림] HTTP 접속 흐름

표시 필터에 'http'를 입력하면 요청 메시지와 응답 메시지만 표시된다.

이 중 첫 번째 패킷(요청 메시지)을 더블 클릭하면 '요청 라인'과 '헤더 섹션'으로 구성되어 있다. 또한, 헤더 섹션을 보면 Host 필드, User-Agent 필드 등 많은 헤더 필드로 구성되어 있음을 알 수 있다. 물론 앞서 수행한 curl의 표시 결과와도 일치한다. 참고로 GET 요청에는 콘텐츠가 없다.

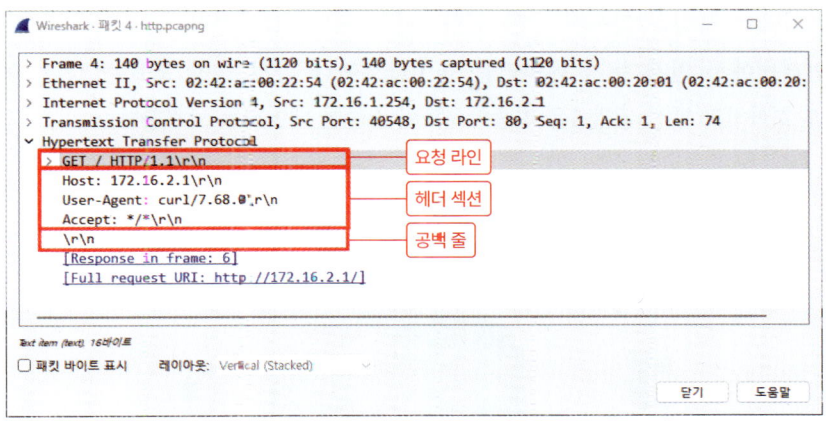

[그림] 요청 메시지

또한, 두 번째 패킷(응답 메시지)을 더블 클릭하면 '상태 라인', '헤더 섹션', '콘텐츠'로 구성되어 있다. 또한, 헤더 섹션을 보면 많은 헤더 필드로 구성되어 있음을 알 수 있다. 물론 앞서 구현한 curl의 표시와도 일치한다. 콘텐츠에는 'sv1.example.com'이라는 문자열이 포함되어 있다. 이 문자열은 tinet의 설정 파일에 의해 sv1에 기록된 문자열이다.

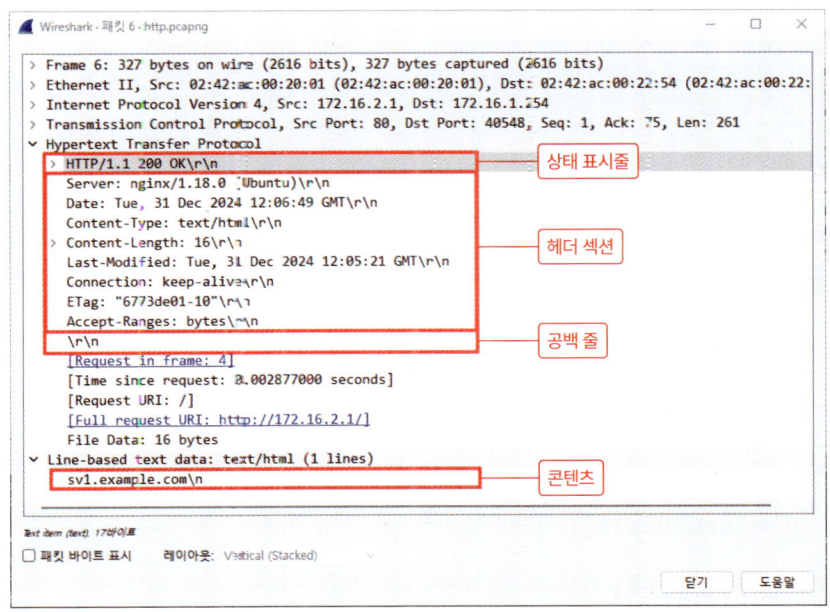

[그림] 응답 메시지

5-2-2 SSL/TLS(Secure Socket Layer/Transport Layer Security)

SSL(Secure Socket Layer)/TLS(Transport Layer Security)는 애플리케이션 데이터를 암호화하는 프로토콜이다. 이제는 일상의 일부가 된 인터넷이지만 언제 어디서든 보이지 않는 위협과 함께하고 있다는 사실을 잊어서는 안 된다. 전 세계의 모든 사람, 사물들이 논리적으로 하나로 연결된 인터넷에서 언제 누가 데이터를 들여다보거나 다시 쓸지 모르는 상황에서 <u>SSL/TLS은 데이터를 암호화하고 통신 상대방을 인증함으로써 소중한 데이터를 보호한다.</u>

[그림] SSL로 정보 보호

이론 이해하기

SSL의 역사는 곧 취약점과의 싸움의 역사이기도 하다. 치명적인 취약점이 발견될 때마다 'SSL 2.0' → 'SSL 3.0' → 'TLS 1.0' → 'TLS 1.1' → 'TLS 1.2' → 'TLS 1.3'으로 5번의 버전업이 이루어졌고, 지금도 취약점을 찾는 공격자와 전문가들의 두더지 잡기와 같은 싸움이 계속되고 있다.

어떤 버전으로 접속할 것인지는 웹 브라우저와 웹 서버의 지원 상황과 설정에 따라 달라진다. 사용하는 버전은 암호화 통신에 앞서 진행되는 'SSL 핸드셰이크'에 따라 결정된다.

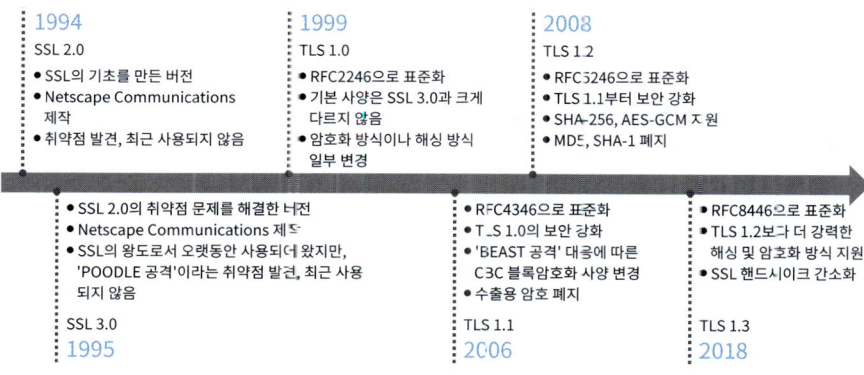

[그림] SSL 버전

이 책에서는 2023년 현재 널리 보급된 TLS 1.2에 대해 자세히 알아본다.

SSL이 사용하는 기술

SSL은 실제로 애플리케이션 데이터를 암호화하기까지의 과정이 핵심이며, 거기에 거의 모든 것이 담겨 있다고 해도 과언이 아니다. 하지만 그 과정을 이해하기 위해서는 많은 전제 지식이 필요하다. 그래서 먼저 SSL을 사용하는 목적과 SSL을 구성하는 여러 가지 기술부터 설명하겠다.

SSL로 막을 수 있는 위협

SSL은 인터넷에 존재하는 수많은 보안 위협 중 '스푸핑', '변조', '도청'이라는 세 가지 위협에 대응하고 있다. 여기서는 각 위협에 대해 SSL이 어떻게 대응하고 있는지 간략하게 설명한다.

암호화로 도청 방지

암호화는 정해진 규칙(암호화 알고리즘)에 따라 데이터를 변환하는 기술이다. 암호화를 통해 제3자가 데이터를 훔쳐보는 '도청'을 방지한다. 중요한 데이터가 그대로 흐르고 있다면 자꾸 보고 싶어지는 것이 인간의 본능이다. SSL은 데이터를 암호화하여 도청을 당하더라도 내용을 알 수 없도록 한다.

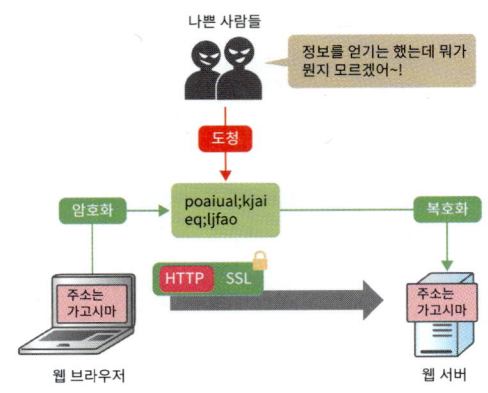

[그림] 암호화로 도청을 막는다.

해싱으로 변조 방지

해싱은 불규칙한 길이의 데이터에서 정해진 계산(해싱 알고리즘)에 따라 고정된 길이의 데이터(해시값)를 생성하는 기술이다. 데이터가 변경되면 해시값도 변경된다. 이를 이용해 제3자가 데이터를 다시 쓰는 '변조'를 감지할 수 있다. SSL에서는 데이터가 변조되지 않았는지 확인하기 위해 데이터와 해시값을 함께 전송한다. 이를 수신한 단말은 데이터를 계산하여 얻은 해시값과 첨부된 해시값을 비교한다. 동일한 데이터에 대해 동일한 계산을 하기 때문에 해시값이 같다면 데이터가 변조되지 않았다는 뜻이다.

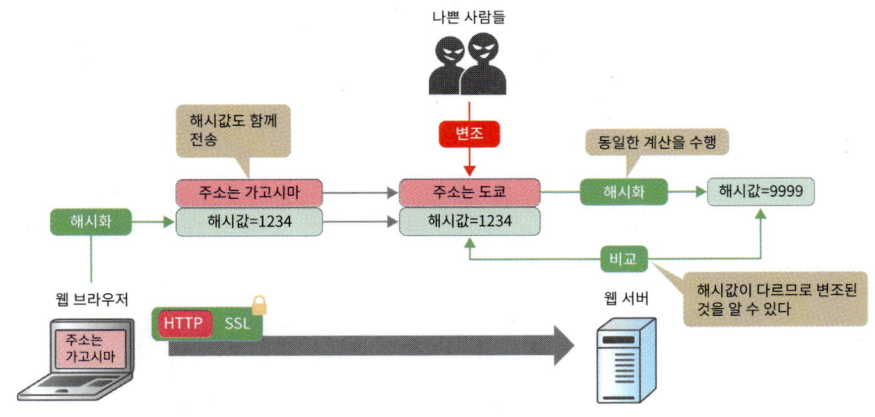

[그림] 해싱으로 위변조를 막는다.

디지털 인증서로 스푸핑 방지

디지털 인증서는 인터넷에 있는 다른 단말에 '나는 진짜입니다!'라고 증명하는 파일이다. 디지털 인증서에 포함된 정보를 바탕으로 통신 상대방의 신원을 확인할 수 있고, '스푸핑'을 방지할 수 있다. SSL은 애플리케이션 데이터를 송수신하기 전에 '당신의 정보를 주세요'라고 요청하고 수신한 디지털 인증서를 바탕으로 인증기관이 인정한 신뢰할 수 있는 상대인지 확인한다.

디지털 인증서의 진위 여부는 '인증기관(CA, Certification Authority)'이라는 신뢰할 수 있는 제3자의 '디지털 서명'을 통해 판단한다. 디지털 서명은 쉽게 말해 디지털 인증서에 대한 보증과 같은 것이다. 디지털 인증서는 디지서트(DigiSert)나 세콤트러스트시스템즈(Secom Trust Systems)와 같은 인증기관으로부터 디지털 서명이라는 보증을 받아야만 비로소 진짜임을 인정받을 수 있다.

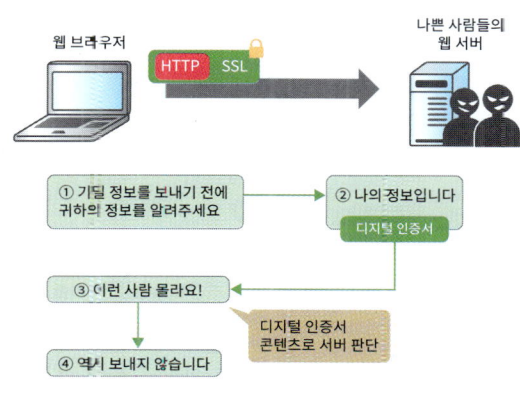

[그림] 디지털 인증서로 스푸핑을 막는다.

SSL을 지탱하는 기술

이어서 SSL에서 사용되는 구체적인 기술에 대해 조금 더 자세히 설명하자면 SSL은 통신을 암호화하는 '암호화 알고리즘', 암호화에 필요한 키를 공유하는 '키 교환 알고리즘', 통신 상대방을 인증하는 '디지털 서명 알고리즘', 통신 데이터를 인증하는 '메시지 인증 알고리즘'이라는 4가지 기술을 조합하여 사용함으로써 보안을 향상시키고 있다. 각각에 대해 설명해 보겠다.

암호화 알고리즘

SSL의 암호화 기술에는 데이터를 암호화하기 위한 '암호화 키'와 암호화를 풀기 위한 '복호화 키'가 필요하다. SSL은 이 암호화 키와 복호화 키에 동일한 키(공통키)를 사용하는 '공통키 암호화 방식'을 사용하여 애플리케이션 데이터를 보호한다.

공통키 암호화 방식에는 '스트림 암호화 방식'과 '블록 암호화 방식' 두 가지가 있다. 스트림 암호화 방식은 1비트 또는 1바이트 단위로 암호화 처리를 한다. 대표적인 스트림 암호화 알고리즘으로는 'ChaCha20-Poly1305'가 있다. 블록 암호화 방식은 일정한 비트 수(블록)별로 구분하여 블록 단위로 암호화 처리를 수행한다. 대표적인 블록 암호화 알고리즘으로는 'AES-CBC(Advanced Encryption Standard-Cipher Block Chaining)', 'AES-GCM(Advanced Encryption Standard-Galois/Counter Mode)', 'AES-CCM(Advanced Encryption Standard-Counter with CBC-MAC)' 등이 있다.

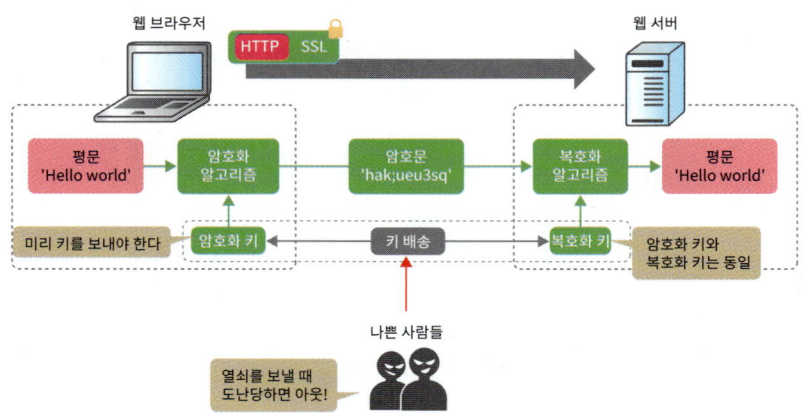

[그림] 공통키 암호화 방식에서는 암호화와 복호화에 동일한 키를 사용한다.

공통키 암호화 방식은 구조가 간단명료해 암호화와 복호화 처리 속도가 빠르며, 처리 부하가 크지 않다. 하지만 암호화와 복호화에 사용하는 공통키를 어떤 형태로든 공유해야 한다는 치명적인 약점을 가지고 있다. 또한, 암호화 키와 복호화 키가 같기 때문에 누군가 그 키를 입수하면 그 시점에서 아웃이다. 서로 공유하는 키를 어떻게 상대방에게 전달할 것인가? 이 '키 전달 문제'를 다른 방식으로 해결해야 한다.

키 교환 알고리즘

앞서 언급했듯이 키 전달 문제는 공통키 암호 방식을 사용하는 한 피할 수 없는 보안 문제다. 그래서 SSL에서는 공통키를 공유하기 위해 'DHE(Diffie-Hellman Ephemeral)'나 'ECDHE(Elliptic Curve Diffie-Hellman Ephemeral)'와 같은 키 교환 알고리즘을 사용한다. 이러한 키 교환 알고리즘을 뒷받침하는 것이 '공개키'와 '개인키'다. 공개키는 이름 그대로 모든 사람에게 공개해도 되는 키이고, 개인키는 모든 사람에게 비밀로 유지해야 하는 키다. 이 두 개의 키를 '키 쌍'이라고 부르며, 쌍으로 존재한다. 키 쌍은 수학적 관계로 이루어져 있으며, 공개키에서 개인키를 도출할 수 없다.

그럼 DHE를 예로 들어 A와 B가 어떻게 공통키를 공유하는지 설명해 보겠다. 수식이 많이 나오기 때문에 수학을 싫어하는 분들은 '개인키와 공개키로 안전하게 공통키를 공유하는구나'라고 생각하고 넘어가도 괜찮다.

1️⃣ A는 B에게(또는 B는 A에게) DH 매개변수(큰 소수 p와 생성자 g)를 전송하고 공유한다. DH 매개변수는 비밀로 할 필요가 없으며, 도청을 당해도 문제가 되지 않는다.

2️⃣ A는 개인키 a를 생성한다. 이 비밀키 a는 '1 ~ p−2' 범위의 정수다. 상대방에게 알려줄 필요가 없으며 비밀로 유지해야 한다.

3️⃣ B는 개인키 b를 생성한다. 이 비밀키 b는 역시 '1 ~ p−2' 범위의 정수다. 상대방에게 알릴 필요가 없으며 비밀로 유지해야 한다.

4️⃣ A는 개인키 a와 DH 매개변수를 사용하여 공개키 x를 생성하여 B에게 전송한다. 구체적으로 말하면, A는 ga mod p의 계산으로 공개키 x를 생성하여 B에게 보낸다. 이 공개키 x는 비밀로 할 필요가 없으며, 도청을 당해도 문제가 되지 않는다. 또한, 공개키 x에서 개인키 a를 도출할 수 없다.

5️⃣ B는 개인키 b와 DH 매개변수를 사용하여 공개키 y를 생성하여 A에게 전송한다. 구체적으로 말하면, B는 gb mod p의 계산으로 공개키 y를 생성하여 A에게 보낸다. 마찬가지로 이 공개키 y는 비밀로 할 필요가 없으며, 도청을 당해도 문제가 되지 않는다. 또한, 공개키 y에서 개인키 b를 도출할 수 없다.

6️⃣ A는 받은 공개키 y, 자신의 개인키 a, DH 매개변수를 사용하여 공통키를 계산한다. 구체적으로 공개키 y(= gb mod p)에 a를 곱한 후 mod p를 구한다. 이 공식을 단순화하면 gb×a mod p가 된다.

7️⃣ B는 받은 공개키 x, 자신의 개인키 b, DH 매개변수를 사용하여 공통키를 계산한다. 구체적으로 공개키 x(= ga mod p)에 b 제곱을 곱하여 mod p를 구한다. 이 공식을 단순화하면 ga×b mod p가 된다. 즉, 6번에서 계산한 값과 동일하다. 이것으로 서로 간의 공통키를 도출할 수 있게 되었다.

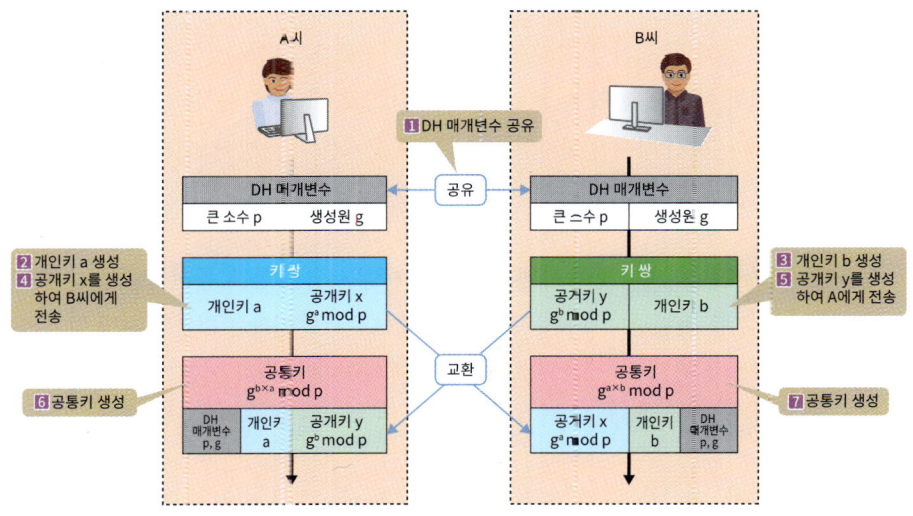

[그림] DHE를 통한 공통키 공유

p나 g라는 글자를 사용하면 이미지가 잘 떠오르지 않을 수 있으니, 숫자를 대입하여 공통키를 어떻게 계산하는지 살펴보자. 예를 들어, 큰 소수 p=13, 생성자 g=2, A가 생성하는 개인키 a=9, B가 생성하는 개인키 b=7인 경우, 공통키 '8'을 공유할 수 있다.

DHE는 SSL 세션(287쪽)마다 이러한 상호 작용을 수행하며, SSL 세션마다 공통 키를 공유함으로써 보안 수준을 향상시키고 있다.

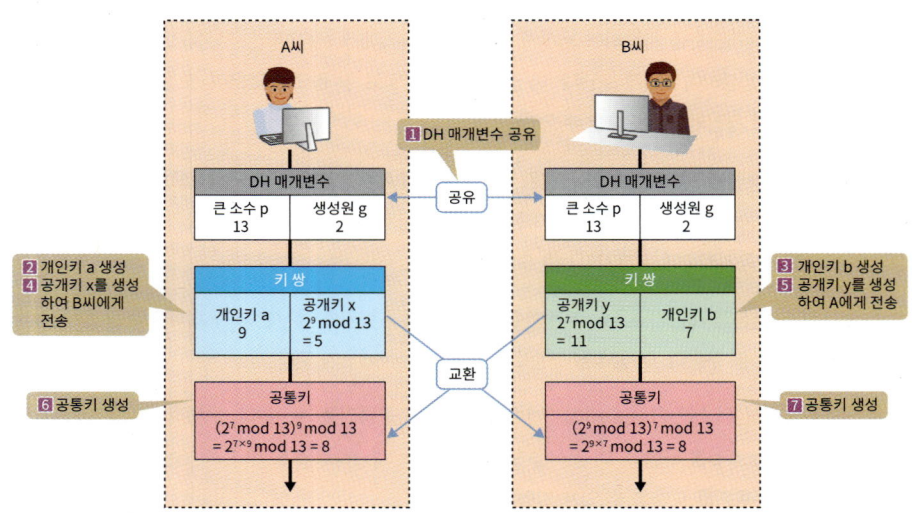

[그림] 숫자를 대입해보면...

그런데 DHE나 ECDHE 등의 키 교환 알고리즘은 공통키를 공유하기 위한 것이지, 통신 상대방을 인증하거나 변조를 감지하는 것이 아니다. 만약 통신 상대가 악의적으로 제3자를 사칭하거나 중간에 변조된 것이라면 그 시점에서 아웃이다. 통신 상대가 진짜인가? 이 인증 문제를 다른 방식으로 해결해야 한다.

디지털 서명 알고리즘

266쪽에서 언급했듯이 SSL은 디지털 인증서에 포함된 디지털 서명을 통해 통신 상대방이 제3자가 신뢰할 수 있는 상대인지 여부를 판단한다. 이 디지털 서명은 'RSA 서명'이라는 디지털 서명 알고리즘에 의해 생성된다. RSA 서명은 '해싱'과 '공개키 암호 방식'을 결합한 기술이다. 각각 어떤 기술인지 설명해 보겠다.

해싱

먼저 해싱에 대해 알아보자. 해싱은 '해싱 알고리즘'을 이용해 불규칙한 길이의 데이터를 잘게 쪼개어 고정된 길이의 '해시값'으로 표현하는 기술이다. 대표적인 해싱 알고리즘으로 'SHA-256'과 'SHA-384' 등이 있다. 해싱 알고리즘은 동일한 데이터를 주면 반드시 동일한 해시값을 생성한다. 반대로 1비트라도 다른 데이터를 주면 전혀 다른 해시값을 생성한다. 즉, 데이터 자체를 비교하지 않아도 해시값만 비교하면 데이터가 변조되지 않았는지 확인할 수 있다. 또한 해시값에서 원본 데이터를 역산할 수 없기 때문에 해시값을 도청당하더라도 원본 데이터는 보호된다. 이러한 특성을 디지털 서명에 활용한다.

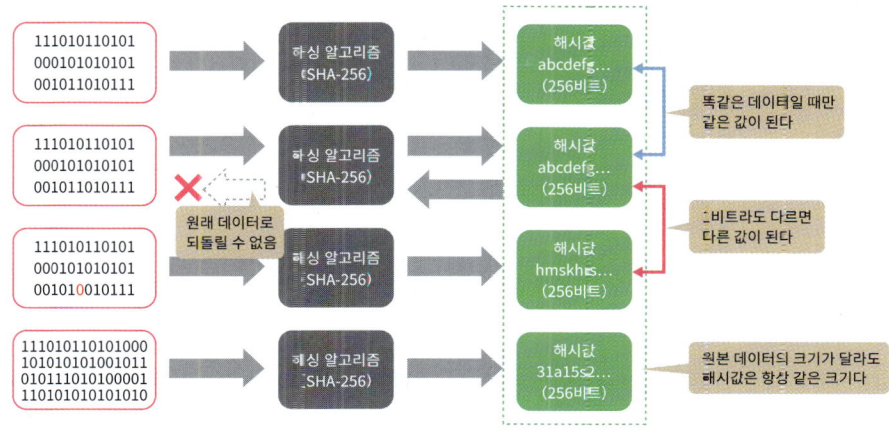

[그림] 해싱

공개키 암호화 방식

다음으로 공개키 암호 방식에 대해 알아보겠다. 공개키 암호 방식은 암호화 키와 복호화 키에 서로 다른 키를 사용하는 암호 방식이다. 대표적인 공개키 암호 방식으로는 'RSA 암호'와 'ElGamal 암호' 등이 있다. 여기서는 RSA 서명과 관련된 RSA 암호에 대해 설명한다. 데이터 목적지는 미리 모두에게 비밀로 해야 하는 'RSA 비밀키'와 모두에게 공개해도 되는 'RSA 공개키'의 키 쌍을 만들어 RSA 공개키만 세상에 공개해 둔다. 발신자는 그 RSA 공개키를 암호화 키로 삼아 데이터를 암호화하여 전송한다. 이를 받은 수신자는 RSA 개인키를 복호화 키로 삼아 복호화하여 원본 데이터를 복원한다. RSA 공개키로 암호화된 데이터는 쌍을 이루는 RSA 개인키를 통해서만 복호화할 수 있다.

여기까지가 RSA 암호화에 대한 설명이다. RSA 암호에 사용되는 RSA 알고리즘은 RSA 비밀키로 암호화된 데이터를 RSA 공개키로 복호화할 수 있는, 즉 비밀키와 공개키를 반대로 해도 성립하는 수학적으로 특이한 성질을 가지고 있다. RSA 서명은 이 성질을 이용한다. 발신자는 RSA 개인키를 '서명키'로 삼아 데이터의 서명을 생성해 전송한다. '서명 생성'이라고 하면 조금 의아하게 느껴질 수 있지만, 실제로는 암호화와 비슷한 과정을 거친다. 이를 받은 수신자는 RSA 공개키를 '검증키'로 삼아 서명을 검증한다. '서명 검증'이라고 하면 이 또한 조금 이상하게 느껴질 수 있지만, 실제로는 복호화와 비슷한 과정을 거친다. 서명키로 서명한 데이터는 쌍을 이루는 검증키로만 검증할 수 있다. 이 성질을 디지털 서명에 활용한다.

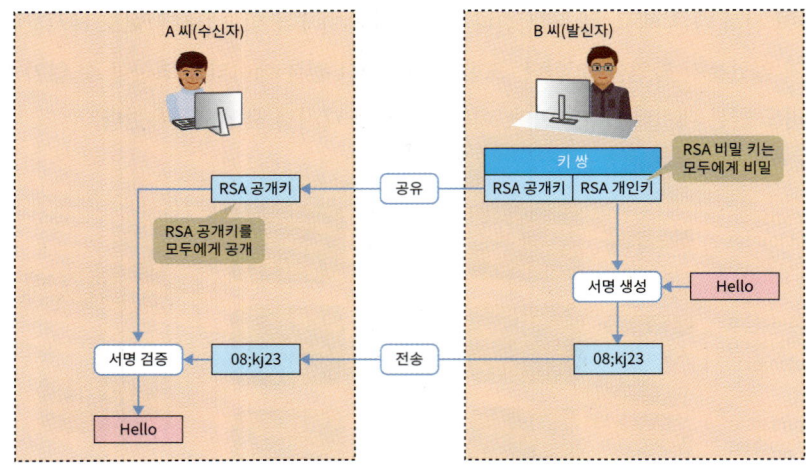

[그림] 서명 생성 및 검증

그럼 RSA 서명이 어떻게 디지털 서명을 생성하고, 어떻게 통신 상대방을 인증하는지 순서대로 설명하겠다.

1 발신자(아래 그림의 B 씨)는 해싱 알고리즘을 이용하여 데이터의 해시값을 계산한다.

2 발신자는 **1** 에서 계산한 해시값과 RSA 비밀키(서명키)를 사용하여 디지털 서명을 생성하고 데이터와 함께 전송한다.

3 수신자(아래 그림의 A 씨)는 RSA 공개키(검증키)로 디지털 서명을 검증하여 해시값을 추출한다. RSA 공개키로 검증할 수 있는 데이터는 RSA 개인키로 서명된 데이터뿐이다. 즉, RSA 공개키로 검증이 가능하다면 해당 데이터가 RSA 개인키를 가진 사람이 보낸 데이터라는 것을 알 수 있다.

4 수신자는 해싱 알고리즘을 이용해 데이터의 해시값을 계산하고, 이를 **3** 에서 가져온 해시값과 비교한다. 해시값이 같다면 데이터가 중간에 변조되지 않았음을 알 수 있다.

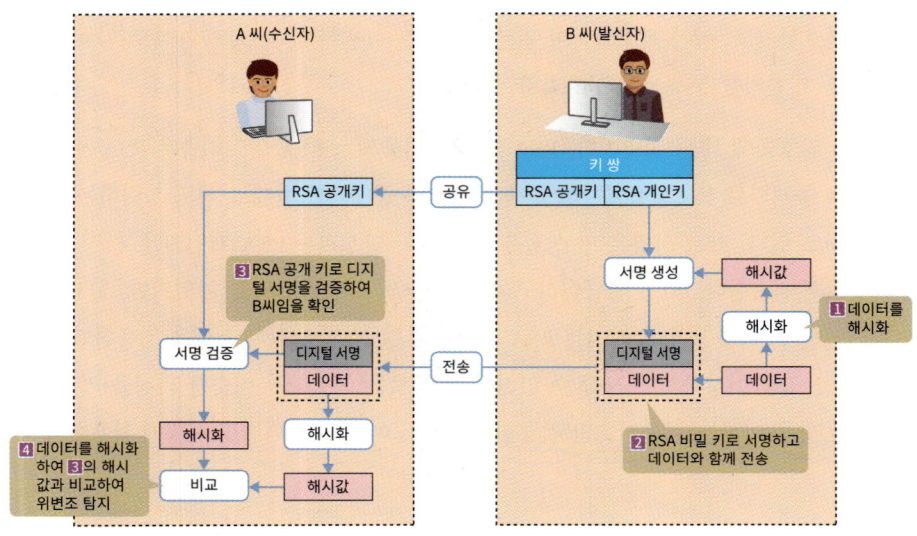

[그림] RSA 서명

메시지 인증 알고리즘

SSL에서 앞서 언급한 디지털 서명 알고리즘은 통신 상대방을 인증하는 것일 뿐, 이후 주고받는 애플리케이션 데이터(메시지)를 인증하는 것은 아니다. 따라서 메시지 인증 알고리즘을 이용하여 'MAC 값(메시지 인증 코드)'을 생성하여 주고받는 애플리케이션 데이터가 변조되지 않은 데이터인지 확인한다. 메시지 인증 알고리즘은 애플리케이션 데이터와 공통키(MAC 키)[9]를 섞어 해싱하여 MAC 값을 계산한다.

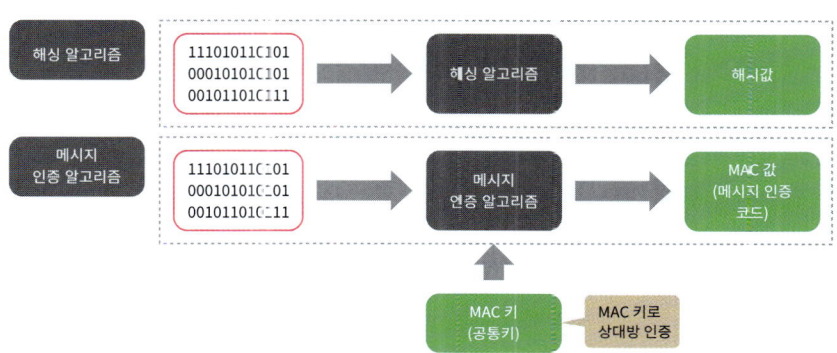

[그림] 해싱 알고리즘과 메시지 인증 알고리즘의 차이점

발신자(아래 그림의 A 씨)는 데이터와 공통키를 사용하여 MAC 값을 계산하고 데이터와 함께 전송한다. 수신자(아래 그림의 B 씨)는 수신한 데이터와 공통키를 사용하여 MAC 값을 계산하고, 수신한 MAC 값과 비교한다. 만약 동일하다면 해당 데이터가 중간에 변조되지 않았음을 알 수 있다. 즉, 메시지 인증이 완료된 것이다.

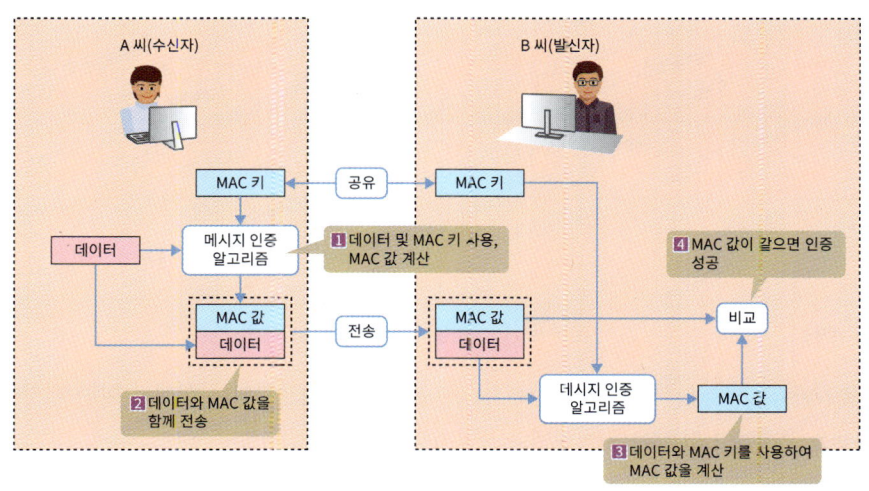

[그림] 메시지 인증 알고리즘

---

[9] 공통키를 사용한다는 것은 동시에 키 전달 문제가 존재한다는 것을 잊어서는 안 되며, SSL에서는 키 전달 문제도 공통키 암호 방식과 마찬가지로 키 교환 알고리즘을 통해 해결하고 있다.

지금까지 설명한 메시지 인증 알고리즘은 메시지 인증만을 위해서 공통키(MAC 키)를 만들어 공유해야 하고, 메시지마다 MAC 값을 계산해야 하는 등 여러 가지 비효율적인 부분이 있다. 그래서 최근에는 메시지 인증 기능 자체가 공통키 암호 방식의 한 기능으로 통합되고 있다. 메시지 인증 기능을 가진 암호 방식을 'AEAD(Authenticated Encryption with Associated Data, 인증된 암호)'라고 한다. 267쪽에서 설명한 스트림 암호인 ChaCha20-Poly1305나 블록 암호 중에서도 'AES-GCM'이나 'AES-CCM'은 AEAD에서 암호화와 메시지 인증을 함께 수행한다.

발신자(다음 그림의 A)는 평문 데이터(암호화되지 않은 데이터)와 논스(고유 난수), 관련 데이터(암호화는 필요 없지만 변조되어서는 안 되는 데이터인 헤더 등)를 공통 키로 인증이 가능한 암호화를 하고, 암호화 데이터와 메시지 인증에 사용되는 '인증 태그'를 생성한다. 그리고 암호화 데이터, 인증 태그, 논스(nonce), 관련 데이터를 함께 전송한다. 수신자(다음 그림의 B)는 수신한 암호화 데이터, 논스, 관련 데이터, 그리고 공통키로 인증 태그를 생성하고 수신한 인증 태그와 비교한다. 인증 태그가 같다면 해당 데이터가 중간에 변조되지 않았음을 알 수 있다. 즉, 메시지 인증이 완료된 것이다. 메시지 인증에 성공하면 공통 키를 사용해 평문 데이터로 복호화한다.

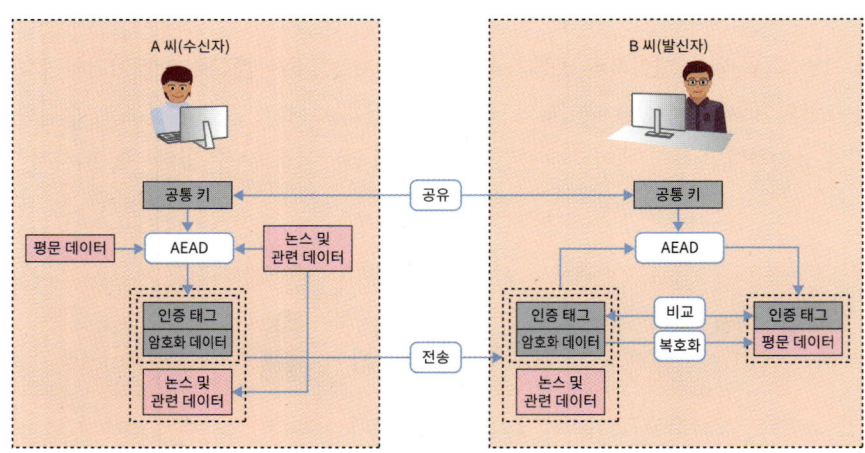

[그림] AEAD

SSL 레코드 형식

지금까지 SSL이 어떤 기술을 사용하는지 단편적으로 살펴봤다. 이제부터는 실제로 어떤 패킷을 주고받아 이러한 기술들을 구현하고 있는지 패킷 레벨로 세분화하여 살펴보겠다.

SSL이 전달하는 메시지를 'SSL 레코드'라고 한다. SSL 레코드는 SSL의 제어 정보를 저장하는 'SSL 헤더'와 그 뒤에 이어지는 'SSL 페이로드'로 구성된다. 또한 SSL 헤더는 '콘텐츠 유형', '프로토콜 버전', 'SSL 페이로드 길이'의 세 가지 필드로 구성된다. 각각에 대해 설명해 보겠다.

	0비트	8비트	16비트	24비트
0바이트	콘텐츠 유형	프로토콜 버전		SSL 페이로드 길이
	SSL 페이로드 길이			
가변	SSL 페이로드			

[그림] SSL 레코드 형식

콘텐츠 유형

콘텐츠 유형은 SSL 레코드의 종류를 나타내는 1바이트(8비트) 필드다. SSL은 레코드를 '핸드셰이크 레코드', '암호화 사양 변경 레코드', '경고 레코드', '애플리케이션 데이터 레코드'의 4가지로 분류하고, 각각 다음 표와 같이 유형 코드를 할당한다.

[표] 콘텐츠 유형

콘텐츠 유형	유형 코드	의미
핸드셰이크 레코드	22	암호화 통신에 앞서 이뤄지는 'SSL 핸드셰이크'에서 사용하는 레코드
암호화 사양 변경 레코드	20	암호화 및 해싱에 관한 사양을 확정하거나 변경하기 위해 사용하는 레코드
경고 레코드	21	상대방에게 오류를 알리기 위해 사용하는 레코드
애플리케이션 데이터 레코드	23	애플리케이션 데이터를 나타내는 레코드

다음은 각 콘텐츠 유형에 대한 설명이다.

핸드셰이크 레코드

핸드셰이크 레코드는 애플리케이션 데이터의 암호화 통신에 앞서 진행되는 'SSL 핸드셰이크'에서 사용하는 레코드다. 핸드셰이크 레코드에는 다음 표와 같이 10가지 핸드셰이크 유형이 정의되어 있다.

[표] 핸드셰이크 유형

핸드셰이크 유형	유형 코드	의미
Hello Request	0	Client Hello를 요청하는 레코드. 이를 받은 클라이언트는 Client Hello를 전송한다
Client Hello	1	클라이언트가 지원하는 암호화 알고리즘, 키 교환 알고리즘, 확장 기능 등을 서버에 알려주는 레코드

핸드셰이크 유형	유형 코드	의미
Server Hello	2	서버가 지원하는 확정된 암호화 알고리즘, 키 교환 알고리즘, 확장 기능 등을 클라이언트에게 알려주는 레코드
Certificate	11	디지털 인증서를 전송하는 레코드
Server Key Exchange	12	서버가 키 교환에 필요한 정보를 전송하는 레코드
Certificate Request	13	클라이언트 인증에서 클라이언트 인증서를 요청하는 레코드
Server Hello Done	14	서버가 클라이언트로 모든 정보를 전송 완료했음을 나타내는 레코드
Certificate Verify	15	클라이언트 인증에서 지금까지 주고받은 SSL 핸드셰이크 정보를 해싱하여 전송하는 레코드
Client Key Exchange	16	클라이언트가 키 교환에 필요한 정보를 전송하는 레코드
Finished	20	SSL 핸드셰이크가 완료되었음을 나타내는 레코드

암호화 사양 변경 기록

암호화 사양 변경 레코드는 SSL 핸드셰이크에 의해 결정된 다양한 사양(암호화 알고리즘, 키 교환 알고리즘 등)을 확정하거나 변경하는 데 사용한다. 이 레코드 이후의 모든 통신은 암호화된다.

경고 레코드

경고 레코드는 통신 상대방에게 SSL과 관련된 오류가 발생했음을 알려주는 레코드다. 이 레코드를 통해 오류의 개요를 파악할 수 있다. 경고 레코드는 경고의 심각도를 나타내는 'Alert Level'과 그 내용을 나타내는 'Alert Description' 두 개의 필드로 구성된다. Alert Level에는 'Fatal(치명적)'과 'Warning(경고)'의 두 가지 종류가 있다. Alert Description에는 Alert Level이 정의되어 있지 않은 것도 있으며, 정의되어 있지 않은 것에 대해서는 발신자의 재량에 따라 Alert Level을 결정할 수 있다.

[표] 경고 설명(Alert Description)

경고 설명(Alert Description)	코드	경보 수준 (Alert Level)	의미
close_notify	0	Warning	SSL 세션을 닫을 때 사용하는 레코드
unexpected_message	10	Fatal	예상치 못한 부적합한 레코드를 수신했음을 나타내는 레코드
bad_record_mac	20	Fatal	잘못된 MAC(Message Authentication Code, 메시지 인증 코드) 값을 수신했음을 나타내는 레코드
decryption_failed	21	Fatal	복호화 실패를 나타내는 레코드

경고 설명(Alert Description)	코드	경보 수준 (Alert Level)	의미
record_overflow	22	Fatal	SSL 레코드의 크기 제한을 초과한 레코드를 수신했음을 나타내는 레코드
decompression_failure	30	Fatal	압축 해제 처리에 실패했음을 나타내는 레코드
handshake_failure	40	Fatal	일치하는 암호화 방식 등이 없어 SSL 핸드셰이크에 실패했음을 나타내는 레코드
no_certificate	41	임의	클라이언트 인증에서 클라이언트 인증서가 없음을 나타내는 레코드
bad_certificate	42	임의	디지털 인증서가 손상되었거나 검증할 수 없는 디지털 서명이 포함되어 있음을 나타내는 레코드
unsupported_certificate	43	임의	디지털 인증서가 지원되지 않음을 나타내는 레코드
certificate_revoked	44	임의	디지털 인증서가 관리자에 의해 해지 처리되었음을 나타내는 레코드
certificate_expired	45	임의	디지털 인증서가 만료되었음을 나타내는 레코드
certificate_unknown	46	임의	디지털 인증서가 어떤 문제로 인해 수락되지 않았음을 나타내는 레코드
illegal_parameter	47	Fatal	SSL 핸드셰이크 중 파라미터가 범위를 벗어났거나 다른 필드와 일치하지 않아 정확하지 않음을 나타내는 레코드
unknown_ca	48	임의	유효한 CA 인증서가 없거나 일치하는 CA 인증서가 없음을 나타내는 레코드
access_denied	49	임의	유효한 디지털 인증서를 받았지만 액세스 제어에 의해 핸드셰이크가 중단되었음을 나타내는 레코드
decode_error	50	임의	필드 값이 범위를 벗어났거나 메시지 길이에 이상이 있어 메시지를 디코딩할 수 없음을 나타내는 레코드
decrypt_error	51	임의	SSL 핸드셰이크의 암호화 처리에 실패했음을 나타내는 레코드
export_restriction	60	Fatal	법령상 수출 제한을 준수하지 않는 협상
protocol_version	70	Fatal	SSL 핸드셰이크에서 해당 프로토콜 버전이 없었음을 나타내는 레코드
insufficient_security	71	Fatal	클라이언트가 요청한 암호화 방식이 서버가 정한 암호화 강도 수준에 도달하지 못했음을 나타내는 레코드
internal_error	80	Fatal	SSL 핸드셰이크와 무관한 내부 오류로 인해 SSL 핸드셰이크가 실패했음을 나타내는 레코드

경고 설명(Alert Description)	코드	경보 수준 (Alert Level)	의미
user_canceled	90	임의	사용자가 SSL 핸드셰이크를 취소했음을 나타내는 레코드
no_renegotiation	100	Warning	재협상에서 보안 관련 파라미터를 변경하지 못했음을 나타내는 레코드
unsupported_extention	110	Fatal	지원하지 않는 확장 기능(Extention)을 수신했음을 나타내는 레코드

애플리케이션 데이터 레코드

애플리케이션 데이터 레코드는 이름에서 알 수 있듯이 실제 애플리케이션 데이터(메시지)가 포함된 레코드다. SSL 핸드셰이크로 확정된 공통 키를 사용하여 암호화된다.

프로토콜 버전

프로토콜 버전은 SSL 레코드의 버전을 나타내는 2바이트(16비트) 필드다. 상위 1바이트(8비트)가 메이저 버전, 하위 1바이트(8비트)가 마이너 버전을 나타내며 각각 다음 표와 같이 정의되어 있다. 참고로 버전 필드에서 TLS는 SSL 3.0의 마이너 버전업으로 취급된다.

[표] 프로토콜 버전

프로토콜 버전	메이저 버전 (상위 1바이트)	마이너 버전 (하위 1바이트)
SSL 2.0	2(00000010)	0(00000000)
SSL 3.0	3(00000011)	0(00000000)
TLS 1.0	3(00000011)	1(00000001)
TLS 1.1	3(00000011)	2(00000010)
TLS 1.2	3(00000011)	3(00000011)
TLS 1.3	3(00000011)	3(00000011)[10]

---

10 TLS 1.3은 하위 호환성을 고려하여 TLS 1.2와 동일한 프로토콜 버전을 사용하며, TLS 1.3 식별을 위해 Client Hello와 Server Hello에 포함된 'supported_versions'를 사용한다.

SSL 페이로드 길이

SSL 페이로드 길이는 SSL 페이로드의 길이를 바이트 단위로 정의하는 2바이트(16비트) 필드다. 이론적으로 최대 216-1(65535)바이트의 레코드를 처리할 수 있지만 TLS 1.2를 정의한 RFC5246 'The Transport Layer Security (TLS) Protocol Version 1.2'에서는 214(16384)바이트 이하로 정의되어 있다. 참고로 애플리케이션 계층으로부터 받은 데이터가 16384바이트를 초과하는 경우, 214(16384)바이트로 분할(프래그먼트)되어 암호화된다.

SSL 커넥션에서 커넥션 해제까지의 흐름

지금까지 SSL이 어떤 기술을 활용하고 어떤 형식의 레코드를 주고받는지 살펴봤다. 기술 하나하나가 깊고 SSL 레코드도 많아서 머리가 아픈 느낌이 들 수도 있다. 반대로 말하면, 이렇게 하지 않으면 다양한 사람과 사물이 하나로 연결되는 인터넷에서 보안을 유지할 수 없다고도 할 수 있다.

이제 길었던 SSL에 대한 설명을 마무리하며 이 기술들을 조합하기 위해 어떤 패킷을 주고받는지, 커넥션부터 커넥션 해제까지 전체적인 흐름을 살펴보도록 하겠다.

여기서는 웹 브라우저가 인터넷에 공개된 웹 서버에 HTTPS로 접속할 때의 흐름을 '사전 준비 단계', 'SSL 핸드셰이크 단계', '메시지 인증-암호화 단계', '클로즈 단계'로 나누어 설명한다. 참고로 흐름 속에서 인증기관의 RSA 키, 웹 서버의 RSA 키, DH 키 등 다양한 종류의 키가 등장한다. 읽으면서 머리가 복잡해질 수 있으니, 누가 어떤 단계에서 어떤 키를 어떻게 사용하는지 하나하나 정리하면서 읽어나가도록 하자.

사전 준비 단계

HTTPS 웹 서버를 인터넷에 공개한다고 하자. 웹 서버를 실행하고 '즉시 공개.'라고는 할 수 없다. RSA 개인키를 만들고 인증기관에서 디지털 인증서를 발급받는 등 여러 가지 사전 준비가 필요하다.

01. 서버 관리자는 웹 서버에서 RSA 개인키와 이에 대응하는 RSA 공개키가 포함된 'CSR(Certificate Signing Request)'이라는 파일을 생성한다. RSA 개인키는 '-----BEGIN RSA PRIVATE KEY-----'로 시작하고 '-----END RSA PRIVATE KEY-----'로 끝나는 텍스트 파일이다. 지금까지 여러 번 설명했듯이 RSA 개인키는 기밀 정보이므로 소중히 보관해야 한다.

```
-----BEGIN RSA PRIVATE KEY-----
MIIEpAIBAAKCAQEA0TTHJRzkqYhalCHeBrqdoCTyxbRpG4Hq4zKoITovqoOCRF5z
MhHSYyKp13eJsh/HjWOUn0SH6oSugLUBWlZhFc6IUoiGck+aSEkJqAu1nzhd7bdO
Jk76zGpUl//LuiIcHXvAfgKfMRbXi8NPHq+U6ZRAhUvRayLQrBb/qNyxKkOAe0fB
t0nioSM0UG3le0gLe92nBwf3ZEZym3YVjbRYLrB6Mf7y5hXtOIoACBRUL1w4j8y1

euzr4fA9zNwaVS0EvxgdhQilULZZ+AcqeYvSl4UPmyfgq9A4ZrhD+r5qJazSfBUj
PyQsYKMCgYBJsONrPTk6Aejop9zyqI7QQKW4NVBdVctB0PMD9Plm/49F5+3Yfmbq
htGMDFqgoPVdiPHnD5Papa4Bfht6qsGcFGwKi2J9kQjtTFQ6q1Cq5JOAV1AQe9ab
MmZ1ckuF2e4TtONZ7o9P59o/05a5rtTuyJDHUjIbKzFRIEvN52S02Q==
-----END RSA PRIVATE KEY-----
```

[그림] RSA 비밀키

CSR은 인증기관에 디지털 서명을 요청하기 위한 신청서와 같은 것이다. CSR을 작성할 때 '식별 명칭'이라는 웹 서버의 관리 정보도 함께 입력한다. 식별 명칭에는 다음 표와 같은 항목이 있다.

[표] 식별 명칭

항목	정보	예시
공통명칭/SANs	웹사이트 URL(FQDN)	www.example.com
조직명(Organization)	웹사이트를 운영하는 조직명	Example G.K.
부서명(Organizational Unit)	웹사이트를 운영하는 부서 및 부서 서명	IT
구/군명(Locality)	웹사이트를 운영하는 조직의 군구 소재지	Guro
시/도명(State or Province)	웹사이트를 운영하는 조직의 시/도 소재지	Seoul
국가명(Country)	웹사이트를 운영하는 조직의 국가 코드	KR

CSR은 '-----BEGIN CERTIFICATE REQUEST-----'로 시작하여 '-----END CERTIFICATE REQUEST-----'로 끝나는 텍스트 파일이다. CSR이 완성되면 해당 텍스트를 복사하여 인증기관 신청서 양식의 지정된 부분에 붙여넣기 하여 신청한다.

```
-----BEGIN CERTIFICATE REQUEST-----
MIICtjCCAZ4CAQAwcTELMAkGA1UEBhMCSlAxETAPBgNVBAgMCFRva3lvLXRvMRIw
EAYDVQQHDAlNaW5hdG8ta3UxITAfBgNVBAoMGEludGVybmV0IFdpZGdpdHMgUHR5
IEx0ZDEYMBYGA1UEAwwPd3d3LndlYjAxLmxvY2FsMIIBIjANBgkqhkiG9w0BAQEF
AAOCAQ8AMIIBCgKCAQEA0TTHJRzkqYhalCHeBrqdoCTyxbRpG4Hq4zKoITovqoOC

N7tP8jUbBcY59CdfSoCh4q1GErvC14aXA3u8jddH/r9b1KoA7L1v4q2xnffe7mKm
BWGYbBS/S1estKUW7PKMIJQIgQjSVpKwNVmXMB7LTH2NKLYYNGf4YPzdvdaFYILb
P93UAX9S3BHqMUiVo9uyNA2fsWX/VM4aRMCJUmIS3+d0Ng4X16nZHmMx5WN7bAMq
wlj7zeVeu1RAwDLpATJoYlBK7nLinHPu7HA=
-----END CERTIFICATE REQUEST-----
```

[그림] CSR(Certificate Signing Request)

02. 인증기관이 신청자의 신원을 심사한다. 확인하는 내용은 신청하는 인증기관과 디지털 인증서 종류[1]에 따라 다르지만, 구체적으로 도메인 관리자에게 메일을 보내 도메인 이름의 사용 현황을 확인하거나 관리자에게 직접 전화를 걸어 실존 여부를 확인한다. 몇 가지 확인 단계를 거치면 최종적으로 디지털 서명이 부여된 디지털 인증서가 '서버 인증서'로 발급된다.

서버 인증서는 '-----BEGIN CERTIFICATE-----'로 시작하고 '-----END CERTIFICATE-----'로 끝나는 텍스트 파일이다.

```
-----BEGIN CERTIFICATE-----
MIIFKjCCBBKgAwIBAgIQZe7XJ1acMbhu6KtWUZreaTANBgkqhkiG9w0BAQsFADCBvDELMAkGA1UE
BhMCSIAxHTAbBgNVBAoTFFN5bWFudGVjIEphcGFuLCBJbmMuMS8wLQYDVQQLEyZGb3IgVGVzdCBQ
dXJwb3NlcyBPbmx5LiBObyByBhc3N1cmFuY2VzLjE7MDkGA1UECxMyVGVybXMgb2YgdXNlIGF0IGh0
dHBzOi8vd3d3LnN5bWFuF1dGguY29tL3Nwcy90ZXN0ZSxIDAeBgNVBAMTF1RyaWFsIFNTTCBKYXBh
```
〜〜〜〜〜〜〜〜〜〜〜〜〜〜〜〜〜〜〜〜〜〜〜〜〜〜〜〜〜〜〜〜〜
```
M0Qk7HS+Pcg5kFq992971F7vjYT0IDqxSL1Ar3YbepYoTMO6alfa7jBf3VkiLLKGcRPSJUCRzlSu
/vf8E4GsCR2kWozN5ApOmD26gu6Qd5hSwcDvc5D2cMF7z6SB/r7zX1ujAavNo7QlhoeBXPyqyapt
4Xeq0lrWSEZ4e8rP5fo68g3mCwjjGrFQYvrHg82rM31TYCJTU75O3ZAzKbWUQxszkQnWEraz11Sx
lKFeV+4nfZdeUut2wMac9v/LCDrhH3ekuyXSweKOjIS9/3xHMof0BmVUUjWDYs=sLT9d7L44+CPi
w4U3Po2NTSSuMN0jH9ts
-----END CERTIFICATE-----
```

[그림] 서버 인증서

03. **01**에서 생성한 RSA 개인키와 **02**에서 발급받은 서버 인증서를 웹 서버에 설치한다. 또한, 서버 인증서를 발급한 인증기관의 인증서인 '중간 인증서(중간 CA 인증서, 체인 인증서)'를 함께 설치한다. 여기서 중간 인증서에 대해서도 간단히 언급해두겠다.

인증기관은 수많은 디지털 인증서를 관리하기 위해 '루트 인증기관'과 '중간 인증기관'이라는 두 종류의 인증기관으로 구성된 계층 구조로 이루어져 있다.

경로 인증기관은 계층 구조의 최상위에 위치한 인증기관으로 '루트 인증서(루트 CA 인증서)'를 발급하는 인증기관이다. 루트 인증서는 OS나 웹 브라우저에 번들로 제공되며, 예를 들어 윈도우 11의 경우 인증서 관리자 도구(certmgr.msc)의 '신뢰할 수 있는 루트 인증기관' → '인증서'를 클릭하면 확인할 수 있다. 루트 인증서는 루트 인증 기관 자신의 개인 키로 디지털 서명되어 있다. 즉, 스스로를 인증하고 있는 것이다.

---

[1] 서버 인증서에는 도메인 인증을 하는 'DV 인증서', 도메인 인증+기업 인증을 하는 'OV 인증서', 도메인 인증+기업 인증에 더해 한 단계 더 강화된 검증을 하는 'EV 인증서'가 있다.

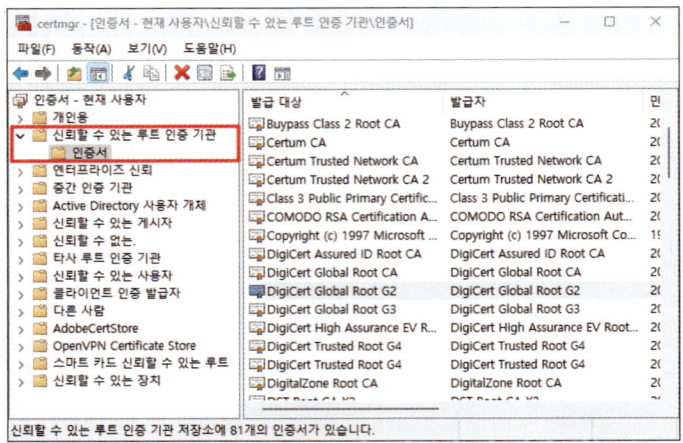

[그림] 윈도우 11에 번들로 제공되는 루트 인증서

중간 인증기관은 루트 인증기관의 하위에 위치한 인증기관으로, 서버에 설치할 서버 인증서를 발급하는 인증기관이다. 즉, 지금까지 설명한 인증기관은 이 중간 인증기관을 의미한다. 중간 인증기관은 루트 인증기관과 달리 상위 루트 인증기관의 인증을 받아야 한다. 중간 인증기관이 상위 인증기관의 개인키로 디지털 서명을 받아 발급받은 디지털 인증서가 중간 인증서다. 웹 서버에 서버 인증서와 중간 인증서를 설치함으로써 루트 인증서와 서버 인증서의 신뢰의 사슬을 연결할 수 있고, 웹 브라우저는 이를 기반으로 인증서 계층을 올바르게 따라갈 수 있다.

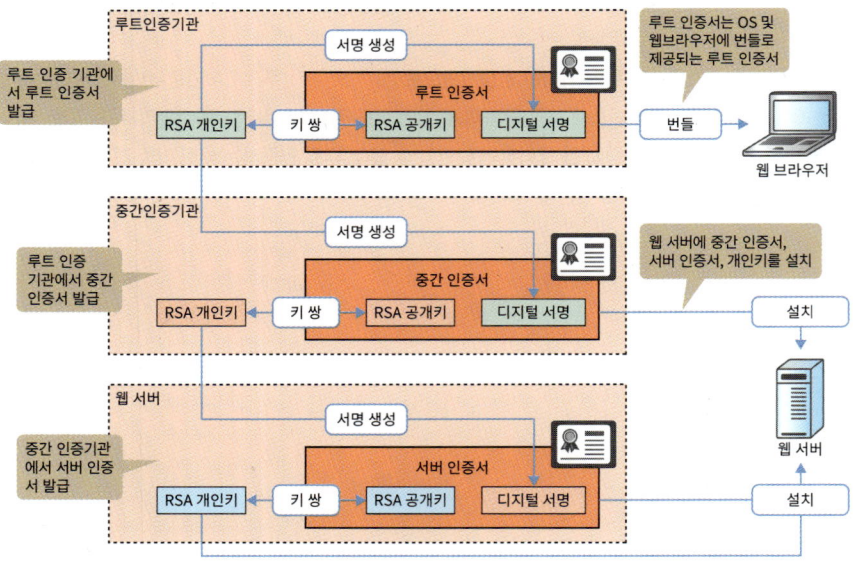

[그림] 인증기관과 디지털 인증서의 계층 구조

예를 들어, 모두가 사랑하는 X(옛 트위터)의 서버 인증서를 구글 크롬의 인증서 뷰어에서 보면 다음 그림과 같은 계층 구조로 되어 있는 것을 알 수 있다.

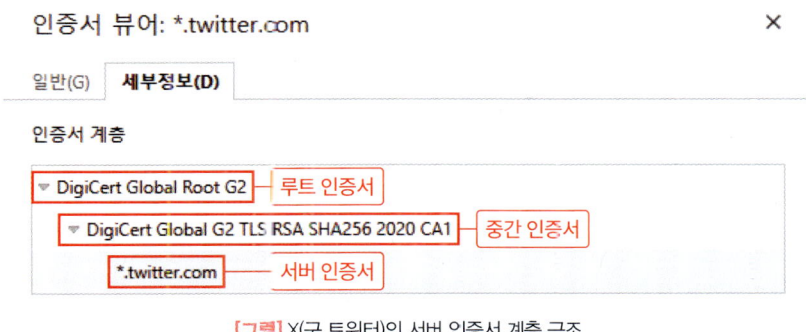

[그림] X(구 트위터)의 서버 인증서 계층 구조

SSL 핸드셰이크 단계 (서버 인증 단계, 키 교환 단계)

RSA 개인키와 디지털 인증서(서버 인증서, 중간 인증서)를 설치하면 이제 웹 브라우저는 SSL 연결을 받을 수 있다. SSL은 갑자기 애플리케이션 데이터(메시지)를 암호화하여 전송하는 것이 아니다. SSL에는 애플리케이션 데이터를 암호화하기 전에 서버를 인증하고 키를 교환하는 'SSL 핸드셰이크'라는 과정이 있다.

핸드셰이크라고 하면 TCP에도 연결에 사용하는 3방향 핸드셰이크(SYN→SYN/ACK→ACK)와 종료에 사용하는 4방향 핸드셰이크(FIN/ACK→ACK→FIN/ACK→ACK), 3방향 핸드셰이크(FIN/ACK→FIN/ACK→ACK)가 있는데 그것과는 완전히 다르다. SSL은 TCP의 3방향 핸드셰이크로 TCP 연결을 연 후, 핸드셰이크 레코드를 이용하여 SSL 핸드셰이크를 수행하고 여기서 결정된 정보를 바탕으로 메시지를 암호화하는 방식이다.

이제 SSL 핸드셰이크에서 주고받는 패킷을 살펴보자. 교환되는 패킷은 사용되는 알고리즘에 따라 조금씩 다르다. 여기서는 암호화 알고리즘으로 'AES-GCM', 키 교환 알고리즘으로 'DHE', 디지털 서명 알고리즘으로 'RSA 서명', 메시지 인증으로 'AEAD(AES-GCM)'가 사용되는 경우를 예로 들어 설명하겠다.

01. 웹브라우저는 3방향 핸드셰이크로 TCP 연결을 확립한 후 자신이 지원하는 기능과 그에 대한 사양을 'Client Hello'에 담아 전송한다.

    '인증한다', '암호화한다'라고 해도 다양한 종류의 알고리즘이 있다. 그래서 웹 브라우저는 자신이 지원하는 암호화 알고리즘, 키 교환 알고리즘, 디지털 서명 알고리즘, 메시지 인증 알고리즘의 조합(암호 스위트)을 목록으로 제시한다. 그 외에도 'client random'이라는 임의의 문자열, 지원하는 SSL이나 HTTP 버전 등 웹 서버와 함께 설정해야 하는 설정이나 확장 기능(아래 표 참조)을 알려준다.

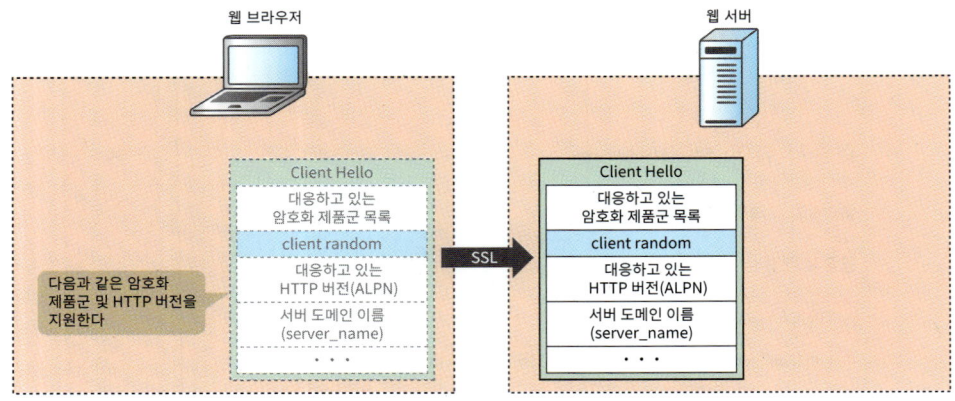

[그림] Client Hello

[표] 대표적인 확장 기능 분야

유형 코드	확장 기능	의미
0	server_name	서버의 도메인 이름(FQDN)을 저장하며, 하나의 IP 주소로 여러 HTTPS 서버를 운영할 때 이 값을 보고 처리해야 할 HTTPS 서버를 식별할 수 있다.
16	application_layer_protocol_negotiation	지원하는 애플리케이션 계층 프로토콜의 리스트를 저장한다. 255쪽에서 설명한 HTTP/2 커넥션의 SSL 핸드셰이크 패턴에서 사용한다.
23	extended_master_secret	확장 마스터 시크릿(RFC7627)을 지원함을 표시한다.
43	supported_versions	TLS 1.3에서 지원되는 TLS 버전 목록을 저장한다.

02. 웹 서버는 Client Hello에 포함된 정보와 자신의 설정을 대조하여 확정된(사용하기로 한) 정보를 'Server Hello'에 저장하여 전송한다.

웹 브라우저가 아무리 다양한 암호화 스위트를 지원하더라도 웹 서버는 Client Hello에 포함된 암호화 스위트 목록과 자신이 설정한 암호화 스위트 목록을 대조하여 일치하는 암호화 스위트 중 가장 우선순위가 높은(목록의 맨 위에 있는) 암호화 스위트를 선택한다. 또한, SSL과 HTTP 버전에 대해서도 마찬가지로 자신의 설정과 대조하여 적절한 버전을 선택한다. 그리고 이러한 선택 결과를 'server random'이라는 임의의 문자열과 다른 웹 브라우저와 함께 사용해야 하는 확장 기능과 함께 전달하여 이후 사용할 기능 및 사양을 확정한다.

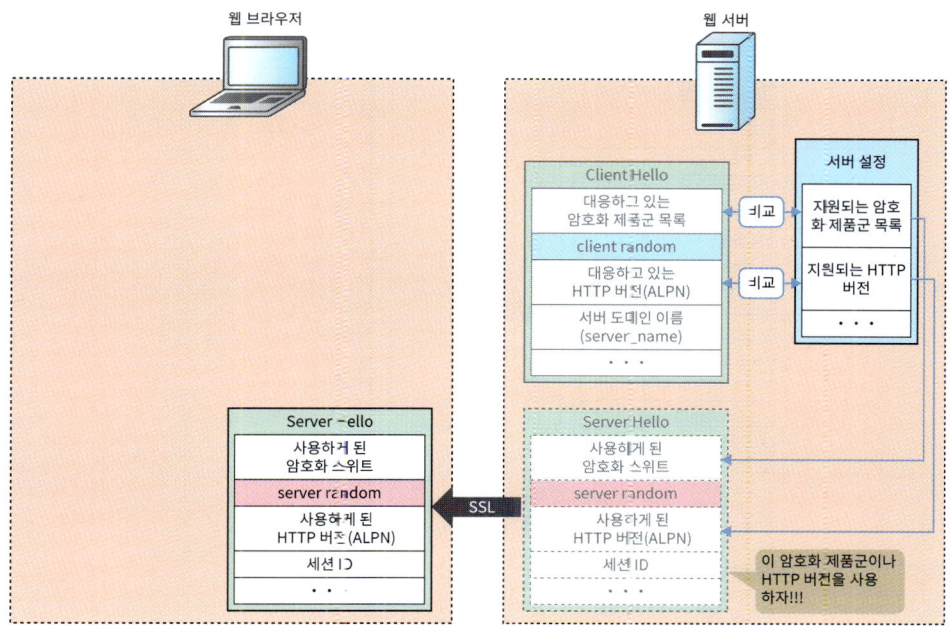

[그림] Server Hello

03. 웹 서버는 설치된 서버 인증서와 중간 인증서를 'Certificate'에 저장하여 전송한다.

웹 브라우저는 서버 인증서의 디지털 서명을 중간 인증서에 포함된 RSA 공개키로 중간 인증서의 디지털 서명을 루트 인증서에 포함된 RSA 공개키로 검증함으로써 디지털 인증서의 계층 구조를 따라가 '서버 인증서와 중간 인증서가 중간에 변조되지 않았음'과 '해당 웹 서버가 인증기관에서 신뢰할 수 있는 서버임'을 확인한다. 또한, 접속하는 도메인 이름이 서버 인증서에 포함된 도메인 이름과 일치하는지 확인한다.

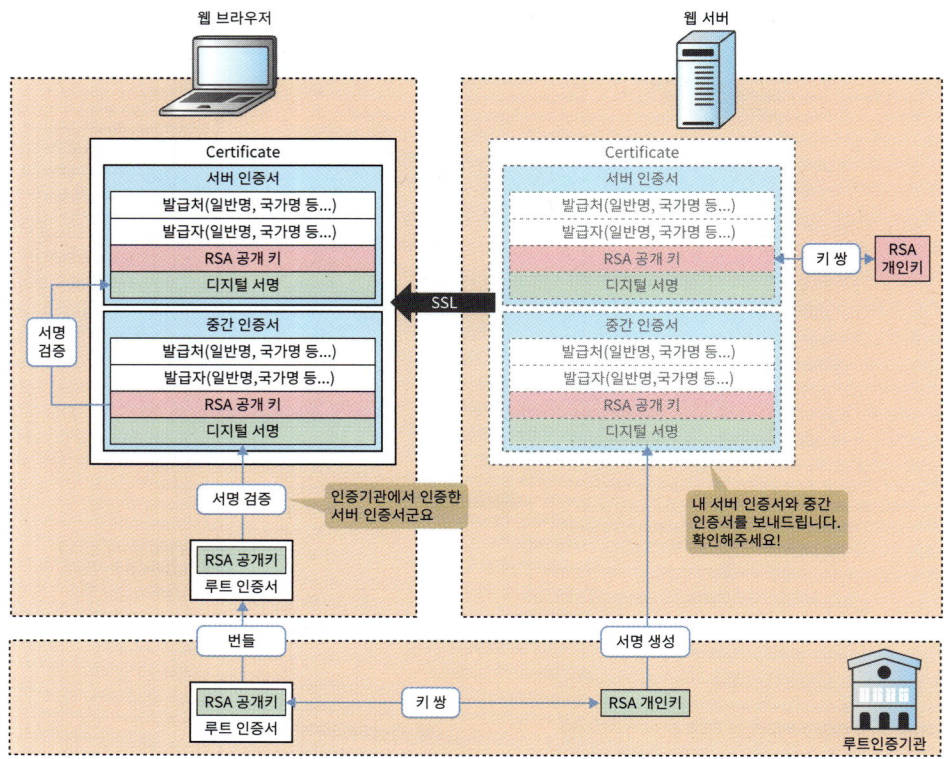

[그림] Certificate

04. 웹 서버는 DHE에서 사용하는 소수와 생성자, DH 공개 키 그리고 웹 서버의 RSA 개인키에 의해 서명된 DH 공개키의 디지털 서명을 'Server Key Exchange'에 저장하여 전송한다.

05. 웹 서버는 'Server Hello Done'으로 자신의 정보 전송이 끝났음을 알린다.

06. Server Key Exchange를 받은 웹 브라우저는 Certificate에 포함된 RSA 공개키로 디지털 서명을 검증하여 'DH 공개 키가 변조되지 않았는지', '짝을 이루는 RSA 개인키를 가진 상대인지'를 확인한다. 또한 Server Key Exchange에 포함된 소수, 생성자, 웹 서버의 DH 공개키, 자신의 DH 개인키로부터 '프리마스터 시크릿(premaster secret)'이라는 이름의 공통키를 생성한다.

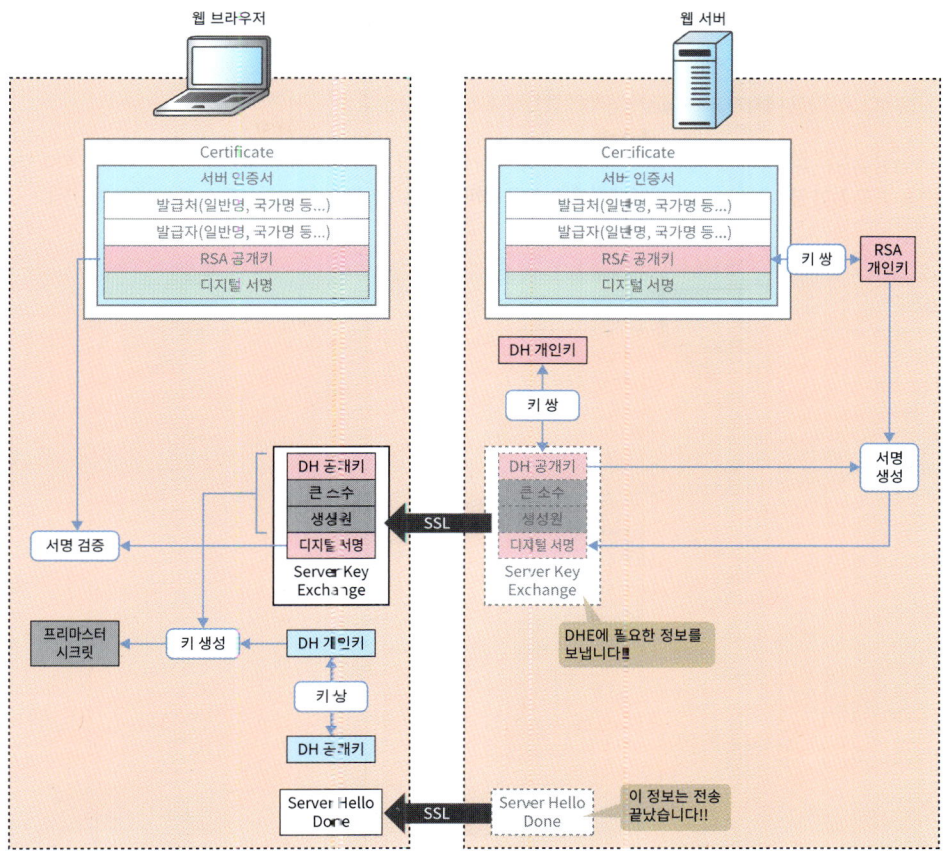

[그림] Server Key Exchange ~ Server Hello Done

07. 웹 브라우저는 자신의 DH 공개키를 'Client Key Exchange'에 저장하여 전송한다.

08. Client Key Exchange를 받은 웹 서버는 소수, 생성자, 웹 브라우저의 DH 공개키, 자신의 개인키로부터 동일한 프리마스터 시크릿을 생성한다. 이로써 동일한 프리마스터 시크릿을 공유할 수 있게 되었다. 하지만 SSL에서는 이 프리마스터 시크릿을 그대로 사용하는 것은 아니다.

먼저, 지금까지 주고받은 SSL 핸드셰이크 메시지의 해시값(세션 해시)과 함께 'PRF(Pseudo Random Function, 의사난수함수)'라는 해싱 알고리즘을 기반으로 한 특수한 계산을 통해 '마스터 시크릿(master secret)'을 생성한다[12]. 그리고 거기서 더 나아가 Client Hello에 포함된 client random, Server Hello에 포함된 server random와 함께 PRF로 계산하여 애플리케이션 데이터 암호화 및 복호화에 사용되는 여러 개의 공통 키(세션 키)를 생성한다[13].

---

12 확장 마스터 시크릿이 활성화된 경우를 예로 들어 설명한다.
13 사용하는 암호화 알고리즘이 AEAD가 아닌 경우, MAC 키도 함께 생성한다.

09. 마지막으로 서로 'Change Cipher Spec'과 'Finished'를 주고받으며 SSL 핸드셰이크를 종료한다.

Change Cipher Spec은 지금까지의 SSL 핸드셰이크에서 결정된 내용을 확정하는 메시지다. '좋아, 이걸로 가자!'와 같은 느낌이다. 이 다음 메시지, 즉 Finished부터 암호화 통신이 시작된다.

Finished는 SSL 핸드셰이크의 끝을 나타내는 메시지다. 지금까지 주고받은 메시지를 해시화하여 'verified_data'에 저장한다. 이 교환이 끝나면 'SSL 세션'이 생성되고, 애플리케이션 데이터의 암호화 통신을 위한 기반이 마련된다.

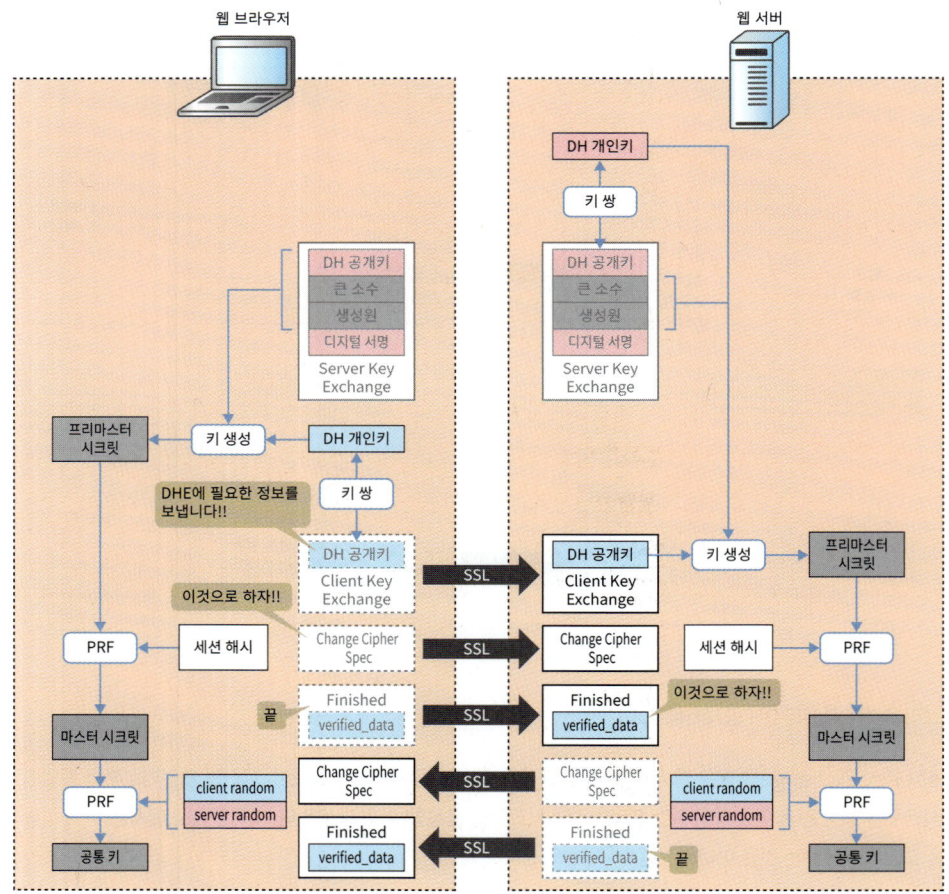

[그림] Client Key Exchange ~ Finished

메시지 인증 및 교환 단계

SSL 핸드셰이크가 끝나면 드디어 애플리케이션 데이터 암호화 통신이 시작된다. AES-GCM은 AEAD이기 때문에 이때 메시지 인증도 함께 수행한다.

01. 웹 브라우저는 평문 데이터(암호화되지 않은 데이터)와 논스(고유 난수), 관련 데이터(암호화는 필요 없지만 변조되어서는 안 되는 데이터, 예: 헤더 등)를 SSL 핸드셰이크로 만든 공통키로 인증과 함께 암호화하고, 암호화 데이터와 메시지 인증에 사용할 인증 태그를 생성한다. 그리고 암호화 데이터, 인증 태그, 논스, 관련 데이터를 함께 전송한다.

02. 웹 서버는 수신한 암호화 데이터, 논스, 관련 데이터 및 공통 키로 인증 태그를 생성하고 수신한 인증 태그와 비교한다. 인증 태그가 같으면 해당 데이터가 중간에 변조되지 않았음을 알 수 있다. 즉, 메시지 인증이 완료된 것이다. 메시지 인증에 성공하면 SSL 핸드셰이크로 생성한 공통키로 평문 데이터를 복호화한다.

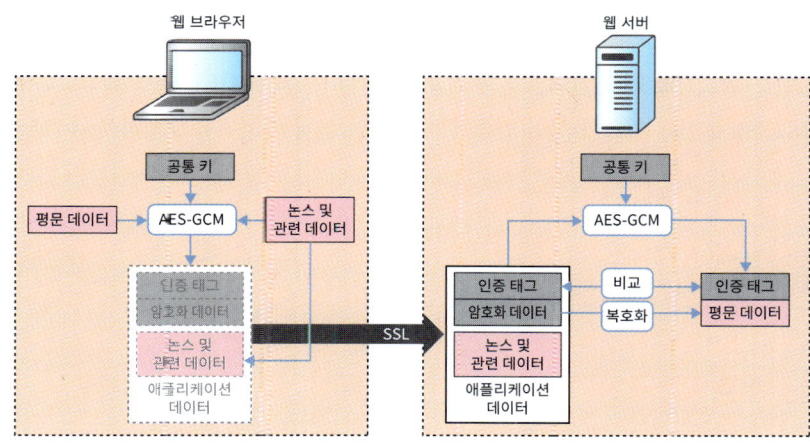

[그림] 메시지 인증 및 교환 단계

종료 단계

애플리케이션 데이터 교환이 끝나면 열린 SSL 세션을 닫아야 한다. 닫을 때는 웹브라우저든 서버든 닫고 싶은 쪽에서 'close_notify'를 보내면 된다[14]. 그러면 TCP 커넥션이 닫힌다.

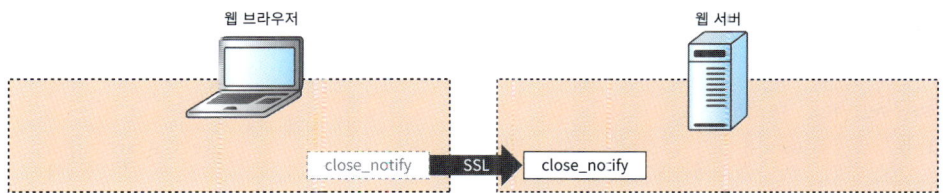

[그림] SSL 세션 닫기

---

14 RFC5246에서는 안전을 위해 close_notify를 서로 보내야 한다고 규정하고 있지만, 실제 환경에서는 그렇지 않은 경우가 많다. 이 책에서는 출력된 패킷에 따라 설명한다.

실습해 보기

이제 실제로 검증 환경을 이용하여 SSL로 암호화한 HTTP 메시지, 이른바 HTTPS(HTTP Secure) 메시지를 캡처하고 분석해 보자. 설정 파일은 그대로 'spec_05.yaml'을 사용한다. 여기서는 실제로 주고받는 HTTPS 메시지를 캡처하여 내용을 분석한다.

패킷 캡처하기

먼저 검증 환경에서 HTTPS 메시지를 캡처해 보자. 여기서는 서버 사이트에 있는 fw1(172.16.1.254)에서 서버 사이트에 있는 sv1(172.16.2.1)에 SSL로 암호화한 HTTP 요청(GET)을 보내고 그 패킷을 sv1에서 캡처한다. 참고로 SSL 통신에 필요한 서버 인증서는 tinet의 설정 파일에서 생성하여 sv1에 이미 적용되어 있다.

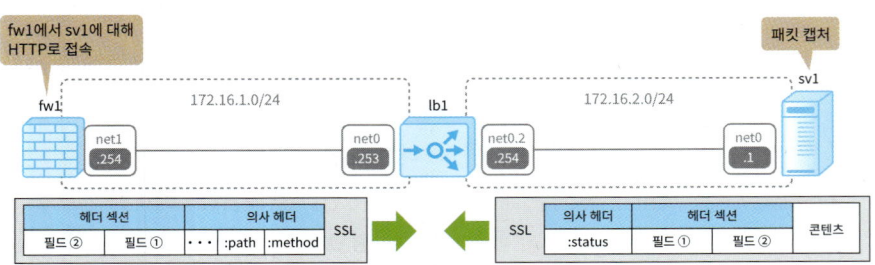

[그림] fw1에서 요청을 전송하고 sv1에서 캡처한다.

그럼 구체적인 흐름에 대해 순서대로 설명해 보겠다.

01. 먼저 sv1이 SSL 서버로 동작하고 있는지 확인한다. sv1의 컨테이너 이미지에 nginx가 설치되어 있고, tinet의 설정 파일로 구동되고 있을 것이다. sv1에 로그인하여 ss 명령어로 nginx의 프로세스가 TCP/443 패킷을 수신할 수 있는 상태, 즉 **LISTEN** 상태가 되어 있는지 확인한다.

[코드] ss 명령의 결과

```
root@sv1:/# ss -lntp
State      Recv-Q      Send-Q      Local Address:Port      Peer Address:Port      Process
LISTEN     0           511         172.16.2.3:80           0.0.0.0:*
users:(("nginx",pid=152,fd=7),("nginx",pid=151,fd=7),("nginx",pid=150,fd=7),("nginx",pid=149,fd=7),("nginx",pid=148,fd=7),("nginx",pid=147,fd=7),("nginx",pid=146,fd=7),("nginx",pid=145,fd=7),("nginx",pid=144,fd=7))

LISTEN     0           511         172.16.2.1:80           0.0.0.0:*
users:(("nginx",pid=152,fd=6),("nginx",pid=151,fd=6),("nginx",pid=150,fd=6),("nginx",pid=149,
```

```
fd=6),("nginx",pid=148,fd=6),("nginx",pid=147,fd=6),("nginx",pid=146,fd=6),("nginx",pid=145,
fd=6),("nginx",pid=144,fd=6))
```

```
LISTEN           0           511           172.16.2.1:443              0.0.0.0:*
users:(("nginx",pid=152,fd=8),("nginx",pid=151,fd=8),("nginx",pid=150,fd=8),("nginx",pid=149,
fd=8),("nginx",pid=148,fd=8),("nginx",pid=147,fd=8),("nginx",pid=146,fd=8),("nginx",pid=145,
fd=8),("nginx",pid=144,fd=8))
```

배운 이론을 실습에 적용하기 위해 sv1의 SSL 관련 설정에 대해서도 확인해 보자[15]. sv1에는 tinet의 설정 파일을 통해 '/etc/nginx/sites-available/default'에 다음 그림과 같이 설정이 되어 있다. 설정을 보면 서버 인증서와 RSA 개인키가 설정되어 있고 지금까지 학습한 내용이 설정되어 있는 것을 알 수 있다.

[코드] sv1 설정

```
server {
  listen 172.16.2.1:80;
  listen 172.16.2.1:443 ssl http2;        ← LISTEN할 IP 주소, 포트 번호, 대응하는 프로토콜, 대응하는 HTTP 버전
  listen 172.16.2.3:80;
  server_name sv1.example.com;
  ssl_certificate /etc/ssl/private/server.crt;    ← 서버 인증서
  ssl_certificate_key /etc/ssl/private/server.key;  ← RSA 개인키
  ssl_protocols TLSv1.2;        ← 지원되는 SSL 버전
  ssl_dhparam /etc/ssl/dhparam.pem;
  ssl_ciphers ECDHE-ECDSA-AES128-GCM-SHA256:ECDHE-RSA-AES128-GCM-SHA256:ECDHE-ECDSA-AES256-        ← 지원되는 암호화 제품군
GCM-SHA384:ECDHE-RSA-AES256-GCM-SHA384:ECDHE-ECDSA-CHACHA20-POLY1305:ECDHE-RSA-CHACHA20-
POLY1305:DHE-RSA-AES128-GCM-SHA256:DHE-RSA-AES256-GCM-SHA384:DHE-RSA-CHACHA20-POLY1305;
  root /var/www/html/;
}
```

openssl ciphers 명령을 -v 옵션과 함께 사용하면 sv1에서 설정한 암호화 스위트가 어떤 알고리즘으로 구성되어 있는지 자세히 살펴볼 수 있다. 각 행에 포함된 'Kx'는 키 교환 알고리즘, 'Au'는 디지털 서명 알고리즘, 'Enc'는 암호화 알고리즘, 'Mac'은 메시지 인증 알고리즘을 나타낸다. nginx 설정의 ssl_protocol에서 SSL 버전을 TLS 1.2로 지정했으므로 이 중 TLS 1.2의 암호화 스위트만 선택 대상이 되며, 우선순위가 높은 것부터 순차적으로 확인한다. 참고로 이번 검증에서는 curl 명령의 --cipher 옵션으로 암호 스위트를 결정한다.

[코드] openssl cipher 명령어

```
root@sv1:~# openssl ciphers -v "ECDHE-ECDSA-AES128-GCM-SHA256:ECDHE-RSA-AES128-GCM-
SHA256:ECDHE-ECDSA-AES256-GCM-SHA384:ECDHE-RSA-AES 256-GCM-SHA384:ECDHE-ECDSA-CHACHA20-
POLY1305:ECDHE-RSA-CHACHA20-POLY1305:DHE-RSA-AES128-GCM-SHA256:DHE-RSA-AES256-GCM-SHA384:DHE-
```

---

15 sv2에도 같은 설정이 적용되어 있다.

```
RSA-CHACHA20-POLY1305"

TLS_AES_256_GCM_SHA384         TLSv1.3 Kx=any  Au=any   Enc=AESGCM(256)            Mac=AEAD
TLS_CHACHA20_POLY1305_SHA256   TLSv1.3 Kx=any  Au=any   Enc=CHACHA20/POLY1305(256) Mac=AEAD
TLS_AES_128_GCM_SHA256         TLSv1.3 Kx=any  Au=any   Enc=AESGCM(128)            Mac=AEAD
ECDHE-ECDSA-AES128-GCM-SHA256  TLSv1.2 Kx=ECDH Au=ECDSA Enc=AESGCM(128)            Mac=AEAD
ECDHE-RSA-AES128-GCM-SHA256    TLSv1.2 Kx=ECDH Au=RSA   Enc=AESGCM(128)            Mac=AEAD
ECDHE-ECDSA-AES256-GCM-SHA384  TLSv1.2 Kx=ECDH Au=ECDSA Enc=AESGCM(256)            Mac=AEAD
ECDHE-RSA-AES256-GCM-SHA384    TLSv1.2 Kx=ECDH Au=RSA   Enc=AESGCM(256)            Mac=AEAD
ECDHE-ECDSA-CHACHA20-POLY1305  TLSv1.2 Kx=ECDH Au=ECDSA Enc=CHACHA20/POLY1305(256) Mac=AEAD
ECDHE-RSA-CHACHA20-POLY1305    TLSv1.2 Kx=ECDH Au=RSA   Enc=CHACHA20/POLY1305(256) Mac=AEAD
DHE-RSA-AES128-GCM-SHA256      TLSv1.2 Kx=DH   Au=RSA   Enc=AESGCM(128)            Mac=AEAD
DHE-RSA-AES256-GCM-SHA384      TLSv1.2 Kx=DH   Au=RSA   Enc=AESGCM(256)            Mac=AEAD
DHE-RSA-CHACHA20-POLY1305      TLSv1.2 Kx=DH   Au=RSA   Enc=CHACHA20/POLY1305(256) Mac=AEAD
```

또한 openssl x509 명령어[16]를 사용하면 sv1에서 설정한 서버 인증서의 내용을 보기 쉽게 확인할 수 있다. 내용을 살펴보면 이론 파트에서 학습한 것처럼 서버 인증서의 발급자, 발급대상, RSA 공개키와 디지털 서명이 포함되어 있음을 알 수 있다. 이번 검증에서는 자신이 인증기관이 되어 자신의 RSA 개인키로 서명하는, 제3의 인증기관에서 인증하지 않은 인증서인 '자기 서명 인증서'를 사용한다. 따라서 서버 인증서의 발급대상도 발급자도 나 자신, 즉 sv1.example.com이 된다. '나야, 나야!'라고 스스로 자신을 인증하는 게 조금 이상할 수 있지만, 서버 인증서를 통한 인증이 필요 없고 SSL의 동작만 확인하는 검증 환경[17] 등에서 일반적으로 사용한다.

[코드] 서버 인증서 내용

```
root@sv1:~# openssl x509 -text -noout -in /etc/ssl/private/server.crt
Certificate:
    Data:
        Version: 3 (0x2)
        Serial Number:
            26:5d:ab:20:19:ed:54:7b:c3:ee:0b:2e:2c:04:55:b2:fa:a3:b8:a9
        Signature Algorithm: sha256WithRSAEncryption
        Issuer: CN = sv1.example.com, C = JP          ← 발급자
        Validity
            Not Before: May 26 06:02:43 2023 GMT
            Not After : May  2 06:02:43 2123 GMT
        Subject: CN = sv1.example.com, C = JP         ← 발급대상
        Subject Public Key Info:
            Public Key Algorithm: rsaEncryption       ← RSA 공개키
```

[16] x509는 디지털 인증서의 표준 형식(X.509)을 의미한다.
[17] 검증할 때는 서버 인증서 관련 오류를 무시하고 SSL로 연결하도록 한다.

```
                RSA Public-Key: (2048 bit)
                Modulus:
                    00:af:8d:ad:02:c8:68:92:d5:32:3d:d9:d1:59:07:
                    71:f6:cd:71:f3:ba:a7:6d:4a:48:ca:68:fb:11:97:
                    dd:51:d7:d5:42:59:f6:09:c1:fa:84:9a:0b:82:7b:
                    cb:22:b2:ec:33:7b:d0:f9:6a:d4:32:11:f4:2d:d2:
                    f8:97:ed:63:55:be:7d:cb:05:66:75:5c:ab:4b:a5:
                    22:77:ce:22:e2:05:7c:d2:d1:2c:c8:ba:27:4a:ce:
                    60:fc:53:cd:96:89:ec:89:b8:fe:bc:10:06:4d:04:
                    c7:42:c6:ee:7b:23:f4:d4:5d:d1:2b:07:d3:69:be:
                    03:58:97:1f:83:d0:b5:5d:3d:53:17:0d:af:f1:0e:     ── RSA 공개키
                    86:22:6e:4e:3f:9a:fd:d9:9d:83:0c:1f:05:c5:de:
                    00:3d:eb:cd:19:92:1c:ea:64:de:ca:f1:e5:79:50:
                    21:1d:2b:54:03:b1:e7:60:84:53:3c:02:de:e8:17:
                    24:b1:0d:22:29:4d:e2:a2:2c:47:c3:0b:5a:98:09:
                    96:3d:d7:b4:59:60:26:1c:aa:a4:94:0b:f6:32:b0:
                    11:f6:4c:63:13:e8:cc:b2:f7:74:50:82:3f:8d:b4:
                    9b:0d:e7:b6:5f:bc:e7:d5:a2:c5:3e:dc:44:fa:bd:
                    38:f4:b3:e0:c2:d1:c7:15:9a:6a:70:04:5d:f1:7f:
                    c1:fd
                Exponent: 65537 (0x10001)
         X509v3 extensions:
             X509v3 Subject Key Identifier:
                 7F:BD:E0:7E:5B:C7:55:F3:EF:E2:F1:EE:01:1B:2C:1A:DC:9B:AD:8D
             X509v3 Authority Key Identifier:
                 keyid:7F:BD:E0:7E:5B:C7:55:F3:EF:E2:F1:EE:01:1B:2C:1A:DC:9B:AD:8D

             X509v3 Basic Constraints: critical
                 CA:TRUE
    Signature Algorithm: sha256WithRSAEncryption
         1f:14:61:58:03:3d:d2:2c:43:f6:3d:1d:b0:3a:00:60:0c:4b:
         f6:1e:63:c0:b8:ce:22:b9:00:23:8b:a1:bb:7f:0c:63:14:2e:
         c5:d1:90:10:4a:36:4a:fd:f0:9a:30:17:d0:66:05:ac:7d:2f:
         e6:8c:7c:11:e5:6a:33:14:1a:50:a1:d6:58:e7:b2:1b:5d:0b:
         5c:a1:42:2e:19:3b:6d:b0:74:a6:0e:5a:10:e9:86:2c:c7:19:     ── 디지털 서명
         69:03:0f:bd:97:f6:02:45:3d:dc:60:6a:bc:aa:0b:b0:ea:f8:
         8c:9d:db:3b:df:7a:0f:aa:42:65:c6:aa:7e:8d:a1:61:a1:6f:
         a8:1e:52:69:0f:f8:19:60:06:73:7a:53:c3:03:91:79:32:7f:
         95:e8:dd:d8:af:0f:6d:68:02:7e:9c:15:b9:90:37:a7:73:9e:
```

```
a1:72:fa:c0:f9:44:ea:21:e6:75:ba:84:ea:d1:84:b8:d2:66:
dd:0a:98:ff:8b:0c:22:c3:09:61:a4:08:4d:8c:7f:d7:9a:e7:
bc:09:d1:07:c5:b5:37:c7:6d:e1:8f:6a:ec:39:69:26:09:38:     디지털 서명
9e:61:ef:88:06:2b:6c:a4:2c:a0:4b:d9:f7:4e:e1:a7:47:8a:
41:d8:57:c7:7d:cb:1a:a6:54:aa:a3:e8:7a:d7:45:42:a6:b9:
e9:33:ee:3c
```

02. sv1에서 tcpdump 명령을 실행하여 앞으로 주고받을 패킷에 대비한다. 여기서는 sv1의 net0에서 주고받는 발신 IP 주소 또는 목적지 IP 주소가 '172.16.1.254', 발신 포트 번호 또는 목적지 포트 번호가 '443'인 TCP 세그먼트를 캡처하여 컨테이너에 있는 '/tmp/tinet'이라는 폴더에 'https.pcapng'라는 파일명으로 작성되도록 한다.

[코드] tcpdump 명령어 실행

```
root@sv1:/# tcpdump -i net0 port 443 and host 172.16.1.254 -w /tmp/tinet/https.pcapng
tcpdump: listening on net0, link-type EN10MB (Ethernet), capture size 262144 bytes
```

03. fw1에서 sv1의 내용을 얻는다. HTTPS로의 접근은 HTTP와 마찬가지로 curl 명령어를 사용한다. 또한, HTTP 분석 항목에서 나중에 하기로 했던 HTTP/2 요청 메시지를 보내고, 다음 절의 분석 항목에서 HTTP/2도 함께 분석한다.

여기서는 다음 표의 명령과 옵션을 사용한다.

[표] 이 항목에서 사용하는 명령어 및 옵션

옵션	의미와 목적
SSLKEYLOGFILE=/tmp/tinet/key.log	SSL 핸드셰이크로 생성된 키 정보를 기록하는 'SSLKEYLOGFILE'이라는 환경 변수를 '/tmp/tinet/key.log'에 기록한다.
-v	상호 작용 세부 정보를 표시한다.
-k	디지털 인증서 관련 오류를 무시한다. 여기서는 서버 인증서에 자체 서명된 인증서를 사용하므로 이 옵션을 지정한다.
--tls-max 1.2	TLS 버전 상한을 지정한다. 이 옵션을 지정하지 않면 이 책의 범위를 벗어난 TLS 버전 'TLS1.3'으로 접속한다. 이 책의 범위에 맞추기 위해서 상한을 지정한다.
--http2	HTTP/2로 우선적으로 연결을 시도한다.
--ciphers DHE-RSA-AES256-GCM-SHA384	암호 스위트를 지정한다. 여기서는 이론에서 설명한 암호 스위트를 사용한다.

이제 fw1에 로그인하여 'https://sv1.example.com'에 대해[18] curl 명령을 실행해 보자. 그러면 SSL 핸드셰이크에서 암호 스위트로 'DHE-RSA-AES256-GCM-SHA384'가 선택되어 있고, ALPN에 의해 HTTP/2가 선택된 것을 확인할 수 있다. 그리고 그 후 HTTP/2로 GET 요청과 응답이 반환된 것을 확인할 수 있다.

[코드] curl 명령어 실행하기

```
root@fw1:/# SSLKEYLOGFILE=/tmp/tinet/key.log curl -vk https://sv1.example.com/ --tls-max 1.2
--http2 --ciphers DHE-RSA-AES256-GCM-SHA384
*   Trying 172.16.2.1:443...
* TCP_NODELAY set
* Connected to sv1.example.com (172.16.2.1) port 443 (#0)
* ALPN, offering h2
* ALPN, offering http/1.1
* Cipher selection: DHE-RSA-AES256-GCM-SHA384
* successfully set certificate verify locations:
*   CAfile: /etc/ssl/certs/ca-certificates.crt
  CApath: /etc/ssl/certs
* TLSv1.2 (OUT), TLS handshake, Client hello (1):
* TLSv1.2 (IN), TLS handshake, Server hello (2):
* TLSv1.2 (IN), TLS handshake, Certificate (11):
* TLSv1.2 (IN), TLS handshake, Server key exchange (12):
* TLSv1.2 (IN), TLS handshake, Server finished (14):
* TLSv1.2 (OUT), TLS handshake, Client key exchange (16):
* TLSv1.2 (OUT), TLS change cipher, Change cipher spec (1):
* TLSv1.2 (OUT), TLS handshake, Finished (20):
* TLSv1.2 (IN), TLS handshake, Finished (20):
* SSL connection using TLSv1.2 / DHE-RSA-AES256-GCM-SHA384
* ALPN, server accepted to use h2
* Server certificate:
*  subject: CN=sv1.example.com; C=JP
*  start date: May 26 07:11:45 2023 GMT
*  expire date: May  2 07:11:45 2123 GMT
*  issuer: CN=sv1.example.com; C=JP
*  SSL certificate verify result: self signed certificate (18), continuing anyway.
* Using HTTP2, server supports multi-use
* Connection state changed (HTTP/2 confirmed)
* Copying HTTP/2 data in stream buffer to connection buffer after upgrade: len=0
* Using Stream ID: 1 (easy handle 0x55f7ba2e02f0)
```

(SSL 핸드셰이크 부분 표시)

---

[18] 'sv1.example.com'은 sv1을 나타내는 도메인 이름(FQDN)이다. 이 검증을 위해 tinet의 설정 파일을 통해 fw1의 hosts 파일(/etc/hosts)에 정의되어 있다. hosts 파일에 대해서는 313쪽에서 설명한다.

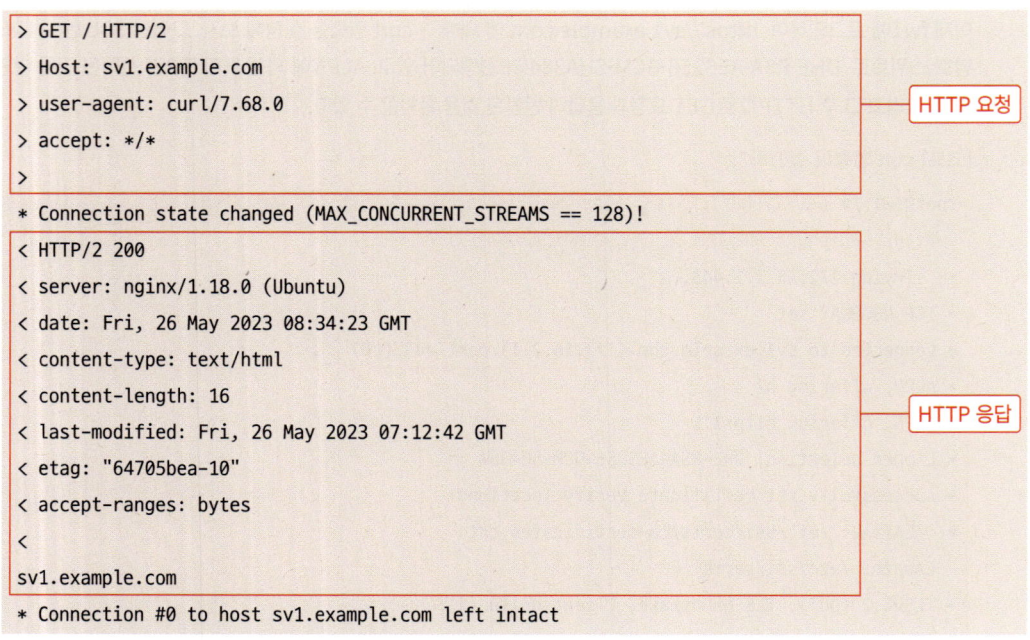

```
> GET / HTTP/2
> Host: sv1.example.com
> user-agent: curl/7.68.0
> accept: */*
>
* Connection state changed (MAX_CONCURRENT_STREAMS == 128)!
< HTTP/2 200
< server: nginx/1.18.0 (Ubuntu)
< date: Fri, 26 May 2023 08:34:23 GMT
< content-type: text/html
< content-length: 16
< last-modified: Fri, 26 May 2023 07:12:42 GMT
< etag: "64705bea-10"
< accept-ranges: bytes
<
sv1.example.com
* Connection #0 to host sv1.example.com left intact
```

04. sv1에서 Ctrl+c를 눌러 tcpdump를 종료한다.

패킷 분석하기 ① (SSL/TLS)

다음으로 앞 절에서 캡처한 SSL 레코드를 분석해 보겠다. 분석에 앞서 도움이 될 만한 Wireshark의 표시 필터를 소개한다. 이를 필터 도구 모음에 입력한다. 여러 개의 표시 필터를 'and'나 'or'로 연결하여 표시할 패킷을 더욱 좁힐 수도 있다.

[표] SSL/TLS에 대한 대표적인 표시 필터

표시 필터	표시 필터가 나타내는 의미	서식 예시
tls	TLS 메시지	tls
tls.alert_message	경고 레코드	tls.alert_message
tls.alert_message.desc	특정 유형의 경고 레코드	tls.alert_message.desc == 0
tls.alert_message.level	특정 레벨의 경고 레코드	tls.alert_message.level == 1
tls.app_data	애플리케이션 데이터 레코드	tls.app_data
tls.app_data_proto	특정 애플리케이션 데이터에 대한 프로토콜	tls.app_data_proto == "HyperText Transfer Protocol 2"
tls.change_cipher_spec	암호화 사양 변경 레코드	tls.change_cipher_spec

표시 필터	표시 필터가 나타내는 의미	서식 예시
tls.handshake	핸드셰이크 레코드	tls.handshake
tls.handshake.type	특정 유형의 핸드셰이크 레코드	tls.handshake.type == 1

이제 Wireshark로 'C:\tinet'에 있는 'https.pcapng'를 열어보자. 그러면 여러 개의 패킷을 볼 수 있을 것이다. 전체적인 흐름을 살펴보면 '3방향 핸드셰이크(3WHS)에 의한 TCP 열기' → 'SSL 핸드셰이크' → '암호화 통신' → 'SSL 닫기' → '3방향 핸드셰이크(3WHS)에 의한 TCP 닫기'의 순서로 처리되고 있음을 알 수 있다.

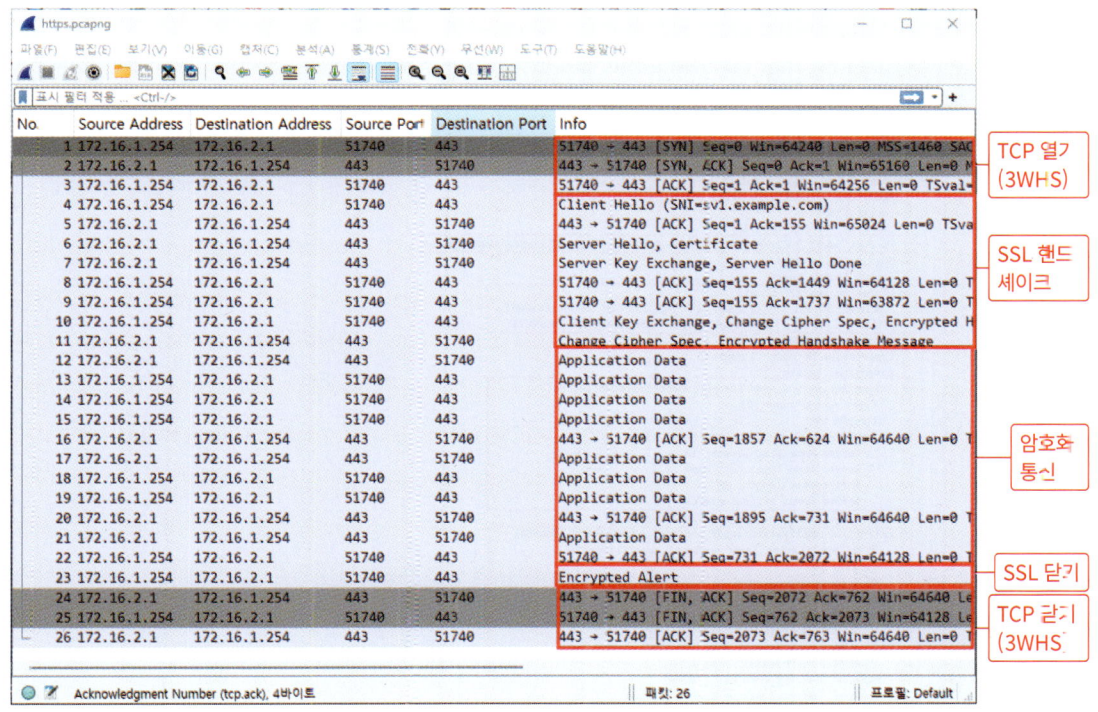

[그림] SSL 연결의 흐름[19]

표시 필터에 'tls'를 입력하면 SSL 패킷만 표시된다. 하나하나 살펴보자.

---

19 패킷의 개수나 패킷을 구성하는 내용은 PC의 상태에 따라 다소 달라질 수 있다. 여기서는 필자의 검증 환경에서 출력된 패킷을 기준으로 설명한다.

Client Hello

먼저 첫 번째 패킷은 fw1에서 sv1에 대한 'Client Hello'이다. 이 안에는 client random이나 curl에서 지정한 암호화 스위트(TLS_DHE_LSA_WITH_AES_256_GCM_SHA384), 접속할 웹 서버의 도메인 이름, 지원하는 HTTP 버전(HTTP/2, HTTP/1.1)[20] 등이 저장되어 있다.

암호 스위트의 표기 형식은 TLS1.2의 경우 기본적으로 'TLS_(키 교환 알고리즘)_(디지털 서명 알고리즘)_WITH_(암호화 알고리즘)_(해싱 알고리즘)'으로 표기한다. 예를 들어, 이번에 curl에서 지정한 암호화 스위트(DHE-RSA-AES256-GCM-SHA384)의 경우 'TLS_DHE_RSA_WITH_AES_256_SHA384'가 된다.

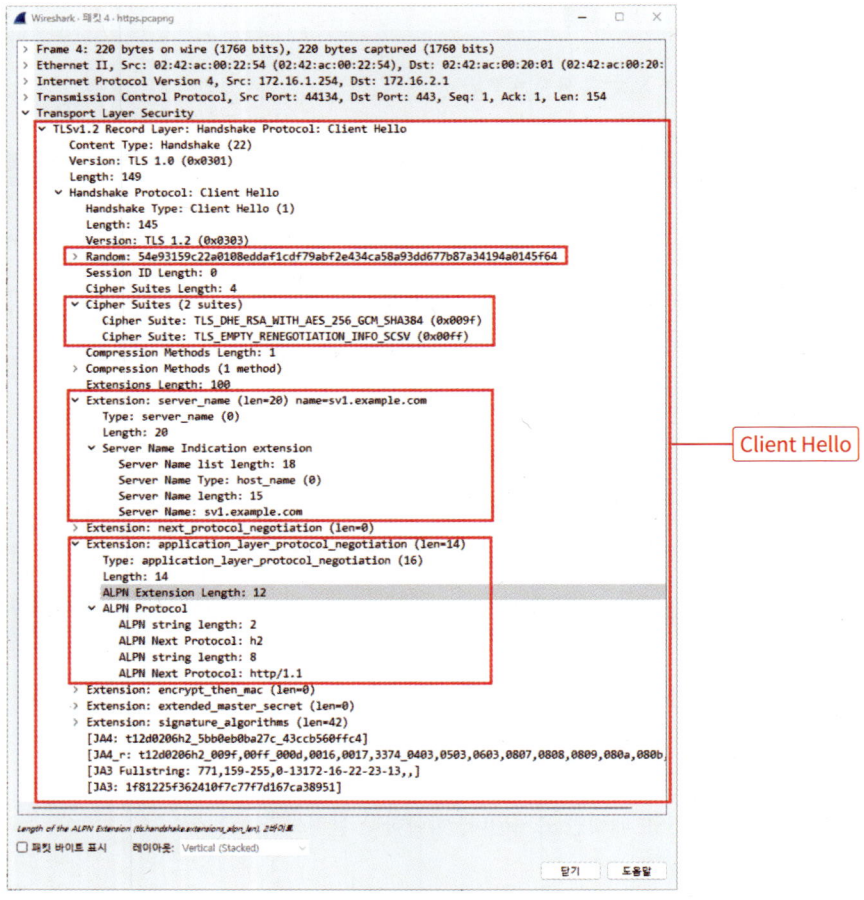

[그림] Client Hello

---
20 'h2'는 HTTP/2를 나타낸다.

Server Hello ~ Certificate

두 번째 패킷에는 sv1에서 fw1에 대한 'Server Hello'와 'Certificate'가 하나의 패킷으로 저장되어 있다.

Server Hello에는 server random과 암호 스위트 목록의 매칭을 통해 사용하기로 확정된 암호 스위트 (TLS_DHE_RSA_WITH_AES_256_GCM_SHA384), HTTP 버전(HTTP/2) 등이 저장되어 있다.

Certificate에는 서버 인증서가 저장되어 있다. 292쪽에서 설명한 바와 같이 이 서버 인증서는 tine의 설정 파일에서 생성한 자체 서명 인증서다. 구체적으로 'sv1.example.com'이라는 공통 이름을 가진 유효기간 100년의 서버 인증서다.

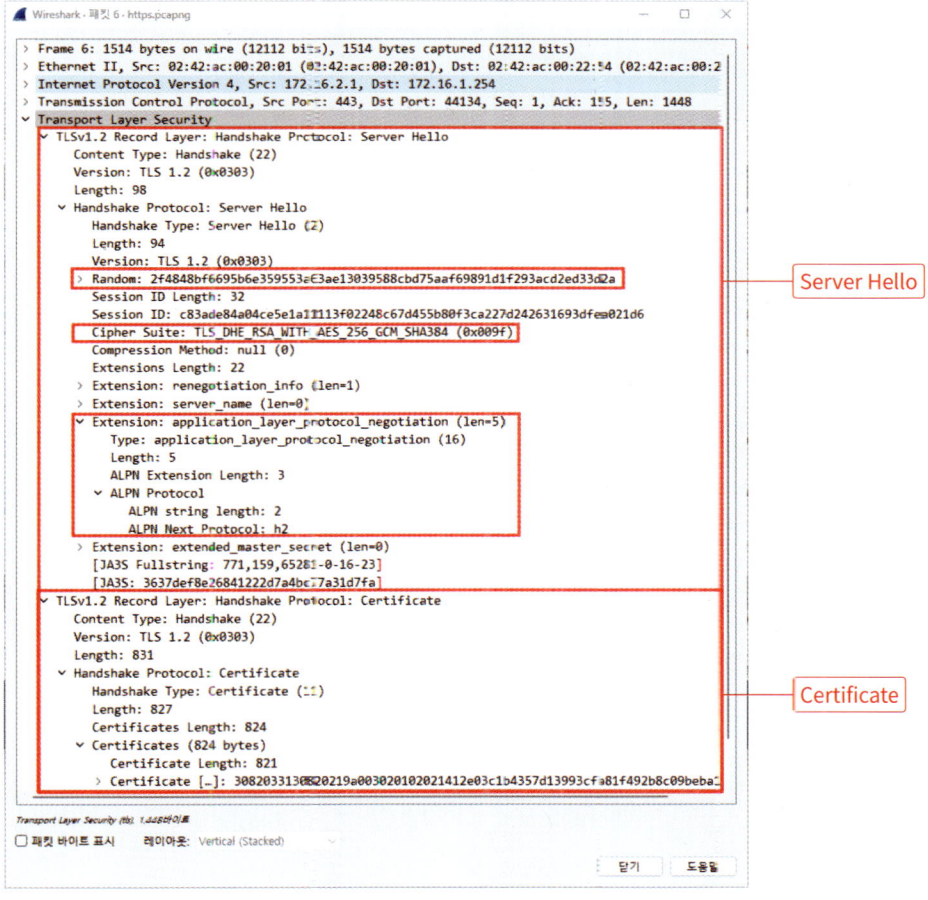

[그림] Server Hello ~ Certificate

Server Key Exchange ~ Server Hello Done

세 번째 패킷에는 sv1에서 fw1에 대한 'Server Key Exchange'와 'Server Hello Done'이 함께 저장되어 있다.

Server Key Exchange에는 키 교환에 필요한 정보가 저장되어 있다. 여기서는 키 교환에 'DHE'를 사용하기로 했으므로 DHE에서 사용할 소수 p, 생성자 g, sv1의 DH 공개키, sv1의 RSA 개인키로 생성한 DH 공개키의 디지털 서명이 저장되어 있다.

Server Hello Done에는 정보 전송이 완료되었음을 나타내는 정보가 저장되어 있다.

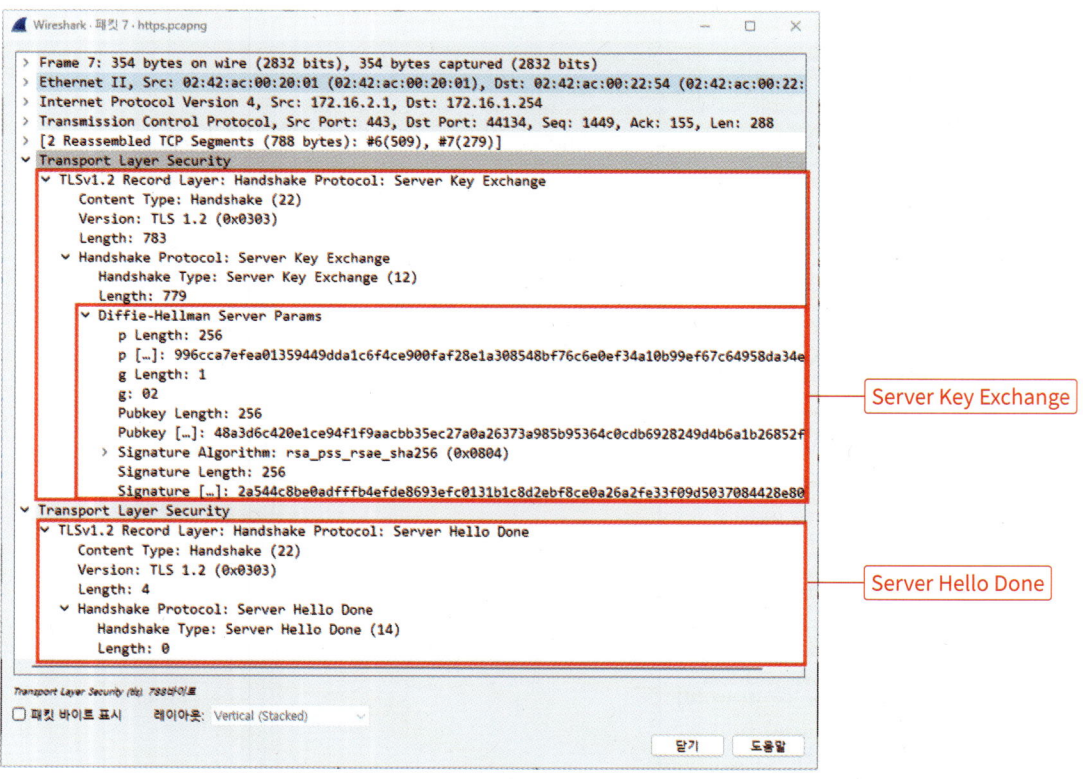

[그림] Server Key Exchange ~ Server Hello Done

Client Key Exchange ~ Finished

네 번째 패킷에는 fw1에서 sv1에 대한 'Client Key Exchange', 'Change Cipher Spec', 'Finished'가 함께 포함되어 있다.

Client Key Exchange에는 키 교환에 필요한 정보가 저장되어 있다. 여기서는 키 교환에 'DHE'를 사용하기로 했으므로 fw1의 DH 공개키를 저장하고 있다.

Change Cipher Spec은 필요한 정보를 얻었음을 나타낸다. 특별한 정보는 저장되어 있지 않다. 여기서부터 드디어 암호화 통신이 시작된다.

마지막 Finished는 지금까지 주고받은 내용으로 생성한 공통키로 암호화되어 'Encrypted Handshake Message'로 표시된다. 암호화되어 있지만, 이 안에는 지금까지 주고받은 내용을 해싱한 'verified_data'가 저장되어 있다.

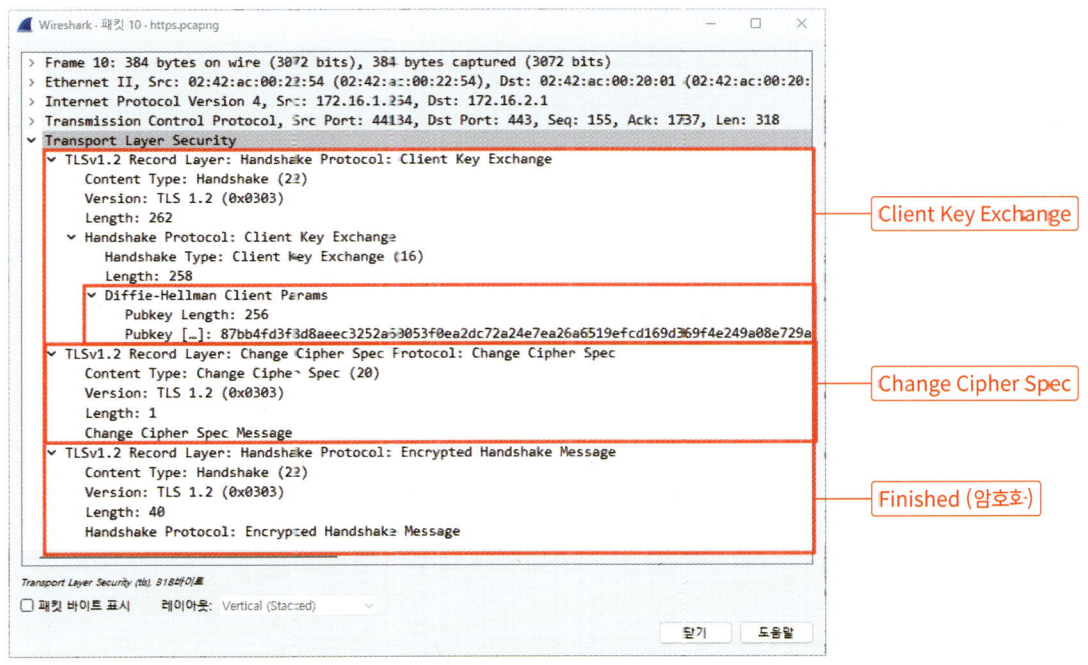

[그림] Client Key Exchange ~ Finished

Change Cipher Spec ~ Finished

다섯 번째 패킷에는 sv1에서 fw1에 대한 'Change Cipher Spec'과 'Finished'가 함께 포함되어 있다. 기본적인 역할은 앞서 설명한 내용과 동일하며, Change Cipher Spec으로 필요한 정보를 얻었음을 알리고, Finished로 지금까지의 상호 작용을 검증하는 역할을 한다. Encrypt Handshake Message로 표시된다. 이것으로 SSL 핸드셰이크는 끝났다.

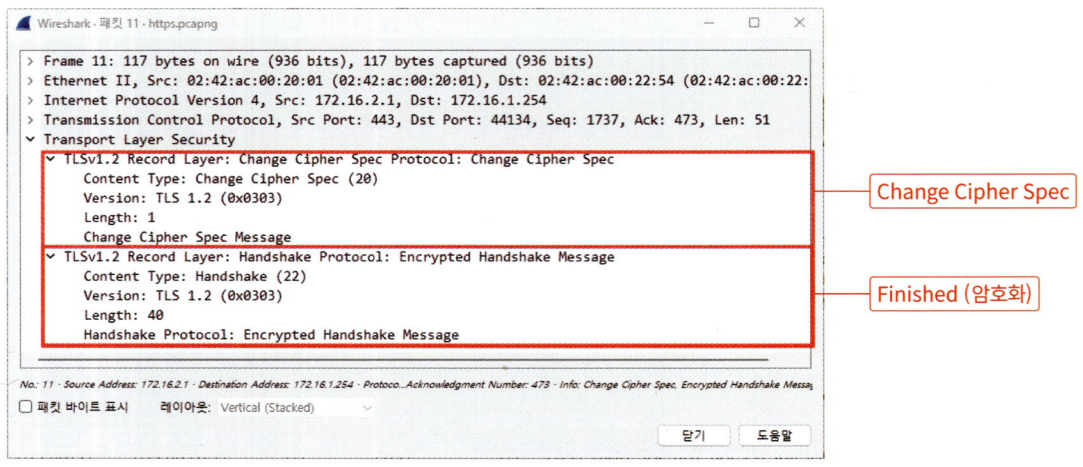

[그림] Change Cipher Spec ~ Finished

Application Data

SSL 핸드셰이크가 끝나면 HTTP/2의 HTTP 메시지를 TLS 1.2로 암호화한 통신이 시작된다. SSL 핸드셰이크에서 공유한 공통 키로 암호화되어 있기 때문에 패킷의 내용을 봐도 무슨 내용인지 알 수 없다. 다만 ALPN의 정보를 통해 암호화된 HTTP/2의 애플리케이션 데이터라는 것만은 알 수 있다.

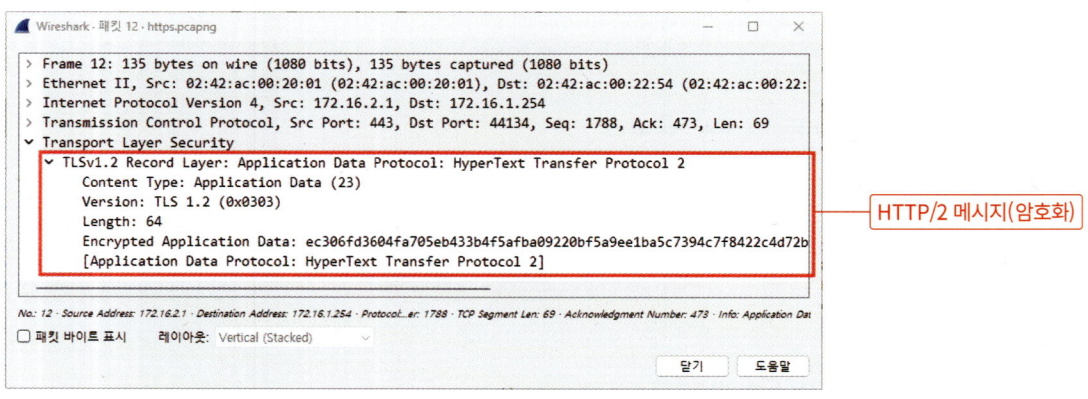

[그림] Application Data

Alert

HTTP/2의 응답 메시지 다운로드가 끝나면 close_notify를 전송하고 SSL 클로즈 처리가 이루어진다. close_notify도 암호화되어 있기 때문에 패킷의 내용은 알 수 없다. 다만, 경고 레코드라는 것만은 알 수 있다.

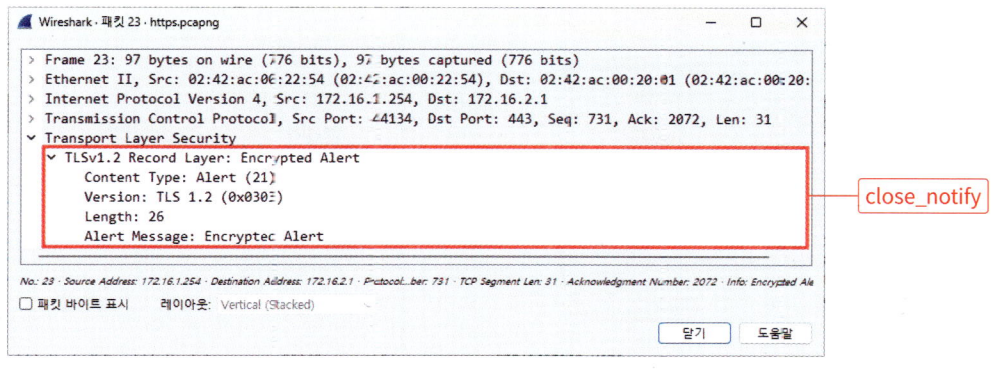

[그림] close_notify

패킷 분석하기 ② (HTTP/2)

이어서 HTTP 실습편과 분석편에서 미뤄두었던 HTTP/2의 HTTP 메시지를 분석해 보겠다. 분석에 앞서 도움이 될 만한 Wireshark의 표시 필터를 소개한다. 이를 필터 도구 모음에 입력한다. 여러 개의 표시 필터를 'and'나 'or'로 연결하여 표시할 패킷을 더 좁힐 수도 있다.

[표] HTTP/2에 대한 대표적인 표시 필터

표시 필터	표시 필터가 나타내는 의미	서식 예시
http2	모든 HTTP2 메시지	http2
http2.header.name	헤더명	http2.header.name == "X-Forwarded-Proto"
http2.headers	HEADERS 프레임	http2.headers
http2.headers.authority	:authority 헤더 필드	http2.headers.authority == "www.example.com"
http2.headers.method	:method 헤더 필드	http2.headers.method == GET
http2.headers.path	:path 헤더 필드	http2.headers.path == "/"
http2.headers.scheme	:scheme 헤더 필드	http2.headers.scheme == https
http2.headers.status	:status 헤더 필드	http2.headers.status == 200
http2.streamid	스트림 번호	http2.streamid == 1
http2.type	프레임 타입	http2.type == DATA

이제 Wireshark로 'C:\tinet'에 있는 'https.pcapng'를 열어보자. 앞 절에서 분석했듯이, 그대로 SSL로 암호화되어 있다. 이를 아까 curl 명령으로 획득한 키 정보(SSLKEYLOGFILE)를 사용하여 복호화한다. Wireshark의 메뉴바에서 [편집] - [설정]을 선택하여 설정 대화 상자를 열고 [Protocols] - [TLS]를 선택한 후, '(Pre)-Master-Secret log filename'에 'C:\tinet\key.log'를 지정하고 [확인]을 클릭한다.

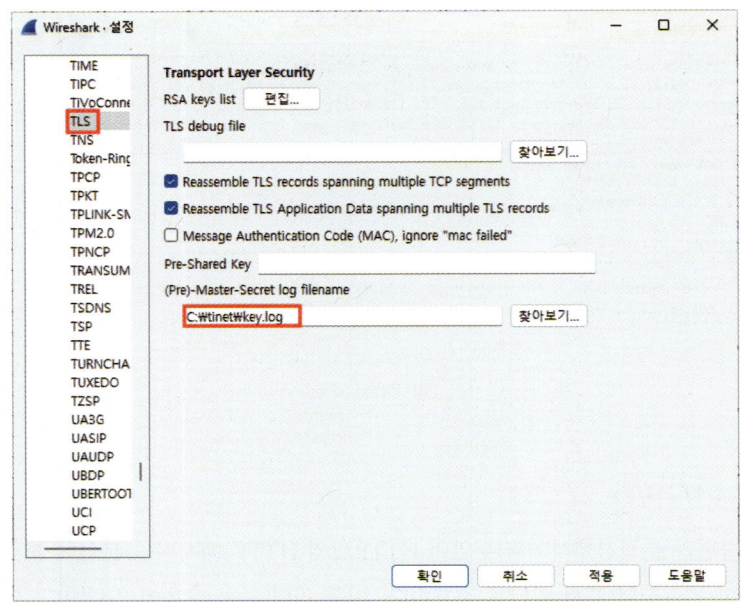

[그림] 키 정보 지정하기

그러면 지금까지 SSL로 암호화되어 있던 패킷이 복호화되어 그 내용을 볼 수 있게 될 것이다.

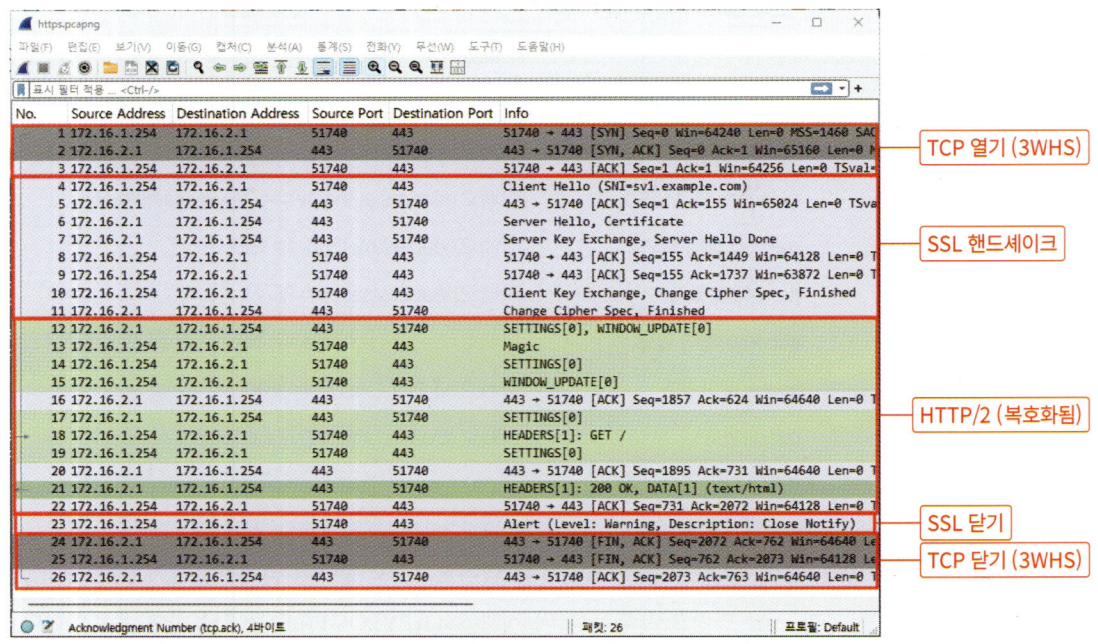

[그림] 복호화되어 내용을 볼 수 있게 된다.

표시 필터에 'http2'를 입력하면 HTTP/2 메시지만 표시된다.

253쪽에서 설명했듯이 HTTP/2는 바이너리 형식의 프레임을 주고받거나 헤더를 HPACK으로 압축하는 등 HTTP/1.1에 비해 보기 어려운 부분이 있다. 하지만 Wireshark는 그 부분을 잘 보완하여 보기 좋게 만들어 준다. 첫 번째 줄부터 차례대로 분석해보겠다[21].

SETTINGS, WINDOW_UPDATE(1번째 줄)

HTTP/2는 TCP의 3방향 핸드셰이크와 SSL의 SSL 핸드셰이크가 끝난 후 바로 요청 메시지를 보내는 것이 아니다. TCP 커넥션 전체를 제어하는 스트림 0(스트림 ID가 '0'인 스트림)에서 서로의 설정을 포함하는 SETTINGS 프레임을 주고받은 후 요청 메시지를 전송한다.

첫 번째 줄은 sv1이 fw1에 대해 최대 동시 스트림 수(Max concurrent streams)와 스트림의 초기 윈도우 크기(Initial window size)[22] 등 커넥션에 대한 설정을 알려주고 있다. 또한, 이와 함께 WINDOW_UPDATE 프레임으로 윈도우 크기를 업데이트하고 있다.

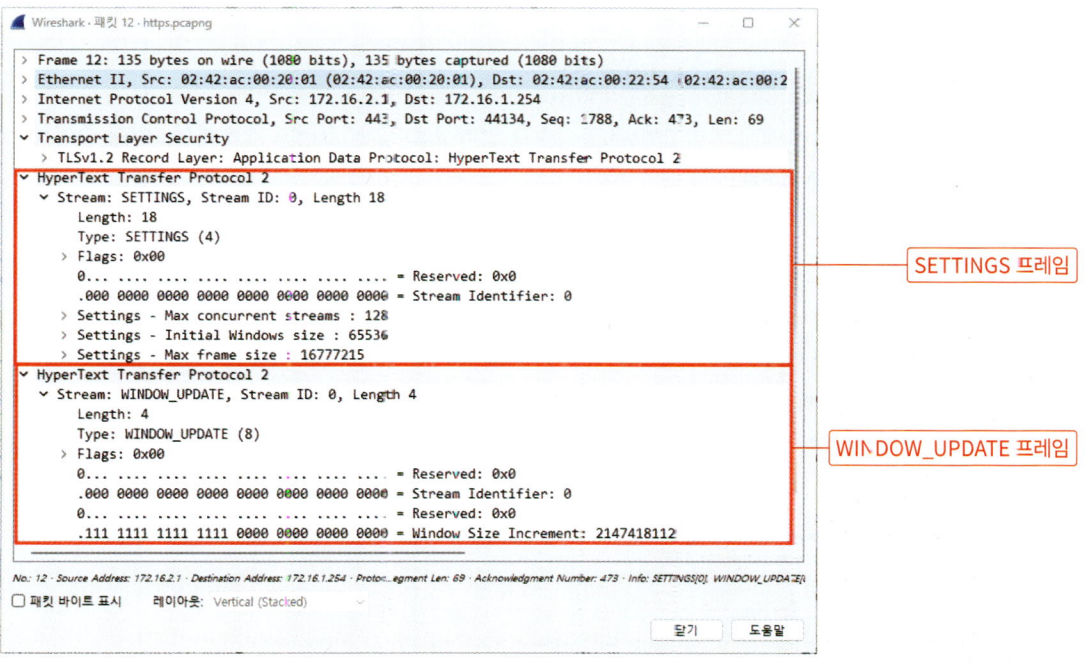

[그림] sv1에서 fw1에 대한 SETTINGS 프레임, WINDOW_UPDATE 프레임

---

[21] 패킷의 순서와 이를 구성하는 프레임의 종류는 PC의 상태에 따라 다소 달라질 수 있다. 여기서는 필자의 검증 환경에서 출력된 패킷을 기준으로 설명한다.
[22] HTTP/2는 TCP의 흐름 제어와는 별도로 스트림별로 흐름 제어를 수행한다.

Magic(2번째 줄)

두 번째 줄은 fw1에서 sv1로 전송되는 '커넥션 프리페이스'라는 고정 문자열(PRI * HTTP/2.0W̶r̶W̶n̶W̶r̶W̶n̶S̶M̶W̶r̶W̶n̶W̶r̶W̶n̶)이다. 이 문자열을 사용하여 서버가 HTTP/2를 지원하는지 여부를 확인한다. 지원되지 않으면 메시지가 거부된다.

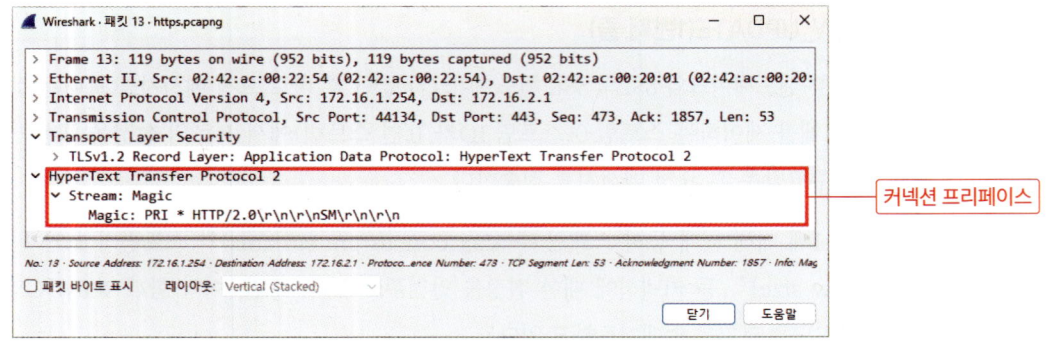

[그림] fw1에서 sv1에 대한 커넥션 프리페이스

SETTINGS, WINDOW_UPDATE(3~4번째 줄)

세 번째 줄에서는 fw1이 sv1에게 커넥션에 대한 설정을 알려주고 있다. 그리고 계속해서 4번째 줄에서 스트림의 윈도우 크기를 업데이트했다.

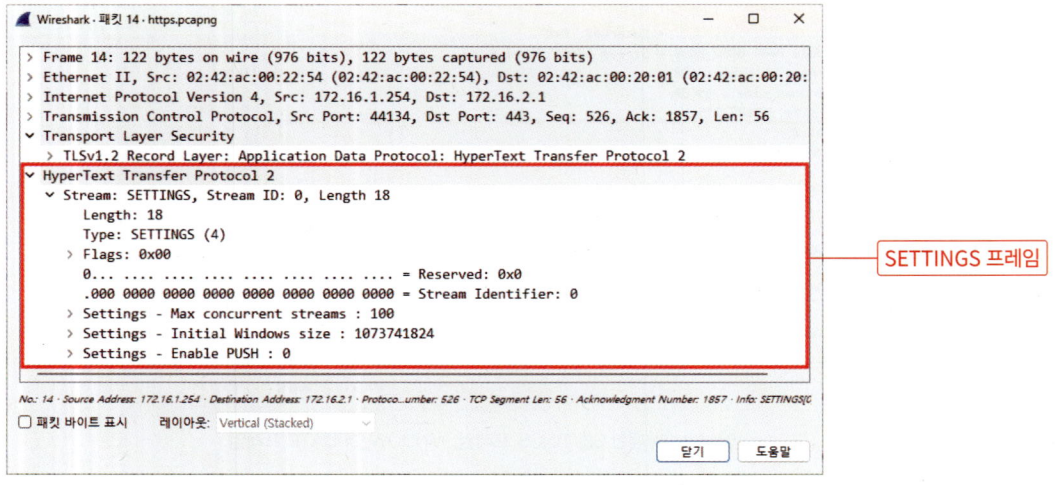

[그림] fw1에서 sv1에 대한 SETTINGS 프레임

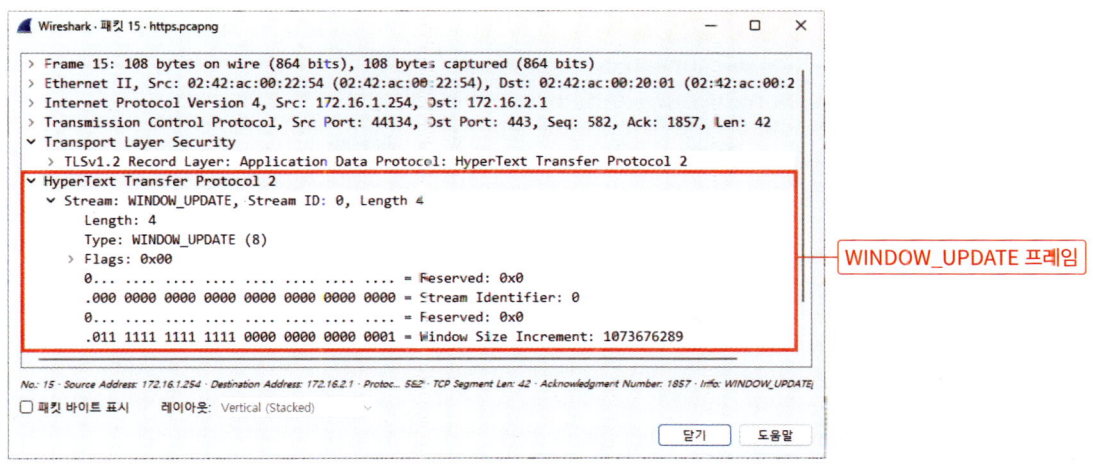

[그림] fw1에서 sv1에 대한 WINDOW_UPDATE 프레임

SETTINGS(5번째 줄)

5번째 줄은 3~4번째 줄에서 알려준 설정을 확정하기 위한 ACK(확인 응답)다. sv1은 fw1에게 '그 설정 괜찮아!'라고 응답한다.

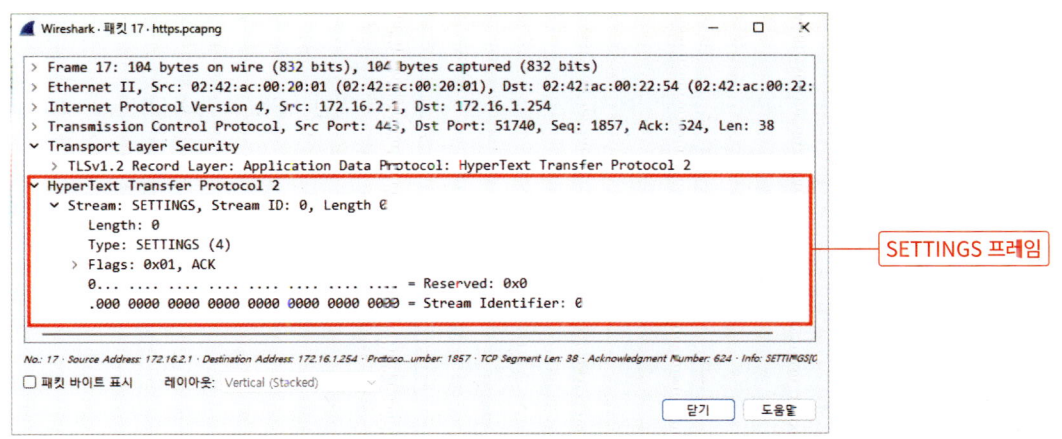

[그림] sv1에서 fw1에 대한 SETTINGS 프레임

HEADERS(6번째 줄)

6번째 줄은 드디어 fw1에서 sv1에 대한 요청 메시지다. 요청 메시지는 스트림 1에서 전송되어 있다. 254쪽에서 설명한 것처럼 요청 메시지는 여러 개의 의사 헤더 필드와 기타 헤더 필드로 구성되어 있으며 HEADERS 프레임에 저장되어 있다. 물론 295쪽에서 수행한 curl 명령의 표시 결과와 일치한다.

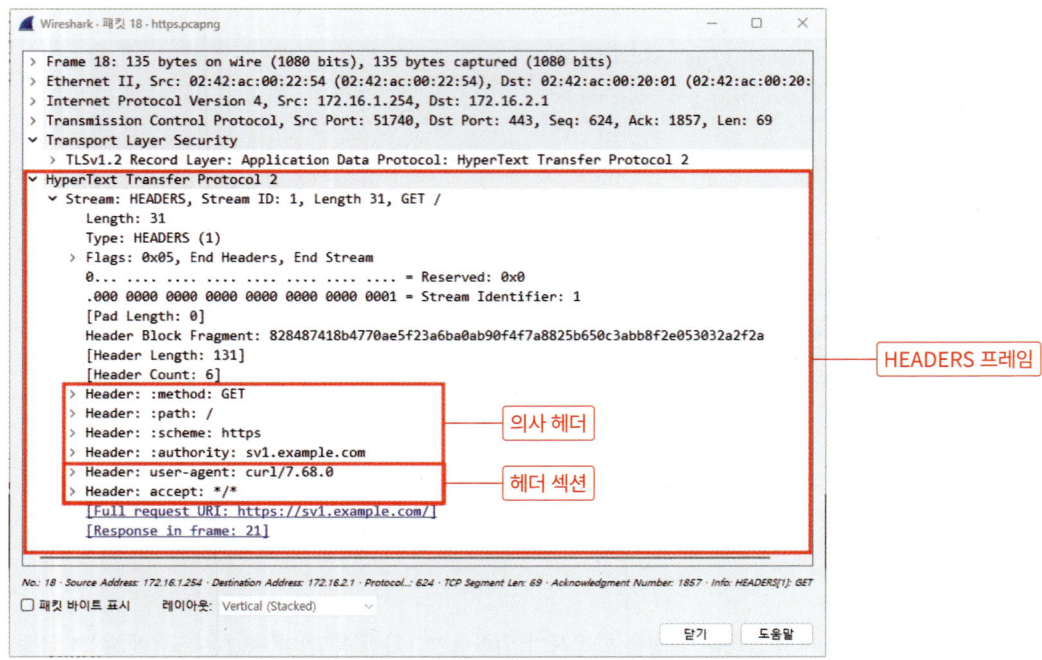

[그림] fw1에서 sv1에 대한 요청 메시지(HEADERS 프레임)

SETTINGS(7번째 줄)

7번째 줄은 1번째 줄의 SETTINGS 프레임에서 보낸 설정을 확정하기 위한 ACK(확인 응답)다. fw1도 sv1에 대해 '그 설정 괜찮아!'라고 응답한다.

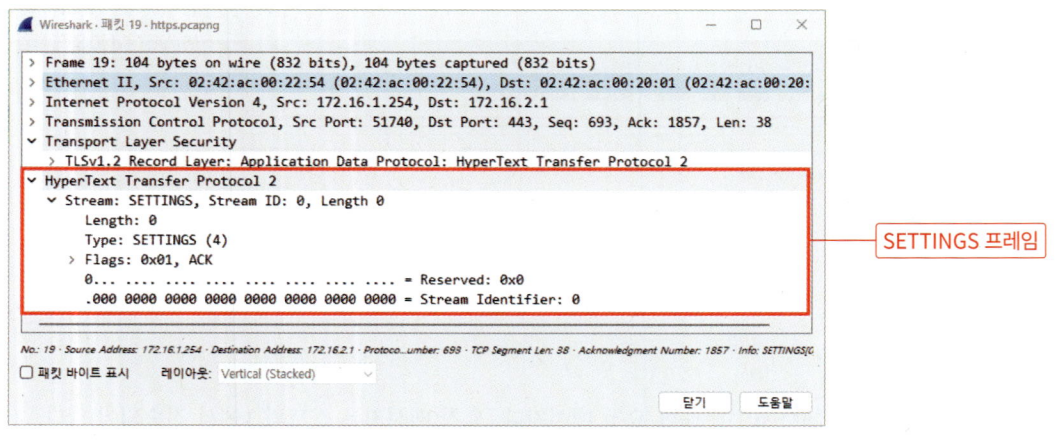

[그림] fw1에서 sv1에 대한 SETTINGS 프레임

DATA(8번째 줄)

마지막 8번째 줄은 sv1에서 fw1에 대한 응답 메시지다. 254쪽에서 설명한 바와 같이 응답 메시지 역시 스트림 1을 통해 전송되며, 응답 메시지는 의사 헤더 필드와 기타 헤더 필드로 구성되어 HEADERS 프레임에 저장된다. 또한, DATA 프레임에 콘텐츠가 저장되어 있다. 물론 295쪽에서 수행한 curl 명령의 표시 결과와도 일치한다.

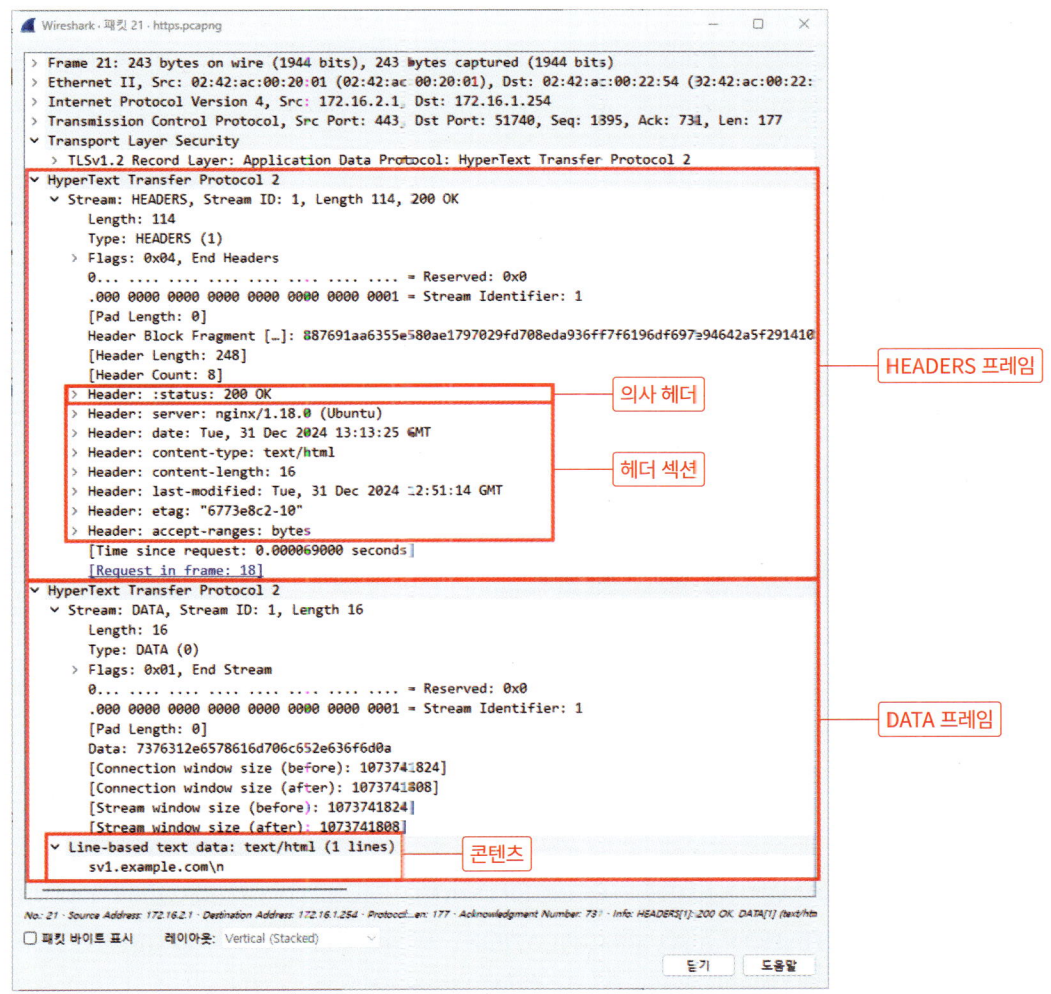

[그림] sv1에서 fw1에 대한 응답 메시지(HEADERS/DATA 프레임)

5-2-3 DNS(Domain Name System)

DNS(Domain Name System)는 IP 주소와 도메인 이름을 상호 변환하는 프로토콜이다. 인터넷에서는 단말을 식별하기 위해 IP 주소를 사용한다. 하지만 IP 주소는 단순한 숫자의 나열이기 때문에 그것만으로는 도대체 무엇에 쓰이고 나타내는지 알 수 없다. 그래서 DNS는 IP 주소에 '도메인 이름'이라는 이름을 붙여 인간이 이해하기 쉬운 형태로 통신할 수 있도록 한다.

예를 들어, 여러분이 평소 사용하는 구글 웹 서버에는 '172.217.175.4[23]'라는 공인 IP 주소가 할당되어 있다. 하지만 이 IP 주소를 구글 웹 서버의 주소로 기억하여 평소에 실수 없이 사용하는 것은 불가능에 가깝다. 그래서 DNS에서는 이 IP 주소에 'www.google.com'이라는 도메인 이름을 붙인다. 이 문자열을 보면 구글이라는 회사의 웹 서버임을 알 수 있다.

실제로 웹브라우저로 구글 웹사이트에 접속할 때 무작정 접속되는 것이 아니라, 먼저 웹브라우저가 DNS 서버에 대해 www.google.com에 할당된 IP 주소를 조회한 후 응답된 IP 주소로 HTTPS를 통해 접속된다.

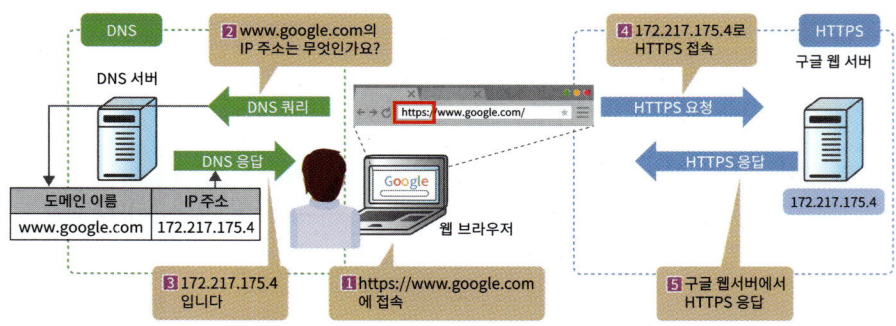

[그림] DNS에서 도메인 이름에 연결된 IP 주소 조회하기

이론 이해하기

DNS는 RFC1034 'DOMAIN NAMES - CONCEPTS AND FACILITIES'와 RFC1035 'DOMAIN NAMES - IMPLEMENTATION AND SPECIFICATION'으로 표준화되어 있다[24]. RFC1034는 DNS의 기본 구성 요소와 역할 등 DNS의 개념과 기능을 개략적으로 정의하고 있다. RFC1035는 도메인 이름에 관한 다양한 규칙과 메시지 형식 등 구현과 사양을 상세히 정의하고 있다.

---

23 이외에도 '142.250.199.100', '142.251.42.132' 등 여러 개의 공인 IP 주소가 할당되어 있다. 여기서는 설명을 쉽게 하기 위해 그중 하나를 예로 들어 설명한다.
24 RFC1034와 RFC1035는 DNS의 기본 사양을 규정한 것일 뿐이며, 이후 수많은 RFC를 통해 다양한 기능이 추가되어 있다.

도메인 이름

도메인 이름은 'www.example.co.kr'와 같이 점으로 구분된 문자열로 구성되어 있다. 이 문자열 하나하나를 '라벨'이라고 한다. 도메인 이름은 일명 FQDN(Fully Qualified Domain Name, 전체 주소 도메인 이름)'이라고 하며, '호스트 부분'과 '도메인 부분'으로 구성된다. 호스트 부분은 FQDN의 가장 왼쪽에 있는 라벨로 컴퓨터 자체를 나타낸다. 도메인 부분은 오른쪽부터 순서대로 '루트', '최상위 도메인(TLD, Top Level Domain)', '2레벨 도메인(2LD, 2nd Level Domain)', '3레벨 도메인(3LD, 3rd Level Domain)'으로 구성되며 국가나 조직, 기업 등을 나타낸다. 또한, 먼 오른쪽의 루트는 '.'(점)으로 표시하며 보통은 생략된다.

최상위 도메인은 지역별로 할당되는 'ccTLD(country code Top Level Domain, 국가 코드 최상위 도메인)'와 특정 지역-분야에 할당되는 'gTLD(generic Top Level Domain, 분야별 최상위 도메인)'의 두 가지 종류가 있다. 예를 들어, 우리가 흔히 접할 수 있는 'kr'은 한국을 나타내는 ccTLD다. 또한 'com'은 상업용 사이트를 나타내는 gTLD다. 이후 2레벨 도메인, 3레벨 도메인 등 왼쪽으로 갈수록 각 도메인의 하위에서 관리되는 도메인(서브 도메인)임을 나타낸다. 즉, 2단계 도메인은 최상위 도메인의 하위 도메인이고 3단계 도메인은 2단계 도메인의 하위 도메인이 된다.

도메인 이름은 루트를 정점으로 최상위 도메인, 2계층 도메인, 3계층 도메인 등 가지가 뻗어 나가는 트리형 계층 구조로 되어 있으며, 오른쪽부터 차례대로 라벨을 따라가면 최종적으로 대상 서버에 도달할 수 있도록 되어 있다. 이렇게 도메인 이름으로 구성된 나무 모양의 계층 구조를 '도메인 트리'라고 한다.

[표] 대표적인 TLD

도메인 종류	도메인	용도
ccTLD (국가별 코드 최상위 도메인)	kr	한국을 의미하는 도메인
	us	미국을 의미하는 도메인
	uk	영국을 의미하는 도메인
	fr	프랑스를 의미하는 도메인
	de	독일을 의미하는 도메인
	au	호주를 의미하는 도메인
gTLD (분야별 코드 최상위 도메인)	com	상업용 사이트 및 상업적 조직을 위한 도메인
	net	네트워크 관련 서비스 및 조직을 위한 도메인
	org	비영리 단체를 위한 도메인
	app	애플리케이션 관련 서비스를 위한 도메인

도메인 종류	도메인	용도
gTLD (분야별 코드 최상위 도메인)	cloud	클라우드 관련 서비스를 위한 도메인
	blog	블로그 관련 서비스용 도메인

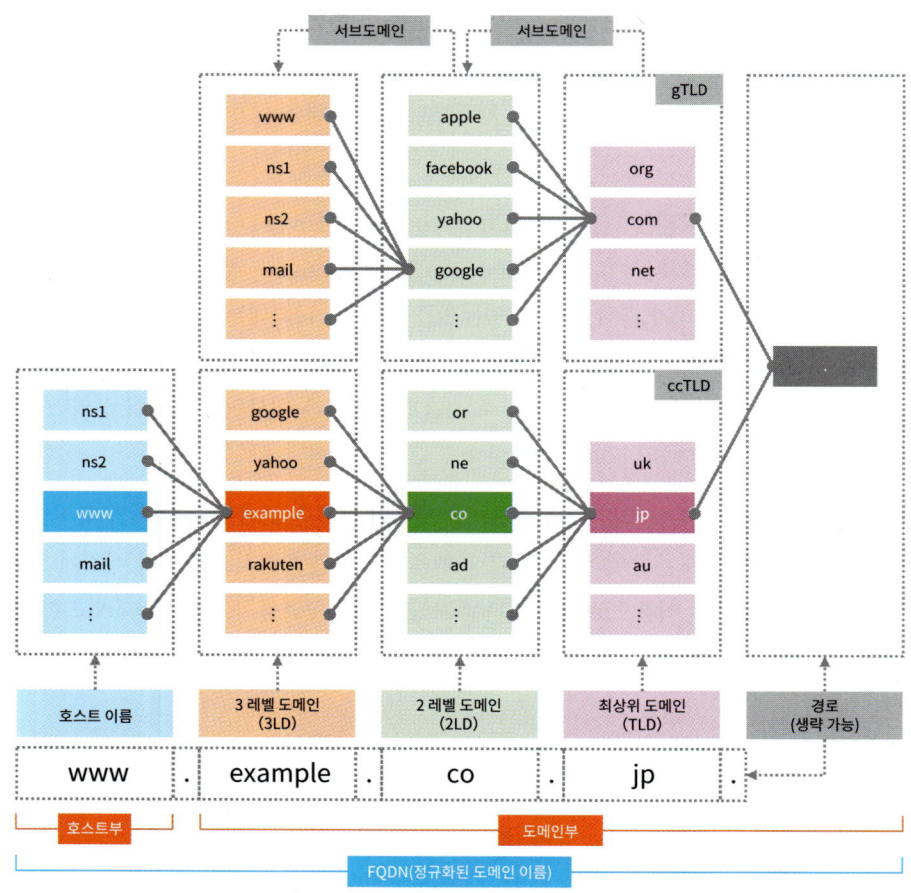

[그림] 도메인 트리

이름 풀이

IP 주소와 도메인 이름을 서로 변환하는 과정을 '이름 풀이'라고 한다. 이름 풀이에는 'hosts 파일'이나 DNS를 사용한다. 어느 쪽이 선택될지는 OS의 설정에 따라 달라진다. 검증 환경에서 사용하는 우분투의 경우 '/etc/nsswitch.conf'의 hosts 행에 의해 우선순위가 설정되어 있으며, 기본적으로 hosts 파일로 이름 풀이가 되지 않으면 DNS로 이름 풀이를 하도록 설정되어 있다.

[코드] /etc/nsswitch.conf

```
root@ns1:~# more /etc/nsswitch.conf
# /etc/nsswitch.conf
#
# Example configuration of GNU Name Service Switch functionality.
# If you have the `glibc-doc-reference' and `info' packages installed, try:
# `info libc "Name Service Switch"' for information about this file.

passwd:         files
group:          files
shadow:         files
gshadow:        files

hosts:          files dns        ← 이름 풀이 우선순위[25]
networks:       files

(이하 생략)
```

이제 hosts 파일과 DNS가 각각 어떻게 이름 풀이가 이루어지는지 자세히 설명해 보겠다.

hosts 파일을 이용한 이름 풀이

먼저 hosts 파일을 이용한 이름 풀이에 대해 알아보자. hosts 파일은 단말의 IP 주소와 도메인 이름의 조합이 기재된 텍스트 파일을 말한다. 검증 환경인 우분투의 경우 '/etc/hosts'라는 hosts 파일이 있으며, 기본적으로 localhost와 IPv6 멀티캐스트 주소 등이 기재되어 있다. 예를 들어, localhost에 ping 명령어를 입력하면 hosts 파일을 참조하여 이름 풀이 후 '127.0.0.1'로 ICMP Echo Request를 보낸다.

또한 hosts 파일에 직접 호스트 이름이나 도메인 이름을 추가하면 DNS 서버를 사용하지 않고 원하는 서버에 직접 접속할 수 있으며, hosts 파일에서 대상 도메인 이름을 찾지 못하면 DNS를 통한 이름 풀이로 넘어간다.

검증 환경에서도 SSL 실습 항목에서 분석하는 SSL 레코드의 내용을 실제 통신과 가깝게 만들고자 하는 필자의 설계 의도로, fw1의 hosts 파일에 sv1과 sv2의 IP 주소와 도메인 이름을 추가했다.

---

[25] files가 hosts 파일(/etc/hosts)을 나타낸다.

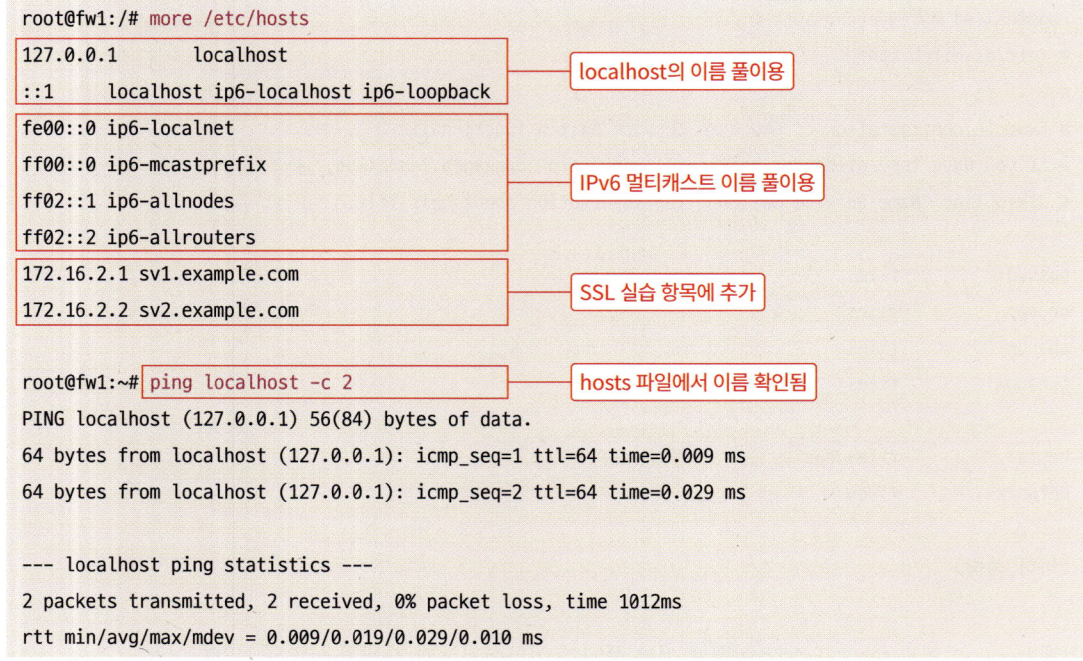

[코드] fw1의 hosts 파일(/etc/hosts)

DNS를 이용한 이름 풀이

다음은 DNS를 이용한 이름 풀이에 대한 내용이다. 원래 이름 풀이는 hosts 파일을 사용하는 방법밖에 없었다. 하지만 이 방법은 인터넷에 접속하는 단말이 늘어나거나 줄어들 때마다 hosts 파일을 갱신해야 했기 때문에 인터넷의 발전과 함께 한계에 부딪히게 되었다. DNS를 이용한 이름 풀이는 'DNS 클라이언트', '캐시 서버', '권한이 있는 서버'가 서로 연동하여 이루어진다.

DNS 클라이언트(일명: 스터브 리졸버)

DNS 클라이언트는 DNS 서버에 이름 풀이를 요청하는 클라이언트 단말 또는 소프트웨어. 웹 브라우저나 메일 소프트웨어, 윈도우 OS의 'nslookup 명령', Linux OS의 'dig 명령' 등과 같은 이름 풀이 명령이 이에 해당한다.

DNS 클라이언트는 캐시 서버에 이름 풀이 요청(재귀 쿼리)을 보낸다. 또한 캐시 서버로부터 받은 응답(DNS 응답) 결과를 일정 시간 캐시(임시 저장)해 두었다가 동일한 질의가 왔을 때 재사용함으로써 DNS 트래픽의 감소를 꾀한다[26].

---

[26] OS에 따라서는 캐시를 보유하지 않는다.

참고로 검증 환경에서는 가정 내 LAN에 있는 cl1, cl2, cl3가 DNS 클라이언트 역할을 하고 있다.

캐시 서버(일명: 풀 서비스 리졸버, 참조 서버)

캐시 서버는 DNS 클라이언트의 재귀 쿼리를 받아 인터넷에 있는 권한이 있는 서버에 이름 풀이 요청(반복 쿼리)을 보내는 DNS 서버다. DNS 클라이언트가 인터넷에 공개되어 있는 서버에 접속할 때 사용한다.

캐시 서버도 DNS 클라이언트와 마찬가지로 권한이 있는 서버로부터 받은 응답(DNS 응답)의 결과를 일정 시간 동안 캐시해 두었다가 동일한 질의가 왔을 때 재사용함으로써 DNS 트래픽의 감소를 꾀한다.

참고로 검증 환경에서는 인터넷에 있는 ns1의 'Unbound'라는 DNS 서버 애플리케이션이 캐시 서버의 역할을 담당한다.

권한이 있는 서버(일명: 콘텐츠 서버, 존 서버)

권한이 있는 서버는 자신이 관리하는 도메인에 대해 캐시 서버로부터 반복적인 쿼리를 받는 DNS 서버다. 자신이 관리하는 도메인의 범위(존)에 대한 각종 정보(도메인 이름, IP 주소, 제어 정보 등)를 '존 파일'이라는 데이터베이스에 '리소스 레코드'라는 형태로 보관하고 있다.

인터넷상의 권한이 있는 서버는 '루트 서버'라는 부모격의 서버를 정점으로 하는 트리 형태의 계층 구조로 이루어져 있다. 루트 서버는 최상위 도메인의 영역 관리를 최상위 도메인의 권한이 있는 서버에 위임한다. 그리고 최상위 도메인의 권한이 있는 서버는 2단계 도메인의 영역 관리를 2단계 도메인의 권한이 있는 서버에 위임한다. 이후 3계층 도메인, 4계층 도메인 등으로 위임 관계가 계속 이어진다.

DNS 클라이언트로부터 재귀 쿼리를 받은 캐시 서버는 수신한 도메인 이름을 오른쪽 라벨부터 차례로 검색하고, 해당 영역을 관리하는 권한 서버에 반복 쿼리를 계속 실행한다. 마지막에 도달하면 해당 권한이 있는 서버에게 도메인 이름에 대응하는 IP 주소를 알려달라고 요청한다.

참고로 검증 환경에서는 서버 사이트에 있는 lb1의 'BIND'라는 DNS 서버 애플리케이션이 권한이 있는 서버의 역할을 담당하고 있다.

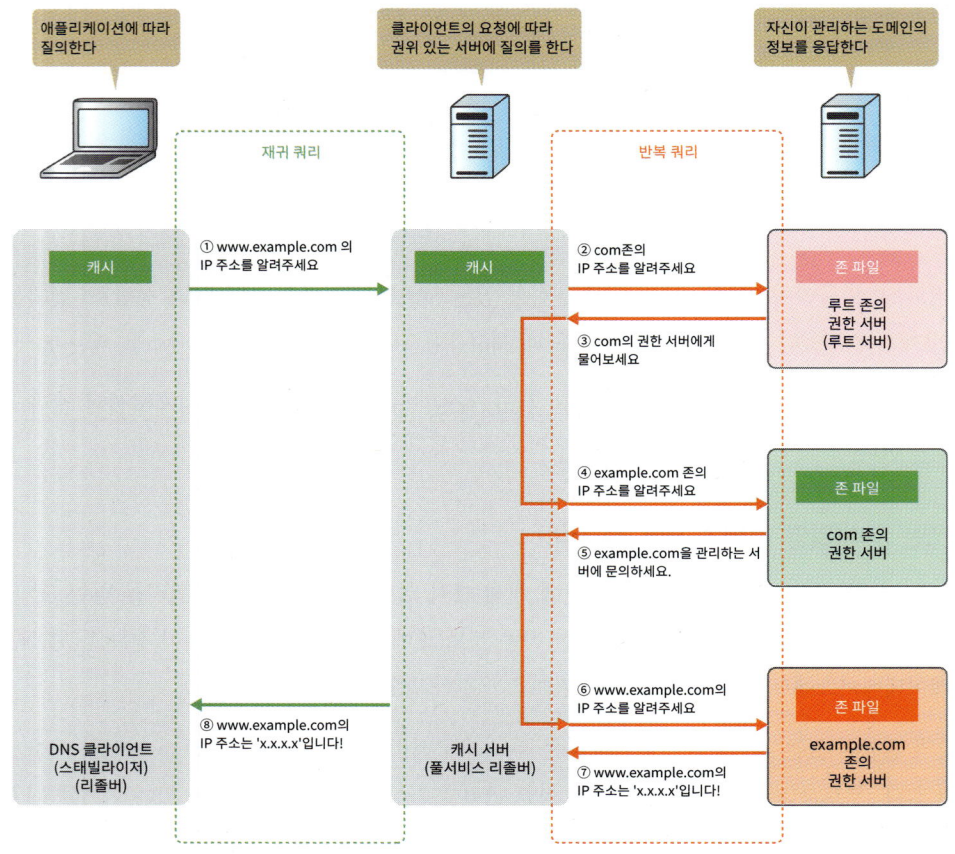

[그림] 재귀 쿼리와 반복 쿼리

존 파일 및 리소스 레코드

권한이 있는 서버는 자신이 관리하는 도메인 이름의 범위(존)에 대한 정보를 '존 파일'이라는 이름의 데이터베이스(파일)로 관리하고 있다. 존 파일에는 관리적인 정보를 나타내는 SOA 레코드, 도메인 이름과 IP 주소를 매핑하는 A 레코드 등 몇 가지 유형의 리소스 레코드가 저장되어 있으며, 권한이 있는 서버는 이 정보를 바탕으로 응답한다.

각 리소스 레코드는 대상 도메인 이름을 나타내는 '도메인 이름', 레코드의 생존 시간(캐시되는 시간)을 나타내는 'TTL(Time To Live)', 네트워크 종류를 나타내는 '클래스', 리소스 레코드의 종류를 나타내는 '타입', 리소스 레코드의 데이터가 저장되는 '데이터'로 구성되어 있다.

예를 들어, 검증 환경의 권한 서버인 lb1은 'example.com.'이라는 영역을 'db.ex.example.com'이라는 존 파일[27]로 관리한다. 이 파일의 내용을 cat 명령으로 확인하면 'www.example.com'와 'sv1.example.com'[28]의 A 레코드가 설정되어 있다. lb1(권한이 있는 서버)은 ns1(캐시 서버)로부터 'www.example.com'의 A 레코드에 대한 반복 쿼리를 받으면 www의 레코드(행) 정보를 반환한다. ns1은 해당 정보를 300초(=TTL에서 지정한 값) 동안 캐시(임시 저장)한다.

[코드] lb1의 존 파일(/etc/bind/db.ex.example.com)

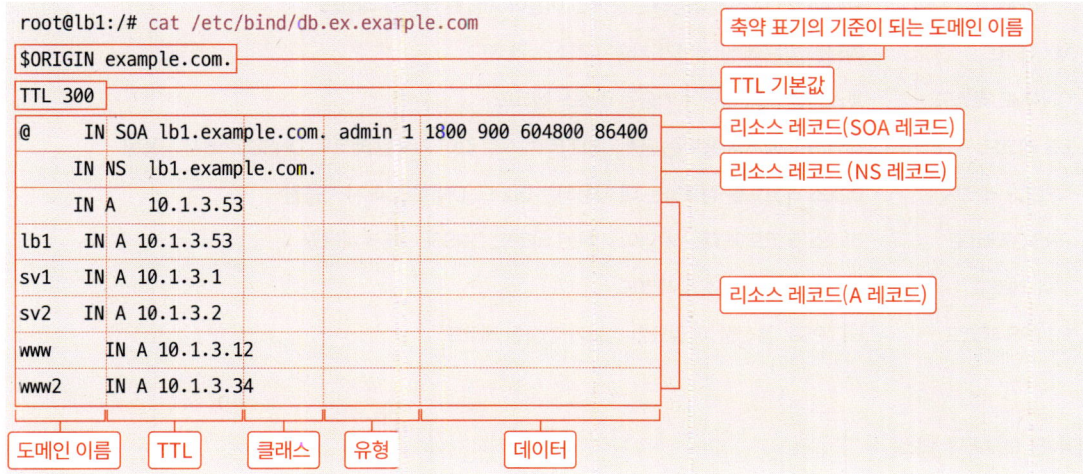

[표] 리소스 레코드의 구성요소

구성 요소	예시	설명
도메인 이름	www	대상 도메인 이름. '.'로 끝나지 않은 경우 '$ORIGIN'으로 지정된 도메인 이름으로 보완된다. '@'는 $ORIGIN 자체(보통 존 이름)를 나타낸다. 생략된 경우 직전 줄의 도메인 이름을 이어받는다.
TTL		리소스 레코드의 생존 시간(캐시되는 시간). 생략된 경우 '$TTL'로 지정한 값이 적용된다.
클래스	IN	네트워크의 종류. 인터넷을 나타내는 'IN'이 저장된다.
유형	A	리소스 레코드의 종류. 다음 표 참조
데이터	10.1.3.12	리소스 레코드의 데이터. 저장되는 정보는 유형에 따라 다르다.

---

[27] 실제로 ns1에 상위 권한이 있는 서버의 역할을 부여하기 위해 root와 com의 zone 파일도 가지고 있다. 여기서는 본문의 가독성을 고려하여 생략한다.
[28] lb1의 존 파일에는 표기를 생략하여 'www' 또는 'sv1'이다.

[표] 대표적인 리소스 레코드

리소스 레코드	내용
SOA 레코드	존(zone)의 관리적 정보가 기술된 유형. 존 파일의 맨 처음에 기술된다
A 레코드	도메인 이름에 대응하는 IPv4 주소가 기술된 리소스 레코드
AAAA 레코드	도메인 이름에 대응하는 IPv6 주소가 기술된 리소스 레코드
NS 레코드	도메인을 관리하는 DNS 서버 또는 관리를 위임하는 DNS 서버가 기술된 리소스 레코드
PTR 레코드	IPv4/IPv6 주소에 대응하는 도메인 이름이 기술된 리소스 레코드
MX 레코드	메일을 받는 메일 서버가 기술된 리소스 레코드
CNAME 레코드	호스트 이름의 별명이 기술된 리소스 레코드
DS 레코드	해당 구역에서 사용되는 공개키의 다이제스트 값이 기록된 레코드. DNSSEC에서 사용됨
NSEC3 레코드	리소스 레코드를 정렬하는 데 사용되는 레코드. DNSSEC에서 사용됨
RRSIG 레코드	리소스 레코드에 대한 서명이 기록된 레코드. DNSSEC에서 사용됨
TXT 레코드	주석이 작성된 리소스 레코드
HTTPS 레코드	HTTPS로 통신할 때 필요한 정보가 기술된 레코드

DNS 메시지 형식

DNS를 통한 이름 풀이는 웹 접속이나 이메일 전송 등 애플리케이션 계층의 통신에 앞서 이루어진다. 이 처리에 시간이 걸리면 그 이후의 애플리케이션 계층의 통신이 지연될 수 있다. 따라서 이름 풀이는 기본적으로 UDP(포트 번호: 53번)를 사용하여[29] 처리 속도를 우선시한다.

DNS의 메시지는 'Header 섹션', 'Question 섹션', 'Answer 섹션', 'Authority 섹션', 'Additional 섹션'이라는 최대 5개의 섹션으로 구성된다. 이 중 Answer 섹션, Authority 섹션, Additional 섹션은 메시지 내용에 따라 있을 수도 있고 없을 수도 있다.

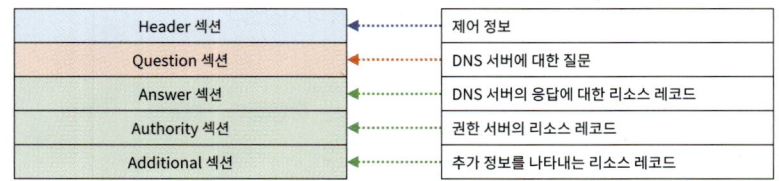

[그림] DNS의 메시지 형식

---

29 이름 풀이에서도 메시지 크기가 클 때는 TCP를 사용한다. 이 책은 입문서인 만큼 가장 일반적으로 사용되는 방법을 설명한다.

실습해 보기

이제 실제 검증 환경을 이용하여 DNS 메시지를 살펴보자. 설정 파일은 그대로 'spec_05.yaml'을 사용한다. 여기서는 실제로 주고받는 DNS 메시지를 캡처하고 그 내용을 분석해 보겠다.

패킷 캡처하기

먼저 검증 환경에서 DNS 메시지를 캡처해 보겠다. 가정 내 LAN에 있는 cl1(DNS 클라이언트)에서 'www.example.com'의 A 레코드에 대한 이름 풀이를 실행하고, 해당 패킷을 ns1(캐시 서버)에서 캡처한다.

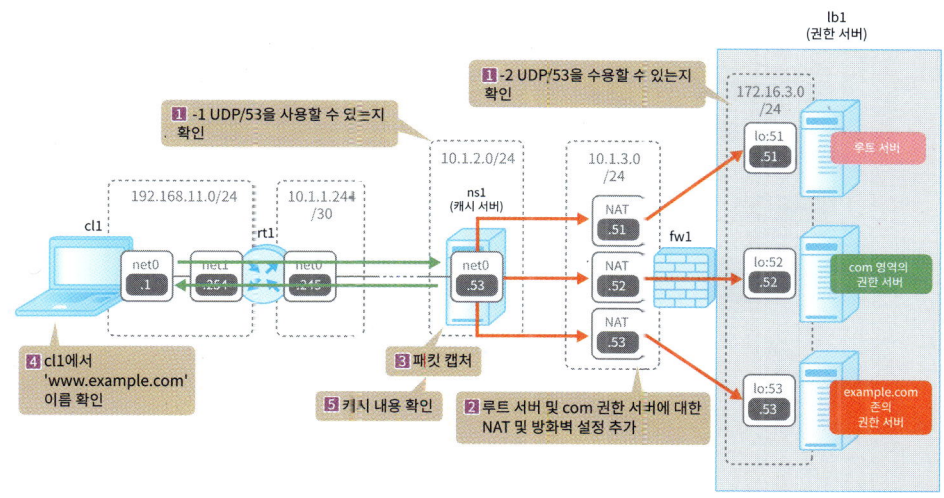

[그림] DNS 메시지의 패킷 캡처

이번 구성은 다소 어렵다고 생각되므로 DNS 설정에 대해 정리해 보겠다.

cl1

cl1은 DNS 클라이언트다. DNS 클라이언트 설정은 rt1에서 DHCP를 통해 알려준다. DNS 서버의 IP 주소가 설정된 '/etc/resolv.conf'를 확인하면 DNS 서버의 IP 주소는 '192.168.11.254', 즉 rt1이다. 실제 가정 내 LAN 환경에서도 광대역 라우터가 DNS 서버로 설정되어 있는 경우가 많을 것이므로 이에 맞게 설계되어 있다[30].

---

30 (옮긴이) 일반적으로 한국은 공유기의 IP가 아니라 통신사가 제공하는 DNS 서버의 IP가 설정된다(KT는 168.126.63.1 등).

[코드] cl1의 /etc/resolv.conf

```
root@cl1:/# more /etc/resolv.conf
nameserver 192.168.11.254
```

rt1

rt1에 설치된 'dnsmasq'라는 애플리케이션은 DHCP 서버뿐만 아니라 'DNS 포워더(DNS 프락시)'라는 기능을 가지고 있다. DNS 포워더는 수신된 재귀 쿼리를 캐시 서버로 전송하는 기능이다. cl1에서 재귀 쿼리를 받으면 자신의 DNS 서버로 설정된 ns1(캐시 서버)로 전달한다.

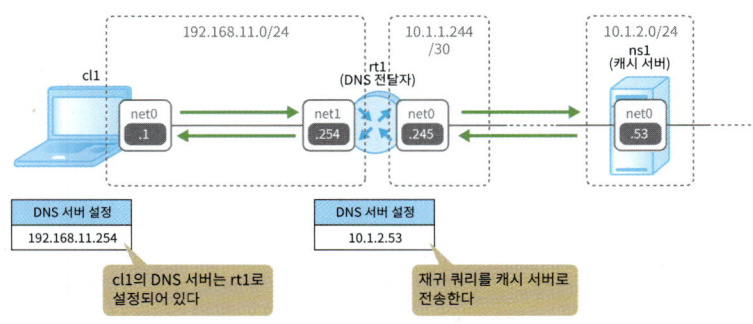

[그림] DNS 포워더(DNS 프락시)

ns1

ns1은 Unbound라는 DNS 서버 애플리케이션으로 동작하는 캐시 서버다. 캐시 서버는 314쪽에서 설명한 것처럼 재귀 쿼리를 받으면 루트 서버부터 순차적으로 반복 쿼리를 수행한다. 가장 먼저 질의하는 루트 서버의 IP 주소는 Ubuntu Unbound의 경우 기본적으로 '/usr/share/dns/root.hints'에 정의되어 있다. 이 파일을 '루트 힌트 파일'이라고 한다. 기본 루트 힌트 파일에는 A.ROOT-SERVERS.NET.에서 M.ROOT-SERVERS.NET.까지 전 세계에 흩어져 있는 루트 서버의 IP 주소가 정의되어 있다. 참고로 M.ROOT-SERVERS.NET.는 일본의 WIDE 프로젝트와 JPRS(일본 레지스트리 서비스)에서 관리하고 있다.

루트 힌트 파일은 이름 그대로 최신 루트 서버의 정보를 얻기 위한 '힌트'다. 캐시 서버는 이 정보를 바탕으로 먼저 루트 서버의 NS 레코드와 A 레코드를 조회하여 최신 루트 서버의 정보를 얻는다. 이 동작을 '프라이밍(priming)'이라고 한다.

[코드] 기본 루트 힌트 파일

```
root@ns1:/# cat /usr/share/dns/root.hints
;       This file holds the information on root name servers needed to
;       initialize cache of Internet domain name servers
;       (e.g. reference this file in the "cache  .  <file>"
;       configuration file of BIND domain name servers).
;
;       This file is made available by InterNIC
;       under anonymous FTP as
;           file                /domain/named.cache
;           on server           FTP.INTERNIC.NET
;       -OR-                    RS.INTERNIC.NET
;
;       last update:    May 28, 2019
;       related version of root zone       2019052802
;
; FORMERLY NS.INTERNIC.NET
;
.                           3600000     NS      A.ROOT-SERVERS.NET.
A.ROOT-SERVERS.NET.         3600000     A       198.41.0.4
A.ROOT-SERVERS.NET.         3600000     AAAA    2001:503:ba3e::2:30
;
; FORMERLY NS1.ISI.EDU
;
.                           3600000     NS      B.ROOT-SERVERS.NET.
B.ROOT-SERVERS.NET.         3600000     A       199.9.14.201
B.ROOT-SERVERS.NET.         3600000     AAAA    2001:500:200::b
;
;
(중략)
;
; OPERATED BY ICANN
;
.                           3600000     NS      L.ROOT-SERVERS.NET.
L.ROOT-SERVERS.NET.         3600000     A       199.7.83.42
L.ROOT-SERVERS.NET.         3600000     AAAA    2001:500:9f::42
;
; OPERATED BY WIDE
;
```

```
.                        3600000    NS    M.ROOT-SERVERS.NET.
M.ROOT-SERVERS.NET.      3600000    A     202.12.27.33
M.ROOT-SERVERS.NET.      3600000    AAAA  2001:dc3::35
```

단, 검증 환경의 캐시 서버는 인터넷에 연결되어 있지 않아 기본 root.hints를 사용할 수 없다. 따라서 검증 환경의 루트 서버(ns.root-servers.net)의 IP 주소를 '10.1.3.51'로 지정한 루트 힌트 파일을 tinet의 설정 파일을 통해 '/etc/unbound/root.hints'에 생성하고, Unbound의 설정 파일(/etc/unbound/unbound.conf)에 다음 그림과 같이 지정한다.

[코드] 직접 만든 루트 힌트 파일

```
root@ns1:/# cat /etc/unbound/root.hints
.           3600000 NS ns.root-servers.net.
ns.root-servers.net. 3600000 A 10.1.3.51
```

[코드] Unbound 설정 파일(/etc/unbound/unbound.conf)

```
root@ns1:~# cat /etc/unbound/unbound.conf
# Unbound configuration file for Debian.
#
# See the unbound.conf(5) man page.
#
# See /usr/share/doc/unbound/examples/unbound.conf for a commented
# reference config file.
#
# The following line includes additional configuration files from the
# /etc/unbound/unbound.conf.d directory.
include: "/etc/unbound/unbound.conf.d/*.conf"
server:
  interface: 0.0.0.0
  access-control: 0.0.0.0/0 allow
  do-ip6: no
  root-hints: /etc/unbound/root.hints
remote-control:
  control-enable: yes
```

ns1은 rt1로부터 재귀 쿼리를 받으면 루트 힌트 파일을 검색하고, 먼저 검증 환경 내에 있는 루트 서버(10.1.3.51)에 반복 쿼리를 수행한다. 이후 응답에 따라 하위 권한이 있는 서버에 대한 반복 쿼리를 수행한다.

lb1

lb1은 'BIND'라는 DNS 서버 대플리케이션으로 동작하는 권한이 있는 서버다. lb1 자체는 하나의 컨테이너이지만, 인터넷에 연결되지 않은 검증 환경에서 반복적인 쿼리 흐름을 볼 수 있도록 example.com 존뿐만 아니라 루트 존과 com 존의 권한이 있는 서버로 설정되어 있다.

구체적으로는 'view'라는 기능을 이용해 반복 쿼리 대상 IP 주소에 따라 사용할 존 파일을 전환한다. lb1은 권한이 있는 서버용으로 '172.16.3.51(NAT되기 전에는 10.1.3.51)', '172.16.3.52(NAT되기 전에는 10.1.3.52)', '172.16.3.53(NAT되기 전에는 10.1.3.53)'의 세 가지 IP 주소를 르프백 인터페이스(lo:51, lo:52, lo:53)로 가지고 있다. '172.16.3.51'로 반복 쿼리를 받으면 루트용 존 파일(/etc/bind/db.rcot)을 참조한다. '172.16.3.52'로 반복 쿼리를 받으면 com용 존 파일(/etc/bind/db.com)을 참조한다. '172.16.3.53'에서 반복 쿼리를 받으면 example.com의 존 파일(/etc/bind/db.ex.example.com)을 참조한다.

view는 조금 어려운 부분이므로 무리하게 이해하지 않아도 된다. ns1이 이름 풀이를 하면 lb1이 알아서 반복적인 쿼리에 응답해 주도록 되어 있다. 여기서는 일단 'lb1 안에서 IP 주소가 다른 세 개의 권한이 있는 서버가 작동하고 있구나' 정도로만 이해하면 된다.

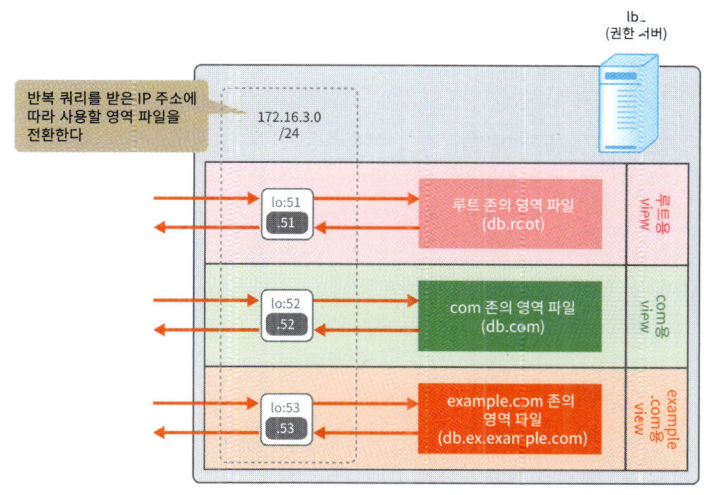

[그림] view로 DNS 서버를 논리적으로 분할한다.

이제 DNS에 대한 사전 지식이 쌓였으니 DNS 메시지를 캡처해 보겠다.

01. 먼저 ns1과 lb1에 각각 로그인하여 DNS 서버로 동작하고 있는지 확인한다. ns1에는 Unbound, lb1에는 BIND가 설치되어 있고 tinet의 설정 파일을 통해 실행되어 있을 것이다. ss 명령으로 각각 unbound와 named(BIND의 상주 프로그램 이름) 프로세스가 UDP/53 패킷을 수신할 수 있도록 설정되어 있는지 확인한다.

[코드] ns1의 상태

```
root@ns1:/# ss -lnup
State Recv-Q Send-Q Local Address:Port  Peer Address:Port Process
UNCONN 0      0     0.0.0.0:53          0.0.0.0:*         users:(("unbound",pid=115,fd=3))
```

[코드] lb1의 상태

```
root@lb1:/# ss -lnup
State  Recv-Q Send-Q Local Address:Port  Peer Address:Port Process
UNCONN 0      0      172.16.3.53:53      0.0.0.0:*         users:(("named",pid=660,fd=26))
UNCONN 0      0      172.16.3.52:53      0.0.0.0:*         users:(("named",pid=660,fd=23))
UNCONN 0      0      172.16.3.51:53      0.0.0.0:*         users:(("named",pid=660,fd=19))
UNCONN 0      0      127.0.0.1:53        0.0.0.0:*         users:(("named",pid=660,fd=15))
```

02. 다음으로 fw1에 로그인하여 NAT 및 방화벽 설정을 확인한다. fw1에는 NAT 및 방화벽 실습 항목에서 설정한 내용이 이미 입력되어 있을 것이다.

[코드] NAT 설정

```
root@fw1:/# iptables -t nat -nL --line-numbers
Chain PREROUTING (policy ACCEPT)
num  target  prot opt source      destination
1    DNAT    all  --  0.0.0.0/0   10.1.3.1         to:172.16.2.1
2    DNAT    all  --  0.0.0.0/0   10.1.3.2         to:172.16.2.2
3    DNAT    all  --  0.0.0.0/0   10.1.3.53        to:172.16.3.53

Chain INPUT (policy ACCEPT)
num  target  prot opt source      destination

Chain OUTPUT (policy ACCEPT)
num  target  prot opt source      destination

Chain POSTROUTING (policy ACCEPT)
num  target  prot opt source      destination
```

[코드] 방화벽 설정

```
root@fw1:/# iptables -t filter -nL --line-numbers
Chain INPUT (policy ACCEPT)
```

```
num target prot opt source destination

Chain FORWARD (policy DROP)
num  target   prot opt source    destination
1    ACCEPT   all  --  0.0.0.0/0  0.0.0.0/0    ctstate RELATED,ESTABLISHED
2    ACCEPT   icmp --  0.0.0.0/0  0.0.0.0/0    ctstate NEW icmptype 8
3    ACCEPT   udp  --  0.0.0.0/0  172.16.3.53  ctstate NEW udp dpt:53
4    ACCEPT   tcp  --  0.0.0.0/0  172.16.3.53  ctstate NEW tcp dpt:53

Chain OUTPUT (policy ACCEPT)
num target prot opt source    destination
```

'example.com'의 권한이 있는 서버에 대한 반복적인 쿼리만이라면 문제가 없지만, 앞서 언급했듯이 lb1은 루트 서버(루트 존의 권한이 있는 서버)이기도 하고, ccm 존의 권한이 있는 서버이기도 하다. 그래서 이 것들을 위한 NAT와 방화벽 설정을 추가한다[31].

[코드] NAT 및 방화벽 설정 추가

```
root@fw1:/# iptables -t nat -A PREROUTING -d 10.1.3.51 -j DNAT --to 172.16.3.51
root@fw1:/# iptables -t nat -A PREROUTING -d 10.1.3.52 -j DNAT --to 172.16.3.52

root@fw1:/# iptables -t filter -A FORWARD -m conntrack --ctstate NEW -d 172.16.3.51 -p udp -m udp --dport 53 -j ACCEPT
root@fw1:/# iptables -t filter -A FORWARD -m conntrack --ctstate NEW -d 172.16.3.51 -p tcp -m tcp --dport 53 -j ACCEPT
root@fw1:/# iptables -t filter -A FORWARD -m conntrack --ctstate NEW -d 172.16.3.52 -p udp -m udp --dport 53 -j ACCEPT
root@fw1:/# iptables -t filter -A FORWARD -m conntrack --ctstate NEW -d 172.16.3.52 -p tcp -m tcp --dport 53 -j ACCEPT
```

혹시 모르니 'iptables -t nat -nL PREROUTING --line-numbers'와 'iptables -t filter -nL FORWARD --line-numbers'로 NAT 테이블과 필터 테이블을 확인한다. 그러면 각각 새로운 항목이 추가된 것을 확인할 수 있다.

[코드] NAT 테이블 확인

```
root@fw1:/# iptables -t nat -nL PREROUTING --line-numbers
Chain PREROUTING (policy ACCEPT)
num target prot opt source    destination
1   DNAT   all  --  0.0.0.0/0  10.1.3.1    to:172.16.2.1
2   DNAT   all  --  0.0.0.0/0  10.1.3.2    to:172.16.2.2
```

---

31 검증 환경에서는 UDP만 사용하나 실제 환경에서는 DNS 사양에 따라 TCP도 허용한다.

```
3    DNAT    all  --  0.0.0.0/0    10.1.3.53    to:172.16.3.53
4    DNAT    all  --  0.0.0.0/0    10.1.3.51    to:172.16.3.51
5    DNAT    all  --  0.0.0.0/0    10.1.3.52    to:172.16.3.52
```

[코드] 필터 테이블 확인

```
root@fw1:/# iptables -t filter -nL FORWARD --line-numbers
Chain FORWARD (policy DROP)
num  target  prot opt source      destination
1    ACCEPT  all  --  0.0.0.0/0   0.0.0.0/0    ctstate RELATED,ESTABLISHED
2    ACCEPT  icmp --  0.0.0.0/0   0.0.0.0/0    ctstate NEW icmptype 8
3    ACCEPT  udp  --  0.0.0.0/0   172.16.3.53  ctstate NEW udp dpt:53
4    ACCEPT  tcp  --  0.0.0.0/0   172.16.3.53  ctstate NEW tcp dpt:53
5    ACCEPT  udp  --  0.0.0.0/0   172.16.3.51  ctstate NEW udp dpt:53
6    ACCEPT  tcp  --  0.0.0.0/0   172.16.3.51  ctstate NEW tcp dpt:53
7    ACCEPT  udp  --  0.0.0.0/0   172.16.3.52  ctstate NEW udp dpt:53
8    ACCEPT  tcp  --  0.0.0.0/0   172.16.3.52  ctstate NEW tcp dpt:53
```

03. ns1에서 tcpdump 명령을 실행하여 앞으로 주고받을 패킷에 대비한다. 여기서는 ns1의 net0에서 주고받는 발신 포트 번호 또는 목적지 포트 번호가 '53'인 패킷을 캡처하여 컨테이너에 있는 '/tmp/tinet'이라는 폴더에 'dns.pcapng'라는 파일명으로 기록하도록 한다.

[코드] tcpdump 명령어 실행

```
root@ns1:/# tcpdump -i net0 port 53 -w /tmp/tinet/dns.pcapng
tcpdump: listening on net0, link-type EN10MB (Ethernet), capture size 262144 bytes
```

04. cl1에서 이름 풀이를 수행한다. 이름 풀이는 방화벽 실습에서도 사용한 dig 명령을 사용한다. dig 명령은 DNS 서버에 대해 이름 풀이를 실행하고 그 응답 결과를 표시하는 명령어다. 명령줄 인터페이스 환경에서 DNS와 관련된 상세한 정보를 보기 쉽게 표시해주기 때문에 DNS 관련 문제 해결에 매우 유용하다. DNS 관련 명령어로 윈도우 OS에 기본으로 제공되는 'nslookup'도 있지만 표시되는 정보의 양이 차이가 크다. 그래서 실제 현업에서는 dig 명령을 사용하는 경우가 많다.

dig 명령은 'dig [@<DNS 서버의 IP 주소>][32] <도메인 이름> [리소스 레코드 유형][33] [옵션]'에서 사용할 수 있다. 다양한 옵션이 제공되며 잘 활용하면 DNS 문제 해결의 든든한 조력자가 될 수 있다. 다음 표에 대표적인 옵션을 정리했다.

---

[32] DNS 서버의 IP 주소를 지정하지 않으면 OS에서 설정한 DNS 서버의 IP 주소를 사용한다.
[33] 리소스 레코드 유형을 지정하지 않으면 기본적으로 A 레코드가 지정된다.

[표] dig 명령의 대표적인 옵션

옵션	옵션의 의미	
	no가 붙지 않은 경우	no가 붙은 경우
-4	IPv4 DNS 쿼리 보내기	—
-6	IPv6 DNS 쿼리 보내기	—
+[no]answer	이름 풀이 통계 정보 표시 (기본값)	이름 풀이 통계를 표시하지 않음
+[no]rec	재귀 쿼리 보내기(기본값)	반복 쿼리 보내기
+[no]short	최소한의 정보만 표시	모든 정보 표시 (기본값)
+[no]tcp	TCP로 DNS 쿼리 보내기	UDP로 DNS 쿼리 보내기(기본값)
+[no]trace	루트 서버부터 순서대로 이름 풀이 수행	대상 FQDN의 이름 풀이만 수행(기본값)

이제 cl1에 로그인하여 dig 명령을 실행해 보자. 여기서는 특별히 DNS 서버나 리소스 레코드 타입을 지정하지 않고 'www.example.com'의 이름 풀이를 수행한다. dig 명령은 DNS 서버를 지정하지 않으면 OS에 설정된 DNS 서버(192.168.11.254)로 질의한다. 또한, 리소스 레코드 타입을 지정하지 않으면 A 레코드를 질의한다.

dig 명령의 결과에는 DNS 메시지를 구성하는 섹션과 문제 해결에 도움이 되는 진단 정보(DNS 서버의 IP 주소, 응답 시간, 메시지 크기 등)가 포함되어 있다. Answer 섹션을 살펴보면 'www.example.com'의 A 레코드 정보가 들어가 있고 'www.example.com'의 IP 주소가 '10.1.3.12'임을 알 수 있다. 또한, 진단 정보를 살펴보면 '192.168.11.254'(rt1)에서 60바이트의 DNS 메시지가 10밀리즈 만에 반환된 것을 확인할 수 있다.

[코드] dig 명령의 결과

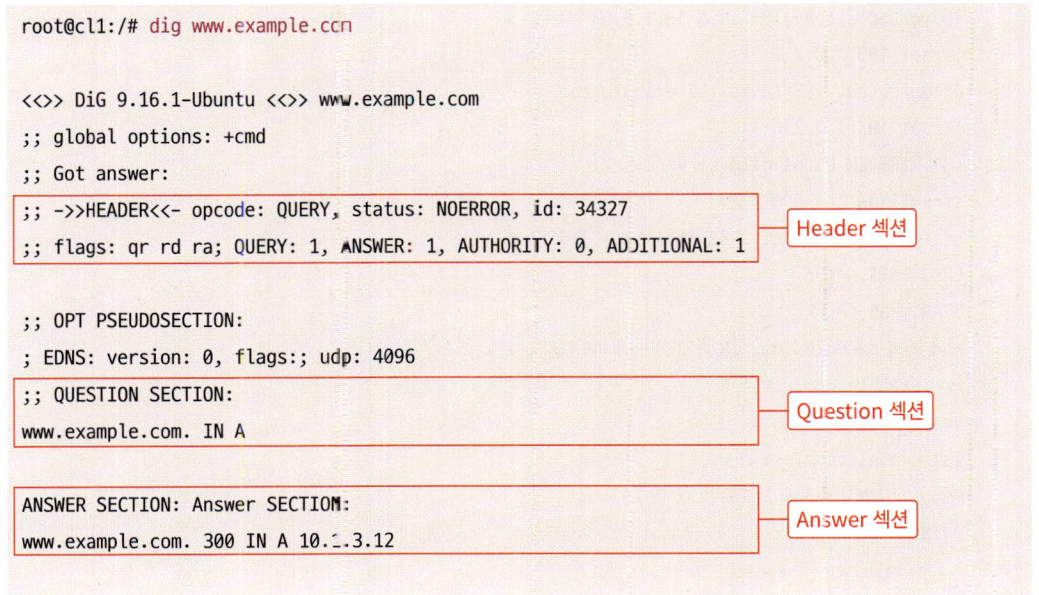

```
;; Query time: 10 msec
;; SERVER: 192.168.11.254#53(192.168.11.254)
;; WHEN: Tue Feb 28 11:45:07 UTC 2023
;; MSG SIZE rcvd: 60
```
— 진단 정보

05. ns1에 한 번 더 로그인하여 'unbound-control dump_cache' 명령을 실행하여 캐시된 정보를 확인한다. Unbound는 DNS 메시지 자체를 캐시하는 '메시지 캐시(MSG CACHE)'와 DNS 메시지를 구성하는 리소스 레코드를 캐시하는 '리소스 레코드 캐시(RRSET CACHE)'의 2단계 캐시 구성으로 되어 있다.

내용을 보면 지금까지 주고받은 DNS 정보가 캐시되어 있음을 알 수 있다. 앞으로는 캐시에서 응답할 수 있는 것이 있으면 캐시를 통해 응답한다. 그렇지 않은 경우 적절한 권한이 있는 서버에 질의한다. 또한, 캐시된 정보는 각 레코드에 포함된 TTL 시간이 지나면 삭제된다. 검증 환경에서는 lb1에서 응답하는 모든 레코드의 TTL을 300초로 설정해 놓았다. 따라서 캐시되고 300초가 지나면 삭제된다.

[코드] 캐시된 정보

```
root@ns1:/# unbound-control dump_cache
START_RRSET_CACHE
;rrset 183 1 0 8 0
.       183 IN NS ns.root-servers.net.
;rrset 183 1 0 8 2
www.example.com. 183 IN A 10.1.3.12
;rrset 183 1 0 1 0 1 0
ns.gtld-servers.net. 183 IN A 10.1.3.52
;rrset 183 1 0 3 2
lb1.example.com. 183 IN A 10.1.3.53
;rrset 183 1 0 7 2
example.com. 183 IN NS lb1.example.com.
;rrset 183 1 0 2 0
com. 183 IN NS ns.gtld-servers.net.
;rrset 183 1 0 3 0
ns.root-servers.net. 183 IN A 10.1.3.51
END_RRSET_CACHE
START_MSG_CACHE
msg www.example.com. IN A 32896 1 183 2 1 1 1
www.example.com. IN A 0
example.com. IN NS 0
lb1.example.com. IN A 0
msg . IN NS 32896 1 183 0 1 0 1
. IN NS 0
```

— 리소스 레코드 캐시

— 메시지 캐시

```
ns.root-servers.net. IN A 0
END_MSG_CACHE
EOF
```
— 메시지 캐시

06. ns1에서 Ctrl+c를 눌러 tcpdump를 종료한다.

패킷 분석하기

다음으로 앞에서 캡처한 DNS 메시지를 분석해 보겠다. 분석에 앞서 도움이 될 만한 Wireshark의 표시 필터를 소개한다. 이를 필터 도구 모음에 입력한다. 여러 개의 표시 필터를 'and'나 'or'로 연결하여 표시할 패킷을 더욱 좁힐 수 있다.

[표] DNS에 관한 대표적인 표시 필터

필드명	필드명이 나타내는 의미	설명 예시
dns	모든 DNS 메시지	dns
dns.a	A 레코드가 포함된 DNS 메시지	dns.a
dns.aaaa	AAAA 레코드가 포함된 DNS 메시지	dns.aaaa
dns.qry.name	QNAME	dns.qry.name == www.google.com
dns.qry.type	QTYPE	dns.qry.type == 1
dns.qry.class	QCLASS	dns.qry.class == 1
dns.flags.recdesired	RD 비트	dns.flags.recdesired == 1
dns.resp.type	TYPE	dns.resp.type == 2
dns.resp.class	CLASS	dns.resp.class == 1

이제 Wireshark로 'C:\tinet'에 있는 'dns.pcapng'를 열어보자. 그러면 10개의 패킷이 보일 것이다. 전체적인 흐름을 살펴보면 'DNS 클라이언트(DNS 포워더)의 재귀 쿼리' → '루트 서버에 대한 반복 쿼리(및 그 응답)' → 'com의 권한이 있는 서버에 대한 반복 쿼리(및 그 응답)' → 'example.com의 권한이 있는 서버에 대한 반복 쿼리(및 그 응답)' → 'DNS 클라이언트에 대한 응답'의 순서로 처리하고 있음을 알 수 있다.

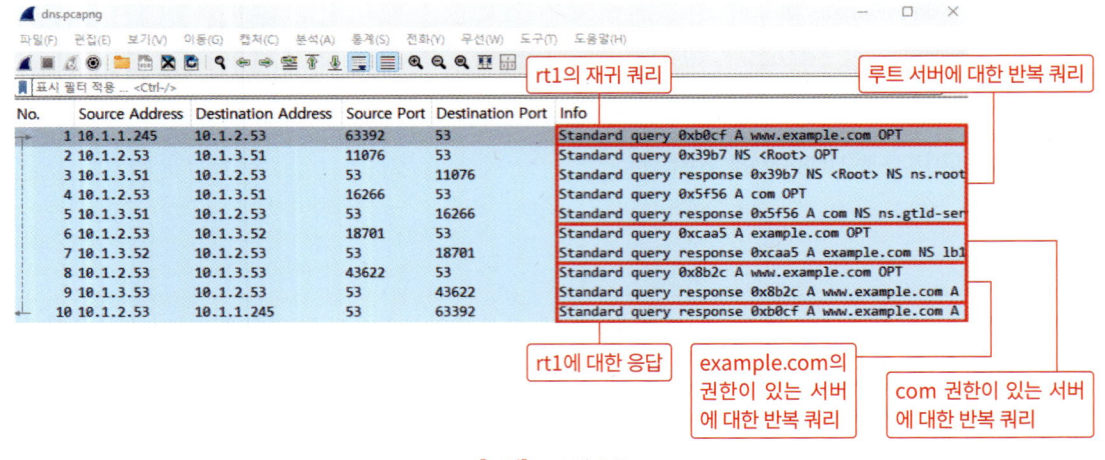

[그림] DNS의 흐름

그럼 이제 패킷을 하나하나 살펴보겠다.

rt1(cl1)에서의 재귀 쿼리

먼저 ns1은 rt1로부터 재귀 쿼리를 수신한다. 이는 cl1이 보낸 재귀 쿼리를 DNS 포워더인 rt1이 전달한 것이다. 재귀 쿼리는 재귀 쿼리임을 나타내는 'RD(Recursion Desired) 플래그'가 '1'로 설정되어 있다. 또한, Wireshark에서 'Queries'로 표시되는 Question 섹션에는 이름 풀이가 가능한 FQDN(www.example.com)과 리소스 레코드 유형(A 레코드)이 저장되어 있다.

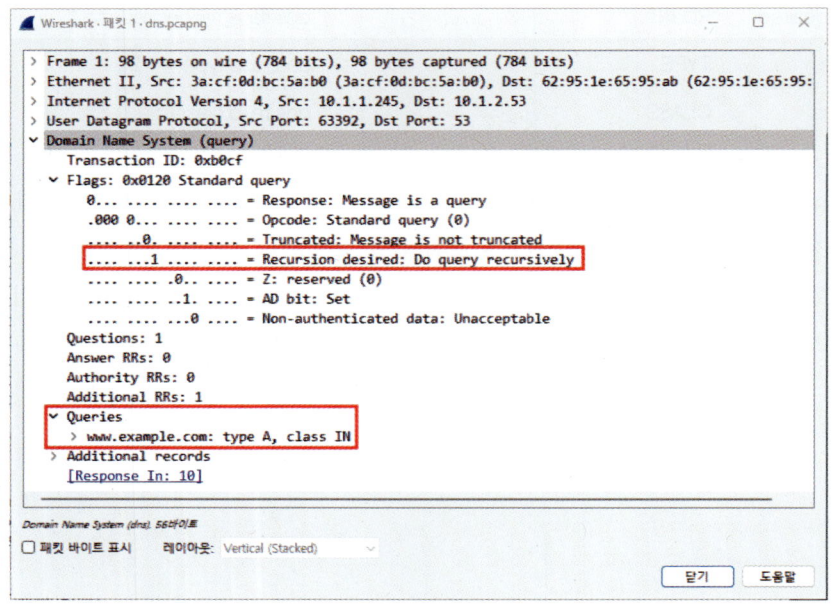

[그림] rt1(cl1)에서의 재귀 쿼리

루트 서버에 대한 반복 쿼리

ns1은 rt1에서 재귀 쿼리를 받으면 먼저 캐시를 검색한다. 당연히 처음에는 캐시가 비어 있을 것이다. 그래서 루트 힌트 파일에 기록된 IP 주소(10.1.3.51)에 의존하여 먼저 루트 영역의 NS 레코드를 질의하여 최신 루트 서버의 정보를 얻는다. 이른바 프라이밍(320쪽)의 동작이다. 참고로 여기부터는 반복 쿼리이므로 RD 플래그는 '0'이 된다.

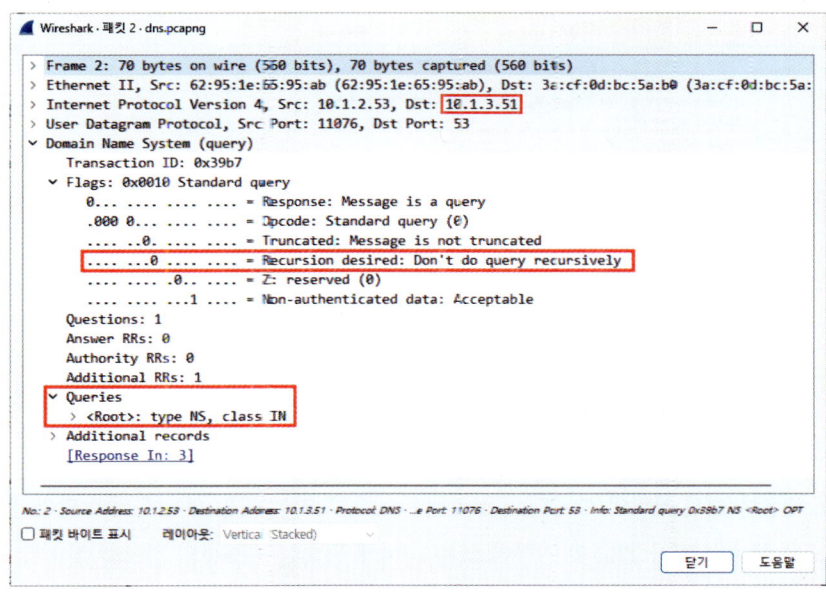

[그림] 루트 서버에 대한 반복 쿼리(프라이밍)

lb1은 '10.1.3.51'로 반복 쿼리를 받으견 루트 존의 존 파일(/etc/bind/db.root)을 검색하여 NS 레코드와 그에 해당하는 A 레코드의 정보를 응답한다. 이 응답을 통해 'ns.root-servers.net'이 루트 서버이고, 해당 IP 주소가 '10.1.3.51'임을 알 수 있다.

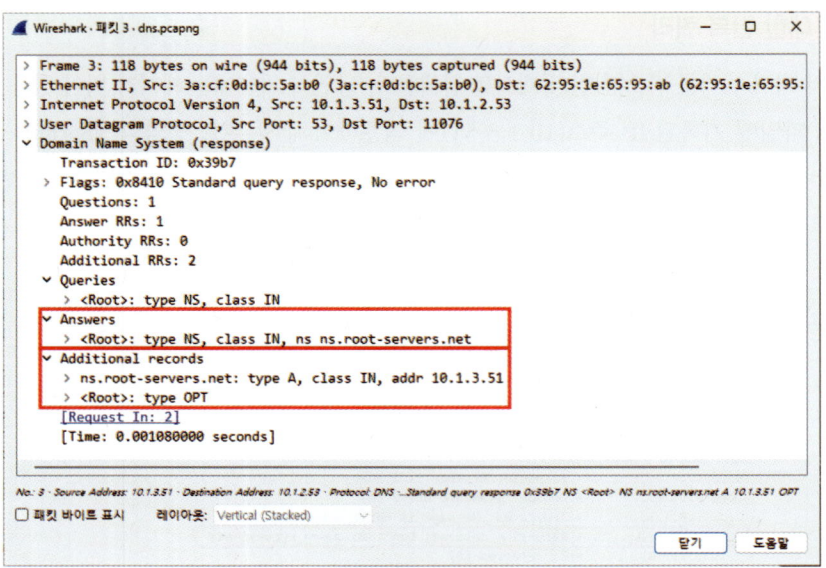

[그림] 루트 서버의 응답(프라이밍)

이제 최신 루트 서버의 정보를 얻었다. 다음으로 이 루트 서버(ns.root-servers.net, 10.1.3.51)에 'com'의 A 레코드를 질의한다. 'com의 IP 주소를 알려주세요'라는 식의 이미지다.

여기서의 질의 내용은 캐시 서버의 'QNAME minimisation'이라는 기능 설정에 따라 달라진다. QNAME minimisation은 루트 서버나 TLD의 권한이 있는 서버에 필요한 최소한의 정보만 질의할 수 있도록 하는 기능이다. 이번에 사용하는 Unbound(버전 1.9.4)는 기본적으로 이 기능이 활성화되어 있어[34] 'com'의 A 레코드만 조회한다. 이 설정을 비활성화하면 'www.example.com'의 A 레코드를 조회하게 된다.

---

[34] Unbound는 버전 1.7.3부터 QNAME minimisation이 기본적으로 활성화되어 있다.

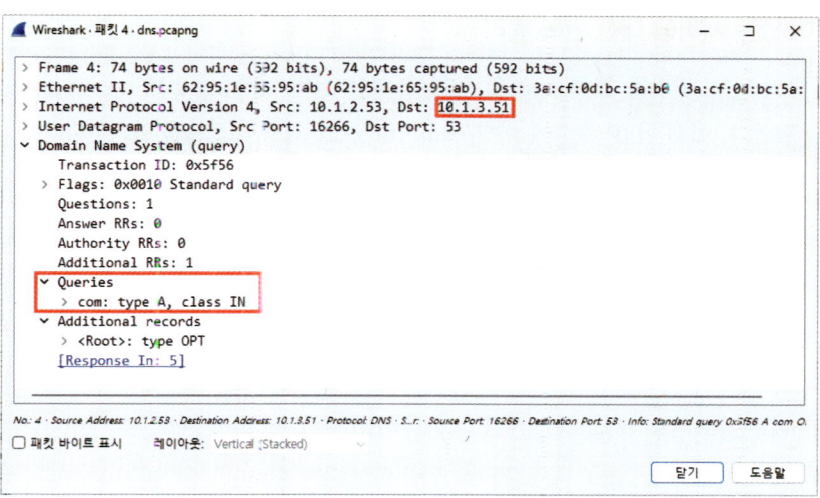

[그림] 루트 서버에 com의 A 레코드를 질의한다.

b1도 마찬가지로 '10.1.3.51'로 반복 쿼리를 받으면 루트 영역의 존 파일(/etc/bind/db.root)을 검색하여 NS 레코드와 그에 해당하는 A 레코드의 정보를 응답한다. 'com에 대해서는 com의 권한 서버에 물어보세요'와 같은 느낌이다. 이 답변을 통해 'ns.gtld-servers.net'이 com의 권한이 있는 서버이며, 해당 IP 주소가 '10.1.3.52'라는 것을 알 수 있다.

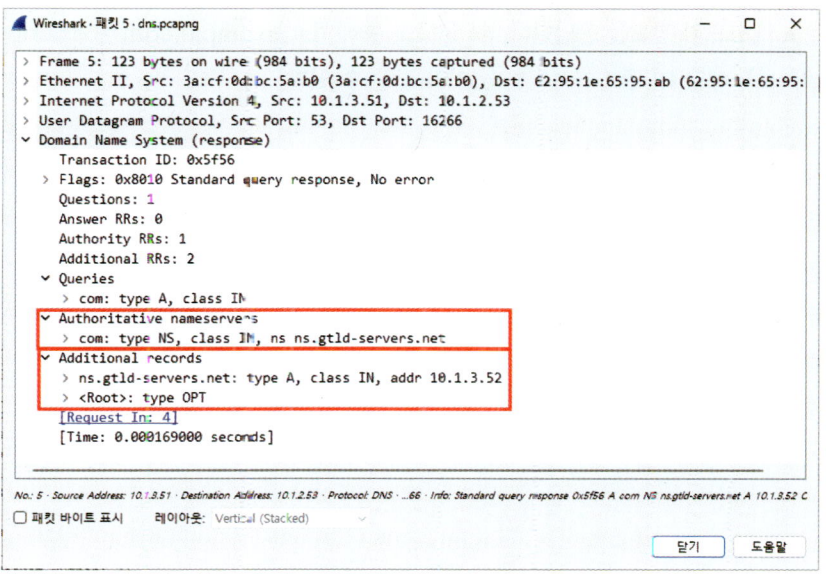

[그림] 루트 서버로부터 com의 A 레코드를 수신한다.

com의 권한이 있는 서버에 대한 반복 쿼리

루트 서버에 대한 반복 쿼리를 통해 com의 권한이 있는 서버 이름(ns.gtld-servers.net)과 IP 주소 (10.1.3.52)를 알았다. 이제 이 IP 주소에 대해 'example.com'의 A 레코드를 질의한다[35].

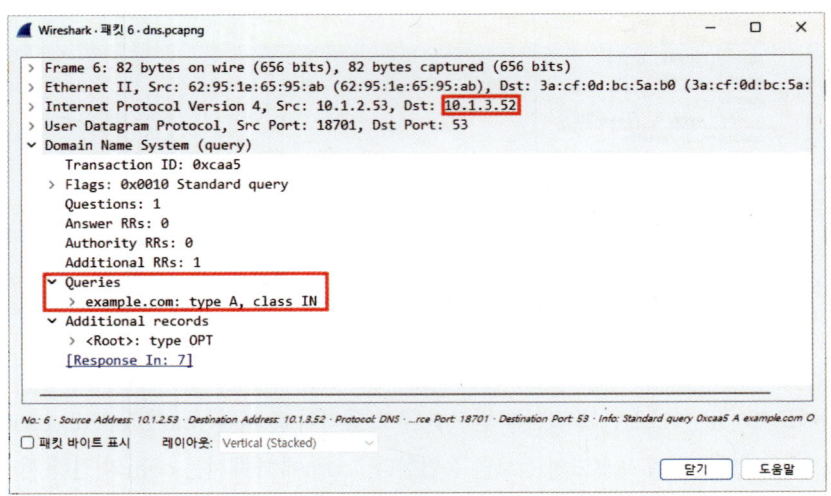

[그림] com의 권한이 있는 서버에 example.com의 A 레코드를 조회한다.

lb1은 '10.1.3.52'로 반복 쿼리를 받으면 com 존의 존 파일(/etc/bind/db.com)을 검색하여 NS 레코드와 그에 해당하는 A 레코드의 정보를 응답한다. 이 응답을 통해 'lb1.example.com'이 example.com의 권한이 있는 서버이며, 해당 IP 주소가 '10.1.3.53'임을 알 수 있다.

---

35 QNAME minimisation이 활성화되지 않은 경우 'www.example.com'의 A 레코드를 질의한다.

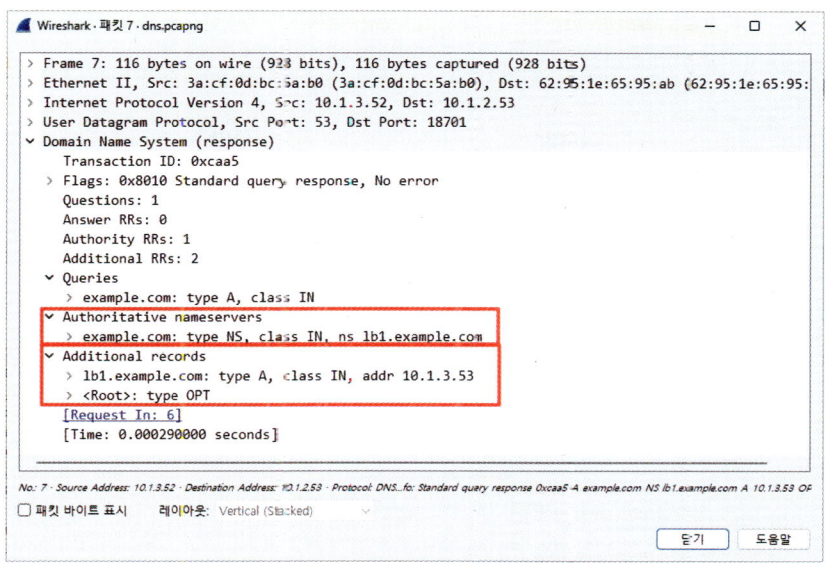

[그림] com의 권한이 있는 서버로부터 example.com의 A 레코드를 수신한다.

example.com의 권한이 있는 서버에 대한 반복 쿼리

com의 권한이 있는 서버에 대한 반복적인 쿼리를 통해 example.com의 권한이 있는 서버 이름(lb1.example.com)과 IP 주소(10.1.3.53)를 알 수 있었다. 이제 이 IP 주소에 대해 'www.example.com'의 A 레코드를 질의한다.

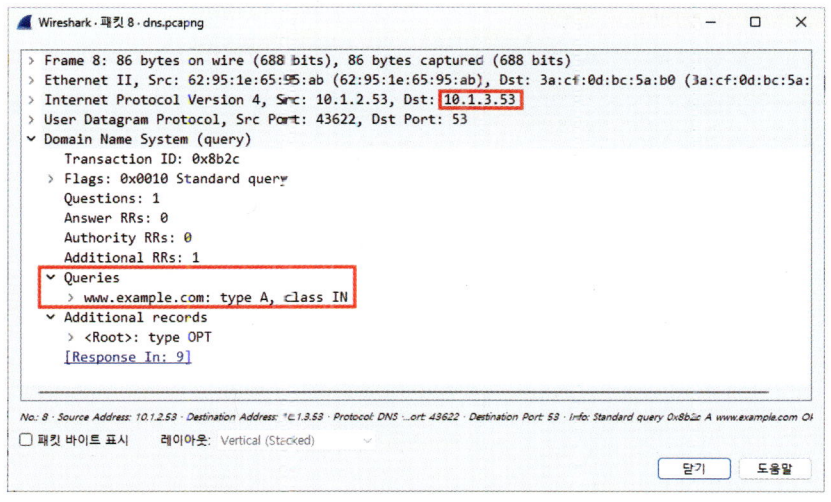

[그림] example.com의 권한이 있는 서버에 www.example.com의 A 레코드를 질의한다.

lb1은 '10.1.3.53'으로 반복 쿼리를 받으면 example.com 존의 존 파일(/etc/bind/db.ex.ex.example.com)을 검색하여 A 레코드의 정보를 응답한다. 이 응답을 통해 'www.example.com'의 IP 주소가 '10.1.3.12'임을 알 수 있다.

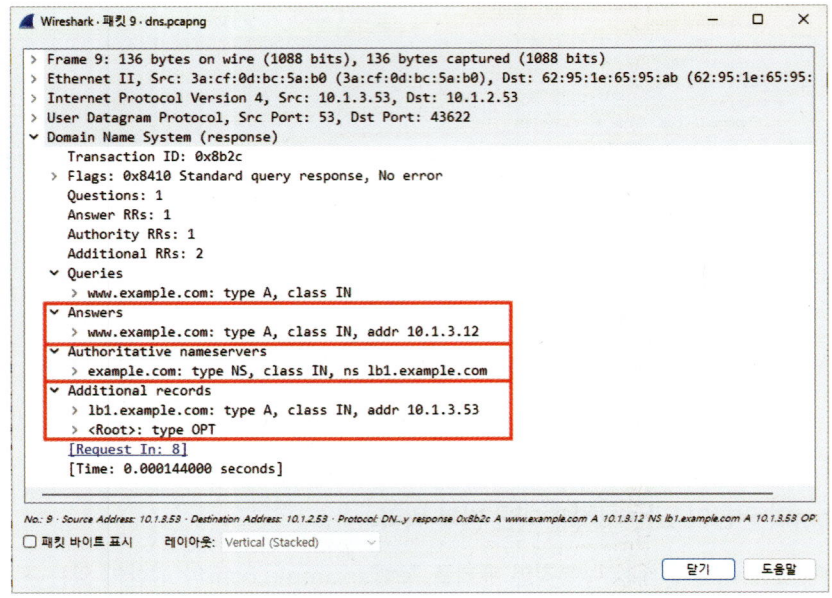

[그림] example.com의 권한이 있는 서버로부터 www.example.com의 A 레코드를 수신한다.

rt1(cl1)에 대한 응답

반복적인 쿼리 교환을 통해 ns1은 'www.example.com'의 IP 주소가 '10.1.3.12'임을 확인했다. 이 정보를 발신자인 rt1에 응답한다. DNS 포워더인 rt1은 이 정보를 cl1에 전달한다. 참고로 재귀 쿼리에 대한 응답이므로 RD 플래그는 '1'이 된다.

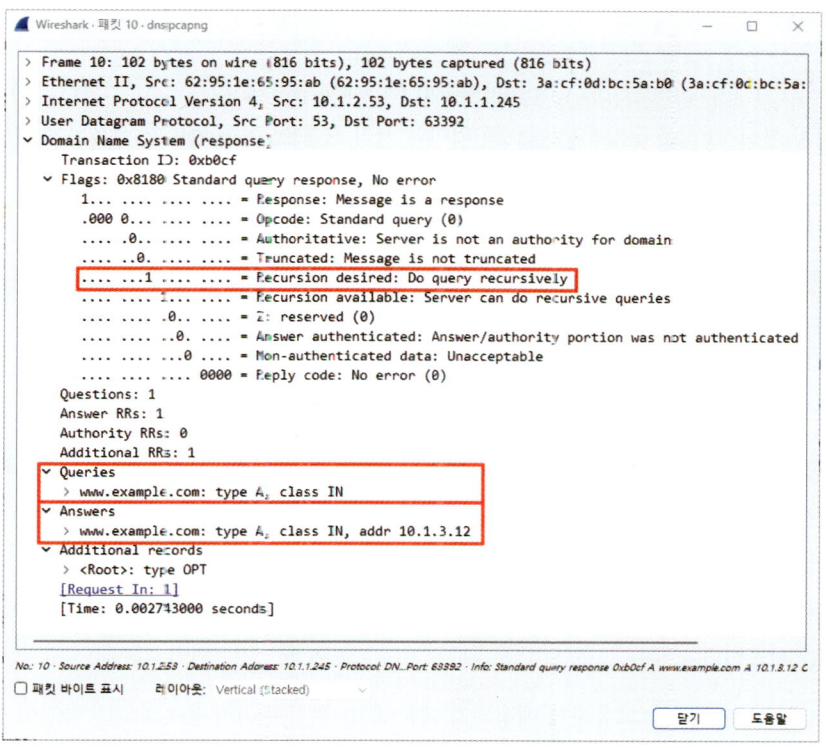

[그림] rt1(cl1)에 대한 응답

이상으로 DNS에 대해 알아봤다. DNS는 단순해 보이지만 알면 알수록 깊고 재밌는 프로토콜이다. 이 책은 입문서인 만큼 기본적인 부분만 설명했지만 실제로 인터넷에 흐르는 DNS 패킷을 보거나 현장에서 이름 풀이와 관련된 문제를 해결해 보면 그 깊이를 알 수 있을 것이다.

5-2-4 DHCP(Dynamic Host Configuration Protocol)

'DHCP(Dynamic Host Configuration Protocol)'는 IP 주소, 서브넷 마스크, 기본 게이트웨이와 DNS 서버의 IP 주소 등 네트워크에 접속하기 위해 필요한 설정을 배포하는 프로토콜이다. 가정 내 LAN 환경에서 LAN 케이블을 연결하거나 Wi-Fi를 설정하는 것만으로 인터넷에 접속할 수 있게 된 경험이 있을 것이다. 이는 DHCP가 보이지 않는 곳에서 묵묵히 수고해주고 있기 때문이다.

이론 이해하기

DHCP는 RFC2131 'Dynamic Host Configuration Protocol'로 표준화되어 있다. RFC2131에는 DHCP의 역할, 메시지 형식, 형식을 구성하는 필드의 의미와 처리 흐름 등 여러 가지가 상세하게 정의되어 있다.

정적 할당과 동적 할당

DHCP에 대해 자세히 알아보기 전에 먼저 IP 주소를 단말(NIC)에 할당하는 방법을 설명한다. IP 주소 할당 방법에는 크게 '정적 할당'과 '동적 할당'의 두 가지가 있다.

정적 할당

정적 할당은 단말에 대해 일일이 수동으로 IP 주소를 설정하는 방식이다. 네트워크에 접속하는 사용자는 시스템 관리자에게 요청해 비어 있는 IP 주소를 지급받아 설정한다. 서버나 네트워크 장비는 IP 주소가 수시로 바뀌면 통신에 영향을 미치기 때문에 대부분 정적으로 할당한다. 또한 수십 명 정도의 소규모 사무실 네트워크 환경에서 시스템 관리자가 어떤 단말에 어떤 IP 주소를 설정했는지 완벽하게 파악하고 싶을 때도 이 할당 방식을 사용한다.

정적 할당은 단말과 IP 주소가 고유하게 매핑되기 때문에 IP 주소 관리가 용이하다는 장점이 있다. 예를 들어, '이 IP 주소를 가진 서버에 대한 통신이 급증하고 있다', '이 IP 주소에서 인터넷상의 특정 서버로 이상한 통신이 발생하고 있다'와 같이 어떤 이상 징후가 발생하면 어떤 단말인지 즉시 파악할 수 있다. 반면, 단말의 수가 많아질수록 어떤 단말에 어떤 IP 주소를 할당했는지 알 수 없어 관리가 복잡해지기 쉽다. 예를 들어, 수만 대의 단말이 있는 LAN 환경에서 일일이 IP 주소를 관리하는 것은 현실적으로 불가능하다. 따라서 대규모 LAN 환경에서는 일반적으로 동적으로 할당한다.

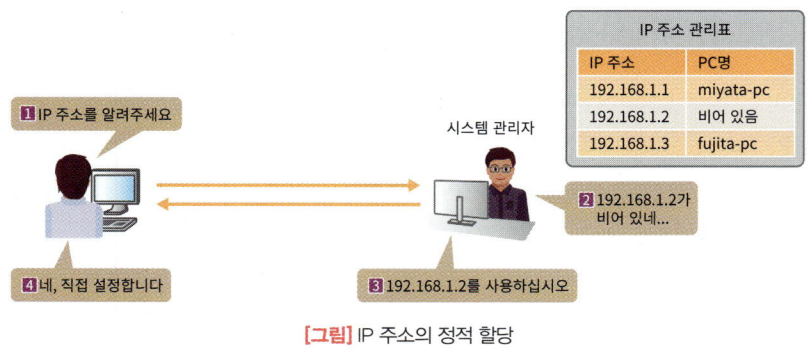

[그림] IP 주소의 정적 할당

동적 할당

동적 할당은 DHCP를 사용하여 단말에 자동으로 IP 주소를 설정하는 방법이다. 정적 할당은 사용자가 시스템 관리자에게 요청하여 빈 IP 주소를 지급받아 직접 수동으로 설정해야 했다. 동적 할당은 이 모든 과정을 DHCP가 자동으로 처리한다.

동적 할당은 단말 수가 많은 대규모 LAN 환경이라도 IP 주소를 중앙에서 관리하므로 IP 주소 관리의 번거로움을 줄일 수 있다. 또한, 가정 내 LAN과 같은 소규모 LAN에서 IT에 익숙하지 않은 사람도 단순히 LAN 케이블을 연결하거나 Wi-Fi 설정만 하면 인터넷에 접속할 수 있게 된다.

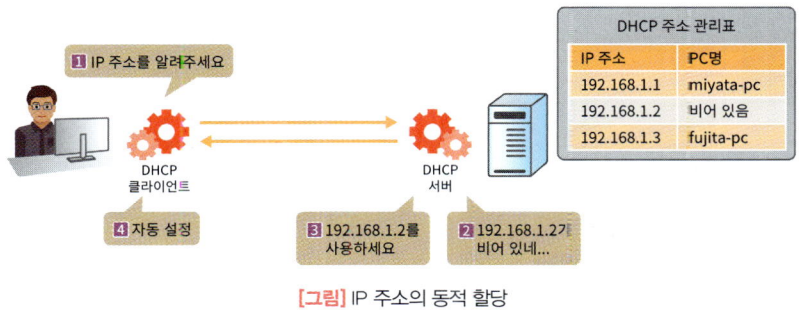

[그림] IP 주소의 동적 할당

DHCP 메시지 형식

이제 DHCP에 대해 자세히 알아보자. DHCP는 UDP/67[36]로 캡슐화된 DHCP 메시지 부분에 설정 정보를 담는다. DHCP 메시지의 형식은 여러 가지 필드로 구성되어 있어 다소 복잡하다. 이 중 특히 중요한 필드는 '할당 클라이언트 IP 주소', '클라이언트 MAC 주소', '옵션' 세 가지다.

---

36 목적지 포트 번호는 UDP/67, 발신자 포트 번호는 UDP/68이다.

	0비트	8비트	16비트	24
0바이트	오퍼레이션 코드	하드웨어 주소 유형	하드웨어 주소 길이	홉
4바이트	트랜잭션 ID			
8바이트	경과 시간		플래그	
12바이트	경과 시간, 플래그			
16바이트	할당된 클라이언트 IP 주소			
20바이트	DHCP 서버 IP 주소			
24바이트	중계 에이전트 IP 주소			
28바이트	클라이언트 MAC 주소			
32바이트				
36바이트				
40바이트				
44바이트 ~104바이트	서버 호스트명			
105바이트 ~223바이트	실행 파일명			
가변	옵션			

[그림] DHCP의 메시지 형식

'할당된 클라이언트 IP 주소'에는 실제로 DHCP 서버에서 단말에 배포되어 설정되는 IP 주소가 저장된다. '클라이언트 MAC 주소'에는 이름 그대로 단말의 MAC 주소가 저장된다. '옵션'에는 메시지 유형(Discover/Offer/Request/Ack), 서브넷 마스크, 기본 게이트웨이 및 DNS 서버의 IP 주소 등 네트워크 설정에 관한 다양한 정보가 저장된다. 옵션은 옵션 코드에 의해 식별된다. 대표적인 코드에는 다음 표와 같은 것들이 있다.

[표] 대표적인 옵션 코드[37]

옵션 코드	의미	Wireshark 표기
1	서브넷 마스크	Subnet Mask
3	기본 게이트웨이	Router
6	DNS 서버 IP 주소	Domain Name Server
12	호스트 이름	Host Name
42	NTP 서버의 IP 주소	Network Time Protocol Servers
51	IP 주소 임대 시간	IP address Lease Time
53	DHCP 메시지 유형	DHCP Message Type
54	DHCP 서버 ID	DHCP Server Identifier

[37] 그 외의 옵션 코드는 아래 URL에서 확인할 수 있다.
https://www.iana.org/assignments/bootp-dhcp-parameters/bootp-dhcp-parameters.xhtml

DHCP 처리 흐름

DHCP 서버와 DHCP 클라이언트는 어떻게 DHCP 메시지를 주고받는지 전체적인 흐름을 알아보자.

DHCP의 동작은 매우 간단하고 이해하기 쉽다. 'IP 주소 주세요'라고 큰 소리로(브로드캐스트) 사람들에게 물어보면 DHCP 서버가 '이 IP 주소로 오세요'라고 대답하는 것을 떠올리면 된다. DHCP는 IP 주소가 설정되지 않은 상태에서 브로드캐스트를 통해 정보를 주고받는다.

01. DHCP 클라이언트는 DHCP 서버를 찾는 'DHCP Discover'를 브로드캐스트로 전송한다.

02. DHCP Discover를 받은 DHCP 서버는 미리 설정된 IP 주소 범위(DHCP 풀, DHCP 범위) 중에서 IP 주소를 선택해 'DHCP Offer'를 유니캐스트[38] [39]로 반환한다. 이 시점에는 아직 배포할 IP 주소가 확정되지 않았다.

   참고로 검증 환경의 경우 가정 내 LAN의 DHCP 서버인 rt1이 DHCP 풀을 가지고 있으며 그 범위는 '192.168.11.1'에서 '192.168.11.253'까지로 설정되어 있다. 이 중 cl3에 정적으로 설정된 IP 주소 '192.168.1.100'만 제외되어 있다.

03. DHCP Offer를 받은 DHCP 클라이언트는 'DHCP Request'를 브로드캐스트하여 '해당 IP 주소로 부탁합니다'라고 전달한다. 여러 DHCP 서버로부터 여러 개의 DHCP Offer를 받은 경우 가장 먼저 받은 DHCP Offer에 대해 DHCP Request를 반환한다.

04. DHCP Request를 받은 DHCP 서버는 'DHCP ACK'를 유니캐스트로 반환하여 해당 IP 주소를 전달한다.

05. DHCP ACK를 받은 DHCP 클라이언트는 DHCP Offer에서 전달받은 IP 주소를 자신의 IP 주소로 설정하고 해당 IP 주소로 통신을 시작한다. 참고로 받은 IP 주소에는 임대 시간이 설정되어 있다. 임대 시간이 지나면 'DHCP Release'를 전송하여 해당 IP 주소를 해제하고 DHCP 서버에 반환한다.

---

[38] DHCP 메시지에 포함된 브로드캐스트 플래그 값에 따라서는 브로드캐스트가 된다.
[39] DHCP 서버의 사양이나 설정에 따라 할당할 IP 주소가 사용되지 않았는지 확인하기 위해 DHCP Offer 전에 ARP나 ICMP를 보내기도 한다. 이 기능을 '중복 탐지 기능'이라고 한다.

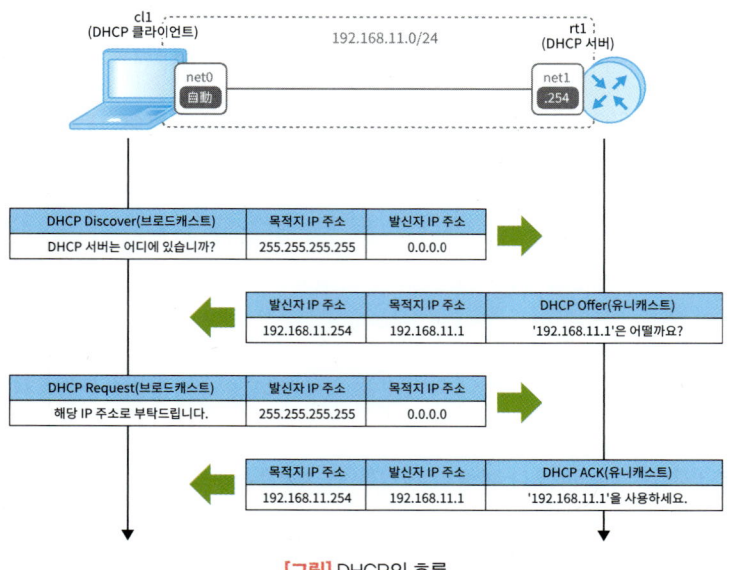

[그림] DHCP의 흐름

실습해 보기

이제 실제로 검증 환경을 이용하여 DHCP 메시지를 살펴보자. 설정 파일은 그대로 'spec_05.yaml'을 사용한다. 여기서는 실제로 주고받는 DHCP 메시지를 캡처하고 그 내용을 분석해 보겠다.

패킷 캡처하기

먼저 검증 환경에서 DHCP 메시지를 캡처해 보자. 여기서는 DHCP로 가정 내 LAN에 있는 rt1(DHCP 서버)에서 cl1(DHCP 클라이언트)에 IP 주소를 비롯한 네트워크 설정을 배포한다.

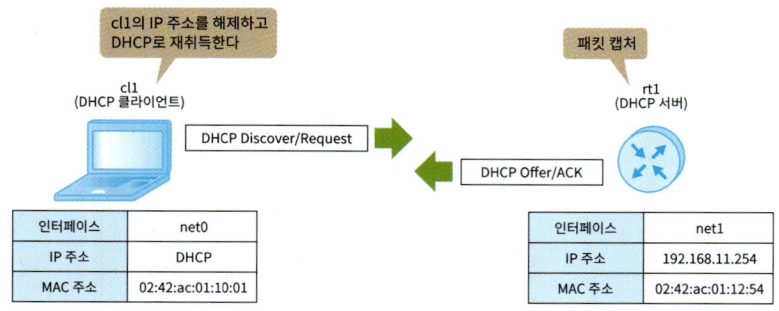

[그림] DHCP 메시지 캡처

01. cl1에 로그인하여 cl1에 배포된 IP 주소를 확인하고 이를 해제(릴리스)한다. DHCP 관련 처리는 'dhclient 명령'을 사용한다. dhclient 명령은 DHCP 클라이언트 애플리케이션 중 하나로 cl1과 cl2의 도커 이미지에 설치되어 있다. dhclient 명령어에는 다음 표와 같은 옵션이 있지만 이 책에서는 IP 주소를 해제하는 '-r 옵션'과 자세한 정보를 표시하는 '-v 옵션'만을 사용한다.

[표] dhclient 명령어 옵션

옵션	의미
-4	DHCPv4를 사용한다
-6	DHCPv6을 사용한다
-h	도움말을 표시한다
-s ⟨서버 주소⟩	DHCP 서버의 IP 주소를 지정한다
-r	IP 주소를 해제한다
-p ⟨포트 번호⟩	임의의 포트 번호를 사용한다
-v	상세 정보를 표시한다

이제 cl1의 IP 주소를 확인해 보자. 여기서는 DHCP로 배포된 IP 주소인지 확인할 수 있도록 iproute2에 포함된 'ip addr show 명령어'를 사용한다. 그러면 cl1의 IP 주소가 '192.168.11.1/24'임을 알 수 있다. 또한 'dynamic'이라는 표시와 함께 이 IP 주소가 DHCP를 통해 배포된 것임을 알 수 있다[40]. 참고로 이 IP 주소는 2장과 3장의 실습 항목에 서로 연결되어 있어 반드시 동일하도록 되어 있다.

[코드] IP 주소 확인

```
root@cl1:/# ip addr show net0
2: net0@if3: <BROADCAST,MULTICAST,DYNAMIC,UP,LOWER_UP> mtu 1500 qdisc noqueue state UP group default qlen 1000
    link/ether 02:42:ac:01:10:01 brd ff:ff:ff:ff:ff:ff link-netnsid 0
    inet 192.168.11.1/24 brd 192.168.11.255 scope global dynamic net0
       valid_lft 3066sec preferred_lft 3066sec
```

IP 주소를 확인했다면 'dhclient -r -v'로 IP 주소를 해제하고 그 세부 정보를 확인한다. 표시 결과를 보면 net0에 할당된 '192.168.11.1'이 해제된 것을 확인할 수 있다.

[코드] IP 주소 해제

```
root@cl1:/# dhclient -r -v
Killed old client process
```

---

[40] 구체적으로는 cl1의 MAC 주소(02:42:ac:01:10:01)로부터 DHCP Discover를 받으면 '192.168.11.1'을, cl2의 MAC 주소(02:42:ac:01:10:02)로부터 DHCP Discover를 받으면 '192.168.11.2'를 배포하도록 r1을 설정했다.

```
Internet Systems Consortium DHCP Client 4.4.1
Copyright 2004-2018 Internet Systems Consortium.
All rights reserved.
For info, please visit https://www.isc.org/software/dhcp/

Corrupt lease file - possible data loss!
Corrupt lease file - possible data loss!
Listening on LPF/net0/02:42:ac:01:10:01
Sending on   LPF/net0/02:42:ac:01:10:01
Sending on   Socket/fallback
DHCPRELEASE of 192.168.11.1 on net0 to 192.168.11.254 port 67 (xid=0x24e8b580)
```

혹시 모르니 ip addr show 명령으로 net0의 IP 주소가 해제되었는지 확인한다. 그러면 방금 전까지 표시되던 IP 주소의 행이 사라진 것을 확인할 수 있다.

[코드] IP 주소 확인 (IP 주소 해제 후)

```
root@cl1:/# ip addr show net0
2: net0@if3: <BROADCAST,MULTICAST,DYNAMIC,UP,LOWER_UP> mtu 1500 qdisc noqueue state UP group default qlen 1000
    link/ether 02:42:ac:01:10:01 brd ff:ff:ff:ff:ff:ff link-netnsid 0
```

02. rt1에서 tcpdump 명령을 실행하여 앞으로 주고받을 패킷을 준비한다. 여기서는 rt1의 net1에서 주고받는 패킷을 캡처하여 컨테이너에 있는 '/tmp/tinet' 폴더에 'dhcp.pcapng'라는 파일명으로 기록하도록 한다.

[코드] tcpdump 명령어 실행

```
root@rt1:/# tcpdump -i net1 -w /tmp/tinet/dhcp.pcapng
tcpdump: listening on net1, link-type EN10MB (Ethernet), capture size 262144 bytes
```

03. cl1에서 dhclient 명령을 실행하여 DHCP 처리를 시작한다. 여기서도 자세한 처리 과정을 알 수 있도록 '-v 옵션'을 사용한다. 표시 결과를 보면 'DHCP Discover(표시상으로는 DHCPDISCOVER)' → 'DHCP Offer(표시상으로는 DHCPOFFER)' → 'DHCP Request(표시상으로는 DHCPREQUEST)' → 'DHCP ACK(표시상으로는 DHCPACK)'의 순서로 주고받으며 '192.168.11.254(rt1)'에서 '192.168.11.1'이 할당된 것을 확인할 수 있다.

[코드] IP 주소 할당

```
root@cl1:/# dhclient -v
Internet Systems Consortium DHCP Client 4.4.1
Copyright 2004-2018 Internet Systems Consortium.
All rights reserved.
For info, please visit https://www.isc.org/software/dhcp/
```

```
Listening on LPF/net0/02:42:ac:01:10:01
Sending on   LPF/net0/02:42:ac:01:10:01
Sending on   Socket/fallback
DHCPDISCOVER on net0 to 255.255.255.255 port 67 interval 3 (xid=0x89cbc825)
DHCPOFFER of 192.168.11.1 from 192.168.11.254
DHCPREQUEST for 192.168.11.1 on net0 to 255.255.255.255 port 67 (xid=0x25c8cb89)
DHCPACK of 192.168.11.1 from 192.168.11.254 (xid=0x89cbc825)
bound to 192.168.11.1 -- renewal in 1755 seconds.
```

혹시 모르니 ip addr show 명령으로 IP 주소를 확인한다. 그러면 다시 DHCP로 IP 주소가 설정된 것을 확인할 수 있다

[코드] IP 주소 확인 (IP 주소 할당 후)

```
root@cl1:/# ip addr show net0
2: net0@if3: <BROADCAST,MULTICAST,DYNAMIC,UP,LOWER_UP> mtu 1500 qdisc noqueue state UP group default qlen 1000
    link/ether 02:42:ac:01:10:01 brd ff:ff:ff:ff:ff:ff link-netnsid 0
    inet 192.168.11.1/24 brd 192.168.11.255 scope global dynamic net0
       valid_lft 3307sec preferred_lft 3307sec
```

04. 다른 창이나 탭을 하나 더 열어 rt1에 르그인하여 어떤 IP 주소가 할당되어 있는지 확인한다. 할당 현황은 '/var/lib/misc/dnsmasq.leases'라는 텍스트 파일에 나와 있다. 이를 cat 명령어로 확인한다. 그러면 cl1의 MAC 주소 (02:42:ac:01:10:01)에는 '192.168.11.1', cl2의 MAC 주소(02:42:ac:01:10:02)에는 '192.168.11.2'가 할당된 것을 확인할 수 있다.

[코드] IP 주소의 할당 현황

```
root@rt1:/# cat /var/lib/misc/dnsmasq.leases
1682579634 02:42:ac:01:10:02 192.168.11.2 cl2 *
1682579448 02:42:ac:01:10:01 192.168.11.1 cl1 *
```

05. rt1에서 Ctrl+c를 눌러 tcpdump를 종료한다.

패킷 분석하기

다음으로 앞 절에서 캡처한 DHCP 메시지를 분석해 보겠다. 분석에 앞서 도움이 될 만한 Wireshark의 표시 필터를 소개한다. 이를 필터 도구 모음에 입력한다. 여러 개의 표시 필터를 'and'나 'or'로 연결하여 표시할 패킷을 더욱 좁힐 수도 있다.

[표] DHCP에 대한 대표적인 표시 필터

필드명	필드명이 나타내는 의미	서식 예시
dhcp	모든 DHCP 메시지	dhcp
dhcp.ip.your	클라이언트 IP 주소 할당	dhcp.ip.your == 192.168.11.1
dhcp.option.type	옵션 유형	dhcp.option.type == 53
dhcp.option.dhcp	DHCP 메시지 유형	dhcp.option.dhcp == 2
dhcp.option.subnet_mask	서브넷 마스크	dhcp.option.subnet_mask == 255.255.255.255.0
dhcp.option.domain_name_server	DNS 서버의 IP 주소	dhcp.option.domain_name_server == 192.168.11.254
dhcp.option.router	기본 게이트웨이	dhcp.option.router == 192.168.11.254

이제 Wireshark에서 'C:\tinet'에 있는 'dhcp.pcapng'를 열고 표시 필터에 'dhcp'를 입력해 보자. 그러면 4개의 패킷이 보일 것이다. 흐름을 살펴보면 'cl1에 의한 DHCP Discover' → 'rt1에 의한 DHCP Offer' → 'cl1에 의한 DHCP Request' → 'rt1에 의한 DHCP ACK'의 순서로 처리하고 있음을 알 수 있다.

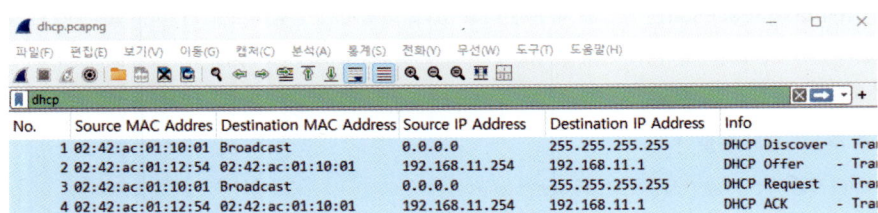

[그림] DHCP의 전반적인 흐름

그럼 이제 패킷을 하나하나 살펴보겠다.

cl1의 DHCP Discover

먼저 cl1은 dhclient 명령과 함께 DHCP Discover를 전송한다. DHCP Discover의 발신 MAC 주소는 자신의 MAC 주소인 '02:42:ac:01:10:01'이고, 수신 MAC 주소는 아직 DHCP 서버의 존재 여부를 알 수 없는 상태이므로 브로드캐스트인 'ff:ff:ff:ff:ff:ff'이다. 또한, 발신자 IP 주소는 아직 IP 주소가 설정되지 않은 상태이므로 더미 주소인 '0.0.0.0', 목적지 IP 주소는 브로드캐스트의 '255.255.255.255'로 설정되어 있다. 참고로 dhclient는 '-r 옵션'으로 IP 주소를 릴리스하면 다음의 DHCP Discover에서도 동일한 IP 주소를 사용하려고 Requested IP Address 옵션 필드에 '192.168.11.1'을 저장한다.

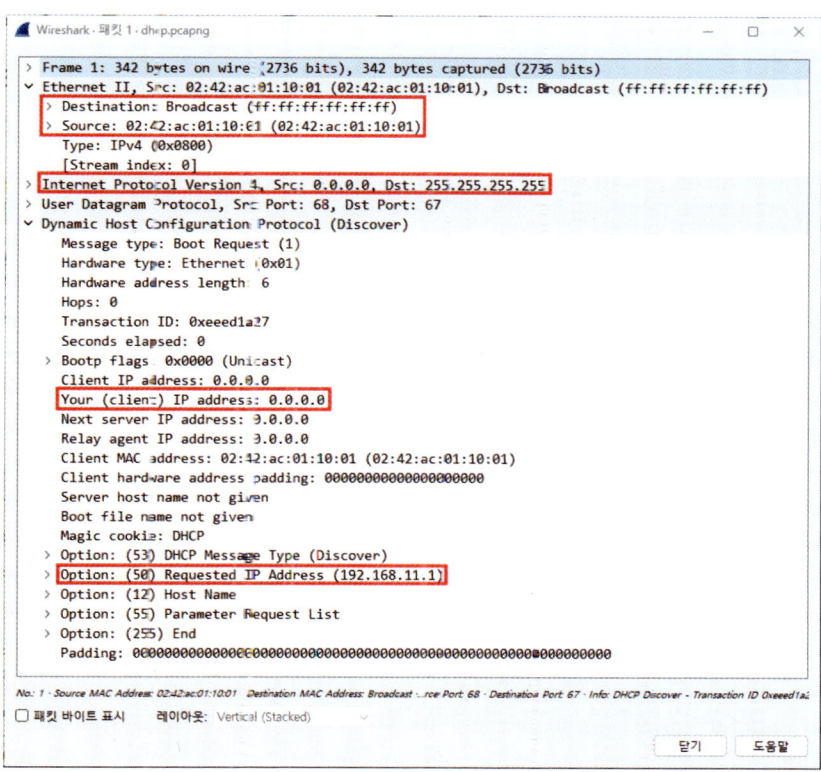

[그림] DHCP Discover

rt1의 DHCP Offer

DHCP Discover를 받은 rt1은 DHCP 풀에서 '192.168.11.1'을 선택하고[41], 할당 클라이언트 IP 주소 필드(Your IP address)에 '192.168.11.1'을 저장한다. 또한, 옵션 필드에 임대 시간(1시간), 서브넷 마스크(255.255.255.0), DNS 서버의 IP 주소(192.168.11.254)와 기본 게이트웨이(192.168.11.254) 등 다양한 정보를 저장하여 유니캐스트인 DHCP Offer를 전송한다. 참고로 옵션 필드에 있는 이러한 값들은 tinet의 설정 파일을 통해 '/etc/dnsmasq.conf'에 설정되어 있다.

---

41 설명의 일관성을 위해 rt1은 수신한 DHCP Discover의 발신자 MAC 주소가 '02:42:ac:01:10:01(cl1의 MAC 주소)'이면 '192.168.11.1'을 할당하도록 설정되어 있다.

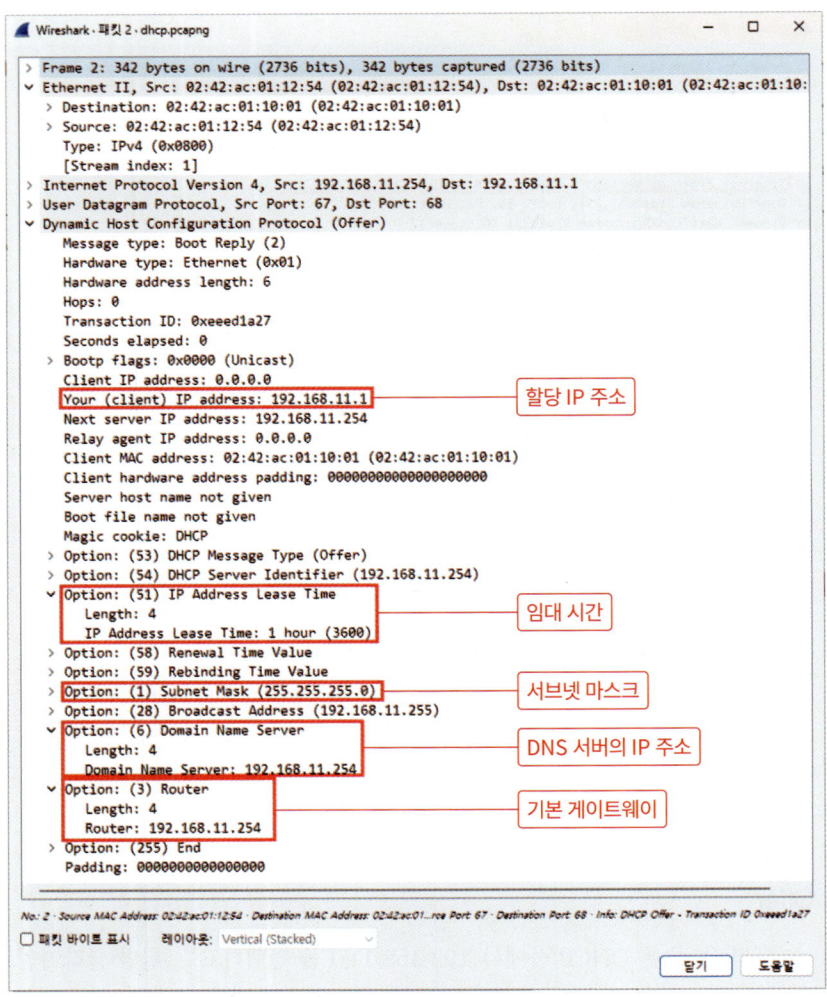

[그림] DHCP Offer

cl1의 DHCP Request

DHCP Offer를 받은 cl1은 브로드캐스트인 DHCP Request를 전송하여 rt1에게 설정을 요청한다. 패킷의 내용은 DHCP Discover와 크게 다르지 않다.

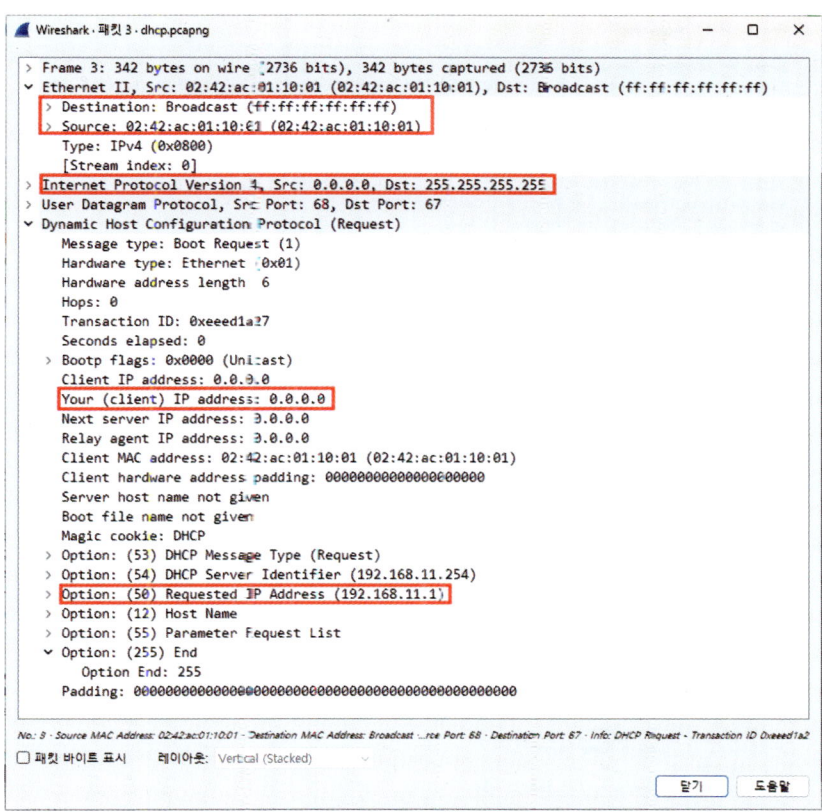

[그림] DHCP Request

rt1의 DHCP ACK

DHCP Request를 받은 rt1은 유니캐스트인 DHCP ACK를 전송하여 설정 내용을 확정한다. 패킷의 내용은 DHCP Offer와 크게 다르지 않다.

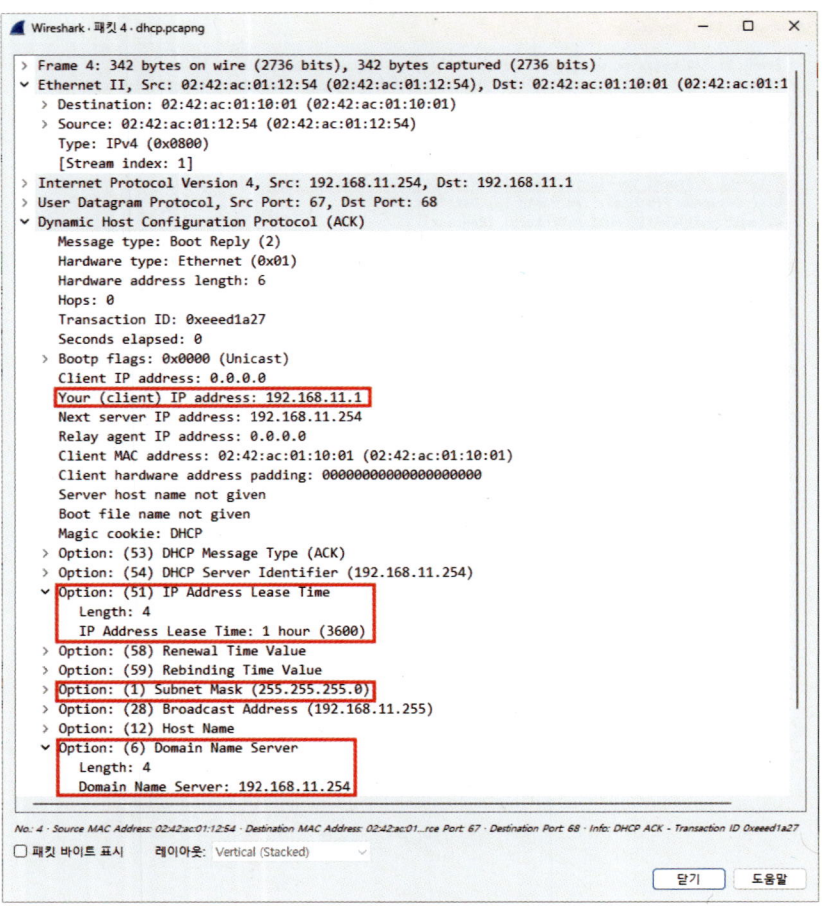

[그림] DHCP ACK

5-3 네트워크 기술 이해하기

이어서 실제 네트워크 환경에서 많이 사용되는 애플리케이션 프로토콜 관련 기술에 대해 알아보겠다. 현대 네트워크에서 애플리케이션 프로토콜과 함께 활약하는 장비로 '부하 분산 장치'를 꼽을 수 있다. 먼저, 부하 분산 장치에 대해 간단히 정리해 보겠다.

부하 분산 장치는 이름 그대로 서버의 부하를 분산시키는 장비다. 실무 현장에서는 '로드밸런서'라고 부르기도 하고 'L7 스위치'라고 부르기도 하는데 모두 같은 장비라고 생각하면 된다. 부하 분산 장치에서 많이 사용하는 기술은 '서버 부하 분산'과 'SSL 오프로드' 두 가지가 있다. 각각에 대해 이론과 실무 두 가지 측면에서 설명하겠다.

5-3-1 서버 부하 분산

서버 부하 분산은 클라이언트로부터 받은 패킷을 여러 대의 서버로 분산하는 기술이다. 아무리 고성능 서버라도 한 대가 처리할 수 있는 트래픽(통신 데이터)의 양에는 한계가 있다. 부하 분산 장치는 클라이언트로부터 전송된 패킷을 받으면 '부하 분산 방식(부하 분산 알고리즘)'이라는 규칙에 따라 뒤쪽에 있는 여러 서버로 분산시켜 시스템 전체가 처리할 수 있는 트래픽의 양을 늘린다. 또한, 부하 분산 대상 서버에 대해 '헬스 체크'라는 정기적인 서비스 모니터링을 통해 장애가 발생한 서버를 부하 분산 대상에서 제외하여 서비스 가용성을 높인다.

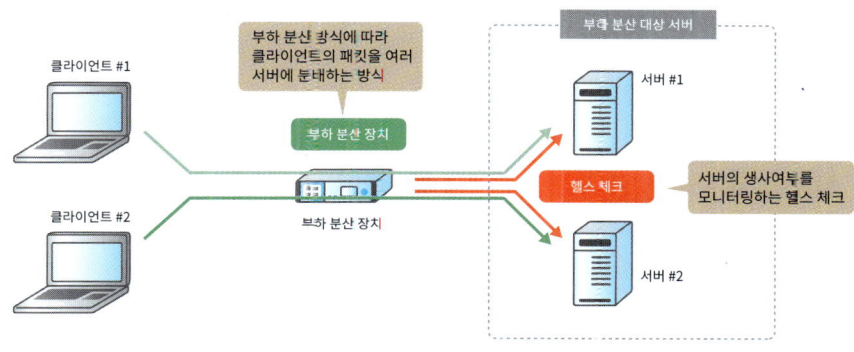

[그림] 서버 부하 분산

이론 이해하기

그렇다면 부하 분산 장치는 어떻게 패킷을 여러 서버에 분배하는 것일까? 우선 이론적인 처리 흐름을 이해해 보자. 다만, 서버 부하 분산 기술은 단독으로 존재하는 것이 아니라 여러 가지 기능의 조합으로 구성되어 있다. 따라서 먼저 서버 부하 분산을 구성하는 대표적인 기능을 설명한 후 전체적인 처리 흐름에 대해 알아보겠다.

세부적인 동작은 제조사, 장비, 애플리케이션에 따라 달라질 수 있다. 여기서는 검증 환경에서 사용하는 'HAProxy'의 동작을 기준으로 설명한다.

서버 부하 분산에 사용되는 기능

앞서 언급했듯이 서버 부하 분산은 여러 가지 기능의 조합이다. 여기서는 그 기능 중 '헬스 체크', '부하 분산 방식(부하 분산 알고리즘)', '퍼시스턴스'에 대해 설명한다.

헬스 체크

헬스 체크는 부하 분산 대상인 서버의 상태를 모니터링하는 기능이다. 다운된 서버에 연결을 분산해도 응답하지 않으므로 의미가 없다. 부하 분산 장치는 서버에 주기적으로 모니터링 패킷을 보내 동작 여부를 모니터링하고, 다운되었다고 판단되면 해당 서버를 부하 분산 대상에서 제외한다. 제조사에 따라 '헬스 모니터', '프로브' 등으로 부르기도 하지만 모두 같은 의미라고 생각하면 된다.

헬스 체크에는 여러 종류가 있지만 HAProxy에서 자주 사용되는 것은 'TCP 체크'와 'HTTP 체크'다. TCP 체크는 주기적으로 SYN 패킷을 던져 SYN/ACK 패킷이 돌아오는 것을 확인하여 TCP 서비스의 상태를 모니터링한다. HTTP 체크는 HTTP 요청을 주기적으로 던지고 HTTP 응답의 내용을 확인함으로써 HTTP 애플리케이션의 상태를 모니터링한다.

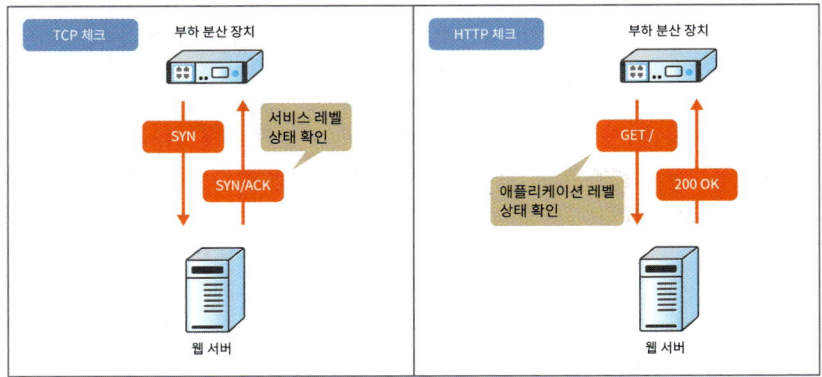

[그림] TCP 체크와 HTTP 체크

부하 분산 방식(부하 분산 알고리즘)

'어떤 정보를 사용해 어떤 서버에 분산할 것인가', 이를 '부하 분산 방식(부하 분산 알고리즘)'이라고 한다. 부하 분산 방식에 따라 분산되는 서버가 달라진다.

부하 분산 방식에는 여러 가지가 있지만 HAProxy에서 가장 많이 사용되는 것은 '라운드로빈(round robin)'과 '최소 연결 수(least connection)'다. 라운드로빈은 부하 분산 대상 서버에 순차적으로 분산하는 방식이다. 최소 연결 수는 할당된 연결 수를 관찰하여 연결 수가 적은 서버로 분산하는 방식이다.

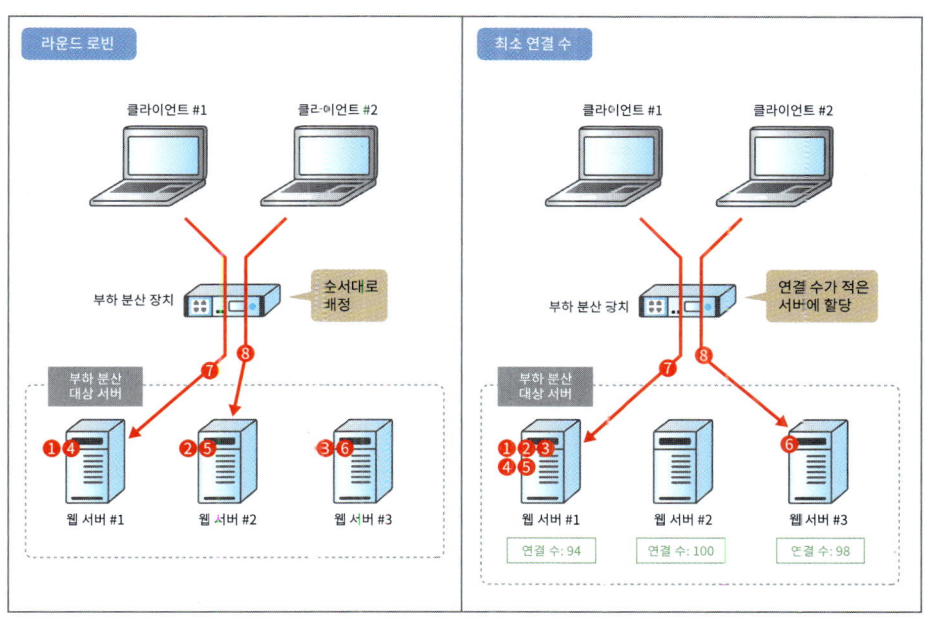

[그림] 라운드로빈과 최소 연결 수

퍼시스턴스

퍼시스턴스(persistence)는 애플리케이션에서 동일한 세션을 동일한 서버에 계속 할당하는 기능이다. 애플리케이션에 따라서는 동일한 서버에서 일련의 처리를 수행해야만 처리의 일관성을 유지할 수 있는 경우가 있다. 쇼핑 사이트가 좋은 예가 될 수 있다. 쇼핑 사이트는 '장바구니 담기' → '구매하기'의 일련의 과정을 동일한 서버에서 처리해야 한다. 예를 들어, 1번 웹 서버에서 상품을 장바구니에 담았는데 2번 웹 서버에서 구매 처리를 할 수 없다. 1번 웹 서버에서 상품을 장바구니에 담았으면 1번 웹 서버에서 구매 처리를 해야 한다. 이때 퍼시스턴스를 사용한다. '장바구니 담기' → '구매하기'의 일련의 과정을 동일한 서버에서 처리할 수 있도록 특정 정보를 기반으로 동일한 서버에 계속 할당한다.

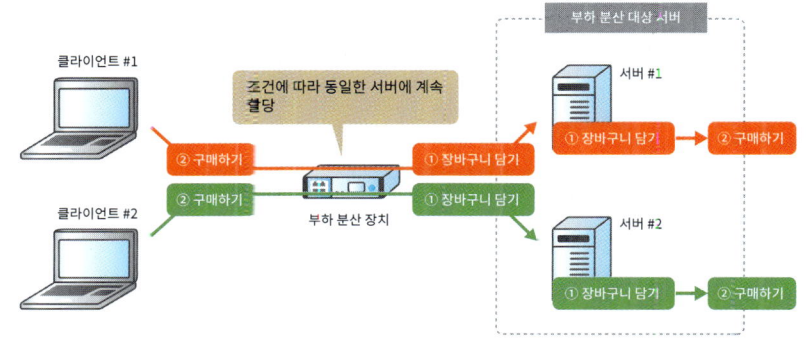

[그림] 퍼시스턴스

퍼시스턴스에는 어떤 정보를 보는지에 할당 따라 여러 가지 방식이 있다. 그중 자주 사용되는 방식이 '발신자 IP 주소 퍼시스턴스'와 '쿠키 퍼시스턴스'다.

발신 IP 주소 퍼시스턴스는 발신 IP 주소를 보고 일정 시간 동안 같은 서버에 계속 할당하는 퍼시스턴스다. 예를 들어, 발신자 IP 주소가 '10.1.1.245'라면 1번 서버에, '10.1.2.53'이라면 2번 서버에 설정한 시간 동안 계속 할당하는 방식이다.

쿠키 퍼시스턴스는 쿠키 헤더 필드의 정보를 보고 일정 시간 동안 같은 서버에 계속 할당하는 퍼시스턴스다. 쿠키 필드를 사용하기 때문에 HTTP 또는 뒤에서 설명할 SSL 오프로드 기술을 사용하는 HTTPS 환경에서만 유효하다. 쿠키는 웹 서버와의 통신을 통해 웹 브라우저에 특정 정보를 저장하도록 하는 메커니즘 또는 보관된 파일로, IP 주소나 도메인 이름(FQDN)별로 관리된다. 부하 분산 장치는 첫 번째 HTTP 응답에서 할당된 서버의 정보와 유효기간이 담긴 쿠키를 클라이언트에 전달한다. 그 이후의 HTTP 요청은 해당 쿠키를 가지고 있기 때문에 부하 분산 장치는 이를 바탕으로 동일한 서버에 계속 할당한다.

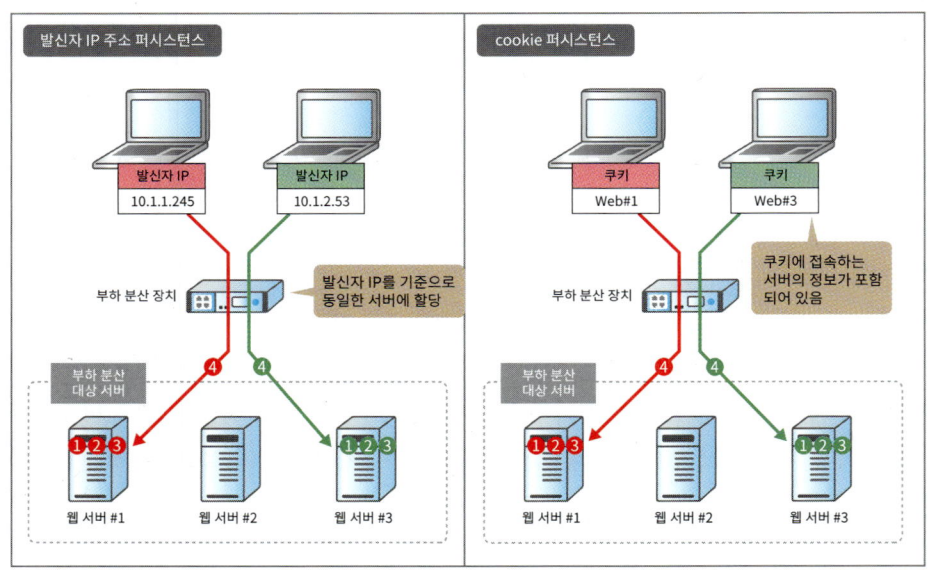

[그림] 발신자 IP 주소 퍼시스턴스 및 쿠키 퍼시스턴스

서버 부하 분산 흐름

서버 부하 분산을 구성하는 대표적인 기능을 대략 소개했으니 지금부터는 서버 부하 분산의 전체적인 처리 흐름을 설명해 보겠다. 여기서는 검증 환경에서 인터넷에 있는 ns1(웹 브라우저)[42]에서 전송된 HTTP 요

---

[42] 여기서는 ns1을 웹 브라우저(HTTP 클라이언트)로 사용한다.

청이 lb1(부하 분산 장치)에 의해 sv1(웹 서버#1)과 sv2(웹 서버#2)로 부하 분산되는 경우를 예로 들어 설명한다.

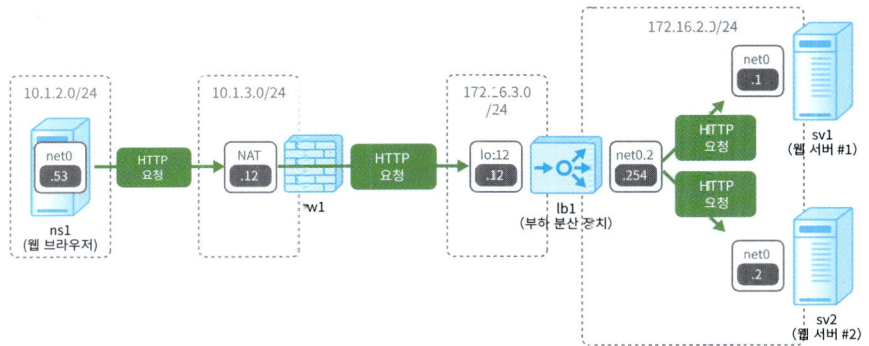

[그림] 서버 부하 분산에 대한 이해를 위한 네트워크 구성

01. lb1은 ns1의 HTTP 요청이 있든 없든 간에 sv1과 sv2의 생사 여부를 헬스 체크로 상시 모니터링한다. sv1과 sv2에 대해 주기적으로 모니터링 패킷을 던져 그 응답을 확인한다.

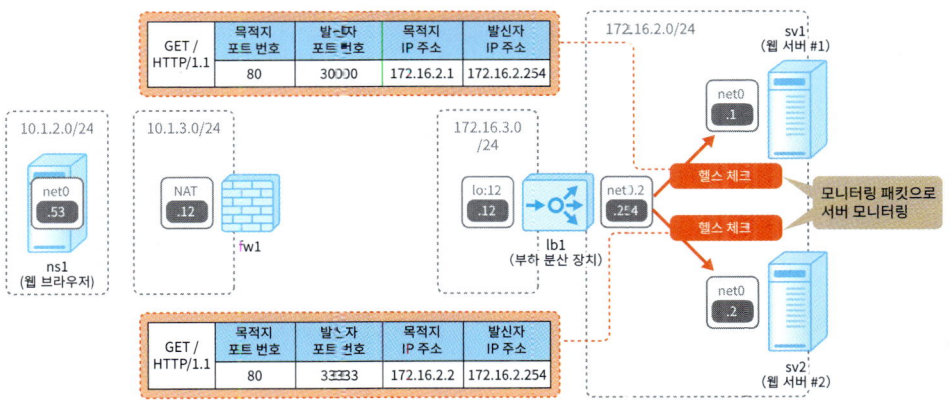

[그림] 헬스 체크로 sv1과 sv2의 상태를 모니터링(HTTP 체크 사용 시)

02. ns1은 fw1에 있는 서버 부하 분산용 공개 IP 주소(10.1.3.12)로 HTTP 요청을 전송한다. fw1은 NAT 테이블 설정에 따라 목적지 IP 주소를 서버 부하 분산용 사설 IP 주소(172.16.3.12)로 NAT하여 lb1로 전송한다. lb1은 서버 부하 분산용으로 설정된 동일한 IP 주소(172.16.3.12)[43]와 포트 번호(80)로 HTTP 요청을 수신한다.

---

43 이 IP 주소는 lb1의 루프백 인터페이스(lo:12)로 설정되어 있다.

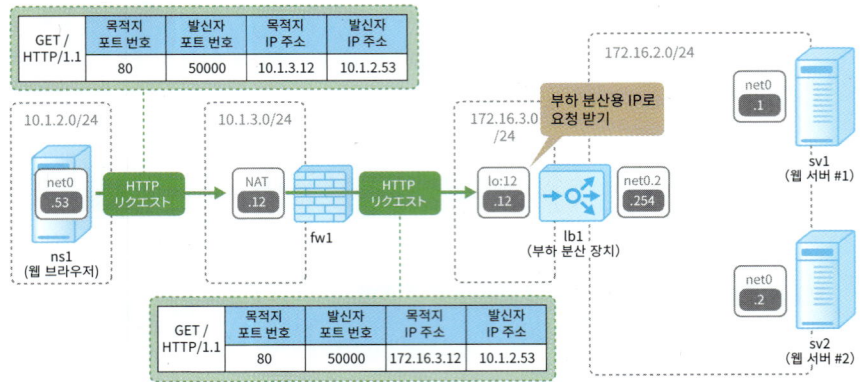

[그림] ns1은 fw1을 통해 lb1에 HTTP 요청

03. lb1은 HTTP 요청을 받으면 발신자 IP 주소를 자신의 IP 주소(172.16.2.254)로 변환한다(발신자 NAT)[44]. 또한, 목적지 IP 주소를 자신의 IP 주소 대역에 있는 부하 분산 대상 서버(sv1 또는 sv2)의 IP 주소(172.16.2.1 또는 172.16.2.2)로 변환한다(목적지 NAT). 이때 변환할 대상 IP 주소를 헬스 체크 결과와 부하 분산 알고리즘, 퍼시스턴스 상태에 따라 동적으로 변경하여 최적의 서버에 할당한다.

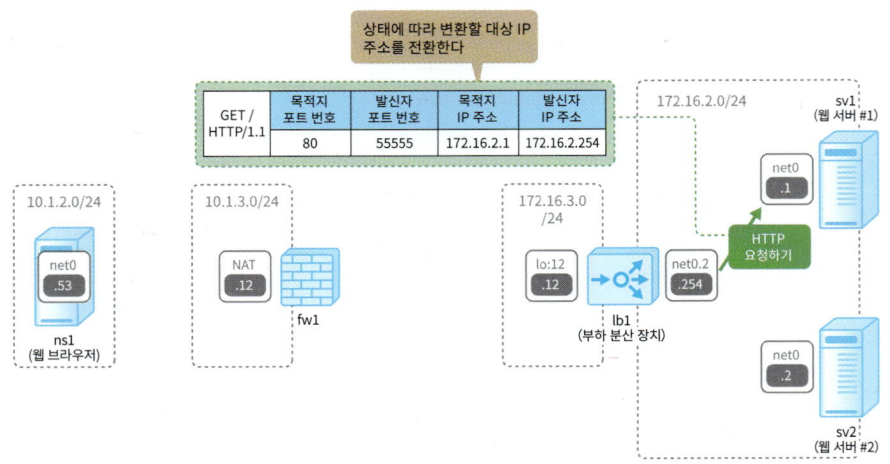

[그림] 부하 분산 대상 서버에 할당하기(sv1에 할당하는 경우)

04. HTTP 요청을 받은 sv1 또는 sv2는 그 내용에 따라 처리하여 lb1(172.16.2.254)에 HTTP 응답을 반환한다.

---

[44] HAProxy는 기본적으로 발신자 포트 번호도 변환한다. 하지만 본문에서는 NAT 처리가 더 중요하므로 해당 설명을 생략한다.

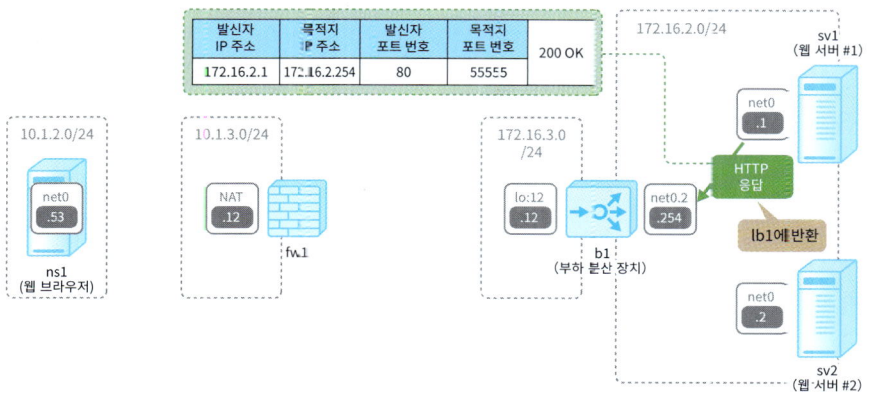

[그림] lb1에 HTTP 응답을 반환한다.

05. HTTP 응답을 받은 lb1은 발신자/목적지 IP 주소를 원래대로 되돌리고[45] fw1을 통해 ns1에 반환한다.

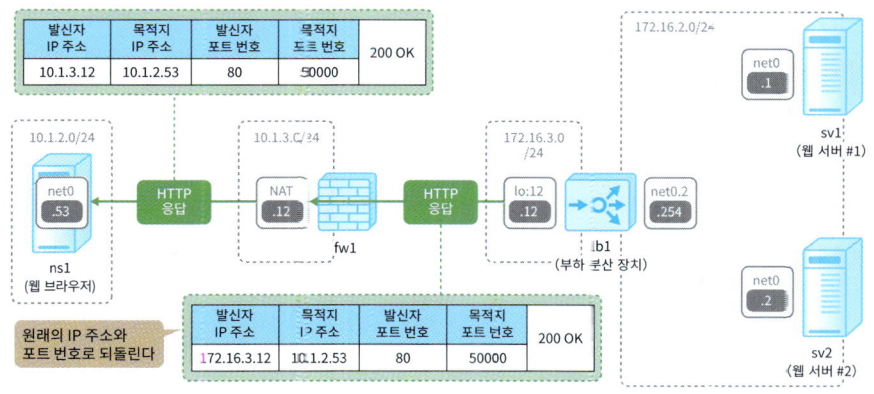

[그림] ns1에 HTTP 응답을 반환한다.

실습해 보기

이제 검증 환경을 이용하여 부하 분산 장치를 설정하고 실제 동작을 살펴보자. 사용할 t.net의 설정 파일은 그대로 'spec_05.yaml'이다. 여기서는 lb1을 설정하여 sv1과 sv2로 부하를 분산한다. 그저 부하 분산만 하면 재미가 없으므로 '간단한 서버 부하 분산'과 '퍼시스턴스를 이용한 서버 부하 분산'이라는 두 가지 패턴의 서버 부하 분산을 경험해 보자.

---

[45] 목적지 포트 번호도 원래대로 되돌린다.

간단한 서버 부하 분산

먼저 간단한 서버 부하 분산을 설정해 보겠다. 다음의 서버 부하 분산 요구사항에 따라 ns1에서 전송된 HTTP 요청을 sv1 → sv2 → sv1 → sv2과 같이 라운드로빈 방식으로 분산하도록 설정한다.

[표] 설정할 서버 부하 분산의 요구사항

위치	요구사항 개요			요구사항 상세내용
클라이언트 쪽 (frontend)	IP 주소			172.16.3.12
	포트 번호			80
서버 쪽 (backend)	부하 분산 알고리즘			라운드로빈
	부하 분산 대상 서버	#1		172.16.2.1:80
		#2		172.16.2.2:80
	헬스 체크	헬스 체크 간격		5초
		다운 판단 기준		3회 연속으로 헬스 체크에 실패하면 다운 판단
		부활 판단 기준		다운 후 2회 연속으로 헬스 체크에 성공하면 살아났다고 판단
		방식		HTTP
		헬스 체크 경로		/
		Host 헤더 필드		www.example.com
		판단 상태 코드		200
	퍼시스턴스			없음
	X-Forwarded-For			있음
	X-Forwarded-Proto			있음

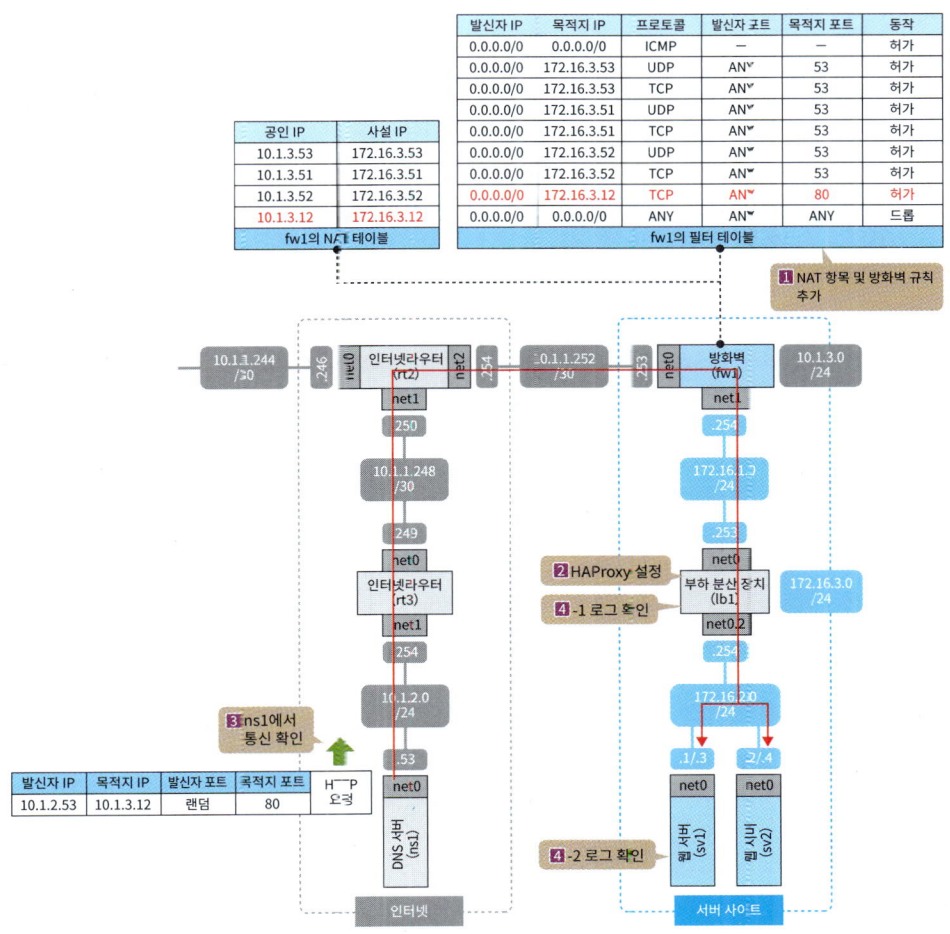

[그림] 실습 부분에서 할 작업

01. 먼저 lb1에 설정할 서버 부하 분산용 IP 주소와 포트 번호를 인터넷에 공개한다. fw1에 로그인하여 lb1의 클라이언트 쪽(뒤에서 설명할 frontend 섹션)에 설정할 사설 IP 주소 '172.16.3.12'와 공인 IP 주소 '10.1.3.12'를 정적 NAT로 매핑한다. 또한, 이에 대한 TCP/80을 함께 허용한다.

[코드] fw1에서 정적 NAT 및 방화벽 설정하기

```
root@fw1:/# iptables -t nat -A PREROUTING -d 10.1.3.12 -j DNAT --to 172.16.3.12
root@fw1:/# iptables -t filter -A FORWARD -m conntrack --ctstate NEW -d 172.16.3.12 -p tcp -m tcp --dport 80 -j ACCEPT
```

혹시 모르니 'iptables -t nat -nL PREROUTING --line-numbers'와 'iptables -t filter -nL FORWARD --line-numbers'로 NAT 테이블과 필터 테이블을 확인한다. 그러면 각각 새로운 항목이 추가된 것을 확인할 수 있다.

[코드] NAT 테이블 확인

```
root@fw1:/# iptables -t nat -nL PREROUTING --line-numbers
Chain PREROUTING (policy ACCEPT)
num  target  prot opt source      destination
1    DNAT    all  --  0.0.0.0/0   10.1.3.1       to:172.16.2.1
2    DNAT    all  --  0.0.0.0/0   10.1.3.2       to:172.16.2.2
3    DNAT    all  --  0.0.0.0/0   10.1.3.53      to:172.16.3.53
4    DNAT    all  --  0.0.0.0/0   10.1.3.51      to:172.16.3.51
5    DNAT    all  --  0.0.0.0/0   10.1.3.52      to:172.16.3.52
6    DNAT    all  --  0.0.0.0/0   10.1.3.12      to:172.16.3.12
```

[코드] 필터 테이블 확인

```
root@fw1:/# iptables -t filter -nL FORWARD --line-numbers
Chain FORWARD (policy DROP)
num  target  prot opt source      destination
1    ACCEPT  all  --  0.0.0.0/0   0.0.0.0/0      ctstate RELATED,ESTABLISHED
2    ACCEPT  icmp --  0.0.0.0/0   0.0.0.0/0      ctstate NEW icmptype 8
3    ACCEPT  udp  --  0.0.0.0/0   172.16.3.53    ctstate NEW udp dpt:53
4    ACCEPT  tcp  --  0.0.0.0/0   172.16.3.53    ctstate NEW tcp dpt:53
5    ACCEPT  udp  --  0.0.0.0/0   172.16.3.51    ctstate NEW udp dpt:53
6    ACCEPT  tcp  --  0.0.0.0/0   172.16.3.51    ctstate NEW tcp dpt:53
7    ACCEPT  udp  --  0.0.0.0/0   172.16.3.52    ctstate NEW udp dpt:53
8    ACCEPT  tcp  --  0.0.0.0/0   172.16.3.52    ctstate NEW tcp dpt:53
9    ACCEPT  tcp  --  0.0.0.0/0   172.16.3.12    ctstate NEW tcp dpt:80
```

02. 이어서 lb1을 설정한다. lb1에 설치된 HAProxy의 설정은 '/etc/haproxy/haproxy.cfg'에 작성한다[46]. haproxy.cfg는 HAProxy 전체에 대한 설정인 'global 섹션', 각 섹션의 기본값을 설정하는 'defaults 섹션', 클라이언트로부터의 HTTP 요청을 기다리는 설정을 하는 'frontend 섹션', 부하 분산 대상인 서버와 이에 대한 헬스 체크 등의 설정을 하는 'backend 섹션'으로 구성되어 있다.

---

[46] HAProxy에는 다양한 설정이 제공되지만, 여기서는 358쪽에서 언급한 요구사항에 필요한 설정만 설명한다.

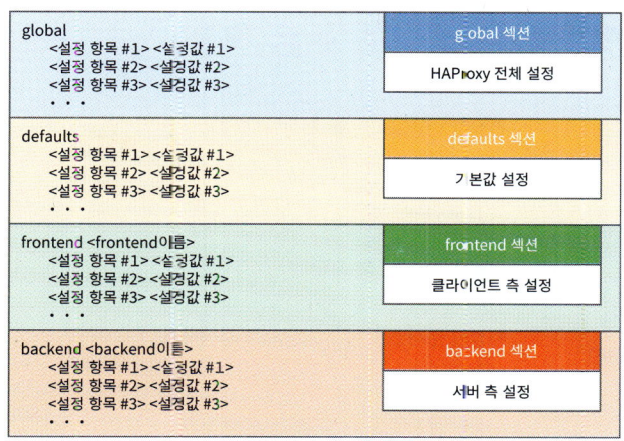

[그림] haproxy.cfg 구성

haproxy.cfg는 vi 명령어를 사용하여 편집한다. vi 명령어는 리눅스 OS의 표준 텍스트 편집기 'vi'를 실행하는 명령어로, 윈도우 OS에서 말하는 메모장과 비슷하다고 생각하면 된다.

vi에는 크게 '명령 모드'와 '입력 모드'라는 두 가지 동작 모드가 있다. 명령 모드는 문자열을 검색하거나 파일을 저장하는 모드다. vi를 시작하면 처음에는 명령 모드이며, 'i'나 'a'를 입력하면 입력 모드로 전환할 수 있다.

[표] vi의 대표적인 명령어 모드

분류	명령어	설명
입력하기	a	커서 뒤에 문자 삽입하기(입력 모드 진입)
	i	커서 앞에 문자 삽입하기(입력 모드로 진입)
삭제하기	x	커서가 위치한 문자 삭제하기
	X	커서 왼쪽에 있는 문자 삭제하기
	dd	커서가 위치한 줄 삭제하기
	[n]dd	커서가 위치한 행에서 n개의 줄을 삭제하기
복사하기	yy	커서가 위치한 줄 복사하기
	[n]yy	커서가 위치한 행에서 n개의 줄을 복사하기
붙여넣기	p	커서가 위치한 줄과 다음 줄 사이에 복사한 내용을 붙여 넣기
	P	커서가 위치한 줄과 이전 줄 사이에 복사한 내용을 붙여 넣기

분류	명령어	설명
닫기	:q	vi 닫기
	:q!	편집한 내용을 파일에 저장하지 않고 vi 닫기
	:w	파일 저장하기
	:wq	파일을 저장하고 vi 닫기
	:wq!	파일 강제 저장 후 vi 닫기
검색하기	/[검색 문자열]	지정한 문자열을 아래 방향으로 검색하기
	?[검색 문자열]	지정한 문자열을 위 방향으로 검색하기
	n	다음 후보를 아래 방향으로 검색하기
	N	다음 후보를 위 방향으로 검색하기

입력 모드는 문자를 입력하는 모드다. 입력 모드로 들어가면 화면 하단에 '-- INSERT --'가 표시되고 문자를 입력할 수 있게 된다. 입력 모드의 조작 방법은 메모장과 비슷하다. 화살표 키로 커서를 이동하고, 문자 키로 문자를 입력하고, 필요에 따라 Backspace로 문자를 삭제하고, Esc를 누르면 다시 명령 모드로 돌아갈 수 있다.

vi에는 위 표와 같이 다양한 명령어가 있어 초보자들에게는 다소 어려운 응용 프로그램 중 하나이기도 하다. 무작정 여러 가지 명령어를 익히려고 하지 말고 일단은 'i'로 입력 모드로 들어가서 메모장처럼 편집하고, 끝나면 Esc로 입력 모드에서 빠져나와 ':wq'로 저장하고 닫는 것이 좋다. 이를 바탕으로 조금씩 필요한 명령어를 익혀나가는 것이 좋다.

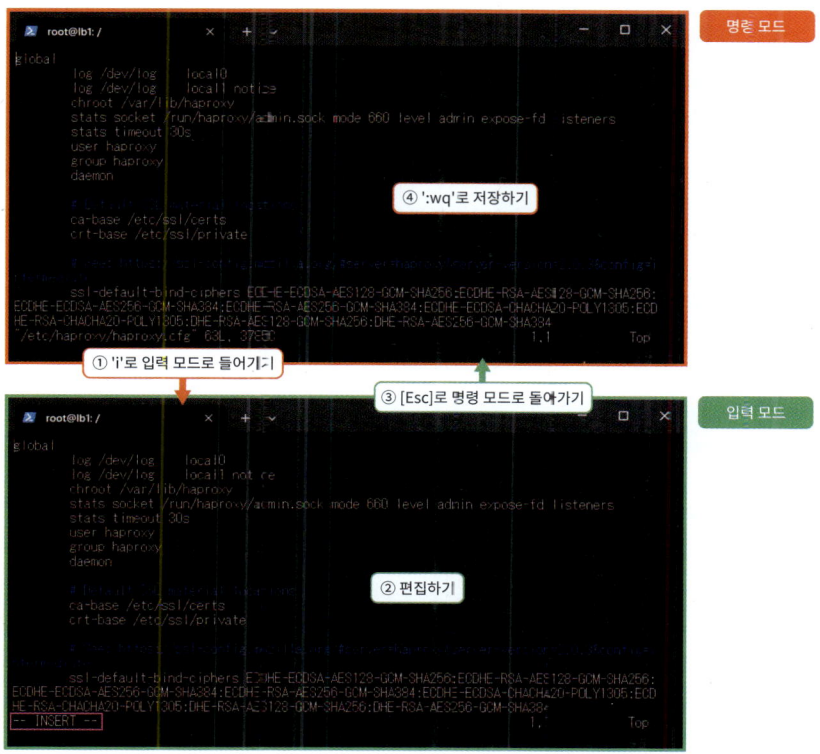

[그림] vi의 명령어 모드와 입력 모드

이제 lb1에 로그인하여 vi 명령어로 '/etc/haproxy/haproxy.cfg'를 지정한 후 'i'로 입력 모드르 들어가 다음 그림과 같이 frontend 섹션과 backend 섹션을 추가해 보자. 입력이 끝나면 Esc를 눌러 명령 모드로 돌아간 후 ':wq'로 저장한다. haproxy.cfg 편집이 끝나면 새로운 설정을 적용하기 위해 '/etc/init.d/haproxy restart'로 HAProxy 서비스를 재시작한다.

[코드] haproxy.cfg

```
root@lb1:/# cat /etc/haproxy/haproxy.cfg
global
        log /dev/log    local2
        log /dev/log    local1 notice
        chroot /var/lib/haproxy
        stats socket /run/haproxy/admin.sock mode 660 level admin expose-fd listeners
        stats timeout 30s
        user haproxy
        group haproxy
        daemon
```

```
# Default SSL material locations
ca-base /etc/ssl/certs
crt-base /etc/ssl/private
```

(중략)

```
defaults
        log     global
        mode    http
        option  httplog
        option  dontlognull
        timeout connect 5000
        timeout client  50000
        timeout server  50000
        errorfile 400 /etc/haproxy/errors/400.http
        errorfile 403 /etc/haproxy/errors/403.http
        errorfile 408 /etc/haproxy/errors/408.http
        errorfile 500 /etc/haproxy/errors/500.http
        errorfile 502 /etc/haproxy/errors/502.http
        errorfile 503 /etc/haproxy/errors/503.http
        errorfile 504 /etc/haproxy/errors/504.http

frontend www-front
        bind 172.16.3.12:80
        default_backend www-back

backend www-back
        balance roundrobin
        server sv1 172.16.2.1:80 check inter 5000 fall 3 rise 2
        server sv2 172.16.2.2:80 check inter 5000 fall 3 rise 2
        http-request set-header x-forwarded-proto http if !{ ssl_fc }
        option forwardfor
        option httpchk GET / HTTP/1.1
        http-check send hdr Host www.example.com
        http-check expect status 200

root@lb1:/# /etc/init.d/haproxy restart
```
(추가 기입 / 서비스 재시작)

참고로 서버 부하 분산의 요구사항과 haproxy.cfg에 작성한 설정 내용을 비교하면 다음 표와 같다.

[표] 서버 부하 분산의 요구사항 및 설정 내용

위치	요구사항 항목		요구사항 상세내용	해당 설정
클라이언트 측 (frontend)	프런트엔드 이름		www-front	frontend www-front
	IP 주소		172.16.3.12	bind 172.16.3.12:80
	포트 번호		80	default_backend www-back
서버 측 (backend)	백엔드 이름		www-back	backend www-back
	부하 분산 알고리즘		라운드로빈	balance roundrobin
	부하 분산 대상 서버	#1	172.16.2.1:80	server sv1 172.16.2.1:80 check inter 5000 fall 3 rise 2 server sv2 172.16.2.2:80 check inter 5000 fall 3 rise 2
		#2	172.16.2.2:80	
	헬스 체크	헬스 체크 간격	5초	
		다운 판단 기준	3회 연속으로 헬스 체크에 실패하면 다운 판단	
		부활 판단 기준	다운 후 2회 연속으로 헬스 체크에 성공하면 살아났다고 판단	
		방식	HTTP	option httpchk GET / HTTP/1.1
		헬스 체크 경로	/	
		Host 헤더 필드	www.example.com	http-check send hdr Host www.example.com
		판단 상태 코드	200	http-check expect status 200
	퍼시스턴스		없음	—
	X-Forwarded-For		있음	option forwardfor
	X-Forwarded-Proto		있음	http-request set-header x-forwarded-proto http if ! { ssl_fc }

03. 이제 ns1에 로그인하여 서버 부하 분산이 잘 되고 있는지 확인해 보자. for 명령과 curl 명령을 조합하여 ns1에서 1초 간격으로 10번씩 HTTP 요청을 보내고 그 응답을 확인한다. 그러면 다음 그림과 같이 sv1과 sv2의 콘텐츠가 번갈아 표시되는 것을 확인할 수 있다.

[코드] sv1과 sv2의 콘텐츠가 번갈아 표시됨(라운드로빈)

```
root@ns1:/# for i in {1..10}; do curl http://10.1.3.12/; sleep 1; done
sv1.example.com
sv2.example.com
sv1.example.com
sv2.example.com
sv1.example.com
sv2.example.com
sv1.example.com
sv2.example.com
sv1.example.com
sv2.example.com
```

04. 마지막으로 HAProxy와 nginx의 로그를 확인한다.

먼저 lb1에서 HAProxy의 접속 로그를 확인해 보자. HAProxy는 기본적으로 다음 그림과 같은 형식의 로그를 '/var/log/haproxy.log'에 기록한다.

[코드] HAProxy의 로그 형식

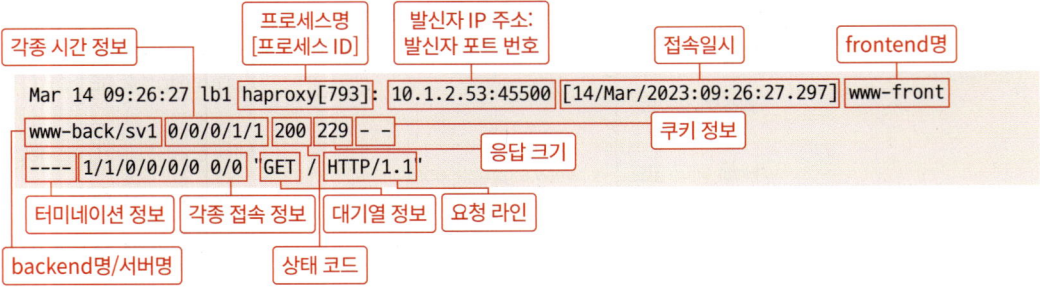

파일 끝의 내용을 지정한 줄 수만큼 표시하는 tail 명령으로 lb1의 로그를 보면 'www-front'로 받고 'www-back/sv1'과 'www-back/sv2'로 번갈아 가며 분산되는 것을 알 수 있다.

[코드] lb1 로그

```
root@lb1:/# tail -10 /var/log/haproxy.log
Mar 15 01:03:01 lb1 haproxy[958]: 10.1.2.53:36376 [15/Mar/2023:01:03:01.431] www-front www-back/sv1 0/0/0/0/0 200 229 - - ---- 1/1/0/0/0 0/0 "GET / HTTP/1.1"
Mar 15 01:03:02 lb1 haproxy[958]: 10.1.2.53:36382 [15/Mar/2023:01:03:02.441] www-front www-back/sv2 0/0/0/0/0 200 229 - - ---- 1/1/0/0/0 0/0 "GET / HTTP/1.1"
Mar 15 01:03:03 lb1 haproxy[958]: 10.1.2.53:36386 [15/Mar/2023:01:03:03.450] www-front www-back/sv1 0/0/0/0/0 200 229 - - ---- 1/1/0/0/0 0/0 "GET / HTTP/1.1"
Mar 15 01:03:04 lb1 haproxy[958]: 10.1.2.53:36390 [15/Mar/2023:01:03:04.464] www-front www-
```

```
back/sv2 0/0/0/1/1 200 229 - - ---- 1/1/0/0/0 0/0 "GET / HTTP/1.1"
Mar 15 01:03:05 lb1 haproxy[953]: 10.1.2.53:36396 [15/Mar/2023:01:03:05.475] www-front www-
back/sv1 0/0/0/0/0 200 229 - - ---- 1/1/0/0/0 0/0 "GET / HTTP/1.1"
Mar 15 01:03:06 lb1 haproxy[953]: 10.1.2.53:36400 [15/Mar/2023:01:03:06.483] www-front www-
back/sv2 0/0/0/0/0 200 229 - - ---- 1/1/0/0/0 0/0 "GET / HTTP/1.1"
Mar 15 01:03:07 lb1 haproxy[953]: 10.1.2.53:36406 [15/Mar/2023:01:03:07.492] www-front www-
back/sv1 0/0/0/0/0 200 229 - - ---- 1/1/0/0/0 0/0 "GET / HTTP/1.1"
Mar 15 01:03:08 lb1 haproxy[958]: 10.1.2.53:36410 [15/Mar/2023:01:03:08.501] www-front www-
back/sv2 0/0/0/0/0 200 229 - - ---- 1/1/0/0/0 0/0 "GET / HTTP/1.1"
Mar 15 01:03:09 lb1 haproxy[958]: 10.1.2.53:36414 [15/Mar/2023:01:03:09.510] www-front www-
back/sv1 0/0/0/0/0 200 229 - - ---- 1/1/0/0/0 0/0 "GET / HTTP/1.1"
Mar 15 01:03:10 lb1 haproxy[958]: 10.1.2.53:36420 [15/Mar/2023:01:03:10.513] www-front www-
back/sv2 0/0/0/0/0 200 229 - - ---- 1/1/0/0/0 0/0 "GET / HTTP/1.1"
```

다음으로 sv1 또는 sv2에 로그인하여 nginx의 접속 로그를 확인해 보자. lb1은 프런트엔드에서 받은 패킷의 발신 IP 주소를 'X-Forwarded-For 헤더 필드', 프로토콜을 'X-Forwarded-Proto 필드'에 저장하여 sv1 또는 sv2에 전달한다. sv1과 sv2는 해당 정보를 판별하기 위해 다음 그림과 같은 커스텀 형식의 로그를 '/var/log/nginx/access.log'에 기록했다[47].

[코드] sv1과 sv2의 커스텀 형식

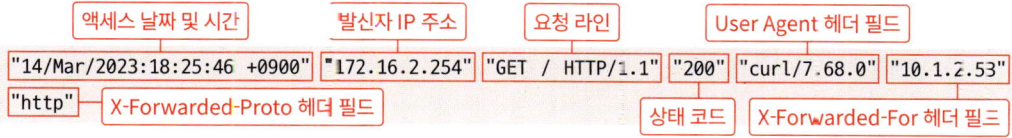

tail 명령어로 sv1 또는 sv2의 로그를 보면 'User-Agent', 'X-Forwarded-For', 'X-Forwarded-For', 'X-Forwarded-Proto'가 포함된 로그와 포함되지 않은 로그가 있음을 알 수 있다. 포함된 로그는 frondend에 의해 부하 분산된 HTTP 요청이다. ns1에서 1초 간격으로 10번 전송된 HTTP 요청이 2대의 서버에 분산되었으므로 2초(1초×2대) 간격으로 5번(10번÷2대)[48] 의 로그가 출력되었다. 포함되지 않은 로그는 헬스 체크인 HTTP 요청이다. lb1어서 5초마다 모니터링 패킷이 날아오기 때문에 5초 간격으로 로그가 기록되고 있다.

[코드] sv1의 접속 로그[49]

```
root@sv1:/# tail -20 /var/log/nginx/access.log
"15/Mar/2023:01:02:29 +0900" "172.16.2.254" "GET / HTTP/1.1" "200" "-" "-" "-"
"15/Mar/2023:01:02:34 +0900" "172.16.2.254" "GET / HTTP/1.1" "200" "-" "-" "-"
"15/Mar/2023:01:02:39 +0900" "172.16.2.254" "GET / HTTP/1.1" "200" "-" "-" "-"
```

---

47 tinet의 설정 파일로 설정되어 있다.
48 나머지 5번은 다른 웹 서버에 분산되었다.
49 여기서는 '-20' 옵션을 사용하여 마지막 20줄을 출력하도록 했다. 필요에 따라 숫자를 조정한다.

```
"15/Mar/2023:01:02:44 +0900" "172.16.2.254" "GET / HTTP/1.1" "200" "-" "-" "-"
"15/Mar/2023:01:02:49 +0900" "172.16.2.254" "GET / HTTP/1.1" "200" "-" "-" "-"
"15/Mar/2023:01:02:54 +0900" "172.16.2.254" "GET / HTTP/1.1" "200" "-" "-" "-"
"15/Mar/2023:01:02:59 +0900" "172.16.2.254" "GET / HTTP/1.1" "200" "-" "-" "-"
"15/Mar/2023:01:03:01 +0900" "172.16.2.254" "GET / HTTP/1.1" "200" "curl/7.68.0" "10.1.2.53" "http"
"15/Mar/2023:01:03:03 +0900" "172.16.2.254" "GET / HTTP/1.1" "200" "curl/7.68.0" "10.1.2.53" "http"
"15/Mar/2023:01:03:04 +0900" "172.16.2.254" "GET / HTTP/1.1" "200" "-" "-" "-"
"15/Mar/2023:01:03:05 +0900" "172.16.2.254" "GET / HTTP/1.1" "200" "curl/7.68.0" "10.1.2.53" "http"
"15/Mar/2023:01:03:07 +0900" "172.16.2.254" "GET / HTTP/1.1" "200" "curl/7.68.0" "10.1.2.53" "http"
"15/Mar/2023:01:03:09 +0900" "172.16.2.254" "GET / HTTP/1.1" "200" "curl/7.68.0" "10.1.2.53" "http"
"15/Mar/2023:01:03:09 +0900" "172.16.2.254" "GET / HTTP/1.1" "200" "-" "-" "-"
"15/Mar/2023:01:03:14 +0900" "172.16.2.254" "GET / HTTP/1.1" "200" "-" "-" "-"
"15/Mar/2023:01:03:19 +0900" "172.16.2.254" "GET / HTTP/1.1" "200" "-" "-" "-"
"15/Mar/2023:01:03:24 +0900" "172.16.2.254" "GET / HTTP/1.1" "200" "-" "-" "-"
"15/Mar/2023:01:03:29 +0900" "172.16.2.254" "GET / HTTP/1.1" "200" "-" "-" "-"
"15/Mar/2023:01:03:34 +0900" "172.16.2.254" "GET / HTTP/1.1" "200" "-" "-" "-"
"15/Mar/2023:01:03:39 +0900" "172.16.2.254" "GET / HTTP/1.1" "200" "-" "-" "-"
```

[표] 접속 로그의 종류

HTTP 요청 유형	헬스 체크에 의한 HTTP 요청	ns1의 HTTP 요청
요청 간격	5초 간격	2초 간격
User Agent	없음(-)	있음(curl/7.68.0)
X-Forwarded-For	없음(-)	있음(10.1.2.53)
X-Forwarded-Proto	없음(-)	있음(http)

쿠키 퍼시스턴스를 이용한 서버 부하 분산

다음으로 쿠키 퍼시스턴스를 이용한 서버 부하 분산을 설정한다. 다음 표의 서버 부하 분산 요구사항에 따라 ns1에서 전송된 HTTP 요청을 쿠키를 사용하여 어느 한 서버에만 계속 할당하도록 설정한다.

[표] 설정하고자 하는 서버 부하 분산의 요구사항

위치	요구사항 항목		요구사항 상세내용
클라이언트 쪽 (frontend)	IP 주소		172.16.3.34
	포트 번호		80
서버 쪽 (backend)	부하 분산 알고리즘		라운드로빈
	부하 분산 대상 서버	#1	172.16.2.3:80(sv1)
		#2	172.16.2.4:80(sv2)
	헬스 체크		앞에서 설정한 'www-back/sv1'과 'www-back/sv2'에 대한 헬스 체크 추적(트래킹)
	퍼시스턴스		쿠키 퍼시스턴스
	X-Forwarded-For		있음
	X-Forwarded-Proto		있음

퍼시스턴스 외의 요구사항을 추가로 설명하겠다.

먼저 부하 분산 대상인 서버다. 부하 분산 대상인 sv1과 sv2에는 이 실습을 위해 각각 2개의 IP 주소가 설정되어 있다. 앞 절에서는 앞쪽 IP 주소를 사용했으므로 이번 절에는 뒤쪽 IP 주소를 사용한다. 예를 들어, sv1에는 '172.16.2.1'과 '172.16.2.3'이라는 두 개의 홀수인 IP 주소가 설정되어 있다. 앞에서 '172.16.2.1'을 사용했으므로 여기서는 '172.16.2.3'을 사용한다.

[코드] sv1에 설정되어 있는 IP 주소 [50]

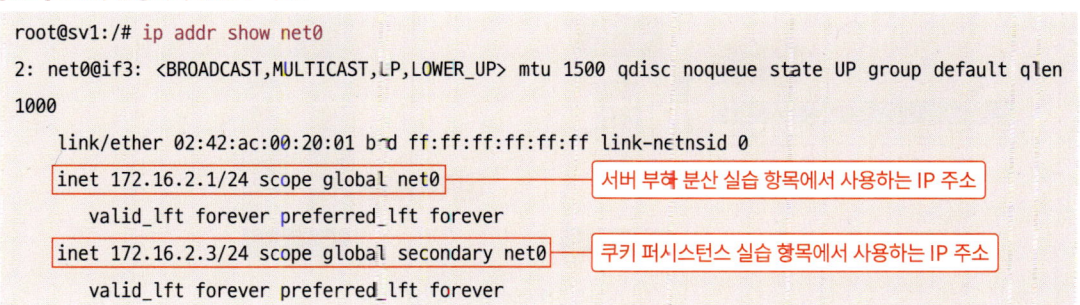

다음은 헬스 체크다. 물론 '172.16.2.3:80'과 '172.16.2.4:80'에 새롭게 HTTP 체크를 설정할 수도 있지만 이렇게 하면 sv1과 sv2로 이전 절과 이번 절의 모니터링 패킷이 중복으로 날아가게 되어 효율적이

---

[50] 하나의 NIC에 여러 개의 IP 주소가 설정되어 있으므로 ip addr show 명령을 사용한다.

지 않다. 애초에 '172.16.2.1:80'과 '172.16.2.3:80'은 동일한 sv1이므로 '172.16.2.1:80'이 다운되면 '172.16.2.3:80'도 동시에 다운될 수밖에 없다. 따라서 앞 절에서 설정한 '172.16.2.1:80'에 대한 헬스 체크 결과를 이번 절에서 설정할 '172.16.2.3:80'의 헬스 체크 상태로도 적용하는 '트래킹(추적) 기능'을 사용한다. 이를 통해 '172.16.2.1:80'이 다운되면 '172.16.2.3:80'도 다운된 것으로 간주한다.

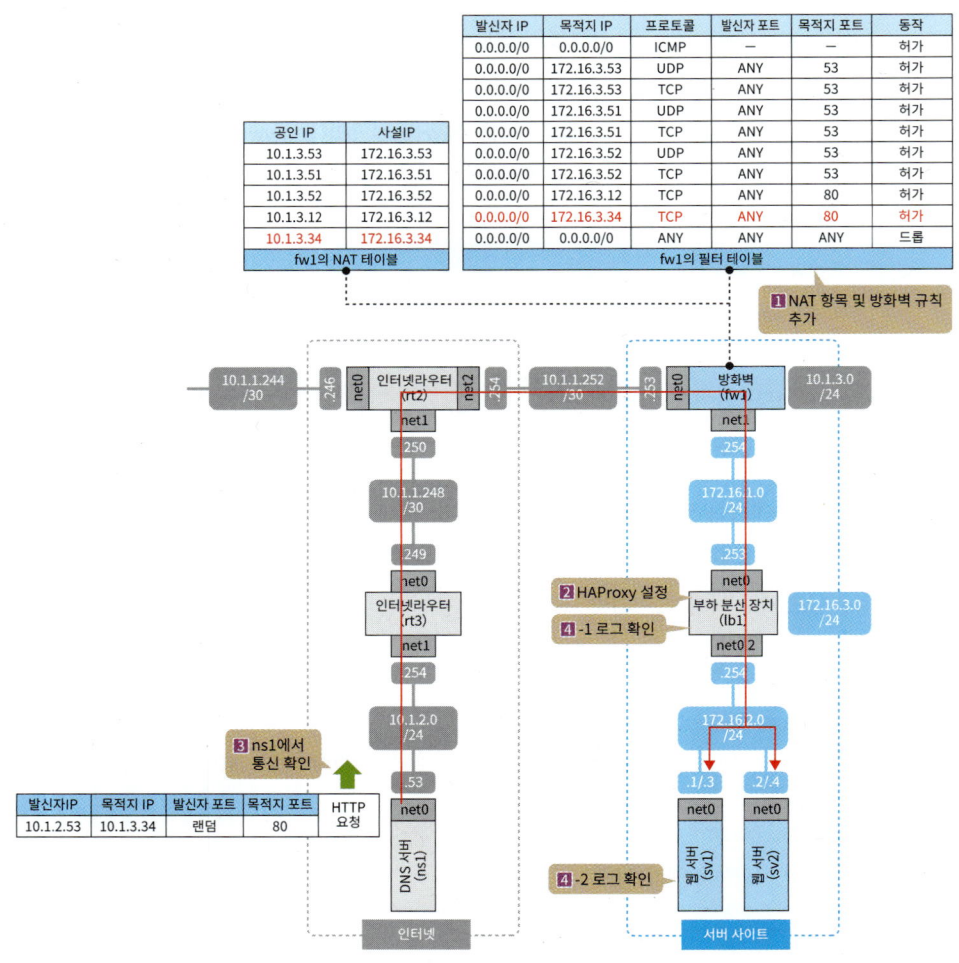

[그림] 실습 항목에서 하는 작업

01. 먼저 lb1에 설정할 퍼시스턴스용 IP 주소와 포트 번호를 인터넷에 공개한다. fw1에 로그인하여 lb1의 frontend 섹션에 설정할 사설 IP 주소 '172.16.3.34'와 공인 IP 주소 '10.1.3.34'를 정적 NAT로 매핑한다. 또한, 이에 대한 TCP/80을 함께 허용한다.

[코드] fw1에서 정적 NAT 및 방화벽 설정하기

```
root@fw1:/# iptables -t nat -A PREROUTING -d 10.1.3.34 -j DNAT --to 172.16.3.34
root@fw1:/# iptables -t filter -A FORWARD -m conntrack --ctstate NEW -d 172.16.3.34 -p tcp -m tcp --dport 80 -j ACCEPT
```

혹시 모르니 'iptables -t nat -nL PREROUTING --line-numbers'와 'iptables -t filter -nL FORWARD --line-numbers'로 NAT 테이블과 필터 테이블을 확인한다. 그러면 각각 새로운 항목이 추가된 것을 확인할 수 있다.

[코드] NAT 테이블 확인

```
root@fw1:/# iptables -t nat -nL PREROUTING --line-numbers
Chain PREROUTING (policy ACCEPT)
num  target  prot opt source     destination
1    DNAT    all  --  0.0.0.0/0  10.1.3.51    to:172.16.3.51
2    DNAT    all  --  0.0.0.0/0  10.1.3.52    to:172.16.3.52
3    DNAT    all  --  0.0.0.0/0  10.1.3.53    to:172.16.3.53
4    DNAT    all  --  0.0.0.0/0  10.1.3.12    to:172.16.3.12
5    DNAT    all  --  0.0.0.0/0  10.1.3.34    to:172.16.3.34
```

[코드] 필터 테이블 확인

```
root@fw1:/# iptables -t filter -nL FORWARD --line-numbers
Chain FORWARD (policy DROP)
num  target  prot opt source     destination
1    ACCEPT  all  --  0.0.0.0/0  0.0.0.0/0    ctstate RELATED,ESTABLISHED
2    ACCEPT  icmp --  0.0.0.0/0  0.0.0.0/0    ctstate NEW icmptype 8
3    ACCEPT  udp  --  0.0.0.0/0  172.16.3.53  ctstate NEW udp dpt:53
4    ACCEPT  tcp  --  0.0.0.0/0  172.16.3.53  ctstate NEW tcp dpt:53
5    ACCEPT  udp  --  0.0.0.0/0  172.16.3.51  ctstate NEW ucp dpt:53
6    ACCEPT  tcp  --  0.0.0.0/0  172.16.3.51  ctstate NEW tcp dpt:53
7    ACCEPT  udp  --  0.0.0.0/0  172.16.3.52  ctstate NEW ucp dpt:53
8    ACCEPT  tcp  --  0.0.0.0/0  172.16.3.52  ctstate NEW tcp dpt:53
9    ACCEPT  tcp  --  0.0.0.0/0  172.16.3.12  ctstate NEW tcp dpt:80
10   ACCEPT  tcp  --  0.0.0.0/0  172.16.3.34  ctstate NEW tcp dpt:80
```

02. 다음으로 lb1을 설정한다. lb1에 로그인한 후 vi 명령어를 사용하여 /etc/haproxy/haproxy.cfg의 frontend 섹션과 backend 섹션을 다음 그림과 같이 추가한다. 완료되면 HAProxy 서비스를 재시작한다.

[코드] haproxy.cfg

```
root@lb1:/# cat /etc/haproxy/haproxy.cfg
```

```
(중략)

frontend www-front
        bind 172.16.3.12:80
        default_backend www-back


backend www-back
        balance roundrobin
        server sv1 172.16.2.1:80 check inter 5000 fall 3 rise 2
        server sv2 172.16.2.2:80 check inter 5000 fall 3 rise 2
        http-request set-header x-forwarded-proto http if !{ ssl_fc }
        option forwardfor
        option httpchk GET / HTTP/1.1
        http-check send hdr Host www.example.com
        http-check expect status 200

frontend www2-front
        bind 172.16.3.34:80
        default_backend www2-back
        capture cookie SERVER len 32

backend www2-back
        balance roundrobin
        cookie SERVER insert indirect nocache
        server sv1 172.16.2.3:80 track www-back/sv1 cookie sv1
        server sv2 172.16.2.4:80 track www-back/sv2 cookie sv2
        http-request set-header x-forwarded-proto http
        option forwardfor
```

추가 기입

root@lb1:/# /etc/init.d/haproxy restart   　　　　서비스 재시작

참고로 서버 부하 분산의 요구사항과 haproxy.cfg에 기술한 설정 내용을 비교하면 다음 표와 같다.

[코드] 서버 부하 분산의 요구사항 및 설정 내용

위치	요구사항 항목		요구사항 상세내용	해당 설정
클라이언트 측 (frontend)	프런트엔드 이름		www2-front	frontend www2-front
	IP 주소		172.16.3.34	bind 172.16.3.34:80
	포트 번호		80	default_backend www2-back capture cookie SERVER len 32[51]
서버 측 (backend)	백엔드 이름		www2-back	backend www2-back
	부하 분산 알고리즘		라운드로빈	balance roundrobin
	부하 분산 대상 서버	#1	172.16.2.3:80(sv1)	server sv1 172.16.2.3:80 track www-back/sv1 cookie sv1 server sv2 172.16.2.4:80 track www-back/sv2 cookie sv2
		#2	172.16.2.4:80(sv2)	
	헬스 체크	헬스 체크 간격	앞에서 설정한 'www-back/sv1'과 'www-back/sv2'에 대한 헬스 체크 추적(트래킹)	
	퍼시스턴스		쿠키 퍼시스턴스	cookie SERVER insert indirect nocache
	X-Forwarded-For		있음	option forwardfor
	X-Forwarded-Proto		있음	http-request set-header x-forwarded-proto http

03. 그럼 ns1에 로그인하여 퍼시스턴스가 가능한지 확인해 보자. 353쪽에서 설명했듯이, 쿠키 퍼시스턴스는 부하 분산 장치가 발급하는 쿠키 정보를 사용하여 동일한 서버에 계속 할당한다. 따라서 건저 curl의 '-c 옵션'을 사용하여 HTTP 응답과 함께 해당 쿠키를 받아 파일로 저장한다. 여기서는 sv1의 콘텐츠가 표시되고 이와 함께 받은 쿠키를 'cookie.txt'라는 파일명으로 저장했다.

[코드] Curl -c로 쿠키 저장하기

```
root@ns1:/# curl -c cookie.txt http://10.1.3.34/
sv1.example.com
```

저장된 쿠키의 내용을 확인해 보자. 그러면 할당된 서버의 정보가 저장되어 있음을 알 수 있다. 여기서는 sv1에 할당된 것을 확인할 수 있다.

---

51 /var/log/haproxy.log에 쿠키 정보를 기록하기 위한 설정이다.

[코드] 쿠키 확인

```
root@ns1:/# cat cookie.txt
# Netscape HTTP Cookie File
# https://curl.haxx.se/docs/http-cookies.html
# This file was generated by libcurl! Edit at your own risk.


10.1.3.34	FALSE	/	FALSE	0	SERVER	sv1
```

lb1에서 쿠키를 받았으니 이제 curl의 '-b 옵션'을 통해 해당 쿠키를 갖고 같은 서버에 1초 간격으로 10번씩 HTTP 요청을 보낸다. 그러면 여기서는 sv1의 콘텐츠만 표시되어 퍼시스턴스가 작동하고 있음을 알 수 있다.

[코드] curl 명령의 결과

```
root@ns1:/# for i in {1..10}; do curl -b cookie.txt http://10.1.3.34/; sleep 1; done
sv1.example.com
sv1.example.com
sv1.example.com
sv1.example.com
sv1.example.com
sv1.example.com
sv1.example.com
sv1.example.com
sv1.example.com
sv1.example.com
```

04. 마지막으로 HAProxy와 nginx의 로그를 확인한다.

lb1에서 HAProxy의 접속 로그(/var/log/haproxy.log)를 보면 'www2-front'로 수신되어 'www2-back/sv1' 또는 'www2-back/sv2' 중 하나에만 할당된 것을 알 수 있다. 또한 HTTP 요청에 'SERVER'라는 이름의 쿠키가 포함되어 있음을 알 수 있다. 여기서는 'SERVER=sv1' 쿠키가 포함된 HTTP 요청을 받았고 이 정보를 바탕으로 sv1에 할당했다.

[코드] HAProxy 로그(sv1에만 할당된 코드)

```
root@lb1:/# tail -10 /var/log/haproxy.log
Apr 28 03:04:50 lb1 haproxy[759]: 10.1.2.53:38650 [28/Apr/2023:03:04:50.286] www2-front www2-back/sv1 0/0/0/0/0 200 229 SERVER=sv1 - --VN 1/1/0/0/0 0/0 "GET / HTTP/1.1"
Apr 28 03:04:51 lb1 haproxy[759]: 10.1.2.53:38662 [28/Apr/2023:03:04:51.305] www2-front www2-back/sv1 0/0/0/1/1 200 229 SERVER=sv1 - --VN 1/1/0/0/0 0/0 "GET / HTTP/1.1"
Apr 28 03:04:52 lb1 haproxy[759]: 10.1.2.53:45810 [28/Apr/2023:03:04:52.320] www2-front www2-back/sv1 0/0/0/0/0 200 229 SERVER=sv1 - --VN 1/1/0/0/0 0/0 "GET / HTTP/1.1"
Apr 28 03:04:53 lb1 haproxy[759]: 10.1.2.53:45812 [28/Apr/2023:03:04:53.330] www2-front www2-back/sv1 0/0/0/0/0 200 229 SERVER=sv1 - --VN 1/1/0/0/0 0/0 "GET / HTTP/1.1"
```

```
Apr 28 03:04:54 lb1 haproxy[759]: 10.1.2.53:45824 [28/Apr/2023:03:04:54.344] www2-front www2-
back/sv1 0/0/0/0/0 200 229 SERVER=sv1 - --VN 1/1/0/0/0 0/0 "GET / HTTP/1.1"
Apr 28 03:04:55 lb1 haproxy[759]: 10.1.2.53:45826 [28/Apr/2023:03:04:55.354] www2-front www2-
back/sv1 0/0/0/0/0 200 229 SERVER=sv1 - --VN 1/1/0/0/0 0/0 "GET / HTTP/1.1"
Apr 28 03:04:56 lb1 haproxy[759]: 10.1.2.53:45828 [28/Apr/2023:03:04:56.365] www2-front www2-
back/sv1 0/0/0/0/0 200 229 SERVER=sv1 - --VN 1/1/0/0/0 0/0 "GET / HTTP/1.1"
Apr 28 03:04:57 lb1 haproxy[759]: 10.1.2.53:45836 [28/Apr/2023:03:04:57.375] www2-front www2-
back/sv1 0/0/0/0/0 200 229 SERVER=sv1 - --VN 1/1/0/0/0 0/0 "GET / HTTP/1.1"
Apr 28 03:04:58 lb1 haproxy[759]: 10.1.2.53:45852 [28/Apr/2023:03:04:58.384] www2-front www2-
back/sv1 0/0/0/0/0 200 229 SERVER=sv1 - --VN 1/1/0/0/0 0/0 "GET / HTTP/1.1"
Apr 28 03:04:59 lb1 haproxy[759]: 10.1.2.53:45858 [28/Apr/2023:03:04:59.398] www2-front www2-
back/sv1 0/0/0/0/0 200 229 SERVER=sv1 - --VN 1/1/0/0/0 0/0 "GET / HTTP/1.1"
```

할당된 웹 서버(이번에는 sv1)에 로그인하여 nginx의 접속 로그(/var/log/nginx/access.log)를 보면 'User-Agent', 'X-Forwarded-For', 'X-Forwarded-Proto'가 포함된 로그가 10개(1초 간격으로 10번) 있는 것을 확인할 수 있다.

[코드] 할당된 웹 서버(이번에는 sv1)의 접속 로그

```
root@sv1:/# tail -20 /var/log/nginx/access.log
"28/Apr/2023:03:04:23 +0900" "172.16.2.254" "GET / HTTP/1.1" "200" "-" "-" "-"
"28/Apr/2023:03:04:28 +0900" "172.16.2.254" "GET / HTTP/1.1" "200" "-" "-" "-"
"28/Apr/2023:03:04:33 +0900" "172.16.2.254" "GET / HTTP/1.1" "200" "-" "-" "-"
"28/Apr/2023:03:04:38 +0900" "172.16.2.254" "GET / HTTP/1.1" "200" "-" "-" "-"
"28/Apr/2023:03:04:43 +0900" "172.16.2.254" "GET / HTTP/1.1" "200" "-" "-" "-"
"28/Apr/2023:03:04:48 +0900" "172.16.2.254" "GET / HTTP/1.1" "200" "-" "-" "-"
"28/Apr/2023:03:04:50 +0900" "172.16.2.254" "GET / HTTP/1.1" "200" "curl/7.68.0" "10.1.2.53"
"http"
"28/Apr/2023:03:04:51 +0900" "172.16.2.254" "GET / HTTP/1.1" "200" "curl/7.68.0" "10.1.2.53"
"http"
"28/Apr/2023:03:04:52 +0900" "172.16.2.254" "GET / HTTP/1.1" "200" "curl/7.68.0" "10.1.2.53"
"http"
"28/Apr/2023:03:04:53 +0900" "172.16.2.254" "GET / HTTP/1.1" "200" "curl/7.68.0" "10.1.2.53"
"http"
"28/Apr/2023:03:04:53 +0900" "172.16.2.254" "GET / HTTP/1.1" "200" "-" "-" "-"
"28/Apr/2023:03:04:54 +0900" "172.16.2.254" "GET / HTTP/1.1" "200" "curl/7.68.0" "10.1.2.53"
"http"
"28/Apr/2023:03:04:55 +0900" "172.16.2.254" "GET / HTTP/1.1" "200" "curl/7.68.0" "10.1.2.53"
"http"
"28/Apr/2023:03:04:56 +0900" "172.16.2.254" "GET / HTTP/1.1" "200" "curl/7.68.0" "10.1.2.53"
"http"
```

```
"28/Apr/2023:03:04:57 +0900" "172.16.2.254" "GET / HTTP/1.1" "200" "curl/7.68.0" "10.1.2.53" "http"
"28/Apr/2023:03:04:58 +0900" "172.16.2.254" "GET / HTTP/1.1" "200" "curl/7.68.0" "10.1.2.53" "http"
"28/Apr/2023:03:04:58 +0900" "172.16.2.254" "GET / HTTP/1.1" "200" "-" "-" "-"
"28/Apr/2023:03:04:59 +0900" "172.16.2.254" "GET / HTTP/1.1" "200" "curl/7.68.0" "10.1.2.53" "http"
"28/Apr/2023:03:05:03 +0900" "172.16.2.254" "GET / HTTP/1.1" "200" "-" "-" "-"
"28/Apr/2023:03:05:08 +0900" "172.16.2.254" "GET / HTTP/1.1" "200" "-" "-" "-"
```

5-3-2 SSL 오프로드

SSL 오프로드는 서버에서 수행하던 SSL 처리를 부하 분산 장치에서 수행하는 기술이다. 지금까지 설명한 바와 같이 SSL은 인증, 암호화 등 서버에 처리 부하가 걸리기 쉬운 프로토콜인데, 그 처리를 부하 분산 장치가 대신해주는 것이다. 클라이언트가 평소처럼 HTTPS로 요청을 하면 그 요청을 받은 부하 분산 장치는 직접 SSL을 처리하고 부하 분산 대상인 서버에 HTTP로 전달한다. 서버는 SSL을 처리하지 않아도 되므로 처리 부하가 크게 줄어들어 요청을 빠르게 처리할 수 있다. 그 결과 시스템 전반적으로 부하 분산의 효과가 커진다.

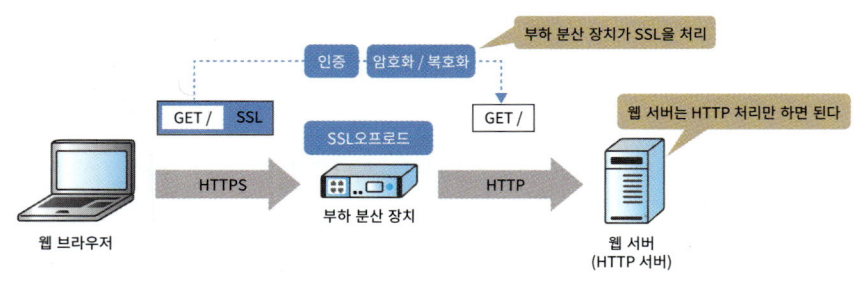

[그림] SSL 오프로드

이론 이해하기

그렇다면 부하 분산 장치는 어떻게 SSL의 처리를 대신할 수 있을까? 먼저 이론적인 처리 흐름을 이해해 보자. 여기서는 검증 환경에서 인터넷에 있는 ns1(웹 브라우저)이 fw1(방화벽)을 통해 서버 사이트의 lb1(부하 분산 장치)에 HTTPS 요청을 보내 SSL을 오프로드하는 경우를 예로 들겠다. 세부적인 동작은 제조사,

장비, 애플리케이션에 따라 달라질 수 있다. 여기서는 검증 환경에서 사용하는 HAProxy를 기준으로 설명한다.

01. ns1은 fw1에 있는 서버 부하 분산용 공인 IP 주소(10.1.3.12)에 대해 Client Hello를 전송하고 SSL 핸드셰이크를 시도한다. fw1은 NAT 테이블 설정에 따라 목적지 IP 주소를 서버 부하 분산용 사설 IP 주소(172.16.3.12)로 NAT하여 lb1로 전송한다. lb1은 서버 부하 분산용으로 설정된 IP 주소(172.16.3.12)와 포트 번호(443)로 Client Hello를 수신한다.

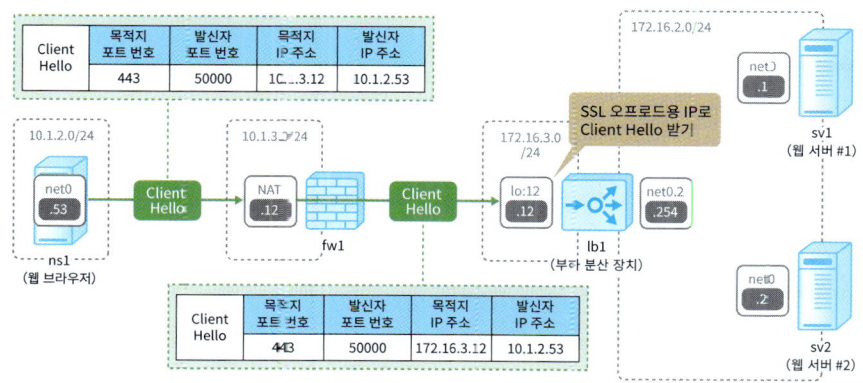

[그림] lb1에 Client Hello 보내기

02. lb1은 Client Hello를 받으면 ns1과 SSL 핸드셰이크를 수행하여 암호화를 위한 사전 준비를 한다. SSL 핸드셰이크를 처리하는 것은 lb1이지 sv1이나 sv2가 아니다. SSL 핸드셰이크가 끝나면 ns1은 lb1에 SSL로 암호화된 HTTP 요청을 보낸다.

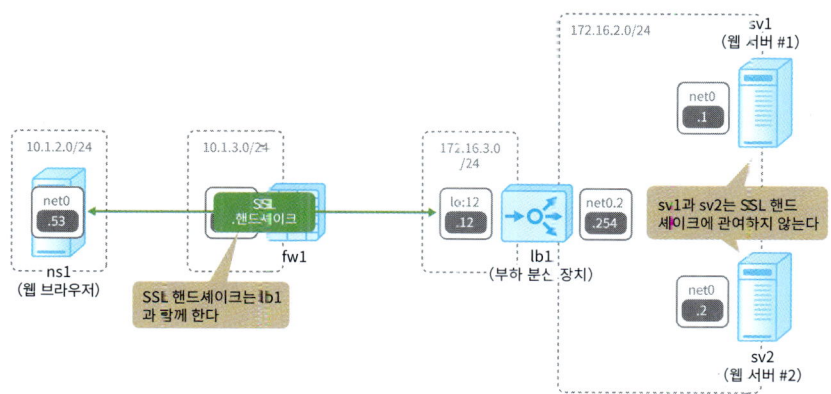

[그림] ns1과 lb1이 SSL 핸드셰이크를 한다.

03. lb1은 SSL로 암호화된 HTTP 요청을 받으면 SSL 핸드셰이크에서 생성한 정보를 바탕으로 복호화 처리를 한다. 복호화 후에는 단순한 HTTP 요청이 되므로 HTTP의 서버 부하 분산과 동일하다. 발신자 IP 주소를 자신의 IP 주소(172.16.2.254)로 변환하고[52], 목적지 IP 주소를 헬스 체크 결과와 부하 분산 알고리즘, 퍼시스턴스 상태에 따라 동적으로 전환한다.

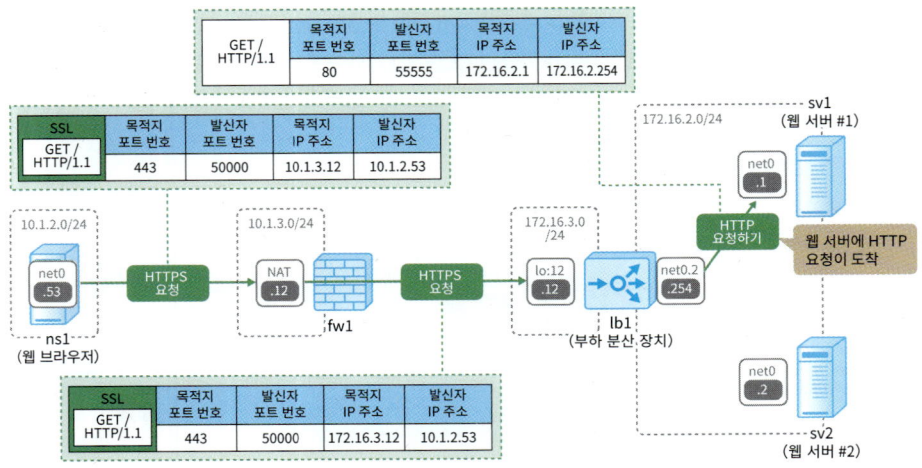

[그림] lb1이 HTTPS 요청을 복호화

04. HTTP 요청을 받은 sv1 또는 sv2는 그 내용에 따라 처리를 하여 lb1(172.16.2.254)에 HTTP 응답을 반환한다. sv1과 sv2는 SSL을 처리할 필요가 없으므로 그만큼 더 빠르게 HTTP 응답을 반환할 수 있다.

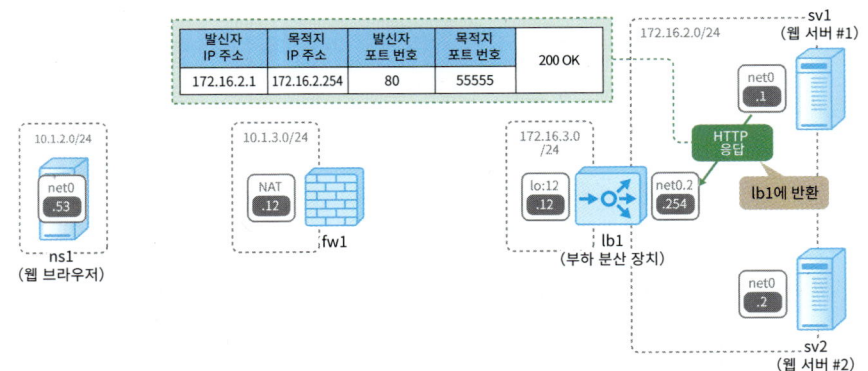

[그림] sv1은 SSL을 처리할 필요가 없다.

---

52 HAProxy는 기본적으로 발신자 포트 번호도 변환한다. 하지만 본문에서는 NAT 처리가 더 중요하므로 해당 설명을 생략한다.

05. HTTP 응답을 받은 lb1은 HTTPS로 되돌려 fw1을 통해 ns1에 반환한다.

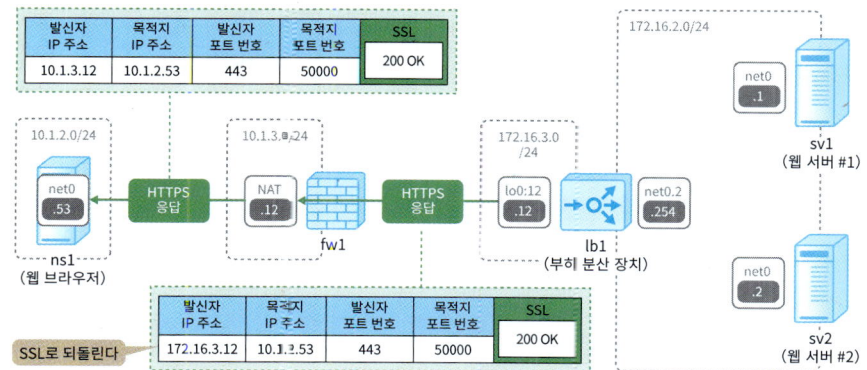

[그림] lb1은 SSL로 되돌리기

실습해 보기

이제 검증 환경을 이용하여 부하 분산 장치를 설정하고 실제 동작을 살펴보자. 여기서는 서버 부하 분산 실습에서 설정한 'www-front'에 SSL 오프로드 설정을 추가하고[53], sv1과 sv2로 부하를 분산한다. 또한, 설정에 관해서는 되도록 서버 부하 분산 실습에서 설정한 내용을 재사용하도록 한다.

---

[53] 즉, 이 실습 항목은 'spec_05.yaml'에 대해 서버 부하 분산 실습 항목의 내용을 설정했음을 전제로 한다.

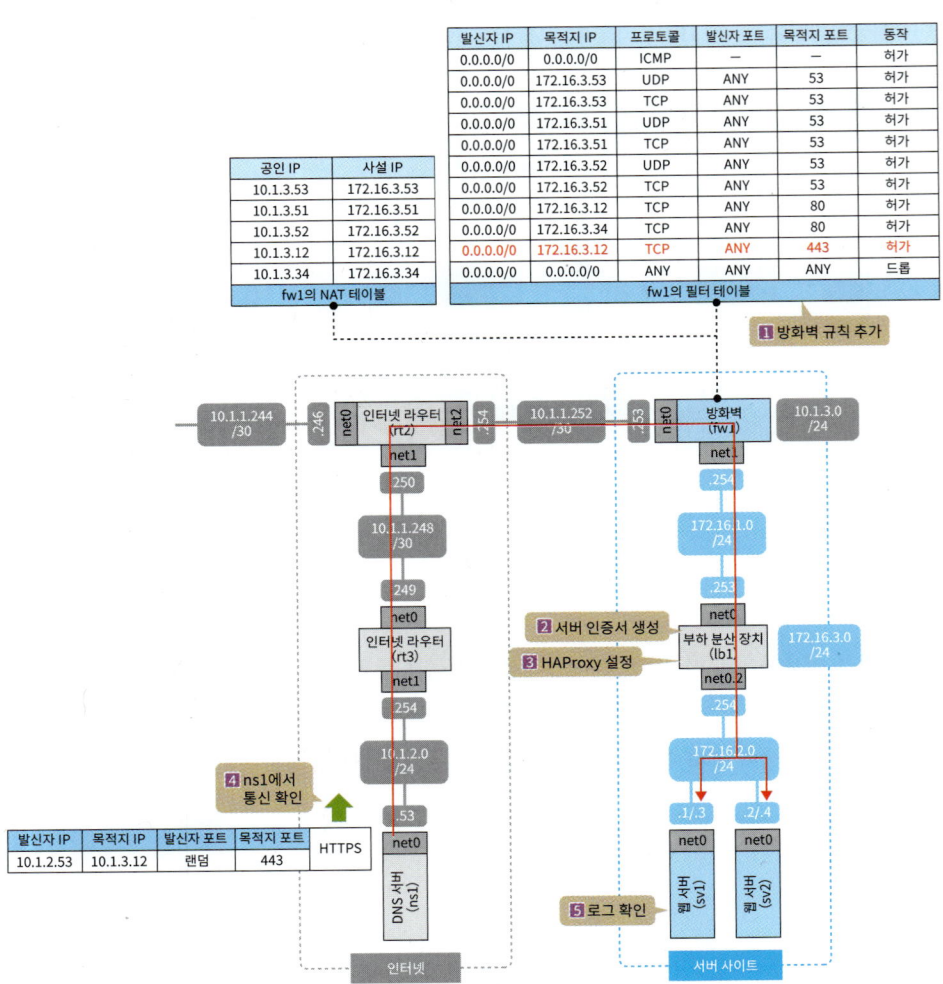

[그림] 실습 항목에서 하는 작업

01. 먼저 lb1에 설정할 SSL 오프로드용 IP 주소와 포트 번호를 인터넷에 공개한다. 여기서는 SSL 오프로드용 IP 주소로 서버 부하 분산 실습에서도 사용한 '172.16.3.12'를 사용한다. 또한, 포트 번호는 HTTPS의 기본 포트 번호인 'TCP/443'을 사용한다. 이미 fw1에는 '172.16.3.12'에 대한 정적 NAT 설정이 입력되어 있을 것이다. 따라서 이에 대한 TCP/443의 허용만 설정한다.

[코드] fw1에서 방화벽 설정하기

```
root@fw1:/# iptables -t filter -A FORWARD -m conntrack --ctstate NEW -d 172.16.3.12 -p tcp -m tcp --dport 443 -j ACCEPT
```

혹시 모르니 'iptables -t filter -nL FORWARD --line-numbers'로 필터 테이블을 확인한다. 그러면 각각 새로운 항목이 추가된 것을 확인할 수 있다.

[코드] 필터 테이블 확인

```
root@fw1:/# iptables -t filter -nL FORWARD --line-numbers
Chain FORWARD (policy DROP)
num  target  prot opt source     destination
1    ACCEPT  all  --  0.0.0.0/0  0.0.0.0/0    ctstate RELATED,ESTABLISHED
2    ACCEPT  icmp --  0.0.0.0/0  0.0.0.0/0    ctstate NEW icmptype 8
3    ACCEPT  udp  --  0.0.0.0/0  172.16.3.53  ctstate NEW udp dpt:53
4    ACCEPT  tcp  --  0.0.0.0/0  172.16.3.53  ctstate NEW tcp dpt:53
5    ACCEPT  udp  --  0.0.0.0/0  172.16.3.51  ctstate NEW udp dpt:53
6    ACCEPT  tcp  --  0.0.0.0/0  172.16.3.51  ctstate NEW tcp dpt:53
7    ACCEPT  udp  --  0.0.0.0/0  172.16.3.52  ctstate NEW udp dpt:53
8    ACCEPT  tcp  --  0.0.0.0/0  172.16.3.52  ctstate NEW tcp dpt:53
9    ACCEPT  tcp  --  0.0.0.0/0  172.16.3.12  ctstate NEW tcp dpt:80
10   ACCEPT  tcp  --  0.0.0.0/0  172.16.3.34  ctstate NEW tcp dpt:80
11   ACCEPT  tcp  --  0.0.0.0/0  172.16.3.12  ctstate NEW tcp dpt:443
```

02. 다음으로 lb1에 로그인하여 SSL 오프로드에서 사용할 서버 인증서를 생성한다. 이 검증 환경에서는 CSR을 만들어서 인증기관으로부터 디지털 서명을 받는 등의 작업을 할 수 없다. 엄밀히 말하면 할 수 없는 것은 아니지만 검증 환경마다 그렇게까지 번거롭게 하기는 어렵다. 그래서 openssl 명령을 사용하여 자신을 직접 디지털 서명하는 자체 서명 인증서를 생성한다. 여기서는 공용 이름이 'www.example.com', 유효기간이 100년(36500일)인 서버 인증서를 만들었다.

[코드] 서버 인증서 생성

```
root@lb1:/# openssl req -subj '/CN=www.example.com/C=JP' -new -newkey rsa:2048 -sha256 -days 36500 -nodes -x509 -keyout /etc/ssl/private/server.key -out /etc/ssl/private/server.crt
Generating a RSA private key
..........................+++++
............+++++
writing new private key to '/etc/ssl/private/server.key'
-----
```

이제 '/etc/ssl/private' 디렉터리에 'server.key'라는 RSA 개인키와 'server.crt'라는 서버 인증서가 생겼을 것이다. openssl x509 명령어를 사용하면 방금 지정한 공용 이름과 국가명, 유효기간을 확인할 수 있다. 물론 SA 공개키와 자신의 RSA 개인키로 서명한 디지털 서명도 포함되어 있다.

[코드] 서버 인증서에 포함된 정보

```
root@lb1:/# openssl x509 -text -noout -in /etc/ssl/private/server.crt
Certificate:
```

```
Data:
    Version: 3 (0x2)
    Serial Number:
        41:c2:1d:f5:0e:a1:ac:fc:60:25:9e:82:b4:0b:1b:27:50:ce:9b:5b
    Signature Algorithm: sha256WithRSAEncryption
    Issuer: CN = www.example.com, C = JP                          — 발급자
    Validity
        Not Before: Mar 16 15:29:34 2023 GMT                      — 유효기간
        Not After : Feb 20 15:29:34 2123 GMT
    Subject: CN = www.example.com, C = JP                         — 발급대상
    Subject Public Key Info:
        Public Key Algorithm: rsaEncryption
            RSA Public-Key: (2048 bit)
            Modulus:
                00:aa:ba:e4:ab:5a:dd:2b:f7:b0:30:5c:d3:b5:11:
                47:b1:3c:8f:5d:8f:47:97:b5:a3:3e:d5:a7:91:0b:
                (중략)
                87:5e:90:8b:7e:24:fc:cd:33:cd:1e:02:69:d4:d3:
                01:51
            Exponent: 65537 (0x10001)                             — RSA 공개키
    X509v3 extensions:
        X509v3 Subject Key Identifier:
            68:59:B6:47:B9:50:97:9D:A3:54:96:FF:D3:5F:D5:7A:32:47:44:F0
        X509v3 Authority Key Identifier:
            keyid:68:59:B6:47:B9:50:97:9D:A3:54:96:FF:D3:5F:D5:7A:32:47:44:F0

        X509v3 Basic Constraints: critical
            CA:TRUE
Signature Algorithm: sha256WithRSAEncryption
    94:4e:b9:08:3f:e8:e5:48:e3:9b:c4:01:26:0c:47:91:43:32:
    49:94:0a:c0:69:0b:20:94:ed:0d:db:47:f3:de:83:0c:29:a2:
    (중략)                                                         — 디지털 서명
    5e:fe:42:30:8d:22:57:c4:04:18:7d:c4:4c:ad:bb:9a:18:2e:
    d5:0b:d2:a8:e4:86:68:b1:91:7b:97:37:e0:5c:e2:be:c2:58:
    de:16:70:eb
```

03. 서버 인증서가 생성되었으니 HAProxy를 설정할 차례다. HAProxy는 RSA 개인키와 서버 인증서를 그대로 사용할 수 없다. 따라서 이 두 파일을 cat 명령어로 합쳐 'server.pem'이라는 하나의 파일로 만들어야 한다.

[코드] RSA 개인키와 서버 인증서 합치기

```
root@lb1:/# cat /etc/ssl/private/server.crt /etc/ssl/private/server.key > /etc/ssl/private/server.pem
```

이어서 vi 명령어로 /etc/haproxy/haproxy.cfg의 frontend 섹션에 다음 그림과 같이 추가하고, '/etc/init.d/haproxy restart'로 HAProxy 서비스를 재시작한다. 참고로 서비스를 재시작하면 DH 키 교체에 대한 경고가 나오지만 이번 검증 범위에서는 별 문제가 없으므로 그대로 진행하면 된다. 그래도 신경이 쓰인다면 global 섹션에 'tune.ssl.default-dh-param 2048'을 추가하면 된다.

[코드] haproxy.cfg

```
root@lb1:/# cat /etc/haproxy/haproxy.cfg
global
        log /dev/log     local0
        log /dev/log     local1 notice

(중략)

frontend www-front
  bind 172.16.3.12:80
  bind 172.16.3.12:443 ssl crt /etc/ssl/private/server.pem    ← 추가 기입
  default_backend www-back

backend www-back
  balance roundrobin
  server sv1 172.16.2.1:80 check inter 5000 fall 3 rise 2
  server sv2 172.16.2.2:80 check inter 5000 fall 3 rise 2
  http-request set-header x-forwarded-proto http if !{ ssl_fc }
  http-request set-header x-forwarded-proto https if { ssl_fc }    ← 추가 기입
  option forwardfor
  option httpchk GET / HTTP/1.1
  http-check send hdr Host www.example.com
  http-check expect status 200

(이하 생략)

root@lb1:/# /etc/init.d/haproxy restart    ← 서비스 재시작
 * Restarting haproxy haproxy
[WARNING] 108/135523 (858) : parsing [/etc/haproxy/haproxy.cfg:38] : 'bind 172.16.3.12:443' :
```

```
unable to load default 1024 bits DH parameter for certificate '/etc/ssl/private/server.pem'.
, SSL library will use an automatically generated DH parameter.
[WARNING] 108/135523 (858) : Setting tune.ssl.default-dh-param to 1024 by default, if your
workload permits it you should set it to at least 2048. Please set a value >= 1024 to make
this warning disappear.
```

04. 이제 ns1에 로그인하여 SSL로 접속할 수 있는지 확인한다. HTTPS 접속을 위해 SSL 오류를 무시하는 '-k 옵션', 상호 작용의 세부 정보를 보는 '-v 옵션', TLS 버전 상한을 설정한 '--tls-max 옵션'을 지정한 curl 명령을 사용한다. 명령어를 실행하면 SSL 핸드셰이크 후 sv1 또는 sv2의 내용이 표시되는 것을 확인할 수 있다. 다만 클라이언트의 연결 정보에서는 SSL로 연결되었다는 것을 알 수 있지만, lb1에서 SSL 오프로드되었는지의 여부까지는 알 수 없다.

[코드] curl 명령의 결과

```
root@ns1:/# curl -k -v https://10.1.3.12/ --tls-max 1.2
*   Trying 10.1.3.12:443...
* TCP_NODELAY set
* Connected to 10.1.3.12 (10.1.3.12) port 443 (#0)
* ALPN, offering h2
* ALPN, offering http/1.1
* successfully set certificate verify locations:
*   CAfile: /etc/ssl/certs/ca-certificates.crt
  CApath: /etc/ssl/certs
* TLSv1.2 (OUT), TLS handshake, Client hello (1):
* TLSv1.2 (IN), TLS handshake, Server hello (2):
* TLSv1.2 (IN), TLS handshake, Certificate (11):
* TLSv1.2 (IN), TLS handshake, Server key exchange (12):
* TLSv1.2 (IN), TLS handshake, Server finished (14):
* TLSv1.2 (OUT), TLS handshake, Client key exchange (16):
* TLSv1.2 (OUT), TLS change cipher, Change cipher spec (1):
* TLSv1.2 (OUT), TLS handshake, Finished (20):
* TLSv1.2 (IN), TLS handshake, Finished (20):
* SSL connection using TLSv1.2 / ECDHE-RSA-AES128-GCM-SHA256
* ALPN, server did not agree to a protocol
* Server certificate:
*  subject: CN=www.example.com; C=JP
*  start date: Mar 16 15:29:34 2023 GMT
*  expire date: Feb 20 15:29:34 2123 GMT
*  issuer: CN=www.example.com; C=JP
*  SSL certificate verify result: self signed certificate (18), continuing anyway.
```

SSL 핸드셰이크

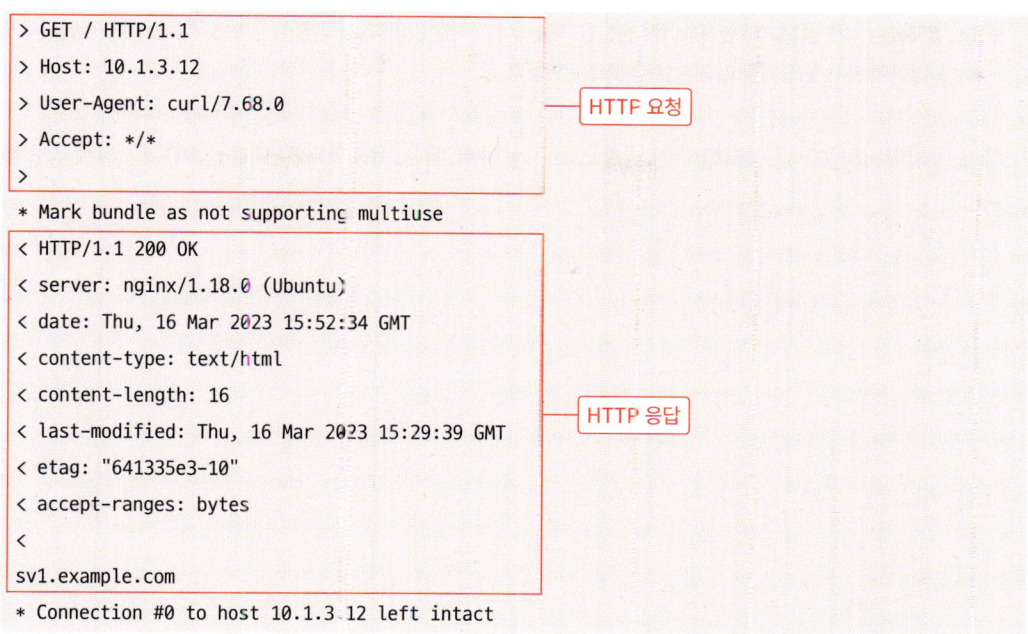

```
> GET / HTTP/1.1
> Host: 10.1.3.12
> User-Agent: curl/7.68.0
> Accept: */*
>
* Mark bundle as not supporting multiuse
< HTTP/1.1 200 OK
< server: nginx/1.18.0 (Ubuntu)
< date: Thu, 16 Mar 2023 15:52:34 GMT
< content-type: text/html
< content-length: 16
< last-modified: Thu, 16 Mar 2023 15:29:39 GMT
< etag: "641335e3-10"
< accept-ranges: bytes
<
sv1.example.com
* Connection #0 to host 10.1.3.12 left intact
```

— HTTP 요청
— HTTP 응답

05. sv1 또는 sv2의 접속 로그를 확인한다. 그러면 lb1에서 받은 프로토콜을 저장하는 X-Forwarded-Proto 헤더 필드의 값이 'https'인 로그가 있어 lb1에서 SSL 오프로드가 이루어졌음을 알 수 있다. 그 외에는 lb1에서 5초 간격으로 전송되는 헬스 체크 로그다.

[코드] sv1의 접속 로그

```
root@sv1:/# tail -10 /var/log/nginx/access.log
"17/Mar/2023:00:51:59 +0900" "172.16.2.254" "GET / HTTP/1.1" "200" "-" "-" "-"
"17/Mar/2023:00:52:04 +0900" "172.16.2.254" "GET / HTTP/1.1" "200" "-" "-" "-"
"17/Mar/2023:00:52:09 +0900" "172.16.2.254" "GET / HTTP/1.1" "200" "-" "-" "-"
"17/Mar/2023:00:52:14 +0900" "172.16.2.254" "GET / HTTP/1.1" "200" "-" "-" "-"
"17/Mar/2023:00:52:19 +0900" "172.16.2.254" "GET / HTTP/1.1" "200" "-" "-" "-"
"17/Mar/2023:00:52:24 +0900" "172.16.2.254" "GET / HTTP/1.1" "200" "-" "-" "-"
"17/Mar/2023:00:52:29 +0900" "172.16.2.254" "GET / HTTP/1.1" "200" "-" "-" "-"
"17/Mar/2023:00:52:34 +0900" "172.16.2.254" "GET / HTTP/1.1" "200" "curl/7.68.0" "10.1.2.53" "https"
"17/Mar/2023:00:52:34 +0900" "172.16.2.254" "GET / HTTP/1.1" "200" "-" "-" "-"
"17/Mar/2023:00:52:39 +0900" "172.16.2.254" "GET / HTTP/1.1" "200" "-" "-" "-"
```

이것으로 검증 환경 구축이 끝났다. 지금까지의 과정에서 '이 설정을 변경하면 어떻게 될까', '이 설정이 더 좋지 않을까' 등의 의문이 들었을 수도 있다. 그 하나하나가 기술적 성장의 씨앗이 된다. 그리고 이 씨앗은 실제로 손을 움직이고, 그 안에서 발생한 문제나 오류를 스스로 해결해야만 꽃을 피울 수 있다. 그러니 실패를 두려워하지 말고 다양하게 시도해 보기 바란다. 결국에는 이를 성실하게 반복해야만 진정한 기술력이 쌓여갈 것이다. 이 검증 환경에는 무한한 씨앗이 떨어져 있을 것이다. 많이 주워서 꽃을 피우고, 기술을 내 것으로 만들자.

드디어 마지막 장이다. 총정리한다는 생각으로 지금까지 배운 계층마다의 내용을 하나의 지식으로 연결해 보겠다.

6장

총 마무리

자, 이제 검증 환경 구축이 끝났고, 당신만을 위한 작은 인터넷이 완성되었다. 정말 수고 많았다! 다양한 애플리케이션의 다양한 명령어들이 많아서 힘들게 느낀 사람도 있을 것이다.

이제 마지막으로 이 책의 총정리를 해보겠다. 지금까지 각 장에서 층층이 파그 들었던 네트워크 프로토콜 혹은 네트워크 기술 지식을 서로 연관 지어 지식을 체계화해 나갈 것이다.

6-1 프로토콜 설명 절 총정리

먼저 각 장에서 설명한 프로토콜이 어떻게 하나로 연결되는지 살펴보자.

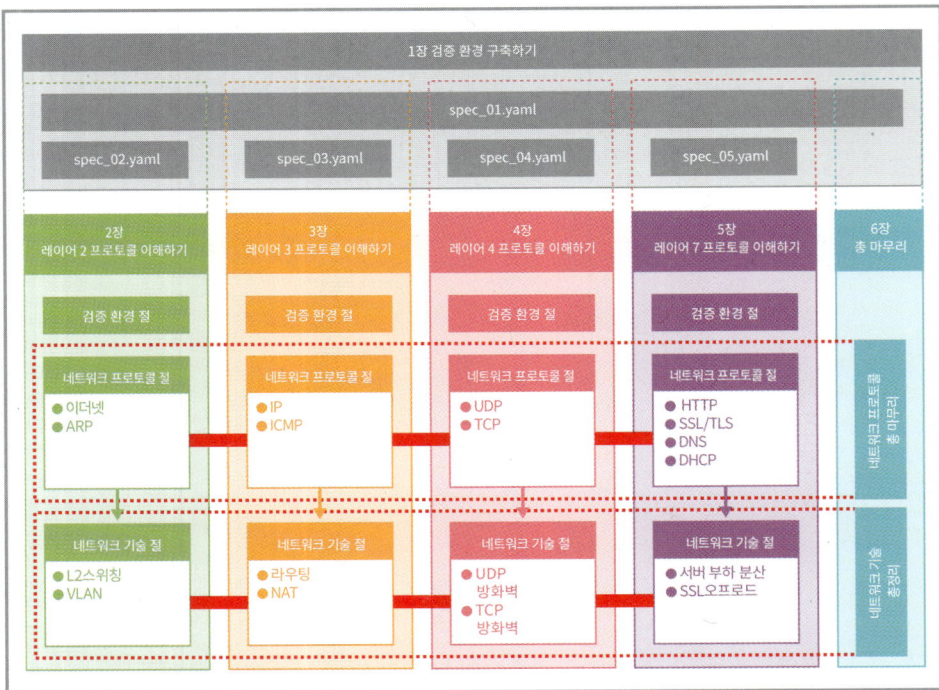

[그림] 지식의 연결

여기서는 프로토콜 설명 절의 총 마무리에 해당하는 SSL로 암호화된 패킷을 복호화하여 그 속을 들여다보겠다. 그러면 하나의 패킷이 위에서부터 순서대로 2장에서 학습한 이더넷, 3장에서 학습한 IP, 4장에서 학습한 TCP, 5장에서 학습한 SSL/TLS와 HTTP로 구성되어 있음을 알 수 있다.

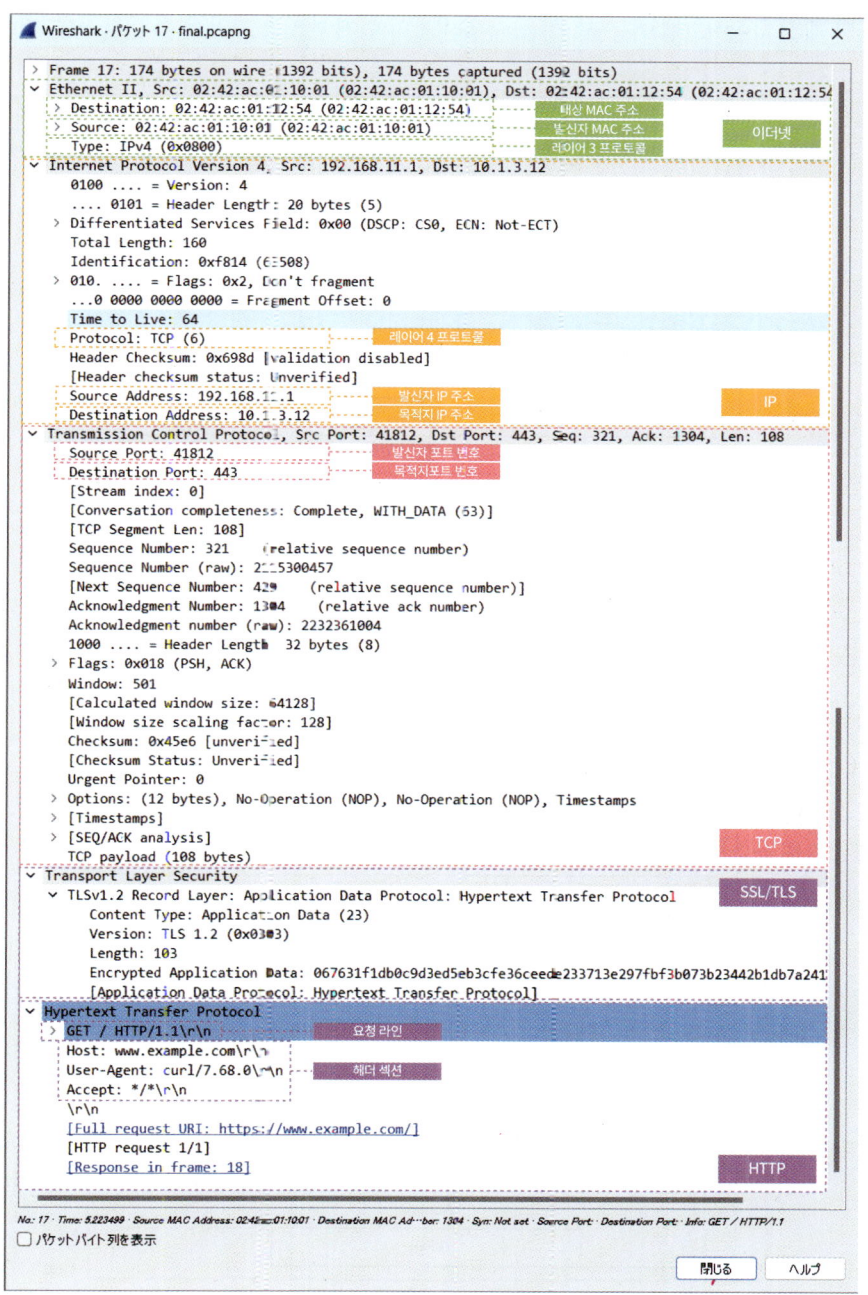

[그림] 패킷의 전체 모습

Wireshark의 패킷 다이어그램 기능(63쪽)을 사용하면 더 쉽게 패킷을 파악할 수 있다. 멋지지 않은가?

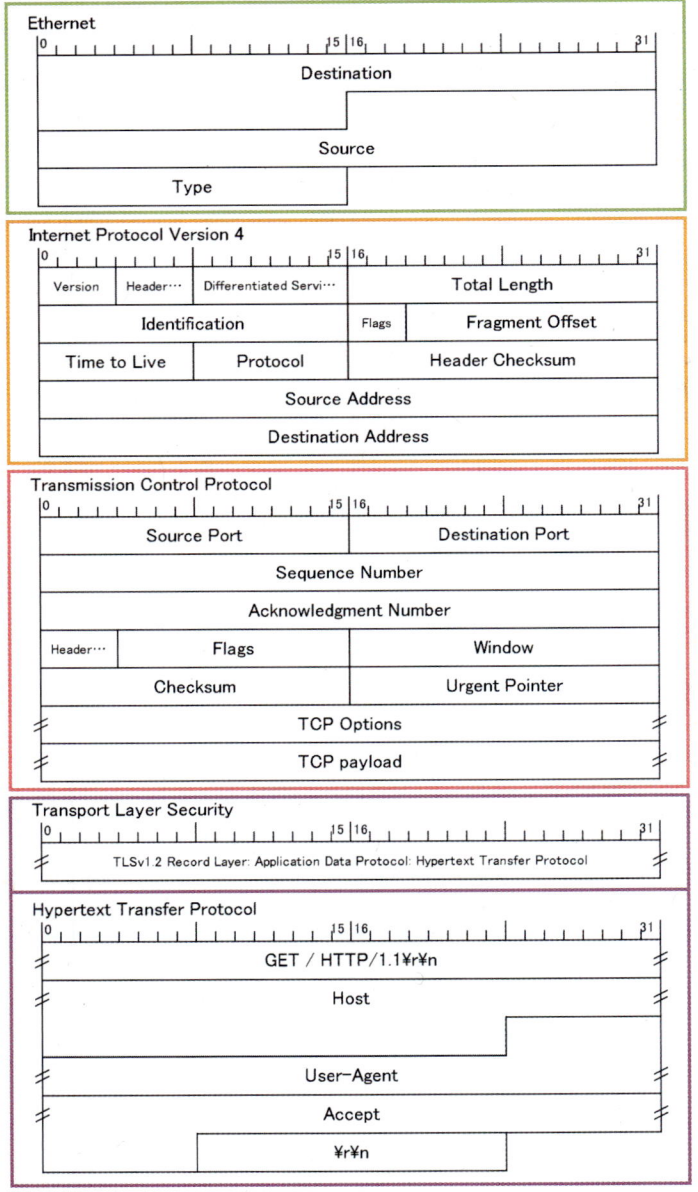

[그림] 패킷 다이어그램 기능으로 본 패킷의 전체 모습

6-2 네트워크 기술 절 총정리

이어서 각 장에서 설명한 네트워크 기술을 하나로 연결해 보겠다.

여기서는 실제 네트워크 환경과 마찬가지로, 가정 내 LAN 환경에 있는 PC(cl1)에서 인터넷 끝에 있는 서버 사이트(https://www.example.com/)에 접근하는[1] 과정에서 어떤 패킷이 흐르고, 각 장비가 어떤 처리를 하는지를 하나씩 알아본다[2].

이제 cl1으로 IP 주소를 획득한 후 curl 명령어로 HTTPS(HTTP/1.1 over TLS 1.2)로 접속했을 때 보이는 패킷을 살펴보자. 그러면 다음 그림과 같이 대략 '1단계(NIC 설정 단계)', '2단계(주소 확인 단계)', '3단계(이름 확인 단계)', '4단계(3방향 핸드셰이크 단계)', '5단계(SSL 핸드셰이크 단계)', '6단계(SSL 오프로드 + 부하 분산 단계)'의 여섯 단계로 구성되어 있음을 알 수 있다.

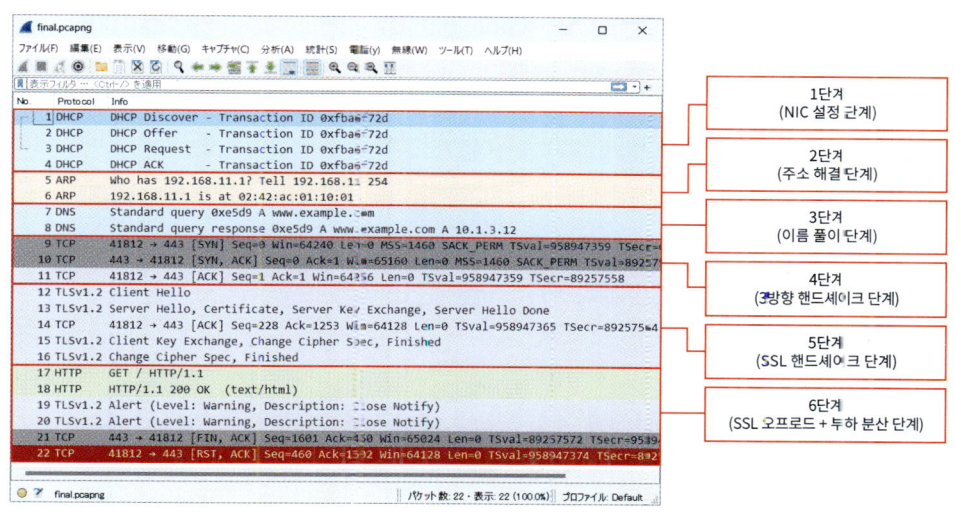

[그림] 전체적인 흐름

지금까지 살펴본 각 단계의 처리를 검증 환경의 논리적 구성도에 맞춰 자세히 살펴보자.[3]

---

1. 구체적으로 'spec_01.yaml'을 불러온 검증 환경의 cl1에서 '① dhclient -r' → '② dhclient' → '③ SSLKEYLOGFILE=/tmp/tinet/final_key.log curl -4vk https://www.example.com/ --tls-max 1.2 --http1.1'을 실행한다. 또한, 패킷 자체는 '② dhclient'에서 캡처한다.
2. 라우터와 스위치의 처리, 응답 패킷에 대한 NAT 처리 등 각 단계의 포인트에서 벗어나 다소 중복되는 처리 부분은 본문의 가독성을 고려하여 생략했다. 또한, 세부적인 동작에 대해서는 각 장을 참고하기 바란다.
3. 패킷의 개수나 패킷을 구성하는 내용은 PC의 상황에 따라 다소 달라질 수 있다. 여기서는 필자의 검증 환경에서 획득한 패킷을 기준으로 설명한다.

1단계(NIC 설정 단계) (337쪽 DHCP 참조)

01. 가정 내 LAN에 있는 cl1은 네트워크에 연결되면 DHCP Discover를 브로드캐스트하고 DHCP 서버를 찾는다(앞 페이지 그림의 패킷 No. 1).

02. 가정 내 LAN의 DHCP 서버는 인터넷에 접속하는 광대역 라우터(rt1)다. rt1은 DHCP Discover를 수신하면 DHCP 풀에서 '192.168.11.1'을 선택하여 DHCP Offer로 제안한다(패킷 No. 2).

03. cl1은 DHCP Request에서 "해당 IP 주소로 부탁합니다"라고 요청한다(패킷 No. 3).

04. rt1은 DHCP ACK로 DHCP 교환을 끝낸다(패킷 No. 4).

05. cl1에는 IP 주소(192.168.11.1)와 서브넷 마스크(255.255.255.0), 기본 게이트웨이(192.168.11.254)와 DNS 서버의 IP 주소(192.168.11.254)가 설정된다.

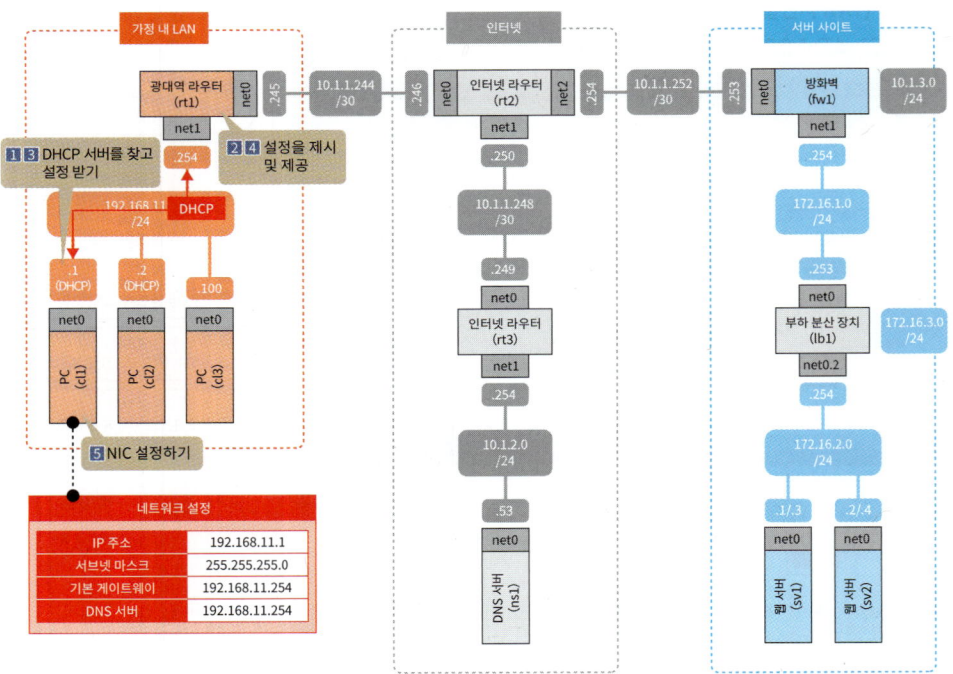

[그림] DHCP에서 IP 주소와 서브넷 마스크 설정하기

2단계(주소 확인 단계) (64쪽 ARP 참조)

01. rt1은 DHCP ACK 5초 후, 1단계에서 생성된 '192.168.11.1' ARP 항목의 도달가능성을 확인하기 위해 유니캐스트 ARP Request를 전송한다(패킷 No. 5).

02. '192.168.11.1'은 cl1의 IP 주소이며, cl1은 ARP Reply로 응답한다. 또한, 이와 함께 ARP 테이블에 '192.168.11.254'(rt1)의 ARP 항목을 생성한다.[4] (패킷 No. 6).

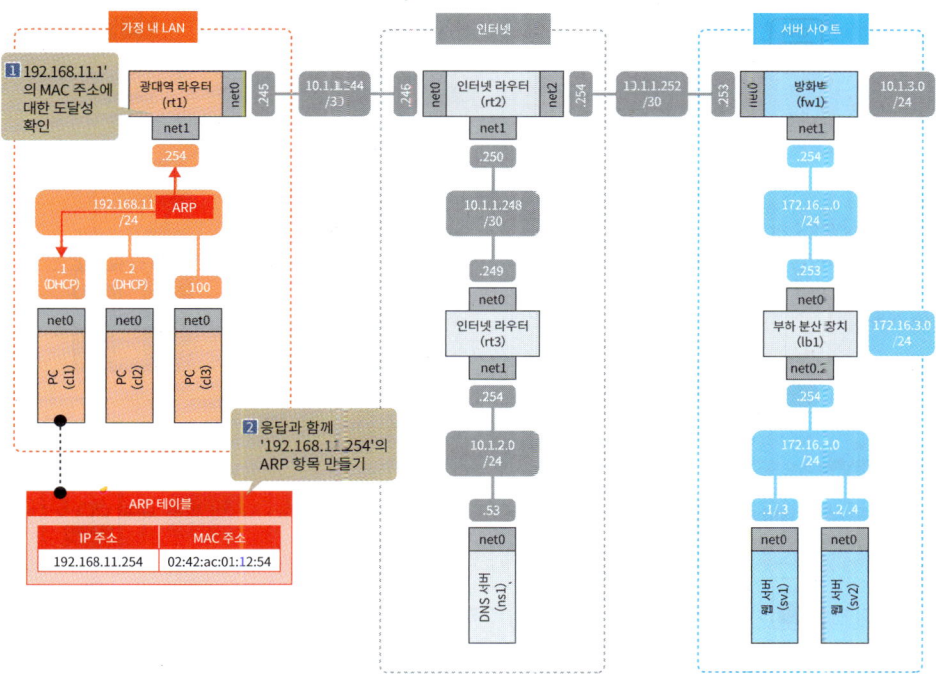

[그림] ARP로 MAC 주소 얻기

3단계(이름 풀이 단계) (310쪽 DNS 참조)

01. cl1에서 웹 브라우저(curl 명령어)를 실행하고 HTTPS로 'www.example.com'에 접속한다.

02. cl1은 'www.example.com'의 A 레코드(IP 주소)를 자신에게 설정된(DHCP로 받은) DNS 서버의 IP 주소인 rt1(192.168.11.254)에 재귀 쿼리(패킷 No. 7)로 문의한다.

03. 재귀 쿼리를 받은 rt1은 DNS 전달자가 되어 인터넷상의 ns1(10.1.2.53)에 재귀 쿼리로 문의한다.

---

4 검증 환경에서는 rt1의 도달성 확인의 결과로 cl1에 rt1(192.168.11.254)에 대한 ARP 엔트리가 생긴다. 해당 ARP 항목이 없는 경우 3단계 01 전에 '192.168.11.254'에 대한 ARP 요청을 전송하여 주소를 확인한다.

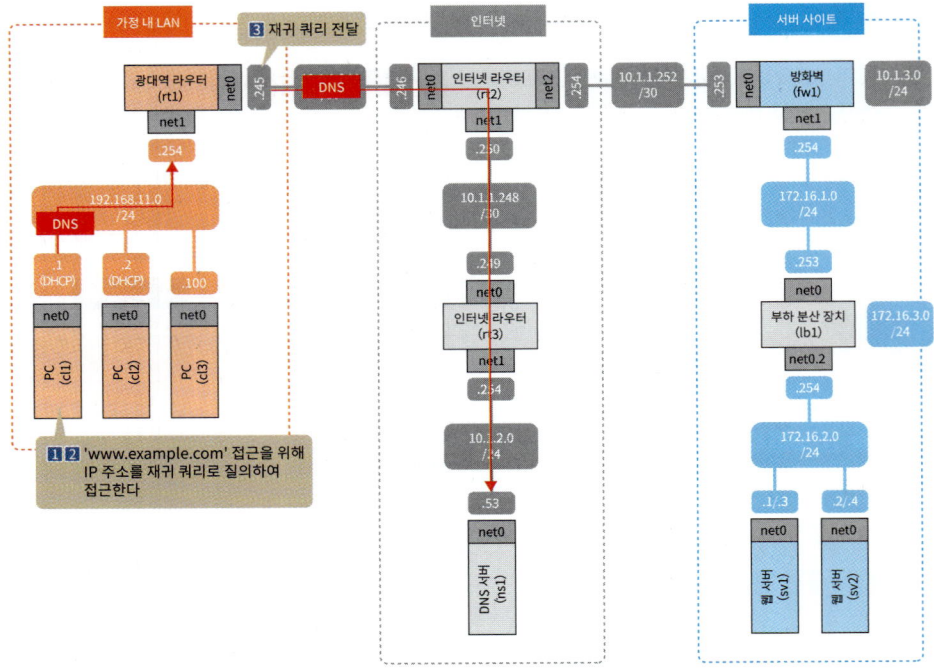

[그림] 재귀 쿼리로 이름 풀이하기

04. ns1은 '루트 서버(10.1.3.51)' → 'com의 권한 서버(10.1.3.52)' → 'example.com의 권한 서버(10.1.3.53)'의 순서로 권한 서버를 반복적으로 쿼리하여 매번 받은 정보를 캐싱한다 [5] [6] [7].

05. fw1은 필터 테이블을 기반으로 ns1에서 수신하는 반복 쿼리를 허용한다. 또한, NAT 테이블을 기반으로 목적지 IP 주소를 '10.1.3.51'에서 '172.16.3.51'로, '10.1.3.52'에서 '172.16.3.52'로, '10.1.3.53'에서 '172.16.3.53'으로 각각 정적 NAT를 하고, 해당 IP 주소를 가진 lb1로 라우팅한다.

06. lb1은 반복 쿼리를 받으면 목적지 IP 주소와 연관된 영역 파일을 기반으로 A 레코드를 반환한다. 최종적으로 '172.16.3.53'과 연관된 example.com의 영역 파일을 검색하여 'www.example.com'의 A 레코드(10.1.3.12)를 반환한다.

---

[5] 각각의 권한 서버마다 04, 05, 06단계가 진행된다. 여기서는 항목의 간소화를 위해 일괄적으로 표현하고 있다.
[6] 반복 쿼리는 ns1과 lb1을 통해 주고받기 때문에 cl1의 패킷 캡처 데이터에는 나타나지 않는다.
[7] 실제 인터넷 환경에서는 각 권한 서버가 별도로 존재한다. 검증 환경에서는 리소스 절약을 위해 lb1이 세 가지 역할을 겸하고 있다.

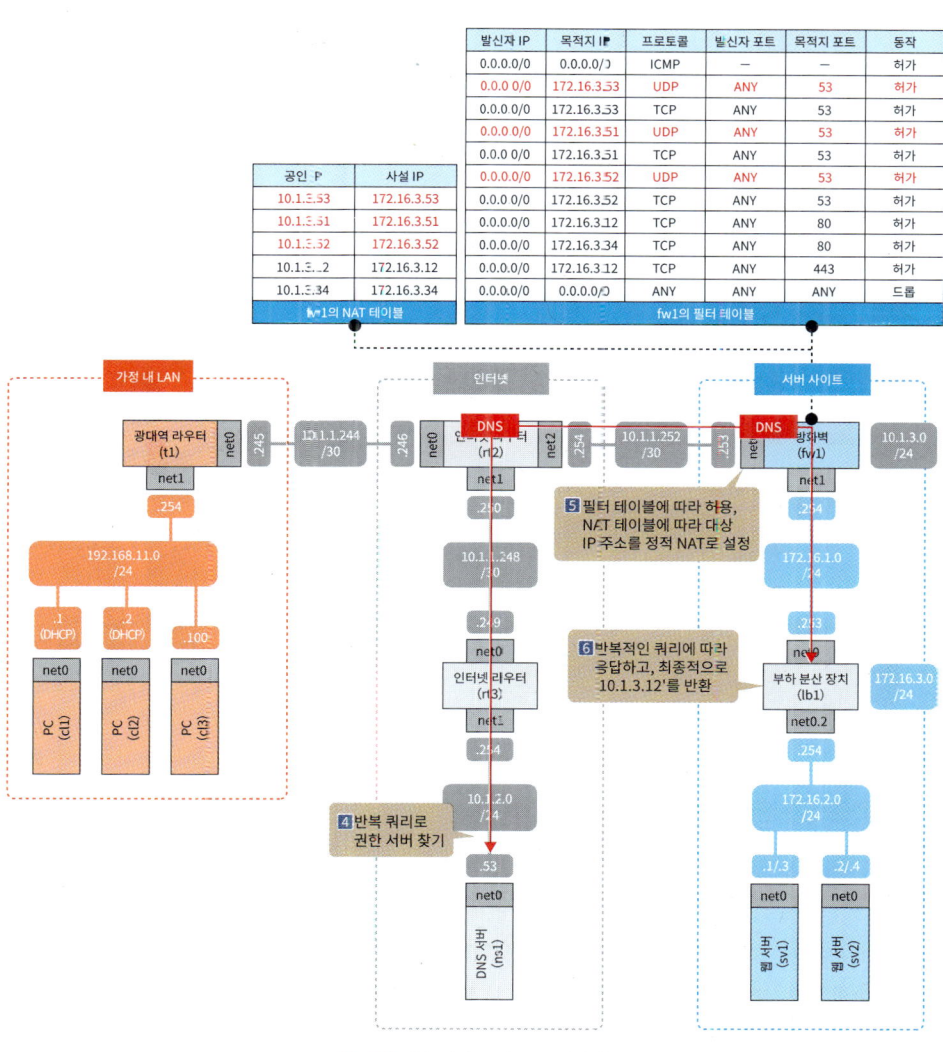

[그림] 반복 쿼리로 이름 풀이하기

07. ns1은 rt1에 'www.example.com'의 A 레코드(10.1.3.12)를 반환한다.

08. rt1은 cl1로 전달한다(패킷 8번).

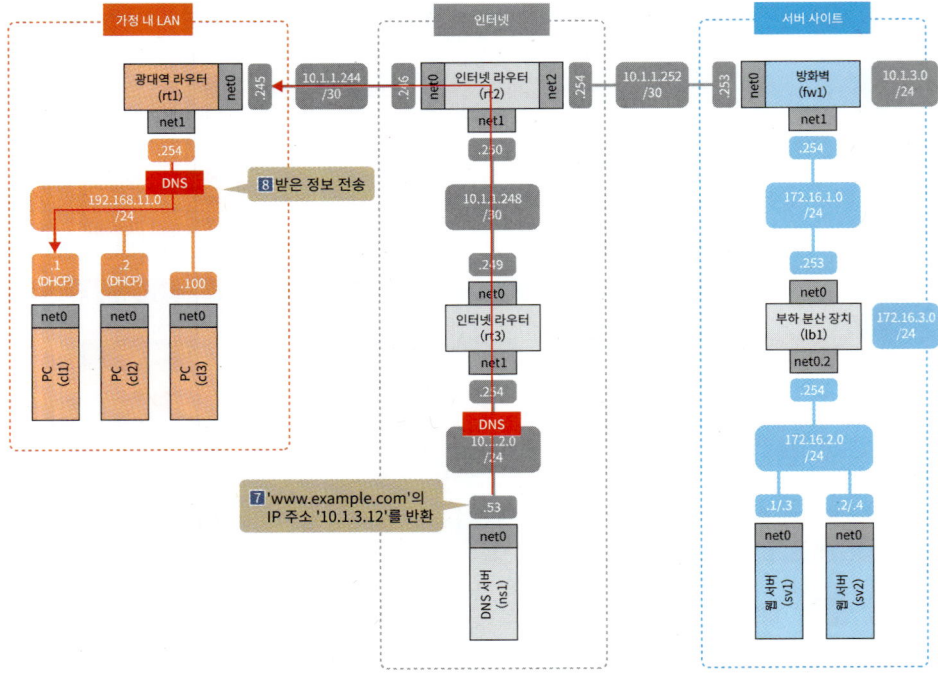

[그림] DNS로 응답하기

4단계(3방향 핸드셰이크 단계) (192쪽 TCP 참조)

01. cl1은 DNS로 이름 확인된 '10.1.3.12'에 대해 TCP SYN 패킷을 전송하고 3방향 핸드셰이크를 시작한다(패킷 No. 9).

02. rt1은 cl1에서 수신한 SYN 패킷의 발신 IP 주소를 NAT 테이블에 따라 '192.168.11.1'에서 '10.1.1.245'로 NAPT하여 rt2로 라우팅하고, rt2는 fw1로 라우팅한다.

03. fw1은 cl1에서 수신하는 SYN 패킷을 필터 테이블에 따라 허용한다. 또한 NAT 테이블을 기반으로 목적지 IP 주소를 '10.1.3.12'에서 '172.16.3.12'로 정적 NAT하여 해당 IP 주소를 가진 lb1로 라우팅한다.

04. lb1은 cl1과 3방향 핸드셰이크를 통해 TCP 연결을 확립한다(패킷 No. 10~11).

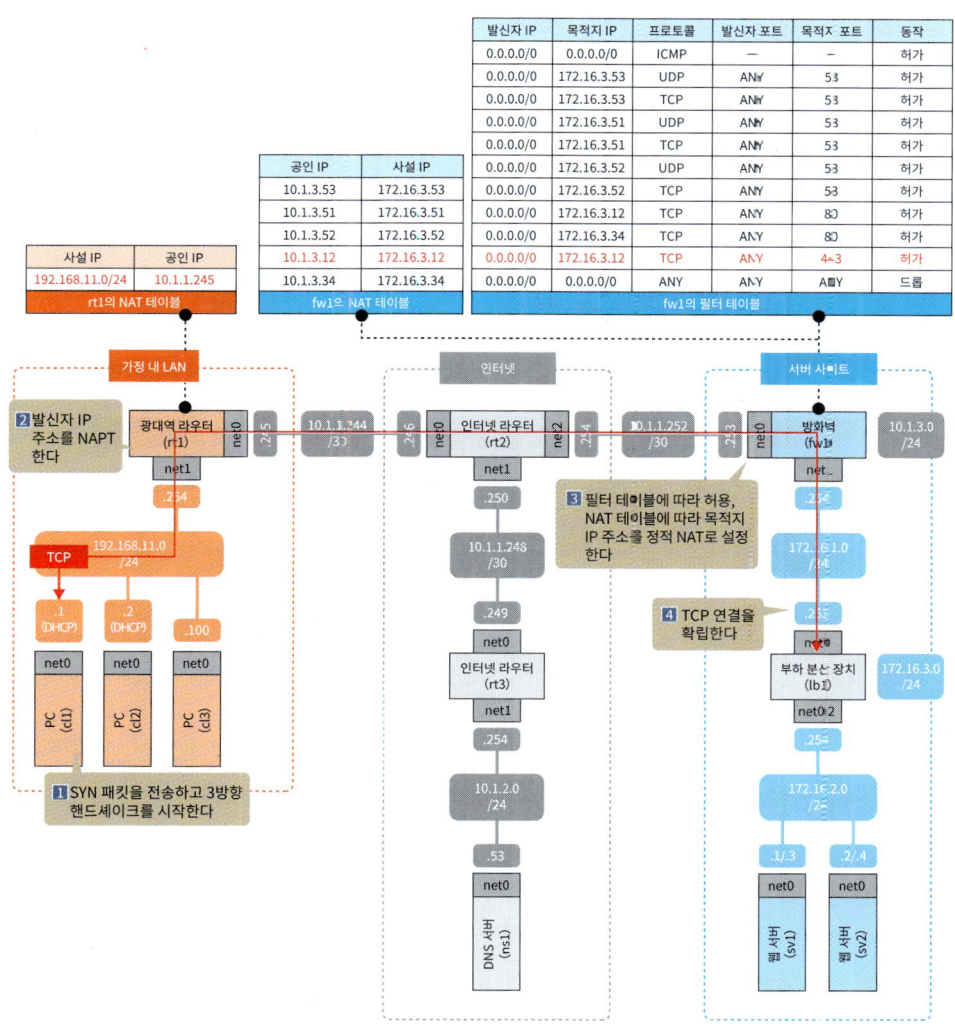

[그림] 3방향 핸드셰이크로 TCP 연결 확립하기

5단계(SSL 핸드셰이크 단계) (264쪽 SSL/TLS 참조)

01. cl1은 TCP 연결을 설정한 '10.1.3.12'에 대해 TLS 1.2의 Client Hello를 전송하고 SSL 핸드셰이크를 시작한다(패킷 No. 12).

02. rt1은 cl1에서 수신한 SSL 핸드셰이크 패킷의 발신 IP 주소를 NAT 테이블에 따라 '192.168.11.1'에서 '10.1.1.245'로 NAPT하여 rt2로 라우팅하고, rt2는 fw1로 라우팅한다.

03. fw1은 cl1에서 수신하는 SSL 핸드셰이크 패킷을 필터 테이블에 따라 허용한다. 또한 NAT 테이블을 기반으로 목적지 IP 주소를 '10.1.3.12'에서 '172.16.3.12'로 정적 NAT를 하고 해당 IP 주소를 가진 lb1로 라우팅한다.

04. lb1은 cl1과 SSL 핸드셰이크를 통해 공통키를 공유한다(패킷 No. 13~16).

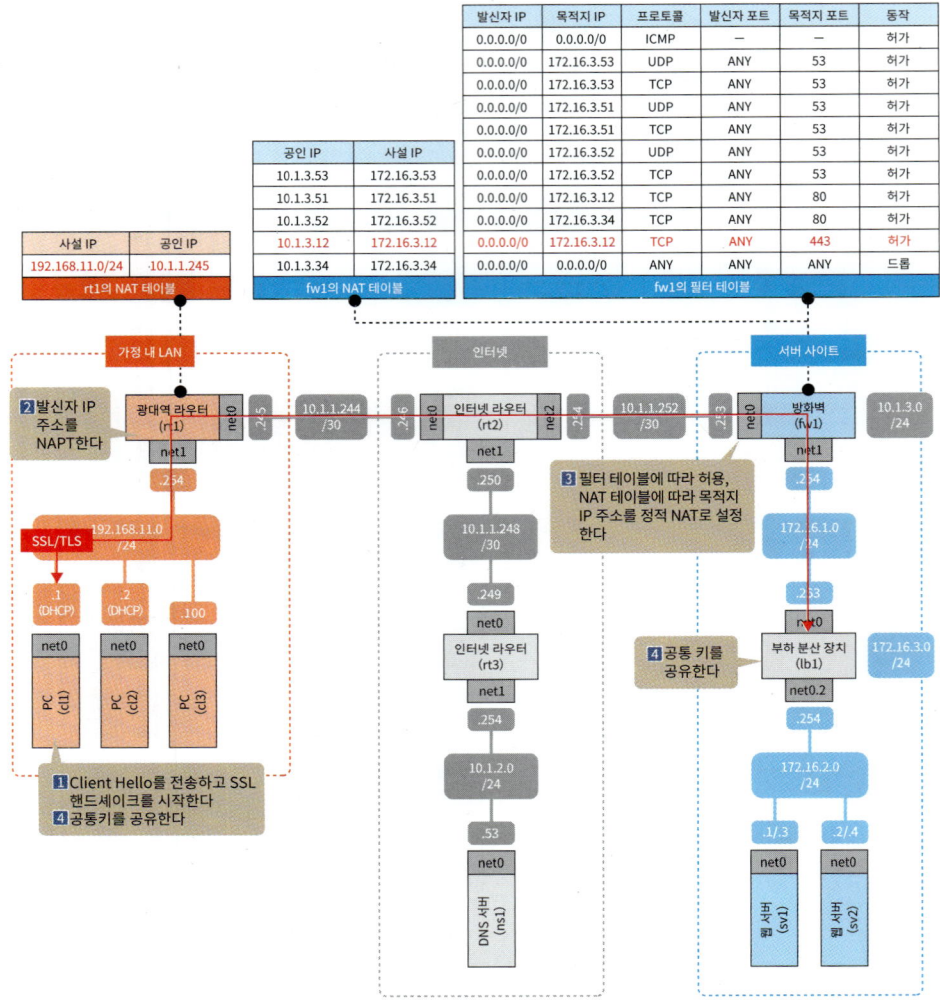

[그림] SSL 핸드셰이크로 공통키 공유하기

6단계(SSL 오프로드 + 부하 분산 단계) (376쪽 SSL 오프로드 참조)

01. SSL 핸드셰이크가 끝나면 cl1은 HTTP 요청(GET 요청)을 SSL 핸드셰이크에서 공유한 공통키로 암호화하여 전송한다 (패킷 No. 17).

02. rt1은 cl1에서 수신한 HTTPS 패킷의 발신 IP 주소를 NAT 테이블을 기반으로 '192.168.11.1'에서 '10.1.1.245'로 NAPT하여 rt2로 라우팅하고, rt2는 fw1로 라우팅한다.

03. fw1은 필터 테이블을 기반으로 cl1에서 수신하는 HTTPS 패킷을 허용한다. 또한 NAT 테이블을 기반으로 목적지 IP 주소를 '10.1.3.12'에서 '172.16.3.12'로 정적 NAT하여 해당 IP 주소를 가진 lb1로 라우팅한다.

04. lb1은 SSL로 암호화된 HTTP 요청을 복호화하여 발신자 IP 주소를 '172.16.2.254', 수신자 IP 주소를 부하 분산 대상인 sv1(172.16.2.1) 또는 sv2(172.16.2.2) 중 하나로 변환하여 부하를 분산한다.

05. HTTP 요청을 받은 웹 서버는 애플리케이션적인 처리를 통해 lb1에 HTTP 응답(200 OK)을 반환한다.

06. lb1은 HTTP 응답을 공통 키로 암호화하여 cl1에 반환한다.

07. cl1은 공통키로 복호화하여 HTTP 콘텐츠의 정보를 표시한다.(패킷 No. 18).

08. cl1은 HTTP 콘텐츠 다운로드가 끝나면 close_notify로 SSL 세션을 닫은 후 RST 패킷으로 TCP 연결을 닫는다(패킷 No. 19~22).

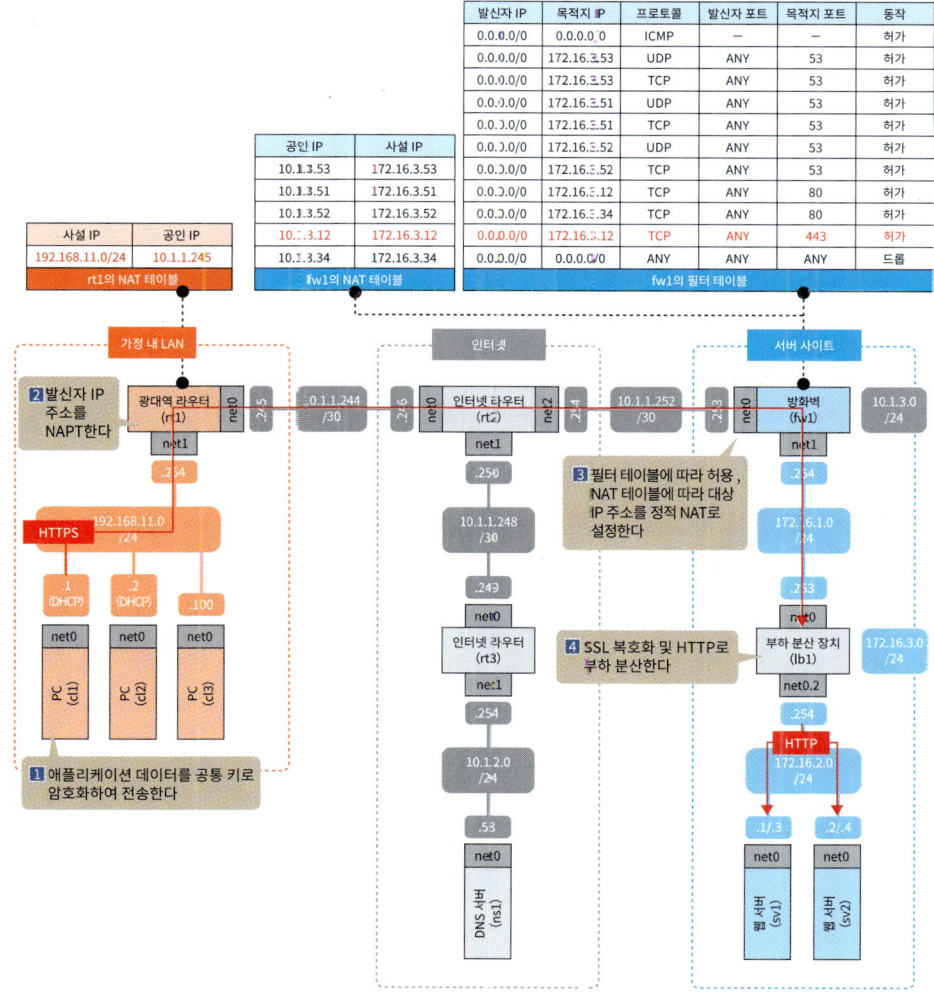

[그림] SSL 복호화 및 부하 분산하기

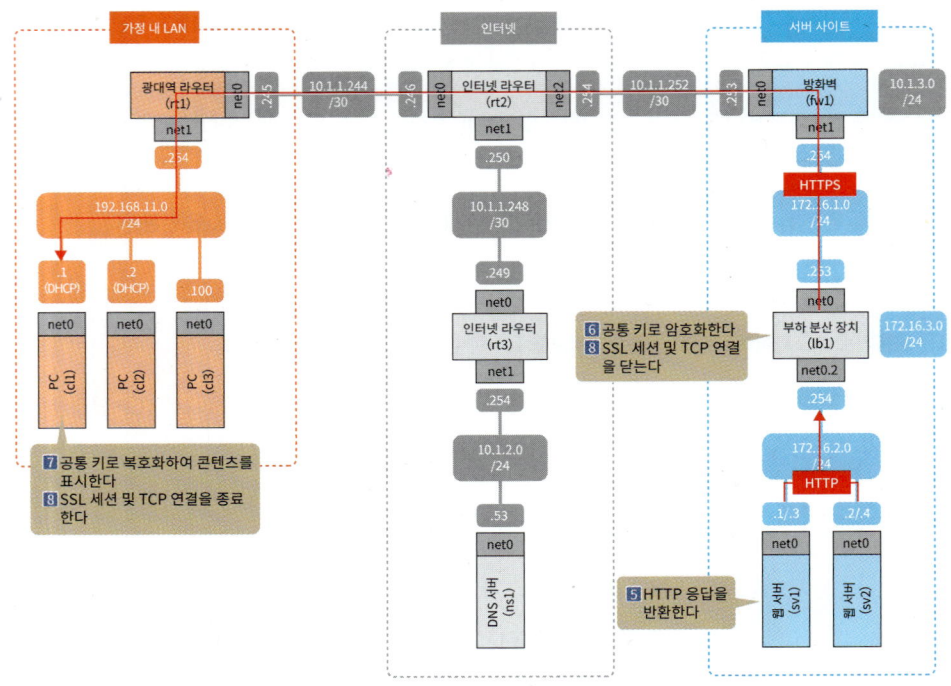

[그림] 응답을 반환

◇ ◇ ◇ ◇ ◇

자, 어떤가? 물론 이미 DHCP로 IP 주소를 획득하거나 ARP 테이블, DNS 서버의 캐싱 기능이 있기 때문에 인터넷에 접속할 때마다 이 모든 단계의 처리가 진행되는 것은 아니다. 하지만 모든 것이 텅 빈 상태의 경우 뒤쪽에서 이렇게 다양한 프로토콜의 패킷이 다양한 장비에서 처리되고 있다는 것을 알 수 있다.

여러분이 평소에 사용하는 PC나 태블릿PC도 마찬가지다. 인터넷에서 웹사이트를 볼 때 그 이면에는 어느 정도 비슷한 프로세스가 돌아가고 있다. 실제로 자기만의 인터넷을 만들어보니 다른 느낌이 들었을 것으로 생각한다. 만약 그렇다면, 인터넷에 사용되는 네트워크 기술에 대한 공부가 스스로를 갈고 닦는 기회가 된다면 필자로서는 더 바랄 것이 없겠다.

찾아보기

번호

1:1 NAT	161
3방향 핸드셰이크	200
5-tuple	213
10진수 표기	116

A - H

ACL	214
ALPN	255
ARP	64
ARP의 캐시 기능	68
ARP 테이블	66
ARP Reply	66
ARP Request	66
BGP	152
ccTLD	311
CIDR	116
CIDR(Classless Inter-Domain Routing)	118
configure terminal	149
conntrack	224
CSR	279
curl	259
DHCP	337
DHCP ACK	341
DHCP Discover	341
DHCP Offer	341
DHCP Request	341
dig	226, 314
DNS	310
DNS 클라이언트	314
DNS 포워더	320
Docker	3
docker exec	26
Docker Hub	3
docker images	27
docker ps	26
Dynamic Ports	187
Echo Reply	133
Echo Request	133
FCS	49
fdb	81
Forwarding Database	81
FQDN	311
FRR	5
FRR 사용자 가이드	147
Graphviz	34
gTLD	311
hosts 파일	312
HPACK	253
HTTP	243

I - R

IANA	120
ICANN	121
ICMP	130
IEEE	50
IEEE802.1q	88
ifconfig	57
I/G 비트	49
Institute of Electrical and Electronics Engineers	50
IP	109
IP 단편화	112
IP마스커레이드	162
IP 패킷	110
IP 페이로드	110
IP 헤더	110
ip addr	57
ip -d link show	99
ip link	84
ip neigh	71
iptables -t nat -L	172
IPv4	109
IPv6	109, 110
KISA	121
L2 스위치	44, 76
L2 스위칭	76
MAC 주소	45
MAC 주소 테이블	76
MSS	197
MTU	48
Multipass	18
NAPT	160, 162
NAT	122, 160
NAT 테이블	160
native-untagged 모드	99
nc	188
nslookup	314
opcode	66
OSPF	145
OUI	51
OVS	5
PAT	162
ping	58
redistribute static	165
Redistribution	146

RFC1918	121
router ospf	154
RSA 공개키	271
RSA 비밀키	271
RSA 서명	270

S – Z

show ip ospf interface	155
show ip ospf neighbor	155
show ip route	149
Silent Discard	216
ss	189
SSL 오프로드	376
SSL 핸드셰이크	264, 283
SSL/TLS	264
TCP	192
TCP 커넥션	192
tcpdump	53
Time-to-live Exceeded	134
tinet	4
tinet conf	32
tinet down	34
tinet img	34
tinet test	33
tinet up	31
traceroute	134
UAA	51
UDP	182
U/L 비트	49
URI	246
User Ports	186
VID	89
VLAN	87
VLAN ID	87
vtysh	148
Well-known Ports	185
Wi-Fi	45
Wireshark	54
wsl$	23
WSL2	2
YAML	4

ㄱ – ㅅ

가상화 지원 기능	7
가정 내 LAN	38
개인키	268
공개키	268
공개키 암호화 방식	271
공인 IP 주소	121
기본 게이트웨이	140
네이티브 VLAN	90
네트워크 주소	123
넥스트 홉	139
도메인 이름	310
도메인 트리	311
도청	265
도커	3
도커 엔진	3
동적 라우팅	145
동적 할당	339
디지털 서명	267
디지털 서명 알고리즘	270
라우터	138
라우팅	138, 139
라우팅 테이블	139, 144
라우팅 프로토콜	145
라운드로빈	352
롱 옵션	20
루트 서버	315
루트 힌트 파일	320
루프백 주소	125
멀티캐스트 주소	50
메시지 인증 알고리즘	273
메시지 인증 코드	273
명령 모드	361
목적지 IP 주소	115
목적지 MAC 주소	48, 49
반복 쿼리	315
발신자 IP 주소	115
발신자 IP 주소 퍼시스턴스	354
발신자 MAC 주소	48, 49
방화벽	213
변조	265
부하 분산 방식	351, 352
브로드캐스트 주소	50, 124
블록 암호화 방식	267
사설 IP 주소	121
서버 부하 분산	351
서버 사이트	38
서브넷 마스크	115
숏 옵션	20

수렴 상태	157
수렴 시간	157
스테이트풀 인스펙션	214
스트림 암호화 방식	267
스푸핑	265
시퀀스 번호	193

ㅇ - ㅎ

암호화 알고리즘	267
애플리케이션 딜리버리 컨트롤러	240
오퍼레이션 코드	66
유니캐스트 주소	50
의사 헤더 필드	253
이더넷	45, 46
이더넷 페이로드	48
이더넷 프레임	46
이더넷 II 프레임 포맷	47
이름 풀이	312
이미지	3
인증기관	267
인터넷	38
입력 모드	361
자기 서명 인증서	292
재귀 쿼리	314
재분배	146
재전송 제어	203
전통적인 방화벽	180
정적 라우팅	144
정적 할당	338
정적 NAT	160, 161
존 파일	316
주소 클래스	117
최소 연결 수	352
캐시 서버	315
캡처 필터 기능	56
커넥션 테이블	228
컨테이너	3
쿠키 퍼시스턴스	354
클래스리스 주소 지정	118
클래스풀 주소 지정	117
키 교환 알고리즘	268
키 쌍	268
타입	48
태그 VLAN	88
패킷 다이어그램	63
퍼시스턴스	353
포트 번호	182
포트 VLAN	87
표시열 커스터마이징 기능	60
표시 필터 기능	61
프라이밍	320
프리앰블	48
플러딩	77
필터 테이블	228
필터 툴바	61
해싱	270
헬스 체크	351, 352
혼잡 제어	202
흐름 제어	202